Heinz Heineberg, Klaus Temlitz
(Herausgeber)

Städte und Gemeinden in Westfalen

Der Kreis Coesfeld

Münster 2000

Landschaftsverband
Westfalen-Lippe

GEOGRAPHISCHE KOMMISSION FÜR WESTFALEN
Robert-Koch-Straße 26, 48149 Münster

Reihe
„Städte und Gemeinden in Westfalen"
Herausgegeben von der Geographischen Kommission für Westfalen
durch Heinz Heineberg und Klaus Temlitz
Redaktion: Rudolf Grothues

Band 7: Der Kreis Coesfeld

Die Geographische Kommission für Westfalen dankt den Städten und Gemeinden sowie der Kreisverwaltung des Kreises Coesfeld für ihre Mitarbeit und die bereitgestellten Materialien.

Die Reihe „Städte und Gemeinden in Westfalen" erscheint seit 1994 und wird seit 1996 in Kooperation mit der Westfälischen Wilhelms-Universität Münster, Institut für Geographie, Lehrstuhl Prof. Dr. Heinz Heineberg, veröffentlicht.

Das Bild auf dem Umschlag zeigt die Innenstadt von Coesfeld (Foto: Stadt Coesfeld). Die Bilder auf der Umschlagrückseite zeigen die Burg Vischering in Lüdinghausen (Foto: Kreis Coesfeld), das Technologiezentrum INCA in Ascheberg (Foto: Gemeinde Ascheberg), den Wildpferdefang im Merfelder Bruch, Dülmen (Foto: Landesbildstelle Westfalen) und das Kloster Gerleve in Billerbeck (Foto: Gerburg Wessels, Billerbeck) sowie zwei Kartenausschnitte von Nottuln und Senden.

Die Deutsche Bibliothek - CIP Einheitsaufnahme
Städte und Gemeinden in Westfalen: Der Kreis Coesfeld / hg. von der Geographischen Kommission für Westfalen.
Heinz Heineberg, Klaus Temlitz (Hg.).-

Münster: Ardey-Verlag 2000
ISBN 3-87023-101-7
NE: GT

© Landschaftsverband Westfalen-Lippe - Geographische Kommission für Westfalen
Das Werk ist urheberrechtlich geschützt. Die dadurch begründeten Rechte,
insbesondere die der Übersetzung, des Nachdrucks, der Entnahme von Abbildungen,
der Funksendung, der Wiedergabe auf fotomechanischem oder ähnlichem Wege
und der Speicherung in Datenverarbeitungsanlagen bleiben, auch bei nur auszugsweiser
Verwertung, vorbehalten. Die Vergütungsansprüche des § 54, Abs. 2, UrhG,
werden durch die Verwertungsgesellschaft Wort wahrgenommen.
Satz: Geographische Kommission für Westfalen
Druck: Ibbenbürener Vereinsdruckerei GmbH
ISBN 3-87023-101-7

Grußwort

Seit der kommunalen Neugliederung und damit seit bereits 25 Jahren besteht der Kreis Coesfeld in seinem jetzigen Zuschnitt. Zahlreiche Kritiker sprachen seinerzeit von einem „künstlichen", „zu kleinen" und nicht „überlebensfähigen" Verwaltungsgebilde. Dem gegenüber steht bis heute eine Entwicklung, die in ihrer positiven Dynamik selbst von den größten Optimisten nicht vorausgesehen worden war.

Die Bevölkerung im Kreisgebiet ist seit 1975 um ein Drittel von 161 500 auf über 210 000 Bewohner angewachsen. Der demografische Faktor der Überalterung ist im Kreis Coesfeld noch kein drängendes Thema. Sowohl die hohe Geburtenrate, aber auch der anhaltende Zuzug junger Familien senken das Durchschnittsalter weit unter das Landesniveau.

Die Zahl der Beschäftigten im Kreis stieg seit der Gebietsreform sogar um 60 Prozent an. Allein in den letzten 15 Jahren wurden 15 000 neue Arbeitsplätze im Kreis Coesfeld geschaffen. So verwundert es nicht, dass die Arbeitslosenquote heute zu den geringsten im Land NRW gehört.

Die Gründe für diese Entwicklung sind vielfältig. Sicher ist, dass attraktive naturräumliche Voraussetzungen inmitten der münsterländischen Parklandschaft sowie die Nähe und gute Verkehrsanbindungen zu den Ballungszentren diesen Prozeß forciert haben. Aber auch die Initiativkraft der mittelständisch geprägten Wirtschaft und eine inzwischen gewachsene regionale Identität der hier lebenden Menschen liefern hierzu einen erheblichen Beitrag.

In der vorliegenden Studie findet der interessierte Leser eine Vielzahl weiterer und tiefergehender Informationen zu den Besonderheiten unserer Region. Sie wird auf diesem Wege dazu beitragen, dass dem Kreis auch in der Landeskunde das Profil verliehen wird, welches er sich inzwischen redlich verdient hat.

Coesfeld, im Juli 2000

Hans Pixa
Landrat

Vorwort

Mit ihrem 1994 erschienenen Band über die Städte und Gemeinden im Kreis Steinfurt hat die Geographische Kommission für Westfalen eine neue Publikationsreihe begründet, die sich eines regen Zuspruchs erfreut, sind doch der erste Band „Kreis Steinfurt" bereits völlig und sein Nachdruck sowie der zweite Band „Kreis Siegen-Wittgenstein" fast vollständig vergriffen. Der dritte Band der Reihe, „Der Kreis Höxter", wurde im November 1996 veröffentlicht und erfreut sich einer regen Nachfrage, ebenso die bis 1999 erschienenen Bände „Der Kreis Paderborn", „Der Kreis Olpe" sowie „Der Hochsauerlandkreis". Auch die vorliegende Veröffentlichung mit Text-, Bild- und Kartenbeiträgen über die Städte und Gemeinden im Kreis Coesfeld wendet sich wiederum an eine breite Öffentlichkeit: Bürger wie Politiker, Einheimische und Fremde, Laien und Wissenschaftler. Konzipiert als ein modernes landeskundliches Informationswerk möge der Band von allen vielfältig und mit Gewinn genutzt werden können.

Im Jahr 1965 waren in der Reihe „Berichte zur Deutschen Landeskunde" erstmals geographisch-landeskundliche Beschreibungen der Städte in Westfalen erschienen. Mit der Folge von 175 Kurzbeschreibungen konnte - trotz umfangsbedingter Beschränkungen und fehlender kartographischer Abbildungen - eine große Bedarfslücke geschlossen werden. Durch die Verwaltungsgebietsreform der Jahre 1966-1975 unterlagen die kommunalen Gebietsstrukturen einem großen Wandel, der lediglich 139 Städte bei vergrößertem Gebietszuschnitt bestehen ließ, während 35 Städte durch Zusammenschlüsse ihre Selbständigkeit verloren und 18 Großgemeinden zusätzlich Stadtrecht erhielten.

Diese und weitere Veränderungen ließen es der Geographischen Kommission für Westfalen des Landschaftsverbandes Westfalen-Lippe geboten erscheinen, die inzwischen mehr als 30 Jahre alten Stadtkurzbeschreibungen durch neue zu ersetzen, die den aktuellen administrativen, städtebaulichen und funktionalen Gegebenheiten Rechnung tragen. Dabei werden nun auch die 92 nichtstädtischen Gemeinden berücksichtigt, die sich aufgrund ihrer neuen Gebietsgröße, ihres Erscheinungsbildes sowie ihrer Ausstattung heute nicht mehr so weit von städtischen Gemeinden unterscheiden, als daß ihre Nichtberücksichtigung noch zu rechtfertigen wäre.

Zu jeder Stadt- bzw. Gemeindebeschreibung neu hinzu kommen nunmehr jeweils auch Graphiken, Fotos und mindestens zwei thematische Karten, durch die die Textbeiträge eine wesentliche Bereicherung erfahren. Die erste thematische Karte auf topographischer Grundlage im Maßstab 1:75.000 gibt das Gesamtareal der Kommune wieder und informiert u.a. über Siedlungsschwerpunkte und Hauptverkehrslinien, die Verteilung von Wohn- und Industriegebieten sowie die Lage von Erholungszonen und ausgewählten Einrichtungen überörtlicher Bedeutung außerhalb der Kernbereiche. Die Kernbereiche finden eine gesonderte Darstellung in der zweiten thematisierten Karte, die aufgrund ihres großen Maßstabes (i.d.R. 1:5.000) für Besucher zugleich als Ortskernplan hilfreich ist. Aus ihr sind neben Eintragungen zur vorhandenen und geplanten Flächennutzung auch Hinweise zu öffentlichen Gebäuden, Denkmälern, Museen und anderen Sehenswürdigkeiten zu entnehmen.

Der zu erwartende Umfang des Gesamtwerkes legte eine Teilung in selbständige Einzelbände nahe, wobei eine Aufteilung nach Kreisen sinnvoll erschien. Mit der schrittweisen Fertigstellung der als Folge von Stadt- und (Land-)Kreisbänden erscheinenden Reihe „Städte und Gemeinden in Westfalen" verbindet sich der Wunsch der Geographischen Kommission, neben ihrem „Geographisch-landeskundlichen Atlas von Westfalen" (Karten und Begleittexte in Lieferungen seit 1985) durch eine weitere flächendeckende geographisch-landeskundliche Dokumentation dem Interesse der Bürger im Land und darüber hinaus an einem aktuellen informativen Standardwerk über Westfalen-Lippe und seine Teilgebiete zu entsprechen.

Im vorliegenden siebten Band der Reihe sind die elf heute zum Kreis Coesfeld gehörenden Städte und Gemeinden zusammengefaßt. In den Beiträgen werden ihre spezifische Geschichte, ihre unterschiedliche wirtschaftliche und kulturelle Entwicklung und ihre Entwicklungsmöglichkeiten berücksichtigt. Elf Autorinnen und Autoren beteiligten sich, um für diese Kommunen die Textbeiträge und die Entwürfe der Karten zu erstellen. Ergänzt werden die Gemeindebeschreibungen durch zwei umfangreiche einleitende Beiträge, die über den Kreis in seiner Gesamtheit informieren: „Lage und Naturraum" von Karl-Heinz Otto sowie „Entwicklung und Merkmale des Kulturraums" von Heinz Heineberg.

Um ein gewisses Maß an Vergleichbarkeit der einzelnen Darstellungen zu gewährleisten, war den Autoren für ihre Gemeindebeschreibung(en) ein Gliederungsschema vorgegeben. Zunächst werden die naturräumlichen Rahmenbedingungen und die Einbindung in das überörtliche Verkehrsnetz sowie die (vor allem) wirtschaftliche und bauliche Entwicklung der Gemeinde bis zur Gegenwart vorgestellt *(Lage und Entwicklung)*. Dem folgt eine Beschreibung der heutigen Gegebenheiten mit den Schwerpunkten siedlungsräumliches Gefüge, wirtschaftliche Situation, Problembereiche, Ausstattung und Wohnwert der Gemeinde *(Gefüge und Ausstattung)*. Abgerundet wird die Beschreibung durch eine Darstellung der Perspektiven aufgrund der Ausgangslage sowie der daraus resultierenden Ziele und Maßnahmen im Rahmen der gemeindlichen Zukunftssicherung *(Perspektiven und Planung)*.

Unterschiedliche Autoren bedingen verschiedenartige persönliche Sichtweisen. Trotz des vorgegebenen Schemas haben die Herausgeber diese Individualität bewußt belassen; damit verbleiben die Aussagen in den Texten und Karten in der Verantwortung der jeweiligen Autoren. Die für alle Karten einheitlichen Eintragungen sind der herausklappbaren Generallegende auf der letzten Seite zu entnehmen. Darüber hinausgehende Eintragungen der Autoren wurden in den Karten unmittelbar beschriftet oder in einer Zusatzlegende aufgeführt. Die Texte und Karten haben den Gemeinden vor dem Druck zur Einsicht vorgelegen. Von einigen erforderlichen Korrekturen bzw. Ergänzungen abgesehen, blieben dabei Umfang und Individualität der Autorenbeiträge in allen Fällen gewahrt. Den Autoren war zudem freigestellt, die alte oder die neue Rechtschreibung anzuwenden.

Jede Stadt- bzw. Gemeindebeschreibung ist von der Geographischen Kommission mit zusätzlichen statistischen Informationen versehen worden. Die in den Randspalten angeordneten Daten stammen sowohl direkt von den Gemeinden als auch vom Landesamt für Datenverarbeitung und Statistik (LDS) des Landes Nordrhein-Westfalen. Es sei erwähnt, daß aktuelle Daten, wie z.B. Zahlen über Ortsteileinwohner oder Erwerbstätige, ausschließlich auf Fortschreibungen und Schätzungen basieren. Ein Vergleich mit den Daten der Volkszählung 1987 kann in Einzelfällen das Risiko von Rechen- oder Schätzungsfehlern beinhalten. Noch wichtiger als die absoluten Werte sollten daher für eine Analyse oder Beurteilung die generellen Entwicklungstendenzen sein. Die Zahlen zur Pendlerstatistik stammen vom Landesarbeitsamt Nordrhein-Westfalen. Erfaßt werden dabei nur die sozialversicherungspflichtig beschäftigten Arbeitnehmer. Die Eintragungen zur Flächennutzung in Karte II sind dem jeweils gültigen Flächennutzungsplan der Gemeinde entnommen.

Die Herausgeber danken allen Autoren für ihre engagierte Mitwirkung an diesem Band und der Redaktion, bei der auch Texterfassung, -verarbeitung und Layout lagen, sowie dem Kartographen der Kommissionsgeschäftsstelle für die Umsetzung der zahlreichen Autorenentwürfe zu Reinzeichnungen.

Prof. Dr. Heinz Heineberg, Dr. Klaus Temlitz

Inhalt

	Seite
Grußwort	V
Vorwort	VI
Inhalt	VIII
Der Kreis Coesfeld - Lage und Naturraum *von Karl-Heinz Otto*	1
Der Kreis Coesfeld - Entwicklung und Merkmale des Kulturraums *von Heinz Heineberg*	19
Statistische Übersicht	59
Die amtlichen Wappen des Kreises Coesfeld	62
Erläuterungen / Gliederungsschema der Beiträge / Abkürzungen	64
Ascheberg *von Rudolf Grothues*	65
Billerbeck, Stadt *von Klaus Temlitz*	79
Coesfeld, Stadt *von Christian Krajewski*	99
Dülmen, Stadt *von Philipp Scholz*	127
Havixbeck *von Peter Weber*	141
Lüdinghausen, Stadt *von Thomas Schwarze*	149
Nordkirchen *von Annemarie Reiche*	165
Nottuln *von Simone Thiesing*	175
Olfen, Stadt *von Ralf Achterberg*	185
Rosendahl *von Friedhelm Pelzer*	195
Senden *von Manfred Nolting*	205
Generallegende für alle Karten (zum Ausklappen)	235

Der Kreis Coesfeld – Lage und Naturraum

von Karl-Heinz Otto

1. Lage und Größe

Der ehemalige Kreis Coesfeld entstand im Jahre 1816, nachdem die preußische Regierung in den neu- und zurückgewonnenen Westgebieten die Provinz Westfalen gebildet hatte. Seit der kommunalen Neugliederung im Jahr 1975 umfaßt der heutige Kreis Coesfeld mit seinen 11 Gemeinden eine Fläche von 1 109,80 km² (siehe Abb. im Deckel). Seine maximale Nord-Süd-Ausdehnung beträgt 44,1 km, die größte West-Ost-Erstreckung 48,1 km (LDS NRW 1997, S. 5).

Der Kreis Coesfeld liegt westlich der Stadt Münster, genau zwischen 6 Grad 55 Minuten und 7 Grad 26 Minuten östlicher Länge sowie zwischen 51 Grad 46 Minuten und 52 Grad 4 Minuten nördlicher Breite. Ebenso wie die Nachbarkreise Recklinghausen, Borken, Steinfurt und Warendorf und die angrenzende kreisfreie Stadt Münster gehört auch der Kreis Coesfeld zum Regierungsbezirk Münster. Der Kreis Unna und die kreisfreie Stadt Hamm, die den Kreis Coesfeld im Süden begrenzen, zählen demgegenüber zum Regierungsbezirk Arnsberg.

Verkehrsmäßig ist der Kreis Coesfeld durch die Autobahnen A 1, A 2, A 31 und A 43 sowie ein dichtes Netz von Bundesstraßen erschlossen. Schienen- und Wasserstraßenanschluss ergänzen die Erschließung. Von der Kreisstadt Coesfeld zum Flughafen Münster-Osnabrück (FMO) beträgt die Entfernung lediglich ca. 50 km (vgl. Beitrag von Heinz Heineberg in diesem Band).

Das Kreisgebiet erstreckt sich im zentralen Münsterland, dem nördlich der Lippe gelegenen Teil der Westfälischen Tieflandsbucht, die ihrerseits eine Ausbuchtung des Norddeutschen Tieflands darstellt. Der Wechsel von auffälligen Höhen und tiefgelegenen Niederungen, aber auch von Äckern, Wiesen und Weiden, kleinen Wäldern oder Baumgruppen, Baumreihen und Hecken entlang von Straßen und Wegen, Flußläufen und Bächen verleiht der Landschaft im Kreis Coesfeld den typischen Charakter der münsterländischen Parklandschaft (Steiner 1987, S. 9). Dörfer und Einzelhöfe sowie die typischen Gräftenhöfe fügen sich harmonisch in das Landschaftsbild ein.

2. Relief

Im Gegensatz zu anderen Landschaften des Norddeutschen Tieflands ist das Gebiet des Kreises Coesfeld durch ein relativ bewegtes Relief gekennzeichnet (Abb. 1). Die den nördlichen Teil des Kreises prägenden Baumberge erreichen mit dem Westerberg eine maximale Höhe von 187 m ü. NN. Demgegenüber fällt das Gelände im Südwesten in der Lippetalung auf 40 m ü. NN ab. Der relative Höhenunterschied innerhalb des Kreisgebietes beträgt somit 147 m.

Durch den Kreis Coesfeld verläuft etwa in nord-südlicher Richtung, genauer über die Orte Holtwick, Billerbeck, Coesfeld, Dülmen nach Olfen, die Grenze zwischen den naturräumlichen Haupteinheiten Westmünsterland und Kernmünsterland (Abb. 2).

Das Kernmüsterland (II), das das Gros der Kreisfläche einnimmt, wird aufgrund der Dominanz von Mergeln, Tonen und Kalken der Kreide sowie von Lehmablagerungen der Saale-Eiszeit auch als Kleimünsterland bezeichnet. Das Westmünsterland (I) weist demgegenüber mehr eiszeitliche Sande auf und wird deshalb auch Sandmünsterland genannt (Müller-Wille 1952, S. 55/68; Meynen et al. 1959, S. 808/819; Ditt 1996, S. 28). Kennzeichnend für das Westmünsterland waren bis zu Beginn dieses Jahrhunderts darüber hinaus zahlreiche Hoch- und Niedermoore. Diese sind heute allerdings - abgesehen von wenigen kleinen Restflächen - weitgehend abgetorft und kultiviert.

Zu den eher ebenen bis flachwelligen Gebieten des Westmünsterlandes gehören die Vreden-Gronauer Niederungen (1) und die Westmünsterländer Geest (2) im Nordwesten des Kreises. Während in den Vreden-Gronauer-Niederungen und hier speziell in der Legdener Mulde (1b) vor allem Talsande und sandige Grundmoräne vorherrschen, findet man in der Westmünsterländer Geest, die sich aus der Stadtlohn-Coesfelder Geest (2a) und der Billerbecker Bucht (2b) zusammensetzt und in östlicher Richtung bis nach Billerbeck ausdehnt, eher sandige Geschiebelehme vor, die nur mit geringmächtigen Flugsanden überdeckt sind. In der Westmünsterländer Geest ragen an einzelnen Stellen inselartig kreidezeitliche und z.T. noch ältere mesozoische Sedimente aus den eiszeitlichen Ablagerungen heraus. Berkel und Bochholter Aa durchfließen mit ihren Nebenbächen die Geestplatten (von Kürten 1977, S. 12 f.).

Weiter nach Süden schließt sich zunächst die feuchte Merfelder Niederung (3) an, wozu auch die Stevede-Merfelder Flachrücken (3a) gehören. Hier erheben sich mehrere Kuppen um 10 bis 30 m aus dem umgebenden Niederungsgelände: beispielsweise der Humberg (77 m) nördlich von

Kreis Coesfeld

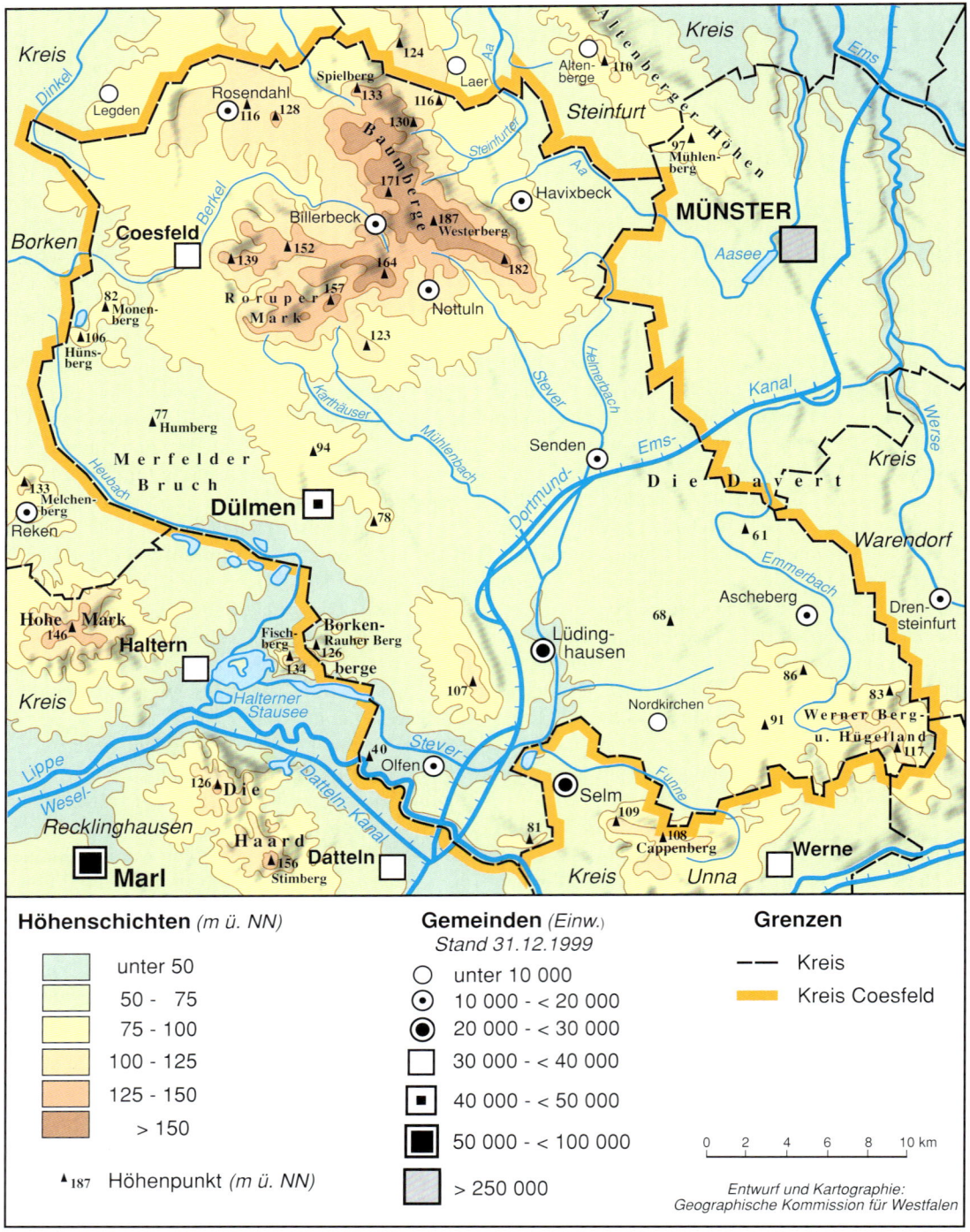

Abb. 1: Höhenschichten und Gemeindegrößenklassen

Merfeld und der Monenberg (82 m) südwestlich von Coesfeld; die höchste dieser kuppigen Erhebungen ist der 106 m hohe Hünsberg bei Stevede. Den Untergrund der Stevede-Merfelder Flachrücken bilden die sog. Haltener Sande aus der Oberkreide, die an einzelnen Stellen verfestigte und dementsprechend widerstandsfähigere Bereiche mit Brauneisenkrusten und -schwarten aufweisen. Die eigentliche Venn-Niederung (3b) zwischen Velen und Hausdülmen ist eine ca. 3 bis 5 Kilometer breite, ehemals stark vermoorte Niederungszone. Die wichtigste natürliche Entwässerungsader ist hier der Heubach. Ebenso wie die vielen künstlich geschaffenen Entwässerungsgräben wird auch dieser Bachlauf von Pappelreihen und Weidengebüschen begleitet. Der Untergrund der Venn-Niederung besteht ebenfalls aus Haltener Sanden. In der Hausdülmener Niederung (3c) nimmt der moorige Anteil zugunsten einiger Trockeninseln ab. Früher erhob sich auf dem Bor-

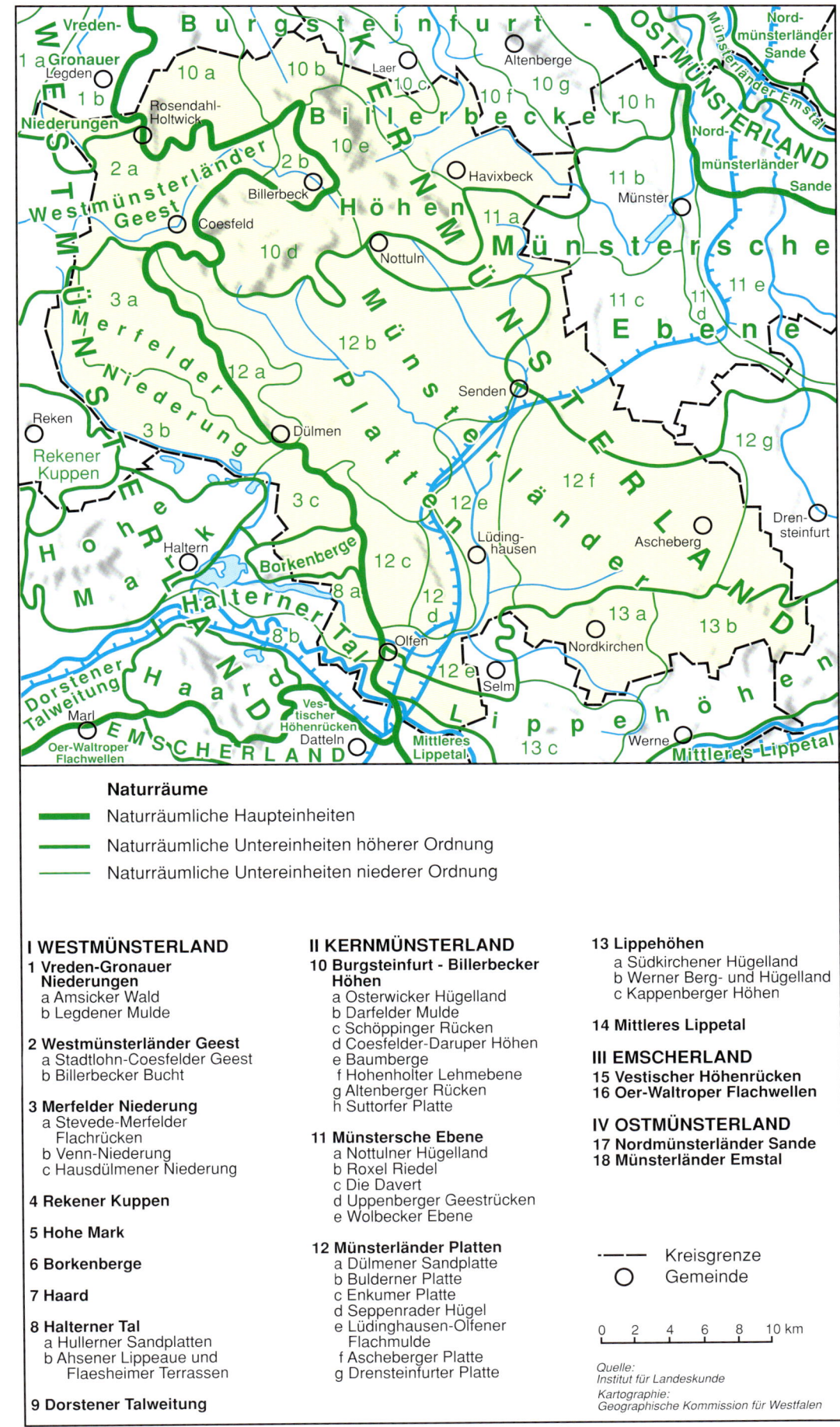

Abb. 2: Naturräumliche Gliederung des Kreises Coesfeld

kener Fluggelände am Südrand dieser Niederungszone als höchste Trockeninsel der Waustberg (67 m). Da dieser jedoch den Flugverkehr störte, wurde er Mitte der 70er Jahre abgetragen. In allen drei vorgestellten Teillandschaften sind die Haltener Sande weitflächig mit geringmächtigen quartären Sedimenten, u.a. mit Schmelzwassersanden, Grundmoräne, Fließerden und Flugsanden, bedeckt (Müller-Wille 1966, S. 170; von Kürten 1977, S. 20 ff.).

Die sich weiter südwärts anschließenden Borkenberge (6) erreichen mit dem 134 m hohen Fischberg (außerhalb des Kreises Coesfeld) und dem 126 m hohen Rauher Berg (innerhalb des Kreises Coesfeld) ihre größten Erhebungen. Die „bergig" ausgeprägten Höhen weisen vielfach steile Hänge von über 20° Neigungswinkel auf und führen häufig über 30 m tief in schluchtartig erodierte Trockentäler hinab. Gemeinsam mit den Rekener Kuppen, der Hohen Mark und der Haard werden die Borkenberge auch als Halterner Berge bezeichnet. Der Untergrund des Gesamtraumes wird auch hier wieder durch die Haltener Sande gebildet, die ihrerseits mit geringmächtigen glazialen und postglazialen Sedimenten (Sandlöß und z.T. Dünen) überzogen sind.

Die im Kreis Coesfeld am südlichsten gelegene Teillandschaft des Westmünsterlandes ist das Halterner Tal (8) mit den Hullerner Sandplatten (8a) und den Ahsener Lippeaue/Flaesheimer Terrassen (8b). Das Halterner Tal besteht in der Hauptsache aus Niederungsflächen mit aufgelagerten Flugsanddecken und Dünen, in die sich die holozänen Talauen der Lippe, der Stever und des unteren Mühlenbaches eingeschnitten haben (von Kürten 1977, S. 23 f.).

Das Relief des Kernmünsterlandes ist im Vergleich zum Formenschatz des Westmünsterlandes insgesamt abwechslungsreicher. Im Nordwesten des Kreises erheben sich neben den fast 190 m hohen Baumbergen (10e) ebenfalls der beinahe 150 m hohe Schöppinger Rücken (10c), und im Südwesten ragen die etwa 110 m hohen Lippehöhen (13) empor. Diese drei Erhebungen gehören zu den herausragenden morphologischen Erscheinungen des Kernmünsterlandes, welches ansonsten - ebenso wie das Westmünsterland - durch weite Ebenen, Mulden und Niederungen sowie flachwellige bis hügelige Gebiete charakterisiert ist.

Die zu den Burgsteinfurt-Billerbecker Höhen (10) zählenden Baumberge (10e), die von Nordwesten nach Südosten ausgerichtet sind und maximal bis 187 m emporsteigen, bestehen aus Kalksandsteinen und Mergelkalksteinen des Campans (Müller-Wille 1966, S. 170; von Kürten 1977, S. 3). Die Kalksandsteine werden noch heute gebrochen und für Bau- und Kunstzwecke verwendet; sie prägen mit ihren hellen Farben das Bild zahlreicher Wasserburgen und Sakralbauten des Münsterlandes, aber auch diverser Bauwerke weit außerhalb der Region (Beyer 1992, S. 66 f.; vgl. auch Beitrag Heinz Heineberg in diesem Band). Nach außen sind die Höhen, die eine flache Schichtmulde formen, durch Stufenhänge begrenzt. Dort, wo der Kalksandstein auf weicheren Mergelschichten aufliegt (etwa 90-120 m ü. NN), hat sich ein dauerhafter Grundwasserhorizont ausgeprägt (Beyer 1992, S. 15 f.). Berkel und Stever entspringen auf diesem Niveau. Auf den Höhen finden sich inselartig Kalkmergel- und Tonmergelsteine sowie Grundmoränenreste (von Kürten 1977, S. 3).

Die südwestliche Fortsetzung der Baumberge bilden die Coesfelder-Daruper Höhen (10d). Diese Erhebungen, die lediglich durch eine flache Geländemulde von den Baumbergen getrennt sind, streichen im Unterschied zu diesen von Westen nach Osten. Ihr Untergrund besteht vor allem aus Kalkmergel des Campans (von Kürten 1977, S. 4).

Nordwärts der Baumberge liegt die Darfelder Mulde (10b), eingebettet zwischen dem Osterwicker Hügelland (10a) im Westen und dem Schöppinger Rücken (10c) im Osten (Meisel 1961, S. 37 f.). Auf den Schöppinger Rücken folgt in östlicher Richtung die Muldenzone der Hohenholter Lehmebene (10f) (Meisel 1960, S. 11).

Das zur Münsterschen Ebene (11) zählende Nottulner Hügelland (11a) ist insgesamt recht flachwellig ausgeprägt. Der aus Kreideablagerungen bestehende Untergrund trägt zum Teil Sandlößbedeckung (Meisel 1960, S. 12).

Ähnlich der Münsterschen Ebene ist auch die Landschaft der weithin ebenen Münsterländer Platten (12) im Untergrund aus Kreideschichten und darüberliegend aus glazialen Sedimenten unterschiedlicher Mächtigkeit aufgebaut. Die Dülmener Sandplatte (12a), die zum Westmünsterland überleitet, besteht im Untergrund häuptsächlich aus sandigen Ablagerungen der Kreidezeit (u.a. Mergelsande und Kalksandsteinbänke der sog. Dülmener Schichten), die mit unterschiedlich mächtigen Flugsanden überzogen sind. Im Untergrund der Buldener Platte (12b) dominieren Kalk- und Tonmergel des Campans, auf denen eine wechselnd mächtige Geschiebelehmdecke lagert. Unmittelbar östlich der sandigen Enkumer Platte (12c) befinden sich die Seppenrader Hügel (12d), die aus Kreidemergeln bestehen. Am Übergang dieser Hügellandschaft zum Stevertal verläuft der Dortmund-Ems-Kanal (von Kürten 1977, S. 4/5). Bei der langgestreckten Lüdinghausen-Olfener-Flachmulde (12e) handelt es sich um das Niederungsgebiet der Stever und ihrer Nebenbäche. Die Wasserläufe der Steverniederung nutzend, gab es hier im Mittelalter eine Anzahl von Wasserburgen und Adelshäusern, von denen allerdings nur einige erhalten geblieben sind: Die Häuser Kakesbeck, Sandfort und Senden und auch die Burgen Vischering und Lüdinghausen (vgl. auch Beitrag von Heinz Heineberg in diesem Band). Nach Südosten schließen sich dann noch die Ascheberger Platte (12f) und zuletzt die Drensteinfurter Platte (12g) an (Meisel 1960, S. 18 f.).

Die Lippehöhen (13), die sich im äußersten Süden des Kreisgebietes bis 40 m über das Lippetal erheben, fallen nach Norden nur sehr allmählich ab. Auch die auf 110 m ansteigenden Kappenberger Höhen (13c) gehen ohne merkliche Höhendifferenz in das nördlich benachbarte Hügelland über. Das flachwellige Südkirchener Hügelland (13a) liegt zwischen 30 und 40 m tiefer als das Gebiet der Kappenberger Höhen. Hier bestimmen vor allem Geschiebelehme über Kreidetonen den Untergrund. Die Landschaft des Werner Berg- und Hügellandes (13b) im äußersten Südosten des Kreises ist im Vergleich zum Südkirchener Hügelland insgesamt durch stärkere Reliefformung gekennzeichnet. Der Kalkuntergrund wird aber auch hier von Grundmoräne und stellenweise ebenso von Sandlöß überlagert (Meisel 1960, S. 30 f.).

3. Erdgeschichtliche Entwicklung

Die heutigen Oberflächenformen im Kreis Coesfeld einschließlich der sie aufbauenden Gesteine und Sedimente stellen das sichtbare Ergebnis einer langen und wechselvollen erdgeschichtlichen Entwicklung dar, die sich im wesentlichen in fünf großen Abschnitten vollzog. Das geologische Geschehen der vergangenen fast 400 Millionen Jahre läßt sich stark vereinfacht und generalisiert wie folgt zusammenfassen (Tab. 1; Abb. 3):

1. Nachweislich der 1961/62 nordwestlich von Havixbeck bis 5.956,00 m Tiefe niedergebrachten Bohrung Münsterland I beginnt die geologische Geschichte des Kreises Coesfeld mit einer Meeresüberflutung im Devon. In der Folgezeit bis zum Ende des Karbons werden neben flözleeren auch eine Vielzahl flözführender Sedimentpakete abgelagert.
2. Es folgt eine längere Festlandsperiode, in der das zuvor gefaltete und herausgehobene Variscische Gebirge bis auf den Rumpf abgetragen und eingeebnet wird.
3. In der dritten Phase kommt es zu einer erneuten Meeresüberflutung. Auf dem Meeresboden werden mächtige Sand- und Kalkschichten sedimentiert, in die neben Pflanzen u.a. auch Fische eingeschlossen werden. Während dieser Zeit entsteht beispielsweise der Baumberger Kalksandstein.

Ära	System	Alter (Mio. Jahre)	Gliederung	
Känozoikum (Erdneuzeit)	Quartär	0,01	Holozän	
			Pleistozän	Weichsel-Kaltzeit
				Eem-Warmzeit
				Saale-Kaltzeit
				Holstein-Warmzeit
				Elster-Kaltzeit
		2,4		ältere Kalt- und Warmzeiten
	Tertiär			Pliozän
				Miozän Oligozän
		65		Eozän Paleozän
Mesozoikum (Erdmittelalter)	Kreide		Oberkreide	Maastricht
				Campan Santon Coniac
		97		Turon Cenoman
			Unterkreide	Alb
				Apt Barrême Hauterive Valangin
		145		Berrias
	Jura	204		Malm Dogger Lias
	Trias			Keuper
				Muschelkalk
		245		Buntsandstein
Paläozoikum (Erdaltertum)	Perm			Zechstein
		290		Rotliegend
	Karbon		Oberkarbon (Silesium)	Stefan Westfal Namur
		360	Unterkarbon (Dinantium)	Visé Tournai
	Devon	400		Oberdevon Mitteldevon Unterdevon
			prädevonische Ablagerungen	

☐ Im Kreis Coesfeld vorhandene Schichten

(verändert aus: Drozdzewski, G. et al. 1995, S. 20/21)

Tab. 1: Erdgeschichtliche Zeittafel des Kreises Coesfeld

4. Durch Krustenbewegungen wird der Coesfelder Raum abermals Festland, so daß wiederum die Abtragung wirksam werden kann. Während dieses vierten Abschnittes werden u.a. die Baumberge als Erhebung herausmodelliert.
5. Schließlich überformt das aus Skandinavien vorrückende saalezeitliche Inlandeis auch den Coesfelder Raum. Danach bis zur Gegenwart sind vor allem Wasser und Wind diejenigen Kräfte, welche die Reliefmodellierung fortsetzen und die nun einsetzende Bodenbildung entscheidend mitprägen.

Zu 1.: Die Basis des bekannten geologischen Untergrundes im Kreis Coesfeld bilden mittel- und oberdevonische Schichten (Tab. 1 u. Abb. 3). Sie wurden in der Bohrung Münsterland I in einer Tiefe von 5 760 m bis 5 956 m Tiefe erbohrt und sind größtenteils aus Riffsedimenten aufgebaut (Arnold o.J, S. 35 f.; Oekentrop 1987, S. 16). Die während des Devon herrschenden marinen Bedingungen setzten sich in die anschließende Karbon-Zeit (360-290 Mill. Jahre) hinein fort. Dabei kam es im Unterkarbon (Dinantium) zunächst zur Akkumulation von Sedimenten einer Stillwasserfazies, d.h. Ablagerungen eines strömungs- und sauerstoffarmen Meeresbeckens: dunkle Tonsteine, Glanz- und Kieselschiefer, kieselige Dolomite, Grauwacken und auch Kalksteine. Diese spezielle unterkarbonische Gesteinsausbildung bezeichnet man auch als Kulm-Fazies. Sie ist der erste Hinweis darauf, dass mit einsetzender variscischer Gebirgsbildung eine Vorsenke nördlich der im Süden aufsteigenden Mitteldeutschen Schwelle entstand und sich innerhalb dieser Vortiefe ein Spezialtrog bildete, das spätere Ruhrkohlenbecken (Drozdzewski 1995, S. 23). Bis im Oberkarbon (Silesium) hielt die Vorsenken-Bildung verstärkt an. Die Saumsenke reichte im Westen bis etwa auf die Höhe Schottlands und im Osten bis an den Rand der osteuropäischen Plattform im Elbebereich. Im älteren Oberkarbon wurden zunächst noch Sedimente des tieferen, ruhigeren Wassers akkumuliert, d.h. im Namur A Alaunschiefer und im Namur B und C quarzitreiche Sandsteine, Tonsteine und Grauwacken. Die Gesamtmächtigkeit dieser Schichten beträgt ca. 1 250 m (Oekentrop 1987, S. 20). Als das Meer begann, sich allmählich zurückzuziehen, entstand ein weites, flaches Schwemmland, das vom Meer nur noch zeitweilig überflutet, dafür aber von mächtigen Strömen durchflossen wurde. Demgemäß lagerten sich ab dem Namur C und ebenso während des Westfals einige tausend Meter mächtige Deltaschüttungen mit mehr oder weniger ausgeprägten Torfhorizonten ab. Aus letzteren bildeten sich im Verlauf der Entwicklung Kohlenflöze (Dorzdzewski 1995, S. 24). Bei der Bohrung Münsterland I wurden flözführende Karbonschichten in einer Gesamtmächtigkeit von 1.850 m festgestellt (Arnold o.J., S. 31 f.).

Zu 2.: Im Zuge der variscischen Gebirgsbildung wurden gegen Ende des Oberkarbons die Schichten des Devons und Karbons verstellt und in Südwest-Nordost streichende Falten, d.h. in Mulden und Sättel, gelegt, wobei Querstörungen (wie die Dorstener Überschiebung) das Bild zusätzlich modifizierten. Gleichzeitig kam es u.a. zur Heraushebung des Münsterlandes, und damit begann auch für den Coesfelder Raum wiederum eine Festlandsperiode, die insgesamt mehr als 160 Millionen Jahre andauerte. Aus dieser erdgeschichtlichen Phase sind im Kreis Coesfeld keinerlei Ablagerungen bekannt (Oekentrop 1987, S. 2). Über das Leben während dieses Zeitabschnittes, der durch tropisches bis subtropisches Klima charakterisiert war, weiß man ebenfalls nichts Genaueres. Aus Befunden benachbarter Regionen läßt sich allerdings schließen, daß ein reiches tierisches und pflanzliches Leben existiert haben muß. Im humiden Jura beispielsweise dürften u.a. Großsaurier die Landschaft durchstreift haben. Spuren solcher pflanzenfressenden aber auch räuberisch lebenden Kolosse sind aus dem oberen Jura von Barkhausen im Wiehengebirge bekannt (Oekentrop 1987, S. 22). Während dieser Festlandsphase wird das auf die variscische Orogenese zurückgehende Relief weitgehend erodiert und eingeebnet (Dorzdzewski 1995, S. 26). Das vorgegebene Großrelief aus Sätteln und Senken und modifizierenden Störungen blieb aber trotz der massiven Abtragungen dennoch bis zu einem gewissen Grade erhalten (beispielsweise südlich von Dülmen die Tannenberg-Senke, deren Nordrand das Holtwicker Hoch bildet). Diese Reliefausprägung spielte eine entscheidende Rolle, als das Meer während der Kreide-Zeit von Nordwesten her wieder vordrang und das Münsterland nach und nach überflutete. So wurden zunächst die Senken vom Meer bedeckt und erst später dann auch die Hochflächen. Dieser Sachverhalt ist bei der Beurteilung der Entstehung und zeitlichen Einordnung der jeweils abgelagerten Sedimente stets zu berücksichtigen (Oekentrop 1987, S. 23).

Zu 3.: Zur Zeit der älteren Unterkreide (145-105 Mill. Jahre) war das zentrale Münsterland noch weitgehend festländisch, seine Randgebiete wurden aber bereits vom Meer überflutet. Während der jüngeren Unterkreide (Alb) sank das Münsterländische Hochgebiet dann zunehmend ab und wurde damit mehr und mehr zum Sedimentationsraum. Den nördlichen Coesfelder Raum erreichte das Kreide-Meer im Mittelalb. In dem offenen, flachen Schelfmeer lagerten sich zuerst

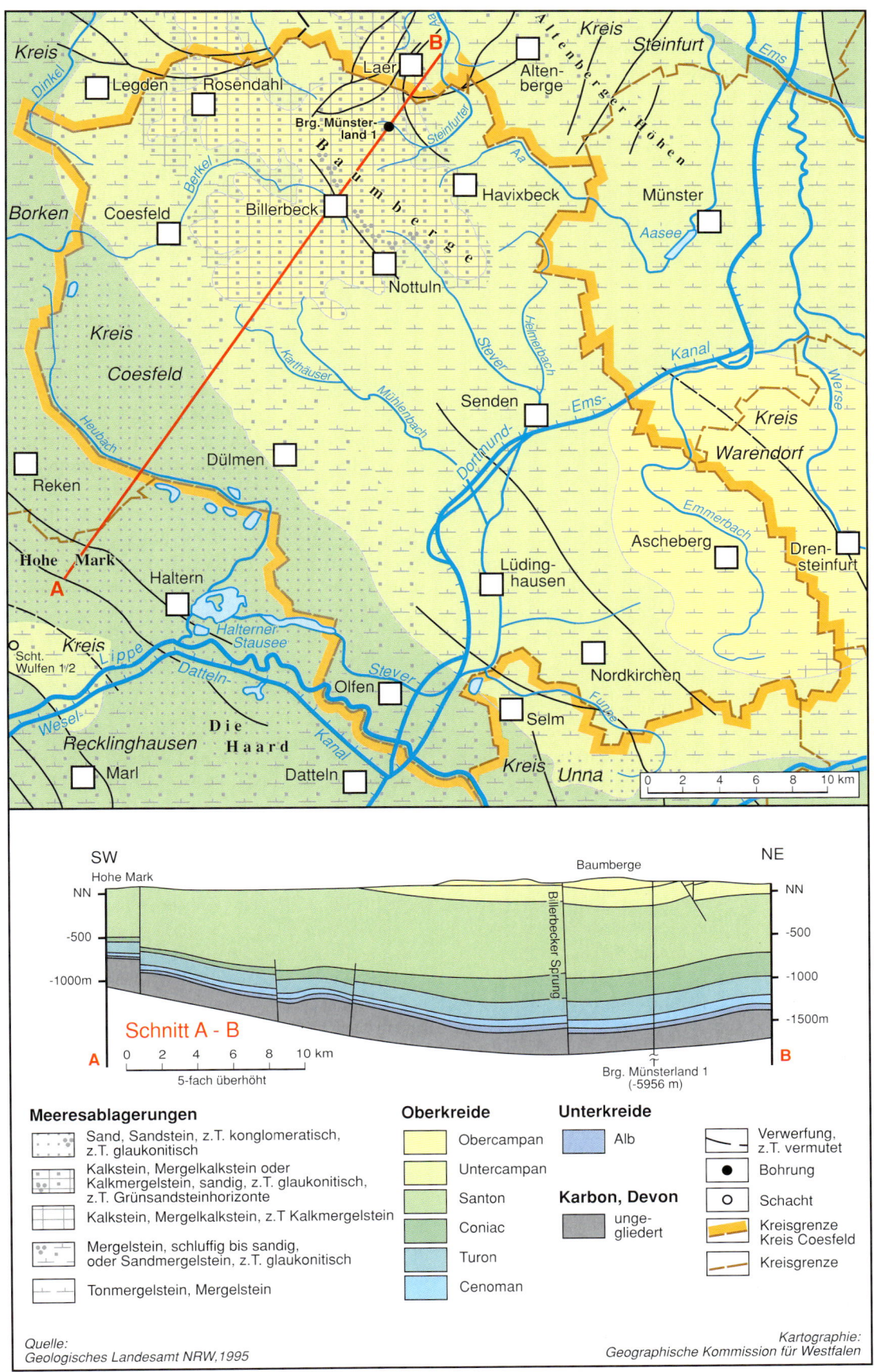

Abb. 3: Geologisches Profil durch den Kreis Coesfeld (NW–SE)

mehrere Meter dicke Schichten aus Grünsanden, Glaukonitmergeln und Kalksandsteinen ab. Danach sedimentierten bis zu 60 m mächtige Pakete von Kalkmergelsteinen. Ihre Fazies deutet auf eine größere Küstenentfernung hin. Das Meer hatte das Gebiet des Kreises Coesfeld bereits im Oberalb vollkommen überflutet.

Die Bedeckung des gesamten Münsterlandes erfolgte schließlich in der älteren Oberkreide, dem Cenoman (vor 97-90,4 Mio. Jahren). Jetzt erstreckte sich das Meer bis in die nördlichen Teile des Sauerlandes hinein. Die Meeresüberflutung dauerte bis zum Ende des Campans (vor 74 Mio. Jahren), wobei in wechselnder Mächtigkeit und Gesteinsausprägung Kalksteine, Mergelsteine, tonige Mergel, Sandkalke und Sande entstanden. Die übereinander gestapelten kreidezeitlichen Sedimente füllten den Gesamtraum der Münsterländer Bucht aus. Für den Kreis Coesfeld und insbesondere für die Baumberge sind die Schichten des Campans die wichtigsten kreidezeitlichen Ablagerungen; sie nehmen ca. 90 % der gesamten Fläche ein. Zum Campan zählen außer den Dülmener Schichten auch die im Gebiet der Baumberge auftretenden Osterwicker, Coesfelder und Baumberger Schichten (Beyer 1992, S. 9).

Aus im Kalksandstein eingeschlossenen Fischen und ihrem Erhaltungszustand kann man auf die Tiefe des ehemaligen Meeresbeckens schließen, in dem diese Fische lebten bzw. die Kalke abgelagert wurden. Demnach war im zentralen Münsterland in jener Zeit ein tieferes Meeresbecken mit ausgesprochenem Hochseecharakter ausgebildet (Riegraf 1990, S. 97 f.).

Zu 4.: Mit der am Ende des Campans beginnenden sog. subherzynischen Phase der saxonischen Gebirgsbildung setzten erste Hebungsbewegungen ein, die dazu führten, daß das Münsterland bereits im Maastricht wieder Festland wurde. Damit fand die über 40 Mio. Jahre anhaltende, bis heute letzte Meeresbedeckung des Kreises Coesfeld ihr Ende.

An der Wende von der Oberkreide zum Tertiär (vor ca. 65 Mio. Jahren) wurden - ausgelöst durch Krustenbewegungen im Rahmen der sog. laramischen Phase der saxonischen Gebirgsbildung - die Ränder der Westfälischen Bucht allseitig aufgebogen, so daß insbesondere die jüngeren kreidezeitlichen Schichten heute schüsselförmig ineinanderliegen. Aus diesem Grund spricht man auch von der Westfälischen bzw. Münsterländischen Oberkreide-Mulde oder dem Westfälischen bzw. Münsterländer Kreide-Becken (Temlitz 1991, S. 30).

Die Intensität der Tektonik bewirkte im zentralen Bereich des Münsterlandes und damit im Raum des Kreises Coesfeld, daß die Kreideschichten in flachwellige Sättel und Mulden gelegt und von Bruchlinien zerschnitten wurden, wobei die Brüche Querstörungen des variscischen Untergrundes folgten (Temlitz 1991, S. 35). Eine der Mulden ist die des Ober-Campans der Baumberge. Zu den größeren Störungen gehört die NW-SE verlaufende Billerbecker Verwerfung mit einer Abschiebung der nordöstlichen Scholle der Baumberge um 90-100 m. Die tektonischen Bewegungen verursachten zudem Störungen der ursprünglich horizontalen Lagerung der Gesteinsschichten. Im weiteren Verlauf der Genese wurde die tiefergelegte Scholle zwischen Billerbeck und Havixbeck weniger stark abgetragen als die zunächst höhere Umgebung, so dass der ehemals eingesunkene Teil heute die höchsten Partien innerhalb der Baumberge einnimmt. Einen solchen Vorgang bezeichnet man als Reliefumkehr (Arnold o.J., S. 16 f.). Infolge der in den Baumbergen auftretenden ebenen bis schwach muldenförmigen Lagerung der campanen Gesteinslagen muß jede Hangfläche, die sich hier bildet, diese Schichten schneiden. Es treten dabei in Wechsellagerung unterschiedliche Gesteine an die Oberfläche, die mehr oder weniger widerstandsfähig auf erosive Prozesse reagieren. Besonders beständig sind die Baumberger Schichten, und so verwundert es nicht, dass gerade dort, wo diese heute noch vorkommen, die markantesten Erhebungen der Baumberge liegen (Beyer 1992, S. 11). Auch andere Schichten des Campans weisen harte Bänke auf. Dort, wo sie eine gewisse Mächtigkeit besitzen, können sie ebenfalls als Stufenbildner auftreten. Die Stufenhänge der Baumberge bilden zusammen mit jenen der Beckumer Berge, der Hohen Mark und der Haard die kernmünsterländische Schichtstufenlandschaft (Beyer 1992, S. 12).

Außer speziellen Verwitterungserscheinungen wie der Bleichung der Haltener Sande und der Ausbildung von Brauneisenschwarten, -krusten und -röhren (letztere finden sich häufiger in den Borkenbergen oder am Hünsberg bei Coesfeld), die zeitlich dem durch feuchtwarmes Klima gekennzeichneten Miozän zugeordnet werden, sind bis Ende des Tertiärs keine weiteren nennenswerten geologischen Ereignisse zu verzeichnen (Oekentrop 1987, S. 30; Skupin 1995, S. 69).

Zu 5.: Die letzten 2,4 Millionen Jahre der geologischen Entwicklung im Kreis Coesfeld wurden durch das Quartär bestimmt. Es gliedert sich in das ältere, vor etwa 10 000 Jahren zu Ende gegangene Pleistozän und das jüngere Holozän, d.h. der geologischen Jetztzeit. Im Quartär wurde die jungtertiäre Landschaft nicht mehr grundlegend umgestaltet, sondern im wesentlichen nur noch überformt (Skupin/Staude 1995, S. 71 f.).

Herausragendes, alles überprägendes Ereignis

war die Saale-Vereisung. Diese zweite von insgesamt vier Vereisungsphasen läßt sich in das ältere Drenthe-Stadium und das jüngere Warthe-Stadium unterteilen. Der weiteste Eisvorstoß erfolgte im Drenthe-Stadium und hatte zur Konsequenz, dass sowohl (eventuelle) tertiäre Sedimente als auch mögliche altquartäre Vereisungsspuren bzw. warmzeitliche Ablagerungen überfahren und umgearbeitet wurden. Dies ist der Grund, weshalb sich im Kreis Coesfeld präsaalezeitliche Relikte ebenso spärlich finden wie Spuren der älteren Elster-Vereisung. Die saalezeitliche Inlandeisdecke in der Umgebung von Coesfeld war (vermutlich!) ca. 300 m dick, so dass zu dieser Zeit auch die Baumberge vollkommen mit Eis überzogen waren. Die Saale-Vereisung hinterließ (Mittel-)Terrassenbildungen, Lössablagerungen, Bändertone, Vor- und Nachschüttsande und weitausgedehnte Grundmoränendecken. Letztere haben bei entsprechender Ausprägung bis in die Gegenwart hinein eine gewisse wirtschaftliche Bedeutung als Ausgangsmaterial für die Ziegelherstellung (z.B. für die Ziegelei Kuhfuss bei Coesfeld). In der bis zu 3 m mächtigen und aus sandig-mergeliger bis schluffig-toniger Grundmasse bestehenden Grundmoräne sind sowohl nordische als auch lokale Geschiebe eingelagert. Ihr bekanntester Vertreter im Coesfelder Raum ist der erratische Granitblock in Holtwick, das sog. Holtwicker Ei. Dieser übermannshoch aus dem Boden ragende Felsblock, der vor ungefähr 160 000 Jahren vom Inlandeis aus der Umgebung von Filipstad im mittelschwedischen Svealand bis hierher transportiert wurde, ist mit seinen 30-35 t Gewicht einer der größten Findlinge im gesamten Münsterland (Arnold 1966, S. 212; Skupin et al. 1993, S. 35). Beim Niedertauen der Inlandeismassen blieben an einigen Stellen bisweilen Toteisblöcke erhalten, zwischen denen abfließende Schmelzwässer große Sandmengen aufschütteten. Eine so entstandene Ablagerungsform, „Kame" genannt, ist beispielsweise bei Billerbeck lokalisiert (Arnold 1966, S. 213). Im Anschluss an die nachfolgende Eem-Warmzeit kam es während der jüngsten Glazialzeit, der Weichsel-Vereisung, zu einer erneuten Klimaverschlechterung und demgemäß zu einem wiederholten Vorstoß der nordischen Inlandeismassen. Diesmal reichte die Eisfront allerdings nur maximal bis an die Elbe, so dass ganz Nordwestdeutschland und damit auch der Coesfelder Raum eisfrei blieben. Aus dem Boden, der infolge periglazialen Klimas weiträumig vegetationslos war, wurde massenhaft Staub ausgeblasen, der sich an geschützteren Lagen wieder absetzte. Die gröberen Bestandteile rieselten als Sandlöß, die feineren als Löß herab. Der Löß spielt eine wichtige Rolle etwa in der östlichen Hälfte der Baumberge. Oberhalb von Stevern und Tilbeck beträgt die Mächtigkeit der Lößdecke ca. 4-5 m (Müller-Wille 1966, S. 185; Beyer 1992, S. 14). Während dieser Zeit lagerten die Bäche und Flüsse überwiegend Sande ab; es bildeten sich die Niederterrassen. Als sich gegen Ende der letzten Kaltzeit die Bäche in ihre eigenen Sedimente einschnitten, konnte der Wind wiederum große Mengen feinkörniger Sande ausblasen und verfrachten, aber diesmal nicht so weit wie zuvor den Löß. Diesen sog. Flugdecksand findet man im Kreis Coesfeld vielerorts, u.a. über den kreidezeitlichen Haltener Sanden, dem Kreidemergel, der Grundmoräne und auch den Niederterrassen. Die Binnendünen des Münsterlandes stammen demgegenüber meist aus jüngerer Zeit, nämlich aus den Rodungsperioden der Bronzezeit und des Mittelalters. Dies zeigten Untersuchungen von Topfscherben und Werkzeugen, die unter ehemaligen Wanderdünen begraben lagen.

Das vor 10 000 Jahren beginnende Holozän war bei steter Erwärmung und vermehrten Niederschlägen limnisch-fluviatil geprägt. Es entstanden insbesondere Auelehme/-tone sowie anmoorige und echte Moorbildungen. Niedermoore bildeten sich beispielsweise südwestlich Merfeld-Stevede im Bereich des Heubaches, Hochmoore, wie das Venner Moor, nahe Senden. Bodenbildungsprozesse setzten nun verstärkt ein. Kennzeichnend für das Holozän war ebenfalls die langsame Wiederbewaldung, die aber schon bald wieder der heutigen Kulturlandschaft weichen mußte. Die ersten Menschen - zunächst der Neandertaler - durchstreiften in der frühen Weichselvereisung den Coesfelder Raum. Der moderne Homo sapiens, dessen kleine Pfeilspitzen man u.a. in den Borkenbergen fand, tauchte vor ca. 30 000-40 000 Jahren auf (Arnold 1966, S. 215; Oekentrop 1987, S. 32/33). Hiermit endet der lange Weg der natürlichen Entwicklung des Kreises Coesfeld; es beginnt die Kulturgeschichte, die zu einer drastischen Umgestaltung der Urlandschaft führen sollte (vgl. Beitrag Heinz Heineberg in diesem Band).

4. Böden

Im Kreis Coesfeld haben zahlreiche bodenbildende Faktoren, die in unterschiedlicher Kombination und Intensität wirksam gewesen sind, eine große Vielfalt an Böden hervorgebracht. Der Reichtum an Bodentypen beruht insbesondere auf den unterschiedlichen Ausgangsgesteinen, der Einwirkung von Grundwasser und Staunässe, dem Einfluß des Klimas, des Reliefs und nicht zuletzt der Tätigkeit des Menschen (Dahm-Arens 1966, S. 217; Dahm-Arens 1995, S. 106; Felix-Henningsen/Schreiber/Vogel 1989, S. 7 f.).

Im westmünsterländischen Teil des Kreisgebietes weisen die Böden trotz unterschiedlicher

Ausprägungen dennoch eine gewisse Einheitlichkeit auf, da sie fast ausnahmslos aus nährstoffarmen Sanden unterschiedlicher Herkunft - entweder glazigen, fluviatil oder auch äolisch - hervorgegangen sind. Als modifizierende Faktoren spielten dabei das Vorhandensein und die Tiefe von Grundwasser eine wesentliche Rolle. Auf bodentrockenen, d.h. grundwasserfernen Standorten mit sandigen bis sandig-lehmigen Sedimenten wurden zumeist Podsole (sog. Bleicherden) ausgebildet (Abb. 4). Podsole entstehen bei ausreichenden Niederschlägen infolge kräftiger Sickerwasserbewegungen und dadurch ausgelöster Verlagerungsprozesse von Eisen und Aluminium mit organischen Stoffen (Podsolierung). Unter der meist mächtigen Rohhumusauflage entwickelt sich dabei ein an Eisen, Aluminium und Humus stark verarmter und deshalb deutlich „gebleichter", aschgrauer Auswaschungshorizont. Die Stoffansammlung im darunterliegenden braunschwarzen bis rostroten Anreicherungshorizont kann zu Verhärtungen im Erdreich führen, die je nach Verfestigungsgrad Orterde oder Ortstein genannt werden und für Pflanzenwurzeln nur schwer oder überhaupt nicht zu durchdringen sind (Scheffer/Schachtschabel 1998, S. 430 f.; Dahm-Arens 1995, S. 112 f.). Im Mittelalter und in der frühen Neuzeit wurden die oft flachgründigen und nährstoffarmen Podsolböden meist als Allmende genutzt. Daraus hervorgegangene Heideflächen und z.T. auch noch verbliebene Waldreste dienten dem Plaggenhieb (s.u.). Heute sind diese ertragsarmen Standorte weitgehend mit Kiefern aufgeforstet. Bei entsprechendem Einsatz von Dünger ist aber durchaus auch Ackerbau möglich. In trockenen Sommern droht Kulturen auf diesen Standorten allerdings häufig Wassermangel (Schütz 1997, S. 11/12).

Dort, wo sandige bis sandig-tonige kreide- und quartärzeitlich ablagerte Sedimente einem Wechsel von Vernässung und Austrocknung unterliegen, haben sich Pseudogleye unterschiedlicher Ausprägung gebildet. In Gebieten, wo diese Sedimente andauerndem Grundwassereinfluß ausgesetzt sind, finden sich Auenböden und Gleye. Auf den Fluss- und Bachtäler begleitenden, von Grundwasser beeinflußten Böden dominiert im allgemeinen Grünlandnutzung. Ackerfähig sind diese Standorte in der Regel nur dann, wenn deren Naßphasen durch aufwendige Meliorationsmaßnahmen, wie beispielsweise die Anlage von Drainagen und/oder Abzugsgräben, verkürzt werden (Dahm-Arens 1966, S. 217; Schütz 1997, S. 15 f.). Die Podsol-Gleye, die im Westmünsterland recht häufig anzutreffen sind, nehmen eine Übergangsstellung ein. Das Profil der Podsol-Gleye zeigt im Oberboden Merkmale der Podsol-Entwicklung. Unter dem angereicherten Einwaschungshorizont folgt bei diesen Böden dann aber ein Bereich mit ständigem Grundwassereinfluß, der für eine zusätzliche Stoffanreicherung und Verdichtung von unten her sorgt (Grundwasservergleyung) und so oftmals besonders mächtige und harte Ortstein-Raseneisenstein-Schichten entstehen läßt. Auf den Podsol-Gleyen ist Grünlandnutzung weit verbreitet (Dahm-Arens 1966, S. 222; Dahm-Arens 1995, S. 114 f.).

In den deutlich eingetieften Lagen der großen Niederungsgebiete und Flußtäler, in denen das Grundwasser ständig bis an die oder über die Oberfläche reicht, haben sich Niedermoore oder Moorerden unterschiedlicher Mächtigkeit und mit im allgemeinen mehr als 40% Gehalt an organischer Substanz entwickelt. Sie bestehen in der Regel aus zersetzten Torfen, genauer Schilf-, Seggen- und Braunmoos- sowie Erlen- und Birkenbruchwaldtorf. Größere zusammenhängende Niedermoore sind z.B. im Bereich der Heubachwiesen und im Merfelder Bruch anzutreffen. Diese organogenen Böden, die überwiegend durch Bodenverbesserungsmaßnahmen (u.a. Sanddeckkultur, Verbesserung der Vorflutverhältnisse) verändert wurden, werden derzeit fast ausnahmslos als Grünland - vorzugsweise als Mähwiesen - genutzt (Dahm-Arens 1995, 116; Schütz 1997, S. 20).

Hochmoore bildeten sich insbesondere auf Geschiebelehm der Grundmoräne. Nährstoffarme Standorte mit ausgeprägter Staunässe begünstigten die Ansiedlung und flächenhafte Verbreitung anspruchsloser Torfmoose, die unabhängig vom Grundwasser, d.h. nur vom Regenwasser lebend, auf ihren eigenen Polstern emporwachsen. Da in dem nassen, luftarmen und sauren Milieu kaum Zersetzung stattfinden kann, kam es zur Vertorfung und zur Bildung oft mehrere Dezimeter mächtiger Torfschichten. Die Hochmoore sind heute zum weitaus überwiegenden Teil kultiviert. Nur kleinere Reliktflächen blieben erhalten und sind inzwischen unter Naturschutz gestellt (s.u.). Aber auch hier ist die alte Mooroberfläche zumeist durch Entwässerungsmaßnahmen und Torfabbau gestört. Damit sind selbst die Hochmoore der Naturschutzgebiete nur noch bedingt „natürlich" (Dahm-Arens 1995, 116; Schütz 1997, S. 20 f.).

Neben den anthropogen veränderten Moorböden kommen im Kreis Coesfeld weitere durch Menschenhand beeinflußte Böden vor. Hierzu gehört u.a. der Plaggenesch, der das Ergebnis einer jahrhundertelang betriebenen Plaggenwirtschaft ist. Vor allem in den Gebieten mit nährstoffarmen Sanden wurden zur Bodenverbesserung und damit zur Steigerung der Ertragsfähigkeit Plaggen insbesondere aus Heide- und Grassoden abgestochen, im Stall als Streu genutzt und dabei mit Dung vermischt, kompostiert und anschließend auf das Ackerland aufgetragen. Außer organischen Sub-

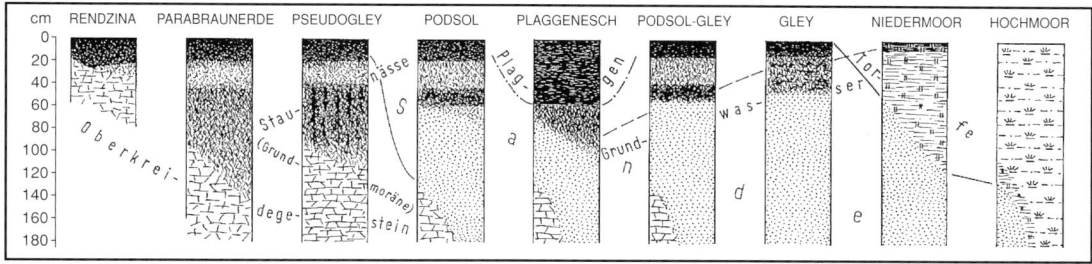

Abb. 4: Profile der Bodeneinheiten und ihre Ausgangsgesteine im Kreis Coesfeld (schematisch)
(Quelle: Dahm-Arens 1966)

stanzen enthielten die Plaggen auch erhebliche Anteile an mineralischen Bodenbestandteilen, so dass durch den jährlich wiederholten Auftrag im Verlauf der Zeit tiefhumose Oberböden von z.T. 60 cm, bisweilen sogar bis zu 125 cm Mächtigkeit geschaffen wurden. Mit dem Einsatz von Mineraldüngern zu Beginn des letzten Jahrhunderts wurde die arbeitsintensive Plaggendüngung eingestellt. Die Plaggenesche sind landwirtschaftlich geschätzte Standorte; sie sind locker, gut durchwurzelt und jederzeit leicht zu beackern (Dahm-Arens 1995, S. 117). Plaggenesch-Böden kommen nicht nur im sandmünsterländischen Bereich vor, sondern sind im gesamten Gebiet des Kreises Coesfeld vertreten (Gläßer 1971, S. 15).

Typisch für das Kernmünsterland ist der hohe Anteil an Braunerden, die sich auf den mergelig-kalkigen Gesteinen der Oberkreide mit darauf lagernder Grundmoränendecke entwickelt haben. Herausragendes Merkmal der in vielen unterschiedlichen Ausprägungen und Übergangsformen vorkommenden Braunerden ist der humose Oberboden, der mit zunehmender Tiefe allmählich in einen braun bis gelbbraun gefärbten Verwitterungshorizont übergeht; darunter lagert das unverwitterte Ausgangsgestein. Die ebenfalls häufig vorkommenden Parabraunerden, die sich bevorzugt auf weichselzeitlichen Löß- und Sandlößablagerungen gebildet haben, sehen den Braunerden recht ähnlich. Wesentliches Unterscheidungsmerkmal ist die Ton- und Schluffverlagerung (Lessivierung) in den Parabraunerden. Einsickerndes Niederschlagswasser läßt die feinen Bestandteile des Oberbodens nach unten wandern, wodurch dieser eine fahlbraune Färbung erhält. Der mit Ton angereicherte Einschlämmungshorizont färbt sich hingegen tiefbraun. Die Braunerden und Parabraunerden gehören zu den besten Böden des Kreisgebietes. Sie bieten sowohl anspruchsvollen Halmfrüchten als auch Blattfrüchten gute Standortbedingungen (Schütz 1997, S. 9/10).

Auf Carbonatgesteinen der Oberkreide haben sich in exponierten Lagen, beispielsweise an Steilhängen und auf Kuppen, Rendzina-Böden entwickelt. Diese relativ jungen zweihorizontigen Böden bestehen aus einem in der Regel 20-30 cm mächtigen, humusreichen, krümeligen Oberboden aus tonigem oder schluffig-tonigem Lehm, der mit Gesteinsstücken durchsetzt ist (= Ah-Horizont). Unmittelbar darunter folgt das nicht oder nur schwach angewitterte Ausgangsgestein (= C-Horizont). Die flachgründigen Böden besitzen einen hohen Calciumcarbonatgehalt bis in die Krume hinein. Aufgrund ihrer Geringmächtigkeit, der Hanglage, des hohen Steingehaltes und der Dürreempfindlichkeit sind sie für den Ackerbau kaum geeignet. Grünlandnutzung ist demgegenüber durchaus möglich. Viele Rendzina-Böden sind mit Wald – vor allem mit Laubholz – bestanden (Dahm-Arens 1966, S. 217; Schütz 1997, S. 7).

Außer den Braunerden, Parabraunerden und Rendzinen sind im Kreis Coesfeld im Bereich des Kernmünsterlandes zahlreiche weitere - hier nicht dargestellte - Bodentypen vorhanden. Ähnlich wie im Westmünsterland gibt es auch hier Pseudogleye und Gleye, die auf Grund des andersartigen Ausgangsmaterials allerdings auch anders beschaffen sind.

Generell läßt sich im Hinblick auf die Böden im Kreis Coesfeld folgendes feststellen: Während das Sandmünsterland im allgemeinen recht ertragsarme Böden besitzt, sind im Kernmünsterlandteil Böden mit mittleren bis hohen Ertragsqualitäten verbreitet.

Der siedlungsfreie Boden nimmt im Kreis Coesfeld eine Fläche von 79 816 ha (dies entspricht 71,9% der Gesamtfläche) ein. Davon werden gegenwärtig 58 222 ha als Ackerland (52,5%), 19 825 ha als Grünland (17,9%), 16 464 ha als Waldfläche (14,8%) und 1 686 ha als Wasserfläche (1,5%) genutzt (www.kreis-coesfeld.de 2000).

5. Klima

Die Westfälische Tieflandsbucht öffnet sich weit nach Westen und Nordwesten, und dementsprechend werden all ihre Landschaftsteile - so auch der Kreis Coesfeld - vom atlantischen Klima geprägt. Kennzeichen dieses Klimas sind ganzjährige Feuchtigkeit mit milden Wintern und mäßig warmen Sommern.

Die Jahresniederschläge liegen im Durchschnitt zwischen 750 und 800 mm. Lokal ergeben sich allerdings einige Abweichungen: Aufgrund ihrer Höhenlage erhalten sowohl die Borkenberge (6) als auch die Hohe Mark (5) und ebenfalls die Haard (7) mit bis zu 900 mm deutlich mehr Niederschläge pro Jahr (Ditt 1996, S. 25). In den luvseitig vorgelagerten, tiefergelegenen Landschaftsteilen sinkt die mittlere jährliche Niederschlagsmenge dagegen unter 800 mm. Deutlich geringere Niederschlagsmengen um 700 mm verzeichnen die im Lee der Höhen gelegenen Areale. Die maximalen Niederschläge fallen in den Hauptmonaten Juli und August, während der März und April die Minimummonate darstellen (Ringleb/Werner 1986; Müller-Temme 1986).

Die Jahrestemperaturen sind verhältnismäßig ausgeglichen; die mittlere Jahresschwankung beträgt ca. 16 °C. Während die durchschnittliche Juli-Temperatur bei 17 °C liegt, weist die mittlere Januar-Temperatur einen Wert von etwa 1 °C auf. Die davon abweichenden Durchschnittswerte von 1,5 °C im Westmünsterland und von 0,5 °C im Kernmünsterland deuten darauf hin, daß das atlantische Klima nach Osten zu leichte kontinentale Einflüsse erfährt. Somit kann das Klima des Kreises und damit das der ganzen Tieflandsbucht nicht mit dem atlantischen Klima küstennäherer Gebiete gleichgesetzt werden. Ähnliches gilt auch für die Sommertage: Im Westmünsterland liegt die durchschnittliche Zahl der Sommertage (mit Temperaturen über 25 °C) bei 25 bis 30, im Kernmünsterland erhöht sie sich auf über 30. Die Winde wehen vorherrschend aus Südwest, drehen im Jahresverlauf jedoch häufiger in verschiedene Richtungen (Deutscher Wetterdienst 1979; Kreis Coesfeld 1986, S. 21).

6. Vegetation

Unsere heutige Vegetation ist das Ergebnis einer langen Folge von natürlichen Prozessen und menschlichen Einwirkungen. Sie ist - sieht man einmal von den baumfreien Hochmooren und Gewässern ab - aus einer ursprünglichen Laubwaldlandschaft hervorgegangen, wobei der Wald mit steigender Siedlungsdichte und Anbautätigkeit des Menschen mehr und mehr Flächenanteile einbüßte. Der zeitliche Beginn dieser Entwicklung fällt mit den bäuerlichen Aktivitäten in der Jungsteinzeit zusammen. Infolge der anthropogenen Landschaftsgestaltung entstand im Verlaufe von über 6000 Jahren das heutige, von vielfältigen Wirtschaftsformen geprägte und beeinflußte Vegetationsmosaik. Das gegenwärtige, durch die menschliche Wirtschaft bedingte und modifizierte Pflanzeninventar bezeichnet man als aktuelle Vegetation. Diese umfaßt den gegenwärtigen Vegetationszustand eines Gebietes mit seinen natürlichen und kulturbedingten Pflanzengesellschaften (Burrichter/Pott/Furch 1988, S. 1).

Zur Beurteilung des ökologischen Potentials einer Landschaft ist die Darstellung der aktuellen Vegetationszusammensetzung allerdings weniger geeignet, da sie wirtschaftsbedingt zumeist nur von kurzfristiger Dauer ist. Hierfür ist in besonderer Weise die heutige sog. potentielle natürliche Vegetation prädestiniert. Sie stellt einen hypothetisch-konstruierten Zustand der Vegetation dar, der sich unmittelbar nach Einstellung der menschlichen Wirtschaftsmaßnahmen und nach Ablauf der entsprechenden Vegetations-Entwicklungsstadien einstellen würde. Dieser angenommene Zustand entspricht der gegenwärtigen Leistungsfähigkeit eines Standortes, d.h. dem Potential seiner Wachstumskräfte (u.a. Burrichter 1973, S. 4 f.; Burrichter/Pott/Furch 1988, S. 1 f.).

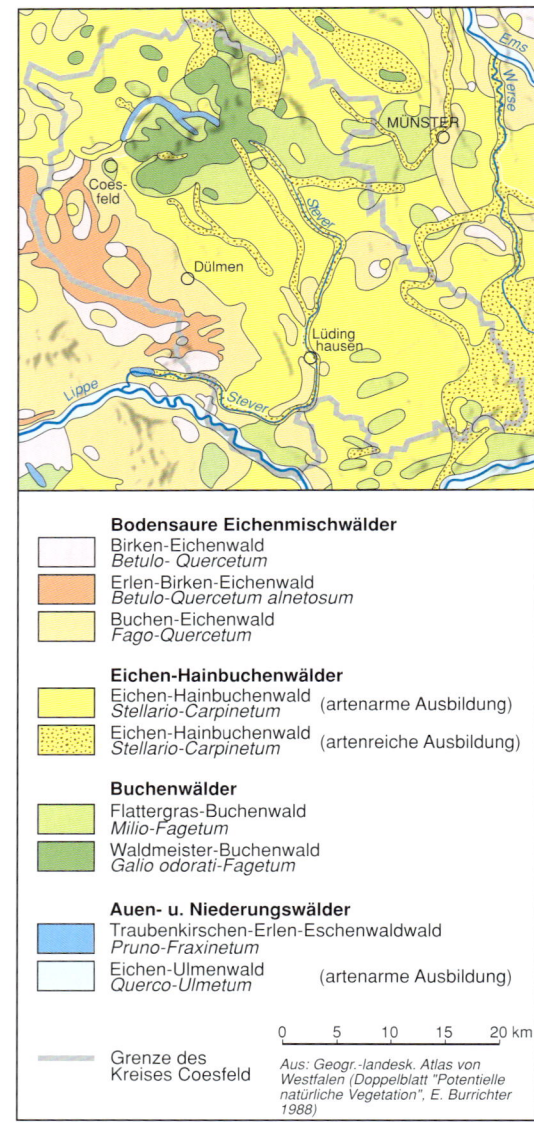

Abb. 5: Potentielle naürliche Vegetation

Die vorwiegend im westlichen Teil des Kreises abgelagerten pleistozänen Sande sind potentielle Verbreitungsgebiete des Bodensauren Eichenmischwaldes *(Quercion robori-petraeae)*. Zu dessen Verband zählen der Birken-Eichenwald *(Betulo-Quercetum)* und der Buchen-Eichenwald *(Fago-Quercetum = Periclymeno-Fagetum)* (Abb. 5; Pallas 1996, S. 2 f.). Den unterschiedlichen Standortverhältnissen entsprechend wechseln diese im Gelände mosaikförmig miteinander ab. Auf den anlehmigen Sandböden vermag die Buche noch zu wachsen. Im Vergleich zu reinen Buchenwäldern ist hier ihre Alleinherrschaft jedoch gebrochen, und so kommt es zum Wachstum von Buchen-Eichenwald *(Fago-Quercetum = Periclymeno-Fagetum)*. In diesem Wald ist die Buche mit größeren Anteilen von Trauben- und Stieleiche vergesellschaftet. Die reinen, meist podsolierten Quarzsandböden dagegen reichen qualitativ als Buchenstandorte nicht mehr aus. Hier können nur noch anspruchslosere Baumarten, wie Stieleiche und Sandbirke, gedeihen (Burrichter/Pott/Furch 1988, S. 11 f.).

Großflächige Gebiete im Bereich des Kernmünsterlandes sind infolge stau- und grundwasserfeuchter Lehmböden potentielle Wuchsorte des artenarmen und artenreichen Eichen-Hainbuchenwaldes *(Stellario-Carpinetum)* (Burrichter/Pott/Furch 1988, S. 17 f.).

Im Bereich der Baumberge, der Lippehöhen und auch einiger kleinerer Erhebungen, also auf trockeneren Standorten, findet die Buche gute Wuchsbedingungen. Je nach Substrat kommt es hier zur Ausbildung von Waldmeister-Buchenwald *(Galio odorati-Fagetum + Hortelymo-Fagetum)* oder Flattergras-Buchenwald *(Milio-Fagetum = Maianthemo-Fagetum)* (Burrichter/Pott/Furch 1988. S. 20 f.; Vogel 1996, S. 59; Pollmann 1997, S. 36 f.).

Die Auen- und Niederungswälder sind als grundwassernahe Waldgesellschaften nicht nur vom Bodensubstrat als solchem, sondern auch vom Nährstoffgehalt des Grundwassers abhängig. Im nördlichen Teil des Kreises im Bereich der Berkel-Niederung herrschen potentielle Wachstumsbedingungen für den Traubenkirschen-Erlen-Eschenwald *(Pruno-Fraxinetum)* vor. Die Lippe-Talung im äußersten Südwesten des Kreisgebietes erweist sich als geeigneter potentieller Standort für den Eichen-Ulmenwald *(Querco-Ulmetum)* (Burrichter/Pott/Furch 1988, S. 30 f.).

Zwei größere zusammenhängende potentielle Wuchsorte für Hochmoorvegetation und Bodensaure Eichenmischwald-Sekundärvegetation auf ehemaligen Moorflächen finden sich in der Nähe von Senden und im Bereich der Heubachwiesen (s.u.).

Durch intensives anthropogenes Wirtschaften

In den Baumbergen
(Foto: Kreis Coesfeld)

haben sich die ehemals weitflächigen Waldgebiete zumeist in kleinere Waldinseln zurückgebildet. Dennoch finden sich im Kreis Coesfeld keine restlos baumentblößten Bereiche. Neben den Waldinseln überspannt ein dichtes Netz von Wallhecken, Hecken und Baumreihen das gesamte Kreisgebiet. Hierdurch entsteht beim Betrachter der Eindruck einer waldreichen Landschaft, obwohl der Kreis real nur 14,8% Waldfläche besitzt. Die waldärmste Gemeinde ist mit 10, 7% Billerbeck, die waldreichste mit 21,8% Olfen (LDS NRW 1997, S. 42/43; www.kreis-coesfeld.de 2000).

Die reale Vegetation entspricht in weiten Bereichen der potentiellen natürlichen Vegetation. Aber vielerorts wurden Waldareale sowohl durch Ackerbau und Grünlandnutzung als auch durch forstwirtschaftlichen Anbau nicht heimischer Gehölze, wie beispielsweise Kiefern und Fichten, verdrängt. Die Erhaltung der Restwaldflächen ist im Sinne des Natur- und Artenschutzes. Ziel sollte es dabei sein, das teilweise bereits vorhandene, vernetzte Landschaftssystem weiter auszubauen, um hier lebenden Pflanzen und Tieren einen ausreichenden Lebensraum zu gewähren (s.u.; Kreis Coesfeld 1986, S. 23).

7. Natur- und Landschaftsschutz

Gemäß dem geltenden Landschaftsgesetz von Nordrhein-Westfalen (in der Neufassung vom 15.08.1994) werden für das Gebiet des Kreises Coesfeld Landschaftspläne erstellt (MURL 1997). Diese bilden die Basis für die Entwicklung, den Schutz und die Pflege der Landschaft und ihrer Bestandteile. Für das gesamte Kreisgebiet liegen derzeit drei rechtskräftige Landschaftspläne („Coesfelder Heide/Flamschen", „Merfelder Bruch/

Borkenberge", "Olfen/Seppenrade") vor. Ein weiterer Landschaftsplan ("Nordkirchen/Herbern") befindet sich im Stadium konkreter Planung. Laut Landschaftsgesetz können Teile der Natur und Landschaft als Landschaftsschutzgebiet, Naturschutzgebiet, Naturdenkmal und Geschützter Landschaftsbestandteil eingestuft werden (MURL 1997, S. 22).

Im Kreis Coesfeld gibt es insgesamt 30 Landschaftsschutzgebiete. Diese verteilen sich mehr oder weniger gleichmäßig über das gesamte Kreisgebiet. Neben 32 ausgewiesenen Naturschutzgebieten (NSG) sind im Kreis Coesfeld derzeit 162 Naturdenkmäler (ND) unter Schutz gestellt (Abb. 6). Naturdenkmäler sind im Landschaftsgesetz definiert als schützenswerte „Einzelschöpfungen" der Natur. Naturschutzgebiete werden insbesondere zur Erhaltung von selten gewordenen Lebensgemeinschaften oder Biotopen bestimmter wildlebender Pflanzen- und Tierarten eingerichtet. Bei der Unterschutzstellung spielen darüber hinaus aber auch wissenschaftliche, naturgeschichtliche, landeskundliche oder erdgeschichtliche Gründe sowie Seltenheit, besondere Eigenart oder herausragende Schönheit eines potentiellen Gebietes eine Rolle (MURL 1997, S. 22).

Die Naturschutzgebiete im Kreis Coesfeld nehmen derzeit eine Gesamtfläche von 2 211,85 ha ein, was einem prozentualen Anteil am Kreisgebiet von 2% entspricht. Davon entfallen auf Nieder- und Hochmoore 315,4 ha, auf Feuchtwiesen (nach dem Feuchtwiesenprogramm) 201 ha und auf andere Flächen 1 695,45 ha.

Ein Vergleich der um 1894 vorhandenen Nieder- und Hochmoore (ca. 1 994 ha) mit den heute noch existierenden Restflächen zeigt deutlich, wie stark der Flächenanteil dieser einzigartigen Ökosysteme zurückgegangen ist (um ca. 84%). Zugleich wird einsichtig, wie bedeutsam die konsequente Unterschutzstellung solcher Reliktflächen ist. Nur wenn dies geschieht, besteht überhaupt eine Chance, die letzten Moor-Refugien mit ihrer speziell angepassten Flora und Fauna zu erhalten und langfristig möglicherweise sogar wieder auszuweiten.

Größere Niedermoorareale findet man im Kreis Coefeld heute nur noch u.a. im NSG Heubachwiesen. Reliktflächen ehemals ausgeprägter Hochmoore sind im NSG Hochmoor Borkenberge und im NSG Venner Moor anzutreffen. Letzteres soll im folgenden kurz vorgestellt werden.

Das Venner Moor liegt ca. 3 km östlich von Senden und besitzt gegenwärtig eine Flächengröße von 177 ha. Das ursprünglich 31,5 ha große Kerngebiet wurde bereits 1954 unter Schutz gestellt. Es handelt sich hier um ein größtenteils abgetorftes Hochmoor, das nach seiner Trockenlegung zwischenzeitlich verheidet war und heute überwiegend trocken und bewaldet ist. Das Moor ist etwa Mitte des Atlantikums, d.h. vor 4000 v. Chr., in einem Birken-Kiefernwald entstanden. Die älteren und jüngeren Torfschichten wuchsen im Laufe der Entwicklung uhrglasförmig bis zu 2,60 m empor (Runge 1982, S. 208).

Im heutigen unvollständig abgetorften Teil des NSG Venner Moor befinden sich vier rechteckige Torfstiche. Diese sind seit der endgültigen Schließung der letzten Entwässerungsgräben im Jahr 1974 mit Wasser gefüllt und weisen neben Torfmoosen an den Rändern größere Wollgrasbestände auf (Regenerationsstadium). Infolge der zwischenzeitlich durchgeführten Optimierungsmaßnahmen (u.a. Wiedervernässung, Entbirkung) hat sich in den Torfstichen wieder moortypische (z.B. *Carex rostrata*-Herden) und hochmoortypische Vegetation (z.B. *Eriophorum vaginatum-Sphagnum fallax*-Bestände) ausgebreitet.

Daneben findet man im NSG noch kleine Birkenbruchwaldreste. Nordwestlich grenzen ca. 2 ha große Feuchtheidereliktе an *(Calluno-Genistetum molinietosum)*, die stark mit Pfeifengras und Birken durchsetzt sind. Im Nordwesten ist etwa um 1986 eine ca. 1 ha große Fläche maschinell abgeschoben worden, auf der sich derzeit eine Besenheide entwickelt. In ganz Westfalen kommt nur hier der Grönländische Porst in einem großen Bestand vor. Weiter südlich finden sich Kiefern-Birken- und Birkenbruchwaldareale, in denen neben Zwergsträuchern Pfeifengras dominiert. Außerdem sind kleine Torfmoosbulte eingestreut, die auch in den verschlossenen Entwässerungsgräben zu finden sind. Die meisten Birken sind durch die Wiedervernässung bereits abgestorben und von dichten Flechtenkrusten überzogen. Die abgestorbenen Baumstämme dienen als Spechthöhlen. Das Gebiet wird von mehreren etwa 1,50 m hohen Wegen durchzogen, die auf den Torfrippen entlang der Torfstiche verlaufen. Der südliche Teil des Naturschutzgebietes setzt sich aus Eichen-,

Im Weißen Venn
(Foto: Karl-Heinz Otto)

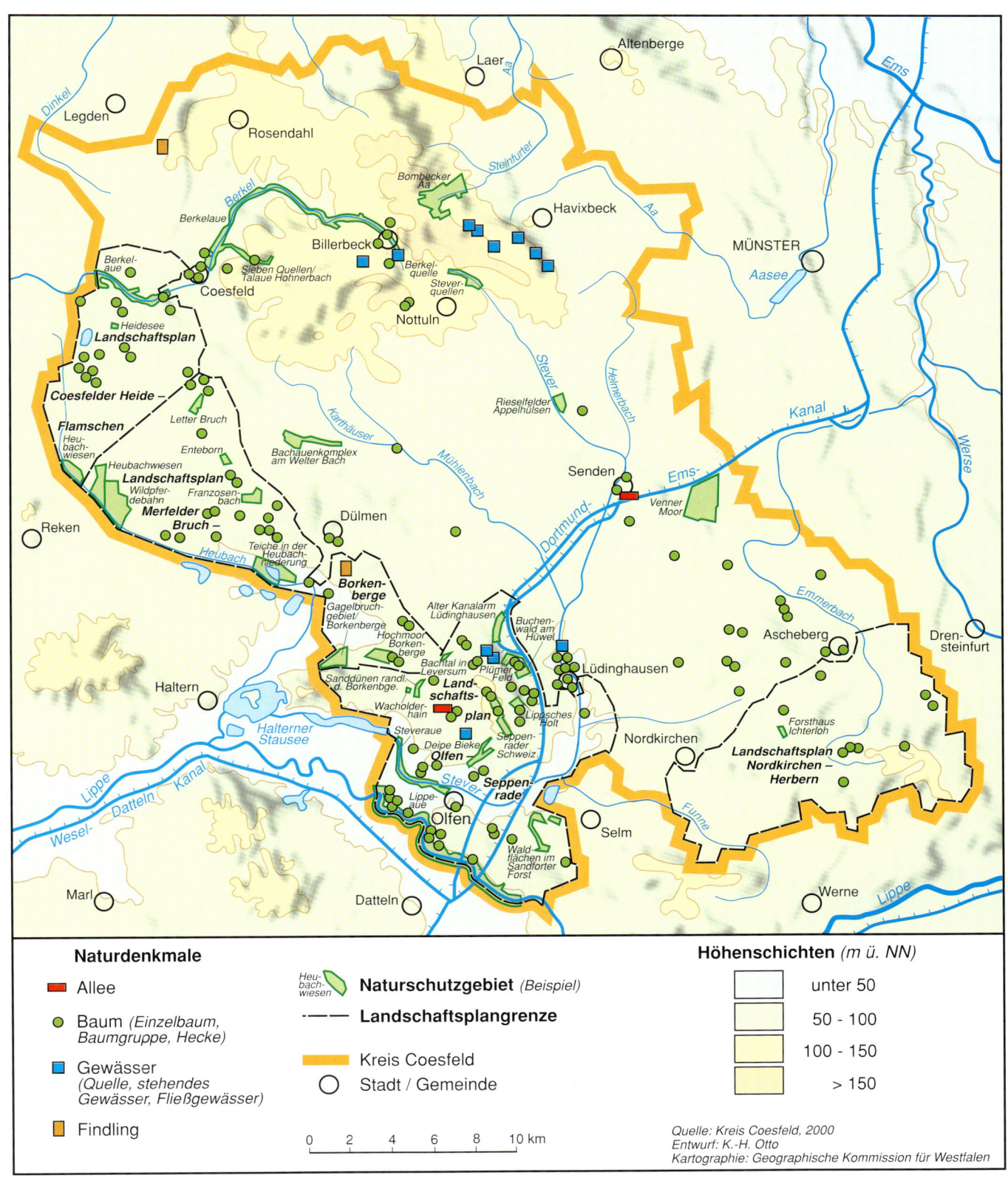

Abb. 6: Naturschutzgebiete, Landschaftsschutzgebiete und Naturdenkmäler (31.12.1999)

Eschen- und Erlenforsten zusammen. Eingestreut ist ein kleiner Buchenaltholzbestand. Westlich schließen sich Fichten- und Kieferndickungen an (Wittig 1980; S. 195 f.; Thomas 1983, S. 48).

Laut Zählungen von Wittig (1980, S. 198) erhält das Venner Moor von Mai bis Oktober, insbesondere an Wochenenden und Feiertagen, zahlreiche Besucher. Auf Grund der örtlichen Bedingungen (schwer durchdringbarer Birkenwald, wassergefüllte Torfstiche etc.), möglicherweise aber auch aus Respekt vor Kreuzottern, verlassen die Besucher eher selten die ausgewiesenen Wege, so dass bisher keine wesentlichen Schädigungen der Vegetation zu verzeichnen sind. Auf den Brutvogel-Bestand dürfte sich die hohe Besucherzahl aber sicherlich negativ auswirken. Die strikte Einhaltung geltender Vorschriften sollte beim Besuch von Naturschutzgebieten - im Sinne der Erhaltung und Pflege der dort existierenden Biotope einschließlich ihrer Flora und Fauna - für jedermann oberstes Gebot sein.

Seit dem 01.04.1998 ist das Kulturlandschaftsprogramm (KULAP) des Kreises Coesfeld in Kraft. Mit diesem Programm, das durch den Erlaß des Ministeriums für Umwelt, Raumordnung und Landwirtschft (MURL) des Landes NRW vom 31.03.1998 genehmigt wurde, sollen „die kulturhistorisch geprägten Landschaftsräume im Kreis Coesfeld erhalten und nachhaltig entwickelt werden" (Kreis Coesfeld-Umweltamt/Untere Landschaftsbehörde 1998, S. 1). Oberstes Ziel des KULAP's ist die Entwicklung eines kreisweiten Kooperationsrahmens zur Förderung und Sicherung des Naturschutzes auf freiwilliger Vertragsgrundlage. Das Programm verknüpft bereits bestehende Förderprogramme des Landes, wie beispielsweise das Feuchtwiesenschutzprogramm, das Gewässerauenprogramm und das Uferrandstreifenprogramm sowohl funktional als auch instrumental. Durch das KULAP wird die finanzielle Voraussetzung geschaffen, die im Sinne des Naturschutzes wünschenswerte Flächennutzung für den Zeitraum von fünf Jahren zu sichern. Nach Ende der Vertragszeit sind die Flächen für den Eigentümer wieder verfügbar wie vorher. Das KULAP unterstützt mit der Bereitstellung von Zuwendungen im Rahmen des Vertragsnaturschutzes die Ziele der Landschaftsplanung. Somit ist dieses Programm als Kooperationsprogramm zwischen den Belangen des Natur- und Landschaftsschutzes einerseits und den Interessen der Flächenbesitzer andererseits zu verstehen. Die Teilnahme am KULAP ist als Angebot zu begreifen und erfolgt auf freiwilliger Basis. Im partnerschaftlichen Miteinander werden auf der Grundlage von Bewirtschaftungsverträgen die jeweils spezifischen Pflegenutzungsmodalitäten vereinbart. Schutzwürdige Flächen werden somit durch extensive, kulturhistorisch begründete Bewirtschaftungsformen nachhaltig gesichert und die ökologische Leistung der bewirtschaftenden Landwirte angemessen honoriert. Das Vertragsangebot richtet sich insbesondere an solche Landwirte, die eine betriebswirtschaftliche Chance darin sehen, unrentable, aber gesellschaftlich erwünschte Landnutzungen zu betreiben.

Das KULAP ist als ein Instrument zu verstehen, bei dem Naturschutz und Landwirtschaft aus unterschiedlichen Beweggründen heraus die Realisierung eines gemeinsamen Ziels verfolgen: „den ökonomischen und zugleich ökologischen Erhalt der historisch gewachsenen bäuerlichen Kulturlandschaft" (Kreis Coesfeld-Umweltamt/ Untere Landschaftsbehörde 1998, S. 2).

Literatur

Arnold, H. (o.J.): Der Untergrund des Coesfelder Raumes besonders nach den Ergebnissen der Tiefbohrung Münsterland I. – Beiträge zur Landes- und Volkskunde des Kreises Coesfeld, H. 7, Coesfeld

Arnold, H. (1966): Das Quartär im Landkreis Coesfeld. In: Kreisverwaltung Coesfeld (Hg.), S. 211-216

Beyer, L. (^{2}1992): Die Baumberge. Landschaftsführer des Westfälischen Heimatbundes, H. 8. Münster

Burrichter, E. (1973): Die potentielle natürliche Vegetation in der Westfälischen Bucht. Erläuterungen zur Übersichtskarte 1:200.000. – Landeskundliche Karten und Beiträge der Geographischen Kommission für Westfalen, Reihe Siedlung und Landschaft in Westfalen, H. 8, Münster

Burrichter, E./Pott, R./Furch, H. (1988): Potentielle natürliche Vegetation. In: Geographisch-landeskundlicher Atlas von Westfalen, II. Landesnatur, 4. Lieferung, Doppelblatt 1 und Begleittext. Münster

Broll, G./Bernhardt, K.-G. (Hg.) (1996): Aspekte der angewandten Landschaftsökologie. Karl-Friedrich Schreiber zum 70. Geburtstag. Arbeiten aus dem Institut für Landschaftsökologie WWU, Bd. 2, Münster

Dahm-Arens, H. (1966): Die Böden im Landkreis Coesfeld. In: Kreisverwaltung Coesfeld (Hg.), S. 211-216

Dahm-Arens, H. (1995): Boden und Bodennutzung. In: Geologisches Landesamt NRW (Hg.), S. 106-117

Deutscher Wetterdienst (Hg.) (1964): Klimaatlas von Nordrhein-Westfalen. Offenbach

Ditt, H. (1996): Naturräume und Kulturlandschaften Westfalens. In: Petri, F./von Wallthor, A.H. (Hg.), S. 1-326

Dorzdzewski, G. (1995): Devon. In: Geologisches Landesamt NRW (Hg.), S. 22-23

Dorzdzewski, G. (1995): Karbon. In: Geologisches Landesamt NRW (Hg.), S. 23-28

Im Weißen Venn
(Foto: Karl-Heinz Otto)

Felix-Henningsen, P./Schreiber, K.-F./Vogel, A. (1989): Bodenbildende Faktoren, Bodengesellschaften und Bodennutzung Westfalens im Überblick. – Mitteilungen Deutsche Bodenkundliche Gesellschaft, H. 58, S. 7-42

Geologisches Landesamt NRW (Hg.) (1995): Geologie im Münsterland. Krefeld

Gläßer, E. (1971): Ländliche Siedlung und Wirtschaft des Kreises Coesfeld in Vergangenheit und Gegenwart. - Beiträge zur Landes- und Volkskunde des Kreises Coesfeld, Bd. 12, Dülmen

Hellenkemper, H. et. al. (1990): Archäologie in Nordrhein-Westfalen. Geschichte im Herzen Europas. Köln

Kreis Coesfeld, Der Oberkreisdirektor (Hg.) (1986): Umweltschutzbericht. Coesfeld

Kreis Coesfeld, Der Oberkreisdirektor (Hg.) (^{2}1987): Kreis Coesfeld. Dülmen/Westfalen

Kreis Coesfeld-Umweltamt/Untere Landschaftsbehörde (1998): Das Kulturlandschaftsprogramm KULAP des Kreises Coesfeld. Coesfeld

Kreisverwaltung Coesfeld (Hg.) (1966): Der Landkreis Coesfeld 1816/1966. Beiträge zur Geschichte und Landeskunde. Zum 150jährigen Bestehen des Landkreises. Coesfeld

von Kürten, W. (1977): Die naturräumlichen Einheiten auf Blatt 95/96 Kleve/Wesel. Geographische Landesaufnahme 1:200 000. Naturräumliche Gliederung Deutschlands. Bonn-Bad Godesberg

Landesamt für Datenverarbeitung und Statistik Nordrhein-Westfalen (LDS) (1997): Statistische Rundschau für die Kreise Nordrhein-Westfalens. Kreis Coesfeld. Düsseldorf

Lucas, O. (1956): Planungsgrundlagen für den Landkreis Coesfeld/Westfalen. Natur, Bevölkerung und Wirtschaft in Karten und Zahlen. Coesfeld/Münster

Meisel, S. (1960): Die naturräumlichen Einheiten auf Blatt 97 Münster. Geographische Landesaufnahme 1:200 000. Naturräumliche Gliederung Deutschlands. Bad Godesberg

Meisel, S. (1961): Die naturräumlichen Einheiten auf Blatt 83/84 Osnabrück-Bentheim. Geographische Landesaufnahme 1:200 000. Naturräumliche Gliederung Deutschlands. Bad Godesberg

Meynen, E./Schmithüsen, J./Gellert, J./Neef, E./Müller-Miny, H./Schultze, H.J. (Hg.) (1959): Handbuch der naturräumlichen Gliederung Deutschlands. 6. Lieferung. Remagen

Minister für Umwelt, Raumordnung und Landwirtschaft des Landes Nordrhein-Westfalen (MURL) (Hg.) (1997): Landschaftsgesetz. Düsseldorf

Müller-Temme, E. (1986): Niederschläge in raum-zeitlicher Verteilung. In: Geographisch-landeskundlicher Atlas von Westfalen, II. Landesnatur, 2. Lieferung, Doppelblatt 2 u. Begleittext. Münster

Müller-Wille, W. (^{2}1952): Westfalen. Landschaftliche Ordnung und Bindung eines Landes. Münster

Müller-Wille, W. (1966): Bodenplastik und Naturräume Westfalens. – Spieker. Landeskundliche Beiträge und Berichte, Bd. 14, Festband, Münster

Oekentrop, K. (^{2}1987): Erd- und Lebensgeschichte des Kreises Coesfeld. In: Kreis Coesfeld, Der Oberkreisdirektor (Hg.), S. 16-34

Pallas, J. (1996): Beitrag zur Syntaxonomie und Nomenklatur der bodensauren Eichenmischwälder in Mitteleuropa. – Phytocoenologia, Vol. 26: 1-79

Petri, F./von Wallthor, A. H. (Hg.) (1996): Der Raum Westfalen. Bd. VI, Fortschritte der Forschung und Schlußbilanz, Zweiter Teil. Münster

Riegraf, W. (1990): Fossillagerstätten der Oberen Kreide in Westfalen. In: Hellenkemper, H. et al. (Hg.), Seite 96-107

Ringleb, F./Werner, J. (1986): Pflanzenwachstum und Klimafaktoren. In: Geographisch- landeskundlicher Atlas von Westfalen, II. Landesnatur, 2. Lieferung, Doppelblatt 3 und Begleittext. Münster

Runge, F. (1982): Die Naturschutzgebiete Westfalens und des früheren Regierungsbezirks Osnabrück. Münster

Scheffer, F./Schachtschabel, P. (^{14}1998): Lehrbuch der Bodenkunde. Stuttgart

Schütz, H.-U. (1997): Die Böden Westfalens und angrenzender Gebiete. In: Geographisch-landeskundlicher Atlas von Westfalen, II. Landesnatur, 9. Lieferung, Doppelblatt 2 und Begleittext. Münster

Skupin, K. (1995): Tertiär. In: Geologisches Landesamt NRW (Hg.), S. 66-70

Skupin, K./Speetzen, E./Zandstra, J.G. (1993): Die Eiszeit in Nordwestdeutschland. Zur Vereisungsgeschichte der Westfälischen Bucht und angrenzender Gebiete. Krefeld

Skupin, K./Staude, H. (1995): Quartär. In: Geologisches Landesamt NRW (Hg.), S. 71-95

Steiner, J. (^{2}1987): Mitten in der Parklandschaft des Münsterlandes. In: Kreis Coesfeld, Der Oberkreisdirektor (Hg.), S. 9–15

Temlitz, K. (1991): Geologie und Paläogeographie. In: Geographisch-landeskundlicher Atlas von Westfalen, II. Landesnatur, 6. Lieferung, Doppelblatt 2 und Begleittext. Münster

Thomas, W. (1983): Änderungen der Flora des NSG "Venner Moor" in den letzten 44 Jahren. – Natur und Heimat, H. 2, Jg. 43, Münster

Vogel, A. (1996): Die Buchenwälder der Baumberge und benachbarter Höhenzüge. In: Broll, G./Bernhardt, K.-G. (Hg.), S. 59-65

Wittig, R. (1980): Die geschützten Moore und oligotrophen Gewässer der Westfälischen Bucht. – Schriftenreihe der LÖLF, Bd. 5, Recklinghausen

Der Kreis Coesfeld – Entwicklung und Merkmale des Kulturraums

von Heinz Heineberg

1. Administrative Entwicklung und landesplanerische Einordnung

Das heutige Gebiet des Kreises Coesfeld entstand 1975 auf der Grundlage des „Gesetzes zur Neugliederung der Gemeinden und Kreise des Neugliederungsprogrammes Münster/Hamm (Münster/Hamm-Gesetz)"; es setzt sich aus mehreren Anteilen ehemaliger Kreise zusammen, die in der preußischen Zeit geschaffen wurden.

Die erste nach dem Reichsdeputationshauptschluß von 1803 getroffene Einteilung des preußischen Münsterlandes war nur von kurzer Dauer, denn innerhalb des preußischen Erbfürstentums wurde 1806 eine neue Kreiseinteilung vorgenommen. Preußen verlor 1806/1807 das Erbfürstentum an Napoleon mit der Folge mehrerer Neueinteilungen in sogenannte Arrondissements. Nach der Niederlage Napoleons in der Schlacht von Leipzig im Jahre 1817 und der Zuordnung des größten Teils des Raumes Westfalen an Preußen aufgrund der Beschlüsse des Wiener Kongresses von 1814/1815 wurde am 1. August 1816 die neue preußische Provinz Westfalen geschaffen. Sie wurde in drei Regierungsbezirke unterteilt: Münster, Minden (heute Detmold) und Arnsberg. „Am 10. August 1816 gab die Bezirksregierung in Münster die Einteilung des Bezirkes in zehn „landräthliche Kreise" - darunter die Kreise Coesfeld, Lüdinghausen und Münster - bekannt" (Kreis Coesfeld 1985, S. 8, vgl. Abb. 1 in diesem Beitrag). Im 19. Jahrhundert gab es innerhalb dieser Kreiseinteilung nur eine Gebietsveränderung: 1832 wurde vom Kreis Coesfeld die Gemeinde Havixbeck abgetrennt und dem Kreis Münster zugeordnet. Im Laufe der ersten drei Jahrzehnte dieses Jahrhunderts erfolgten weitere Veränderungen in der administrativen Abgrenzung des damaligen Kreises Coesfeld: 1908 wurde die Bauerschaft Elvert der Gemeinde Buldern dem Kreis Lüdinghausen angegliedert; 1929 wurden die Stadt und das Amt Haltern dem Kreis Recklinghausen zugeordnet.

Die Landkreise in Preußen waren im 19. Jahrhundert zunächst reine staatliche Verwaltungsbezirke, an deren Spitze jeweils ein Landrat stand. Die Kreisordnung von 1827 als erstes Kreisverfassungsrecht hatte den Kreisen noch keine echte Selbstverwaltung ermöglicht. Erst aufgrund der Kreisordnung von 1886 mit der Schaffung von Kreistagen (anstelle der früheren ständischen Kreisversammlungen mit lediglich beratenden Funktionen) konnten durch die Kreise wirksame Beschlüsse gefaßt werden. Landräte wurden auf Vorschlag der Kreistage vom preußischen König ernannt. Nach dem 2. Weltkrieg wurde aufgrund neuer Regelungen für die Verwaltung von Gemeinden und Kreisen durch Verordnung der britischen Militärregierung das Amt des Oberkreisdirektors eingeführt, der als kommunaler Beamter anstelle des Landrates die Leitung der Kreisverwaltung übernahm. Der Landrat wurde zum gewählten Vorsitzenden des jeweiligen Kreistages. „Die Aufgliederung der Landkreise in Ämter und amtsangehörige sowie amtsfreie Gemeinden wurde nach Schaffung des Landes Nordrhein-Westfalen etwa 20 Jahre beibehalten, ehe die kommunale Neugliederung neue Verhältnisse schuf. Zunächst entstanden 1969 in den ehemaligen Kreisen Coesfeld und Lüdinghausen neue, größere Gemeinden. Die Kreisgrenzen blieben von dieser ersten Neugliederung jedoch noch unberührt" (Kreis Coesfeld 1985, S. 8).

Aufgrund des oben genannten Münster/Hamm-Gesetzes vom 9.7.1974 wurden zum 31.12.1974 die Kreise Coesfeld und Lüdinghausen aufgelöst; Rechtsnachfolger wurde ab 1.1.1975

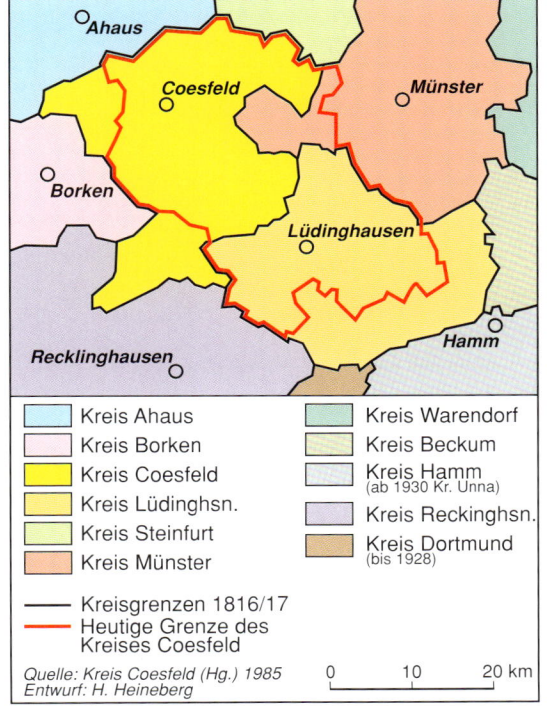

Abb. 1: Der heutige Kreis Coesfeld im Verhältnis zur Kreisgliederung 1816/17
(Quelle: Kreis Coesfeld (Hg.) 1985)

Abb. 2: Der Kreis Coesfeld vor und nach der Gebietsreform vom 1.1.1975

der neue Kreis Coesfeld, in den der ehemalige Landkreis Lüdinghausen größtenteils eingegliedert wurde (s. Abb. 2). Aus dem ehemaligen Kreis Münster wurden die Gemeinden Nottuln (einschließlich Appelhülsen und Schapdetten) und Havixbeck (mit Hohenholte) dem Kreis Coesfeld zugeordnet. Gleichzeitig wurde aus dem „Altkreis" Coesfeld die Stadt Gescher dem neuen Kreis Borken angegliedert; zur Entstehung des Kreises Coesfeld und seiner Nachbarkreise vgl. im einzelnen die Schrift 'Kreis Coesfeld – Der Landrat 2000'.

Der Kreis Coesfeld setzt sich aus den folgenden Gemeinden zusammen: Ascheberg, Billerbeck, Coesfeld, Dülmen, Havixbeck, Lüdinghausen, Nordkirchen, Nottuln, Olfen, Rosendahl und Senden. Sitz der neuen Kreisverwaltung wurde die Stadt Coesfeld. Diese 11 Großgemeinden entstanden im einzelnen aufgrund einer Vielzahl von Veränderungen und unterschiedlichen Zuordnun-

gen bzw. Auflösungen ehemaliger Verwaltungseinheiten (s. Abb. 2):
- So wurden die ehemaligen Gemeinden Ascheberg und Herbern zur neuen Gemeinde Ascheberg zusammengeschlossen.
- Die Stadt Billerbeck wurde durch Flurstücke aus der Gemeinde Nottuln vergrößert.
- In die Stadt Coesfeld wurde die ehemalige Gemeinde Lette eingemeindet; hinzu kamen Fluren und Flurstücke aus den Gemeinden Billerbeck und Darup.
- Die neue Gemeinde Stadt Dülmen entstand im wesentlichen aus der Stadt Dülmen, dem früheren Kirchspiel Dülmen sowie aus den ehemaligen amtsangehörigen Gemeinden Merfeld und Rorup.
- Die Gemeinde Havixbeck wurde um Fluren und Flurstücke aus der Gemeinde Roxel vergrößert.
- Die neue Stadt Lüdinghausen entstand durch Zusammenschluß aus der Stadt Lüdinghausen und der Gemeinde Seppenrade.
- Die neue Gemeinde Nordkirchen wurde durch Zusammenlegung der Gemeinden Capelle, Nordkirchen und Südkirchen geschaffen.
- Die neue Gemeinde Nottuln setzt sich im wesentlichen aus den Gebieten der früheren Gemeinden Appelhülsen, Darup, Limberg, Nottuln und Schapdetten zusammen; im einzelnen erfolgten jedoch zahlreiche kleinere Gebietsveränderungen, Abtretungen oder Eingliederungen von Fluren und Flurstücken.
- Die neue Gemeinde Stadt Olfen entstand aus der Stadt Olfen und der Gemeinde Kirchspiel Olfen.
- Die neue Gemeinde Rosendahl wurde durch Zusammenschluß der Gemeinden Holtwick und Rosendahl geschaffen.
- Die Gemeinde Senden entstand überwiegend durch Zusammenlegung der ehemaligen Gemeinden Bösensell, Ottmarsbocholt, Senden und Venne.

Mit dieser kommunalen Neuordnung war zugleich die Auflösung von Ämtern bzw. Amtsverwaltungen innerhalb des Kreisgebietes verbunden.

Die Entscheidung des Gesetzgebers, die beiden ehemaligen Kreise Coesfeld und Lüdinghausen aufzulösen und den neuen Kreissitz in die peripher gelegene Stadt Coesfeld zu verlegen, hat vor allem im südlichen Teil des Kreises nicht die ungeteilte Zustimmung erfahren. Die „Gebietsverschiebungen lösten bei den davon betroffenen Menschen starke Emotionen aus. Schließlich fühlten sich viele eines Teils ihrer Identität beraubt und durch Entscheidungen am Reissbrett aus gewachsenen Bindungen herausgerissen" (Kreis Coesfeld, Stabsstelle, 2000, S. 2). Zu den „Ausgleichsmaßnahmen" zugunsten der durch Verlust des Kreissitzes geschädigten Stadt Lüdinghausen zählt die dortige Ansiedlung der Hauptverwaltung der Sparkasse Coesfeld.

„Dem Kreis Coesfeld wurden aufgrund seiner infrastrukurellen Defizite vielerorts kaum Überlebenschancen gegeben. Als „Armenhaus des Münsterlandes" verschrien, wurde er in den harten Konkurrenzkampf der benachbarten Wirtschaftsräume geworfen" (ebd.). Die Bevölkerungs- und Wirtschaftsentwicklung der vergangenen 25 Jahre zeigt jedoch, daß sich der Kreis Coesfeld nicht nur behauptet hat, sondern auch über eine besondere Attraktivität als Wohnstandort-, Freizeit- und Wirtschaftsraum verfügt.

Eine Übersicht über die jüngeren Einwohnerzahlen, die Flächengrößen, Bevölkerungsdichten (Einwohner pro qkm) der fünf Städte und übrigen sechs Gemeinden sowie über die Ortsteile bzw. Ortschaften im Kreisgebiet Coesfeld vermittelt die Statistische Übersicht/Tab. 1 im Anschluß an diesen Beitrag. Danach hat Dülmen mit gut 46 000 Einwohnern eine größere Bevölkerungszahl als die Kreisstadt Coesfeld (rd. 35 800 Einw.). Die kleinste Gemeinde ist Nordkirchen mit knapp 10 000 Einwohnern (vgl. auch Abschnitt 3.1).

Im Landesentwicklungsplan (LEP) Nordrhein-Westfalen von 1995, der konkretere Aussagen zur (geplanten) „siedlungsräumlichen Grundstruktur", zur zentralörtlichen Gliederung sowie auch zu den sog. Entwicklungsachsen (Bündelung von Verkehrsinfrastruktur, z.B. Bundesfernstraßen) zwischen den Ober- und größtenteils auch Mittelzentren macht (s. Abb. 3 und 4), erstreckt sich der Kreis Coesfeld zwischen dem sog. Solitären Verdichtungsgebiet der Stadt Münster (Oberzentrum) im Osten und dem polyzentrischen Ballungsraum des Ruhrgebietes mit dessen nördlichem Ballungsrandgebiet im Süden sowie dem Kreis Borken im Westen; letzterer zählt - wie der Kreis Coesfeld - zum sog. ländlichen Raum. Im Kreis Coesfeld befinden sich mit den Städten Coesfeld, Dülmen und Lüdinghausen drei Mittelzentren, die durch überregionale Entwicklungsachsen mit anderen Mittel- sowie auch Oberzentren verbunden sind. Quer durch den Kreis Coesfeld verläuft zwischen den Oberzentren Münster und Dortmund eine Entwicklungsachse von „europäischer Bedeutung" sowie zwischen Münster und dem mittleren Ruhrgebiet eine „großräumige, Oberzentren verbindende Achse". Alle Entwicklungsachsen sind an Autobahnen gebunden (A 1, A 31 und A 43), wobei der Achse Münster - Dortmund der höhere Rang wegen des gleichzeitigen Vorhandenseins wichtiger überregionaler Schienen- und Wasserwege zukommt. Außerdem wird der Kreis Coesfeld im Westen, Norden und Süden von bedeutenden Entwicklungsachsen eingerahmt (vgl. Abb. 4).

Neben den drei Mittelzentren bestehen im

Abb. 3: Zentralörtliche Gliederung und Verkehrsnetz des Kreises Coesfeld

Kreisgebiet lt. Landesentwicklungsplan von 1995 acht Grundzentren; der LEP verdeutlicht jedoch nicht, daß sich viele Gemeinden aus mehreren Ortsteilen und damit verbundenen Versorgungszentren unterschiedlichen zentralörtlichen Rangs, z.T. auch mit Einrichtungen des großflächigen Einzelhandels, zusammensetzen (zur zentralörtlichen Ausstattung vgl. auch Abschnitt 4.6).

2. Frühe Besiedlungen und Siedlungsentwicklung

2.1 Ur- und Frühgeschichte

Das sog. Kern- oder Kleimünsterland, zu dem ein großer Teil des Kreisgebietes zählt (vgl. Abb. 2 im Beitrag von K.-H. Otto in diesem Band) war in der Ur- und Frühgeschichte noch siedlungsarm.

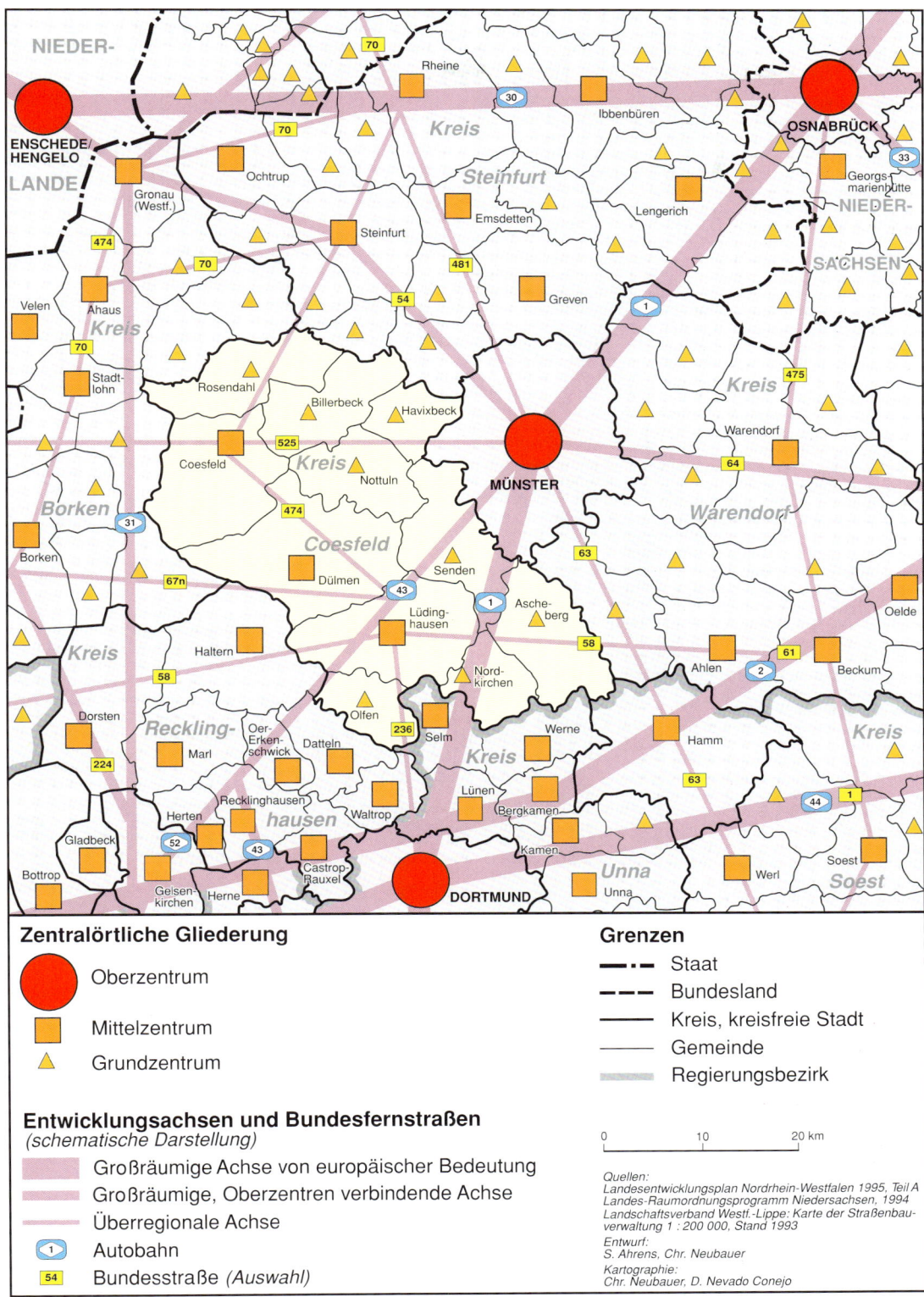

Abb. 4: Der Kreis Coesfeld im regionalen Rahmen: Zentralörtliche Gliederung, Entwicklungsachsen und Bundesfernstraßen

Aus der Zeit um ca. 80000 v. Chr., der mittleren Altsteinzeit, stammen die ältesten historischen Quellen in Westfalen (dies und im folgenden nach Finke 1987). Die damaligen Menschen, die zur Gruppe der sog. Neandertaler zählten, ernährten sich von der Jagd auf Großwild (etwa Mammut) und vom Sammeln wilder Pflanzen und Früchte. Die Neandertaler hielten sich wahrscheinlich im Flachland des Münsterlandes über längere Zeit in Zelten und Hütten als einfachen Behausungen auf.

Im Verlauf der letzten Vereisung (Weichsel-Eiszeit), die einen menschlichen Aufenthalt im Münsterland zeitweise unmöglich machte, starben die Neandertaler aus. Eine endgültige Wiederbesiedlung erfolgte erst am Ende der letzten Eiszeit durch die von Südwesten vordringenden Menschen des homo-sapiens-Typs. Im heutigen Kreis Steinfurt konnten von der ersten Gruppe nacheiszeitlicher Jäger und Sammler, der sog. Federmessergruppe (benannt nach einer bestimmten Form aus Feuerstein geschlagener Spitzen), Wohnbauten (zeltartige Behausungen) nachgewiesen werden. In der um 8000 v. Chr. beginnenden mittleren Steinzeit drangen auf Rentierjagd spezialisierte Bevölkerungsgruppen in das nun von der Tundra beherrschte Münsterland ein. Zahlreiche Fundplätze kleiner, aus Feuerstein geschlagener Stücke, sog. Mikrolithen, die vor allem aus dem südlichen Kreisgebiet und den Baumbergen stammen, deuten auf eine damalige größere Siedlungsdichte hin.

Nachdem ab ca. 4000 v. Chr. die fruchtbaren Lößlehmböden im südlichen Münsterland von seßhaften Ackerbauern und Viehzüchtern (sog. bandkeramische und Rössener Kulturen) eingenommen worden waren, siedelten auf den ärmeren Sandböden des heutigen Gebietes des Kreises Coesfeld erste derartige frühe Landwirte (sog. Michelsberger Kultur, benannt nach einer jungsteinzeitlichen Höhensiedlung auf dem Michelsberg bei Bruchsal). Im Kreis Coesfeld sind mehrere Fundplätze der „Michelsberger Kultur" bekannt geworden (Steingeräte, Keramikbruchstücke, z.B. in Nottuln entdeckt).

Zu Beginn des dritten Jahrtausends v. Chr. drang die sog. Trichterbecherkultur (ebenfalls Ackerbauern und Viehzüchter) von Norden nach Westfalen ein. Von den ehemals vorhandenen Großsteingräbern ist heute im Kreis Coesfeld keines mehr erhalten.

Für den Beginn des zweiten Jahrtausends v. Chr. wurde das Vordringen einer weiteren (viehzüchtenden) Menschengruppe, Einzelgrab- oder auch Streitaxtkultur genannt, aus östlichen Gebieten festgestellt. Danach folgte aus dem Westen die sog. Glockenbecherkultur (benannt nach ihren glockenförmigen Tongefäßen). Viele größere Grabhügel(-felder) mit zahlreichen Gräbern dieser beiden Kulturen, die als „Becherkulturen" eine Vereinigung eingegangen sind, sind heute im Kreis Coesfeld noch erhalten.

Die älteren Bevölkerungsgruppen des Münsterlandes wurden offenbar nicht von den überlegenen bronzezeitlichen Gruppen (Benutzung von Metall als Werkstoff) verdrängt. Auch aus der Bronzezeit sind Grabanlagen mit Beigaben (z.B. bronzene Armringe) im Kreisgebiet nachgewiesen (zu den Funden vgl. im einzelnen Finke 1987, S. 40-41). Zahlreiche Urnenfundstellen aus der mittleren Bronzezeit (ab dieser Zeit wurde die Verbrennung der Toten üblich) deuten auf einen Anstieg der Bevölkerungsdichte ab diesem Zeitraum hin.

Große Urnenfriedhöfe bestanden auch in der nachfolgenden (vorrömischen) Eisenzeit; sie weisen ebenfalls auf eine relativ große Siedlungsdichte hin. Für die letzten beiden vorchristlichen Jahrhunderte und für die um Christi Geburt beginnenden römischen Expansionskriege gibt es in bezug auf den Kreis Coesfeld nur wenige archäologische Quellen (z.B. ein römischer Helm aus Olfen, der auf die Anwesenheit römischer Truppen hinweist). Für die nachfolgende Zeit der Völkerwanderungen sind im Kreisgebiet nach W. Finke (1987) keine Funde bekannt geworden. Daher ist unklar, ob der Kreis in dieser Zeit besiedelt war oder nicht.

2.2 Mittelalterliche Siedlungsentwicklung im Rahmen der münsterischen Territorialpolitik

„Das Verbreitungsgebiet archäologischer Funde erlaubt die Annahme, daß das Kleimünsterland erst mit dem Vordringen der Sachsen im 7. Jahrhundert merklich stärker besetzt bzw. wiederbesiedelt worden sei" (Ditt 1996, S. 41). Nach W. Finke (1993) beginnt mit der Wiederbesiedlung des Münsterlandes durch die Sachsen die bis heute andauernde Siedlungskontinuität. Wie die Abbildung „Frühmittelalterliche Siedlungen im Münsterland" in dem Beitrag von W. Finke (1993, Abb. 1) zeigt, heben sich innerhalb des Münsterlandes die Baumberge und deren Randbereiche durch eine besondere Häufung von Siedlungsfunden aus dem 6. - 10. Jahrhundert heraus.

Einen entscheidenden Einfluß auf die Siedlungsentwicklung im Hochmittelalter erlangte die bischöfliche Landeshoheit. Im nordwestdeutschen Raum waren im 12. Jahrhundert die Bischöfe zu Reichsfürsten aufgestiegen. Die weltliche Herrschaft der Bischöfe von Münster - die im 12. Jahrhundert durch Erwerbungen von den mächtigen Grafen von Cappenberg konsolidiert wurde - erstreckte sich in dieser Zeit im wesentlichen über das Kernmünsterland; die territoriale Außengrenze wurde durch einen Kranz von Bischofs- und Vasallenburgen umrissen (Ditt 1996, S. 94-95). Dazu zählte innerhalb des heutigen Kreises Coesfeld eine vom Bischof Burchard v. Münster (1098-1118) auf einem künstlichen Hügel in der Heubach-Niederung in Hausdülmen (heute zur Stadt Dülmen gehörig) errichtete Burg; diese war bis 1657 Sitz des bischöflichen Amtes Dülmen, wurde jedoch im 18. Jahrhundert zugunsten der Errichtung eines Amtshauses abgetragen.

Klimaperiode	Epoche	Ereignisse/Kulturen	Funde/Merkmale	Jahre
Nach-Wärmezeit (Subatlantikum)	Spätmittelalter	Territorialherrschaften	Landwehren	1500
	Hochmittelalter	Klostergründungen	Turmhügelburgen	
	Karolingerzeit	Stadtentwicklung		900
		Kirchengründungen		750
	Merowingerzeit (Franken und Sachsen)	Christianisierung	Körperbestattung in Reihengräbern	500
				400
	Völkerwanderungszeit	Bevölkerungsverschiebungen	Brandbestattungen	
	Römische Kaiserzeit jüngere / ältere	Stammesverbände	Germanische Siedlungen	um Chr. Geb.
		Schlacht im Teutoburger Wald (9 n. Chr.)		
	Vorröm. Eisenzeit jüngere / ältere	Römische Angriffskriege		
		Eisenverhüttung		
			Urnengräber und Knochenlager	450
				700
Späte Wärmezeit (Subboreal)	Bronzezeit jüngere / ältere	Metallverarbeitung (Bronzeguß)	Urnenbestattungen mit kreis- u. schlüsselloch-förmigen Gräben	
		Frühes Handwerk		1200
			Übergang z. Brandbestatt.	1700
		Schnurkeramik und Glockenbecher Kultur	Körpergräber unter Hügeln	
	Jüngere Steinzeit (Neolithikum)		Megalith- u. Flachgräber	3000
		Trichterbecher Kultur	Erdbefestigungen	
		Michelsberger Kultur	Geschliffene Steinwerkzeuge	
Mittlere Wärmezeit (Atlantikum)		Erste Ackerbauern und Viehzüchter	Keramik	
				4000
Frühe Wärmezeit (Boreal)	Mittlere Steinzeit (Mesolithikum)	Spezialisierte Jäger und Sammler	Schneideneinsätze für Waffen (Mikrolithen)	7000
Vor-Wärmezeit (Präboreal)				
			Harpunen	8000
Weichsel-Eiszeit	Jüngere Altsteinzeit (Jungpaläolithikum)	(Cromagnon-Mensch)	Pfeil und Bogen	
			Klingengeräte	
			Kunst	
		Jäger und Sammler		40000
	Mittlere Altsteinzeit (Mittelpaläolithikum)		Faustkeile und Abschlaggeräte	
Eem-Warmzeit				80000
		(Neandertalmensch)		
Saale-Eiszeit	Ältere Altsteinzeit ↓ (Altpaläolithikum) ↓			120000

Übersicht 1: Zeittafel zur Ur- und Frühgeschichte des Münsterlandes
(Quelle: W. Finke 1987, S. 43)

„Die münsterische Territorialpolitik gründete sich ... zugleich auf eine frühe, planvolle Städteförderung, die im 13. Jahrhundert erkennbar über den Kernraum hinausging. Sie knüpfte in der Regel an einen bischöflichen Haupthof (curtis) an, der, aus dem Bereich des Landgerichts herausgehoben, nur dem Grundherrn unterstand und Siedler anzog, die Parzellen in freier Erbzinsleihe (Weichbildrecht) erwarben. Diese „ländlichen Siedlungen mit urbaner Entwicklungstendenz" stellten einen eigenen Typus zwischen Bauerschaft und Stadt dar, der in der Epoche der Städtegründungen im Münsterland besonders häufig die Vorstufe zum Stadtrechtsort bildete" (Ditt 1996, S. 95). „Bei allen bis zur Mitte des 13. Jahrhunderts mit Weichbild- oder Stadtrechten begabten Orten des Münsterlandes lag eine längere Entwicklung zum Kirchdorf mit Handels- und Verteilungsfunktionen bereits vor" (ebd.). Zu den beiden bedeutendsten zählte neben Warendorf die größere Siedlung Coesfeld, die sich am Westrand der Kleiplatte des Kernmünsterlandes entwickelt hatte. „Um die karolingische Pfarrkirche am Nordufer der Berkel entstanden, bündelte der Ort die Wege, die aus der unteren Westfälischen Bucht nach Westen zum Niederrhein, zur Ijssel und nach Friesland führten" (Ditt 1996, S. 95 - 96). Coesfeld erhielt 1197 münsterisches Stadtrecht (vgl. auch den Beitrag von Chr. Krajewski über die Stadt Coesfeld in diesem Band).

Wie es die Verbreitung von Städten und Burgen im Hochmittelalter zeigt, war die münsterische Landeshoheit noch nicht gleichmäßig entwickelt. „So hatten sich im mittleren Kleimünsterland die Herren von Lüdinghausen als Werdener Lehnsträger in der breiten Stevermulde mit mehreren Burgen ausgebreitet, im Sumpfgebiet der Davert behauptete das Ministerialengeschlecht der Herren von Meinhövel mit der Burg Davensberg seine Vorherrschaft, und [das unmittelbar östlich des heutigen Kreises Coesfeld gelegene, d. Verf.] Drensteinfurt gehörte im 13. Jahrhundert noch dem Bischof von Osnabrück, der Burg und Hof an die Herren von Rinkerode, Burgmänner der Grafen von der Mark auf deren Burg Heessen, verlehnt hatte" (Ditt 1996, S. 96; vgl. auch Abb. 5 in diesem Beitrag).

Diese Herrschaftsverflechtungen lösten sich jedoch im Spätmittelalter zugunsten des Territoriums der münsterischen Bischöfe auf. Hatten diese noch 1271 zum Schutz ihrer landesherrlichen Rechte gegenüber den Herren von Lüdinghausen die Wasserburg Vischering (als Rundburg) errichtet, so gelangte die Burg der Herren von Lüdinghausen 1443 in bischöflichen Besitz (vgl. den Beitrag von Th. Schwarze über die Stadt Lüdinghausen in diesem Band). Zuvor - noch im 13. Jahrhundert - konnten die münsterischen Bischöfe im Norden des heutigen Kreisgebietes Coesfeld den Besitz der Baumberger Edelherren von Horstmar mit ihrer Höhenburg am Schöppinger Berg an sich bringen (Ditt 1996, S. 96-97).

Neben den wenigen großen Burgen, die als Dynasten- oder Landesburgen entstanden sind, gibt es im Münsterland zahlreiche kleine Wasseranlagen, die vom Dienstadel bewohnt wurden (Fischer 1982, S. 19; vgl. auch Abb. 5 in diesem Beitrag). Diese stammen meistens aus dem ausgehenden 13. oder dem 14. Jahrhundert. „Gemein ist ihnen der ländlich-bäuerliche Charakter. Immer schon lagen sie inmitten der Äcker und Wiesen, und die Burgherren lebten als Bauern unter Bauern. Es waren zunächst einfache Gräftenhöfe, das heißt, das Anwesen wurde von Wassergräben umschlossen. Während das Bauernhaus, die Scheune und der Stall meist aus Fachwerk gefügt waren, wurden Speicher und Torhaus oft massiv aus Stein gebaut" ... „Auch die etwas aufwendiger gebauten, „echten" Burgen des Lehnsadels waren auf die landwirtschaftlichen Erfordernisse ausgerichtet, nur daß das Herrenhaus und die Wirtschaftsgebäude meistens räumlich getrennt und auf zwei verschiedenen Inseln gebaut wurden. Das Befestigungssystem beschränkte sich zumeist auf Ecktürme, mit denen das Herrenhaus gesichert wurde, einen Ringwall und eine den Hofraum abschließende Mauer; der Bergfried fehlte dagegen" (ebd., S. 19-20). Beispiel für eine derartige Zwei-Inselanlage des ausgehenden Mittelalters ist im Kreis Coesfeld das Haus Byink in der Gemeinde Ascheberg (Abb. 5), für das bereits für das Jahr 1486 diese Grundrißstruktur belegt ist.

Burg Vischering in Lüdinghausen
(Foto: Kreis Coesfeld)

Abb. 5: Wasserburgen und andere Kulturbauten sowie die „100 Schlösser Route" im Kreis Coesfeld

2.3 Architekturbeispiele aus der Renaissance, dem Barock und dem Klassizismus

Die münsterländischen Wasserburgen - so auch im Kreis Coesfeld - wurden im Zeitalter der Renaissance durch Giebelformen und andere Architekturmerkmale geprägt, deren neue Stilelemente von den westlich gelegenen Niederlanden oder von Osten durch die „Weser-Renaissance" beeinflußt wurden. Im Kreis Coesfeld wurde die alte, bereits 1349 erwähnte Burganlage Haus Hülshoff (Gemeinde Havixbeck) durch Bau des 1545 vollendeten Herrenhauses mit einer solchen Giebelgestaltung ausgestattet. Auch das Haus Havixbeck aus der gleichen Gemeinde ist durch schöne Renaissance-Elemente (in Gestalt eines Drei-Staffelgiebels mit Muschelaufsätzen) gekennzeichnet. Die nach einem Brand 1521 auf den alten Grundmauern (13. Jh.) wieder aufgebaute Burg Vischering in Lüdinghausen wurde 1617/ 1622 an ihrer Südseite der Mantelmauer durch eine große Auslucht mit Dreistaffelgiebel und Erker im Stil der Renaissance ergänzt (vgl. auch den Beitrag von Th. Schwarze über Lüdinghausen in diesem Band).

Der Ausdruck baulicher Pracht - vor allem auch als Merkmal politischer Macht - wurde besonders im Zeitalter des Absolutismus deutlich, das in Westfalen nach französischem Vorbild 1648, nach dem in Münster und Osnabrück geschlossenen Westfälischen Frieden, begann. Herausragendes Beispiel barocker Prachtentfaltung im Kreis Coesfeld ist der unter dem baufreudigen münsterischen Fürstbischof Friedrich Christian von Plettenberg in Nordkirchen entstandene repräsentative Schloßbau, das sog. Westfälische Versailles (vgl. auch den Beitrag von A. Reiche über Nordkirchen in diesem Band). Der mit dem Neubau beauftragte Baumeister Gottfried Laurenz

Pictorius „schuf das Ideal einer Wasserschloß-Anlage, die sich bei aller Weiträumigkeit auf die Schloßinsel konzentriert" (Fischer 1982, S. 164). Die Schloßkapelle des Wasserschlosses ist nach B. Fischer „das bedeutendste Westfälische Werk dieser Art im Hochbarock" (ebd., S. 29). Die Disposition der Gebäude entspricht der damals in Frankreich üblichen Bauweise, allerdings hat Pictorius auch Einflüsse des Klassizismus niederländischer Wasserschlösser geltend gemacht. An der 1734 einschließlich des Parks fertiggestellten Schloßanlage war in der Endphase auch der bekannte norddeutsche Barockbaumeister Johann Conrad Schlaun, v. a. in bezug auf die Gartengestaltung nach eigenen Plänen, beteiligt. Das Schloß ist zusammen mit dem Park von der UNESCO für schutzwürdig erklärt worden, und zwar als „Gesamtkunstwerk von internationalem Rang".

Mit den politischen Veränderungen infolge der Napoleonischen Kriege und der Französischen Revolution änderte sich auch in Westfalen die Aufgabenbestimmung der Sitze des Adels, so daß sich seit Anfang des 19. Jahrhunderts der Bau oder Ausbau von Schlössern erheblich reduzierte. Die politischen und gesellschaftlichen Wandlungen äußerten sich in der Architektur in der „Abkehr vom überschäumenden, sinnlichen Barock (der in Westfalen sowieso immer etwas zurückhaltender aufgetreten war) [und] in der Hinwendung zu den maßvollen, streng „klassischen" Formen der Antike" (Fischer 1982, S. 34). Ein bedeutendes Beispiel dieser neuen Architekturepoche des Klassizismus ist die 1819 begonnene Errichtung des Großen Herrenhauses von Haus Stapel bei Havixbeck, und zwar hundert Jahre nach Vollendung der von Johann Conrad Schlaun stammenden barocken Vorburg-Anlage.

2.4 Siedlungen und Bodenordnung im ländlichen Raum

Der Kreis Coesfeld ist im ländlichen Raum durch einige dominante Formen ländlicher Siedlungen geprägt, die großenteils auch für das gesamte Münsterland (Westfälische Bucht) charakteristisch sind. Wie einer im Jahre 2000 veröffentlichten Kartendarstellung zu Siedlungsformen um 1950 im „Geographisch-landeskundlichen Atlas von Westfalen", hg. von der Geographischen Kommission für Westfalen (Themenbereich IV, Lfg. 10, Doppelblatt 2 mit Begleittext von E. Gläßer) zu entnehmen ist, sind im Kreisgebiet vor allem folgende ländliche Siedlungsformen verbreitet:

Eine charakteristische Siedlungsform sind kleine, lockere, unregelmäßig angelegte Gehöftegruppen, die aus meist drei bis zehn älteren Gehöften bestehen. Dieser „für den gesamten nordwestdeutschen Geestbereich charakteristische Siedlungstyp ist in der wissenschaftlichen Terminologie als „Drubbel" bekannt geworden" (Gläßer 2000, S. 6). Nach dem münsterischen Geographen W. Müller-Wille bezeichnet ein „Drubbel" eine aus wenigen Höfen bestehende Ortschaft, deren Altflur durch eine Langstreifenflur mit Besitzgemenge gekennzeichnet ist (bzw. war). Diese Fluren, „Esch" genannt, sind durch jüngere Flurbereinigungen im allgemeinen arrondiert worden. Besonders auffällig konzentriert sind die lockeren Gruppensiedlungen im Bereich des Dülmener Flachrückens, vor allem an dessen westlicher Abdachung südöstlich von Dülmen bis in das Stadt-

Schloß Nordkirchen
(Foto: Kreis Coesfeld)

gebiet von Coesfeld, sowie auch im Bereich der Berkelterrassen, vornehmlich zwischen Coesfeld und Gescher (Gläßer 1971, S. 20-21). Das Hauptverbreitungsgebiet der lockeren Gehöftegruppen findet sich auf den relativ trockenen sandigen Böden; sie kommen jedoch auch - allerdings mit geringerer Häufigkeit - auf den schweren Böden des Kern- oder Kleimünsterlandes vor.

Wie auf den Urkatasterkarten des früheren Kreises Coesfeld (von 1825) erkennbar ist, dominieren auf den lehmigen, z.T. auch tonigen Böden des Kernmünsterlandes Einzelgehöftsiedlungen in Verbindung mit Blockfluren (Gläßer 1971, S. 31). Es handelt sich bei den vollbäuerlichen Einzelgehöften überwiegend um Altbauernstellen. Sie sind im Kernmünsterland viel häufiger als die vollbäuerlichen Hofstellen des Sandmünsterlandes von Wassergräben bzw. Gräften umgeben. „Ob bei der Gräftenhofanlage primär der Schutzgedanke im Vordergrund stand, sei dahingestellt. Jedenfalls spielte wenigstens in neuerer Zeit auch die soziale Repräsentation der vollbäuerlichen Gräftenhöfe in Anlehnung an die Wasserburgen des Adels eine Rolle. Schließlich können auch wasserwirtschaftliche Aspekte für die Anlage von Gräftenhöfen, vor allem in puncto Entwässerung des eigentlichen Hofplatzes, herangezogen werden" (ebd., S. 5). In der Westfälischen Bucht sind diese Hofstellen häufig mit den Attributen „Schulte" oder „Schulze" versehen, bei früheren Teilungen von Großhöfen wurden die gleichen Namen durch Zusätze wie „Große-" und „Kleine-" oder auch „Alt-" und „Nie-" versehen (Gläßer 2000, S. 5-6).

Hinzu kommen im Kreis Coesfeld eine - allerdings wesentlich geringere - Anzahl von (ehemals lockeren) Haufendörfern (z.B. Hiddingsel oder Lette) sowie einige Reihensiedlungen, die in der Nähe der Baumberge gelegen sind. In den östlich der Baumberge ursprünglich im Waldland mit einer Hufenflur angelegten Reihensiedlungen (z.B. Lasbeck) verlaufen die an die Höfe anschließenden Feldstreifen senkrecht zum Hang bis zum Wald hinauf. „Nach unten schließen sich die feuchten Wiesen an den Bachläufen an, so daß die Dreiheit Wald-Feld-Grünland den Naturgegebenheiten angepaßt ist. Namen wie Lasbecker Mark, Broo-Busch, Drostenloh weisen noch auf die alte bäuerliche Waldnutzung hin" (Beckmann 1968, S. 244). Neben den waldhufenähnlichen Siedlungsformen im Gebiet Havixbeck - Nottuln (außer Lasbeck auch die Bauerschaften Poppenbeck, Masbeck, Natrup, Tilbeck und Stevern) finden sich ähnliche Siedlungen auch in den Bauerschaften Hövel (östlich von Rorup), Hangenau (östlich von Buldern) und Midlich (südwestlich von Osterwick).

Die zu den ländlichen Siedlungen gehörenden Fluren wurden im Kreis Coesfeld - wie auch im übrigen Münsterland und darüber hinaus in Westfalen - durch unterschiedlichste Maßnahmen der ländlichen Bodenordnung (Gemeinschaftsteilungen, Zusammenlegungen oder Umlegungen von Parzellen, Flurbereinigungen) mehrfach und in insgesamt sehr differenzierter Weise verändert. So ermöglichte die 1821 in Preußen verabschiedete „Gemeinheitstheilungsordnung" Neueinteilungen der Feldmarken, allerdings noch kein Verfahren zur bloßen Beseitigung der Besitzersplitterung. Letztere hatte sich u. a. nach der Bauernbefreiung zu Beginn des 19. Jh.s (sog. STEIN-HARDENBERGsche Agrarreformen) entwickelt. Von den Gemeinheitsteilungen (ohne Zusammenlegungen, später - nach Mitte des 19. Jh.s - auch mit Zusammenlegungen) waren weite Teile des heutigen Kreises Coesfeld betroffen; vgl. dazu die von E. Weiss, 1989, im Geographisch-landeskundlichen Atlas von Westfalen veröffentlichte Karte „Gemeinschaftsteilungen und Zusammenlegungen" im Doppelblatt „Ländliche Bodenordnung I (1820-1920)". „Durch die Gemeinheitsteilungen sind insbesondere in den münsterländischen Gemarkungen viele breite und schnurgerade Wege, vielfältige Vorflutanlagen zur Umwandlung der damaligen Heidelandschaft in Fluren mit Äckern, Wiesen, Weiden und Wäldern sowie umfangreiche Wallhecken zur Festlegung der Eigentumsgrenzen an den Landabfindungen entstanden" (Weiss 1989, S. 9). Durch diese landeskulturellen Maßnahmen, die auch Aufforstungen umfaßten, läßt sich somit die heutige „Parklandschaft" des Münsterlandes bzw. speziell des Kreises Coesfeld erklären.

Auswirkungen auf die ländliche Kulturlandschaft des Kreises hatten auch die „Preußische Umlegungsordnung" von 1920, die „Reichsumlegungsordnung" von 1937 sowie das moderne, nach dem 2. Weltkrieg erlassene Flurbereinigungsgesetz des Bundes (1953, Novellierung 1976). Bereits die Umlegungen, von denen größere ländliche Bereiche östlich von Coesfeld und im Raum Lüdinghausen betroffen waren, ermöglichten auch andere landeskulturelle Verbesserungen wie Verbreiterungen oder Verlegungen öffentlicher Straßen und Verbindungswege. Besonderes Gewicht wurde dabei auf durchgehende Wegezüge gelegt.

Große Teile des Gebietes des Kreises Coesfeld wurden - wie die von E. Weiss (1989) veröffentlichte Karte „Umlegungen und Flurbereinigungen" als Teil des Doppelblattes „Ländliche Bodenordnungen II (1920-1987)" im Geographisch-landeskundlichen Atlas von Westfalen zeigt - ab 1954 auf der Grundlage des modernen Flurbereinigungsgesetzes von 1953 neu geordnet. Die Einleitung eines Flurbereinigungsverfahrens wurde damals ausschließlich von landwirtschaftsbetrieblichen Verbesserungen abhängig gemacht. Durch Flurneuordnungen sollten die alten Parzellen- und Flurformen insbesondere dem modernen Maschineneinsatz angepaßt werden: Schaffung großer Flächen, Beseitigung von Ackerräumen, Hecken, Hohlwegen etc., Entwicklungen eines rationellen Wegenetzes, Dränagen (damit schwere Maschinen arbeiten konnten) usw. Während somit die Voraussetzungen für eine technisch fortschrittliche Landbewirtschaftung geschaffen werden sollten, kamen mit der Novellierung des Flurbereinigungsgesetzes von 1976 erstmals stärker Maßnahmen der Landespflege unter Berücksichtigung der ökologischen Ausgleichsfunktionen und auch landesplanerische Zielsetzungen (Verbesserung der Wohn-, Wirtschafts- und Erholungsfunktionen des ländlichen Raumes) zum Tragen (vgl. F. J. Lillotte 1983). Auch wurde erstmals die komplexe Aufgabe der Dorferneuerung - und zwar im Sinne einer erhaltenden Dorfneuerung - als wesentlicher Bestandteil der Flurbereinigung behandelt. Durch die genannten Maßnahmen sind im ländlichen Raum des Münsterlandes vielfache Veränderungen der Kulturlandschaft erfolgt. Diese reichen von der Neuordnung zersplitterten Grundbesitzes, was früher vielfach auch mit der Beseitigung von Wallhecken verbunden war, einer Verbesserung des Wirtschaftswegenetzes - was heute insbesondere auch dem Fahrradtourismus zugute kommt - bis hin zu notwendigen Maßnahmen des Naturschutzes und der Landschaftspflege.

Im Kreis Coesfeld sind in den vergangenen zwei Jahrzehnten sieben z.T. sehr aufwendige Flurbereinigungsverfahren durchgeführt worden, die teilweise noch nach dem Gesetz von 1953 eingeleitet wurden, jedoch später großenteils den neuen ökologischen Zielsetzungen der Landespflege und des Naturschutzes angepasst werden konnten. Ein gutes Beispiel dafür ist das Flurbereinigungsverfahren Rorup in der Stadt Dülmen, das mit 2 250 ha – betroffen waren 54 landwirtschaftliche Betriebe über 10 ha und insgesamt 417 Eigentümer – eine der flächengrößten Bodenordnungsmaßnahmen im Kreis Coesfeld darstellt. Diese wurde zunächst als „klassisches Verfahren zur Erleichterung der Produktions- und Arbeitsbedingungen in der Land- und Forstwirtschaft eingeleitet. Dabei sollte der zersplitterte und unwirtschaftlich geformte ländliche Grundbesitz neu geordnet werden; das Wegenetz sollte den modernen Wirtschaftsbedingungen angepaßt und die Abflussverhältnisse der Gewässer (sollten) verbessert werden. Mit dieser Zielsetzung geriet das Verfahren natürlich in die ökologische Diskussion, die Anfang der 80er Jahre ihren Höhepunkt erreichte" (Amt für Agrarordnung Coesfeld 1998, S. 19). Die Diskussionen zwischen Naturschützern und Vertretern der Landwirte sowie auch die notwendige Finanzierung des Ankaufs von Ersatzflächen führten zu einer von allen Seiten getragenen Kompromisslösung. Das Ergebnis war - neben den notwendigen Verbesserungen der Agrarstruktur durch die Zusammenlegung und den Ausbau von Wegen und Gewässern - auch die Bereitstellung von Flächen für die Verbesserung der Infrastruktur (z.B. für Friedhofserweiterung, Anlage von Radwegen an Land- und Kreisstraßen) sowie die Ausweisung von 13 ha Biotopflächen, die in der Regel durch Anlegung von Kleingewässern optimiert wurden, und von weiteren 18 ha sog. landschaftsgestaltender Anlagen wie Hecken und Baumreihen. Außerdem wurden an den Gewässern noch Uferstreifen von im Mittel 5 m Breite ausgewiesen, was eine Gesamtfläche von 24 ha ausmacht, und 35 ha für das Naturschutzgebiet *Welter Bach* (konfliktfrei) bereitgestellt.

Ein anderes beachtenswertes Beispiel für umweltverträgliche Bodenordnungsverfahren im Kreisgebiet ist die zwischen 1988 und 1996 durchgeführte Flurbereinigung Aulendorf. Das 1 700 ha große Flurbereinigungsgebiet befindet sich in landschaftlich reizvoller Lage am Rande der Baumberge zwischen Münster und Coesfeld in einem von der Landwirtschaft geprägten Bereich. Die Grundstückzusammenlegungen wurden durch die z.T. sehr engmaschige Heckenstruktur erschwert; dennoch ist auch in diesem Falle der Interessenkonflikt zwischen intensiver Landbewirtschaftung und Landschaftsschutz minimiert worden. „Insgesamt wurden 13 km Hecken und 5,4 km Baumreihen mit einem Flächenbedarf von 7,2 ha ausgewiesen, weiterhin 22 Biotope mit zusammen 8 ha, die ebenfalls nach dem Vernetzungsprinzip in die Landschaft eingebunden wurden. Neben den vorwiegend entlang der Wege geplanten Hecken und Baumreihen wurden diese Anlagen auch zur Unterteilung größerer Blöcke, zur Einbindung der Biotope und im hängigen Gelände als Erosionsbremse eingesetzt" (Amt für Agrarordnung Coesfeld 1998, S. 29).

In jüngerer Zeit kommt im Kreis Coesfeld neben den aufwendigen Flurbereinigungsverfahren dem sog. freiwilligen Landtausch, dessen gesetzliche Regelung durch die Novellierung des Flurbereinigungsgesetzes von 1976 geschaffen wurde, eine zunehmende Bedeutung zu (vgl. Amt für Agrarordnung 1998, S. 68ff.).

Auch die seit der Änderung des Flurbereinigungsgesetzes im Jahre 1976 forcierten Dorferneuerungsmaßnahmen sind für den ländlichen Raum im Kreis Coesfeld von besonderer Bedeutung geworden. Das Amt für Agrarordnung Coesfeld unterscheidet (lt. schriftl. Mitt. v. Th. Bücking, 22.9.00) im wesentlichen drei Arten:
- Gestaltungsmaßnahmen im öffentlichen Be-

reich:
Dies umfaßt meist die Gestaltung von alten Straßenzügen oder Plätzen. Beispiele im Kreis Coesfeld sind: Denkmalschutz in Dülmen-Hiddingsel, Bahnhofsvorplatz Coesfeld-Lette, Altenhammstraße in Ascheberg-Herbern, Umfeld des alten Bahnhofs in Rosendahl-Darfeld, Dorfstraße und Kirchenumfeld Rosendahl-Holtwick, Eschstraße in Rosendahl-Darfeld. Insgesamt sind seit 1982 im Kreis 53 Maßnahmen gefördert worden.
- Restaurierung landwirtschaftlicher Bausubstanz:
Dies betrifft private Eigentümer. Gefördert wurden in den letzten 18 Jahren 269 Maßnahmen, darunter alte Bauernhöfe und auch viele Speicher.
- Umnutzung landwirtschaftlicher Bausubstanz: Diese Art der Dorferneuerungsmaßnahmen ist relativ neu; sie betrifft ebenfalls Privateigentümer, bislang allerdings erst drei im Kreis Coesfeld.

Im Kreis sind insgesamt 325 Maßnahmen mit einem gesamten Fördervolumen von knapp 13 Mio. DM gefördert worden. Dies hat immerhin – neben der Bewahrung der Kultur des ländlichen Raumes – in diesem Bereich ein Investitionsvolumen von über 33 Mio. DM ausgelöst, wovon auch das lokale Handwerk und Betriebe (als eine Art Wirtschaftsförderung im ländlichen Raum) profitiert haben.

Die ländlichen Siedlungen im Kreis Coesfeld wie auch im übrigen Münsterland sind auch im Rahmen des jüngeren Verstädterungs- oder Urbanisierungsprozesses durch Bevölkerungswachstum bzw. -zuzug und Entstehung moderner Wohnbebauung, aber auch durch die gewerbliche Entwicklung (Handwerksbetriebe etc.) teilweise erheblich verändert, d.h. auch verdichtet und vergrößert worden.

3. Bevölkerung und Wohnungsbestand

3.1 Bevölkerungsverteilung und -entwicklung

Der Kreis Coesfeld zählt zu den einwohnermäßig kleinsten Kreisen des Landes Nordrhein-Westfalen und mit lediglich knapp 190 Einwohnern/qkm zu den relativ dünn besiedelten, ländlich geprägten Regionen (z.B. 1999: Kreis Coesfeld 191,7, NRW 528,2 Einw. pro qkm).

Wie Tab. 1 der Statistischen Übersicht zeigt, differieren die Einwohnerdichten innerhalb des Kreises deutlich, so vor allem zwischen Rosendahl, der mit rd. 115 Einw./qkm am geringsten verdichteten Gemeinde, sowie den Städten Dülmen und Coesfeld, deren Einwohnerdichten mit rd. 251 bzw. 253 Einw./qkm am höchsten sind. Noch beträchtlichere Unterschiede bestehen in bezug auf die Einwohnerzahlen, vor allem hinsichtlich der bevölkerungsmäßig größten Städte (Dülmen und Coesfeld) sowie der kleinsten Gemeinde Nordkirchen (vgl. Abschnitt 1 und Statistische Übersicht, Tab. 1).

Der Kreis Coesfeld zeichnet sich durch über eine längere Zeit recht kontinuierlich gewachsene Bevölkerung aus. Betrug die Gesamt-Bevölkerungszahl im Jahre 1976 noch 164 196 Einwohner, so ist die Zahl bis zum 31.12.1999 auf 212 780 Einw., d.h. um 29,6%, angestiegen. Damit liegt der Kreis Coesfeld nicht nur deutlich über den Bevölkerungszuwachszahlen des Münsterlandes und erst recht Nordrhein-Westfalens, er ist sogar der einwohnermäßig zuwachsstärkste Kreis des Landes. Wie Abb. 6 verdeutlicht, unterscheiden sich allerdings innerhalb des Kreisgebietes die Städte und Gemeinden hinsichtlich ihres Wachstums z.T. deutlich voneinander. Die mit Abstand größten relativen Einwohnergewinne seit 1976 verzeichneten die direkt an die Großstadt Münster bzw. an das Ruhrgebiet angrenzenden Gemeinden Nottuln (+ 64,2% Bevölkerungswachstum bis 1999) und Senden (+ 44,3%) sowie Olfen (+ 46,9%). Die relativ geringsten Einwohnergewinne hatte die Kreisstadt Coesfeld (+ 16,6%), absolut gesehen wuchs die Stadt jedoch in dem Betrachtungszeitraum um + 5 101 Einwohner. Ein noch größeres absolutes Einwohnerwachstum mit + 9 205 Einw. hatte Dülmen, die bevölkerungsstärkste Stadt des Kreises Coesfeld.

Im Gegensatz zum benachbarten Ruhrgebiet oder auch zu Nordrhein-Westfalen insgesamt haben ausländische Bevölkerungsgruppen wenig zu dem jüngeren dynamischen Einwohnerwachstum im Kreis Coesfeld beigetragen, denn der – in den vergangenen Jahren nahezu konstante - Anteil von Ausländern an der Gesamtbevölkerung betrug z.B. am 1.1.1998 lediglich 4,2%, dagegen im Regierungsbezirk Münster durchschnittlich 8,4% und im Land Nordrhein-Westfalen insgesamt 11,2% (Daten nach LDS, NRW). Ein erheblicher Anteil der im Kreis Coesfeld ansässigen ausländischen Bevölkerung stammt aus dem ehemaligen Jugoslawien (30%); es folgen Angehörige anderer EU-

Tab. 1: Der Kreis Coesfeld im Vergleich: Einwohner, Flächen und Einwohnerdichten (31.12.1999)

	Einwohner	Fläche (qkm)	Einwohner/qkm
Kreis Coesfeld	212 780	1 109,88	191,7
Kreis Borken	356 706	1 418,46	251,5
Kreis Recklinghausen	660 459	760,27	868,7
Kreis Steinfurt	432 555	1 791,94	241,4
Kreis Warendorf	278 536	1 316,39	211,6
Stadt Münster	264 670	302,84	874,0
Reg.-Bez. Münster	2 608 779	6 905,23	377,8
Land NRW	17 999 800	34 080,02	528,2

Quelle: LDS NRW 2000a

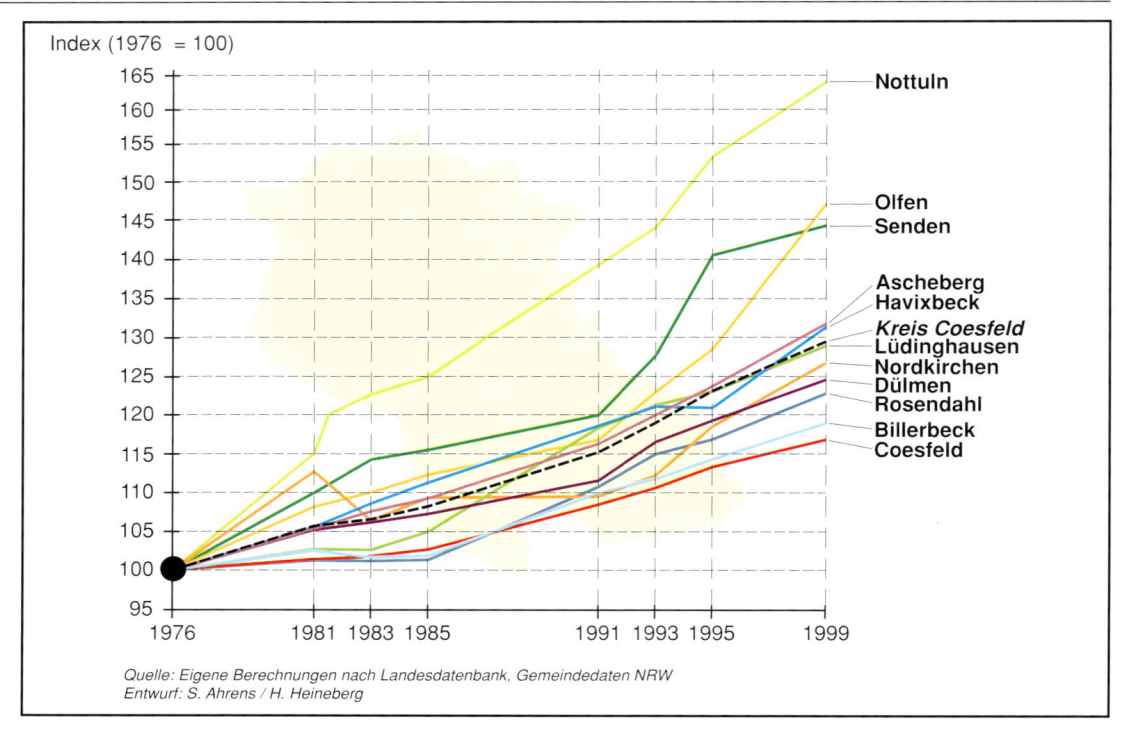

Abb. 6: Einwohnerentwicklung im Kreis Coesfeld zwischen 1976 und 1999

Staaten (18,4%), Türken (18,3%), Asiaten (insgesamt 17,3%) und andere Gruppen. Innerhalb des Kreises konzentriert sich die nichtdeutsche Bevölkerung anteilmäßig vor allem in den drei Städten Coesfeld, Dülmen und Lüdinghausen.

3.2 Natürliche Bevölkerungsstruktur

Die Bevölkerung des Kreises Coesfeld ist mit 51,1% weiblichen und rd. 48,9% männlichen Einwohnern durch ein relativ ausgeglichenes Geschlechterverhältnis gekennzeichnet. Die Altersstruktur des Kreises Coesfeld insgesamt sowie seiner einzelnen Städte und Gemeinden weicht deutlich von derjenigen des Landes Nordrhein-Westfalen insgesamt ab (vgl. Statistische Übersicht/Tab. 2). So ist die Bevölkerung gegenüber dem Land NRW um durchschnittlich 2,4 Jahre jünger. Dies resultiert vor allem aus den überproportional hohen Anteilen jüngerer Altersgruppen (bis 20 Jahre), in denen alle Städte/Gemeinden sowie der Kreis Coesfeld insgesamt den Landeswert von 21,6% überschreiten. Dieser „Jugendlichkeit" der Bevölkerung, die auf relativ große Anteile „junger Familien" hinweist, gilt insbesondere für die durch starkes jüngeres Einwohnerwachstum bzw. Zuwanderungen gekennzeichneten Gemeinden Nottuln (28,9% der Bevölkerung < 20 Jahre) und Senden (27,5%), aber auch für die stärker „ländlich" geprägte Gemeinde Rosendahl (27,8%).

Dem jungen Altersaufbau steht eine vergleichsweise geringe „Überalterung" der Bevölkerung gegenüber, die im Kreis Coesfeld insgesamt (13,1% der Einwohner sind älter als 64 Jahre) sowie auch in allen kreisangehörigen Städten und Gemeinden deutlich geringer ist als der Landesdurchschnitt von 16,2%. Aus der „Jugendlichkeit" der Bevölkerung im Kreis Coesfeld ergibt sich zugleich ein hoher Bedarf an Ausbildungsmöglichkeiten und Arbeitsplätzen für die heranwachsenden Generationen.

3.3 Bevölkerungsveränderungen durch Zuwanderungen und Berufspendlerverkehr

Der Kreis Coesfeld zeichnet sich durch beträchtliche jüngere Zuwanderungen aus der unmittelbar benachbarten Großstadt Münster sowie dem südlich gelegenen Verdichtungsraum des Ruhrgebietes aus. Wie die amtlichen Daten zu den einzelnen Komponenten (Geburten-/Sterbeüberschuß bzw. Zu-/Fortzugsüberschuß) des Bevölkerungswachstums seit 1976 zeigen, erzielten der Kreis (mit 68%) sowie acht seiner 11 Gemeinden innerhalb des 20-Jahres-Zeitraumes bis 1995 mehr als zwei Drittel ihres Einwohnerwachstums aus Zuwanderungen. Den geringsten Anteil an Wanderungsgewinnen mit lediglich knapp 21% hatte die zugleich wachstumsschwächste Gemeinde Rosendahl (zu den Komponenten des Einwohnerwachstums vgl. im einzelnen Ahrens/Heineberg 1997, S. 77ff.). Das Beispieljahr 1999 verdeutlicht das für den Kreis Coesfeld charakteristische Verhältnis zwischen der natürlichen Bevölkerungsentwicklung (Geborene – Gestorbene) einerseits und der größeren zahlenmäßigen Bedeutung der

---

Geschlechtergliederung der Bevölkerung im Kreis Coesfeld und in Nordrhein-Westfalen am 01.01.1999

Kreis Coesfeld
männl. Einw. 48,9 %
weibl. Einw. 51,1 %

Land NRW
männl. Einw. 48,0 %
weibl. Einw. 51,4 %

(Quelle: LDS NRW)

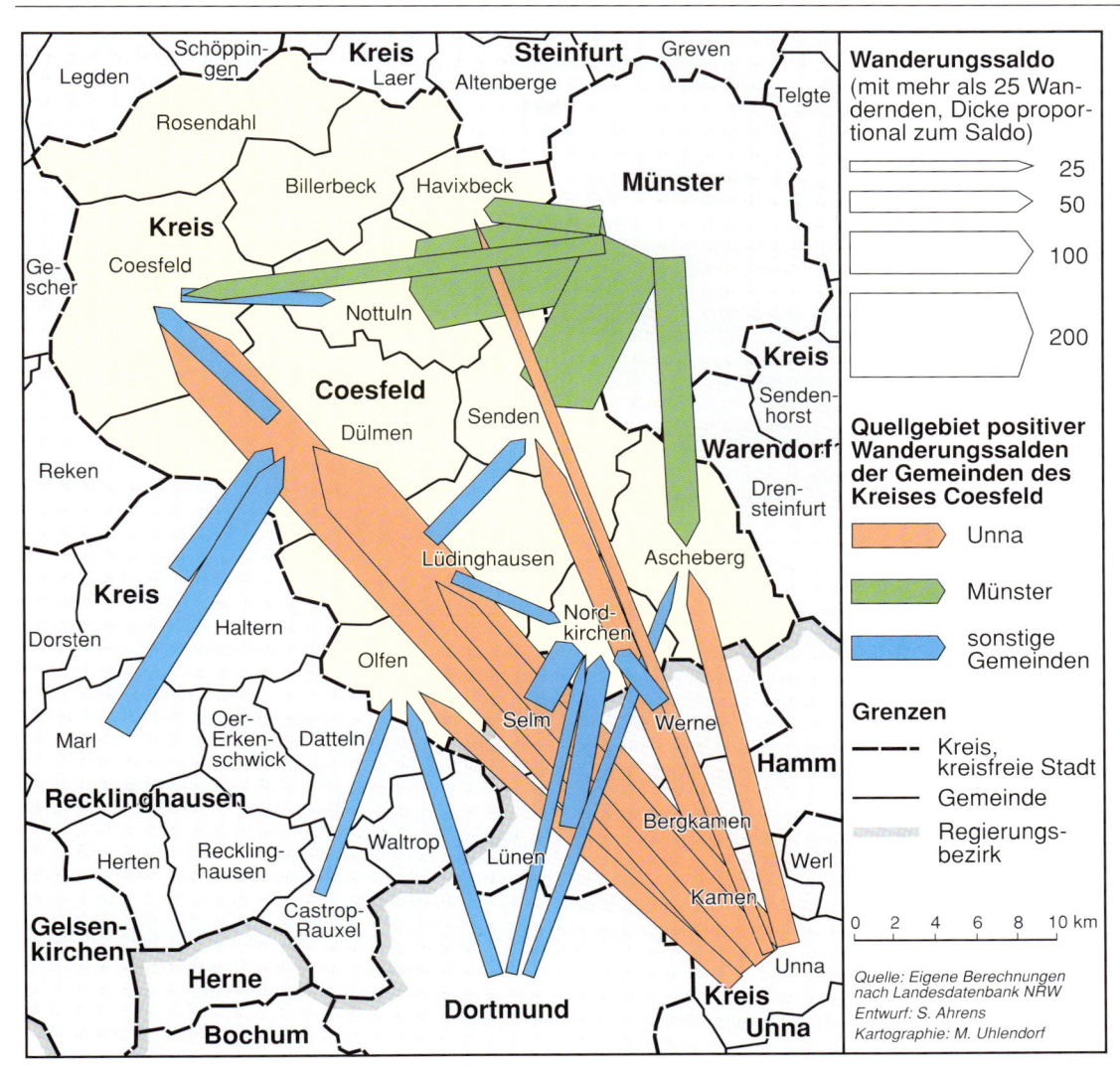

Abb. 7: Wanderungsverflechtungen innerhalb und außerhalb des Kreises Coesfeld im Jahr 1995 –
Die größten Wanderungssalden

räumlichen Bevölkerungsbewegung (Zuwanderung – Abwanderung = Wanderungssaldo) andererseits: Trotz eines deutlichen Geburtenüberschusses (2 336 Lebendgeborene – 1 841 Gestorbene = +495 Einwohner als Überschuß) war der Bevölkerungsgewinn durch Zuwanderungen (10 073 Zuzüge – 8 145 Fortzüge = +1 928 Einwohner als Wanderungssaldo) wesentlich ausgeprägter, d.h. rd. 80% des Einwohnerzuwachses des Kreises Coesfeld resultierte aus Zuwanderungen von außerhalb.

Die unter 3.1 beschriebenen beträchtlichen Bevölkerungszuwächse des Kreises Coesfeld waren in den vergangenen Jahren vor allem eine Folge von „Kern-Rand-Wanderungen" aus den Großstadt- und Ballungsräumen (Münster und Ruhrgebiet). Abb. 7 verdeutlicht beispielhaft für das Jahr 1995, wie die besonders stark gewachsenen Gemeinden Senden und Nottuln sowie die Stadt Olfen, aber auch andere Gemeinden des Kreises Coesfeld (vor allem Coesfeld, aber auch Dülmen) von jüngeren Bevölkerungszuwanderungen aus den beiden benachbarten Verdichtungsräumen profitierten. Das starke Wachstum der Bevölkerung kann „als Indiz einer - gegenüber anderen Teilräumen - deutlich höheren Attraktivität des Kreises Coesfeld als Wohnstandort gewertet werden" (Ahrens/Heineberg 1997, S. 77).

Zu den Gründen der hohen „Zuzugsattraktivität" des Kreises Coesfeld, vor allem seiner in unmittelbarer Nähe zu Münster und dem Ruhrgebiet gelegenen Gemeinden, zählen die im stärker „ländlich" geprägten Raum bestehenden günstigen Bedingungen auf dem Wohn- bzw. Immobilienmarkt, z.B. relativ preiswerte und große Grundstücke für den bevorzugten Eigenheimbau bei gleichzeitiger „Nähe zur Natur" sowie guter Verkehrsinfrastruktur (s. a. Abschnitt 4). So lag – wie die Abb. 8 verdeutlicht – z.B. im Jahre 1995 das Preisniveau für Bauland ganz erheblich unter dem der Großstadt Münster. Daraus erklärt sich eine verstärkte Wohnungsbautätigkeit in den Um-

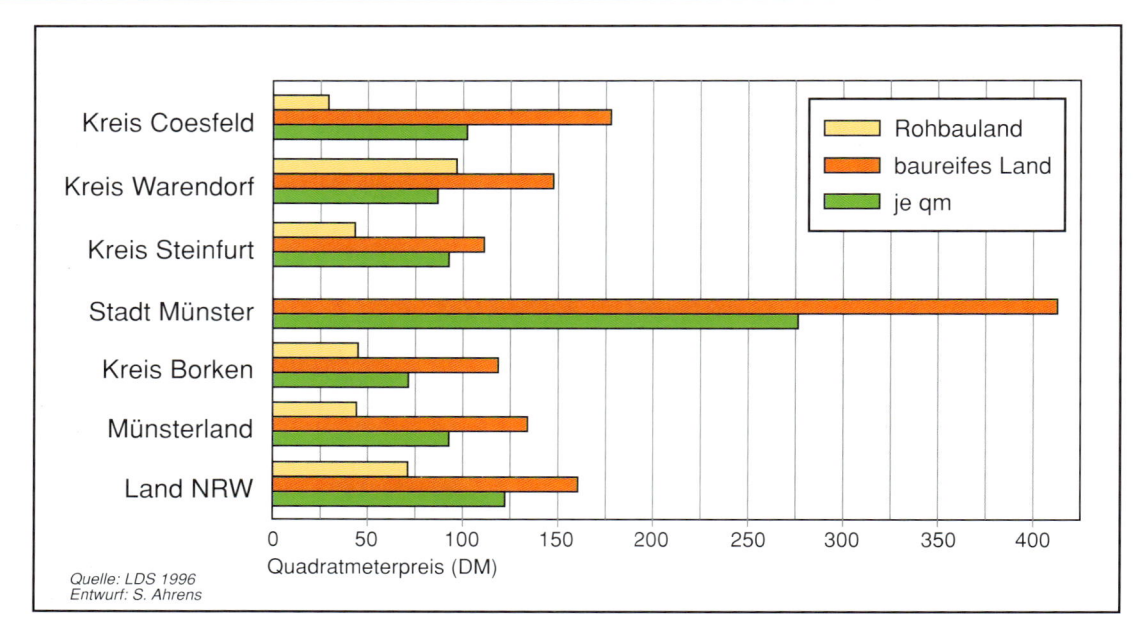

Abb. 8: Preisniveau für Bauland im Kreis Coesfeld und im regionalen Vergleich 1995

landgemeinden der beiden Verdichtungsräume, deren Folge u. a. auch die starke Zunahme des täglichen Berufspendelverkehrs aus dem Kreis Coesfeld ist. So zeigen die Daten für die Mitte der 90er Jahre, daß mehr als die Hälfte der Berufspendler nach Münster aus den benachbarten, zugleich durch große Zuwanderungsgewinne gekennzeichneten Gemeinden Havixbeck, Nottuln und Senden stammt. Zu der sog. inneren Wanderungsregion Münster - mit ebenfalls noch beträchtlichen Pendelverkehrsverflechtungen in Richtung Münster - zählen auch Billerbeck, Dülmen und Ascheberg.

Abbildung 9 veranschaulicht den über die Kreisgrenzen hinweg im Jahre 1998 registrierten Berufspendlerverkehr von sozialversicherungspflichtig gemeldeten Arbeitnehmern. Der Pendlersaldo, d.h. die Differenz zwischen Auspendlern und Einpendlern, betrug in dem Jahr +15.257 Erwerbspersonen. Die Graphik zeigt sehr deutlich die o. g. dominanten Pendlerverflechtungen mit der benachbarten Großstadt Münster, die ganz vorherrschend den Auspendlerverkehr oder rd. 70% des Pendlersaldos anzieht. Das starke Bevölkerungswachstum vor allem der münsternahen Gemeinden Havixbeck, Senden und Nottuln ist durch diese Arbeitsmarktverflechtungen möglich geworden. Der Berufspendlerverkehr mit der Stadt Münster ist wesentlich bedeutender als die Pendlerbeziehungen mit dem im Süden gelegenen Ruhrgebiet. Fest steht auch, dass sich unter den Auspendlern des Kreises Coesfeld deutlich mehr Akademiker bzw. Angestellte als Arbeiter befinden. Es „folgt aus der Pendlerstatistik, dass ein wichtiges Exportgut des Kreises Coesfeld die Arbeit ist, die seine Bewohner in den umliegenden Städten und Gemeinden erbringen und deren Entlohnung als „importierte" Löhne und Gehälter am Wohnort nachfragewirksam wird". ... „Insgesamt dokumentiert das Pendlerverhalten den hohen Wohn- und Freizeitwert des Kreises Coesfeld, da viele Beschäftigte den längeren Anfahrtsweg zur Arbeitsstätte in Kauf nehmen, um hier ihren Wohnort zu haben" (WFG 2000, S. 30).

3.4 Entwicklung des Wohnungsbestands

Die vor allem durch Zuwanderungen bedingte dynamische Bevölkerungsentwicklung im Kreis Coesfeld spiegelt sich auch in der starken Zunahme des Wohnungsbestands insgesamt sowie speziell in dem relativ hohen Anteil von Einfamilienhäusern an den Wohnungen wider. Dies gilt – wie die Tab. 2 für den Zeitraum 1990-1999 zeigt - nicht nur für den Kreis insgesamt, sondern auch

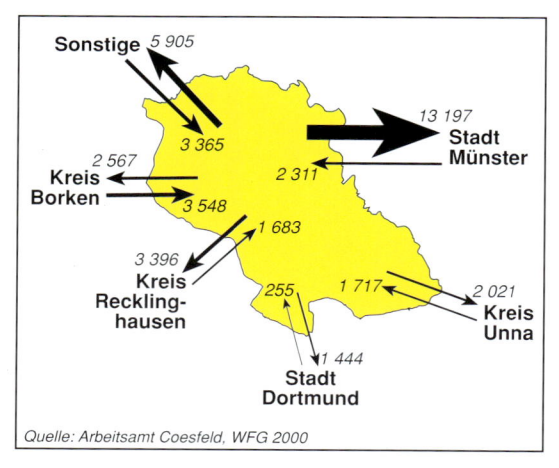

Abb. 9: Berufspendler im Kreis Coesfeld (über die Kreisgrenzen) im Jahre 1998
(Quelle: WFG 2000, Graphik 7)

Tab. 2: Entwicklung des Wohnungsbestandes im Kreis Coesfeld im Vergleich mit dem Regierungsbezirk Münster und dem Land Nordrhein-Westfalen für den Zeitraum 01.01.1990 -01.01.1999

Verwaltungsbezirk	Wohnungen (Anzahl) am 01.01.			davon in Einfamilienhäusern (Anzahl u. prozentualer Anteil)				Wohnraumversorgung (Stand: 01.01.1999)	
	1990	1999	Zunahme	01.01.1990		01.01.1999		Fläche je Einwohner in qm	Einwohner je Wohnung
Ascheberg	4 144	4 954	19,5 %	1 888	45,6 %	2 138	43,2 %	35,3	3,0
Billerbeck, Stadt	3 229	3 837	18,8 %	1 847	57,2 %	2 046	53,3 %	35,7	2,9
Coesfeld, Stadt	11 508	13 548	17,7 %	5 030	43,7 %	5 604	41,4 %	37,2	2,6
Dülmen, Stadt	14 179	16 750	18,1 %	5 726	40,4 %	6 692	40,0 %	34,8	2,7
Havixbeck	3 202	3 906	22,0 %	1 511	47,2 %	1 726	44,2 %	35,9	2,9
Lüdinghausen, Stadt	6 927	8 033	16,0 %	2 592	37,4 %	2 981	37,1 %	35,5	2,8
Nordkirchen	2 643	3 293	24,6 %	1 158	43,8 %	1 403	42,6 %	35,7	3,0
Nottuln	5 037	6 186	22,8 %	2 448	48,6 %	2 852	46,1 %	35,0	3,0
Olfen, Stadt	2 994	3 685	23,1 %	1 236	41,3 %	1 484	40,3 %	33,6	3,0
Rosendahl	2 685	3 235	20,5 %	1 674	62,3 %	1 836	56,8 %	33,4	3,3
Senden	5 343	6 544	22,5 %	2 153	40,3 %	2 759	42,2 %	35,3	2,9
Kreis Coesfeld	61 891	73 971	19,5 %	27 758	44,8 %	31 521	42,6 %	35,4	2,8
Reg.-Bez. Münster	951 879	1 072 228	12,6 %	268 446	28,2 %	297 005	27,7 %	35,7	2,4
NRW	7 260 228	7 987 749	10,0 %	1 706 081	23,5 %	1 870 762	23,4 %	36,3	2,3

(Quelle: LDS NRW)

für alle kreisangehörigen Städte und Gemeinden, deren Zunahme an Wohnungen sowie der Anteile an Einfamilienhäusern die entsprechenden Durchschnittswerte für den Regierungsbezirk Münster sowie ebenfalls für das Land Nordrhein-Westfalen insgesamt ganz erheblich übersteigen. Zwar ist im Kreis Coesfeld der Anteil der Einfamilienhäuser an dem gesamten Wohnungsbestand in dem Betrachtungszeitraum etwas zurückgegangen, jedoch mit knapp 43% vergleichsweise immer noch sehr hoch.

Demgegenüber entspricht die Wohnfläche pro Einwohner mit 34,4 qm nahezu dem Durchschnittswert für den Regierungsbezirk Münster mit 35,7 qm im Jahre 1999; diese Flächengrößen sind etwas geringer als der Wert für Nordrhein-Westfalen insgesamt (36,3 qm). Dass die Bevölkerung des Kreises Coesfeld durch überdurchschnittlich große Haushalte (mit relativ hohem Kinderanteil) gekennzeichnet ist, kommt durch die höheren Anteile der Einwohner pro Wohnung in allen Städten und Gemeinden des Kreises im Verhältnis zum Regierungsbezirk Münster und erst recht des Landes Nordrhein-Westfalen zum Ausdruck.

3.5 Bevölkerungsprognose für den Kreis Coesfeld bis 2015

Wie die Daten zur Bevölkerungsprognose des Landesamtes für Datenverarbeitung und Statistik des Landes NRW (1996) zeigen, wird die Bevölkerung des Kreises Coesfeld weiter wachsen, und zwar zwischen 1995 und 2 015 um rd. 24 900 auf insgesamt 223 800 Einwohner oder relativ gesehen um rd. +12,5%. Damit wird der Kreis - noch vor dem Kreis Borken (rd. + 9%) - die Spitzenposition im Münsterland (durchschnittlich rd. + 2%) einnehmen. Falls diese Prognose zutrifft, ergeben sich daraus - auch im Landesvergleich (prognostizierte Bevölkerungszunahme von lediglich rd. 1%) - gravierende Auswirkungen auf die Veränderungen im Altersaufbau der Bevölkerung zwischen 1985 und 2015. So wird der Anteil der nicht mehr erwerbstätigen Einwohner (≥ 65 Jahre) mit gut 54% deutlich stärker wachsen als im Land NRW insgesamt (rd. + 23%), aber die Gruppe der Jugendlichen geht nur um rd. 15% (statt rd. 18% in NRW) zurück. Insgesamt wird der Kreis Coesfeld jedoch auch im Jahre 2015 eine relativ günstige Altersstruktur seiner Bevölkerung aufweisen (zur Bevölkerungsprognose und ihren Konsequenzen vgl. im einzelnen Ahrens/Heineberg 1997, S. 86-93).

4. Wirtschaftsstruktur und -entwicklung

4.1 Traditionelle wirtschaftsräumliche Einordnung des Kreises

Der Kreis Coesfeld erstreckt sich unmittelbar nördlich des Verdichtungsraumes des Ruhrgebietes. Während das Ruhrgebiet ursprünglich vor allem durch die Entwicklung von Montanindustrien (Kohlebergbau, Eisenhütten- und Stahlindustrien), aber auch durch Großanlagen der chemischen Industrie geprägt wurde, ist der Kreis Coesfeld dem

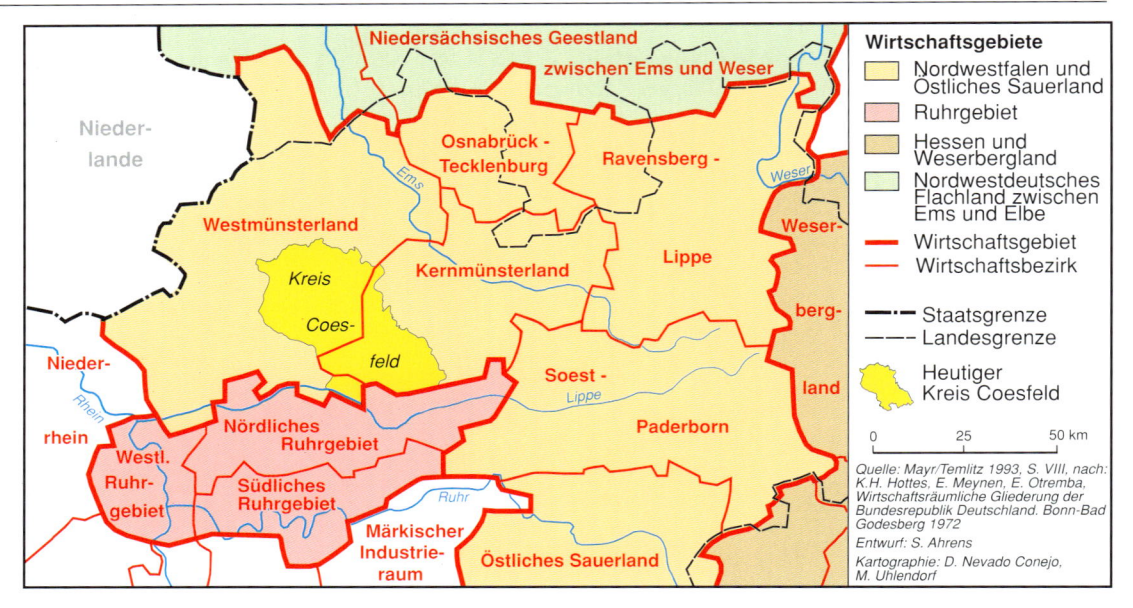

Abb. 10: Der heutige Kreis Coesfeld innerhalb der wirtschaftsräumlichen Gliederung Deutschlands der 60er Jahre

Wirtschaftsraum des Münsterlandes mit einer bedeutenden Landwirtschaft und einer differenzierten, stärker durch kleine und mittelständische Betriebe gekennzeichneten Wirtschaftsstruktur zuzuordnen.

Innerhalb der von K. Hottes, E. Meynen und E. Otremba (1972) für die 60er Jahre erstellten wirtschaftsräumlichen Gliederung der Bundesrepublik Deutschland wurde zwischen einem vorwiegend durch die Textilindustrie geprägten Wirtschaftsbezirk Westmünsterland (unter Einbeziehung der südlichen Grafschaft Bentheim) und dem unter dem Einfluß der Stadt Münster stärker diversifizierten Kernmünsterland unterschieden. Abb. 10 zeigt einen Ausschnitt aus der damaligen wirtschaftsräumlichen Gliederung Deutschlands mit Zuordnung des Gebiets des heutigen Kreises Coesfeld. Die Darstellung verdeutlicht, dass der Nordteil des Kreises, d.h. ehemalige Kreis Coesfeld, (zumindest in den 60er Jahren) dem Wirtschaftsbezirk Westmünsterland zugeordnet werden kann, während der Südteil (ehemaliger Kreis Lüdinghausen) zum Kernmünsterland zählt.

Die genannte Zuordnung resultiert vor allem aus der früheren industriellen Struktur. Während zu Anfang der 60er Jahre im Raum Westmünsterland - Grafschaft Bentheim eine textilindustrielle Monostruktur vorherrschte, innerhalb der in einzelnen Gemeinden (z.B. in Gronau oder Nordhorn) die Anteile der Textilbeschäftigten an den Gesamt-Industriebeschäftigten 95% betrug, war die Abhängigkeit des damaligen auch zum Westmünsterland zählenden Kreises Coesfeld von der Textilindustrie mit rd. 50% der Industriebeschäftigten um 1960 zwar auch sehr deutlich, aber nicht ganz so gravierend (nach Th. Hauff 1995). Seit Beginn der 60er Jahre geriet die Textilindustrie des Westmünsterlandes zunehmend in eine wirtschaftlich schwierige Lage mit der Folge verstärkter Rationalisierungsmaßnahmen, innerbetrieblicher Umstrukturierungen und struktureller Schrumpfungsprozesse mit zahlreichen Werksschließungen und Beschäftigungsverlusten.

Wie dem Beitrag von Chr. Krajewski über die Stadt Coesfeld in diesem Band zu entnehmen ist, ist die dort einst bedeutende Textil- und Bekleidungsindustrie zu einem nachrangigen Wirtschaftszweig (z.B. 1996 lediglich noch 280 Beschäftigte in der Textilindustrie) abgesunken; innerhalb des sekundären Sektors dominieren in der Kreisstadt demgegenüber heute der Maschinenbau, Nahrungs- und Genußmittelindustrien sowie das Baugewerbe.

Im Jahre 1995 entfielen lediglich noch 8,1% der Beschäftigten des Kreises Coesfeld auf die Textil- und Bekleidungsindustrie. Dieser Wert lag zwar noch über dem Landesdurchschnitt von 6%, aber deutlich unterhalb des münsterländischen Mittels von 14,7%% und erst recht der Beschäftigtenanteile im Kreis Steinfurt (22,1%) und Borken (19,4%). Damit ist die tatsächliche und potentielle Abhängigkeit des Kreises Coesfeld, vor allem seines Nordteils, von dem strukturellen Wandel der stark krisengeschüttelten Wirtschaftsbranche der Textil- und Bekleidungsindustrie relativ gering.

4.2 Der Kreis Coesfeld im Spiegel gesamtwirtschaftlicher Daten

Tab. 3 zeigt die Entwicklung 1) der Bruttowertschöpfung der Wirtschaft, 2) des verfügbaren Einkommens der Einwohner und 3) der Erwerbs-

Tab. 3: Gesamtwirtschaftliche Daten des Kreises Coesfeld im Vergleich zum Land Nordrhein-Westfalen

	Kreis Coesfeld		Land NRW	
Bruttowertschöpfung				
Jahr	**1990**	**1995**	**1990**	**1995**
in DM je Erwerbstätigen (Arbeitsortprinzip)	68.560	78.151	80.901	100.473
Veränderung:		14,0 %		24,2 %
Anteile der Wirtschaftsbereiche an der Bruttowertschöpfung				
Land- und Forstwirtschaft	6,3 %	4,0 %	0,9 %	0,7 %
Verarbeitendes Gewerbe	28,8 %	20,0 %	32,6 %	27,8 %
übriges warenproduzierendes Gewerbe	8,8 %	9,0 %	9,5 %	8,8 %
Handel und Verkehr	13,8 %	14,7 %	15,6 %	16,4 %
Dienstleistungsunternehmen	26,8 %	29,5 %	27,8 %	32,3 %
Staat, private Haushalte und Organisationen ohne Erwerbszweck	21,6 %	22,8 %	13,6 %	14,0 %
Verfügbares Einkommen				
Jahr	**1988**	**1994**	**1988**	**1994**
in DM je Einwohner	19.750	25.489	22.111	28.252
Veränderung:		29,1 %		27,8 %
Erwerbstätige nach Wirtschaftsbereichen				
Jahr	**1991**	**1996**	**1991**	**1996**
insgesamt:	73.003	75.997	7.504.193	7.188.107
Land- und Forstwirtschaft, Tierhaltung und Fischerei	6,9 %	5,6 %	1,9 %	1,7 %
Energiewirtschaft und Wasserversorgung, Bergbau	0,5 %	0,5 %	2,6 %	2,1 %
Verarbeitendes Gewerbe (ohne Bergbau)	27,6 %	26,4 %	30,7 %	26,1 %
Baugewerbe	7,1 %	6,9 %	6,0 %	5,9 %
Handel	14,3 %	15,7 %	14,8 %	15,6 %
Verkehr und Nachrichtenübermittlung	3,5 %	3,3 %	5,7 %	5,5 %
Kreditinstitute und Versicherungsgewerbe	1,8 %	1,9 %	2,9 %	3,0 %
Dienstleistungen (andere nicht genannte)	13,0 %	16,0 %	16,3 %	20,3 %
Organisationen ohne Erwerbscharakter, private Haushalte	9,5 %	11,1 %	5,2 %	6,3 %
Gebietskörperschaften und Sozialversicherungen	15,9 %	12,6 %	13,8 %	13,5 %

(Quelle: LDS NRW)

tätigen nach Wirtschaftsbereichen im Kreis Coesfeld zwischen 1990 und 1995 im Vergleich zum Land Nordrhein-Westfalen auf.

Deutlich wird die Veränderung der Bruttowertschöpfung in DM je Erwerbstätigen, die im Kreis Coesfeld zwar nicht ganz so positiv wie im Land Nordrhein-Westfalen ausfiel, mit einer Steigerung von + 14% jedoch ebenfalls auf eine dynamische Wirtschaftsentwicklung schließen läßt. Diese wurde - noch stärker als in NRW insgesamt - vom tertiären Sektor getragen, auf den 1995 im Kreis Coesfeld ein Anteil von 67% (gegenüber 62,7% in NRW) an der Bruttowertschöpfung entfiel. Innerhalb des tertiären Wirtschaftssektors dominieren Dienstleistungsunternehmen. Demgegenüber sind die Anteile der Land- und Forstwirtschaft mit 4% sowie des Verarbeitenden (warenproduzierenden) Gewerbes insgesamt mit 29% deutlich geringer als der dominante tertiäre Sektor.

Diese Unterschiede und Entwicklungstendenzen innerhalb der Bruttowertschöpfung spiegeln sich annähernd auch in den Anteilen der Erwerbstätigen und deren Entwicklung nach Wirtschaftszweigen wider. Im Jahre 1996 waren mit knapp

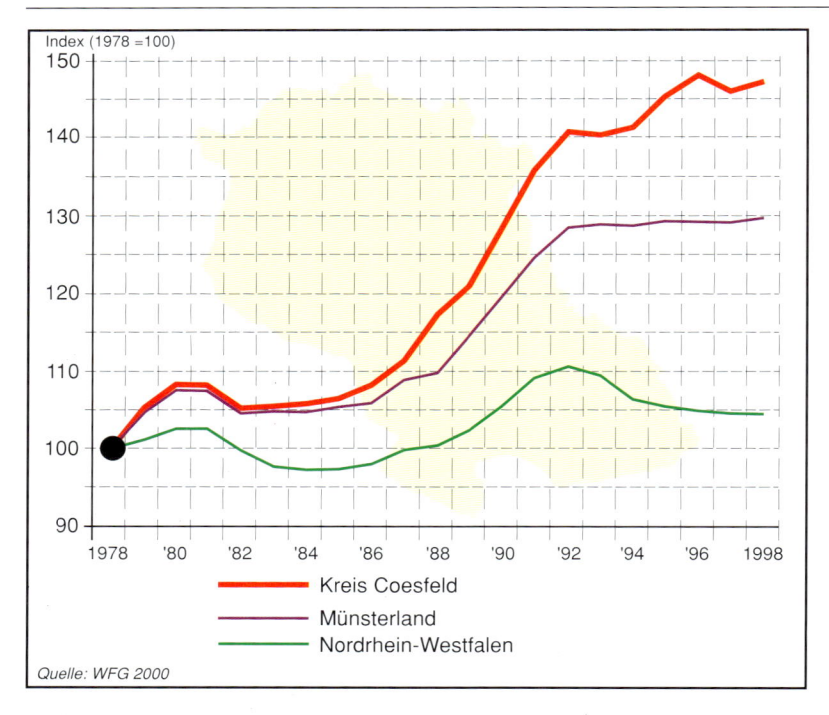

Abb. 11: Entwicklung der sozialversicherungspflichtigen Beschäftigten im Kreis Coesfeld 1978- 1998 im Vergleich zum Münsterland (insgesamt) und zum Land Nordrhein-Westfalen

61% die meisten Erwerbstätigen im tertiären Sektor (vom Handel bis zu Gebietskörperschaften und Sozialversicherungen) tätig; im Jahr 1991 waren es 58%. Mit diesen Werten liegt der Kreis Coesfeld unterhalb des Landes Nordrhein-Westfalen, denn darauf entfielen 1995 rd. 64% der im tertiären Sektor Erwerbstätigen (1990: 58,7%). Allerdings beruhen die prozentualen Unterschiede im wesentlichen auf den höheren Anteilen der im Kreis Coesfeld in der Land- und Forstwirtschaft erwerbstätigen Personen, die - trotz sinkender Tendenz - im Jahre 1996 mit 5,6% deutlich über dem Landesdurchschnitt von 1,7% lagen. In bezug auf das Verarbeitende Gewerbe weist der Kreis Coesfeld einen nahezu gleichen Erwerbstätigenanteil auf wie das Land NRW (26,4% bzw. 26,1%).

Auch in einem von der Industrie- und Handelskammer im Jahre 1998 veröffentlichten Wirtschaftsgutachten, das den sektoralen Strukturwandel in der Beschäftigung zwischen 1978 und 1996 analysierte, wurde für den Kreis Coesfeld ein dynamisches Beschäftigtenwachstum (seit Beginn der 80er Jahre) ermittelt, das deutlich über der Beschäftigtenentwicklung des Münsterlandes und in Westdeutschland insgesamt lag; im Kreis Coesfeld veränderte sich die regionale Beschäftigung unabhängig von der Bundesrepublik pro Jahr um durchschnittlich +1,5%, d.h. der Kreis erhielt eine „spürbare Schubkraft aus der Region" heraus. In der Prognose für das Jahr 2000 erwies sich in bezug auf den Kreis Coesfeld vor allem der Handel als Gewinner im Beschäftigtenzuwachs.

Die Beschäftigtentwicklung und -struktur innerhalb des Kreises Coesfeld zeigt eine Reihe von Unterschieden zwischen einzelnen Städten und Gemeinden. Die in der Statistischen Übersicht/ Tab. 3 aufgeführten Daten für das Jahr 1987 beziehen sich auf die Volks- und Arbeitsstättenzählung 1987, für das Jahr 1997 auf Schätzungen durch das Landesamt für Datenverarbeitung und Statistik Nordrhein-Westfalen; die statistischen Angaben für 1997 werden gemeindeweise auch in der Abb. 12 veranschaulicht. Die amtliche Statistik ergibt für den Kreis Coesfeld für den Zeitraum 1987-1997 ein beachtliches Wachstum der Beschäftigung um 43,2%. Die Beschäftigtenentwicklung innerhalb des Kreises weicht von diesem Wert zum Teil erheblich ab: Ein stark überdurchschnittliches Wachstum kennzeichnet die Gemeinde Senden (+ 121,3%) und die Stadt Olfen (+ 110,9%), die beide auch durch erhebliche jüngere Bevölkerungsgewinne geprägt sind. Über dem Kreisdurchschnitt – mit allerdings schon abgeschwächter Beschäftigtenentwicklung – liegen die Stadt Dülmen (+ 55,5%) sowie die Gemeinden Rosendahl (+ 49,7%), Nottuln (+ 51,4%) und Havixbeck (+ 44,3%). Demgegenüber haben die Stadt Billerbeck (+ 31%), die Gemeinde Nordkirchen (+ 26,7%), die Städte Coesfeld (+ 26,5%) und Lüdinghausen (+ 23,7%) sowie die Gemeinden Ascheberg (+ 22,6%) ebenfalls deutliche Beschäftigungszuwächse zu verzeichnen; diese bewegen sich jedoch unterhalb des Kreismittels.

Es ergibt sich somit im Jahresvergleich, daß der Kreis Coesfeld ein dynamischer Wirtschaftsraum ist. Dies verdeutlicht auch die langfristige Entwicklung der sog. sozialversicherungspflichtigen Beschäftigten, die für den Zeitraum 1988 – 1998 in der Abb. 11 im Verhältnis zum Münsterland insgesamt sowie auch zum Land Nordrhein-Westfalen dargestellt ist. Der relative Beschäftigungszuwachs betraf alle Städte und Gemeinden, und dies sogar unabhängig von der jeweiligen Einwohnergröße. So wuchs die Anzahl der Beschäftigten sowohl in der größten Stadt (Dülmen) als etwa auch in der kleinen Gemeinde Rosendahl. Hinsichtlich der Absolutzahlen der Beschäftigung führen, wie auch Abb. 12 verdeutlicht, die beiden Mittelstädte Coesfeld und Dülmen, die damit die Beschäftigungs- bzw. Wirtschaftszentren des Kreises sind.

Auch die Aufteilung der Beschäftigten auf die drei Wirtschaftssektoren (vgl. Statistische Übersicht/Tab. 3 und Abb. 12) verdeutlicht Unterschiede zwischen der Wirtschaftsstruktur des Kreises insgesamt sowie kreisangehörigen Städte und Gemeinden, dabei auch in der zeitlichen Entwicklung. So ist der Anteil der Beschäftigung im Primären Wirtschaftssektor von einem ehemals

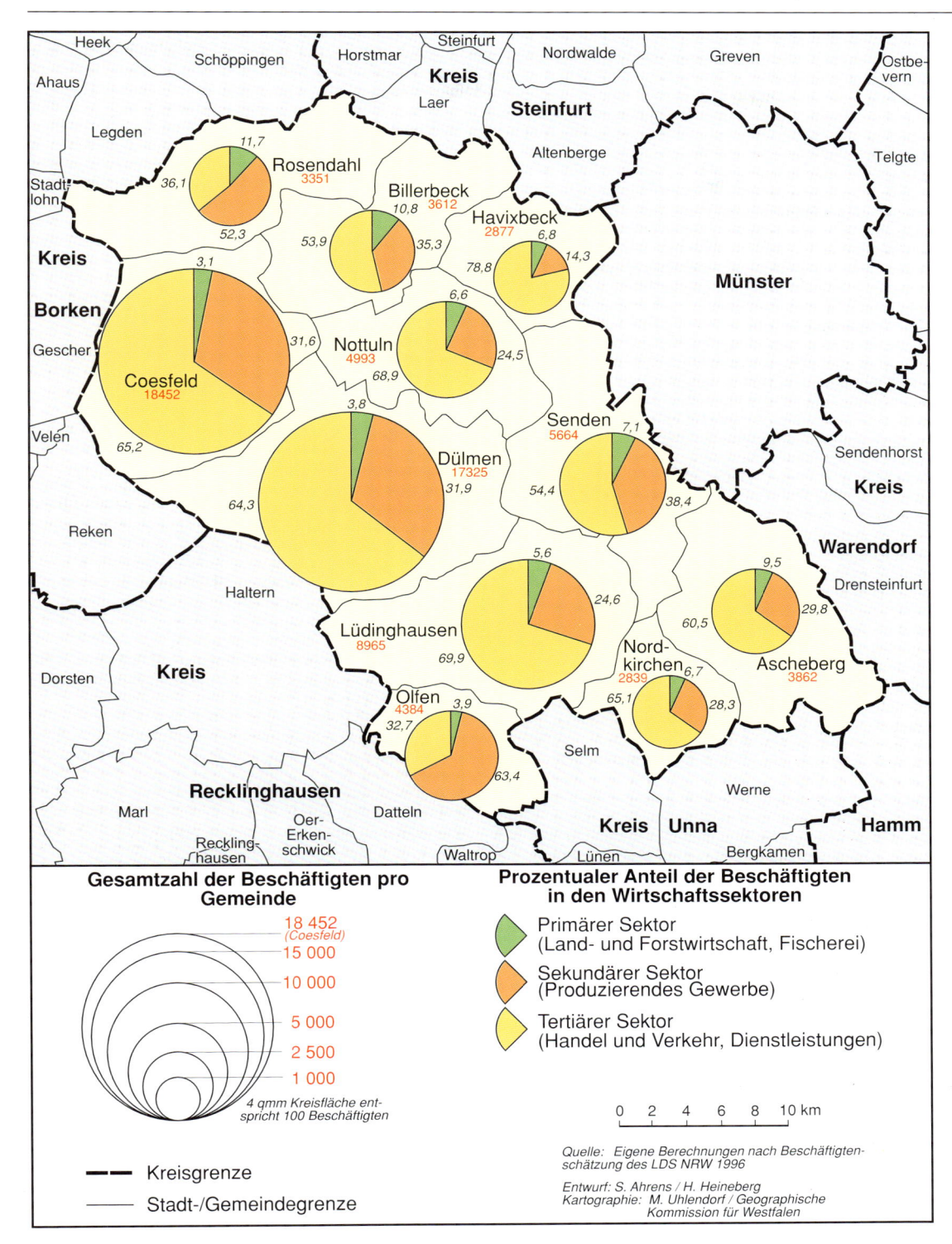

Abb. 12: Wirtschaftsstruktur im Kreis Coesfeld anhand der Verteilung der Beschäftigten auf Wirtschaftssektoren im Jahre 1997

(1987) hohen Wert von 12,8% deutlich gefallen (1997: 5,5%). Der Sekundäre Sektor ist in seiner relativen Bedeutung in der Beschäftigung angewachsen (1987: 25,6%, 1996: 32,9%), während der Tertiäre Sektor mit mehr als 60% der Beschäftigten von herausragender Bedeutung ist, allerdings hinsichtlich seiner prozentualen Anteile zwischen 1987 und 1997 (auf hohem Niveau) stagniert. Die prozentualen Aufteilungen auf die drei Wirtschaftssektoren in bezug auf die kreisangehörigen Städte und Gemeinden zeigt, dass nicht nur die kreisangehörigen Mittelstädte oder Mittelzentren (Coesfeld, Dülmen, Lüdinghausen), sondern auch eine Reihe kleinerer Gemeinden – wie etwa Havixbeck oder Nottuln – durch überdurchschnittliche Beschäftigtenanteile im Tertiären

Tab. 4: Sozialversicherungspflichtige Beschäftigte im Kreis Coesfeld 1987 und 1998			
	Sozialversicherungspflichtig Beschäftigte		Veränderung in %
	1987	1998	
Kreis Coesfeld insgesamt	37527	50113	+ 33,5
Land- u. Forstwirtschaft, Tierhaltung und Fischerei	1260	1183	- 6,2
Energiewirtschaft und Wasserversorgung, Bergbau	326	344	+ 5,5
Verarbeitendes Gewerbe (ohne Baugewerbe)	12943	13877	+ 7,2
Baugewerbe	3551	4432	+ 24,8
Handel und Gastgewerbe	5265	9056	+ 72,0
Verkehr und Nachrichtenübermittlung	799	1526	+ 91,0
Kreditinstitute und Versicherungsgewerbe	1133	1477	+ 30,4
Dienstleistungen von Unternehmen und freien Berufen	7329	13064 (1997)	+ 78,3
Organisationen ohne Erwerbscharakter, private Haushalte	1061	1477 (1997)	+ 39,2
Gebietskörperschaften und Sozialversicherungen	3860	3740 (1997)	- 3,1

(Quelle: http://www.kreis-coesfeld.de/616sozi.htm)

Wirtschaftssektor gekennzeichnet sind. Die „Ruhrgebiets-Randgemeinde" Olfen wie auch die noch verhältnismäßig stark durch den Primären Sektor geprägten Gemeinden Billerbeck und Rosendahl ragen durch besonders hohe Relativwerte für den Sekundären Wirtschaftssektor heraus.

Wie die genauere Aufschlüsselung der amtlichen statistischen Daten in Tab. 4 für 1987 im Vergleich mit 1998 (den jüngsten für den Kreis Coesfeld vorliegenden Zahlen für sozialversicherungspflichtige Beschäftigte/Erwerbstätige) zeigt, war innerhalb des Sekundären Sektors das sog. Verarbeitende Gewerbe mit einem Zuwachs von +7,2% zwar durch Beschäftigungsgewinne gekennzeichnet; diese lagen jedoch deutlich unterhalb des Gesamtbeschäftigungszuwachses des Kreises von +33,5%. Eine bedeutendere relative Beschäftigtenentwicklung hatte mit rd. 25% das Baugewerbe. Innerhalb des Tertiären Sektors ist zunächst einmal der Handel von Bedeutung: der Zuwachs zwischen 1987 und 1998 um rd. + 72% wurde jedoch noch von den Wirtschaftsbereichen „Dienstleistungen von Unternehmen und freien Berufen" (rd. 78%) sowie von der Sparte „Verkehr und Nachrichtenübermittlung" (+ 91%) deutlich übertroffen.

4.3 Entwicklung der Arbeitslosigkeit

Die Abb. 13 veranschaulicht, dass der Kreis Coesfeld um die Mitte der 80er Jahre von einer extremen Arbeitslosigkeit betroffen war. Die Arbeitslosenquoten lagen mit beinahe 13% deutlich über denjenigen des Landes Nordrhein-Westfalen und erst recht der Bundesrepublik Deutschland insgesamt. Im genannten Arbeitsamtsbezirk Coesfeld, zu dem auch der Kreis Borken zählt, war im Jahre 1986 mit fast 20 000 Arbeitslosen ein maximaler Jahresdurchschnittswert der Arbeitslosenquote von 13,6% erreicht worden. Gleichzeitig befand sich zu der Zeit die Zahl offener Stellen auf einem äußerst niedrigen Niveau (zur Veränderung des Arbeitsmarktes im Arbeitsamtsbezirk Coesfeld vgl. im einzelnen Ahrens/Heineberg 1997, S. 193 ff.).

Nach einem Rückgang der Arbeitslosenquote von gut 5% im Jahre 1991 stieg diese in der Folgezeit bis 1997 wieder stark an. Dass diese Zu-

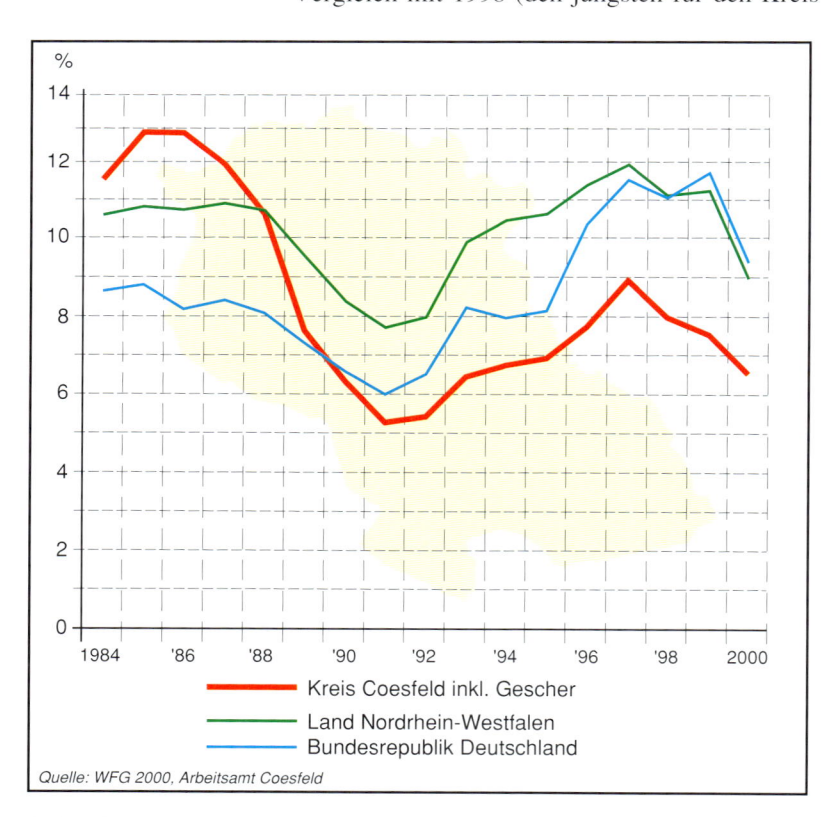

Abb. 13: Entwicklung der Arbeitslosigkeit im Kreis Coesfeld 1984 – Juli 2000 im Vergleich mit Nordrhein-Westfalen und der Bundesrepublik insgesamt

nahme in Zusammenhang mit der allgemeinen Wirtschaftslage in Nordrhein-Westfalen und in Deutschland zu sehen ist, zeigt der nahezu parallele Verlauf der Kurve der Erwerbslosigkeit für Nordrhein-Westfalen, während der noch steilere Anstieg der Arbeitslosigkeit in Deutschland durch die sprunghaft angewachsenen Arbeitsmarktprobleme in Ostdeutschland bedingt war. Erfreulicherweise lag der Kreis Coesfeld auch in dieser Zeit ansteigender Arbeitslosigkeit stets mit mehreren Prozentwerten deutlich unterhalb der Arbeitslosenquoten Nordrhein-Westfalens und der Bundesrepublik insgesamt.

Seit 1993 reduzierte sich im Kreis Coesfeld die Quote im Jahresmittel kontinuierlich auf 7,5% (1999); im Juli 2000 betrug sie lediglich 6,5% gegenüber 9% in Nordrhein-Westfalen und 9,3% in der BRD. Damit ist eine für den Kreis günstige Arbeitsmarktsituation erreicht, die allerdings sowohl im jeweiligen Jahresverlauf als auch zwischen den Städten und Gemeinden einige Unterschiede erkennen läßt. So belief sich etwa im Dezember 1999 die Arbeitslosigkeit im Kreis auf 8,5% (gegenüber einem Jahresmittel von 7,5%). Während beispielsweise Nottuln mit dem niedrigsten Wert von 7,4%, Ascheberg mit 7,6% oder etwa die Stadt Dülmen mit 7,8% deutlich unter dem Durchschnittswert lagen, war die Arbeitslosigkeit vor allem in den Städten Coesfeld (10,1%) und Olfen (10,7%) überproportional hoch.

4.4 Die Landwirtschaft im Strukturwandel

Dass der Kreis Coesfeld - wie mehrfach in diesem Band angesprochen - ein stark ländlich geprägter Raum mit einer bedeutenden Landwirtschaft ist, kommt insbesondere durch die Aufgliederung der Katasterfläche nach der Bodennutzung zum Ausdruck (s. Statistische Übersicht/Tab. 4).

Mit einem Flächenanteil von 71,8% liegt die landwirtschaftliche Bodennutzung erheblich über dem Durchschnitt des Regierungsbezirks Münster (65,5%) und erst recht des Landes Nordrhein-Westfalen. In bezug auf die Waldflächen ist der Wert von 14,8% deutlich geringer als derjenige für Nordrhein-Westfalen insgesamt (24,7%), jedoch nahezu identisch mit dem durchschnittlichen Flächenanteil im Regierungsbezirk Münster.

Aus dem hohen Anteil landwirtschaftlicher Flächennutzung resultiert das dominante „ländliche Landschaftsbild" des Kreises. Die Bedeutung der Landwirtschaft ergibt sich auch daraus, daß diese eng mit Freizeit- und Erholungsfunktionen, dem Natur- und Landschaftsschutz sowie nicht zuletzt auch mit der Sicherung der Wasserversorgung verknüpft ist. Im Kreis Coesfeld besteht seit 1989 eine Kooperation zwischen Landwirtschaft und Wasserwirtschaft im Einzugsgebiet der Stevertalsperre, das einen großen Teil des Kreisgebietes einschließt. Ziel der Kooperation und Beratungstätigkeit, insbesondere durch die Kreisstelle des Landwirtschaftskammer Westfalen-Lippe, ist es, einerseits eine leistungsfähige Landwirtschaft zu sichern, andererseits Einträge von Nitraten und Pflanzenschutzmitteln in das Oberflächen- und Grundwasser zu verhindern.

Die Landwirtschaft unterliegt nicht nur aufgrund des Umweltschutzes, sondern auch der durch die EU gegebenen Voraussetzungen (z.B. Einführung der Agrarreform 1993/94) und der sich verändernden Marktsituation einem ständigen Anpassungsdruck bzw. Strukturwandel (im folgenden nach Mantau 1997). Da es immer weniger landwirtschaftlichen Betrieben möglich ist, ihre Existenz an der agrarwirtschaftlichen Produktion zu sichern, besteht (auch) im Kreis Coesfeld die ganz deutliche Tendenz des Rückgangs der Zahlen der (land- und forstwirtschaftlichen) Vollerwerbsbetriebe, z.B. zwischen 1977 und 1995 um fast die Hälfte (-47,8%); die Gesamtzahl der land- und forstwirtschaftlichen Unternehmen hat sich in diesem Zeitraum um rd. 30% reduziert (vgl. Tab. 5).

Auch die Größe der wirtschaftlich genutzten Fläche (LN) ist im Kreis Coesfeld rückläufig. So betrug die Abnahme zwischen 1975 und 1996 4 771 ha, d.h. -6,1%. Die durchschnittlichen landwirtschaftlichen Betriebsgrößen haben sich im gleichen Zeitraum erhöht, und zwar von rd. 24,6 ha (1977) auf 33 ha (1996). Zugleich ist auch der Anteil der Pachtflächen an den landwirtschaftlich genutzten Flächen gestiegen; er betrug im Jahre 1995 31% gegenüber 26,2% im Jahre 1977.

Der innerbetriebliche Strukturwandel in der Landwirtschaft des Kreises Coesfeld wird insbesondere durch die Veränderungen in den Größenklassen der Betriebe deutlich. Betrug z.B. im Jahre 1977 der Anteil der Betriebe über 30 ha rd. 31%, so stieg dieser bis 1995 auf 43,4% an; die bewirtschafteten Flächen dieser Betriebe machten 1995 einen Anteil von 72,2% aus.

Tab.5: Anzahl der land- und forstwirtschaftlichen Betriebe im Kreis Coesfeld nach Betriebstypen im Vergleich 1977 und 1995

Betriebstypen	1977	1995	Veränderung in %
Betriebe < 5 ha	1 790	1 079	-39,7
Nebenerwerbsbetriebe > 5 ha	843	753	-10,7
Haupterwerbsbetriebe > 5 ha	2 148	1 495	-30,4
davon:			
- Vollerwerbsbetriebe	1 541	805	-47,8
- Übergangsbetriebe	542	657	+21,2
- Zuerwerbsbetriebe	65	33	-49,2
Haupt- u. Nebenerwerbsbetriebe > 5 ha	2 991	2 248	-24,8
Betriebe insgesamt	4 781	3 327	-30,6

(Quelle: R. Mantau 1997, Tabelle 1)

Tab. 6: Entwicklung der Zahl der Viehhalter und der Viehbestände im Kreis Coesfeld zwischen 1986 und 1999

	1986	1994	1999
Rinderhalter	2083	1491	1113
davon Milchkuhhaltung	1199	745	473
Rinder insges.	95531	84425	70905
davon Michkühe	20136	16091	13672
Schweinehalter	3107	2114	1622
Schweine	653610	631550	740038
Pferdehalter	767	789	579
Pferde	3157	4736	3675
Schafhalter	501	577	233
Schafe	3485	5874	4805
Legehennen	612578	405906	462140 (1996)
Truthühner	21857	37706	52780 (1996)

(Quelle: LDS, NRW; Wirtschaftsmappe der Landwirtschaftskammer Westfalen-Lippe)

Der Strukturwandel in der Landwirtschaft zeigt sich auch in den Veränderungen der pflanzlichen Produktion: Der Anteil der Ackerflächen hat von 69% (1977) auf 83% (1995) deutlich zugenommen; entsprechend ist der Grünlandanteil von 31% (1977) auf 17% (1995) geschrumpft. Der Kreis Coesfeld ist damit zu einer dominanten „Ackerbaulandschaft" geworden. Der Anbau konzentriert sich auf drei Hauptfrüchte: Winterweizen (25% der Ackerfläche), Wintergerste (23%) und Mais (Grünmais, Corn-Cob-Mix, Körnermais) (36%); auf Stillegungsflächen wird neuerdings auch Raps angebaut. Bedingt durch die technischen Möglichkeiten in der Agrarwirtschaft (Mechanisierung, Düngung etc.) haben sich die Kulturartenanteile zwischen den durch ärmere, sandigere Böden gekennzeichneten Westmünsterland und den lehmigen bis tonigen Böden des Kern- oder Kleimünsterlandes weitgehend angenähert, wenngleich die Flächenerträge auf den ertragreicheren Böden höher sind.

Das Einkommen der landwirtschaftlichen Betriebe im Kreis Coesfeld wird in der Regel erwirtschaftet durch Kombination von Ackerfrüchten mit einer entsprechenden Viehhaltung. So dienten die o. g. Anbaufrüchte auf der stark zugenommenen Ackerfläche ganz überwiegend als Futtergrundlage für den eigenen Viehbestand.

Wie Tab. 6 zeigt, hat es im Kreis Coesfeld in jüngerer Zeit (darüber hinaus auch in den vergangenen Jahrzehnten) deutliche Veränderungen in der Größe und Zusammensetzung des Viehbestands gegeben. Rückläufig war insgesamt die Rinderwirtschaft, insbesondere die 1984 hinsichtlich der Produktion kontingentierte Milchviehhaltung. Kennzeichnend war für die vergangenen Jahre im Kreis Coesfeld nach R. Mantau (1997) der weitere Ausbau der sog. Veredlungswirtschaft (Schweine-, Rinder- und Geflügelmast). Vor allem ist dies bedeutend im regionalen Vergleich, denn der Kreis Coesfeld ist zusammen mit dem Kreis Borken und dem alten Teil des Kreises Steinfurt (hinter der Region Cloppenburg/Vechta) marktbestimmend in der Schweine-Veredlungswirtschaft; hier hat die Schweinemast auch eine lange Tradition (ehemals Eichelmast), insbesondere auch in bezug auf die Herstellung bekannter regionaler Produkte, z.B. des westfälischen Schinkens. Im Vergleich zu anderen Kreisen und Regionen sind im Kreis Coesfeld somit „ein hoher Intensitätsgrad und eine überdurchschnittliche Produktionsdichte in der Veredlung erreicht" ... „Das Wachstum der Veredlungsproduktion ist vor allem auf eine vergleichsweise günstige „agrarische Infrastruktur" zurückzuführen: Die Betriebe sind gut mit Fläche ausgestattet, verfügen über eine ausreichende wirtschaftseigene Futtergrundlage (Getreide, Mais) und machen darüber hinaus von günstigen Zukaufmöglichkeiten und Futterstoffen bzw. Fertigfutter Gebrauch. Die Einzelhoflage hält die Umweltprobleme relativ klein, ihre Betriebsleiter haben einen hohen Ausbildungs- und Beratungsstand.

Leistungsfähige Dienstleistungsangebote und Verwaltungseinrichtungen sind im Kreis vorhanden: z.B. der landwirtschaftliche Kreisverband, Betriebshilfsdienste und Maschinenringe, ferner die Beratungs- und Verwaltungseinrichtungen der Kreisstelle der Landwirtschaftskammer und ein von allen ländlichen Vereinen getragenes Weiterbildungsangebot. Nicht zuletzt bestehen für die Betriebe leistungsfähige Vermarktungseinrichtungen des Landhandels und der Genossenschaften. Mit der „Westfleisch" befindet sich ein großer Schlacht- und Vermarktungsbetrieb im Kreis, der über das nötige Marketing verfügt, welches notwendig ist, um entsprechende Preise für hier erzeugte Produkte zu erzielen. Mit der Privatmolkerei Borgmann besitzt der Kreis eine leistungsfähige Milchverarbeitungsstätte, die über die Kreisgrenzen hinaus von Bedeutung ist.

Das Zusammenwirken dieser Faktoren bringt für die Coesfelder Landwirtschaft offensichtlich eine Art Standortvorteil im Vergleich zu weniger günstig strukturierten Gebieten. Die weitere Entwicklung der Veredlungsbetriebe hängt in der Zukunft entscheidend von den Vorschriften für den Umweltschutz ab. Soll weiterhin rentabel Landwirtschaft betrieben werden, ist in Zukunft das Problem zu lösen, wie die verschiedenen Funktionen eines Raumes (Wasserwirtschaft, Landwirtschaft, Freizeit und Erholung, Besiedlung und Verkehr, um nur einige wichtige zu nennen) aufeinander abzustimmen sind - eine Frage, die schon heute Landwirtschaft und ihre Verwaltung sehr stark beschäftigt" (Mantau 1997, S. 12 - 13).

4.5 Verarbeitendes Gewerbe, Baugewerbe und Handwerk

Im Abschnitt 4.2 wurden bereits anhand von Daten der Bruttowertschöpfung und der Erwerbstätigen sowie der sozialversicherungspflichtigen Beschäftigten die Bedeutung und die jüngere Entwicklung (bis 1998) des Verarbeitenden Gewerbes sowie auch anderer warenverarbeitender Gewerbezweige im Kreis Coesfeld aufgezeigt. Das Verarbeitende Gewerbe (ohne Baugewerbe), in dem im Kreis Coesfeld gut ein Viertel aller Beschäftigten tätig ist, hat nach dem jüngsten Jahresbericht der Wirtschaftsförderungsgesellschaft für den Kreis Coesfeld mbH die Talsohle der Jahre 1993 - 1997 überwunden und ist auf dem Wege eines kontinuierlichen Wachstums. Diese positive Entwicklung, die sich anhand von Neuansiedlungen, Betriebsvergrößerungen, Wachstum von Beschäftigten und Umsatz ablesen läßt, gilt für fast alle Kommunen des Kreises; sie setzt sich deutlich von der des Landes NRW insgesamt ab (WFG 2000, S. 35). Im Jahre 1998 bestanden im Kreis Coesfeld 110 Betriebe des Verarbeitenden Gewerbes (≥ 20 Beschäftigte), 1999 war deren Zahl auf 118 gestiegen, was einer Veränderung zum Vorjahr von + 7,3% entspricht; das Wachstum der Beschäftigten von 10 511 (1998) auf 11 042 (1999) betrug + 5,1%, und der Umsatz erhöhte sich um + 1,5% auf rd. 3,8 Mrd. DM. Innerhalb des Verarbeitenden Gewerbes kommt - gemessen an der Zahl der Betriebe (21) und der Beschäftigten (2 424) - dem in der amtlichen Statistik ausgewiesenen Wirtschaftszweig ‚Ernährungsgewerbe, Tabakverarbeitung' die größte Bedeutung zu. Dazu zählt z.B. das Maggi-Werk als Hauptarbeitgeber in Lüdinghausen (z.B. 1995: 430 Beschäftigte). An zweiter Stelle folgt mit 16 Betrieben und 2 428 Beschäftigten der ‚Maschinenbau', sodann mit 14 Betrieben und 659 Beschäftigten die ‚Metallerzeugung und -bearbeitung, Herstellung von Metallerzeugnissen'; die chemische Industrie sowie das ‚Papier-, Verlags- und Druckgewerbe' sind im Kreis Coesfeld mit jeweils fünf Betrieben und der Wirtschaftszweig ‚Herstellung von Büromaschinen, DV-Geräten und -einrichtungen, Elektrotechnik, Feinmechanik, Optik' mit drei Betrieben vertreten (LDS NRW 2000b). Aufgrund der absolut geringen Zahl der Betriebe in den einzelnen Gemeinden werden viele Daten geheimgehalten, so dass keine aktuellen Statistiken über alle Wirtschaftszweige für die einzelnen Städte und Gemeinden des Kreises vorliegen.

Insgesamt weist der Kreis Coesfeld in bezug auf das Verarbeitende Gewerbe eine recht vielfältige Wirtschaftsstruktur auf, wobei in nahezu allen Zweigen kleine und mittelständische Unternehmen dominieren.

Innerhalb des sekundären Wirtschaftssektors bietet das Baugewerbe im Kreis Coesfeld mit 2 424 Beschäftigten (30.06.1998) überproportional viele Arbeitsplätze, gemessen an der Anzahl von 182 Betrieben übertrifft es das Verarbeitende Gewerbe bei weitem. Damit ist das Baugewerbe ein gewichtiger Wirtschaftszweig des Kreises, wenngleich sich (allgemeine) Nachfrageschwankungen sehr rasch auch negativ auf die Zahl der Beschäftigten und Betriebe auswirken können. Dies traf z.B. im Jahre 1999 zu, als im nordrhein-westfälischen Baugewerbe (erneut) ein Nachfragerückgang zu verzeichnen und sowohl die Anzahl der Betriebe als auch der Beschäftigten landesweit rückläufig waren. Im Kreis Coesfeld

Tab. 7: Das Handwerk im Kreis Coesfeld - Anzahl der Betriebe 1999 -

Gemeinde	Vollhandwerk Gesamt	Baugewerbe	Metallgewerbe	Holzgewerbe	Bekleidungsgewerbe	Nahrungsmittelgewerbe	Körperpflege/ Chemie	Sonstige	Handwerksähnl. G.	Gesamt
Ascheberg	128	31	49	21	5	6	16	0	33	161
Billerbeck	96	27	40	10	5	6	6	2	19	115
Coesfeld	283	73	109	25	9	20	34	13	48	331
Dülmen	366	98	152	24	11	19	51	11	81	447
Havixbeck	97	26	31	15	8	5	10	2	20	117
Lüdinghausen	193	56	71	19	5	14	24	4	45	238
Nordkirchen	83	23	30	10	3	7	9	1	20	103
Nottuln	137	32	54	15	11	10	14	1	34	171
Olfen	99	34	35	6	2	4	16	2	27	126
Rosendahl	112	28	38	19	4	11	11	1	13	125
Senden	151	39	57	23	6	5	16	5	31	182
Kreis Coesfeld	1 745	467	666	187	69	107	207	42	371	2 116
Anteil	82,47 %	22,07 %	31,47 %	8,84 %	3,26 %	5,06 %	9,78 %	1,98 %	17,53 %	100 %

(Quelle: Handwerkskammer Münster; WFG 2000, Tab. 3)

schrumpfte zwischen 1998 und 1999 zwar die Zahl der Betriebe von 182 auf 159 und diejenige der Beschäftigten von 2 424 auf 2 117, dennoch wuchsen der Umsatz (von 389 Mio. DM auf 396 Mio. DM) und damit auch der Umsatz pro Beschäftigten (von 160 TDM auf 187 TDM) (nach WFG 2000, S. 34).

Eine lange Tradition besitzt im Kreis Coesfeld auch das Handwerk. Dieses nimmt nicht nur eine wichtige wirtschaftliche, sondern auch eine soziale Position ein (im folgenden nach WFG 2000, S. 33). In den vergangenen Jahren vergrößerte sich die Zahl der Handwerks- und handwerksähnlichen Betriebe im Kreis Coesfeld kontinuierlich, z.B. zwischen 1995 von 1 971 auf 2 116, d.h. um + 7,5%. Die größten Zuwächse verzeichneten dabei die Bereiche Körperpflege/Chemie (+ 15%), Metall/Elektro (+ 11,6%) und das Baugewerbe (+9,9%); demgegenüber waren die Bereiche Bekleidung (- 15,9%) und Nahrungsmittel (- 14,4%) durch die größten Verluste gekennzeichnet. Als besondere Probleme gelten derzeit der Nachwuchsmangel und die jeweilige Unternehmensnachfolge.

Unter den Bereichen des Vollhandwerks führen heute zahlenmäßig die Betriebe des Metallgewerbes, des Baugewerbes sowie der Körperpflege/Chemie, danach folgen das Holz-, Nahrungsmittel- und Bekleidungsgewerbe (Tab. 7).

4.6 Einzelhandels- und Dienstleistungsangebote im System der Zentralen Orte

Der Kreis Coesfeld verfügt mit seiner zentralörtlichen Ausstattung – den drei Mittelzentren Coesfeld, Dülmen und Lüdinghausen sowie acht Grundzentren (entsprechend der im Landesentwicklungsplan dargestellten zentralörtlichen Gliederung, s. Abb. 4) – über eine, auch für andere sog. ländliche Räume im Münsterland charakteristische gute Versorgungssituation. Diese wird ergänzt durch die benachbarte Großstadt Münster, die als Oberzentrum über einen großen regionalen Einzugsbereich verfügt, zu dem auch der Kreis Coesfeld gehört. Die Bevölkerung des Kreises profitiert zudem von dem außerordentlich dichten System an Oberzentren (z.B. Dortmund) und Mittelzentren (z. B. Hamm) im südlich benachbarten polyzentrischen Ruhrgebiet.

Wie bereits unter 4.2 herausgestellt wurde, wurde die jüngere dynamische Wirtschaftsentwicklung im Kreis Coesfeld sehr stark vom tertiären Sektor getragen, auf den z.B. im Jahre 1995 mehr als zwei Drittel der Bruttowertschöpfung entfielen. Wie auch im übrigen Münsterland, so setzt sich auch im Kreis der Trend zur Tertiärisierung der Wirtschaft bzw. zu einer Dienstleistungsgesellschaft fort. Eine besondere Bedeutung im Rahmen der Gesamtwirtschaft sowie für die Versorgung der Bevölkerung kommt dem Handel, speziell dem Einzelhandel, zu. So ergab die letzte Handels- und Gaststättenzählung von 1993 für den Kreis Coesfeld einen jährlichen Gesamtumsatz von 1, 271 Mrd. DM der insgesamt 1 015 Einzelhandelsbetriebe, die über eine Verkaufsfläche von insgesamt 264 000 qm verfügen. In bezug auf die Relation Verkaufsfläche pro Einwohner lag der Kreis mit 1,32 qm/Einw. oberhalb des Wertes für den Regierungsbezirk Münster von 1,21 qm/Einw., woraus sich ein überdurchschnittlich hoher Ausstattungs- bzw. Versorgungsgrad ergibt. In bezug auf die Städte und Gemeinden des Kreises konnten die höchsten Einzelwerte für Senden (2,61 qm/Einw.), Billerbeck (2,07), Coesfeld (1,97), Dülmen (1,48) und Lüdinghausen (1,4) ermittelt werden; unterhalb des Kreisdurchschnittes lagen Olfen (1,22), Havixbeck (0,84), Rosendahl (0,77), Nottuln (0,63), Ascheberg (0,58) und Nordkirchen (0,33). Über die absolut höchsten Verkaufsflächen verfügten 1993 die Städte Coesfeld (68 000 qm), Dülmen (65 000 qm), Senden (48 000 qm) und Lüdinghausen (30 000 qm), so dass die Hauptkonzentrationen des Einzelhandels in den drei Mittelstädten bzw. -zentren Dülmen, Coesfeld und Lüdinghausen, darüber hinaus aber auch in dem Grundzentrum Senden bestehen.

Die hohe Einzelhandels-Flächenkonzentration in der Gemeinde Senden ergibt sich vor allem aus den dortigen Ansiedlungen des großflächigen Einzelhandels. Die jüngsten Erhebungen der Industrie- und Handelskammer Münster aus dem Jahre 1998 ergaben für Senden eine diesbezügliche Verkaufsfläche von 37 720 qm, die diejenige des großflächigen Einzelhandels in der Stadt Dülmen (37 600 qm) sogar noch leicht übertrifft, jedoch unterhalb des entsprechenden Wertes der Kreisstadt Coesfeld (46 550 qm) liegt. In Senden entfallen rd. 98% der genannten Verkaufsfläche auf insgesamt fünf Großbetriebe des Wohnungseinrichtungsbedarfs (vor allem Möbel, aber auch Teppiche), die sich im Ortsteil Bösensell in verkehrsgünstiger Lage (an der L 551, nahe der Anschlußstelle der A 43) angesiedelt haben. Auch in fast allen anderen Gemeinden des Kreises Coesfeld – soweit sie über Einrichtungen des großflächigen Einzelhandels verfügen – dominiert der Wohnungseinrichtungsbedarf – so in Rosendahl (zu 100% = 2 400 qm Verkaufsfläche), Lüdinghausen (knapp 71% von rd. 19 000 qm Verkaufsfläche), Coesfeld (rd. 47%) und Dülmen (ca. 43%). In Nottuln entfallen rd. 61% der 12 650 qm des großflächigen Einzelhandels auf den Bereich ‚Hobby-, Bau- und Heimwerkerartikel'; diese machen auch in Coesfeld (knapp 38%) und in Dülmen (30,5%) hohe Anteile aus. In Coesfeld, Dülmen, Lüdinghausen, Nottuln und Senden haben sich zudem großflächige Lebensmittelgeschäfte angesiedelt.

In den Gemeinden Ascheberg, Billerbeck, Havixbeck, Nordkirchen und Olfen bestehen (bislang, Stand 1998) noch keine Betriebe des großflächigen Einzelhandels, so dass das grundsätzlich vorhandene Gefährdungspotential für die zentrenorientierten (traditionellen) Handelsbetriebe dort zumindest innergemeindlich nicht besteht.

Für alle Städte und Gemeinden des Kreises wurden in den vergangenen Jahren insgesamt zahlreiche einzelhandelsorientierte empirische Untersuchungen (Auftragsgutachten, unabhängige wissenschaftliche Studien, vor allem seitens der Geographie) durchgeführt, die zahlreiche Aspekte der differenzierten Versorgungssituation, des Verhaltens und der Zufriedenheit der Kunden mit dem Waren- und Dienstleistungsangebot, der Einzugsbereiche u. v. m. aufzeigen (vgl. die Zusammenfassung der Ergebnisse dieser Untersuchungen in Ahrens/Heineberg 1997, S. 105-116). Diese belegen u.a., dass in allen Gemeinden des Kreises und in deren Ortsteilen (bis auf wenige Ausnahmen) die Grundversorgung voll gewährleistet ist. In einigen Gemeinden, z.B. in Rosendahl oder in Nordkirchen, ergeben sich Probleme infolge geringer Bevölkerungspotentiale und der Einwohnerverteilung auf mehrere Ortsteile. Wichtige, zugleich wohnortnahe Versorgungsfunktionen im mittel- und zum großen Teil auch im langfristigen Bereich erfüllen die drei Mittelzentren Dülmen, Coesfeld und Lüdinghausen. Je schwächer ausgeprägt die Konkurrenzsituation der Städte und Gemeinden des Kreises Coesfeld zu benachbarten Oberzentren und starken Mittelzentren ist, desto umfassender ist hier i.d.R. das jeweilige Einzelhandelsangebot und umso größer auch der Einzugsbereich. Unter dem Einfluß des Oberzentrums Münster sind die mittelfristigen Einzelhandelsangebote vor allem der benachbarten, an der Ostflanke des Kreises Coesfeld gelegenen Grundzentren oft nur schwach ausgeprägt, da sie in geringerem Maße tragfähig sind. Defizite im Einzelhandel werden von den Besuchern und Kunden der einzelnen Gemeindezentren im allgemeinen in bezug auch den mittelfristigen Bedarfsbereich genannt; dies gilt z.B. für ein zu geringes Bekleidungs-/Textilienangebot, welches bevorzugt in den benachbarten Oberzentren nachgefragt wird. Dennoch bewerten die Konsumenten die jeweiligen Ortszentren und deren Einzelhandel in den Städten und Gemeinden des Kreises Coesfeld i. d. R. als (sehr) attraktiv, woraus zu schließen ist, dass sie weit überwiegend ihren Erwartungen entsprechen.

Zu den wichtigsten Bereichen des Dienstleistungsangebots im Kreis Coesfeld zählt die medizinische Versorgung der Bevölkerung (vgl. dazu Ahrens/Heineberg 1997, S. 116 ff.). Im ambulanten Bereich waren 1997 218 Ärzte niedergelassen. Wie in den übrigen Münsterland-Kreisen waren davon gut zwei Fünftel Allgemeinmediziner. Die räumliche Verteilung der Arztpraxen wie insbesondere auch die Anteile an Fachärzten sind wichtige Indikatoren für den jeweiligen zentralörtlichen Rang der Städte und Gemeinden. Die Absolutzahlen reichen von 54 Ärzten in dem Mittelzentrum und der zugleich größten Stadt Dülmen bis zu je vier Ärzten in den kleinsten Gemeinden bzw. Grundzentren Nordkirchen und Rosendahl. In den Mittelzentren ist auch die Versorgung mit Fachärzten im allgemeinen wesentlich besser als in den Grundzentren. Fachärzte machen dort rd. 70% aller praktizierenden Mediziner aus und versorgen i. d. R. alle Hauptfachrichtungen mit je einem Arzt.

Gemessen an der sog. Arztdichte (Einwohner pro Arzt) erreichen die Mittelzentren - Lüdinghausen (674 Einw./Arzt) vor Coesfeld (681) und Dülmen (820) - die besten Versorgungsgrade. Während sich die Arztdichtewerte der meisten Gemeinden leicht unter dem Kreismittelwert von 930 Einw./Arzt bewegen, ist der Versorgungsgrad sowohl der Gemeinden Nordkirchen mit gut 2 300 Einw./Arzt und Rosendahl mit fast 2 600 Einw./Arzt vergleichsweise sehr gering. Insgesamt kann aber die ärztliche Versorgung im Kreis Coesfeld - trotz einiger deutlicher Abweichungen vom Kreismittel - als sehr gut bezeichnet werden.

Der Kreis Coesfeld profitiert z.T. auch von der überdurchschnittlich guten medizinischen Versorgung durch das benachbarte Oberzentrum Münster. Hier sind rd. drei Viertel aller niedergelassenen Ärzte Fachärzte, und der Versorgungsgrad ist dort mit 543 Einw./Arzt ausgezeichnet. Auch hat die Stadt Münster - u. a. mit den Universitätskliniken - ein sehr qualifiziertes, umfassendes oberzentrales Angebot im Krankenhausbereich. Im Kreis Coesfeld steht in den fünf Krankenhäusern mit insgesamt 932 Betten je 210 Einwohnern ein Krankenbett zur Verfügung (Werte Mitte der 90er Jahre). Dies ist im Vergleich zu den anderen Münsterland-Kreisen (maximal 175 Einw./Krankenbett) und der Stadt Münster (71) ein vergleichsweise schlechter Wert, der auch unter dem Durchschnitt des Landes NRW (131 Einw./Bett) liegt.

Im Bereich anderer gehobener personenbezogener sowie z.T. auch öffentlicher Dienstleistungen (z.B. Museen, Theater, oberzentrale Behörden) profitiert der Kreis Coesfeld von der nahgelegenen Westfälischen Metropole Münster, teilweise aber auch von oberzentralen Versorgungsangeboten im südlich benachbarten Ruhrgebiet. Wie es jedoch das Beispiel der kulturellen Infrastruktur zeigt, besteht im Kreis Coesfeld in den einzelnen Städten und Gemeinden durchaus ein vielgestaltiges Angebot, das sich zwar insgesamt nicht mit dem entsprechenden oberzentralen Einrichtungen (vor allem in bezug auf Museen, Orchester und Theater) messen kann, dies jedoch in unterschiedlichster Weise ergänzt und zu den wichtigen Merkmalen des „kulturellen Lebens" im Kreis zählt (vgl. im einzelnen die im Kulturatlas Westfalen, 2000, aufgeführten Kulturangebote der Städte und Gemeinden sowie auch die Informationen zur Kultur im Münsterland durch die Münsterland Touristik Zentrale). Dazu gehören etwa acht Museen mit unterschiedlichsten Sammlungsschwerpunkten: das Baumberger Sandsteinmuseum in Havixbeck und das Droste-Museum in der Burg Hülshoff in Havixbeck, das Münsterlandmuseum in der Burg Vischering in Lüdinghausen, das Schiffsmuseum in Senden sowie Heimatmuseum und Stadtarchive in Ascheberg (Davertturm), Coesfeld (Turmgalerie) und Dülmen.

Von besonderem kulturhistorischem Wert sind die bereits unter 2.2 und 2.3 genannten Burgen, Schlösser, Herrensitze und Gräftenhöfe (s. auch Abb. 5 und 15), die auch wichtige Anziehungspunkte für den Kulturtourismus darstellen und aufgrund ihrer relativ großen Anzahl für den Kreis Coesfeld die Bezeichnung „Kreis der Wasserburgen" rechtfertigen (vgl. Kreis Coesfeld 1994). Zwei der Burgen - Burg Vischering in Lüdinghausen und die Kolvenburg in Billerbeck - nehmen seit 1972 bzw. 1976 auch die Funktion von Kulturzentren des Kreises wahr und sind mit ihren Angeboten an Konzerten, Theateraufführungen, Kleinkunstveranstaltungen sowie Wechsel- und Dauerausstellungen wichtige Veranstaltungsorte. In jeder Gemeinde des Kreises gibt es weitere „Kulturzentren" oder ähnliche Einrichtungen mit beachtlichen kulturellen Angeboten. Dazu zählen Schloß Westerwinkel und Nordkirchen, das „Kulturzentrum Alte Landwirtschaftsschule" in Billerbeck, Alte Amtmannei und Bürgerzentrum in Nottuln, Heimat- und Bürgerhaus „Bahnhof Darfeld", Kolpinghäuser, Bildungswerke und Volkshochschulen sowie für größere Veranstaltungen die Stadthallen in Coesfeld und Olfen nebst der Steverhalle in Senden. Auch werden die Stadtbibliotheken, Rathaussäle sowie Schul- und Kirchengebäude für öffentliche Veranstaltungen genutzt.

Zwar existieren im Kreis Coesfeld keine Theater als Institutionen, jedoch verfügt der Kreis in Billerbeck und Coesfeld über zwei der sieben Freilichtbühnen des Münsterlandes. Außerdem bestehen in sechs der elf Gemeinden Musikschulen, die Musikausbildung und Konzertaufführungen anbieten. Senden verfügt zudem über eine Kunstschule.

In bezug auf kulturelle Einrichtungen ist der Kreis Coesfeld somit durch eine beachtliche dezentrale Standortstruktur gekennzeichnet. Zusammen mit den im Kreis vorhandenen zahlreichen Einrichtungen der Bildungsinfrastruktur der Allgemein-, Berufs- und Weiterbildung (u.a. 10 Gymnasien, 9 Realschulen, 7 Sonderschulen und 3 Gesamtschulen, s. im einzelnen Übersicht 2), den Vereinen und sehr vielseitigen Freizeitangeboten (s. Übersicht 3) bestehen in den einzelnen Städten und Gemeinden nicht nur sehr geeignete Grundlagen für das „kulturelle Leben" der Bürger, sondern zugleich auch wichtige „weiche" Standortbedingungen für die gewerbliche Wirtschaft.

In einer im November 1996 von S. Ahrens/H. Heineberg im Kreis Coesfeld durchgeführten repräsentativen Unternehmensbefragung stuften rd. 58% der Unternehmer die Vielfalt der Kultur- und Freizeitangebote als wichtig oder gar sehr wichtig ein, die allgemeinen Bildungsmöglichkeiten (z.B. Gymnasien) wurden sogar von knapp 70% der Befragten entsprechend hoch als wichtige bzw. sehr wichtige „weiche" Standortfaktoren eingeschätzt (vgl. im einzelnen Ahrens/Heineberg 1997, Abb. 68).

4.7 Der Fremdenverkehr als Wirtschaftsfaktor

Der Fremdenverkehr oder Tourismus wird heute allgemein als ein wichtiger Wirtschaftsfaktor eingestuft - so etwa auch für das Münsterland (vgl. S. Landgrebe 1998). Meist wird die ökonomische Bedeutung dieses Wirtschaftszweiges an dem Angebot und der Nutzung von Beherbergungsbetrieben (Anzahl, Bettenangebot, Zahl der Ankünfte und Übernachtungen, durchschnittliche Bettenauslastung sowie Aufenthaltsdauer in Tagen) gemessen (vgl. Statistische Übersicht/Tab. 5). In bezug auf derartige, jährlich durch amtliche statistische Daten belegte Merkmale, die jedoch nur für Beherbergungsbetriebe ab neun Betten gelten, lassen sich für das Münsterland und speziell

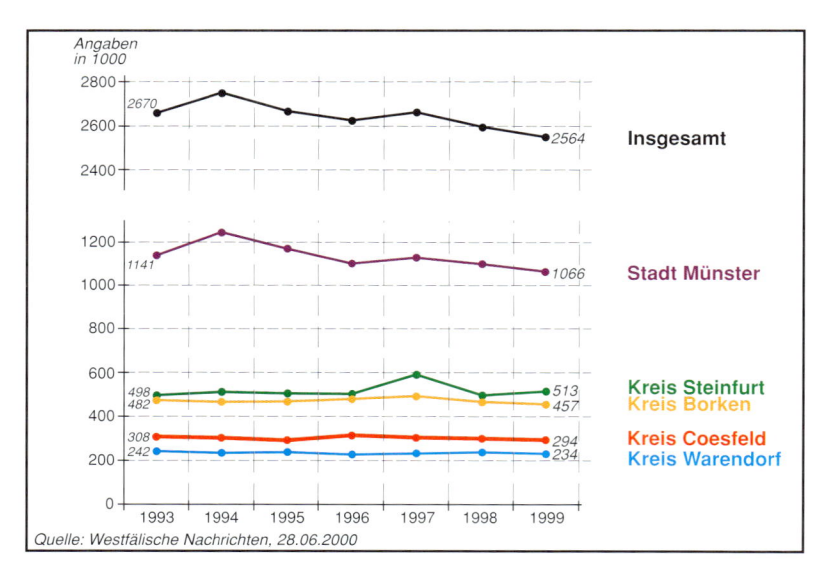

Abb. 14: Übernachtungen im Münsterland 1993-1999

Schulform / Gemeinde	Grundschule	Hauptschule	Realschule	Gymnasium	Gesamtschule	Sonderschule	alle
Ascheberg	•••	•	•	-	-	•[1]	6
Billerbeck	•	•	•	-	-	-	3
Coesfeld	•••••••••	••	••	•••	-	••[2]	18
Dülmen	••••••••••	•••	••	•••	-	••[3]	20
Havixbeck	•	-	-	-	•	-	2
Lüdinghausen	••••	•	•	••	-	•[4]	9
Nordkirchen	•••	-	-	-	•	•[5]	5
Nottuln	•••••	•	•	•	-	-	8
Olfen	•	-	-	-	•	-	2
Rosendahl	•••	•	-	-	-	-	4
Senden	••••	•	•	•	-	-	7
Kreis Coesfeld	44	11	9	10	3	7	84

(Quelle: Kreis Coesfeld, Stabsstelle; Anm. Sonderschule für (1) Lernbehinderte; (2) Lernbehinderte, Kranke; (3) Lernbehinderte; Sprachbehinderte; (4) Erziehungsheim; (5) Geistigbehinderte)

Übersicht 2: Ausstattung der Gemeinden des Kreises Coesfeld mit allgemeinbildenden Schulen

für den Kreis Coesfeld einige Aussagen treffen und jüngere Entwicklungstrends herausstellen. So zeigt Abb. 14, dass - gemessen an der jährlichen Zahl der Übernachtungen - der Kreis Coesfeld deutlich hinter den Kreisen Steinfurt und Borken, aber noch vor dem Kreis Warendorf rangiert. Die Zahl der Übernachtungen ist im Münsterland seit 1994 tendenziell leicht rückläufig: dies gilt - wenngleich etwas abgeschwächter - auch für den Kreis Coesfeld. So reduzierte sich hier z.B. zwischen 1998 und 1999 die Zahl der Ankünfte um 3,1% und diejenige der Übernachtungen um 2,6% (für 1997/98 betrugen die Rückgänge - 2,4% bzw. - 1,3%). Wie die Statistische Übersicht/Tab. 6 zeigt, betrugen im Jahre 1999 die Bettenauslastung nur knapp 30% und die durchschnittliche Aufenthaltsdauer lediglich 2,1 Tage. Allerdings bestehen auch deutliche Unterschiede zwischen den Städten und Gemeinden des Kreises. So hatten die im Bereich der Baumberge gelegenen, landschaftlich attraktiven Gemeinden Billerbeck, Havixbeck und Nottuln, aber auch die Kreisstadt Coesfeld überdurchschnittlich hohe Bettenauslastungen zu verzeichnen. Gemessen an dem Bettenangebot führt Dülmen als einwohnermäßig größte Stadt des Kreises; allerdings ist die dortige Auslastung mit rd. 25% (1999) relativ gering. Mit überdurchschnittlich hohen Aufenthaltsdauern der Touristen von 3 bzw. 2,9 Tagen führen Billerbeck und Havixbeck.

Der „Übernachtungstourismus" mit durchschnittlich maximal drei Übernachtungen wird somit - wie im übrigen Münsterland - von Kurzurlaubern getragen. Diesbezüglich konkurriert das Münsterland jedoch mehr und mehr mit anderen Regionen, d.h. mit den Kurzreiseangeboten anderer Urlaubsziele in Deutschland, darüber hinaus aber auch mit internationalen Reisezielen.

Gegenüber dem Übernachtungstourismus wird die wirtschaftliche Bedeutung des Tagestourismus i. allg. unterschätzt. Dessen differenzierte ökonomische Relevanz zeigen jüngere wissenschaftliche Untersuchungen auf, die sich speziell mit dem Münsterland (vgl. Landgrebe 1998, Potthoff 1998, Schnell/Potthoff 2000) bzw. auch speziell mit dem für diese Region typischen „Fahrradtourismus" (z.B. Reisch 1998, Steiner 1998, Filthaut/Möller 1999, Chr. Schneider 1999) beschäftigt haben. Deren Ergebnisse, die sich grundsätzlich auf den Kreis Coesfeld als typischen münsterländischen Raum übertragen lassen, belegen die große Bedeutung, die dem Tagestourismus für diese Region zukommt. Nach S. Landgrebe beliefen sich 1997 die Einnahmen aus dem Tourismus im Münsterland auf insgesamt rd. 2 Mrd. DM, wovon nur 25% auf den Übernachtungs- und 75% auf den Tagestourismus entfielen.

Nach repräsentativen Umfragen im Münsterland durch P. Schnell/K. E. Potthoff (1999) aus der „Arbeitsstelle Tages- und Kurzzeittourismus" im Institut für Geographie der Westfälischen Wilhelms-Universität Münster im Jahre 1997 - befragt wurden 555 Besucher ausgewählter Sehenswürdigkeiten bzw. Ausflugsziele im Kreis Coesfeld und 2.422 im übrigen Münsterland - dominieren bei den Tagesbesuchern mit rd. 45% Zweipersonengruppen (Ehepartner, Partner, Freunde und Bekannte). Diese sind zu rd. 49% Beamten- und Angestelltenhaushalten zuzuordnen, gefolgt von Selbständigen (16%), Rentnern (rd. 13%), Arbeitern (rd. 11%) und anderen (z.B. Studierenden). Zum Erreichen der Ausflugsziele dominiert der

Gemeinde	Betten	Camping/Jugendherberge	Museum o. Archiv	Schloß/Burg	Kino	Freilichtbühne	Freizeitpark/Märchenpark	Tierpark	Fahrradverleih	markierte Radwanderwege	ausgewiesene Rundwanderwege	Freibad	Hallenbad	Badesee	Kanu/Rudern	Segeln/Surfen	Angeln	Ballonfahrten	Golf	Minigolf	Reiten	Ponyreiten	Planwagen	Segelfliegen	Tennis
Ascheberg	324		•	•					•	•	•	•					•	•			•		•		•
Billerbeck	400		•	•	•		•	•	•	•	•									•	•		•		•
Coesfeld	406	••	•	•	•	•			•	•	•	•								•	•		•		•
Dülmen	568	•	•	•				•	•	•	•		•			•		•					•	•	•
Havixbeck	280		••	•						•	•						•						•		•
Lüdinghausen	250	•	•	•	•				•	•	•	•	•				•				•		•		•
Nordkirchen	125		•	•						•	•								•						
Nottuln	300	•		•					•	•	•		•								•		•		•
Olfen	66	•	•	•			•		•	•	•										•	•	•		•
Rosendahl	138			•						•	•							•							
Senden	282	•	•	•					•	•	•	•	•		•		•				•	•	•		•
Kreis Coesfeld insgesamt	3 139	7	8	11	2	2	1	2	10	11	11	6	8	2	1	1	6	3	3	4	7	6	10	2	10

Übersicht 3: Die „touristische Infrastruktur" der Gemeinden des Kreises Coesfeld (Auswahl)
(Quelle: Fremdenverkehrsverband MÜNSTERLAND TOURISTIK/Grünes Band, 1999, u. a. Quellen)

Pkw (67,4% aller Besucher); Fahrradtouristen machen im Münsterland 21,5% und die mit Bahn und Bus angereisten lediglich 11,4% der Besucher aus. Bei den Stichproben-Befragungen von 555 Tagestouristen im Kreis Coesfeld an 10 typischen touristischen Zielen oder Treffpunkten (Burg Hülshoff, Burg Vischering, Schloß Nordkirchen, Schloß Westerwinkel, Gasthaus Klute, Freilichtbühne Coesfeld, Wildpferdefang in Dülmen, Longinusturm in den Baumbergen, Stevertal, Sandsteinmuseum in Havixbeck) ergaben sich ähnliche Werte: 46% Zweipersonengruppen; die Tagestouristen kamen zu 45% aus Beamten- und Angestelltenhaushalten, 19% waren Selbständige, 15% Rentner und 10% Arbeiter. Es reisten sogar rd. 71% mit dem Pkw und 5% mit dem Motorrad (für letztere v.a. bekannter Treffpunkt am Longinusturm) an gegenüber 17,6% mit dem Fahrrad und nur rd. 5% mit Bus oder Bahn. Beachtlich ist der regionale Einzugsbereich des Tagestourismus im Kreis Coesfeld: Gegenüber nur rd. 19%, die aus dem Kreis selbst kamen, stammten knapp 22% aus der Großstadt Münster und rd. 21% aus dem Ruhrgebiet, dagegen lediglich kleinere Anteile aus den benachbarten Kreisen Steinfurt (Borken knapp 5%, Warendorf 4%, Steinfurt gut 3%) sowie erst recht aus den Niederlanden. Die durchschnittliche Höhe der Ausgaben pro Tagestourist wurde von P. Schnell/K. E. Potthoff für das Münsterland insgesamt mit 12,40 DM berechnet; für den Kreis Coesfeld ergaben sich Ausgaben in Höhe von 15,25 DM und für das übrige Münsterland von 11,90 DM; für Übernachtungsgäste wurden dagegen durchschnittliche tägliche Ausgaben von 110,- DM ermittelt. S. Landgrebe (1997) erfasste für das gesamte Münsterland 1,476 Mrd. DM Einnahmen durch den Tagestourismus pro Jahr. Nach D. Filthaut/D. Möller (1999) lässt sich der allein „radtouristisch bedingte Primärumsatz" (von insgesamt jährlich 12 Mio. Tagesausflüglern und 1 Mio. Übernachtungen von Radtouristen etc.) im Münsterland auf 565 Mio. DM beziffern.

Die besondere Bedeutung des Tourismus, insbesondere des Tagestourismus im Münsterland, liegt darin, dass er sich „flächendeckend" durch eine relativ breite Streuung der wirtschaftlichen Nutzung mit einer Stärkung kleiner Betriebe (z.B. Gastronomie) und einer optimalen Nutzung der vorhandenen endogenen Ressourcen wie Kapital, Know-how und Arbeitskräfte auszeichnet. „Überdies trägt die Breitenwirkung des Tourismus dazu bei, die regionale Kultur aufzuwerten, ländliche

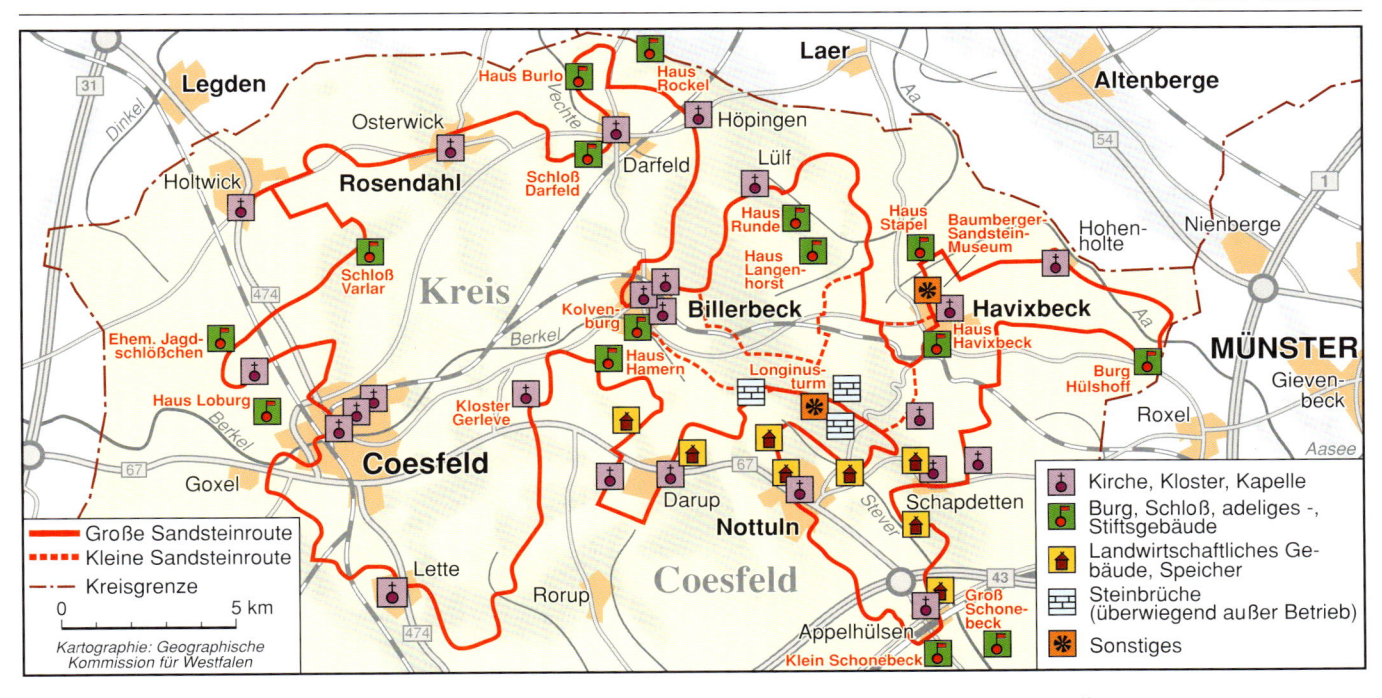

Abb. 15: Ausgewählte Sehenswürdigkeiten und beliebte Ausflugsziele entlang der „Sandsteinroute"

Betriebe zu stärken und vor allem eine „intakte" Natur und Umwelt zu erhalten, ohne die Tourismus nicht funktionieren kann" (Landgrebe 1998, S. 16).

Den Besuchern des Kreises Coesfeld, ob Übernachtungs- oder Tagestouristen, steht - wie auch im übrigen Münsterland - ein sehr vielfältiges Angebot zur Verfügung. Dazu zählt zum einen der Reiz einer ländlich geprägten „Parklandschaft", die zudem mit den bis auf 187 m ansteigenden Baumbergen auch topographisch abwechslungsreich ist. Die Baumberge sind innerhalb des Münsterlandes eines der bekanntesten Naherholungsziele, das sich in besonderen Maße zum Spazierengehen oder Wandern eignet. Hinzu kommen zahlreiche „Naturdenkmale", wie z.B. das Venner Moor in der Gemeinde Senden, die zum großen Teil unter Natur- und Landschaftsschutz stehen; so machen allein die Naturschutzgebiete 2% der Gesamtfläche des Kreises Coesfeld aus (vgl. im einzelnen den Beitrag von K.-H. Otto in diesem Band). Von Bedeutung ist weiterhin die vielfältige „touristische Infrastruktur", die in der Übersicht 3 aus der Werbung durch den Fremdenverkehrsverband MÜNSTERLAND TOURISTIK/Grünes Band zusammengestellt ist. Sie reicht von typischen Kulturangeboten (wie Burgen und Schlössern, vgl. Abb. 5), Museen (z.B. das Sandstein-Museum in Havixbeck), über vielfältige Sport- und Freizeitstätten bis hin zu Campingplätzen und Fahrradverleih-Stationen (zur vielfältigen kulturellen Infrastruktur vgl. auch Abschnitt 4.6). Nicht in der Übersicht 3 berücksichtigt ist das quasi flächendeckende Netz unterschiedlichster ausgeschilderter Fahrradwege (vgl. dazu im einzelnen Abschnitt 5.1). In Abb. 15 sind beispielsweise zahlreiche ausgewählte Sehenswürdigkeiten und beliebte Ausflugsziele entlang der „Sandsteinroute" im Bereich der Baumberge dargestellt; und Abb. 5 zeigt die große Anzahl an Schlössern, Burgen u. a. wichtigen Kulturdenkmalen an den Haupt- und Verbindungswegen der „100 Schlösser Route".

Zur „touristischen Infrastruktur" im Münsterland sowie speziell auch in bezug auf den Kreis Coesfeld zählen neben der MÜNSTERLAND TOURISTIK ZENTRALE/Grünes Band mit Sitz in Steinfurt, die u. a. mit aktuellen Farbbroschüren zu Reiseangeboten, Radeltourismus etc. überregional wirbt sowie sich etwa auch nachhaltig für die Qualitätsverbesserung und Kundenorientiertung des Radwegenetzes im Münsterland einsetzt (s. 5.1), auch die Verkehrsvereine bzw. Tourist-Informationen in einzelnen Städten und Gemeinden.

Von der o.g. Arbeitsgruppe P. Schnell/K. E. Potthoff wurden 1997 die Stärken und Schwächen des touristischen Angebots des Münsterlandes und speziell des Kreises Coesfeld im Meinungsbild der Tagestouristen erfaßt. Die in Abb. 16 dargestellten Resultate der repräsentativen Besucherbefragungen (Kreis Coesfeld im Vergleich mit dem übrigen Münsterland) zeigen für das Münsterland ein hohes Maß an Zufriedenheit in bezug auf unterschiedlichste touristisch relevante Angebote, die im Kreis Coesfeld teilweise sogar noch positiver als in der Gesamtregion bewertet wurden. Die besten Noten (gemessen in Schulnoten) erhielt das

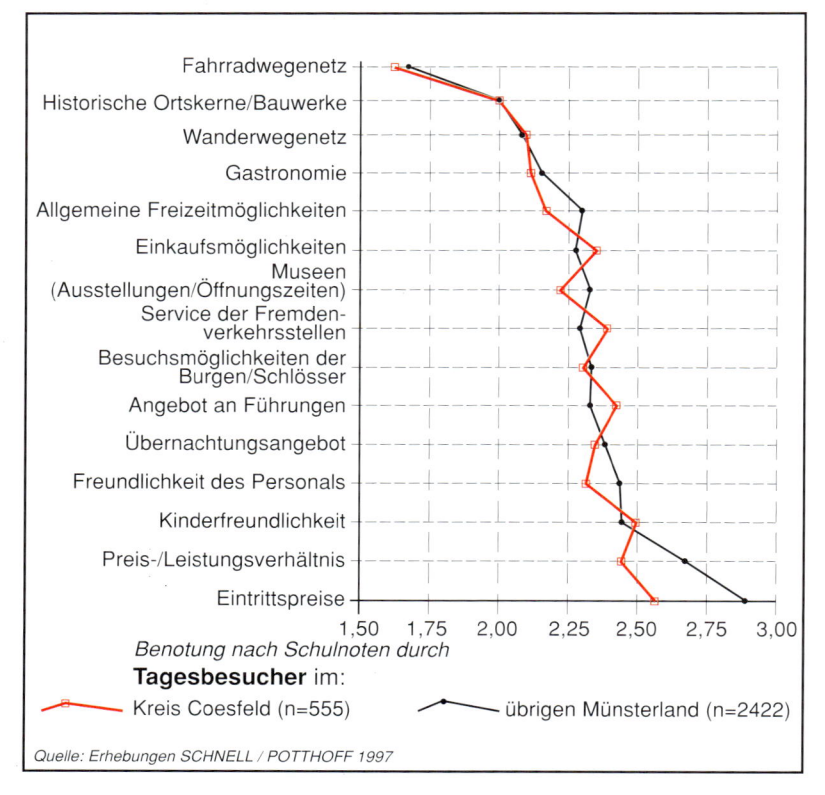

Abb. 16: Benotung des touristischen Angebotes des Kreises Coesfeld und des übrigen Münsterlandes durch Tagestouristen

Fahrradwegenetz, gefolgt von historischen Ortskernen und Bauwerken, dem Wanderwegenetz, der Gastronomie und anderen Angeboten. Selbst das Preis-/Leistungsverhältnis und Eintrittspreise wurden für Sehenswürdigkeiten im Kreis Coesfeld als recht zufriedenstellend eingestuft.

Da heute das Münsterland im Fahrradtourismus unter zunehmendem überregionalen Wettbewerbsdruck steht und sich zudem inzwischen ein großer, z.T. unübersichtlicher „Schilderwald" für Radfahrrouten entwickelt hat, ist es seit Jahren das Ziel des Fremdenverkehrsverbandes MÜNSTERLAND TOURISTIK/Grünes Band, das bereits als sehr positiv bewertete Fahrradnetz qualitativ noch weiter zu verbessern und kundenfreundlicher zu gestalten. Über die bisherigen Radwanderwege und derzeit in der Entwicklung befindliche neue „Radwegesystem 2000" im Münsterland – und speziell auch im Kreis Coesfeld – wird unter 5.1 berichtet.

5. Entwicklung der Verkehrsinfrastruktur und -bedienung

5.1 Die „Landwege"

Das Gebiet des heutigen Kreises Coesfeld war schon früh durch überregionale Wirtschaftsbeziehungen gekennzeichnet, wozu die Entwicklung von Handelswegen eine entscheidende Voraussetzung war. Großräumige Handelsbeziehungen entfalteten sich seit Mitte des 15. Jh.s unter dem Einfluß der Hanse. Diesem Bund gehörten - wie viele andere Orte in Westfalen - die Städte Coesfeld, Dülmen und Lüdinghausen an. Bedeutende Handelswege verliefen vom Niederrhein über Bocholt, Borken und Coesfeld, von den Niederlanden aus über Vreden, Stadtlohn und Coesfeld, von Wesel über Haltern und Dülmen sowie aus dem Raum Dortmund/Recklinghausen über Lüdinghausen nach Münster. „Die Handelsbeziehungen erstreckten sich bis zu den Seestädten Emden, Bremen, Hamburg, Lübeck und darüber hinaus bis zu den niederländischen, baltischen und russischen Häfen" (Hollenhorst 1987, S. 331).

Allerdings waren die Wege im allgemeinen noch nicht befestigt. Erst im 19 Jh. wurden im Rahmen des Chaussee- und Wegebaus im Münsterland leistungsfähigere Überlandverbindungen geschaffen - zunächst ab 1811 unter Napoleon durch den Bau einer Militärstraße von Wesel über Haltern und Dülmen nach Münster. Die Straßenbauarbeiten im Münsterland wurden in der preußischen Zeit unter dem Oberpräsidenten der neuen Provinz Westfalen, Ludwig Freiherr von Vincke, 1815-1844 fortgeführt. Die oben genannte Chaussee nach Münster, die in ihrem Verlauf der späteren Bundesstraße 51 (heute L 551) entspricht, konnte 1830 fertiggestellt werden.

Im Raum des heutigen Kreis Coesfeld wurden weitere preußische „Staatschausseen" gebaut, und zwar die Coesfelder Straße (heutige B 525), die von Appelhülsen über Nottuln, Darup nach Coesfeld und weiter westlich bis Borken und Bocholt angelegt wurde, und die Straßenverbindung zwischen Münster und Dortmund, die heutige B 54, die das

Alte Beschilderung regionaler Radwege

(Foto: Heinz Heineberg)

Kreisgebiet im äußersten Südosten durchschneidet.

Diese befestigten Chausseen wurden von Postkutschen benutzt. Eine wesentliche Verbesserung der Verkehrsbeziehungen erfolgte durch den Bau von Eisenbahnlinien zwischen 1870 und 1928 (s. Abschnitt 5.2). Die Bahn übernahm rasch den Güter- und Personenverkehr, so daß die Bedeutung des Straßenverkehrs (zunächst) stark zurückging. Allerdings trat schon zu Anfang dieses Jahrhunderts das Automobil in Wettbewerb mit der Bahn. In den folgenden Jahrzehnten wurde das Straßennetz asphaltiert. Aber erst der Anstieg des motorisierten Individualverkehrs nach dem 2. Weltkrieg, vor allem seit den 60er Jahren, erforderte einen weiteren Ausbau des vorhandenen Straßensystems. Im Jahre 1965 wurde die neue Autobahnverbindung (A 1) zwischen dem Autobahnkreuz Münster-Süd und dem Kamener Kreuz freigegeben. Dadurch konnte insbesondere die B 54 erheblich entlastet werden; das östliche Kreisgebiet profitierte vor allem durch die Anschlußstelle Ascheberg von dieser Autobahntrasse, die nach Norden in Richtung Osnabrück und Bremen weitergebaut wurde (s. Abb. 3). Von großer Bedeutung wurde die Fertigstellung des letzten Teilstückes Lavesum-Appelhülsen der Autobahn A 43 (Münster-Wuppertal), die das Kreisgebiet in der Mitte von Nordosten nach Südwesten durchquert. Dadurch konnte nicht nur die B 51 bzw. die heutige L 551 deutlich entlastet, sondern der Kreis Coesfeld vor allem noch besser in das überregionale europäische Fernstraßennetz integriert werden. Im äußersten Nordwesten wird das Kreisgebiet zwischen den Anschlußstellen Gescher/Coesfeld und Legden/Ahaus von der neuen, noch im Ausbau befindlichen Autobahn A 31, dem sog. Ostfriesenspieß, durchschnitten.

Die Autobahnen werden durch ein relativ dichtes System von Bundes-, Landes- und Kreisstraßen untereinander verbunden. Fast alle Ortsteile im Kreis sind weniger als 10 km von einer Autobahnanschlußstelle entfernt. Das Netz klassifizierter Straßen mißt im Kreis Coesfeld eine Länge von gut 900 km (1996); die sog. Netzdichte beträgt 0,811 Straßenkilometer pro qkm und liegt damit über dem Wert des Münsterlandes. Das Straßenverkehrsnetz des Kreises Coesfeld mit seinen überregionalen Anbindungen und seiner Netzdichte ist zwar insgesamt als gut zu bezeichnen, allerdings in Teilen durchaus noch verbesserungsfähig (z.B. Ausbau der Autobahn A 1, Entlastung von Ortslagen durch weiteren Bau von Umgehungsstraßen).

Der Kreis Coesfeld weist einen sehr hohen Motorisierungsgrad auf. Mit 591 Kfz/1 000 Einwohner im Jahre 1994 lag der Kreis fast um 8% höher als der landesweite Wert von 549 Kfz/1 000 Einwohner (nach Kreis Coesfeld, Der Oberkreisdirektor 1998). Dem Kfz-Verkehr der Berufspendler dienen vier Mitfahrerparkplätze, sog. Park+Drive-Plätze, mit insgesamt 174 Stellplätzen im Kreisgebiet, auf denen Mitglieder von Fahrgemeinschaften ihre Fahrzeuge abstellen können.

Zu den bisher erfolgreichen Bemühungen des Ausbaus des Busverkehrs im Rahmen der Entwicklung des öffentlichen Personennah- und Regionalverkehrs siehe Abschnitt 5.3.

Zu den Besonderheiten des Kreises Coesfeld zählt ein - auch für das gesamte Münsterland charakteristisches - dichtes Netz von Rad- und Fußwanderwegen. Von touristischer (und auch ökonomischer) Bedeutung ist vor allem der Radtourismus, dem ein inzwischen auch überregional bekanntes, sehr differenziertes Radwegesystem zur Verfügung steht. „Im Kreis Coesfeld gibt es insgesamt 314,5 km Radwege bzw. kombinierte Rad- und Gehwege an klassifizierten Straßen (216,5 km an Bundes- und Landesstraßen und 98 km an Kreisstraßen). Daneben gibt es im Kreis Coesfeld ein gut ausgebautes und beschildertes Netz an Radwegen, das u. a. auch Wirtschaftswege einschließt" (Kreis Coesfeld, Der Oberkreisdirektor 1998, S. 27).

Die Radwanderer konnten bislang unter mehreren Varianten von klassifizierten, im Gelände ausgeschilderten, aber auch nicht gekennzeichneten „Radwanderrouten" auswählen und diese miteinander kombinieren (s. P. Schnell 1993, S. 375 f. und Landesvermessungsamt NRW: Radwanderkarte 1:50.000, Kreis Coesfeld, 1996). Die für den Kreis Coesfeld relevanten Routen waren bzw.

Neue übersichtliche Ausweisung des „Radwegesystems 2000" im Münsterland

(Foto: Heinz Heineberg)

sind:
(1) Fernwanderwege (mit ‚R' und einer Ziffer gekennzeichnet); dieses überregionale, für den gesamten Landesteil Westfalen ausgewiesene Radwegenetz wurde bereits 1981 - 1984 vom Landschaftsverband Westfalen-Lippe geschaffen.
(2) Regionale (städteverbindende) Radrundwege (mit ‚F' und einer Ziffer ausgewiesen).
(3) Verbindungsradwege (zum Abkürzen, Verbinden, Selbstgestalten).
Hinzu kommen speziell benannte Radwanderwege (überregionale „Motivrouten"), die mit den o. g. Wegetypen in unterschiedlichster Weise kombiniert sind:
(4) „100-Schlösser-Route" mit Haupt- und Verbindungsstrecken (s. Abb. 5) als „Hauptprodukt" der touristischen Radinfrastruktur des Münsterlandes. Deren Planung durch den Fremdenverkehrsverband MÜNSTERLAND TOURISTIK/ Grünes Band begann 1983. Die Radwanderroute verbindet inzwischen in allen Münsterland-Kreisen zahlreiche Burgen, Schlösser, Herrensitze etc. untereinander. Die im Gelände mit einem Burgsymbol gekennzeichnete Route, die sich mittlerweile zum „Markenzeichen für den Fahrrad-Tourismus im Münsterland" entwickelt hat (Schnell 1987, S. 376), läßt sich - z.B. im Kreis Coesfeld - sehr gut abschnittsweise für Tagestouren nutzen.
(5) „Sandsteinroute" (im Bereich der Baumberge und um Coesfeld, s. Abb. 15 sowie im einzelnen den von Peyrer, 1994, bearbeiteten Führer zur „Baumberger Sandsteinroute"). Wie die Abb. 15 mit ausgewählten Sehenswürdigkeiten andeutet, verbindet diese Route im Kreis Coesfeld zahlreiche naturräumliche und vor allem auch kulturhistorisch typische Landschafts- und Bauelemente miteinander.
Außerdem bestehen im Kreisgebiet
(6) straßenbegleitende Radwege sowie darüber hinaus vielfältige weitere Möglichkeiten des Radwanderns auf zahlreichen, meist asphaltierten Wegen oder auch Pfaden.

Zur Zeit ist im gesamten Münsterland eine durch den Fremdenverkehrsverband MÜNSTERLAND TOURISTIK/Grünes Band (gemeinsam mit dem Landesverband ADFC) initiierte Neugestaltung des sehr differenzierten und durch einen „Wildwuchs" an Beschilderungen teilweise unübersichtlichen Radwegenetzes in Planung und Durchführung. Mit dem neuen „Radwegesystem 2000" ist das Münsterland zu einem Pilotprojekt für den Radtourismus in Nordrhein-Westfalen geworden (vgl. Filthaut/Möller 1999). Mit der Ausgestaltung und Neubeschilderung eines wabenförmigen Basisnetzes, in das auch wichtige überregionale Motivrouten (z.B. die 100-Schlösser-Route) oder auch thematische Regionalrouten einzelner Feriengebiete (z.B. die Sandsteinroute) integriert werden, soll das gesamte Radwegenetz wesentlich kundenorientierter sein und damit den Bedürfnissen aller Radtouristen (Tagesausflügler, Etappenradler, Routenradler etc.) entsprechen. Zur Bedeutung des Radtourismus („Pättkestouren") im Rahmen des Fremdenverkehrs im Münsterland und speziell im Kreis Coesfeld vgl. Abschnitt 4.7 in diesem Beitrag.

Neben bzw. großenteils auch zusammen mit dem sehr dichten Radwegenetz besteht im Kreis Coesfeld - wie im gesamten Münsterland - ein differenziertes Wanderwegenetz (vgl. z.B. die Wanderwegekarte für den zentralen Bereich der Baumberge in: Peyrer 1994).

5.2 Der Schienenverkehr

Der Kreis Coesfeld verfügt über eine relativ gute Einbindung des Schienenverkehrs in das übergeordnete Eisenbahnnetz, wenngleich dessen Ausbau relativ spät erfolgte, wichtige Linien außerhalb verlaufen und einige kreisangehörige Gemeinden über keinen oder nur einen unzureichenden Gleisanschluß verfügen (vgl. im folgenden auch Ditt/Schöller 1955, Schulz 1987, Krefft-Kettermann 1988). Die ersten Eisenbahnverbindungen im nördlichen Westfalen - die 1847 fertiggestellte Strecke der Köln-Mindener Eisenbahngesellschaft mit der Linie Köln-Deutz-Düsseldorf-Duisburg-Bielefeld-Minden sowie die 1848 eröffnete Verbindung Münster-Hamm der Münster-Hammer Eisenbahngesellschaft, die 1856 als Preußisch-Hannoversche Staatsbahn nach Norden bis Emden verlängert wurde - wurden im Süden und Osten in der Nähe des heutigen Kreises Coesfeld geschaffen. Erst 25 Jahre später, am 1. Januar 1870, wurde von der Köln-Mindener Eisenbahngesellschaft eine Eisenbahnlinie zwischen Münster und Wanne (Emscherzone des Ruhrgebietes) eröffnet, die in ihrer Verlängerung über Osnabrück (1871) bis Bremen (1874) den Anschluß an die Küstenbahn Emden-Bremen-Hamburg fand und damit das mittlere Ruhrgebiet mit den Nordseehäfen verband.

Mit der Gründung deutsch-niederländischer Eisenbahngesellschaften konnten 1875 zwei den heutigen Kreis Coesfeld tangierende (Münster-Burgsteinfurt-Gronau) bzw. durchquerende (Dortmund-Lünen-Lüdinghausen-Dülmen-Coesfeld-Gronau) Schienenwege eröffnet werden, die noch im gleichen Jahr eine Fortsetzung bis zur niederländischen Stadt Enschede erfuhren. Im Streit um die endgültige Trassenführung im südlichen Teil des heutigen Kreises Coesfeld („Südkreis") unterlag die (heutige) Stadt Olfen (ehem. Stadt und Kirchspiel Olfen) der Stadt Lüdinghausen, da letztere ein kostenloses Bahnhofsgelände bereitstellen konnte. Damit erhielt Olfen keinen Eisenbahnanschluß; die Verbindung zu den nächstgelegenen

Bahnhöfen Lüdinghausen und Selm (Kreis Recklinghausen) wird heute über Taxibusse hergestellt (s. Beitrag von R. Achterberg über Olfen in diesem Band).

Der frühere Wettbewerb zwischen den Eisenbahngesellschaften führte 1879 zur Eröffnung der eingleisigen Strecke Dorsten-Coesfeld-Burgsteinfurt-Rheine-Quakenbrück, die mit der zuvor gebauten Linie Wanne-Münster-Osnabrück der Köln-Mindener Eisenbahngesellschaft konkurieren sollte. Sie wurde als Durchgangslinie jedoch nur gering ausgelastet, wurde allerdings als Anschlußlinie für das westliche Münsterland von Bedeutung und begründete insbesondere die Position der Stadt Coesfeld als wichtigster Eisenbahnknotenpunkt des Westmünsterlandes.

Das Eisenbahnnetz im heutigen Kreis Coesfeld wurde zwischen 1902 und 1908 durch die - schon 1857 erstmals geplante - Schienenverbindung Isselburg (Empel-Rees)-Bocholt-Borken-Coesfeld-Billerbeck-Havixbeck-Münster komplettiert. Erst 1928 konnte eine weitere (schon 1844 erwogene) Strecke fertiggestellt werden, die Münster mit Lünen und Dortmund verbindet und das heutige Kreisgebiet im Osten (mit Haltepunkten in Ascheberg und Davensberg/Gemeinde Ascheberg und Capelle/Gemeinde Nordkirchen) durchschneidet; allerdings liegt der Haltepunkt Capelle jeweils 12 km von den Siedlungsschwerpunkten Nord- und Südkirchen entfernt (vgl. auch Beitrag von A. Reiche über Nordkirchen in diesem Band).

Die Zunahme der privaten Motorisierung, der Autobahnbau in der Zeit nach dem 2. Weltkrieg, vor allem ab den 60er Jahren, und die allgemeine Zunahme der Straßenverkehrsmobilität hatten mehr und mehr negative Auswirkungen auf den Schienenverkehr, auch im Kreis Coesfeld. Diese betrafen die Aufgabe von Bahnhöfen und Haltepunkten sowie Streckenstillegungen wie die Einstellung der Eisenbahnverbindung Isselburg (Empel-Rees)–Coesfeld am 25. Mai 1974 und des Personenverkehrs auf dem Streckenabschnitt Coesfeld-Rheine am 28. September 1984. Zwischenzeitlich wurde auch die Nutzung der Strecke Coesfeld-Rheine für den Güterverkehr aufgegeben. „Wichtige, die Stadtbilder prägende Bahnbauten verschwanden, so etwa das annähernd 100 Jahre alte Empfangsgebäude in Lüdinghausen im Jahre 1980 und, nur wenig später, Ringlokschuppen und Drehscheibe in Coesfeld. Die Fahrpläne wurden systematisch ausgedünnt" (Schulz 1987, S. 342).

Dennoch wurde der Kreis Coesfeld von dem in der Vergangenheit praktizierten Rückzug der Eisenbahn aus der Fläche nicht so stark betroffen wie andere ländlich geprägte Räume in Nordwestdeutschland. Die bestehenden Kursbuchstrecken Kbs 408 (Münster-Coesfeld), Kbs 411 (Münster-Lünen-Dortmund), Kbs 424 (Coesfeld-Dorsten) und Kbs 425 (Münster-Haltern-Essen) sind überwiegend radial auf das Oberzentrum Münster ausgerichtet, wodurch eine insgesamt gute Anbindung an das Fernverkehrsnetz der Deutschen Bahn AG besteht. Anbindungen an den Fernverkehr sind auch in Essen (425) bzw. Dortmund (411, 412) gegeben.

5.3 Qualitätsverbesserungen im öffentlichen Personennahverkehr

Der Verbesserung des Angebots- und Qualitätsstandards im öffentlichen Schienenpersonennahverkehr (SPNV) kommt in jüngerer Zeit eine besondere verkehrspolitische bzw. -planerische Bedeutung zu. Wichtige Grundlage dazu bildet die Bahnstrukturreform, die – im Rahmen der sog. Regionalisierung mit Wirkung vom 01.01.1996 - insbesondere den Rückzug der Bundeseisenbahnen aus der Verantwortung für den SPNV gesetzlich regelte. Für das Münsterland wurde gemäß dem Regionalisierungsgesetz des Landes von den Kreisen Borken, Coesfeld, Steinfurt und Warendorf zusammen mit der Stadt Münster am 15.12.1995 der „Zweckverband Schienenpersonennahverkehr (SPNV) Münsterland" gegründet; dessen Aufgaben sind Entscheidungen über Planung, Organisation und Ausgestaltung des SPNV sowie die Koordination von ÖPNV und SPNV einschließlich der Erstellung von Nahverkehrsplänen. Auch auf der Basis der ersten Nahverkehrspläne für den SPNV im Münsterland (1997) sowie speziell für den ÖPNV im Kreis Coesfeld (1998) ist zur Verbesserung der Bedienungsqualität des öffentlichen Nahverkehrs auf der Schiene in jüngerer Zeit eine Reihe wichtiger Voraussetzungen geschaffen worden, und zwar u. a.:
- Es wird nun in der Region entschieden, wie das SPNV-Angebot gestaltet werden soll.
- Im Mai 1999 erhielt die DB Regionalbahn Westfalen GmbH, eine Tochter der Deutschen Bahn AG, nach einer europaweiten Ausschreibung den Zuschlag für den Betrieb der beiden Strecken Münster–Coesfeld und Münster–Gronau–Enschede. Für diese Strecken sind zahlreiche Neuerungen in Planung, z.B. die Verlängerung der Strecke Coesfeld–Münster bis zum ‚Zentrum Nord' in Münster-Nord (zum 27.5.2001) oder die Reaktivierung der 1981 stillgelegten Verbindung Gronau–Enschede in Kooperation mit den Niederlanden (zur Streckengeschichte vgl. Geuckler 1998). Auf diesen Linien sollen moderne Schienenfahrzeuge die Bahn attraktiver machen. Für den Kreis Coesfeld ist von Bedeutung, dass die Bahnstrecke Dortmund–Dülmen–Coesfeld–Ahaus–Gronau im Stundentakt eine direkte Anbindung an Enschede und damit an die Fernlinie Richtung Amsterdam erhält.
- Seit 1998 besteht im SPNV des Münsterlandes

auf allen Strecken mindestens ein Stunden-Takt, am Wochenende mindestens ein 2-Stunden-Takt; außerdem entfällt seit 1998 die Betriebsruhe auf den Linien Kbs 412 und 424, und die Strecke Kbs 425 wird montags bis freitags im 30-Minuten-Takt betrieben. Seit Beginn der Regionalisierung wurde somit das Angebot deutlich ausgeweitet.

- Neben der Verbesserung der Bahnverbindungen und des bereits erfolgten Einsatzes neuer Fahrzeuge (Doppelstockwagen) auf der Strecke 411 und in Regional Express-Zügen der Linie 425 ist es auch das Ziel des Zweckverbandes, die Qualität der Bahnhofsausstattungen sowie Sicherheit und Service zu steigern.

- Als wichtig gilt auch die Verbesserung der Verknüpfungen zwischen dem öffentlichen Bahn- und Busverkehr (u.a. Ausbau lokaler und regionaler Verknüpfungspunkte). Der Verknüpfungspunkt Bhf. Coesfeld ist bereits gut ausgebaut, ebenso Dülmen; in Lüdinghausen besteht noch entsprechender Bedarf.

Deutliche Verbesserungen sind seit langem schon im regionalen öffentlichen Busverkehr erfolgt: Bereits seit Mitte der 80er Jahre waren die Betriebe der Unternehmensgruppe „Westfälische Verkehrsgesellschaft mbH (WVG)" bestrebt, sukzessive marktgerechte „Produktlinien" im Rahmen eines sog. differenzierten Bedienungsmodells zu entwickeln (vgl. Schulte 1993). Dazu zählen – auch im Kreis Coesfeld – zahlreiche Schnellbus-, Sprinterbus- (als neues Produkt der WestfalenBus GmbH), Regiobus-, Regiotakt-, Direktbus-, Nachtbus-, Anrufsammeltaxi- und Taxibus-Verbindungen, wodurch der Kreis heute über eine insgesamt sehr gute und auch bundesweit beispielhafte Versorgung im öffentlichen Busverkehr verfügt, die hinsichtlich Linienführungen, Busqualität, Service etc. ständig weiter optimiert worden ist bzw. immer noch wird. So wurde im Bereich des Regionalverkehr Münster (RVM) bereits im Sommer 1990 „die erste hochwertige SchnellBus-Achse S90/91 in der Verbindung Lüdinghausen-Senden-Münster in Betrieb genommen" (Schulte 1993, S. 336). Aufgrund der Linienführung (teilweise über die Autobahn A 43) und der besonderen komfortablen Ausstattung ergaben sich eine erhebliche Fahrzeitverkürzung (um 25%) und eine große Akzeptanz dieser Linie. Inzwischen sind durch die RVM im Münsterland nach dem Vorbild der S90/91 sieben weitere Schnellbuslinien erfolgreich eingeführt worden, so die zuletzt im Kreis Coesfeld die S60 Nottuln-Münster. Der Kreis Coesfeld verfügt beispielsweise auch über ein sehr dichtes neues Nachtbus-Netz (vor allem Anbindung an die Großstadt Münster) oder etwa auch – zur Ergänzung des Busverkehrs, insbesondere in den Abend- und Nachtstunden, aber auch am Wochenende und tagsüber – über zahlreiche sog. AnrufSammel Taxi-Verbindungen; noch im November 2000 werden z.B. drei neue TaxiBus-Linien (Nottuln-Billerbeck, Dülmen-Rorup-Darup und Holtwick-Osterwick-Darfeld-Laer) entstehen, die werktags im Stundentakt verkehren und zum Teil bestehende Linienbusse ersetzen sollen. Das bedarfsgerechte Angebot TaxiBus (Bus auf Anruf) wird im südlichen Teil des Kreises Coesfeld („Südkreis") als komplettes Gesamtnetz angeboten. Im Rahmen eines Forschungsprojektes bei der EU wurde es im August 2000 als „bestes Beispiel für ländliche Mobilität in ganz Deutschland" gewürdigt.

Als besonderer Service für alle Bürgerinnen und Bürger steht die kreisweite Servicezentrale „frag + fahr" mit Standort in Lüdinghausen für Auskünfte rund um Bus und Bahn zur Verfügung. Sie wurde 1999 mehr als 100.000 mal in Anspruch genommen, und die Tendenz ist steigend. „Frag + fahr" wird von der RVM und dem Kreis Coesfeld mit Beteiligung der Partnerunternehmen betrieben. Neu ist (seit dem 3. Mai 2000) die Erreichbarkeit rund um die Uhr.

Um den Nahverkehr noch attraktiver zu gestalten, trat ab 28.5.2000 das komplexe Gemeinschaftstarifwerk Bus & Bahn für Münster und das Münsterland in Kraft. Damit können erstmals Nahverkehrsnutzer alle Busse und Bahnen im gesamten Geltungsbereich des Münsterlandes mit einer Fahrkarte der Verkehrsgemeinschaft Münsterland nutzen.

An nahezu allen Haltepunkten bzw. Bahnhöfen im Kreis Coesfeld bestehen P+R-Plätze, die der Verknüpfung zwischen Schiene (SPNV) und ÖPNV und dem motorisierten Individualverkehr (MIV) dienen.

5.4 Wasserstraßen

Der Kreis Coesfeld wird von dem 1899 eröffneten Schiffahrtsweg Dortmund-Ems-Kanal (DEK) durchquert. Diese Verbindung zwischen dem östlichen Ruhrgebiet und dem Nordseehafen Emden verfügt auch über einen Kanalhafen in Münster sowie im Kreisgebiet über - allerdings nur wenig genutzte - Anlegestellen in Lüdinghausen und Senden. Mit der Eröffnung des Rhein-Herne-Kanals und des Mittellandkanals 1914/15 sowie des Wesel-Dattel-Kanals im Jahre 1931 wurde der Dortmund-Ems-Kanal mit den Flüssen Rhein, Weser und Elbe verbunden.

Der ursprünglich für ein 700-t-Schiff konzipierte DEK wurde für das sog. Europa-Schiff mit einer Tragfähigkeit von 1350 t ausgebaut. Wegen der Schleusen und der zum großen Teil niedrigen Brücken sowie nicht zuletzt wegen der politischen Vorgaben der Förderung umweltverträglicher Verkehrsträger für den Massengüterverkehr besteht ein „vordringlicher Bedarf" für den Ausbau der Bundeswasserstraße DEK, wenngleich die bestehenden Transportpotenziale des Kanals bei weitem noch nicht genutzt werden.

Die größeren Flüsse im Kreisgebiet - die in den Baumbergen entspringende Berkel, die über Billerbeck, Coesfeld und Stadtlohn in Richtung der niederländischen Ijssel fließt, die Stever, die, ebenfalls aus den Baumbergen kommend, über Appelhülsen, Senden und Lüdinghausen in den Hullener und Haltener Stausee entwässert, und die Vechte, die über Darfeld und Nordhorn in das Ijsselmeer fließt - sind nicht schiffbar.

5.5 Luftverkehr

Innerhalb des Kreises Coesfeld existiert lediglich südlich von Dülmen der Landeplatz Borkenberge, der für die allgemeine Luftfahrt vorgesehen ist (Klasse 3). Unter den außerhalb des Kreisgebietes gelegenen größeren Flughäfen sind der - seit 1986 internationale - Flughafen Münster-Osnabrück (FMO) und der Regionalflughafen Dortmund (DTM) am besten erreichbar. Die kürzesten Entfernungen zum FMO bestehen in bezug auf das Gebiet des Kreises Coesfeld von Senden (26 km) und Havixbeck (29 km) aus. Auch unter der Einbeziehung des Flughafens Dortmund ergibt sich besonders für Senden und Ascheberg eine sehr günstige Erreichbarkeitssituation, da beide Flughäfen von diesen Gemeinden nur durchschnittlich 38 km entfernt liegen und wegen der direkten Autobahnanbindungen in weniger als 25 Minuten angefahren werden können.

Insgesamt dürfte der Flughafen Münster-Osnabrück wegen des umfangreichen Angebots an Linien- und Charterflügen (Pauschalreisen) und der relativ guten Verkehrsanbindung für den Kreis Coesfeld die bedeutendere Alternative sein. Eine repräsentative Befragung der Ferien-Fluggäste und der Erstflieger im FMO im Sommer 1998 ergab, daß knapp 4% aller Reisenden aus dem Kreis Coesfeld kamen (3,9% Ferien-Fluggäste, 3,6% Erstflieger). Damit zählt der Kreis Coesfeld zum engerem Einzugsbereich des FMO (vgl. im einzelnen S. Thiesing u. a. 1999, Tab. 3 und Karte 1). Die befragten Ferien-Fluggäste gaben als Hauptgrund für die Wahl des Flughafens Münster-Osnabrück dessen Nahlage, daneben aber auch die Annehmlichkeiten (Atmosphäre des Flughafengebäudes, preiswertes und umfangreiches Flughafenangebot etc.) an. Da dem Flugzeug nicht nur als Ferien-Reisemittel, sondern auch für den Luftfracht- und Geschäftsreiseverkehr eine wachsende Bedeutung zukommt, ist die Nähe zum Flughafen - insbesondere zum FMO - auch für die im Kreis Coesfeld angesiedelten Unternehmen von Bedeutung. So ergab eine bereits 1989 von der Industrie- und Handelskammer Münster durchgeführte Untersuchung zum Geschäftsreiseverkehr, daß für insgesamt rd. 70% der Befragten (auch) das Flugzeug als Reisemittel in Betracht kommt. Von den für den Kammerbereich ermittelten Geschäftsreisen war der Anteil der mit dem Flugzeug - i. d. R. ab FMO - durchgeführten Fernreisen (über 150 km) von Geschäftsleuten aus dem Kreis Coesfeld mit rd. 25% am höchsten (vgl. IHK 1991).

6. Perspektiven

Der Kreis Coesfeld profitiert nicht nur von seiner regionalen Einbindung in das Münsterland und den hier bestehenden Kooperationen und Regionalinitiativen (z.B. Aktion Münsterland, Gewerbeflächen-Börse Münsterland, MÜNSTERLAND TOURISTIK/Grünes Band), sondern nicht zuletzt auch von seiner Mitgliedschaft in der grenzübergreifenden Gemeinschaft niederländischer und deutscher Kreise, Städte und Gemeinden, der ‚Euregio'; letztere ist im Juni 1999 noch beträchtlich erweitert worden, u.a. um die noch fehlenden sechs Städte und Gemeinden des Kreises Coesfeld. Der Kreis muß sich jedoch nicht nur um regionale Kooperation bemühen, sondern er steht auch im ständigen und sicherlich noch zunehmenden Wettbewerb mit anderen Regionen, insbesondere im Rahmen des immer bedeutender werdenden Globalisierungsprozesses.

Als eines der Ergebnisse eines umfassenden, im Auftrag der Wirtschaftsförderungsgesellschaft für den Kreis Coesfeld erstellten Wirtschafts- und Strukturgutachtens konnte bereits herausgestellt werden, dass für die Gesamtbeurteilung der Wettbewerbsfähigkeit und strukturellen Rahmenbedingungen die infrastrukturellen Rahmenbedingungen im Kreis Coesfeld positiv zu bewerten sind: „d.h. erhebliche Mängel in der Infrastruktur, so etwa der Verkehrsstruktur, oder der anderer unternehmensrelevanter Standortfaktoren sind nicht zu ermitteln, wenngleich Verbesserungsmöglichkeiten durchaus bestehen" (Ahrens/Heineberg 1997, S. 318). Zu den Stärken des Kreises zählen neben einer gut ausgebauten Verkehrsinfrastruktur, mit guten Bedingungen auch für den Bahn- und Schiffsverkehr, die besondere wirtschaftsräumliche Lagegunst, die Ausstattung mit funktionsfähigen Grund- und Mittelzentren, günstige regionalplanerische Voraussetzungen sowie auf dem Naturraum und der Kulturlandschaft aufbauende touristische Potentiale.

Positiv für die Zukunftsentwicklung sind auch die Bevölkerungsstruktur und deren Veränderungen. So ist die Einwohnerschaft des Kreises vergleichsweise jung; hohe Zuwanderungen und Geburtenraten führen zu einem insgesamt einzigartigen Bevölkerungswachstum. Günstig wirken sich der Bevölkerungsdruck aus den benachbarten Großstadträumen bei gleichzeitigem relativ niedrigem Niveau der Boden- und Immobilienpreise aus.

Der Kreis Coesfeld weist sich auch hinsichtlich seiner Unternehmens- und Beschäftigungsstruktur als günstig für die zukünftige Entwicklung aus: „So sind erstrangig eine niedrige Arbeitslosenquote sowie die positiven prozentualen Veränderungen der Gesamt- und der SV-Beschäftigtenzahlen beachtlich. Weiterhin zeichnet sich die Landwirtschaft durch besondere Leistungsstärke aus. Kleinbetriebe haben insgesamt eine relativ große Bedeutung als Arbeitgeber, und die Unternehmensstrukturen lassen eine i. d. R. geringe konjunkturelle Anfälligkeit erwarten. Außerdem zeichnen sich die Unternehmen durch besondere Standorttreue aus, und sie haben nur in geringem Maße regions- oder standortbezogene Defizite zu beklagen, weshalb sie sich mit den Standortbedingungen im Kreis Coesfeld – trotz vorhandener Kritik – zu ausgesprochen großen Teilen zufrieden zeigen. Ebenfalls ist herauszustellen, dass der langfristig prognostizierte Bedarf an Gewerbeflächen im Kreis Coesfeld frühzeitig befriedigt werden kann, womit eine Grundvoraussetzung erfüllt ist" (Ahrens/Heineberg 1997, S. 319).

Von Bedeutung für die Zukunftsentwicklung ist weiterhin die Wirtschaftsförderung durch die Städte und Gemeinden sowie die Wirtschaftsförderungsgesellschaft für den Kreis Coesfeld mbH, die zusammen alle wesentlichen Tätigkeitsbereiche abdecken. „Gemeinsame Aktivitäten, insbesondere der Wirtschaftsförderung, aber auch allgemein von Kreis und Kommunen, die sich auf die Außendarstellung und Imagebildung der Region beziehen, können auf den erfolgreichen Aktivitäten für das gesamte Münsterland aufbauen" (ebd.).

Unter den genannten Voraussetzungen und anderen Standortvorteilen gehört der Kreis Coesfeld zu den wettbewerbsfähigen Regionen. Diese Position gilt es für die Zukunft zu sichern. Es bleibt zu hoffen, dass dazu auch die neueste Regionalinitiative, der Entwurf eines sog. Münsterlandprogramm 2000, beträgt, für das der Bezirksplanungsrat politische Verantwortung trägt; dem Programm haben jüngst (Sept. 2000) die Mitglieder der Münsterlandkonferenz (unter dem Vorsitz des Regierungspräsidenten Jörg Twenhöven) weitestgehend zugestimmt, bevor es im Dezember 2000 in den Bezirksplanungsrat eingebracht werden soll. Das neue Münsterlandprogramm wird grundsätzlich auch vom Kreis Coesfeld begrüßt. Es zeichnet ein Leitbild für die anzustrebende Entwicklung und schlägt zwölf Initiativen mit zahlreichen Initialprojekten vor, mit denen die gemeinsame Anstrengung zur Sicherung des Münsterlandes begonnen werden soll. Zu den Initiativen zählt beispielsweise die bedarfsgerechte und nachfrageorientierte Gestaltung des Technologietransfers, dem für die heimische Wirtschaft mit den - auch für den Kreis Coesfeld - wichtigen mittelständischen Unternehmen im Rahmen der zunehmenden Globalisierung der Märkte eine große Bedeutung beigemessen wird.

Literatur

Ahrens, S. u. **Heineberg, H.** (1997): Wirtschafts- und Strukturanalyse. Untersuchungen zu Wirtschaft und Standort des Kreises Coesfeld. Erarbeitet im Auftrag der Wirtschaftsförderungsgesellschaft für den Kreis Coesfeld mbH. (= Westf. Wilhelms-Universität, Institut für Geographie - Berichte des Arbeitsgebiete „Stadt- und Regionalentwicklung", 12). Münster

Amt für Agrarordnung Coesfeld (Hg.) (1998): 100 Jahre Verwaltung für Agrarordnung Coesfeld 1898-1998. Coesfeld

Beckmann, A. (1968): Das Bomberg Plateau und der Schapdettener Berg. In: **Landesvermessungsamt Nordrhein-Westfalen** (Hg.): Topographischer Atlas Nordrhein-Westfalen. Düsseldorf, S. 244-245

Beyer, L. (1992): Die Baumberge (= Landschaftsführer des Westfälischen Heimatbundes, 8). Münster

Brömmelhaus, M. u. **J. Steiner** (1997): Tourismusperspektiven Münsterland: Angebotspolitik 2000. In: Münsterland, Regionales Tourismus Marketing, 1, S. 9-15

Ditt, H. (1996): Naturräume und Kulturlandschaften Westfalens. Ihre Inwertsetzung seit dem frühen Mittelalter. In: **F. Petri** u. **A. Hartlieb von Wallthor** (Hg.): Der Raum Westfalen, Bd. VI, 2. Teil. Münster, S. 1-323.

Ditt, H. u. **P. Schöller** (1955): Die Entwicklung des Eisenbahnnetzes in Nordwestdeutschland. In: Westfälische Forschungen, Bd. 8, S. 150-180

Filthaut, D. u. **D. Möller** (1999): Radwegesystem 2000. Radnetz NRW – Neue Chancen für Radfahrer/innen in NRW. In: Dokumentation zum 2. Workshop „Qualitätsoffensive für den Fahrradtourismus in Nordrhein-Westfalen". Hg.: **Tourismusverband NRW** 1999. Marl

Finke, W. (1987): Zur Ur- und Frühgeschichte des Kreises Coesfeld. In: **Kreis Coesfeld, Der Oberkreisdirektor** (Hg.): Kreis Coesfeld. 2. Aufl. Dülmen, S. 35-43

Finke, W. (1993): Zur frühmittelalterlichen Siedlungsgeschichte im Münsterland. In: **A. Mayr** u. **K. Temlitz** (Hg.): Münsterland und angrenzende Gebiete. Jahrestagung der Geographischen Kommission in Münster 1993 (= Spieker, Landeskundliche Beiträge und Berichte, 36). Münster, S. 51-55

Fischer, B. (1982): Wasserburgen im Münsterland. 2. Aufl. Köln

Fremdenverkehrsverband MÜNSTERLAND TOURISTIK, Grünes Band (Hg.) (1999): Münsterland. Urlaub 2000. Steinfurt

Geerißen, W. (2000a): Der Kreis Coesfeld. Ein attraktiver Wirtschaftsstandort in reizvoller Park- und Kulturlandschaft. In: Wirtschaft aktuell, Zeitschrift für Wirtschaftsförderungsgesellschaft für den Kreis Coesfeld mbH, Nr. 23, 7. Jg., Januar, S. 7 u. 9

Geerißen, W. (2000b): Gründungsberatung als Eckpfeiler des WFG-Spektrums. In: Wirtschaft aktuell, Zeitschrift der Wirtschaftsförderungsgesellschaft für den Kreis Coesfeld mbH, Nr. 23, 7. Jg., Januar, S. 27

Geerißen, W. (2000c): Größe ist keine zwingende Voraussetzung für Erfolg. Leistungsstarke klein- und mittelständische Unternehmen prägen den Standort. In: Wirtschaftsförderungsgesellschaft für den Kreis Coesfeld, Nr. 23, 7. Jg., Januar, S. 29 u. 31

Geuckler, M. (1998): Die Eisenbahnstrecke Gronau – Enschede. Entwicklung einer grenzüberschreitenden Verkehrsverbindung und ihre Einbeziehung in das weitere Schienennetz im Grenzraum. In: H. Heineberg u. K. Temlitz (Hg.): Münsterland – Osnabrücker Land/Emsland – Twente. Entwicklungspotentiale und grenzüberschreitenden Kooperation in europäischer Perspektive. Jahrestagung der Geographischen Kommission für Westfalen in Münster und Osnabrück 1998 (= Westfälische Geographische Studien, 48). Münster, S. 73-92.

Gläßer, E. (1971): Ländliche Siedlung und Wirtschaft des Kreises Coesfeld in Vergangenheit und Gegenwart. Beiträge zur Landes- und Volkskunde des Kreises Coesfeld 12 (= 1). Dülmen

Gläßer, E. (2000): Ländliche Siedlungsformen um 1950. Begleittext zum Doppelblatt „Ländliche Siedlungsformen" aus dem Themenbereich IV „Siedlung". In: **Geographische Kommission für Westfalen, Landschaftsverband Westfalen-Lippe** (Hg.): Geographisch-landeskundlicher Atlas von Westfalen, Lfg. 10. Münster

Hauff, Th. (1995): Die Textilindustrie zwischen Schrumpfung und Standortsicherung. Weltwirtschaftliche Anpassungszwänge, unternehmerische Handlungsstrategien und regionalökonomische Restrukturierungsprozesse in der Textilindustrie des Westmünsterlandes (= Duisburger Geographische Arbeiten, 14). Dortmund

Heineberg, H. u. Chr. Neubauer (1993): Zentrenakzeptanz in der Stadtregion Münster zwischen City und exurbanem Raum. Unterschiede im Besucher- und Verkehrsverhalten mit Konsequenzen für die kommunale Einzelhandels- und Verkehrspolitik. In: A. Mayr u. K. Temlitz (Hg.) (1993): Münsterland und angrenzende Gebiete. Jahrestagung der Geographischen Kommission in Münster 1993 (= Spieker. Landeskundliche Beiträge und Berichte, 36). Münster, S. 199-237

Heineberg, H., Th. Hauff u. Chr. Neubauer (1994): Akzeptanzanalyse Münster-Innenstadt. Kunden- und Verkehrsverhalten im Vergleich zu den konkurrierenden Mittelzentren Greven, Warendorf, Dülmen und Coesfeld. Ergebnisse einer repräsentativen Erhebung im Auftrag des Förderkreis Verkehrsverein Münster e.V. (= Berichte des Arbeitsgebietes „Stadt- und Regionalentwicklung", 5). Münster

Heineberg, H., C. Fritsch u. Chr. Neubauer (1996): Akzeptanzanalyse Münster-Innenstadt. Kunden- und Einkaufsverhalten im Vergleich zu den konkurrierenden Mittelzentren Emsdetten und Lüdinghausen. Ergebnisse einer repräsentativen Erhebung im Auftrag des Vereins zur Förderung von Wirtschaft, Handel und Verkehr Münster e. V. (= Berichte des Arbeitsgebietes „Stadt- und Regionalentwicklung", 9). Münster

Hesse, M. u. Fr.-K. Holtmeier (1986):Die Veränderungen des Heckenbestandes in Havixbeck/Kreis Coesfeld während der letzten 100 Jahre. Eine Untersuchung zum Kulturlandschaftswandel im Kernmünsterland. In: Erträge geographisch-landeskundlicher Forschung in Westfalen. Festschrift 50 Jahre Geographische Kommission für Westfalen (= Westfälische Geographische Studien, 42). Münster, S. 243-259.

Hollenhorst, H. (1987): Land- und Wasserwege im Kreisgebiet. In: Kreis Coesfeld. **Der Oberkreisdirektor** (Hg.): Kreis Coesfeld. 2. Aufl. Dülmen, S. 331-333

Hottes, K., E. Meynen u. E. Otremba (1972): Wirtschaftsräumliche Gliederung der Bundesrepublik Deutschland. Geographisch-landeskundliche Bestandsaufnahme 1960-1969 (= Forschungen zur deutschen Landeskunde, 193) = Bonn-Bad Godesberg

Hübschen, C. (1999): Aufgegebene Eisenbahntrassen in Westfalen. Heutige Nutzung und Möglichkeiten neuer Inwertsetzung (= Siedlung und Landschaft in Westfalen, 26). Münster

Industrie- und Handelskammer Münster (Hg.) (1991): Unterwegs in Sachen Wirtschaft. Eine Unternehmung der Industrie- und Handelskammer zu Münster zum Geschäftsreiseverkehr.(= IHK-Schrifenreihe, Heft 66). Münster

Industrie- und Handelskammer Münster (Hg.) (1998): Beschäftigungswunder Dienstleistungen? Eine Kurzfassung des IHK-Gutachtens Strukturwandel, Arbeitsplätze und Dienstleistungen. – Analyse des sektoralen Strukturwandels in der Beschäftigung des IHK-Bezirks Münster für die Jahre 1978 bis 1996 und Prognose bis zum Jahr 2000 -, erstellt durch die Gesellscjaft für wirtschaftliche Strukturforschung (GWS) Osnabrück von B. Meyer, G. Ewerhart u. Th. Siebe. Münster

Kalesky, G. (1980): Von Wasserburg zu Wasserburg. Bau- und kunstgeschichtliche Studienfahrt mit Feder und Pinsel zu unsern sehenswürdigen Wasserburgen und –schlössern in Westfalen. 7. Aufl. Lüdinghausen.

Kapteina, M. (2000): Die Entstehung des Kreises Coesfeld und seiner Nachbarkreise. In: **Kreis Coesfeld - Der Landrat, Archiv in Verbindung mit der Stabsstelle** (Hg.): 25 Jahre Kreis Coesfeld - Es wächst zusammen... Coesfeld, S. 13-51

Kooperation Land- und Wasserwirtschaft im Einzugsgebiet der Stevertalsperre (Hg.) (1999): Ein Bericht über die Ergebnisse der Beratungen in 1998. Verantwortlich R. Mantau. Coesfeld

Kranz, U. (1997): Kulturtourismus im Münsterland: Bedeutung, Potentiale und Perspektiven am Beispiel des Schlaunjahres 1995. In: Münsterland, Regionales Tourismus Marketing, 1, S. 27-44

Krefft-Kettermann, H. (1988): Eisenbahnen – Netzentwicklung und Personenverkehr. Begleittext zum Doppelblatt „Eisenbahnen – Netzentwicklung und Personenverkehr" aus dem Themenbereich VIII „Verkehr". In: **Geographische Kommission für Westfalen, Landschaftsverband Westfalen-Lippe** (Hg.): Geographisch-landeskundlicher Atlas von Westfalen, Lfg. 4. Münster

Kreis Coesfeld - Der Landrat, Archiv in Verbindung mit der Stabsstelle (Hg.) (2000): 25 Jahre Kreis Coesfeld - Es wächst zusammen... Coesfeld

Kreis Coesfeld, Der Oberkreisdirektor (Hg.) (1985): 10 Jahre Kreis Coesfeld. Verwaltungsbericht 1975 - 1984. Coesfeld

Kreis Coesfeld, Der Oberkreisdirektor (Hg.) (1987): Kreis Coesfeld. 2. Aufl. Dülmen

Kreis Coesfeld, Der Oberkreisdirektor, Kultur- und Presseamt (Hg.) (1991): Kreis Coesfeld. Verwaltungsbericht 1991. Coesfeld

Kreis Coesfeld, Der Oberkreisdirektor (Hg.) (1993): Burg Vischering. Wehrburg und Wohnsitz (= Beiträge zur Landes- und Volkskunde des Kreises Coesfeld, Bd. 26). Dülmen

Kreis Coesfeld (Hg.) (ca. 1994): Kreis Coesfeld. Kreis der Wasserburgen. o. O.

Kreis Coesfeld, Der Oberkreisdirektor (Hg.) (1998): 1. Nahverkehrsplan ÖPNV Kreis Coesfeld, Coesfeld

Kreisheimatverein Coesfeld e.V. (Hg.) (1992): Jahrbuch 1992 Kreis Coesfeld. Coesfeld

Kreisverwaltung Coesfeld (Hg.) (1966): Der Landkreis Coesfeld 1816 - 1966. Beiträge zur Geschichte und Landeskunde. Zum 150jährigen Bestehen des Landkreises, hg. von der Kreisverwaltung. Coesfeld

Kulturatlas Westfalen (2000), hg. v. d. Geographischen Kommission für Westfalen und den Westfälischen Provinzialversicherungen. Münster

Landesamt für Datenverarbeitung und Statistik des Landes Nordrhein-Westfalen (LDS NRW) (Hg.) (1996): Vorausrechnung der Bevölkerung in den kreisfreien Städten und Kreisen Nordrhein-Westfalens. Bevölkerungsprognose 1996 bis 2015/2040 (= Beiträge zur Statistik des Landes Nordrhein-Westfalen, H. 760) Düsseldorf.

Landesamt für Datenverarbeitung und Statistik des Landes Nordrhein-Westfalen (LDS NRW) (Hg.) (1996): Kaufwerte von Bauland in Nordrhein-Westfalen 1995. Düsseldorf

Landesamt für Datenverarbeitung und Statistik des Landes Nordrhein-Westfalen (LDS NRW) (Hg.) (1997): Statistische Rundschau für die Kreise Nordrhein-Westfalens. Kreis Coesfeld. Düsseldorf

Landesamt für Datenverarbeitung und Statistik des Landes Nordrhein-Westfalen (LDS NRW) (Hg.) (2000a): Bevölkerung der Gemeinden Nordrhein-Westfalens am 31. Dezember 1999. Fortschreibungsergebnisse auf Basis der Volkszählung vom 25. Mai 1987 (= Statistische Berichte). Düsseldorf

Landesamt für Datenverarbeitung und Statistik des Landes Nordrhein-Westfalen (LDS NRW) (Hg.) (2000b): Die Gemeinden des Landes Nordrhein-Westfalen. Ausgabe 1999. Informationen aus der amtlichen Statistik. Düsseldorf

Landesvermessungsamt Nordrhein-Westfalen (Hg.) in Zusammenarbeit mit dem Kreis Coesfeld (1996): Radwanderkarte 1:50.000, Kreis Coesfeld (mit Begleitheft) 5. Aufl. Coesfeld

Landgrebe, S. (1998): Zur Ökonomie des Tourismus im Münsterland. In: Münsterland, Regionales Tourismus Marketing, 2, S. 9-17

Lillotte, F. J. (1983): Entwicklung, Stand und künftige Konzeption der Flurbereinigung in Westfalen. In: **P. Weber** u. **K.-F. Schreiber** (Hg.): Westfalen und angrenzende Regionen. Festschrift zum 44. Deutschen Geographentag in Münster 1983, Teil I (Textband) (= Münstersche Geographische Arbeiten, 15). Münster, S. 287-305.

Mantau, R. (1997): Die Landwirtschaft des Kreises Coesfeld. Coesfeld (Manuskript v. Sept. 1997)

Mayr, A. u. **K. Temlitz** (Hg.) (1993): Münsterland und angrenzende Gebiete. Jahrestagung der Geographischen Kommission in Münster 1993 (= Spieker. Landeskundliche Beiträge und Berichte, 36). Münster

MÜNSTERLAND TOURISTIK/Grünes Band (Hg.) (1996): Münsterland. Radkult(o)ur im Wasserburgenland! 100 Schlösser Route. Steinfurt

MÜNSTERLAND TOURISTIK/Grünes Band (Hg.) (1999): Münsterland Radelmagazin 2000. Steinfurt

MÜNSTERLAND TOURISTIK ZENTRALE (Hg.) (o. J.): Münsterland Reiseangebote 2000. Steinfurt

MÜNSTERLAND TOURISTIK ZENTRALE (Hg.) (o. J.): Münsterland, Informationen Freizeit – Service. Steinfurt

Peyrer, U. (1994): Die Baumberger Sandsteinroute. Dülmen

Potthoff, K. E. (2000): Der Tagestourismus im Münsterland – seine Strukturen und ökonomische Bedeutung. In: Münsterland, Regionales Tourismus Marketing, 2, S. 25-37

Reisch, U. (1998): Die ökonomische Bedeutung einer radtouristischen Regionalroute. In: Münsterland, Regionales Tourismus Marketing, 2, S. 39-46

Ruten, Chr. (Bearb.), **Der Oberkreisdirektor der Stadt Münster** (Hg.) (1996): Stadtregion Münster. In: Statistischer Bericht 1/1996. Münster, S. 19-66

Schneider, Chr. (1999): Die Bedeutung von Themenrouten im Fahrradtourismus. In: Münsterland, Regionales Tourismus Marketing, 3, S. 29-40.

Schnell, P. (1993): Fahrrad und Freizeit im Münsterland: Die 100 Schlösser Route. In: **A. Mayr** u. **K. Temlitz** (Hg.): Münsterland und angrenzende Gebiete. Jahrestagung der Geographischen Kommission in Münster 1993. (= Spieker. Landeskundliche Beiträge und Berichte, 36). Münster, S. 375-389

Schnell, P. u. **K. E. Potthoff** (1999): Wirtschaftsfaktor Tagestourismus: Das Beispiel Münsterland. In: **P. Schnell** u. **K. E. Potthoff** (Hg.): Wirtschaftfaktor Tourismus. Vorträge einer Tagung der Arbeitsgemeinschaft Angewandte Geographie (AAG) und des Arbeitskreises Tourismus des Deutschen Verbandes für Angewandte Geographie (DVAG) in Münster 1998 (= Münstersche Geographische Arbeiten, 42). Münster, S. 39-50

Schnur, T. (1997): „Urlaub auf dem Bauernhof" im Münsterland. Ein Nebenerwerb der Landwirtschaft oder eine Alternative des Fremdenverkehrs mit Zukunft? In: Münsterland, Regionales Tourismus Marketing, 1, S. 17-35

Schöttler, W. (2000): Es wächst zusammen, was nicht zusammengehört(e). In: **Kreis Coesfeld. Der Landrat, Archiv in Verbindung mit der Stabsstelle** (Hg.): 25 Jahre Kreis Coesfeld - Es wächst zusammen... Coesfeld, S. 82-87

Schulte, R. (1993): Angebotsdifferenzierung im öffentlichen Personennahverkehr. Das differenzierte Bedienungsmodell des Regionalverkehr Münsterland. In: **A. Mayr** u. **K. Temlitz** (Hg.): Münsterland und angrenzende Gebiete. Jahrestagung der Geographischen Kommission in Münster (= Spieker. Landeskundliche Beiträge und Berichte, 36). Münster, S. 329-350

Schulz, I. (1987): Die Entwicklung der Eisenbahnen und der Kreis Coesfeld. In: **Kreis Coesfeld. Der Oberkreisdirektor** (Hg.): Kreis Coesfeld. 2. Aufl. Dülmen, S. 337-344

Steiner, J. (1998): Mit Fahrradtourismus Geld verdienen?! In: Münsterland, Regionales Tourismus Marketing, 2, S. 19-24

Thiesing, S., S. Ahrens u. **H. Heineberg** (1999): Ferien-Fluggastbefragung am Flughafen Münster/Osnabrück 1998. Reiseverhalten im Touristik-Flugverkehr, Einzugsbereich, Akzeptanz und Bewertung in der Hauptreisezeit. Ergebnisse einer repräsentativen Erhebung im Auftrag der Flughafen Münster/Osnabrück GmbH. (= Westfälische Wilhelms-Universität, Institut für Geographie Berichte des Arbeitsgebietes „Stadt- und Regionalentwicklung" 16). Münster

Weiss, E. (1989): Ländliche Bodenordnungen I und II (1820-1920 / 1920-1987). Begleittext zum Doppelblatt „Ländliche Bodenordnungen I und II (1820-1920 / 1920-1987)" aus dem Themenbereich VI „Land- und Forstwirtschaft". In: **Geographische Kommission für Westfalen, Landschaftsverband Westfalen-Lippe** (Hg.): Geographisch-landeskundlicher Atlas von Westfalen, Lfg. 4. Münster

Wirtschaftsförderungsgesellschaft für den Kreis Coesfeld mbH (WFG) (Hg.) (1993): Kreis Coesfeld. Sympathisch, fortschrittlich, erlebenswert. Dülmen

Wirtschaftsförderungsgesellschaft für den Kreis Coesfeld mbH (WFG) (Hg.) (2000): Geschäftsbericht 1999 der Wirtschaftsförderungsgesellschaft für den Kreis Coesfeld mbH. Dülmen

Wolf, M. (1987): Geschichte des Kreisgebietes von der Römerzeit bis 1815. In: **Kreis Coesfeld. Der Oberkreisdirektor** (Hg.): Kreis Coesfeld. 2. Aufl. Dülmen, S. 44-96

Zentek, G. (2000): Heiß umkämpfter Süden - Nach 158 Jahren Kreis Lüdinghausen „in alle Winde zerstreut". In: **Kreis Coesfeld - Der Landrat, Archiv in Verbindung mit der Stabsstelle** (Hg.): 25 Jahre Kreis Coesfeld - Es wächst zusammen... Coesfeld, S. 61-81

Zweckverband SchienenPersonenNahVerkehr Münsterland (Hg.) (o. J.): 1. Nahverkehrsplan SPNV Münsterland. Coesfeld/Münster

Zweckverband SchienenPersonenNahVerkehr Münsterland (Hg.) (o. J.): Der neue Schienenpersonennahverkehr im Münsterland. Coesfeld

Tab. 1: Einwohner, Flächen und Einwohnerdichten (Stand 31.12.1999) sowie Ortsteilgliederung der Städte und Gemeinden des Kreises Coesfeld

Gemeinde	Einw.	Fläche in km²	E./km²	Ortsteile/Ortschaften
Ascheberg	14 836	106,28	139,6	1. Ascheberg, 2. Herbern, 3. Davensburg
Billerbeck, Stadt	11 147	90,92	122,6	4. Billerbeck
Coesfeld, Stadt	35 776	141,03	253,7	5. Coesfeld, 6. Lette
Dülmen, Stadt	46 285	184,48	250,9	7. Dülmen, 8. Buldern, 9. Hausdülmen, 10. Hiddingsel, 11. Merfeld, 12. Rorup
Havixbeck	11 647	52,99	219,8	13. Havixbeck, 14. Hohenholte
Lüdinghausen, Stadt	22 558	140,2	160,8	15. Lüdinghausen, 16. Seppenrade
Nordkirchen	9 935	52,38	189,7	17. Nordkirchen, 18. Südkirchen, 19. Capelle
Nottuln	19 059	85,64	222,5	20. Nottuln, 21. Appelhülsen, 22. Limbergen, 23. Schapdetten, 24. Darup
Olfen, Stadt	11 344	52,43	216,4	25. Olfen, 26. Vinnum
Rosendahl	10 923	94,17	116,0	27. Holtwick, 28. Osterwick, 29. Darfeld
Senden	19 270	109,29	176,3	30. Senden, 31. Bösensell, 32. Ottmarsbocholt, 33. Venne
Kreis Coesfeld	212 780	1 109,88	191,7	insgesamt 33

Quelle: LDS NRW 2000 sowie Ahrens/Heineberg 1997, Tab. 6

Tab. 2: Altersstruktur der Bevölkerung im Kreis Coesfeld im Vergleich zu NRW am 01.01.1999

	im Alter von ... bis unter ... Jahren							Durchschnittsalter
	0 - 5	5 - 15	15 - 20	20 - 45	45 - 65	65 - 80	80 u. älter	Jahre
Kreis Coesfeld	6,3 %	13,6 %	6,3 %	37,3 %	23,1 %	10,6 %	2,5 %	37,8
Land NRW	5,2 %	11,1 %	5,3 %	35,0 %	25,5 %	12,7 %	3,5 %	40,2
Ascheberg	6,9 %	12,9 %	5,7 %	39,1 %	22,8 %	9,8 %	2,5 %	37,4
Billerbeck, Stadt	6,8 %	13,8 %	6,1 %	36,2 %	22,8 %	11,0 %	2,7 %	37,9
Coesfeld, Stadt	6,3 %	13,3 %	6,4 %	36,3 %	22,8 %	11,8 %	2,7 %	38,3
Dülmen, Stadt	6,1 %	12,7 %	6,4 %	37,5 %	23,3 %	10,9 %	2,6 %	38,2
Havixbeck	6,0 %	13,2 %	6,2 %	36,6 %	25,8 %	9,0 %	1,4 %	38,2
Lüdinghausen, Stadt	6,0 %	13,1 %	6,1 %	36,2 %	23,1 %	12,1 %	3,9 %	38,9
Nordkirchen	6,4 %	13,8 %	6,4 %	39,1 %	24,5 %	8,4 %	2,7 %	37,1
Nottuln	6,2 %	15,7 %	7,0 %	37,6 %	23,3 %	7,3 %	1,5 %	36,3
Olfen, Stadt	6,1 %	13,0 %	5,3 %	37,8 %	25,6 %	10,6 %	3,9 %	38,7
Rosendahl	6,8 %	14,8 %	6,2 %	40,5 %	21,2 %	8,5 %	2,6 %	36,4
Senden	6,0 %	15,0 %	6,5 %	38,3 %	24,5 %	7,1 %	1,3 %	36,6

Quelle: LDS NRW

KREIS COESFELD – STATISTISCHE ÜBERSICHT

Tab. 3: Beschäftigte im Kreis Coesfeld 1987 und 1997 [1]

	Jahr	Beschäftigte gesamt (absolut)	Wachstum der Beschäftigten in %	Primärer Sektor (Land- u. Forstwirtschaft, Fischerei)	Sekundärer Sektor (Produzierendes Gewerbe)	Tertiärer Sektor (Handel u. Verkehr, Dienstleistung)
Ascheberg	1987	3 150		18,6	27,6	53,9
	1997	3 862	+ 22,6	9,5	29,8	60,5
Billerbeck, Stadt	1987	2 758		18,9	36,0	44,9
	1997	3 612	+ 31,0	10,8	35,3	53,9
Coesfeld, Stadt	1987	14 588		6,4	22,3	71,3
	1997	18 452	+ 26,5	3,1	31,6	65,2
Dülmen, Stadt	1987	11 144		10,6	27,2	62,2
	1997	17 325	+ 55,5	3,8	31,9	64,3
Havixbeck	1987	1 994		14,9	13,2	72,0
	1997	2 877	+ 44,3	6,8	14,3	78,8
Lüdinghausen, Stadt	1987	7 249		12,3	28,0	59,7
	1997	8 965	+ 23,7	5,6	24,6	69,9
Nordkirchen	1987	2 241		13,8	31,8	54,4
	1997	2 839	+ 26,7	6,7	28,3	65,1
Nottuln	1987	3 297		17,4	18,5	64,0
	1997	4 993	+ 51,4	6,6	24,5	68,9
Olfen, Stadt	1987	2 079		13,9	33,6	52,6
	1997	4 384	+ 110,9	3,9	63,4	32,7
Rosendahl	1987	2 239		29,3	31,4	39,2
	1997	3 351	+ 49,7	11,7	52,3	36,1
Senden	1987	2 559		23,4	20,8	55,8
	1997	5 664	+ 121,3	7,1	38,4	54,4
Kreis Coesfeld	1987	53 298		12,8	25,6	61,5
	1997	76 322	+ 43,2	5,5	32,9	61,6

Quelle: LDS 1988, 2000b

Tab. 4: Bodennutzung im Kreis Coesfeld nach der Flächenerhebung 1997 im Vergleich zum Regierungsbezirk Münster und zum Land Nordrhein-Westfalen

Fläche für	Hektar	Anteile an der Gesamtfläche in Prozent		
		Kreis Coesfeld	Reg.-Bez. Münster	Land NRW
Landwirtschaft	79 708	71,8	65,5	51,8
Wald	16 454	14,8	14,9	24,7
Gebäude/Freifläche	6 777	6,1	10,1	11,8
Verkehr	5 320	4,8	5,8	6,5
Wasser	1 693	1,5	1,7	1,8
Erholung	617	0,6	0,9	1,2
Betriebe	197	0,2	0,7	1,0
andere	214	0,2	0,4	1,1
insgesamt	110 979	100,0	100,0	100,0

Quelle: LDS, Juli 1999

Tab. 5: Berufspendler 30.06.1998 (nur sozialvers.-pflichtig Beschäftigte) [2]

Stadt/Gemeinde	Einpendler	Auspendler
Ascheberg	1 441	3 468
Billerbeck, Stadt	1 239	2 269
Coesfeld, Stadt	7 453	4 752
Dülmen, Stadt	4 610	7 567
Havixbeck	1 143	2 719
Lüdinghausen, Stadt	2 597	3 556
Nordkirchen	1 163	2 194
Nottuln	1 972	4 360
Olfen, Stadt	1 235	2 519
Rosendahl	1050	2619
Senden	1667	4643

Quelle: Landesarbeitsamt NRW; Pendlerstatistik 1999

Tab. 6: Der Fremdenverkehr im Kreis Coesfeld 1999 und 1987

Stadt/Gemeinde	Fremdenverkehr 1999 [3]						
	Betriebe	Betten	Ankünfte	Übernachtungen	Ø Aufenthaltsdauer in Tagen	Ø Bettenauslastung in %	Anteil der Übernachtungen am Kreisergebnis in %
Ascheberg	7	334	17 381	29 789	1,7	25,1	10,1
Billerbeck, Stadt	8	428	21 993	66 054	3,0	44,3	22,4
Coesfeld, Stadt	10	396	23 952	47 682	2,0	33,1	16,2
Dülmen, Stadt	16	556	28 981	49 674	1,7	24,9	16,9
Havixbeck	4	103	6 960	20 041	2,9	35,5	6,8
Lüdinghausen, Stadt	8	170	8 957	13 545	1,5	23,0	4,6
Nordkirchen	3	48	1 936	2 829	1,5	20,3	1,0
Nottuln	8	324	17 630	35 796	2,0	32,6	12,2
Olfen, Stadt	4	66	2 187	4 202	1,9	18,7	1,4
Rosendahl	4	123	4 037	6 450	1,6	14,4	2,2
Senden	9	245	8 271	18 425	2,2	22,1	6,3
Kreis Coesfeld	81	2 793	142 735	294 487	2,1	29,4	100,0

Stadt/Gemeinde	Fremdenverkehr 1987 [3]						
	Betriebe	Betten	Ankünfte	Übernachtungen	Ø Aufenthaltsdauer in Tagen	Ø Bettenauslastung in %	Anteil der Übernachtungen am Kreisergebnis in %
Ascheberg	10	266	18 779	25 485	1,4	26,3	12,9
Billerbeck, Stadt	7	355	9 620	30 443	3,2	36,7	15,4
Coesfeld, Stadt	7	102	4 297	6 116	1,4	16,4	3,1
Dülmen, Stadt	13	464	28 094	54 443	1,9	33,5	27,5
Havixbeck	7	162	6 659	17 043	2,6	29,9	8,6
Lüdinghausen, Stadt	8	162	10 239	14 664	1,4	24,1	7,4
Nordkirchen	3	50	1 188	4 611	3,9	25,3	2,3
Nottuln	7	242	13 619	33 635	2,5	38,1	17,0
Olfen, Stadt	k.A.	k.A.	k.A.	k.A.	k.A.	k.A.	k.A.
Rosendahl	k.A.	k.A.	k.A.	k.A.	k.A.	k.A.	k.A.
Senden	6	118	2 588	7 908	3,1	18,4	4,0
Kreis Coesfeld	73	2 010	97 564	197 889	2,0	29,4	100,0

Quelle: LDS; WFG 2000, Tab. 5

[1] Ergebnisse der Erwerbstätigenrechnung des Bundes und der Länder (Als erwerbstätig gelten alle Personen, die in einem Arbeitsverhältnis stehen, selbständig ein Gewerbe oder eine Landwirtschaft betreiben. Mehrere gleichzeitige Tätigkeiten einer Person werden nur einmal gezählt)

[2] Sozialversicherungspflichtig beschäftigte Arbeitnehmer: Alle Arbeitnehmer, die zur i.d.R. monatlichen Zahlung von Beiträgen zur Sozialversicherung verpflichtet sind. Nicht dazu zählen u.a. Personen, die selbständig ein Gewerbe oder eine Landwirtschaft betreiben, einen freien Beruf ausüben oder als mithelfende Familienangehörige tätig sind, desgleichen Beamte

[3] Beherbergungsstätten mit 9 und mehr Gästebetten

Kreis Coesfeld

Der Kreis Coesfeld führt seit 1979 auch ein Symbol des ehemaligen Kreises Lüdinghausen im Wappen: Im oberen Drittel des gelben (goldenen) Feldes steht ein roter Balken, darunter eine rote Glocke. Das rote Feld zeigt einen segnenden Bischof, zu seinen Füßen eine Gans, beide gelb (oder golden). Die Farben und der rote Balken sind dem Wappen des Stiftes Münster entnommen, zu dem das Kreisgebiet gehörte. Aus dem alten Wappen des Kreises stammt der Bischof mit der Gans: Der heilige Liudger, erster Bischof von Münster, gilt als Gründer von St. Lamberti in Coesfeld. Hier hat er am Tage vor seinem Tode noch eine Messe gelesen, bevor er nach Billerbeck weiterzog. Als sein Attribut taucht im 17. Jahrhundert die Gans auf. Dazu berichtet die Legende: „In der Trockenheit warf der hl. Liudger zwei neben ihm stehende Gänse in einen ausgetrockneten Brunnen. Seine Begleiter forderte er auf, an der Stelle zu graben, an der die Gänse wieder zum Vorschein kämen." Die Gänse sind der Erzählung nach an einer Stelle wieder aufgetaucht, an der noch heute der „Liudgerus-Brunnen" in Billerbeck steht. Die Glocke führte der ehemalige Kreis Lüdinghausen im Wappen. Wiederum bildete eine Liudgerus-Legende den Hintergrund: Bei der Ankunft im Jahre 809 sollen die Glocken von selbst geläutet haben.

Gemeinde Ascheberg

Durch die kommunale Neugliederung von 1975 wurden die Gemeinden Ascheberg und Herbern zur neuen Gemeinde Ascheberg zusammengeschlossen. Der Rat beschloß 1977 einstimmig, das 1962 genehmigte historische Wappen von Ascheberg geändert weiterzuführen, indem die Farbe des Baumes (Esche) von Grün in Blau umgewandelt wurde, um so die Farben der früheren Gemeinde Herbern (Blau/Gelb) zu berücksichtigen. Der Baum und die Mauer nehmen als „redendes Symbol" auf den Ortsnamen Ascheberg Bezug, der urkundlich erstmals im 9. Jahrhundert erwähnt wurde („Ascasberg") und von Sprachforschern abgeleitet wird von althochdeutsch askin = Eschen. Die drei Kugeln sind auf das Geschlecht der Herren von Davensberg zurückzuführen, da nur diese das unverwechselbare Symbol der drei Kugeln auf rotem Grund führten.

Stadt Billerbeck

Das Stadtwappen ist auf die Herren von Billerbeck zurückzuführen, die als Ministerialen (Dienstmannen, Ritter) in Diensten des Bischofs standen. In der Glanzzeit des Rittertums trugen die Edlen Harnisch und Helm mit Visier, so daß man sie nicht erkennen konnte. Daher wurde es Brauch, bei Turnieren und im Kampfe an Helm und Schild ein Abzeichen, ein Wappen, anzubringen. Die Ritter von Billerbeck nahmen nach der Lage ihres Sitzes an der Berkel, Haulingbach und Lilienbeck drei blaue nebeneinander laufende Bäche auf weißem Schilde.

Stadt Coesfeld

Das älteste Coesfelder Stadtsiegel, das ursprüngliche Hauptsiegel, ist ein Lambertussiegel. Es läßt sich seit 1246 nachweisen. Der Durchmesser beträgt 8 cm. Unter einem Giebel, von zwei Türmen flankiert, steht der hl. Lambertus im Bischofsornat (ehem. Doppelturm-Westwerk der Lambertikirche). Die Umschrift lautet: + SANCTVS + LAMBERTVS DE CVESVELDE +. Der Stempel dieses Siegels ist im Stadtarchiv. Neben diesem Hauptsiegel gebrauchte die Stadt Coesfeld ein kleineres, sogenanntes Sekretsiegel. Ursprünglich wurde es auf die Rückseite des Hauptsiegels gedrückt. Es zeigt den Ochsenkopf von vorn. Dieses Ochsenkopf-Siegel ist seit 1292 nachgewiesen. Aus ihm entwickelte sich das bis in das 18. Jahrhundert gebrauchte Ochsenkopfsiegel der Stadt: + SECRETVM BVRGENSIVM DE COSVELDE +. Aus diesem Sekretsiegel wurde das redende Wappenbild der Stadt entwickelt. Seit 1497 bis ins 18. Jahrhundert lassen sich lückenlos Beispiele des Coesfelder Ochsenkopfwappens nachweisen.

Stadt Dülmen

Das Wappen der Stadt Dülmen zeigt ein in ein Schild gesetztes blaues Kleeblattkreuz auf gelbem (oder goldenem) Grund. Dieses Wappen kam um die Wende des 16. zum 17. Jahrhundert erstmals auf. Zunächst wurde es auf den zum Ende des 16. Jahrhunderts in Dülmen geprägten Münzen verwendet. Es ist außerdem in plastischen Darstellungen erhalten, so auf einem Relief des Jahres 1608 am Rathaus. Anfang des 18. Jahrhunderts wurde dieses Wappenbild auch in das städtische Siegel aufgenommen. Das Kreuz stammt wahrscheinlich aus dem Wappenschild des Stadtpatrons St. Viktor, der auf einem Reitersiegel des Dülmener St.-Viktor-Stifts aus dem 14. Jahrhundert mit einem solchen Schild dargestellt ist. Die Farben Blau in Gold werden schon 1848 als altüberliefert angegeben.

Gemeinde Havixbeck

Habicht und Wellenbalken stehen als redende Symbole für den Ortsnamen „Havix"-"beck". Der grüne Dreiberg soll die Lage der Gemeinde in den Baumbergen versinnbildlichen. Schwarz und Weiß sind die Farben des seit Jahrhunderten auf Haus Havixbeck ansässigen Geschlechts von Twickel.

Stadt Lüdinghausen

Die Stadt Lüdinghausen und die frühere Gemeinde Seppenrade führten bis zur kommunalen Neugliederung 1975 beide ein genehmigtes Wappen. Das Wappen der damaligen Stadt - eine rote Glocke auf gelbem (goldenem) Grund - trägt auf der Originalzeichnung die Unterschrift des letzten deutschen Kaisers Wilhelm II. (6.XII.1909). Das Wappen der Gemeinde Seppenrade zeigte einen goldenen Ammoniten auf rotem Grund. Im neuen, seit 1982 gültigen Wappen sind die Symbole der alten Wappen aufgenommen und zu einer Symbiose vereinigt. Die Glocke als Wappenzeichen geht über viele Jahrhunderte zurück. Sie findet sich z. B. auf mehreren Münzen aus der Münzstätte Lüdinghausen um 1308, im Schilde des letzten Ritters von Lüdinghausen, Ludolf, und im Siegel der Stadtrichter von 1441. Über die Herkunft der Glocke in dem Wappen wird angenommen, die Glocke sei schon vor der Stadtgründung das Wappen der Ritter von Lüdinghausen gewesen; Ludolf als Oberherr des Ortes habe das Stadtzeichen mit in sein Wappen aufgenommen; die Sagen vom Glockenkolk und vom Selbstläuten der Glocken bei der Ankunft der Leiche des hl. Liudgerus in Lüdinghausen hätten die Veranlassung für das Symbol der Glocke gegeben; mit dem Namen „Lüdinghausen" habe die Glocke nichts zu tun. Die Darstellung des Ammoniten führt zurück auf die 1877 und 1895 in Seppenrade gefundenen Versteinerungen von Riesenammoniten, einer mit einem Durchmesser von ca. 1,80 m.

Gemeinde Nordkirchen

Die drei Kirchtürme stellen die drei Ortsteile, in denen der Name Kirche (Capelle) vorkommt, symbolisch dar. Es handelt sich demnach um ein redendes Wappen. Die Farben Blau und Gelb sind die Farben des Hauses Plettenberg, das 1694 den gesamten Morrienschen Besitz kaufte und 1703 den Grundstein zur Schloßanlage legte.

Gemeinde Nottuln

Die Gemeinde Nottuln führt auch nach der kommunalen Neugliederung das alte Wappen mit der Darstellung des heiligen Martin fort. Die Verehrung dieses Heiligen hat hier eine lange Tradition. Sie wird u. a. dokumentiert durch sein Patrozinium über die Stifts- und Pfarrkirche, durch die Existenz der St.-Martini-Bruderschaft (gegründet 1383) und nicht zuletzt durch den jährlichen Martinimarkt im November (dokumentiert seit 1622). Überlegungen, das Wappen der heutigen Gemeinde Nottuln völlig neu zu gestalten und alle vier Ortsteile besonders darzustellen, wurden schon nach Vorlage der ersten Entwürfe fallengelassen. Der Rat war einstimmig der Meinung, daß St. Martin auch den Bürgern der neuen Gemeinde Symbol des gegenseitigen Verstehens, der Rücksichtnahme und des Vertrauens sein werde. Die Haselnüsse im Schildhaupt des Wappens weisen auf den Namen der Gemeinde hin. Dieser geht auf die Bezeichnung „Nuitlon" oder „Nutlon" zurück, die als „Nußwald" oder „Nußgehölz" ausgelegt werden.

Stadt Olfen

Unter Rückgriff auf ein noch erhaltenes Petschaft aus dem Jahre 1702 ließ sich die Stadt Olfen am 06.11.1967 das hier abgebildete Wappen vom Innenminister genehmigen. Es wurde nach der Gebietsreform vom Rat der aus den früheren Gemeinden Stadt und Kirchspiel Olfen gebildeten neuen Stadt Olfen am 23.05.1975 neu angenommen. Der Balkenschild ist mit dem münsterischen Stiftsschild identisch. Die amtliche Beschreibung lautet: In Gold (Gelb) ein roter Balken, darüber ein großes rotes W, darunter ein großes rotes O. Die Beizeichen stehen für „Wigbold Olfen". Das Petschaft von 1702 zeigte den Stiftsschild in barocker Form mit dem heiligen Vitus als Schildhalter, barocken Zutaten (Palmwedel) und den Beizeichen W - O. Olfens Stadtwerdung geht auf das Jahr 1589 zurück, in eine Zeit, in der durch Privilegien Dörfer zur „Freiheit" oder zum „Wigbold" erhoben wurden, die sich durch einzelne Sonderrechte vom flachen Land unterschieden. Olfen erhielt 1600 das Stadtgericht. Eine Siegelbeschriftung mit den Buchstaben W - O ist bis in das Jahr 1606 nachgewiesen.

Gemeinde Rosendahl

Die im Zuge der kommunalen Neugliederung gebildete Gemeinde Rosendahl führt sein 1980 ein Wappen. Das Wappen stellt eine Kombination aus dem Wappen der Herren von Osterwick (Schrägbalken) und redenden Symbolen (Rosen) dar, die auf den Namen der Gemeinde Bezug nehmen. Nach den geschichtlichen Aufzeichnungen waren die Herren von Osterwick Angehörige des niederen Adels, die im Mittelalter den zur Dorfbauerschaft Osterwick gehörigen Haupthof (Haus Osterwick) bewohnten. Mit den im Schrägbalken abgebildeten drei Rosen soll nicht nur der Zusammenschluß der ehemals drei selbständigen Gemeinden Darfeld, Holtwick und Osterwick, sondern ebenso die heimische Verbundenheit symbolisch dargestellt werden.

Gemeinde Senden

Die Linde soll daran erinnern, daß es sich bei Senden um einen alten Gerichtsort handelt; mit ihr wird gleichzeitig auf das Siegel eines Sendener Frei- und Gografen aus dem Jahre 1652 zurückgegriffen, das einen Baum zeigt. Der Turnierkragen ist dem Siegel der Herren von Senden, genannt Benekamp, entnommen. Rot und Silber (Weiß) sind die Farben des Geschlechts von Droste, das seit über 500 Jahren auf Haus Senden sitzt.

Anmerkung:

Da die Metallfarben Gold und Silber, die in Wappen häufig vorkommen, bei der Wiedergabe im Druck nicht benutzt werden können, sind in der Wappenbeschreibung als Ersatz in Klammern jeweils die Farben Gelb bzw. Weiß angegeben.

(Quelle der Texte: Kreis Coesfeld, Der Oberkreisdirektor, Kultur- und Presseamt (Hg.) (1991): Kreis Coesfeld. Verwaltungsbericht 1991. Coesfeld)

Erläuterungen / Gliederungsschema der Beiträge / Abkürzungen

Erläuterungen

1. Erwerbstätige

Als erwerbstätig gelten alle Personen, die in einem Arbeitsverhältnis stehen, selbständig ein Gewerbe oder eine Landwirtschaft betreiben, einen freien Beruf ausüben oder als mithelfende Familienangehörige tätig sind, unabhängig von der Bedeutung des Ertrages dieser Tätigkeit für ihren Lebensunterhalt und ohne Rücksicht auf die von ihnen tatsächlich geleistete oder vertragsmäßig zu leistende Arbeitszeit. Zu den Erwerbstätigen zählen auch Soldaten, Zivildienstleistende und Auszubildende. Hausfrauen und Hausmänner sowie ehrenamtlich Tätige gehören dagegen nicht zu den Erwerbstätigen. Erwerbstätige Personen, die gleichzeitig mehrere Tätigkeiten ausüben, werden in der Volkszählung nur einmal gezählt. Dieses Personenkonzept weicht damit von der Darstellung der Beschäftigungsfälle in der Arbeitsstättenzählung ab.

Die Daten der VZ 1987 werden als sogenannte Erwerbstätigenrechnung des Bundes und der Länder fortgeschrieben. In ihr werden u.a. auch Daten der sozialversicherungspflichtig Beschäftigten-Statistik der Bundesanstalt für Arbeit eingerechnet. Insbesondere bei Landwirten und Selbständigen sind aktuelle Fortschreibungen durch fehlendes Datenmaterial äußerst schwierig. Daher bleibt die Erwerbstätigenrechnung lediglich eine Schätzung, die zur Tendenzanalyse aber mehr als ausreichend ist.

2. Beschäftigte

Als Beschäftigte gelten alle voll- und teilzeitbeschäftigten Personen, die am Stichtag der Zählung in einem Arbeitsverhältnis stehen und in einer Lohn- und Gehaltsliste geführt werden, einschließlich tätiger Inhaber und unbezahlt mithelfender Familienangehöriger. Die Länge der Arbeitszeit ist dabei unerheblich. In der Arbeitsstätte mitgezählt werden auch Reisende, Personal auf Bau- und Montagestellen und andere im Außendienst tätige Mitarbeiter einschließlich der gegen Entgelt anderen Unternehmen überlassenen Arbeitskräfte. Ausgenommen sind zum Grundwehrdienst oder dem zivilen Ersatzdienst einberufene Personen und im Ausland beschäftigte Personen.

3. Sozialversicherungspflichtig beschäftigte Arbeitnehmer

Diese umfassen alle Arbeitnehmer, die zur i.d.R. monatlichen Zahlung von Beiträgen zur Sozialversicherung verpflichtet sind. Nicht dazu zählen u.a. Personen, die selbständig ein Gewerbe oder eine Landwirtschaft betreiben, einen freien Beruf ausüben oder als mithelfende Familienangehörige tätig sind, desgleichen Beamte.

Wirtschaftssektoren

Primärer Sektor:

Urproduktion von Rohstoffen: dazu zählen Land- und Forstwirtschaft, Fischerei und der reine Bergbau (ohne Aufbereitung)

Sekundärer Sektor:

Produzierendes Gewerbe (Ver- und Bearbeitung von Rohstoffen): dazu zählen Industrie (einschl. Energiegewinnung u. Aufbereitung von Bergbauprodukten), Bauwesen, Handwerk u. Heimarbeit

Tertiärer Sektor:

Dienstleistungen in den Bereichen Handel, Verkehr, Verwaltung, Bildung u. Wissenschaft, freie Berufe

Dienstleistungen in den vorgenannten Bereichen, die auf einer höheren Ausbildung und Schulung sowie auf größeren Entscheidungskompetenzen beruhen, werden in Veröffentlichungen z.T. auch als **quartärer Sektor** ausgewiesen. Dazu zählen insbesondere Regierungs- und öffentliche Verwaltungsfunktionen, Einrichtungen von Verbänden, der Industrieverwaltung, gehobene, z.T. personenbezogene private Dienstleistungen (wie Ärzte, Rechtsanwälte, techn. Beratung usw.) sowie Dienstleistungen, die bei Transaktionen genutzt werden (Banken, Versicherungen usw.).

Hinweise zur Eintragung der Flächennutzungen in der Karte II

Die Eintragungen zur Flächennutzung in der Karte II sind i. d. R. den jeweiligen aktuellen Flächennutzungsplänen (FNP) der Städte und Gemeinden entnommen. Auf Grund unterschiedlicher Maßstäbe sowie notwendiger Generalisierungen ist eine parzellenscharfe Darstellung nicht immer gewährleistet. Lediglich in Einzelfällen ist bei extremer Abweichung zum FNP auch eine Realkartierung vorgenommen worden.

In den Flächennutzungsplänen sind die für die Bebauung vorgesehenen Flächen eingetragen, wobei nicht nur bestehende bebaute, sondern auch in Zukunft zu überplande Flächen Berücksichtigung finden. Grundlage für die Ausweisung der verschiedenen Nutzungsarten sind das Baugesetzbuch (BauGB), die Baunutzungsverordnung (BauNVO) und die Planzeichenverordnung (PlanV 90). In der Nutzungsart Gewerbliche Bauflächen sind sowohl Gewerbe- als auch Industriegebiete zusammengefaßt.

Gliederungsschema der Gemeindebeschreibungen

Die Stadt- bzw. Gemeindebeschreibungen sind jeweils in 3 Kapitel aufgeteilt. Jedes Kapitel besitzt ein Hauptthema und entsprechende Unterpunkte, die dem folgenden Schema zu entnehmen sind:

I. Lage und Entwicklung
* Geographische Lage, naturräumliche Einordnung, Lage im Verkehrsnetz
* Ursprung und Entwicklung (Siedlungs-, Wirtschafts- und Bevölkerungsentwicklung)
* Jüngere Entwicklung der Bevölkerungszahl, Wirtschafts- und Beschäftigungsstruktur

II. Gefüge und Ausstattung
* Funktionale Gliederung der Kernstadt und (größerer) Ortsteile
* Neubau- und Sanierungsgebiete
* Einrichtungen der Verwaltung, Bildung, Kultur, Versorgung und des Verkehrs

III. Perspektiven und Planung
* Entwicklungsperspektiven und -ziele (unter Berücksichtigung von Flächennutzungsplänen, Rahmenplänen u.a.)
* Konkrete (jüngste) Bau- und/oder Planungsmaßnahmen
* Übergemeindliche Vorgaben (aus Landes-, Gebietsentwicklungs-, Landschaftsplänen u.a.)

Abkürzungen

E. = Einwohner
FNP = Flächennutzungsplan
GEP = Gebietsentwicklungsplan
GVP = Generalverkehrsplan
LEP = Landesentwicklungsplan
LF = landwirtschaftl. genutzte Flächen
LDS = Landesamt für Datenverarbeitung u. Statistik Nordrhein-Westfalen, Düsseldorf
LSG = Landschaftsschutzgebiet
LNF = Summe der landwirtschaftlich genutzten Flächen (LF), incl. (zeitweise) nicht bewirtschafteter Flächen
NSG = Naturschutzgebiet
ü. NN = über Normalnull (Meeresspiegel)
ÖPNV = Öffentlicher Personennahverkehr
VEP = Verkehrsentwicklungsplan
Zs. = Zeitschrift
VZ = Volkszählung

Ascheberg aus südwestlicher Richtung

(Foto: Gemeinde Ascheberg; Stuttgarter Luftbild Elsässer GmbH)

Rudolf Grothues

Ascheberg

Einwohner: 14 836
Fläche: 106,28 km²

I. Lage und Entwicklung

Ascheberg ist die südöstlichste Gemeinde des Kreises Coesfeld. Sie grenzt im Westen an die Gemeinden Nordkirchen und Senden. Im Osten liegt die Stadt Drensteinfurt (Kreis Warendorf) und im Süden sind die Stadt Werne (Kreis Unna) sowie die kreisfreie Stadt Hamm benachbart. Ascheberg besitzt ebenfalls einen kleinen gemeinsamen Grenzabschnitt zur kreisfreien Stadt Münster. Die Gemeinde hat heute rd. 15 000 Einwohner und ist bei der kommunalen Neugliederung 1975 aus den bis dahin selbständigen Gemeinden Ascheberg und Herbern hervorgegangen. Davensberg war zuvor schon Ortsteil von Ascheberg.

Naturraum

Die Gemeinde Ascheberg liegt südlich des Oberzentrums Münster im Kernmünsterland, innerhalb der Westfälischen Bucht, einer weitgehend mit kreidezeitlichen Sedimenten aufgefüllten Mulde, die Teil des norddeutschen Tieflandes ist. Die Westfälische Bucht gliedert sich in drei Teillandschaften, das West-, Ost- und Kernmünsterland. Bei letzterem handelt es sich um ein aus Kalksandsteinen, mergeligen Sandsteinen und tonhaltigen Mergeln bestehendes Plateau, das in der Gemeinde Ascheberg Höhen von 60 bis 117 m ü. NN erreicht. Umgrenzt wird das Kernmünsterland von Hügelgruppen, die Höhen bis zu 180 m ü. NN aufweisen: im Nordwesten die Baumberge und Billerbecker Höhen, im Südosten die Beckumer Berge, im Süden die Lippehöhen und im Südwesten die Halterner Höhen. Die Parklandschaft des Kernmünsterlandes wird bestimmt durch lockere Siedlungsformen und Einzelhöfe; immer wieder eingestreut sind zahlreiche Wasserburgen und sehenswerte Herrenhäuser. Ascheberg liegt in

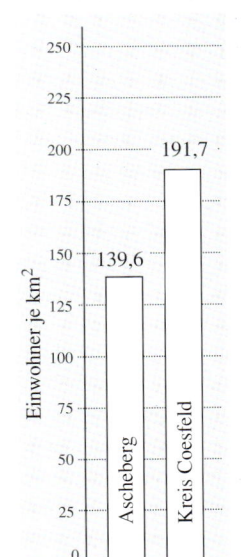

Einwohner je km²: Ascheberg 139,6 — Kreis Coesfeld 191,7

(LDS NRW, Stand: 01.01.2000)

Grundzentrum in einem Gebiet mit überwiegend ländlicher Raumstruktur (LEP NRW 1995, Teil A)

Am 1.1.1975 wurden die bis dahin selbständigen Gemeinden Ascheberg (mit Davensberg) und Herbern zur neuen Gemeinde Ascheberg zusammengeschlossen

der naturräumlichen Haupteinheit der Münsterländer Platten. Dabei befindet sich das nördliche Gemeindegebiet mit den Ortschaften Davensberg und Ascheberg in der Untereinheit der Ascheberger Platten, während der Süden mit der Ortschaft Herbern Anteile am Werner Berg- und Hügelland und der Drensteinfurter Platte hat.

Da sich die Westfälische Tieflandsbucht nach Westen und Nordwesten öffnet, unterliegt auch der Ascheberger Raum dem atlantischen Klima mit kühlen Sommern und milden Wintern. Die überwiegend aus West und Südwest wehenden Winde sorgen für eine ganzjährige Feuchtigkeit. Die Niederschläge liegen bei 720-730 mm im Jahr. Das Maximum wird im Juli und das Minimum im Dezember erreicht. Die mittlere Jahrestemperatur liegt in diesem Bereich bei 9°C bei einer Schwankungsbreite von 17° C im Juni und 1° C im Januar.

Der relativ feuchte Ascheberger Raum (hohe Grundwasserstände) wird durch ein engmaschiges Netz von Bächen und Gräben entwässert. Im Südwesten münden der Teufelsbach und der Beverbach über die Stever sowie die Horne direkt in die Lippe, während der Rest des Gemeindegebietes durch die Emmer in Südnordrichtung über die Werse zur Ems entwässert wird. Wasserscheide zwischen Lippe und Ems ist eine hohe Bodenwelle, ca. 75-100 m ü. NN, südlich des Ortsteils Herbern.

Die Münsterländer Platten weisen vor allem nährstoffreiche, schwere Kleiböden der Oberkreide auf. Hierbei handelt es sich um ein Verwitterungsprodukt der mergelig-tonigen Kreideschichten des Obersenons. Im Südosten Aschebergs liegen podsolige Braunerden. Die Vegetation und die Landwirtschaft werden durch diese häufig in Staunässe liegenden Böden bestimmt. Der Eichen-Hainbuchenwald dominiert. Im sandig-lehmigen Bereich der Davert sind auch Eichen-Buchen-Birken-Mischwälder anzutreffen, am Emmerbach auch Erlen-Eschen-Wälder. Mit einer Bonitierungsziffer von 50–55 gilt der Boden als relativ ertragreich und kann durch umfangreiche Drainage gut bewirtschaftet werden, wobei das milde Klima einer späten Ernte im Jahr zugute kommt.

Zentralität und Verkehr

Ascheberg liegt im Einflußbereich des Oberzentrums Münster und des Verdichtungsraumes Dortmund-Unna-Hamm und ist im Landesentwicklungsplan NRW von 1995 als Grundzentrum in einem Gebiet mit überwiegend ländlicher Raumstruktur ausgewiesen. Ascheberg hat Anschluß an eine Entwicklungsachse von europäischer Bedeutung, die über Münster und Dortmund verläuft, und ist auch Teil der von Münster in südwestlicher Richtung ausgehenden großräumigen Siedlungsachse B (nach GEP-Entwurf 1994).

Die Gemeinde wird geteilt durch die nord-süd-verlaufende Autobahn A1 („Hansalinie", Hamburg-Bremen-Münster-Dortmund-Köln), an die sie seit 1965 direkten Anschluß hat. Über diese Verbindung sind auch die A 43 (Wuppertal-Münster) und die A 2 (Oberhausen-Hannover) schnell zu erreichen. Überörtlich bedeutsam sind auch die B 58 (von Wesel in west-östlicher Richtung nach Beckum), die in den 60er Jahren an den nördlichen Ortsrand verlegt wurde, und die B 54 (von Gronau in nord-südlicher Richtung nach Dortmund).

Von den drei Haltepunkten der 1928 eröffneten Eisenbahnstrecke in Ascheberg, Davensberg und dem auf dem Gemeindegebiet Nordkirchens liegenden Capelle für den Ortsteil Herbern sind die Oberzentren Dortmund und Münster über die parallel zur Autobahn verlaufende Bahnstrecke im Stundentakt zu erreichen. Die Fahrtzeit nach Dortmund Hbf. beträgt ca. 30 Minuten, nach Münster etwa 20 Minuten. Von Bedeutung insbesondere für die Ortschaft Herbern ist die Strecke Hamm–Münster mit dem Bahnhof Mersch (Stadt Drensteinfurt).

Busverbindungen, insbesondere nach Münster, existieren zwar, können aber wegen der sehr geringen Inanspruchnahme und Taktfrequenz als nicht so bedeutend angesehen werden. Zwischen den Ortsteilen wird das Angebot durch Taxibuslinien ergänzt. Auch ist seit 1999 ein Anrufsammeltaxi für die Abendstunden und das Wochenende eingerichtet. An einer Nachtbuslinie (N 10 der Westfalen-Bus GmbH), die samstagnachts von Herbern über Ascheberg und Davensberg nach Münster verläuft, ist die Gemeinde ebenfalls finanziell beteiligt. Anbindungen an das Flugnetz sind über die gut zu erreichenden Flughäfen Münster-Osnabrück und Dortmund-Wickede gegeben.

Durch die zentrale Lage im Städtedreieck Münster-Hamm-Dortmund und die äußerst guten Verkehrsverbindungen bei gleichzeitiger Nähe zu den Erholungsmöglichkeiten der münsterländischen Parklandschaft besitzt Ascheberg positive Entwicklungsperspektiven.

Historische Entwicklung

Die Gemeinde Ascheberg hat sich auf das Jahr 890 als den Zeitpunkt ihrer ersten urkundlichen Erwähnung festgelegt. Tatsächlich wird der Ort, mit seinen damals acht namentlich aufgeführten Einwohnern, als „Ascasberg" bzw. „Ascesberg" erstmals um 890 in einem Heberegister der Abtei Werden an der Ruhr erwähnt. Eine ähnliche Bezeichnung findet sich auch auf einer Heberolle des Stiftes Freckenhorst aus dem 10. Jahrhundert. Die heutige Bezeichnung Ascheberg wird erstmals im 12. Jh. urkundlich erwähnt. Während die erste Silbe, in der Sprachforschung unstritig, von dem althochdeutschen askin (= Eschen) abgeleitet wird, ist die Herkunft der zweiten Silbe unsicher: -berg könnte für einen mit Eschen bewachsenen Wall oder Hügel stehen (= Eschenberg) oder aber für eine burgähnliche Anlage (= Eschenburg). Für beide Interpretationen gibt es keine gesicherten historischen Belege, jedoch hat sich die Gemeinde für letztere Variante entschieden und im Ascheberger Wappen von 1962 die „Eschenburg" symbolisch dargestellt, indem sie u.a. eine Esche auf roten Burgzinnen aufgenommen hat (die drei Kugeln stehen für das Geschlecht der Herren von Davensberg; der Zusammenschluß mit Herbern 1975 wurde durch den Wechsel von Grün nach Blau des Eschenbaumes dokumentiert: Blau/Gelb waren die Wappenfarben Herberns). Allerdings ist in keiner historischen Quelle eine Burg in Ascheberg belegt; wahrscheinlicher ist eine mit Wall und Graben gesicherte Hofanlage. Diese frühe Siedlung war Teil des Draingaues, ein auch naturlandschaftlich einheitlich strukturiertes Gebiet, welches im Süden von der Lippe, im Osten von der Senne, im Norden durch das Sumpfgebiet der Glane und im Westen durch die Davert begrenzt wurde. Zentrum dieses Draingaues (der Name ist bis heute im benachbarten Ortsnamen Drensteinfurt erhalten) war das Gebiet zwischen Albersloh und Beckum sowie zwischen Werne und Herzfeld. Die germanischen Bewohner wurden Brukterer genannt, die bekanntlich u.a. den Aufstand unter Arminus gegen die Römer und ihren Anführer Varus im Jahre 9. n. Chr. Geb. unterstützten.

Um 900 war Ascheberg nur ein Flecken mit einer kleinen, wahrscheinlich um 850 errichteten Kirche. Das Dorf entwickelte sich in unmittelbarer Nachbarschaft zur Kirche, da der massive Kirchenbau Schutz- und Verteidigungsfunktion übernahm. Erst langsam entwickelte sich eine lockere Dorfanlage, und außerhalb des Kirchenringes siedelten sich Kötter an. In einer Urkunde von 1316 wird erstmals der Begriff „villa Ascheberghe" benutzt, was zumindest auf eine dörfliche Siedlung schließen läßt. Im Jahre 1540 wird der Ort durch eine Brandstiftung verwüstet und in den folgenden Jahrzehnten von Spaniern und Niederländern besetzt. Ab 1631 erpressten hessische Truppen die Ascheberger Bürgerschaft. Der Dreißigjährige und später der Siebenjährige Krieg führten zu weiteren Verschuldungen Aschebergs bei umliegenden Adeligen und Gemeinden.

Auch der Ortsteil Herbern wird um 890 erstmals in den Büchern des Klosters Werden als „Heribruno" erwähnt. Später änderte sich der Name u.a. in „Heribrunno", „Herborn" und „Herberen". Die Silbe „heri" oder „her" wird mit „scharf" übersetzt, was innerhalb der geographischen Lage Herberns auf einen „Einschnitt in einem hügeligen Gelände" hindeutet. Die zweite

Burgturm Davensberg
(Foto: Gemeinde Ascheberg)

Silbe „born" beschreibt ein Quellgebiet, welches bei Herbern auch tatsächlich vorhanden ist. Damit bedeutet der Name Herbern soviel wie „Quellgebiet im Einschnitt eines hügeligen Geländes". Ausgangspunkt der Besiedlung war die Errichtung der Kirche Mitte des 12. Jh.s; sie war umgeben vom Hof des adeligen Hauses Geisthaus, in dessen Wirtschaftsgebäuden und Wohnhäusern die ersten Einwohner lebten und arbeiteten. Schon vor dem Dreißigjährigen Krieg (1618–1648) zählte Herbern 2 000 Einwohner. Von 1923–1975 bildete die Gemeinde Herbern einen Verwaltungs-Kommunalverband (Amt Herbern) mit der Gemeinde Stockum. Entscheidend für die Siedlungsgeschichte war Herberns Lage an der bedeutenden Handelsstraße Münster–Dortmund–Köln, die mittlerweile zur Bundesstraße 54 geworden ist. Die Gebietsreform 1975 trennte den Amtsverband wieder: Herbern wurde Ortsteil der neuen Gemeinde Ascheberg, und Stockum wurde Ortsteil der Stadt Werne (Kreis Unna).

Der Name Davensberg wird erstmals 1256 erwähnt, die Burg im Jahre 1263. Der Name ist mit „die an der Davert errichtete Burg" zu übersetzen. Von dieser Burg sind nur noch der Turm (heute Museum) und die Burgkapelle St. Anna, mit dem berühmten Klappaltar von Johann Brabender, erhalten. Der heutige Ort ist aus einer Anzahl von Kötterhäusern hervorgegangen. Im Jahre 1498/99 standen auf der Burgfreiheit 11 Häuser mit ca. 50–60 Bewohnern. Die Bewohner arbeiteten zumeist für Herrensitze in Nordkirchen oder in der Nähe liegende Höfe von Großgrundbesitzern.

Einwohner in Ortsteilen:

Ascheberg 7 758
Herbern 5 317
Davensberg 1 881

(Ang. d. Gem., Stand: 01.01.2000)

Katasterfläche 1999:
106,28 km²
davon
Landwirtschaftsfläche 75,3 %
Waldfläche 12,9 %
Verkehrsfläche 5,0 %
Gebäude- und Freifläche 4,7 %
Wasserfläche 1,6 %
Erholungsfläche 0,2 %
Betriebsfläche 0,2 %
(Quelle: LDS NRW)

Berufseinpendler 1 441
Berufsauspendler 3 468

Sozialvers.-pflichtig Beschäftigte; Quelle: Landesarbeitsamt NRW 1998

Tab. 1: Einwohnerentwicklung 1818 – 1999

Jahr	Ascheberg	Davensberg	Herbern
1818	2 425		2 211
1843	2 883		2 543
1853	3 056		2 742
1871	2 973		2 644
1885	3 188		2 735
1895	3 190		2 757
1905	3 282		2 729
1925	3 576		3 129
1933	3 736		3 197
1939	3 799		3 144
1946	5 541		4 576
1950	5 438		4 454
1970	4 740	1 370	4 197
1987	6 136	1 745	4 500
1995	7 100	1 950	5 150
1999	7 758	1 881	5 317

(Quelle: Reekers/Schulz und LDS NRW)

Handwerker gab es kaum. Erst im 18. Jh. nahm die Bevölkerung langsam zu.

Bevölkerung

Nach jahrhundertelanger relativ konstanter Entwicklung stieg die Einwohnerzahl nach dem Zweiten Weltkrieg durch die Aufnahme von Vertriebenen und Flüchtlingen insbesondere in den Ortsteilen Ascheberg und Herbern stark an (Tab. 1). Durch sie kam es zur Gründung der ersten evangelischen Glaubensgemeinschaft im Ort.

Die Bevölkerung wuchs im Zeitraum von 1970-1999 um 43%. Der Ortsteil Ascheberg stellte dabei den größten Anteil mit einer Zunahme von 64%. Davensberg wuchs um 37% und Herbern um 27%. Allerdings ist in den letzten Jahren in Davensberg ein Rückgang ersichtlich. Bei der Altersstruktur der Bevölkerung weist Ascheberg keine Besonderheiten auf. Die Werte entsprechen dem allgemeinen Fazit, daß kleinere und ländlichere Kommunen mehr jüngere und weniger ältere Bewohner besitzen als größere Städte.

Beschäftigung

Die allgemeine Wirtschaftsstruktur der Gemeinde Ascheberg wird traditionell durch klein- und mittelständische Handwerks- und Gewerbebetriebe bestimmt. Zu einem kurzen wirtschaftlichen Intermezzo kam es Mitte des 19. Jh.s, als auch in Ascheberg und Herbern Strontianit gefunden wurde. Dieses Mineral wurde zur Feuerwerkerei, aber auch zur Zuckergewinnung benötigt. Es half bei der Extraktion des Zuckers aus der Melasse. Auf dem heutigen Gemeindegebiet gab es eine Vielzahl von Gruben und Schächten. Im September 1881 arbeiteten allein in den Ascheberger Gruben rund 200 Menschen. Die Nachfrage ging aber schnell zurück, da für die Zuckergewinnung günstigere Materialien eingesetzt wurden. Die meisten Gruben schlossen um die Jahrhundertwende.

Heute sind strukturproblematische Großbetriebe nicht vorhanden. Seit 1987 ist die Gesamtbeschäftigtenzahl von 3 150 auf 3 862 im Jahre 1997 angestiegen (Tab. 2). Das ist eine Steigerung von rd. 22%. Im Kreisdurchschnitt wurde aber rd. 43% erreicht. Hier zeigt sich ein deutliches Entwicklungspotential für die Gemeinde. Die Arbeitslosenzahl hat sich von 1995–1999 zwar von 6,9% auf 7,6% erhöht, liegt aber dennoch deutlich unter der Entwicklung für den Kreis Coesfeld insgesamt (von 8,1% auf 8,5% gestiegen). Der allgemeinwirtschaftliche Trend, die deutliche Reduzierung der Beschäftigten in der Landwirtschaft, ist auch in Ascheberg zu verzeichnen. Immer mehr Höfe werden zugunsten immer größerer Einheiten aufgegeben oder im Nebenerwerb betrieben. So hat sich die Zahl der landwirtschaftlichen Betriebe im

Tab. 2: Erwerbstätige nach Wirtschaftsabteilungen in der Gemeinde Ascheberg 1987–1997

Wirtschaftsabteilung	Ascheberg 1987 abs.	%	Ascheberg 1997 abs.	%	Kreis COE 1987 abs.	%	Kreis COE 1997 abs.	%
Land- und Forstwirtschaft	586	18,6	367	9,5	6 822	12,8	4 198	5,5
Verarbeitendes Gewerbe	580	18,4	676	17,5	9 007	16,9	19 844	26,0
Baugewerbe	290	9,2	471	12,2	4 317	8,1	4 885	6,4
Handel	510	16,2	919	23,8	8 048	15,1	111 677	15,3
Verkehr und Nachrichtenübermittlung	79	2,5	73	1,9	1 546	2,9	2 824	3,7
Kredit- und Versicherungsgewerbe	63	2,0	77	2,0	1 173	2,2	1 450	1,9
Dienstleistungen von Untern. u. freien Berufen	636	20,2	622	16,1	8 208	15,4	12 669	16,6
Organisationen ohne Erwerbszweck	82	2,6	460	11,9	4 477	8,4	8 701	11,4
Gebietskörperschaften, Sozialversicherung	328	10,4	185	4,8	9 327	17,5	9 693	12,7
Gesamt	**3 150**	**100,0**	**3 862**	**100,0**	**53 298**	**100,0**	**76 322**	**100,0**

(Quelle: LDS NRW)

Tab. 3: Entwicklung der landwirtschaftlichen Betriebsgrößenklassen in Ascheberg 1987–1997											
	unter 10 ha		11-30 ha		31- 50 ha		über 50 ha		Betriebe insgesamt		lw. Fläche (LF) insg.
	1987	1997	1987	1997	1987	1997	1987	1997	1987	1997	1987	1997
Anzahl der lw. Betriebe	134	115	82	49	76	50	30	50	322	264	7 200	6 951
Anteil der Betriebe in%	41,6	43,6	25,5	18,6	23,6	18,9	9,3	18,9	-	-	-	-

(Quelle: LDS NRW: Die Gemeinden NRW - Informationen aus der amtlichen Statistik. Düsseldorf 1988 u. 1999)

Beschäftigte 1987: 3 150

18,6%
35,2%
18,7%
27,6%

Beschäftigte 1997: 3 862

9,5%
34,8%
25,7%
29,8%

■ Land- und Forstwirtschaft
▨ Produzierendes Gewerbe
▤ Handel und Verkehr
□ Übrige Dienstleistungen

(Quellen: Volkszählung 1987; Erwerbstätigenrechnung 1997)

Zeitraum 1987–1997 von 322 auf 264 reduziert (Tab. 3). Der Anteil der Betriebe über 50 ha stieg von 9,3% auf 18,9%. Auch die Zahl der in diesem Sektor tätigen Bewohner nimmt weiter ab. Von 1987–1997 reduzierten sich die landwirtschaftlich Beschäftigten von 586 auf 367 Personen, was einen Rückgang von 18,6% auf 9,5% an den Gesamtbeschäftigten ausmacht. Eine Ausweitung der Beschäftigten ist im produzierenden Gewerbe und insbesondere im Handel ersichtlich. Der Anteil der Beschäftigten im Handel erhöhte sich 1987–1997 von 16,2% auf 23,8%, während die Kreisentwicklung in diesem Bereich bei rd. 15% stagnierte. Ascheberg gehört zu den wenigen Gemeinden im Kreis, aber auch darüber hinaus, deren Anteil im Dienstleistungsbereich bis 1997 leicht rückläufig ist (von 35,2% auf 34,8). Mit Errichtung des Technologiezentrums INCA 1990 soll insbesondere dieser defizitäre Wirtschaftsbereich gestärkt werden. Zielgruppe dieses Zentrums sind Gründer und Jungunternehmer aus der Informations-, Kommunikations- und Umwelttechnik. Zahlreiche Unternehmen haben hier seit Errichtung ihren Sitz gefunden und merklich zu einer Unterstützung der wirtschaftlichen Entwicklung in diesem Bereich beigetragen.

II. Gefüge und Ausstattung

Der Ortskern Aschebergs wird dominiert von der Lambertus-Kirche, deren Vorgängerbauten bis in das 9. Jh. zurückverfolgt werden können. Im 18. Jh. wurde die Kirche nach Plänen von Johann Conrad Schlaun umgebaut; der heutige neugotische Turm wurde aber erst 1910 errichtet. 1957–1961 wurde der Bau intensiv erneuert. In den Gewölben legte man Malereien frei, und der Chorraum wurde fast vollständig neugestaltet.

Der historisch gewachsene Ortskern mit seinen engen Straßenquerschnitten zeigte im Zeitalter der Mobilisierung schnell seine Grenzen auf. Insbesondere nach Anschluß der Gemeinde Ascheberg an die BAB 1 wurde deutlich, dass der Ortsteil Ascheberg den zunehmenden Verkehrsströmen und der wachsenden Wohnfunktion nicht mehr gerecht werden kann. In den 70er und 80er Jahren wurde eine Ortskernsanierung mit folgenden Zielen durchgeführt: Verbesserung der Wohn- und Arbeitsverhältnisse (u.a. durch Auslagerung störender Handwerksbetriebe und landwirtschaftlicher Betriebe aus dem Ortskern), Verbesserung der Verkehrsverhältnisse (u.a. Umlegung der K 15 und L 844 sowie Erhöhung des Parkplatzangebotes), Verdichtung der Bebauung, Erhaltung restaurierungsfähiger Bausubstanz sowie Schaffung von Ruhezonen. Herauszuhebende Detailmaßnahmen waren die Begradigung der Appelhof- und der Dieningstraße, der verkehrsberuhigte Ausbau der Sandstraße und die Neuanlage einer Verbindungstrasse östlich der Kirche. Besonders letzere führte zur Verkehrsentlastung des Kirchplatzes und zur Wohnumfeldverbesserung in diesem Bereich. Der Kranz älterer Häuser um die Kirche wurde z.T. saniert, z.T. durch Neubauten ergänzt und zeigt sich heute als geschlossenes Ensemble mit hoher Aufenthaltsqualität.

Während auf der Appelhof- und der Dieningstraße nur vereinzelt Einzelhandelsgeschäfte zu finden sind, bietet die Sandstraße einen geschlos-

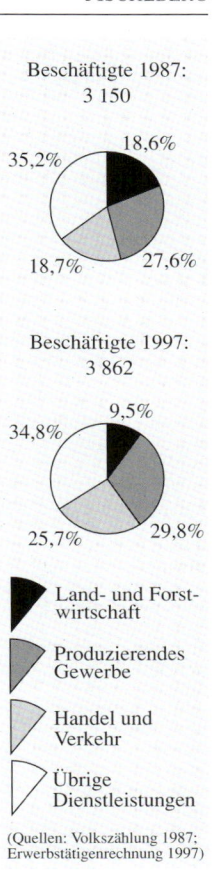

Sandstraße mit Pfarrkirche St. Lambertus

(Foto: Gemeinde Ascheberg)

senen Geschäftsbereich an. Hier werden insbesondere Güter des täglichen, aber auch des mittelfristigen Bedarfs angeboten. Zwischen Sandstraße und Feuerwehr hat sich ein kleines Einzelhandelszentrum mit zwei Verbrauchermärkten, einem Getränkeshop, einem Café und einem Einrichtungshaus angesiedelt. Letzteres befindet sich in einem umgebauten Bauernhaus. Das gelungene Nebeneinander von moderner und historischer Bebauung ist zudem im ganzen Innenbereich anzutreffen.

Auch in Herbern ist ein Geschäftsbereich, wenn auch nicht ganz so geschlossen, auf der Südstraße anzufinden. Anfang der 90er Jahre wurde ein städtebaulicher Rahmenplan für die Ortschaft Herbern aufgestellt. Mit Hilfe verschiedener Fördermittel wurde umgehend mit der Sanierung der historischen Straßenräume innerhalb des Ortskerns begonnen. Zunächst wurde in den Jahren 1992 und 1993 die Altenhammstraße, eine der ältesten Straßen vor Ort, umgestaltet. In den Jahren 1993 und 1994 schloß sich die Umgestaltung der Schützenstraße, Bachstraße, Talstraße und Homanns Hof an. Die Sanierung des historischen Abschnitts der Südstraße (B 54) wurde 1999 begonnen und 2000 abgeschlossen. Zur Zeit wird die Bergstraße, die die Südstraße mit der Altenhammstraße verbindet, ausgebaut. Danach ist die Umgestaltung der Umfahrt des Benediktus-Kirchplatzes geplant. Nach Abschluß der Arbeiten wird Herbern im historischen Ortskern wieder ein einheitliches Erscheinungsbild aufweisen, welches die Attraktivität weiter stärken wird. Außerdem ist der weitere Ausbau der Ortsdurchfahrt B 54 (Werner Straße) in Richtung Süden bis in die Nähe des Ortsausgangs geplant.

Nur auf den täglichen Bedarf ausgerichtet ist das Einzelhandelsangebot in Davensberg. Besonders auffallend ist hier die Konzentration von Gastronomiebetrieben am Kirchplatz, was die Attraktivität des Ortes für den Ausflugstourismus unterstreicht. Hier ist insbesondere die 100-Schlösser-Radroute durch das Münsterland anzusprechen, die sowohl durch die Ortsteile Ascheberg und Herbern als auch durch Davensberg verläuft.

Handwerkliche Betriebe sind gerade auch in einer Gemeinde der Größe Aschebergs das Rückgrat der wirtschaftlichen Entwicklung. 1999 besaß Ascheberg mit rd. 1 200 Mitarbeitern 128 Vollhandwerksbetriebe, von denen 49 im Metall-, 31 im Bau- und 21 im Holzgewerbe arbeiteten. Mit einem durchschnittlichen Umsatz je Handwerksbeschäftigten von rd. 140 000 DM liegt Ascheberg genau auf dem Niveau des Landes NRW.

Wirtschaft und Flächennutzung

Das produzierende Gewerbe konzentriert sich nach Neuansiedlungen und Auslagerungen aus dem Ortskern vor allem in den Gewerbegebieten West (28,5 ha; 1965 erschlossen, 1973 rechtskräftig, 1 km von der BAB 1) und Nord Teil I (22 ha; 1984 erschlossen, 500 m von der BAB 1). Hier wurde auch das Technologiezentrum INCA errichtet, in dem sich junge Unternehmen zu günstigen Konditionen in den ersten Jahren niederlassen können und in dem heute rd. 50 Arbeitsplätze zu zählen sind. Es wird zu 50% von der Gemeinde, 38% von der Sparkasse Coesfeld und 12% vom Kreis betrieben.

Einer der größten Arbeitgeber Aschebergs ist derzeit die Brotfabrik WEPU (u.a. größter Pumpernickelhersteller Deutschlands) mit ca. 100 Beschäftigten. Ein weiterer großer Anbieter von Arbeitsplätzen ist die Compass Yachtzubehör Handels GmbH. In mehr als 20 Jahren ist hier Europas größter Maritim-Versender mit nunmehr über 100 Mitarbeitern entstanden. 1997 wurde auch das Gewerbegebiet Nord Teil II rechtskräftig beschlossen. Auch dieses ist mittlerweile verkauft, so dass im September 2000 über eine neue Erweiterung entschieden wurde. Die überaus gute verkehrliche Anbindung wird auch durch die Neuansiedlung einer Niederlassung eines großen Speditions- und Logistikunternehmens im Gewerbegebiet Nord unterstrichen. Das Gewerbegebiet Herbern Nord-Ost ist ebenfalls schnell von der Autobahn aus zu erreichen und bietet vor allem Industrieflächen (GI) an.

Neben der Bestandspflege und -entwicklung besitzt die Gemeinde u.a. wegen der guten Ver-

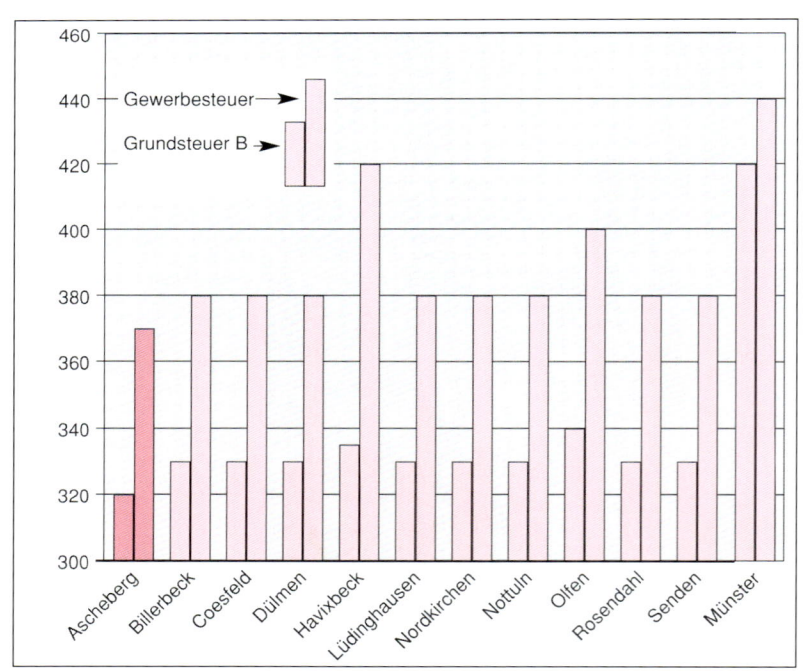

Abb. 1: Realsteuerhebesätze in den Gemeinden im Kreis Coesfeld und in der Stadt Münster 2000
(Quelle: Erhebung der IHK Münster 2000)

Karte I: Ascheberg

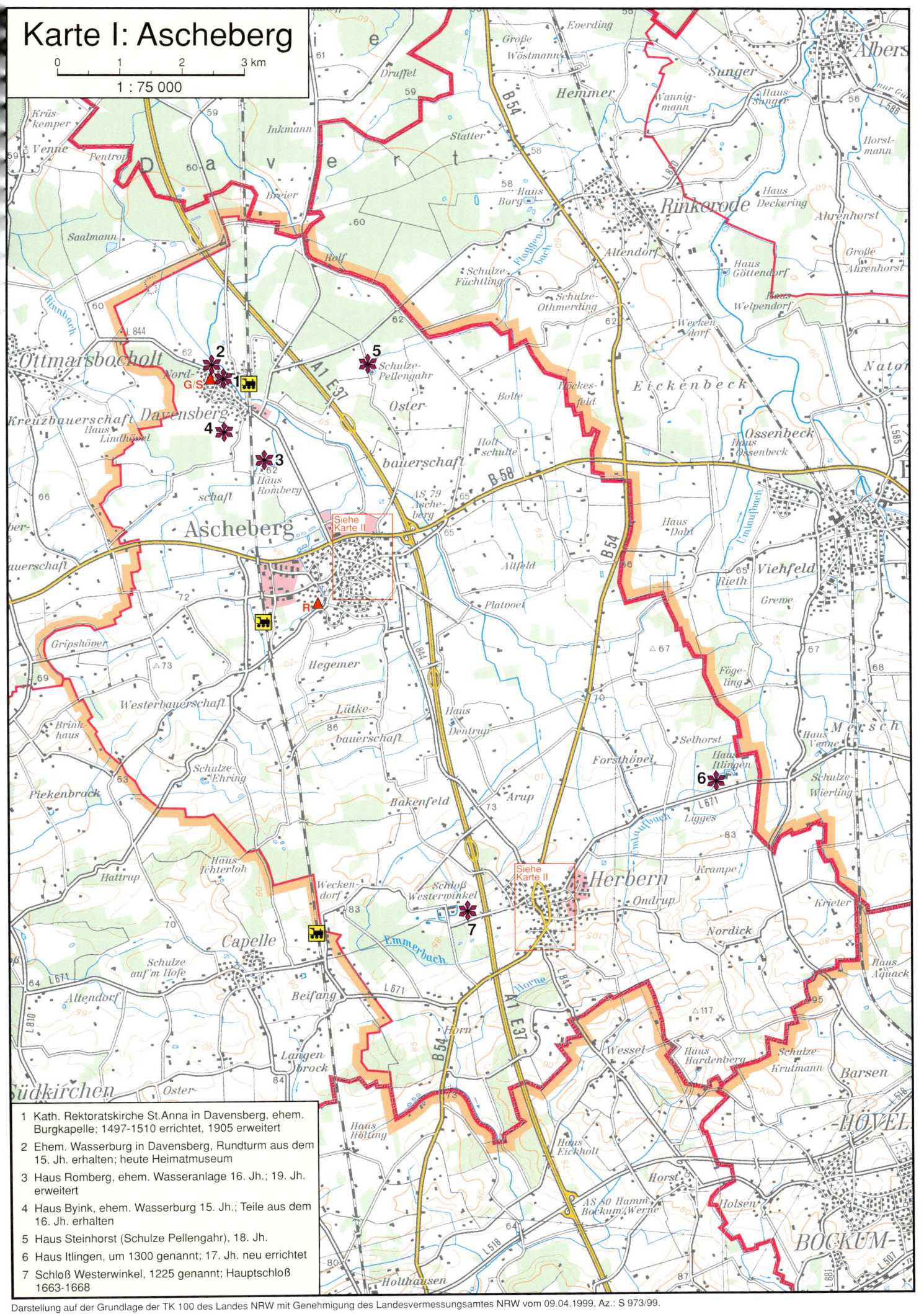

0 1 2 3 km
1 : 75 000

1 Kath. Rektoratskirche St. Anna in Davensberg, ehem. Burgkapelle; 1497-1510 errichtet, 1905 erweitert
2 Ehem. Wasserburg in Davensberg, Rundturm aus dem 15. Jh. erhalten; heute Heimatmuseum
3 Haus Romberg, ehem. Wasseranlage 16. Jh.; 19. Jh. erweitert
4 Haus Byink, ehem. Wasserburg 15. Jh.; Teile aus dem 16. Jh. erhalten
5 Haus Steinhorst (Schulze Pellengahr), 18. Jh.
6 Haus Itlingen, um 1300 genannt; 17. Jh. neu errichtet
7 Schloß Westerwinkel, 1225 genannt; Hauptschloß 1663-1668

Darstellung auf der Grundlage der TK 100 des Landes NRW mit Genehmigung des Landesvermessungsamtes NRW vom 09.04.1999, Az.: S 973/99.

Karte II: Ascheberg

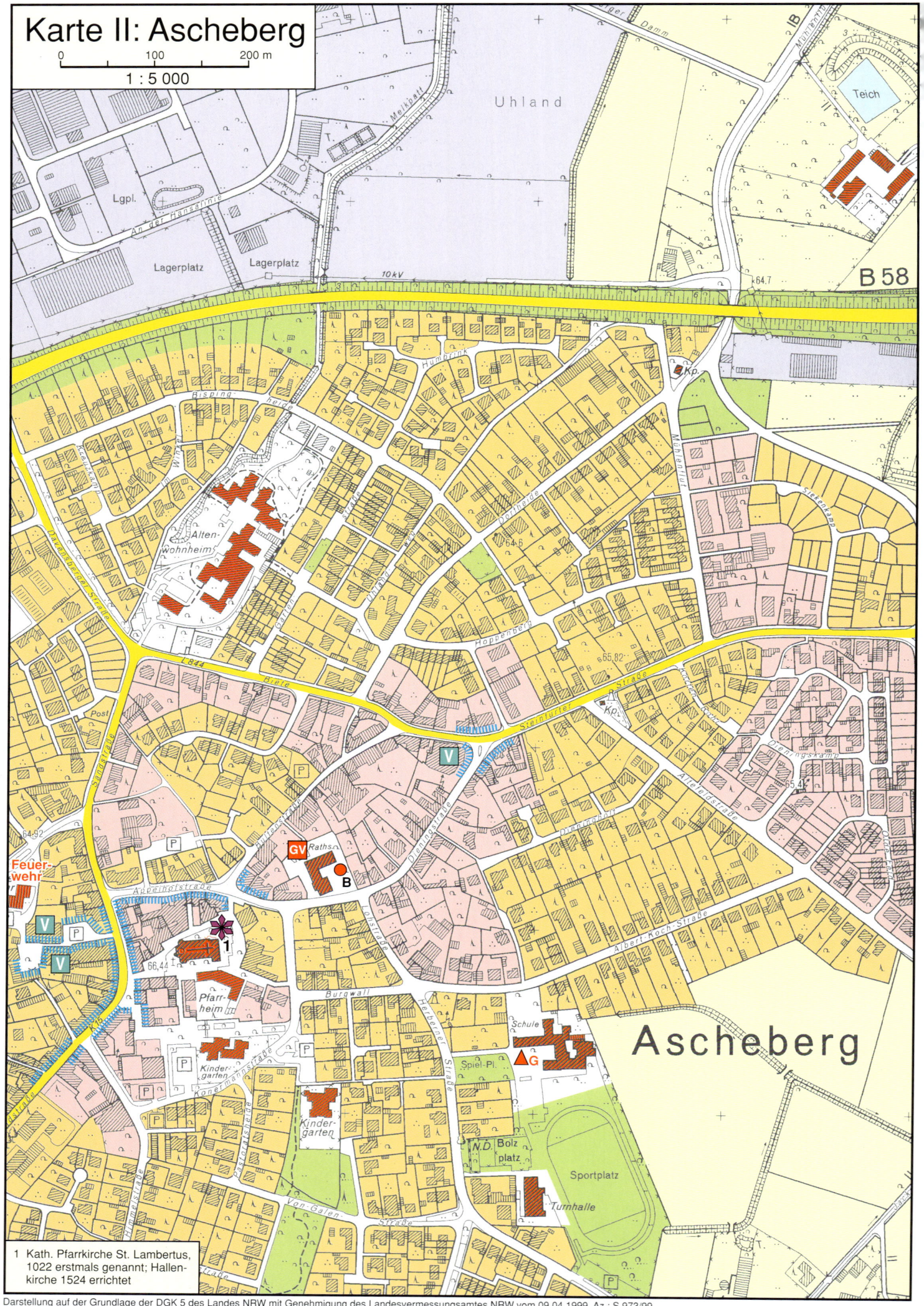

0   100   200 m
1 : 5 000

1 Kath. Pfarrkirche St. Lambertus, 1022 erstmals genannt; Hallenkirche 1524 errichtet

Darstellung auf der Grundlage der DGK 5 des Landes NRW mit Genehmigung des Landesvermessungsamtes NRW vom 09.04.1999, Az.: S 973/99.

Karte II: Herbern

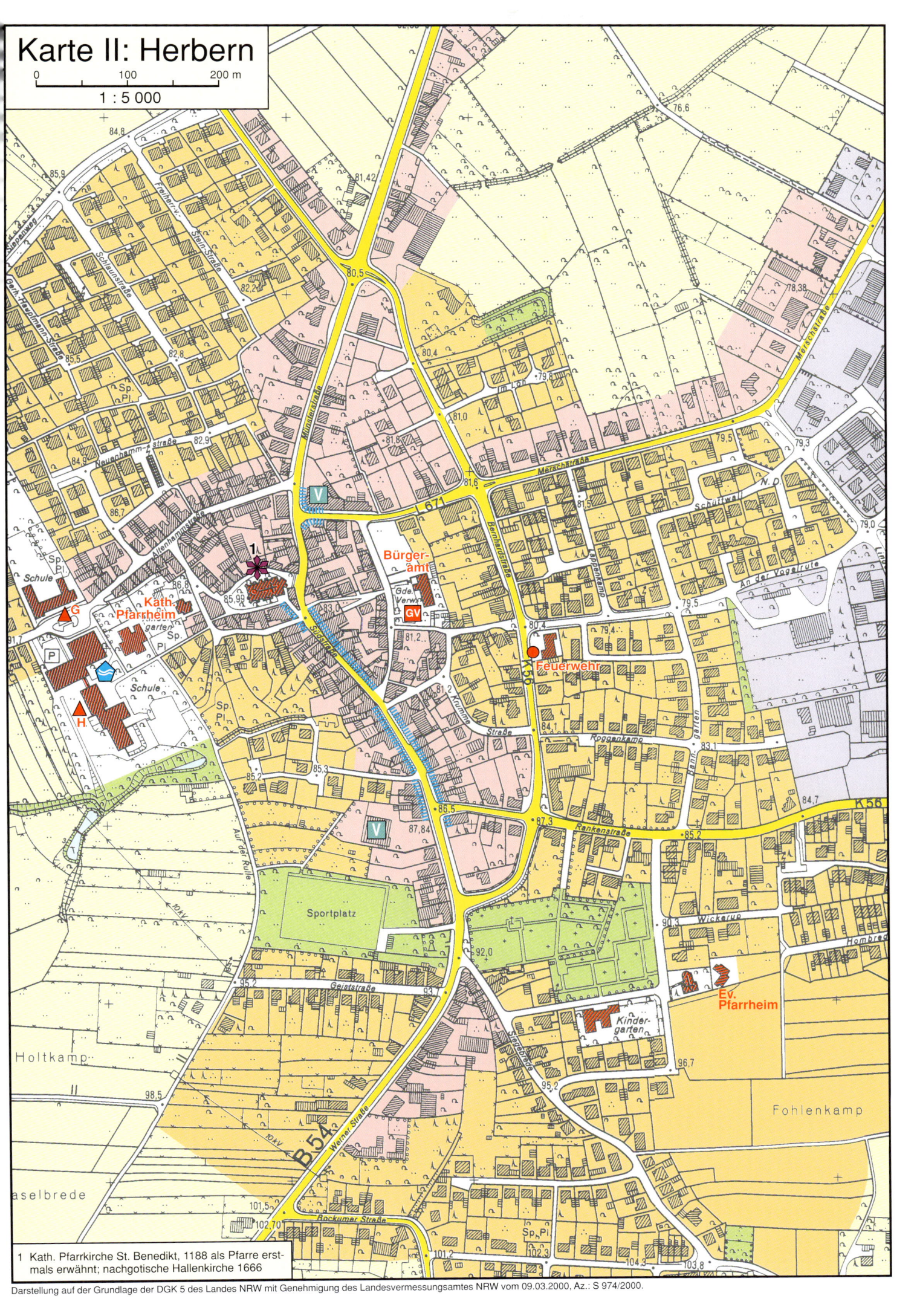

1 : 5 000

1 Kath. Pfarrkirche St. Benedikt, 1188 als Pfarre erstmals erwähnt; nachgotische Hallenkirche 1666

Darstellung auf der Grundlage der DGK 5 des Landes NRW mit Genehmigung des Landesvermessungsamtes NRW vom 09.03.2000, Az.: S 974/2000.

kehrsanbindung, niedrigen Gewerbesteuer und geringen Baulandpreise auch noch Potentiale im Bereich der Neuansiedlung von Unternehmen – ein Ziel, welches anderen Gemeinden schon seit längerer Zeit nicht mehr realistisch erscheint. Mit einer Grundsteuer B von 320% und insbesondere einer Gewerbesteuer von 370% (im Jahr 2000) bietet Ascheberg die geringsten Realsteuerhebesätze im Kreis Coesfeld an (Abb. 1). Auch, und gerade, zu den Werten in Münster weist Ascheberg wesentlich niedrigere Hebesätze auf. Der Durchschnittspreis für Gewerbegrundstücke lag 1999 bei 38,0 DM/m^2, bei einem Wert von 40,8 DM/m^2 für das gesamte Kreisgebiet.

Trotz der auch äußerlich sichtbaren positiven Entwicklung in den neueren Gewerbegebieten besitzt die Gemeinde einen Arbeitskräfteüberschuß. Die Pendlerdaten Aschebergs decken sich mit den allgemeinen Erkenntnissen in unserer arbeitsteiligen Gesellschaft. Arbeitsplatzkonzentrationen und damit Einpendlerüberschüsse sind zumeist in den Ober- und Mittelzentren zu finden, während die ländlich geprägten Regionen häufig stärker Wohnfunktionen anbieten und damit Auspendlerüberschüsse aufweisen. Gleichzeitig erfüllen diese Regionen vielen Menschen den Wunsch nach einem ökologisch weitgehend intakten, aber auch finanziell realisierbaren Wohnumfeld. In Ascheberg wurden 1998 1 441 Berufseinpendler und 3 468 Berufsauspendler gezählt. Damit ergab sich ein Saldo von -2 027. Hauptgrund dieses Ausspendlerüberschusses ist die zentrale Lage zwischen den nahen Oberzentren Dortmund und Münster sowie die optimale verkehrstechnische Anbindung. Bevorzugtes Ziel ist mit ca. 50% aller Auspendler die Stadt Münster. Die Einpendler verteilen sich gleichmäßig auf die direkt angrenzenden Städte und Gemeinden Aschebergs.

Neue Wohnbauflächen konzentrieren sich auf die Ortsteile Ascheberg und Herbern, während in Davensberg keine größeren Wohngebiete erschlossen werden. Trotz der vorausschauenden Wohnbauflächenpolitik der Gemeinde haben sich die durchschnittlichen Grundstückspreise für Wohngebäude (incl. Erschließung) im Jahre 1999, im Gegensatz zum Vorjahr, um 12% auf 251 DM/m^2 erhöht. Das war der höchste Zuwachs im Kreisgebiet. Trotzdem liegt Ascheberg mit diesen Quadratmeterpreisen im unteren Bereich aller Kommunen. Innerhalb der Gemeinde gibt es aber Unterschiede: Während in Ascheberg der Preis um 15% und in Herbern um 10% anstieg, stagnierte er im Ortsteil Davensberg. Der Einwohnerdruck konzentriert sich demnach eher auf die beiden größeren Ortsteile. Die im Frühjahr 1997 gegründete Ascheberger Grundstücksentwicklungsgesellschaft (AGEG), deren Aufgabe der Erwerb und die Erschließung sowie die anschließende Vermarktung von Baugrundstücken innerhalb der Gemeinde Ascheberg ist, bietet derzeit Wohnbaugrundstücke im Baugebiet Hombrede in Herbern, im Baugebiet Ascheberg Süd-West und Gewerbegrundstücke im Gewerbegebiet Ascheberg Nord zum Kauf an.

Die gesamte Gemeindefläche von 106 km^2 wird zu 75,5% von der Landwirtschaftsfläche dominiert. Der Waldanteil ist mit 12,9% sehr gering. Der Anteil der Siedlungsfläche (Gebäude- und Freiflächen, Betriebs-, Verkehrs- und Erholungsflächen) liegt bei 10%.

Fremdenverkehr

In der touristischen Außendarstellung stellt Ascheberg seine Lage innerhalb der grünen, münsterländischen Parklandschaft heraus und verweist besonders auf deren Synonyme Wallhecken, „Pättkes", Wälder, Wasserburgen und Gräftenhöfe. Der 1976 gegründete Verkehrsverein organisiert neben Pättkestouren und Ballonfahrten auch zahlreiche andere Tages- und Wochenendprogramme. Das gesamte Gemeindegebiet ist durchzogen von zahlreichen Wander-, Rad- und Reitwegen. Die sieben Betriebe, die neun und mehr Betten besitzen und damit in die offizielle Statistik

Schloß Westerwinkel in Herbern
(Foto: Gemeinde Ascheberg)

eingehen, hatten 1999 insgesamt 334 Betten anzubieten. Bei 17 831 Ankünften konnten 29 789 Übernachtungen gezählt werden. Allerdings führt die geringe durchschnittliche Aufenthaltsdauer von 1,7 Tagen zu einer bescheidenen Bettenauslastung von 25,1%. Mit einem Anteil von rd. 10% aller Übernachtungen zählt Ascheberg aber zu den stärksten Fremdenverkehrsorten im Kreis Coesfeld (vgl. Statistische Übersicht im Einleitungsteil).

Das im Ortsteil Herbern gelegene Heimathaus bietet in einem um 1790 erbauten Handwerkerhaus neben Dauerausstellungen zu den Themen „Leben im Handwerkerhaus" und „Strickhandwerk" wechselnde Sonderausstellungen. Das im Freizeitschwerpunkt Nordkirchen-Westerwinkel gelegene Wasserschloß Westerwinkel wurde schon 1225 urkundlich erwähnt und nach Zerstörung um 1665 als Wasserschloß in der heutigen Form wiederaufgebaut. Es ist zu den gängigen Öffnungszeiten zu besichtigen. Im Burgturm Davensberg befindet sich das Heimatmuseum mit einer ständigen Ausstellung zu alten bäuerlichen Kulturgeräten. Weitere Sehenswürdigkeiten sind die Kirchen St. Lambertus in Ascheberg und St. Benedikt in Herbern, die Burgkapelle in Davensberg sowie das Haus Byink in Davensberg.

Der Spieker in Ascheberg, der Burgturm in Davensberg und das Heimathaus in Herbern werden von den jeweiligen örtlichen Heimatvereinen unterhalten. Für die zahlreichen kulturellen Vereine möchte die Gemeinde gerne in naher Zukunft ein Kultur- und Bürgerhaus errichten. Hauptveranstaltungsort ist bisher der Bürgersaal im Bürgerforum des Rathauses. Eine kommunale Städtepartnerschaft besteht seit 1991 zu der brandenburgischen Stadt Rheinsberg.

Kommunale Ausstattung

Zur spürbaren Erhöhung des Imagefaktors und zur Unterützung der weichen Standortfaktoren trägt der auf dem Gelände des Wasserschlosses Westerwinkel angelegte 18-Loch-Golfplatz bei. Dieser bildet einen besonders attraktiven Freizeitschwerpunkt, der einen großen überregionalen Einzugsbereich, vor allem aus dem Ruhrgebiet, besitzt. Auf Grund des sandigen Bodens ist der Platz ganzjährig bespielbar.

Das Sportstättenangebot umfaßt vier Turnhallen, davon eine Großsporthalle in Ascheberg, sechs Fußballplätze (davon ein Leichtathletikplatz), drei Tennisanlagen, zwei Tennishallen und Squashcourts, zwei Reitanlagen und ein Hallenbad in Herbern.

Seit 1967 ist Ascheberg an die zentrale Wasserversorgung der Gelsenwasser AG angeschlossen. Die Energieversorgung übernehmen bis heute die Vereinigten Elektrizitätswerke von Westfalen (VEW). Seit 1996 wird das Schulzentrum Herbern durch ein eigenes Blockheizkraftwerk mit Strom und Wärme versorgt.

Die ehemaligen Krankenhäuser St. Lambertus in Ascheberg und St. Josef in Herbern wurden inzwischen aufgegeben. Teile der Gebäude finden aber heute als Altenheime eine Folgenutzung. Insgesamt gibt es in Ascheberg sechs Allgemein- und Facharztpraxen, vier Zahnarztpraxen und drei Apotheken. Besonders vermißt wird ein Kinder- und ein Augenarzt. Außerdem existieren eine psychiatrische Pflegeanstalt mit 176 Plätzen, insgesamt 102 Altenheimplätze in zwei Altenpflegeheimen, drei Altenbegegnungsstätten und ein Caritas Behinderten-Wohnheim. Das Deutsche Rote Kreuz DRK ist in allen Ortsteilen vertreten. Die tierärztliche Versorgung wird durch drei Praxen gewährleistet.

Bildung

In jedem Ortsteil wird eine Grundschule betrieben (insgesamt 787 Schülerinnen und Schüler 1999/2000). Eine Hauptschule ist in Herbern (292), eine Realschule in Ascheberg (550) und eine Sonderschule in Davensberg (90) ansässig. In sieben Kindergärten, verteilt über die drei Ortschaften, werden 600 Plätze angeboten. Drei Büchereien, ebenfalls eine in jedem Ortsteil, sind in katholischer Trägerschaft. Es existieren drei Jugend- und Pfarrheime. Ascheberg bildet mit den Gemeinden Senden, Olfen, Nordkirchen und Lüdinghausen den Volkshochschulkreis Lüdinghausen. 22,5% der Unterrichtsstunden finden in Ascheberg statt. Die Gemeinde unterhält vor Ort eine Geschäftsstelle. Die Musikschule Ascheberg e.V. betreut rd. 800 Schülerinnen und Schüler (1998). Neben kleineren Aufführungen ist sie auch Veranstalter von jährlich 4–5 Schloßkonzerten im Schloß Westerwinkel. Seit zwei Jahren existiert der Kunst- und Kulturverein KUKADUH, der regelmäßig u.a. Kunstausstellungen, Autorenlesungen und Kleinkunstaufführungen organisiert.

Einzelhandel

Die drei Ortsteile Ascheberg, Herbern und Davensberg bilden eigene Siedlungsschwerpunkte mit vielfältigem Einzelhandels- und Dienstleistungsangebot, wobei sich das Versorgungsangebot von Davensberg auf den täglichen Bedarf beschränkt. Filialen der Volksbank und der Sparkasse gibt es in allen drei Ortsteilen. Auf Grund der relativ großen Entfernungen untereinander (Davensberg und Herbern sind ca. 10 km, Ascheberg und Herbern ca. 6 km voneinander entfernt) finden, mit Ausnahme des Wochenmarktes und des Aldi-Marktes in Ascheberg, nur wenige ökonomische Austauschbeziehungen statt.

Eine 1989 durchgeführte Passantenbefragung

hat ergeben, daß nur ein verschwindend geringer Anteil aus anderen Gemeinden nach Ascheberg zum Einkaufen kommt. Durch die Tripolarität kann Ascheberg keine attraktive Konzentration im Einzelhandel schaffen, um deutliche Kaufkraftzugewinne aus anderen Gemeinden anzuziehen. Austauschbeziehungen sind auch zwischen den drei Ortsteilen kaum nachweisbar. Die Bewohner jedes einzelnen Ortsteils versorgen sich i.d.R. auch in diesem mit Waren und Diensten des täglichen Bedarfs.

Im Bereich des kurzfristigen Bedarfes insgesamt kaufen die Ascheberger zu 78%, bei Lebensmitteln sogar zu rd. 90%, in ihrer Gemeinde ein. Je hochwertiger die Güter werden, desto mehr gewinnen insbesondere die Oberzentren Münster und Hamm (allerdings in geringerer Ausprägung) an Bedeutung. Das Oberzentrum Dortmund spielt lediglich für die Einwohner von Herbern eine untergeordnete Rolle.

Mit einer Verkaufsfläche von 0,58 m^2 je Einwohner (= 8 000 m^2 insgesamt) 1993 besitzt Ascheberg nach Nordkirchen den geringsten Wert im Kreisgebiet, und sogar noch weniger als 1979, wo bei der Gesamtfläche von 9 500 m^2 ein Durchschnitt von 0,78 m^2/E. gezählt wurde, während im Kreisgebiet die Verkaufsfläche im Einzelhandel um 43% angestiegen ist. Der Durchschnitt liegt bei 1,32 m^2/E. Zwar kommt der Umsatz je Einwohner von rd. 4 600 DM dem Kreisdurchschnitt von 6 350 DM etwas näher, doch scheinen hier noch weitere Entwicklungsmöglichkeiten gegeben zu sein.

III. Perspektiven und Planung

Zur Unterstützung der Fremdenverkehrsaktivitäten verfolgt die Gemeinde auch in Absprache mit den überörtlichen Stellen einen Radwegebau zwischen Ottmarsbocholt und Davensberg sowie zwischen Ascheberg und Herbern. Als Wünschenswert erachtet die Verwaltung ebenfalls den Radwegeausbau in Richtung Lüdinghausen und Drensteinfurt an der B 58, in Richtung Drensteinfurt-Mersch an der L 671 und entlang der L 844 in Richtung Stockum-Horst und Bockum-Hövel. Außerdem sollte der Radweg von Herbern nach Werne verlängert werden. Ein interessantes Projekt zur Verbesserung der Lärmschutzsituation an der Autobahn beschreitet die Gemeinde seit Anfang der 90er Jahre: Da die BAB 1 vor Inkrafttreten des Bundesimmissionsschutzgesetzes 1974 errichtet wurde, besteht kein Anspruch auf Lärmschutz. Mit gemeindlicher Baugenehmigung erwirbt ein örtlicher Tiefbauunternehmer den Grund nahe der Autobahn, schüttet ihn mit Bodenaushub seiner Bauvorhaben auf und übergibt später den fertigen Lärmschutzwall für einen Anerkennungspreis an die Gemeinde. Von diesem Projekt profitieren nicht nur der Unternehmer, sondern auch die Anwohner der Autobahn.

Zur Steigerung des Schienenpersonenverkehrs wäre eine Verkürzung der derzeitigen Taktfrequenz auf der Strecke Münster–Dortmund von 60 auf 30 Minuten erforderlich. Dringlich erscheinen auch der Ausbau und die Neugestaltung der Bahnhöfe in Davensberg und Ascheberg. Im Bereich der Optimierung des Straßenverkehrs, bei gleichzeitiger Entlastung der Einwohner, hofft die Gemeinde auf eine baldige Realisierung einer Umgehungsstraße Herbern (Westumgehung) und einer südlichen Entlastung Aschebergs. Wünschenswert wären auch ein Kreisverkehr als Einfahrt in Davensberg aus Richtung Ottmarsbocholt sowie die Errichtung von Fußgängerzonen auf der Südstraße in Herbern und der Sandstraße in Ascheberg. Dazu müßten allerdings vorher zusätzliche Entlastungsstraßen errichtet werden.

Zukünftige Wohnbaugebiete verteilen sich den bisherigen Einwohnerzahlen entsprechend über die Ortsteile Ascheberg, Herbern und Davensberg und umfassen rd. 300 Grundstücke, was ca. 500 Wohneinheiten entspricht.

Realistische Modellrechnungen zur Bevölkerungsentwicklung haben eine jährliche Wachstumsrate von rd. 1% ergeben, so daß Ascheberg im

Technologiezentrum INCA in Ascheberg
(Foto: Gemeinde Ascheberg)

Jahre 2010 etwa eine Einwohnerzahl von 17 000 haben dürfte. Daher strebt die Gemeinde eine moderate Anpassung der Siedlungsstruktur an diese Entwicklung an, ohne aber ökologische Erfordernisse, wie eine sparsame Flächenversiegelung, außer acht zu lassen.

Als ausgesprochen erfreulich zu bezeichnen ist der Schuldenstand der Gemeinde mit rd. 721 DM pro Einwohner Ende 1999, denn alle Kommunen im Kreis weisen zusammen einen Durchschnitt von 2 020 DM/E. auf. Hier spiegelt sich die Bestrebung der Gemeinde nach einer angepaßten und gleichmäßigen Entwicklung zwischen Wohnen und Arbeiten, d.h. zwischen Infrastrukturausgaben und Steuereinnahmen, wider.

Die Zusammenarbeit mit der heimischen, zumeist mittelständischen Wirtschaft hat für Ascheberg eine hohe Priorität. Zweimal pro Jahr trifft sich die Verwaltungsspitze mit ortsansässigen Unternehmern zu den sog. „Ascheberger Wirtschaftsgesprächen". Auch regelmäßige Treffen der Verwaltung mit den Gewerbevereinen „Pro Ascheberg" und „Runder Tisch Herbern" finden statt. Seit kurzem unterstützt die Gemeindeverwaltung die Unternehmen bei der Suche nach Arbeitskräften auch durch eine „Stellenbörse", die per Aushang im Rathaus und per Internet erfolgt. Nachdem 1999 eine Gewerbeschau im Gewerbegebiet West eine große Resonanz gefunden hatte, wurde im Jahre 2000 eine ähnliche Veranstaltung für das Gewerbegebiet Nord durchgeführt. Ziele dieser Maßnahmen sind u.a. eine Stärkung des „Wir-Gefühls", die Kontaktaufnahme der Gewerbetreibenden untereinander und das schnelle Finden und Lösen von Problemen und Konfliktpunkten. Einen deutlichen Imagegewinn, insbesondere bei der Schaffung hochwertiger Arbeitsplätze, verspricht sich die Gemeinde auch durch das 1990 gegründete Technologiezentrum INCA.

Durch den vorausschauenden Ankauf von Vorratsflächen wird Ascheberg auch in der Zukunft relativ schnell auf Nachfragen nach Wohn- und Gewerbeflächen reagieren können. Die außerordentlich gute Anbindung an das nationale Verkehrsnetz, insbesondere das Straßennetz, wird weiterhin der Gemeinde positive Entwicklungschancen auch zum Abbau der Arbeitslosigkeit geben.

Literatur

Ahrens, S. u. H. Heineberg (1997): Wirtschafts- und Strukturanalyse. Untersuchungen zu Wirtschaft und Standort des Kreises Coesfeld. Münster (= Berichte des Arbeitsgebietes „Stadt- und Regionalentwicklung" 12)

Bodeck, M. (1998): Versorgungsorientierung und Grundzentrenentwicklung im Umland von Lüdinghausen. Dipl.-Arbeit am FB Geowissenschaften der Westf.-Wilhelms-Universität. Münster

Der Gutachterausschuß für Grundstückswerte im Kreis Coesfeld (Hg.) (2000): Grundstücksmarktbericht 1999. Coesfeld

Farwick, J. (1995): Herbern. Geschichte eines Dorfes im Münsterland. Dülmen

Gemeinde Ascheberg (Hg.) (1999): Kommunale Entwicklungsplanung. Ascheberg

Gesing, M. (1995): Der Strontianitbergbau im Münsterland. Beckum

GfK Marktforschung GmbH & Co.KG (1993): Standort- und Funktionsanalyse zur Ermittlung des Gewerbeflächenbedarfs für die Gemeinde Ascheberg. Nürnberg

Industrie- und Handelskammer Münster (Hg.) (1998): Handelsstrukturatlas. Münster

Knaden, W. (1963): Amt Herbern mit den Gemeinden Herbern und Stockum. In: Gerhard Stalling AG (Hg.) in Zusammenarbeit mit der Kreisverwaltung: Der Landkreis Lüdinghausen. Oldenburg, S. 164

Kulturatlas Westfalen (2000): Ascheberg. Hg. v. d. Geographischen Kommission für Westfalen u. den Westfälischen Provinzial-Versicherungen. Münster

Lemke, B. (1998): Ascheberg. Der siedlungs- und wirtschaftsgeographische Wandel einer ländlichen Siedlung in neuerer Zeit. Examensarbeit am Institut für Geographie der Westf.-Wilhelms-Universität. Münster

Müller, H. (1978): Ascheberg. Geschichte eines münsterländischen Ortes von den Anfängen bis zur kommunalen Neuordnung 1975. Münster

Reekers, St. u. J. Schulz (1952): Die Bevölkerung in den Gemeinden Westfalens 1818–1950. Dortmund

Rothers, B. (1963): Die Landgemeinde Ascheberg. In: Gerhard Stalling AG (Hg.) in Zusammenarbeit mit der Kreisverwaltung: Der Landkreis Lüdinghausen. Oldenburg, S. 122

Verkehrsverein Ascheberg e.V. (1990): 1100 Jahre Ascheberg. Faltblatt. Ascheberg

Wirtschaftsförderungsgesellschaft für den Kreis Coesfeld mbH (Hg.) (1989): Einkaufsverhalten und Wirtschaftsstruktur der Gemeinde Ascheberg. Dülmen (= WFG-Information 17)

Wirtschaftsförderungsgesellschaft für den Kreis Coesfeld mbH (Hg.) (1997 und 2000): Wirtschaft aktuell - Schwerpunkt Ascheberg. Dülmen

Wirtschaftsförderungsgesellschaft für den Kreis Coesfeld mbH (Hg.) (o.J.): Kreis Coesfeld. Sympatisch-fortschrittlich-erlebenswert. Dülmen

Billerbeck aus westlicher Richtung

(Foto: Gerburg Wessels, Billerbeck)

Einwohner: 11 147
Fläche: 90,92 km²

Klaus Temlitz

Billerbeck

I. Lage und Entwicklung

Die rd. 11 000 Einwohner zählende Stadt Billerbeck, staatlich anerkannter Erholungsort, liegt im Nordosten des Kreises Coesfeld inmitten der Baumberge. Das Stadtgebiet erstreckt sich über 16 km in west-östlicher sowie durchschnittlich 7 km in nord-südlicher Richtung und umfaßt eine Fläche von 90,9 km², was der Größe des früheren Amtsbezirkes Billerbeck entspricht.

Mit Wirkung vom 1.7.1969 erfolgte der Zusammenschluß der drei ehemaligen Amtsgemeinden Billerbeck (370 ha), Kirchspiel Billerbeck (5 347 ha) mit den Bauerschaften Alstätte, Bockelsdorf, Bombeck, Dörholt, Gantweg, Hamern, Lutum, Osthellen, Osthellermark und Westhellen sowie Beerlage (3 380 ha) mit den Bauerschaften Aulendorf, Esking, Langenhorst und Temming zur heutigen Stadt. Nachbargemeinden sind im Nordwesten und Westen Rosendahl und Coesfeld, im Süden und Osten Nottuln und Havixbeck sowie im Nordosten, wo die Stadtgrenze zugleich Kreisgrenze ist, Altenberge und Laer im Kreis Steinfurt (vgl. Karte I). Die Anbindung Billerbecks an die Umlandgemeinden erfolgt über neun radial aus dem Kernort führende Landes- und ergänzende Kreisstraßen. Die Entfernung zur Kreisstadt Coesfeld beträgt ca. 10 km, zum Oberzentrum Münster rd. 25 km. Vom höherrangigen Bundesstraßennetz wird das Stadtgebiet zwar nur im äußersten Süden tangiert, dennoch ist eine relativ günstige Erreichbarkeitssituation sowohl zu den Autobahnen A31 (Oberhausen–Emden; bis zur Anschlußstelle Coesfeld 20 km) und A43 (Wuppertal-Münster; bis zur Anschlußstelle Nottuln/Billerbeck 12 km) als auch zum internationalen Verkehrsflughafen Münster-Osnabrück (35 km) gegeben. Darüber hinaus ist Billerbeck

Billerbeck: 122,6
Kreis Coesfeld: 191,7
(Einwohner je km²)

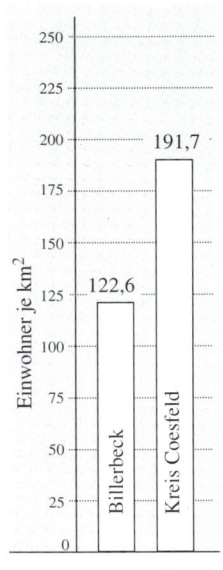

(LDS NRW, Stand: 01.01.2000)

Grundzentrum in einem Gebiet mit überwiegend ländlicher Raumstruktur (LEP NRW 1995, Teil A)

Am 1.7.1969 wurden die Gemeinden Beerlage und Kirchspiel Billerbeck eingemeindet

mit der Strecke Münster–Coesfeld in das regionale Schienennetz eingebunden, mit einem Bahnhof im Kernort und einem Haltepunkt im Ortsteil Lutum. Die früher von Coesfeld über Lutum nach Rheine führende Bahnverbindung ist stillgelegt worden.

Naturraum

Das Zentrum der Stadt liegt in einem nach Westen geöffneten Talkessel, der sog. Billerbecker Bucht, im Quellbereich der Berkel, die in die Niederlande zur Ijssel entwässert. Eingerahmt wird die Bucht im Osten von der NW-SO-verlaufenden Haupterhebung (den sog. Bombergen) der Baumberge, im Norden von dem Osterwicker Plateau, auch Osterwicker Platte bezeichnet, und im Süden von den Coesfeld-Daruper Bergen. Die höchsten Punkte der Stadt liegen im Bereich der Bomberge im Struckfeld an der Grenze zu Nottuln (175 m ü. NN) und auf dem Billerbecker Berg (172,5 m ü. NN), knapp 1 km östlich vom Bahnhof. Die tiefsten Lagen im Stadtgebiet befinden sich in der Billerbecker Bucht an der Berkel (84 m ü. NN) und östlich der Baumberge in Beerlage an der Steinfurter Aa (68 m ü. NN). Die für eine Stadt im Westfälischen Tiefland bemerkenswerten Höhendifferenzen bis zu 104 m sind auf Hebungsprozesse und Verwerfungen in der Erdkruste am Ende des Mesozoikums in der Oberkreide zurückzuführen, die im Gebiet zwischen Havixbeck, Nottuln-Schapdetten, Coesfeld, Schöppingen und Horstmar ein lebhaft reliefiertes Hügelland entstehen ließen, das sich markant bis zu 120 m aus der Ebene des Tieflandes erhebt. Die Bomberge bilden ein Plateau in 160-180 m Höhe ü. NN mit 40-70 m hohen, stark geneigten Hängen sowie von den Rändern her tief eingreifenden Bachtalungen. Stellenweise sind die Hänge bis hinab zum ebenen Vorland, in das Billerbeck mit dem Ortsteil Beerlage ausgreift, in Stufen gegliedert. Die Höhenlagen dieser Stufenflächen mit 140-160 bzw. 120-140 m ü. NN entsprechen denen der Coesfeld-Daruper Berge im Südwesten bzw. dem Osterwicker Plateau im Nordwesten des Kernorts Billerbeck. Die höhenbildenden Kalksandsteine gehören der jüngsten Formation der Kreidezeit in Westfalen an (Campan). In Wechsellagerung sind wasserstauende Mergelschichten eingebettet, die insbesondere in einer Höhe von 90-120 m ü. NN rings um die Baumberge einen Quellhorizont bilden, aus dem auch die Berkel mit zwei Zuflüssen austritt. Auf diese hydrographische Gegebenheit nehmen sowohl der Name der Stadt (-beck = -bach) als auch das Stadtwappen Bezug, das drei nach links laufende Silberbäche auf blauem Schild zeigt.

Zu den Kalksandsteinen im Bombergegebiet gehört auch der sog. gelbe oder Baumberger Sandstein, der als Baustein und seit dem Mittelalter auch als Werkstein der Bildhauer und Steinmetze über weite Entfernungen (vor allem für Sakralbauten) gehandelt wurde. Im Quartär kam es zur Ablagerung zahlreichen Lockermaterials auf dem Kalksandsteinuntergrund. Schmelzende Inlandeisgletscher hinterließen den mitgeführten Gesteinsschutt als Geschiebemergel (Grundmoräne), der weite Teile des Billerbecker Gebietes im Westen, in den Bombergen und in Beerlage bedeckt. Im Kernbereich der Stadt zwischen der Berkel und der Bahntrasse wurde auf vier Kilometer Länge und einem Kilometer Breite eine Hohlform mit Schmelzwassersanden gefüllt. Zwei Kilometer östlich vom Kernort entstand ein kleines Vorkommen von Bändertonen, ausgefällt aus Gletschertrübe, das früher von einer Ziegelei abgebaut wurde. Zu Beginn der letzten Kaltzeit schütteten die Bäche durch Sandablagerungen die sog. Niederterrassen auf, in die sich die heutigen Gewässer 1-2 m eingetieft haben. Derartige Niederterrassenfluren mit lehmig-sandigen Ablagerungen füllen weitflächig die Billerbecker Bucht. Größere Staubauswehungen aus den zur Kaltzeit vegetationslosen Böden schlugen sich als verlehmter Sandlöß (gröbere Teile) oder Löß nieder, insbesondere an der Ostabdachung der Bomberge in Beerlage.

Auf den Kalksandsteinen der Coesfeld-Daruper Berge und den Bombergen, vor allem auch auf den trockeneren Standorten mit Geschiebemergel und Löß in Beerlage, entwickelten sich lehmige Parabraunerden, die sich für eine intensive Ackernutzung gut eignen (Bodenwerte über 55). In der Berkelniederung und in der Auenzone der Steinfurter Aa in Beerlage herrschen unter schwankendem Grundwassereinfluß sandige oder lehmige Gleyböden vor, deren natürliche Nutzung Grünland ist. Pseudogleye, d.h. von Staunässe gekennzeichnete lehmig-tonige (schwere) Böden, finden sich in den tieferen Lagen im Norden von Beerlage, am Südfuß des Osterwicker Plateaus (Hamern, Lutum) und am Nordhang der Coesfeld-Daruper Berge (Westhellen). Ihre Bewirtschaftung setzt eine gute Dränung voraus. In den Bombergen und in den Coesfeld-Daruper Bergen existieren stellenweise auch Vorkommen flachgründiger, steiniger Böden auf klüftigem Kalkgestein, sog. Rendzinen, die fast ausschließlich forstlich genutzt werden. Insgesamt gesehen gehört Billerbeck mit seinen vorherrschend lehmig-tonigen Böden, den sog. Kleiböden (katastrale Bezeichnung aus dem 19. Jh.), naturräumlich noch zum Klei- bzw. Kernmünsterland; die Grenze zwischen Klei- und Sandgebiet (Westmünsterland) verläuft weiter westlich im Raum Coesfeld.

Das Klima ist atlantisch geprägt mit milden Wintern und mäßig warmen Sommern. Die Tagesmitteltemperaturen liegen um +2° C im Januar

Karte I: Billerbeck

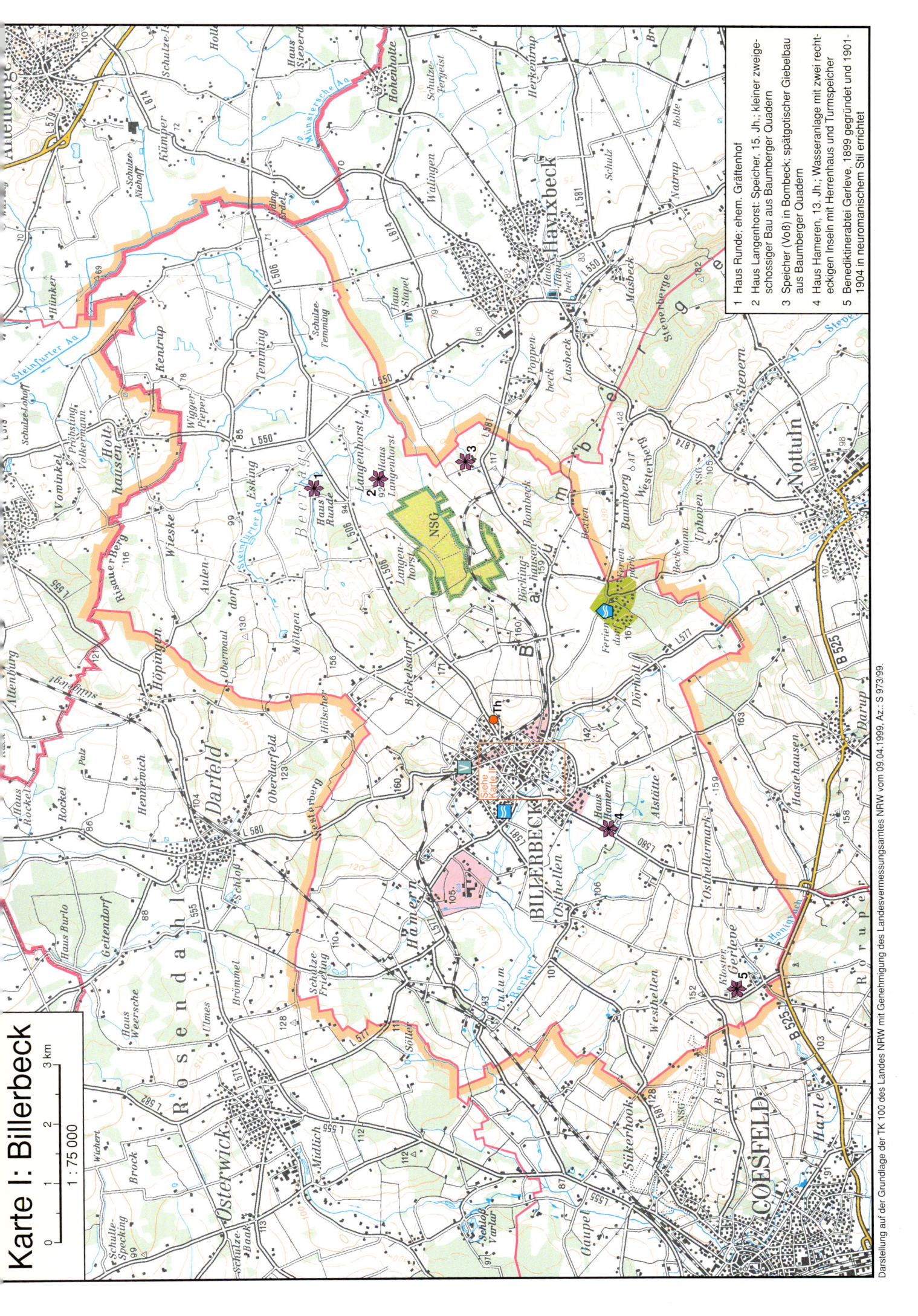

1:75 000

0 1 2 3 km

1 Haus Runde; ehem. Gräftenhof
2 Haus Langenhorst: Speicher, 15. Jh.; kleiner zweigeschossiger Bau aus Baumberger Quadern
3 Speicher (Voß) in Bombeck; spätgotischer Giebelbau aus Baumberger Quadern
4 Haus Hameren, 13. Jh.: Wasseranlage mit zwei rechteckigen Inseln mit Herrenhaus und Turmspeicher
5 Benediktinerabtei Gerleve, 1899 gegründet und 1901-1904 in neuromanischem Stil errichtet

Darstellung auf der Grundlage der TK 100 des Landes NRW mit Genehmigung des Landesvermessungsamtes NRW vom 09.04.1999. AZ.: S 973/99.

Abb. 1: Alte Ortskerne in Billerbeck
(Quelle: L. Beyer, Die Baumberge, 1992, S. 61)

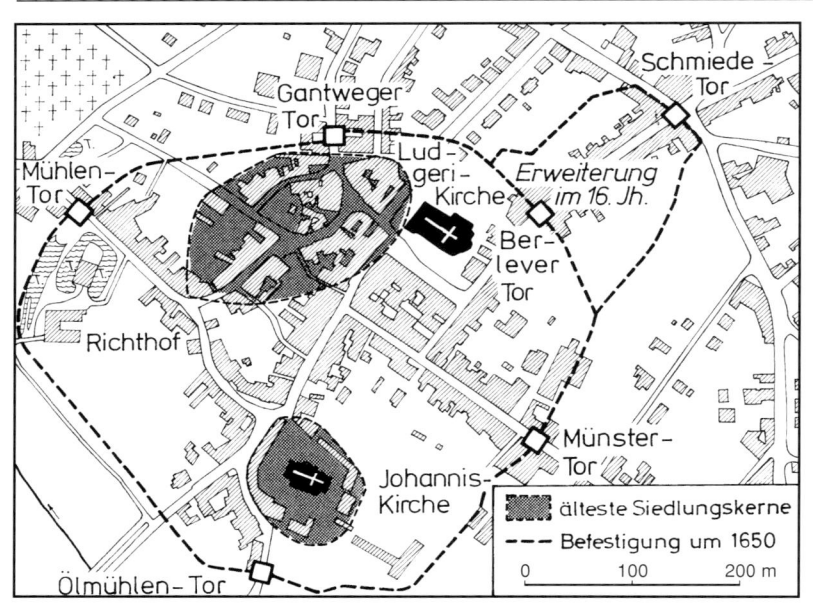

Entwurf: L. Beyer nach Unterlagen von P. Ilisch

und +17° C im Juli; der Jahresniederschlag beträgt 780-790 mm, im höheren Bereich der Baumberge auch bis zu 850 mm.

Die Bomberge sind von Natur aus bevorzugte Standorte eines (Waldmeister-)Buchenwaldes, während im Vorland die trockeneren Bereiche potentiell von Flattergras-Buchenwäldern und die feuchteren Areale von Eichen-Hainbuchenwäldern bedeckt werden bzw. würden, wenn nicht die Ausdehnung des Kulturlandes zu einer relativen Waldarmut geführt hätte. Der Waldanteil an der Billerbecker Stadtfläche beträgt nur rd. 11%, was allerdings aufgrund einiger geschlossener Waldareale auf den Bombergen und der vielen parklandschaftstypischen Elemente im Stadtgebiet, wie hofnahe Kleinwälder, Wallhecken, Baumreihen und Feldgehölze, kaum wahrzunehmen ist.

Historische Entwicklung

Einwirkungen des Menschen auf die Naturlandschaft zeigen sich in der Jungsteinzeit in Form von Rodungen für die Anlage von Ackerflächen und Hofstätten, bevorzugt auf sandigen Lehmböden in trockenerer Lage nahe von Fließgewässern. Die Quellbäche am Rand der weiten Talmulde und geeignete Böden auf trockeneren Standorten waren somit ausschlaggebend für eine schon früh einsetzende Siedlungsentwicklung im Kernraum Billerbecks. Eine der ältesten Kirchengründungen im Münsterland, noch unter Ludger, Missionar und erster Bischof des Bistums Münster, um etwa 780 unterstreicht die Bedeutung der Siedlung an dieser Stelle.

Die Errichtung der Kirche, St. Johannes d. T., erfolgte südlich vom Dorf auf dem Gelände eines alten (sächsischen?) Haupthofes zwischen zwei Berkelarmen. 1074 wurde ein zweiter Bau geweiht; ihm folgte (um) 1234 die Vollendung eines spätromanischen Neubaus, der bis zur Gegenwart nur noch geringfügige Umbauten erfuhr. Als im 11. Jh. das Bistum Münster in wenige größere Sprengel (Archidiakonate) unterteilt wurde, erhielt Billerbeck einen entsprechenden Amtssitz. Die Amtsgeschäfte führte ein Vikar; der in Münster residierende Archidiakon kam zu Visitationen, zu sog. Sendgerichten, in den Zentralort des großen Kirchspiels. Eine selbständige Pfarre entstand erst später mit einem eigenen Pastorat, ebenfalls wie das Archidiakonat am Johanniskirchplatz gelegen.

809 verstarb der erste Bischof von Münster in Billerbeck. Diesem Umstand verdankt „Billurbeki" seine frühe schriftliche Ersterwähnung (834) und die Entstehung eines lokalen Ludgerkultes. Im 11. Jh. wurde am Sterbeort eine dem hl. Ludger (anfänglich auch dem hl. Nikolaus) geweihte Kapelle errichtet, die – im 12. Jh. vergrößert – im späten 15. Jh. in bezug auf St. Johannis als Nebenkirche diente und sich zum Mittelpunkt einer belebten Wallfahrt entwickelte. 1892-1898 ersetzte man die romanisch-gotische Ludgerikirche sowie eine benachbart – über dem vermuteten tatsächlichen Sterbeplatz des Bischofs – errichtete Ludgerikapelle durch ein mächtiges Gotteshaus (Titulardom) in Form einer neugotischen Basilika mit zwei knapp 103 m hohen, weithin sichtbaren Türmen (vgl. Foto). Nördlich des Domes, an der Ludgeristraße, liegt noch eine weitere Kultstätte, der Ludgeribrunnen, eine seit dem 16. Jh. eingefaßte Quelle, an der Ludger Taufen vorgenommen haben soll.

Mit den beiden Sakralbauten, der Johanniskirche und der Ludgerikirche und ihren Umgebungen, wies der alte Ortskern deutlich zwei Bezirke auf (Abb.1): Zum einen die alte bäuerliche Siedlung im Norden mit unregelmäßig gekrümmter Straßenführung in Nachbarschaft zur Ludgerikirche und zum Marktplatz sowie einem im Grundriß schematischen, jüngeren Teil südlich des Marktplatzes, zum anderen die Siedlungszelle im Süden um die Johanniskirche mit einem (fast) geschlossenen Spieker- bzw. Kirchhöfnerring, einschließlich Archidiakonat und Pastorat. Beide Bereiche trennte eine vermoorte Bachniederung, deren Überbauung zur Verbindung beider Siedlungskerne erst in späterer Zeit erfolgte (Lange Str.).

Da das zur Pfarrkirche St. Johannis gehörige Kirchspiel eines der größten im westlichen Münsterland war, wuchsen Billerbeck die Stellung und Funktion eines Zentralortes zu mit einer entsprechenden Siedlungsverdichtung im Kernbereich. 1302 wurde dem Dorf eine Sonderstellung als

Wigbold, als Minderstadt, zuerkannt mit dem Recht einer Selbstverwaltung – eingeschränkt jedoch durch die Zuständigkeiten des bischöflichen Richters vor Ort – und der Genehmigung zur Abhaltung von Jahrmärkten. Erweitert wurden die Wigboldrechte 1435 (u.a. ein zusätzlicher Wochenmarkt), wonach auch die Bezeichnung „Stetlein" in Gebrauch kam. Bürgermeister sind ab 1572 nachweisbar. Im 14. Jh. erfolgte eine Befestigung des Wigbolds durch einen Wassergraben mit Erdwall, der nicht nur die beiden Keimzellen des Ortes umgab, sondern den Sitz des fürstbischöflichen Richters, am Richthof im Westen, mit einschloß. Fünf Landwege, die durch fünf Stadttore Einlaß fanden (vgl. Abb.1), kreuzten sich am Marktplatz mit dem Rathaus gegenüber (südlich) der Ludgerikirche. Von den mittelalterlichen Hauptwegen allerdings führte nur eine Variante der Verbindung Münster–Coesfeld über Billerbeck, von der für den Ort keine wesentlichen wirtschaftlichen Impulse ausgingen. Beziehungen zur Hanse sind für Billerbeck als sog. beitragspflichtiger kleinerer Ort nur einmal nachweisbar (1470).

Die wirtschaftliche Struktur Billerbecks vom Mittelalter bis zur Neuzeit unterschied sich daher kaum von der anderer münsterländischer Kleinstädte. Die aus der lokalen Oberschicht stammenden Bürgermeister waren Kaufleute, Brauer oder Bäcker. Eine Besonderheit war eine eigene Steinhauergilde, was auf eine gewisse wirtschaftliche Bedeutung der Gewinnung und Bearbeitung des Baumberger Sandsteins schließen läßt. Bestimmend aber für die Wirtschaft waren Textilherstellung, Woll- und Leinwandweberei sowie das Marktprivileg. Die Mehrzahl der Einwohner blieb vorrangig Ackerbürger. Innerhalb des Stadtgrabens gab es weite Flächen für Grasland, die erst später (17./18. Jh.) und auch dann nur zum Teil überbaut wurden. Zuvor, im 16. Jh., entstand an der Straße nach Münster über Beerlage, der heutigen Schmiedestr., eine kleine, überwiegend von Handwerkern bewohnte Vorstadt, die ebenfalls in die Stadtbefestigung einbezogen wurde.

Zu erheblichen Rückschlägen in der wirtschaftlichen Entwicklung kam es im 13. und 14. Jh. durch die Verlegung des bischöflichen Amtssitzes nach Horstmar und eine Pestepidemie, im 15. und 16. Jh. durch Kriege und Brandschatzungen im Verlauf der Münsterschen Stiftsfehde (Stadt Münster mit Parteigängern - wie Billerbeck - gegen Bischof und Domkapitel) und der Reformations- und Glaubenskämpfe (Wiedertäufer-Unruhen) sowie des Freiheitskampfes der Niederlande (Plünderung von Billerbeck durch holländische Reiter). Im 17. und 18. Jh. folgten Einquartierungen und Plünderungen während des Dreißigjährigen Krieges, eine große Feuersbrunst (1667) sowie neuerliche Einquartierungen (1759-61) im Verlaufe des Siebenjährigen Krieges. Um die Verschuldung nach dem letztgenannten Krieg zu verringern, verkaufte Billerbeck die Stadtbefestigung als Gartenparzellen; die Stadttore wurden erst im 19. Jh. abgebrochen. Zu Beginn des 19. Jh.s (1803) fiel Billerbeck mit dem fürstbischöflichen Amt Horstmar an den Wild- und Rheingrafen Salm-Grumbach, 1808 an das Großherzogtum Berg, 1810 an das Kaiserreich Frankreich und ab 1813 (vorläufig) bzw. 1816 im neugebildeten Kreis Coesfeld an das Königreich Preußen.

Dom und Johanniskirche zu Billerbeck

(Foto: Gerburg Wessels, Billerbeck)

Im 19. Jh. änderte sich die wirtschaftliche Situation des 1816 1 207 Einwohner zählenden Fleckens nicht wesentlich. So wurde dem Ort aufgrund seiner geringen Einwohnerzahl und seines geringen Gemeindevermögens bei Einführung der Revidierten Städteordnung 1831 zwar der Status einer Titularstadt gewährt, nicht aber der einer Stadt. Allerdings schuf die Bildung des neuen Amtes Billerbeck unter Einbeziehung des den Amtsort umschließenden Kirchspiels Billerbeck und der Bauerschaften in Beerlage eine Art Ausgleich. Haupterwerbsquelle der Einwohner des Kernortes (1 386 Einw. 1840) blieb trotz beginnender Industrialisierung die Weberei. Noch 1870 waren von 340 Steuerpflichtigen 82 Weber. Erst spät entstanden Textilfabriken, die die Tradition der Leinwandherstellung in Billerbeck bis über die Mitte des 20. Jh.s hinaus fortsetzten. Auch in der sog. Gründerzeit (ab 1870) blieb der Ort ein Ackerbürgerstädtchen mit Kleinhandel, Handwerk und Dienstleistungen auf Tageslohnbasis (1 510 Einw. 1880). Bemerkenswert angesichts der Größenordnung der Stadt waren jedoch einige von der Bürgerschaft allein oder im wesentlichen finanzierte Maßnahmen zur Verbesserung der Infrastruktur, vor allem in den Bereichen Bildung und Volksgesundheit. Dazu gehörten die Gründung einer weiterführenden Rektoratsschule 1858, der Vorläuferin der heutigen Realschule, und der Bau eines Krankenhauses 1866. (Die Existenz einer Schule ist bereits für 1330, die eines Hospitals für 1412 bezeugt.) Zur Förderung der Wirtschaft und der Landwirtschaft kam es 1866 zur Einrichtung eines kommunalen Kreditinstitutes (Stadtsparkasse) und 1882 einer Landwirtschaftsschule. Ein Ende des 19. Jh.s aufgestellter Fluchtlinienplan schuf die Voraussetzung für eine Stadterneuerung im Umfeld des Marktes, einschließlich der Ausweisung neuer Straßenzüge, wie z.B. der späteren Bahnhofstraße, und von neuen Bauparzellen. Die Ludgerikirche, das Rathaus und weitere Gebäude am Markt oder in seiner Nähe wurden abgebrochen; es folgten der großdimensionierte Wiederaufbau der Kirche an alter Stelle (1892-98) und ein vergrößerter Neubau des Rathauses (1892) an seinem jetzigen Standort am Ostrand des Marktes.

Entwicklung im 20. Jh.

Zu Anfang des 20. Jh.s (1908) erlangte Billerbeck durch die Eröffnung der münsterländischen „Bergbahn" (Viadukte, künstliche Geländeeinschnitte, kurvenreiche Führung zur Überwindung der Höhenunterschiede) Coesfeld–Münster eine verstärkte verkehrsmäßige Aufschließung. In der Folgezeit entstanden einige Fabriken in Bahnhofsnähe und am Ostsaum der Kernstadt. 1921 konnte die bis dahin eng begrenzte Altstadtfläche durch die Eingemeindung der Bauerschaft Holthausen erweitert werden und bot nun Platz für Siedlungsspitzen an den Ausfallstraßen. Nach dem Zweiten Weltkrieg, den Billerbeck fast unbeschadet überstand, löste die Aufnahme von mehr als 900 Flüchtlingen und Vertriebenen (im Amt insgesamt 2 700) eine beschleunigte Bautätigkeit aus, sowohl im Wohnungsbau auf großparzellierten Einfamilienhausstellen als auch im Betriebsstättenbau. 1950 erhielt Billerbeck erstmals eine evangelische Pfarrstelle, zunächst mit einer Holzkirche, später mit dem Evangelischen Kirchenzentrum an der Ludgeristraße. Mitte der 60er Jahre beschloß die Stadt, den Ortskern durch eine Sanierung den gewachsenen Ansprüchen der nunmehr rd. 5 000 Einwohner an eine leistungsfähige Stadtmitte anzupassen. Zur Wahrung des historischen Ortsbildes kamen für die Stadt und die Bürgerschaft nur eine Objektsanierung anstelle flächenhaften Abrisses und Neubaus in Betracht.

Der Zusammenschluß der Gemeinden Billerbeck, Kirchspiel Billerbeck und Beerlage 1969 zur neuen Stadt (8 962 Einw.) mit der Funktion eines Grundzentrums im ländlichen Bereich machte das Sanierungsvorhaben noch dringlicher. Die Realisierung des Sanierungsprojektes erfolgte im wesentlichen zwischen 1970 und 1990. Um den aus dem Zusammenschluß erwachsenen neuen städtebaulichen Anforderungen zu entsprechen, baute die Stadt zudem u.a. ein Schul- und Sportzentrum (an der Kolvenburg), schuf ein neues Freibad mit Bewegungs- und Spielgelände (an der Osterwicker Str.), verbesserte die innerörtliche Verkehrserschließung durch Tangentenringe, schloß die Wohn- und Gewerbegebiete an das seit den 1950er Jahren angelegte Kanalisationsnetz (Wasserversorgung, -entsorgung) an und errichtete ein vollbiologisches Klärwerk. Gleichzeitig investierte man, nicht zuletzt auch von privater Seite, erheblich in das Fremdenverkehrsangebot (Einrichtungen und Ausstattung), so daß neben dem Ausbau der Stadt zum Wohn- und Arbeitsort auch ihre Qualität als Erholungsort (staatlich anerkannt 1992) gesteigert wurde.

II. Gefüge und Ausstattung

Kerngebiet

Die nach dem Zweiten Weltkrieg verstärkte Bautätigkeit führte in der Stadt in wachsendem Maße zu einer funktionalen Differenzierung, die sich sowohl in der städtebaulichen Struktur als auch im Ortsbild abzeichnet. Das Zentrum bilden die Bereiche Lange Str., Markt, Kurze Str., südl. Schmiedestr. und südl. Bahnhofstr., einschließlich der hinteren Erschließung der Lange Str. (Lilienbeck und Am Haulingbach) und des ersten (westlichen) Abschnitts der Münsterstr.(vgl. Karte II). In diesem Gebiet konzentrieren sich Geschäfte und Dienstleistungseinrichtungen, u.a. mit der Sparkasse, der Post, der Volksbank und der Geschäftsstelle vom „Billerbecker Anzeiger", sowie Gasthöfe, Gaststätten bzw. Restaurants. Im Zentrum finden auch die Wochenmärkte, die Stadtfeste und die Weihnachtsmärkte statt. Die Grundsteinlegung für das heutige Rathaus erfolgte am 27. Mai 1891; bereits im Mai 1892 konnte es seiner Bestimmung übergeben werden. Ein Anbau, ebenfalls aus Baumberger Sandstein, entstand 1948/49. Der Erwerb eines angrenzenden Gebäudes (ehem. Brennerei) 1975 ermöglichte es, das Rathaus um einen dritten Gebäudeteil zu erweitern. Sowohl der Marktplatz, die Kurze Str. und die südliche Schmiedestr. als auch der mittlere Abschnitt der Münsterstr. sind verkehrsberuhigte Straßen; die Lange Str. und die westliche Münsterstr. bilden Fußgängerzonen (vgl. Karte II). Das Zentrum ist eingebettet in das Kerngebiet der Stadt, das noch die nördliche Schmiedestr., die Bereiche bis zum Ostwall und Baumgarten sowie die Gebiete westlich des Domes bis zur Hörster Str. und zur Mühlenstr. umfaßt. In diesem Gebiet stehen vier größere Parkplätze zur Verfügung sowie eine weitere Parkmöglichkeit am Busbahnhof im Südsaum des Kerngebietes.

Wohngebiete, Verkehrsentflechtung

Rund um das Kerngebiet entstanden nach 1948/49 neue Wohngebiete in Fortsetzung bestehender Siedlungsbereiche oder in separaten Siedlungen. Bis etwa 1960 wurden rund 250 Häuser gebaut, vorrangig in Wohngebieten südlich der Berkelaue an der Daruper Str. ('Alstätte-Brock') und an der Coesfelder Str. ('Kerkeler') sowie am damaligen westlichen Ortsrand ('Zu den Alstätten') und östlich der Bahntrasse. In den 1960er und -70er Jahren folgten Siedlungserweiterungen im Norden der Stadt und Verdichtungen in den älteren Bereichen zwischen Berkel und Bahntrasse (vgl. Karte III), aber auch die Ausweisung neuer Wohnbauflächen östlich der Bahntrasse (zwischen Hahnenkamp und Beerlager Str.) und jenseits der Berkel südlich der Kolvenburg. Die umfangreichen Erschließungsmaßnahmen, der Ausbau der zentralen Wasserversorgung, des Kanalisationsnetzes und des Klärwerks stellten die Mitte der 60er Jahre knapp 5 300 Einwohner zählende Amtsgemeinde (bis 1969) vor ungewöhnlich große finanzielle Belastungen.

In den Folgejahren (1978-1987) weist die Statistik des Wohnungsbestandes die Baufertigstellung von durchschnittlich 39 Wohngebäuden pro Jahr aus, für den Zeitraum 1988-1997 annähernd gleich viel (35), davon 32 als Ein- und Zweifamilienhäuser. Schwerpunkte der Bautätigkeit außerhalb des Kerngebietes lagen in den 1980er und -90er Jahren im Westen und Südwesten ('Wüllen I'), im Süden (zwischen Berkel und Südtangente), im Osten (Verdichtung des Bereiches) und im Norden der Stadt ('Schildstuhl' und 'Oberlau') östlich der Bahntrasse. Die jeweils an bestehende Wohngebiete anschließenden oder als Wohnbereiche neu ausgewiesenen Siedlungen trugen durch ihre Zentrierung auf die Stadtmitte wesentlich dazu bei, die Ausbauzonen ohne weiter entfernte Trabantensiedlungen ringförmig dicht um das Zentrum zu schließen, um sozialen Brennpunkten vorzubeugen und eine in etwa gleich gute Erreichbarkeit der Stadtmitte von allen Außenbereichen zu gewährleisten. Als größere Grünzone in diesem Ring von Gärten umgebener Ein- und Zweifamilienhäuser verblieb die Berkelaue südlich des Ortskerns mit dem Schulzentrum und dem Ludgeristift (Seniorenheim). Die Sportplätze am Schulzentrum wurden inzwischen aufgegeben und als Bauland für anspruchsvolle Einfamilienhäuser ausgewiesen; ein neues großes Sportzentrum ('Helker Berg'), u.a. mit einer Skateboardanlage im Regenrückhaltesystem, entstand 1999 an der Südtangente. Im derzeit jüngsten, ab der Mitte der 1990er Jahre erschlossenen Baugebiet 'Oberlau II' (im Norden der Stadt östlich der Bahntrasse) wird ökologisches Bauen ermöglicht. Durch bestimmte Ausrichtung und Anordnung der Wohngebäude zueinander ist u.a. eine optimale Besonnung sichergestellt; darüber hinaus sind hier die im Münsterland noch relativ gewöhnungsbedürftigen Holzfassaden zugelassen.

Der Siedlungsausbau, das wachsende Verkehrsaufkommen und das Bestreben, die Innenstadt vom Durchgangsverkehr zu befreien, machten den Bau von Entlastungsstraßen erforderlich. Ende 1977 konnte die sog. Westtangente von der Coesfelder Str. zum Hagen (über einen Neubauabschnitt) und zur Industriestr. mit Einmündung in die Darfelder Str. fertiggestellt werden. Bereits zwei Jahre zuvor war die sog. Südtangente von der Coesfelder Str./Daruper Str. in einem großen Bogen auf neuer Trasse zur Münsterstr. angelegt worden. Mit dem Ausbau der Holthauser Str./Darfelder Str. am Ostrand der Stadtmitte zur leistungsfähigen Ortsdurchfahrt und Verbindung zwischen der West- und der Südtangente entstand 1981 ein geschlossener Tangentenring. Der Straßenzug Holthauser Str./Darfelder Str. bildet auch die Grenze, von der aus westlich das gesamte städtisch überbaute Areal und angrenzende Bereiche (ausgenommen Gewerbegebiete) des Kernorts im Flächennutzungsplan als Erholungsgebiet ausgewiesen sind mit entsprechend zielgerichteten Auflagen für den Städtebau.

Bevölkerungsentwicklung und -struktur, Wohnverhältnisse

Durch die Aufnahme von Flüchtlingen und Vertriebenen nach dem Zweiten Weltkrieg setzte eine neue Phase der Bevölkerungsentwicklung ein. Nahm die Einwohnerzahl im Kernort zwischen 1925 und 1939 um 235 zu, so stieg sie anschließend binnen kurzem (1939-1946) um 1249 auf 4038 (vgl Tab.1), d.h. um 45%. In Billerbeck-Kirchspiel und Beerlage betrugen die Einwohnerzuwächse im gleichen Zeitraum 47% bzw. 50%. In den folgenden knapp 25 Jahren bis zum Zusammenschluß der drei Gemeinden 1969 wuchs Billerbecks Bevölkerungszahl, ausgehend von dem 1946 erreichten Stand, jährlich um durchschnittlich 1,2% (insg. um 30%), während sie im Kirchspiel und in Beerlage wieder auf den Vorkriegsstand abnahm. Die neue Stadt zählte am 30. 06. 1969 8 692 Einwohner. In dem Vierteljahrhundert von 1974 bis 1999 war für die Stadt ein Gesamtwachstum von 19,7% (durchschn. 0,8% pro Jahr) auf 11 147 Einwohner (davon knapp 4,5% Ausländer) zu verzeichnen mit einem Maximum in dem Jahrfünft 1990-1995 (rd. 8%). An der Bevölkerungszunahme von rd. 20% in 25 Jahren gegenüber Zuwächsen von 37% bzw. 71% im gleichen Zeitraum in den Nachbargemeinden Havixbeck und Nottuln wird erkennbar, daß Billerbeck nicht dem sog. suburbanen Raum des Oberzentrums Münster zuzurechnen ist, den erhebliche Zuwanderungen kennzeichnen. Auch die Einwohnerdichte (122 E/km^2) weist Billerbeck als eine Stadt im ländlich geprägten Raum aus (im benachbarten suburbanen Raum um 220 E/km^2).

Die Altersstruktur der Bevölkerung Billerbecks entspricht weitgehend der des Kreises Coesfeld. Der Anteil der unter 18jährigen machte 1998 24,4% aus, 14,3% zählten zu den 65jährigen und älteren. Das mittlere Alter der Einwohner lag Ende 1998 bei 37,9 Jahren in Billerbeck und bei 37,8 Jahren im Kreis Coesfeld (im Land NRW bei 40,2 Jahren). Hinsichtlich der Wohnverhältnisse bestätigt die Statistik die dominante Prägung Billerbecks durch Einfamilienhäuser: 53% aller Wohnungen lagen 1999 (1.1.) in Häusern dieses Typs (95% in Ein- und Zweifamilienhäusern), im Kreis Coesfeld 43%, dagegen im Regierungsbezirk Münster nur 28% und im Land NRW 24%. Der hohe Anteil von Einfamilienhäusern verweist auf die in ländlichen Gebieten i.d.R. günstigeren Grundstückspreise und die mittlere Belegungsdichte pro Wohnung (2,9 Personen je Wohnung in Billerbeck, im Regierungsbezirk Münster 2,4) auf das Interesse gerade junger Familien an solchen Angeboten. Mit durchschnittlich 205 DM je m^2 Wohnbauland (einschließlich Erschließungskosten) verzeichnete Billerbeck Ende 1999 – gemäß Gutachterausschuß für Grundstückswerte im Kreis Coesfeld – die (nächst der Gemeinde Rosendahl) bei weitem geringsten Grundstückspreise im Kreis Coesfeld (Mittelwert 280 DM). Der Anteil der Gebäudeflächen und Hofräume belief sich 1999 auf 5,3% an der insgesamt 9 092,1 ha umfassenden Stadtfläche. Unter Addition der Anteile für Verkehrsflächen (4,7%), Waldungen (10,7%) und sonstige Flächen (Sport-, Wasserflächen, Steinbrüche, Deponien u.a.m.) von zusammen 1,2% verblieben rd. 78% oder 7 100 ha für die Landwirtschaft.

Tab. 1: Bevölkerungsentwicklung 1662–1999

Jahr	Billerbeck	Bauerschaften Kirchspiel	Beerlage	Amt 1831–1969
1662	722	o.A.	o.A.	
1749	973	2 713		
1840	1 386	3 844		5 230
1880	1 510	3 754		5 264
1925*	2 536	2 528	1 332	6 396
1939*	2 789	2 255	1 235	6 279
1946*	4 038	3 317	1 848	9 203
1961*	4 681	2 337	1 292	8 310
1969˙ (30.06)	5 269	2 178	1 245	8 692
Zusammenschluß am 30.06.1969				
1969˙	8 673			
1970*	9 006			
1980˙	9 520			
1985˙	9 568			
1987*	9 640			
1990˙	9 991			
1991˙	10 308			
1995˙	10 719			
1999˙	11 147			

* = Volkszählung ˙ = Fortschreibung (31.12.)

Landwirtschaft

Der fast 80%-Anteil landwirtschaftlicher Fläche an der Katasterfläche insgesamt wird in keiner anderen Gemeinde im Kreis Coesfeld übertroffen. Außerhalb des Kernorts sind es die Ortsteile Kirchspiel und Beerlage, in denen die Landwirtschaft nach wie vor eine große Bedeutung besitzt. Die trockeneren Flächen mit Braunerden und die Pseudogleyareale in feuchteren Lagen mit hohen bis geringeren, aber noch überdurchschnittlichen Bodenzahlen (im Mittelwert 52) sind uraltes Dauerackerland im sog. Kleigebiet. Im Kleigebiet entwickelte sich vorrangig die Einzelgehöftesiedlung in Verbindung mit Block- bzw. Kampfluren, in den Sandgebieten dagegen das Kleindorf (Drubbel) mit Langstreifenfluren. Bei den vollbäuerlichen Einzelgehöften handelt es sich meist um Altbauernstellen, die häufig von Wassergräben bzw. Gräften umgeben waren oder noch sind und größere Bauerngärten am Hofe und kleinere Hochholzbestände in Hofnähe aufwiesen bzw. aufweisen. Jüngere Siedlerklassen, wie Kötterstellen, verdichteten die Siedlungsfläche. Während um 1825 im sandigen Westmünsterland Öd- und Heideflächen über ein Drittel der gesamten Gemarkung einnahmen, wiesen Beerlage (in der Flur Rüschke Feld zwischen den Bauerschaften Esking und Temming) und Kirchspiel (in der Flur Frieling bei Hamern und in der Ostheller Mark) zusammen keine 20% Öden und Heiden auf, die bereits um die Mitte des 19. Jh.s auch wieder zu Ackerland umgebrochen waren. Grasland war in der Berkelniederung (bei Hamern und Lutum) sowie in Beerlage (Riesauer Berge im Norden und Tal der Steinfurter Aa im Osten) verbreitet. Gehölze bestanden insular an den Außengrenzen der Gemeinden. An Siedlungsbild und Nutzungsart hat sich bis in die Gegenwart kaum Wesentliches verändert; beide Ortsteile sind Agrarräume mit Streusiedlungscharakter ohne größere Industrie- oder Gewerbebetriebe (ausgenommen das Gewerbegebiet 'Hamern'). Jüngere Siedlungsverdichtungen erfolgten punktuell, nach dem Zweiten Weltkrieg zunächst durch die Einrichtung einiger Siedlerstellen (z.B. in Hamern und Bombeck) und in der Folgezeit insbesondere durch sog. Baumaßnahmen im Außenbereich, entweder auf eigenem Grund und Boden oder auf preiswert erworbener Fläche zu Kosten, die häufig nur etwa ein Drittel der Grundstückspreise im Kernort betragen.

Angesichts des großen Bestandes an landwirtschaftlich genutzten Flächen (LF) in Billerbeck (davon 88% Ackerland, 11% Dauergrünland, 1% Obstanlagen oder Gärten als Hauptnutzung) sowie der Zahl von 227 Betrieben ab 1 ha LF (1998) sind Strukturen und Rentabilität der Landwirtschaft für die Entwicklung der Stadt wichtige Faktoren. Wie im Lande insgesamt nahmen auch in Billerbeck die Anzahl der landwirtschaftlichen Betriebe ab und die durchschnittliche Betriebsgröße (Eigenbesitz und Zupachtungen) zu: 28 Betriebe mit mehr als 50 ha LF unter 311 Betrieben (insgesamt) 1988, 43 Betriebe dieser Art bei 265 Betrieben (insgesamt) 1998. Im Bemühen um wirtschaftlich tragfähige Lösungen konnten die Billerbecker Landwirte schon früh infolge der guten natürlichen Ertragskraft ihrer Böden und des relativ großen Platzangebotes auf ihren Höfen für Ausbauten (Stallungen, Silos) einen hohen Standard in der Veredelung erreichen, und zwar ohne ergänzende Maßnahmen (von einigen Betrieben abgesehen) wie Direktvermarktung, 'Urlaub auf dem Bauernhof' oder Pferdewirtschaft. Die landwirtschaftlichen Betriebe in der alten „Kornkammer des Münsterlandes" (Beerlage) erwirtschaften heute ihr Einkommen über eine Kombination von Ackerbau und entsprechender Viehhaltung. In der Bauerschaft Aulendorf wurde 1988–96 eine umfangreiche Flurbereinigung durchgeführt.

Nachweislich der Landwirtschaftszählung 1999 wurden 38,6% des Ackerlandes in Billerbeck mit Weizen bebaut (Gerste 15%, Hafer 2%) und 32,6% mit Mais, davon 61% Corn-Cob-Mix, 35% Silomais und 4% Körnermais. Alle anderen Kulturarten, ausgenommen Raps zur Gewinnung von Biodiesel (2,3%), fallen statistisch nicht ins Gewicht (jeweils unter 1%). Der hohe Anteil von Mais als Corn-Cob-Mix (Ernte von Körnern und Kolben) läßt auf eine intensive Schweinehaltung schließen, der Silomais (Ernte der gesamten Pflanze) auf die Haltung von Rindvieh. Die Viehzählung (Mai 1999) bestätigt diesen Befund: 77 545 Schweine verteilen sich auf 148 Schweinehalter. Dabei werden rd. 64% aller Schweine in Beständen von 400 Tieren und mehr gehalten, was eine große Intensität dieses Veredelungszweiges anzeigt; im Durchschnitt des Regierungsbezirkes Münster sind es vergleichsweise 45%, in den Niederlanden 65%. Rindvieh (4 640 Tiere) wird in 68 Betrieben gehalten, darunter 16 mit 100 Tieren und mehr; Milchkühe, insgesamt 685, finden sich in 26 Betrieben mehrheitlich in Beständen von 30 Milchkühen und mehr. In der Schweinehaltung liegt Billerbeck deutlich über dem Durchschnitt des Kreises Coesfeld, bei den Haltern und der Anzahl von Rindvieh bzw. Milchkühen unter dem Mittelwert. Im Kreisvergleich überrepräsentiert ist neben der Schweinehaltung in Billerbeck auch der Veredelungszweig Geflügel- und Eiererzeugung. Bemerkenswert sind auch die ausgedehnten Gewächshauskulturen, fast alle großstadtnah (Münster) orientiert im Osten von Beerlage („Gärtnersiedlung"). Hinsichtlich der Kulturarten mit dem hohen Anteil von Weizen, der z.T. in den Markt geht, und der dem Stand in den Niederlanden (und Dänemark) entsprechenden Intensivwirtschaft mit Sauen und Mastschweinen kann Billerbeck durchaus als Aktivgebiet im Rahmen des primären Wirtschaftssektors (Land- und Forstwirtschaft) gesehen werden.

Wirtschaft, ÖPNV

Der sekundäre Wirtschaftssektor, das Produzierende Gewerbe mit dem Verarbeitenden Gewerbe und dem Baugewerbe, ist in Billerbeck gekennzeichnet durch kleinere und wenige mittelständische Unternehmen. 1958/59 zählte man im Kernort acht Betriebe mit 35 bis zu 120 Beschäftigten: eine Seidenweberei (größter Betrieb), zwei Strumpffabriken, eine Nährmittel- und eine Trockenmilchfabrik, ein Terrazzo- und Kunststeinwerk sowie eine Wirkwaren- und eine Wä-

Katasterfläche 1999:	90,92 km²
davon	
Landwirtschaftsfläche	78,1 %
Waldfläche	10,7 %
Gebäude- und Freifläche	5,3 %
Verkehrsfläche	4,7 %
Wasserfläche	0,7 %
Erholungsfläche	0,4 %
Betriebsfläche	0,1 %

(Quelle: LDS NRW)

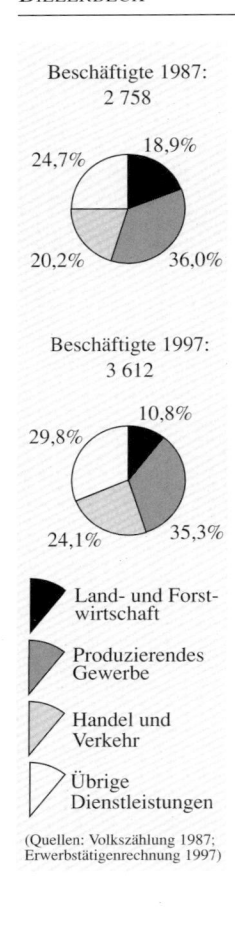

Beschäftigte 1987:
2 758

18,9%
24,7%
20,2%
36,0%

Beschäftigte 1997:
3 612

10,8%
29,8%
24,1%
35,3%

■ Land- und Forstwirtschaft
◨ Produzierendes Gewerbe
◨ Handel und Verkehr
▫ Übrige Dienstleistungen

(Quellen: Volkszählung 1987; Erwerbstätigenrechnung 1997)

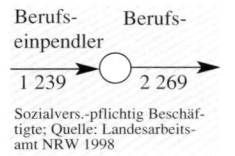

Berufs-   Berufs-
einpendler   auspendler
1 239 ◯ 2 269

Sozialvers.-pflichtige Beschäftigte; Quelle: Landesarbeitsamt NRW 1998

schefabrikation (kleinster Betrieb). Vierzig Jahre später (1998/99) betrug die Anzahl der Betriebe mit 20 und mehr Arbeitnehmern je Betrieb im Verarbeitenden Gewerbe gleichfalls acht, wobei jedoch infolge des markt- und konjunkturbedingten Wandels die Stelle der vormals dominanten Textilproduktion andere Wirtschaftszweige eingenommen haben, u.a. mit Unternehmen des Maschinenbaus, der Anlagentechnik, der Klimatechnik, der Schallschutzproduktion und Glasfaserkabeltechnologie oder Mischfutterproduktion für landwirtschaftliche Nutztiere. Allein der Wirtschaftszweig Ernährungsgewerbe konnte seine Position im Wirtschaftsleben der Stadt wahren und sogar noch ausbauen. Zu diesem Wirtschaftszweig gehört der heute mit Abstand größte Betrieb der Stadt (380 Beschäftigte), die Firma Dr. Otto Suwelack Nachf. GmbH & Co., hervorgegangen aus der ersten Molkerei Westfalens (1884) und um 1900 größten Molkerei Deutschlands in Billerbeck. Ab 1910 erfolgte die Produktion von Milchpulver mit Exporten bis in die USA, 1963 kam die Gefriertrocknung hinzu zur Weiterverarbeitung von Milcherzeugnissen und zur Herstellung von Instant-Produkten (Feinbackwaren, Kaffee, Tee u.a.m.). Seit 1982 entwickelt die Firma auch Methoden zur Extraktion von Collagenen und ihrer Gefriertrocknung zu einer Collagen-Biomatrix. 1997 wurden die Aktivitäten auf dem Kosmetiksektor und weiterer im medizinischen Bereich gebündelt in einer eigenständigen Skin & Healthcare AG. Die Exporte des Gesamtunternehmens gehen heute in alle Welt.

Das Gros der 180 Unternehmer (1995) in Billerbeck (ohne Gastronomie und Hotellerie sowie nur hauptberuflich und aktiv tätige) führt jedoch nach wie vor Betriebe mit weniger als 20 Beschäftigten. Zum Handwerk zählten 1999 96 Vollhandwerksbetriebe und 19 handwerksähnliche Arbeitsstätten. Von den 96 Vollhandwerksbetrieben wurden 40 zum Elektro- und Metallgewerbe, 27 zum Baugewerbe gerechnet; die übrigen 29 Betriebe verteilen sich auf das Holzgewerbe (10), das Bekleidungsgewerbe (5) und das Nahrungsmittelgewerbe (6) sowie auf die Bereiche Körperpflege, Chemie und Sonstiges (8). In zwei Betrieben lebt noch das traditionsreiche Steinmetzhandwerk fort mit dem 'gelben Stein' aus den Baumbergen, der insbesondere in der Denkmalpflege Verwendung findet. In Billerbeck-Aulendorf existiert eine Blaudruckerei, in der mit überlieferten Mustern und Verfahren noch das alte Handwerk des Bedruckens von Leinen gepflegt wird.

Ältere Gewerbestandorte und erste Ansätze zu Gewerbegebieten gab es im Kernort an der Industriestr. und der Darfelder Str. in Bahnhofsnähe sowie am östlichen Ortsrand an der Münsterstr. Ab Anfang der 1970er Jahre erfolgte die Ausweisung neuer gewerblicher Bauflächen, zunächst an der Südtangente, am 'Friethöfer Kamp', mit derzeit 14 ha. Mitte der 70er Jahre kam im Westen der Stadt, etwas außerhalb, das Gewerbegebiet 'Hamern' hinzu (zwischen der Bahntrasse und der Landesstraße nach Rosendahl-Osterwick), welches – nach einer Erweiterung Ende der 90er Jahre – rd. 22 ha aufweist. In den 80ern erfuhr das bestehende Gewerbegebiet am östlichen Stadtrand (beidseitig der Bergstr. nördlich der Münsterstr.) eine erhebliche Vergrößerung auf ca. 16 ha. Zwei der neuen Gewerbegebiete, 'Friethöfer Kamp' und 'Hamern', sind inzwischen – bis auf 0,6 ha in 'Hamern' – vermarktet worden; das Gebiet 'Bergstraße' weist noch ein Aufnahmepotential auf knapp 15% der Fläche auf.

Im Produzierenden Gewerbe waren 1997 35% der rd. 3 600 Erwerbstätigen Billerbecks tätig, was in etwa dem Mittel des Kreises Coesfeld entsprach (34%). Die Beschäftigtenzahlen im Verarbeitenden Gewerbe standen zu denen im Baugewerbe etwa im Verhältnis 2:1. Im Baugewerbe wiederum überwog deutlich das gegenüber dem Ausbaugewerbe stärker konjunkturanfällige Bauhauptgewerbe. Jeder zehnte Erwerbstätige (10,5%) Billerbecks arbeitete 1998 in der Landwirtschaft, im Kreis Coesfeld jeder zwanzigste (5,6%). Dieses relativ starke Gewicht der Landwirtschaft im Erwerbsleben der Stadt bedingt, daß der generell und seit längerem stattfindende Strukturwandel zugunsten des tertiären Sektors (Dienstleistungen) in Billerbeck (30% der Erwerbstätigen in diesem Sektor, den Handel ausgenommen) ein geringeres Ausmaß aufweist als im Kreisgebiet Coesfeld (44%). Die nahe gelegene Kreisstadt mit ihrem Angebot an Dienstleistungseinrichtungen sowie das Oberzentrum Münster bieten jedoch eine gewisse Kompensation und auch einschlägige Arbeitsplätze an. Die Statistik der Pendelbeziehungen der sozialversicherungspflichtig Beschäftigten im Kreis Coesfeld wies 1995 für Billerbeck 2 260 Auspendler aus, demgegenüber 1 170 Arbeitnehmer, die nach Billerbeck einpendelten. Unter den Berufsauspendlern hatten 41% Münster zum Ziel und 30% Coesfeld, weitere suchten Nottuln, Rosendahl, Dülmen und Havixbeck sowie Senden auf. Die Berufseinpendler nach Billerbeck kamen aus Coesfeld (33%), Rosendahl (22%), Dülmen (15%), Nottuln (14%), Havixbeck (9%) und Münster (5%).

Den öffentlichen Personennahverkehr bedienen Bahn und Busse. Die Regionalbahnlinie Münster-Coesfeld verkehrt werktags im Stundentakt (mit einer Taktverdichtung morgens) ab Bahnhof Billerbeck in rd. 30 Minuten nach Münster (dort Anschluß an Intercity-Takt) und rd. 13 Minuten nach Coesfeld. Als Ergänzung zur Baumberge-Bahn stellen Busse der Westfalen-Bus GmbH

(WB) Verbindungen nach Münster und Coesfeld her. Busse des gleichen Unternehmens verkehren auch auf der Strecke Burgsteinfurt-Billerbeck-Coesfeld-Dülmen. Die Regionalverkehr Münsterland GmbH (RVM) übernimmt mit ihren Fahrzeugen die Linie Billerbeck-Darup-Rorup-Dülmen und die Innerortbedienungen Billerbeck (B.)-Hamern-Osthellen, B.-Aulendorf-Beerlage, B.-Bombeck und B.-Westhellen-Gerleve-Alstätte. Ab Ende 2000 sind ein RVM-TaxiBus nach Fahrplan auf der Strecke B.-Nottuln vorgesehen und eine neue Innerortverbindung B.-Gantweg. WB-Nachtbusse (sog. Disco-Busse) und TaxiBusse sind an Samstagen, Sonn- und Feiertagen zwischen Stadtlohn-Gescher-Rosendahl-Billerbeck nach und von Münster unterwegs.

Stadterneuerung

Seit alters her bildete Billerbeck mit seinem Marktprivileg, seinen Kaufleuten und Handwerkern zur Versorgung des ländlichen Umlandes ein Zentrum innerhalb der Baumberge. Um dieser zentralen Funktion auch im 20. Jh. noch gerecht werden zu können, bedurfte es einer städtebaulichen Strukturverbesserung. Der im Zweiten Weltkrieg nicht zerstörte Ortskern entsprach spätestens seit den 60er Jahren nicht mehr den Anforderungen an Angebotsformen im Einzelhandel und an Wohnstandards. Die Gebäude stammten weitgehend aus dem 19. Jh., und selbst in der Hauptgeschäftsstraße, der Lange Str., fanden sich noch die großen Einfahrtstore, die auf die ehemalige landwirtschaftliche Funktion der Gebäude (Ackerbürgerhäuser) verwiesen. Das Straßennetz konnte den gewachsenen Verkehr nicht mehr aufnehmen, der Grundbesitz in der Ortsmitte war zersplittert, die Erschließung von Handelseinrichtungen unzureichend und die Belastung des Kerngebietes durch gewerblich-industrielle Betriebe erheblich (vgl. Karte III). Ab 1964 wurden Planungskonzepte erarbeitet, um für Handel und Dienstleistungen Entwicklungsmöglichkeiten zu schaffen, das Wohnen im Ortskern attraktiver zu machen und störende Betriebe auszusiedeln. Allerdings sollten der Charakter einer münsterländischen Kleinstadt in Maßstab und Ortsbild erhalten und die Bauhöhen entsprechend begrenzt bleiben (2-3 Geschosse). Im Erdgeschoß sollten in zentraler Lage Geschäfte, im Obergeschoß vornehmlich Wohnungen zulässig sein und ein besonders dicht überbautes Gebiet im Mittelpunkt der Stadt, das sog. Herzchen zwischen Lange Str. und Kurze Str., entkernt werden. Wesentliche Bestandteile der Planungen waren des weiteren der Ausbau des historischen Straßenzuges vom Markt zum Johanniskirchplatz als Fußgängerbereich und die Entlastung der Innenstadt vom Durchgangsverkehr sowohl durch einen äußeren Tangentenring als auch mittels einer innerstädtischen Sammelstraße ('innerer Ring'), deren Trasse über noch reichlich vorhandene Gartengrundstücke im Kernbereich geführt werden konnte (vgl. Karte III). Darüber hinaus plante man bis zu 600 PKW-Parkmöglichkeiten und einen Busbahnhof am Rande des Kernbereiches mit ein.

Nach der Konzeptionierungsphase und der förmlichen Aufstellung von Sanierungsplänen konnte die mit öffentlichen Mitteln des Bundes und des Landes geförderte Ortskernsanierung ab Anfang der 70er Jahre realisiert werden. 1973-78 erfolgte die Auslagerung von Gewerbebetrieben, unter ihnen die 200 m vom Rathaus entfernte Firma Suwelack, Quell- und Zielort eines starken LKW-Verkehrs, die ab 1975 einen neuen Standort im Gewerbegebiet 'Hamern' bezog. Im gleichen Jahr wurde die Südtangente fertiggestellt, 1977 die Westtangente. 1974 konnte die Volksbank ein größeres Gebäude an der Straße Lilienbeck beziehen. 1979-82 kam es zum Ausbau des 'inneren Ringes' auf eigener, neuer Trasse von der Schmiedestr. über Ostwall und Baumgarten bis zur Coesfelder Str. mit Busbahnhof und Parkplätzen südlich der Johanniskirche. In der Lange Str. wurde die Fußgängerzone gepflastert und parallel zur Münsterstr. eine neue Zuwegung (Zum Alten Hof) zu einem nördlich der Johanniskirche vorgesehenen zentralen Parkplatz geschaffen. 1983-88 folgten der Bau der nördlichen Rathausstr. samt Stichstraßen, der Weiterbau des 'inneren Ringes' von der Schmiedestr. über die neuangelegte östliche Kirchstr. bis zur Ludgeristr., die Fertigstellung des Parkplatzes hinter dem Rathaus und der Fußgängerzone in der westlichen Münsterstr. sowie einer Andienungsstr. (Am Haulingbach) im Westen des Zentrums. Die als verkehrsberuhigte Straßen vorgesehenen Abschnitte der Verkehrsadern in der Umgebung des Marktes und der Markt selbst erfuhren eine entsprechende Umgestaltung, und der zentrale, über den Alten Hof erreichbare Parkplatz wurde fertig ausgebaut. 1989-90 konnten die zuvor grundlegend sanierten Häuser am Johanniskirchplatz bezogen bzw. genutzt werden; der Platz selbst war neu gestaltet und ausgebaut worden. Im Südwesten des Zentrums, an der Ecke Lilienbeck/Lange Str., enstand ein SB-Markt.

Um 1990 waren die öffentlichen Sanierungsarbeiten bis auf wenige Ausnahmen – wie die endgültige Gestaltung des sog. Herzchen (1997/98) – im großen und ganzen abgeschlossen, desgleichen die z.T. unter erheblichen finanziellen Belastungen durchgeführte Sanierung der Altbebauung seitens der Bürger. Der 'innere Ring' fand keine Schließung zwischen Ludgeristr. und Baumgarten; hier besteht jedoch die Möglichkeit, auf die Westtangente auszuweichen. Nur das sanierte, zwischen Münsterstr. und Ostwall gelegene ehemalige Betriebsgelände der Firma Suwelack war

Karte II: Billerbeck

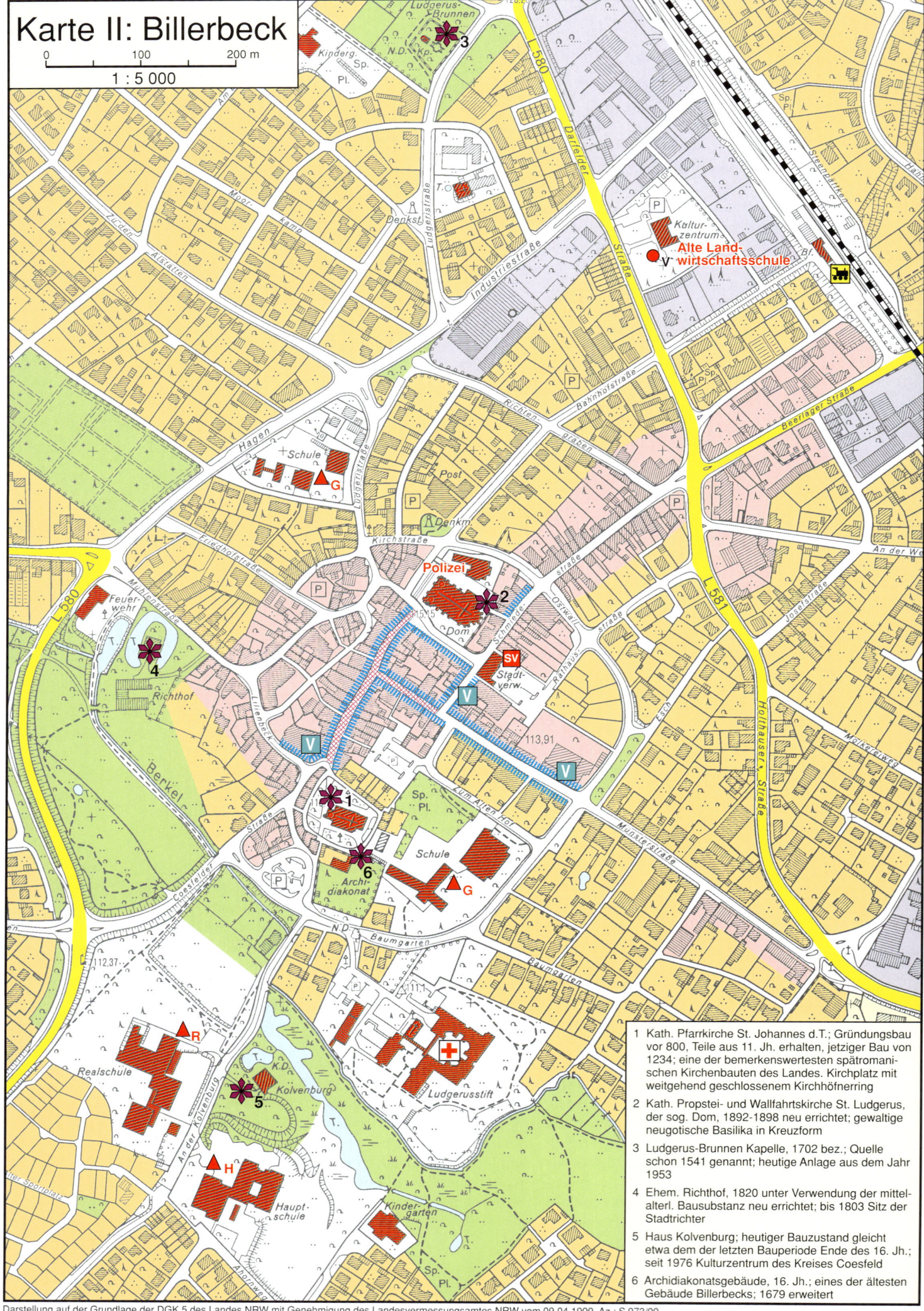

0   100   200 m
1 : 5 000

1 Kath. Pfarrkirche St. Johannes d.T.; Gründungsbau vor 800, Teile aus 11. Jh. erhalten, jetziger Bau von 1234; eine der bemerkenswertesten spätromanischen Kirchenbauten des Landes. Kirchplatz mit weitgehend geschlossenem Kirchhöfnerring

2 Kath. Propstei- und Wallfahrtskirche St. Ludgerus, der sog. Dom, 1892-1898 neu errichtet; gewaltige neugotische Basilika in Kreuzform

3 Ludgerus-Brunnen Kapelle, 1702 bez.; Quelle schon 1541 genannt; heutige Anlage aus dem Jahr 1953

4 Ehem. Richthof, 1820 unter Verwendung der mittelalterl. Bausubstanz neu errichtet; bis 1803 Sitz der Stadtrichter

5 Haus Kolvenburg; heutiger Bauzustand gleicht etwa dem der letzten Bauperiode Ende des 16. Jh.; seit 1976 Kulturzentrum des Kreises Coesfeld

6 Archidiakonatsgebäude, 16. Jh.; eines der ältesten Gebäude Billerbecks; 1679 erweitert

Darstellung auf der Grundlage der DGK 5 des Landes NRW mit Genehmigung des Landesvermessungsamtes NRW vom 09.04.1999, Az.: S 973/99.

Karte III: Billerbeck 1957

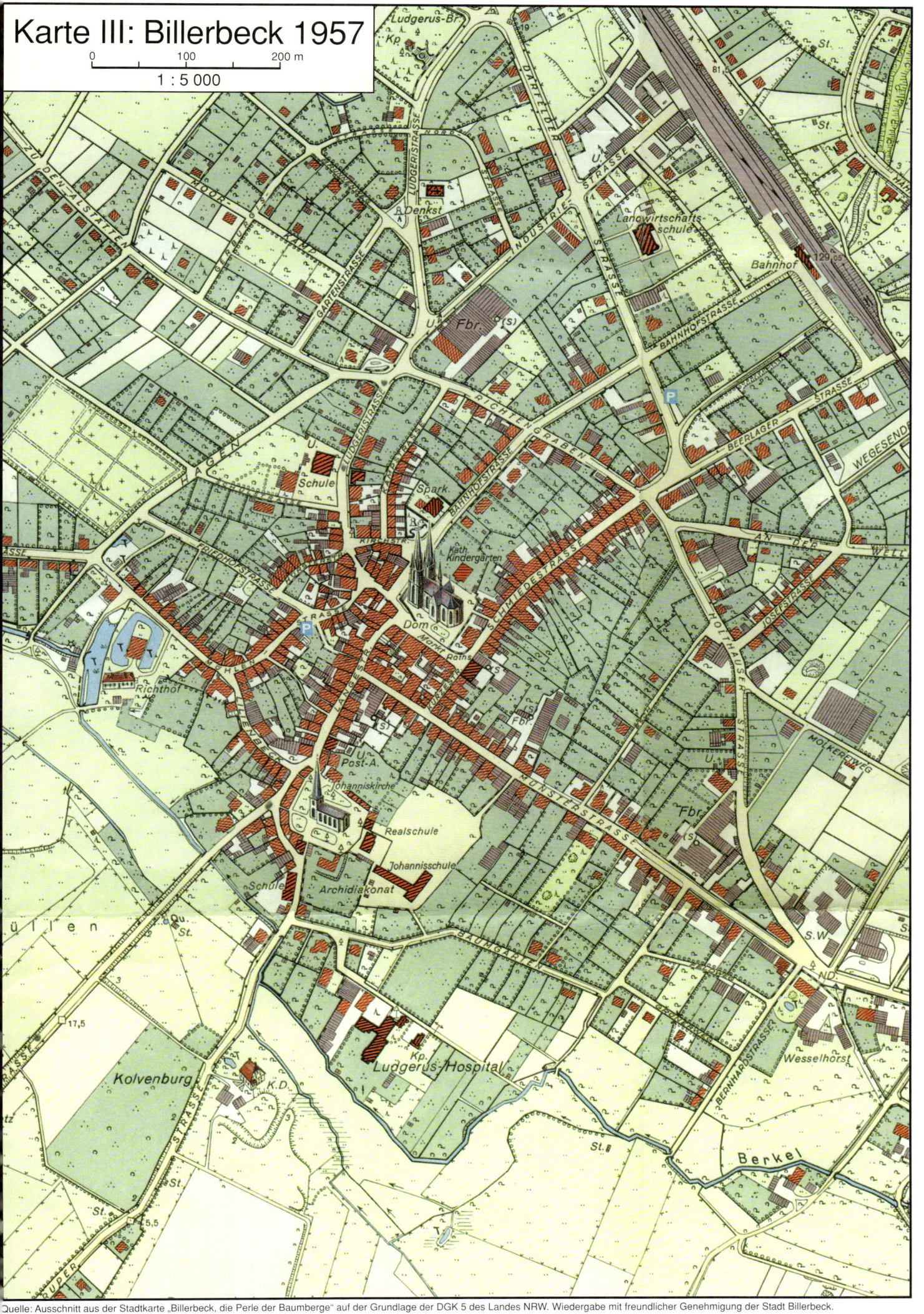

0 — 100 — 200 m
1 : 5 000

Quelle: Ausschnitt aus der Stadtkarte „Billerbeck, die Perle der Baumberge" auf der Grundlage der DGK 5 des Landes NRW. Wiedergabe mit freundlicher Genehmigung der Stadt Billerbeck.

Anfang der 90er Jahre noch ohne neue Nutzung. Diese fand sich erst Mitte der 90er Jahre durch einen Gebäudekomplex mit einem SB-Markt, kleineren Läden, Büros und Wohnungen sowie einem größeren Parkplatz. In den folgenden Jahren bis Anfang des neuen Jahrzehnts entstanden im Nordteil dieses zentral gelegenen Gebietes entlang des Ostwalls und der südlichen Rathausstr. dreigeschossige Bauten zur Wohnnutzung (nebst kleinem Park). Damit konnte die Neubebauung der durch Sanierung gewonnenen Flächen im Ortskern abgeschlossen werden.

Einzelhandel

Das Ziel von Stadt und Bürgern in den 60er Jahren, die Attraktivität der Stadtmitte zu verbessern, kann heute – mit gewissen Einschränkungen – als erreicht gelten. Im Zuge der Sanierungsmaßnahmen wurden im Stadtkern die Häuser renoviert, Neubauten in angepaßter Form eingefügt, denkmalswerte Bausubstanz erhalten, der Verkehr im Zentrum reduziert, zentral gelegene Parkplätze angeboten, Fußgängerzonen eingerichtet, Läden neu gestaltet sowie Hotels und Gasthöfe, Gaststätten, Cafés und Wohnungen sowohl in der Anzahl vermehrt als auch qualitativ z.T. erheblich verbessert. Eine repräsentative Umfrage unter Billerbecker Bürgern im Herbst 1995 ergab, daß 55% von ihnen die Harmonie von Stadt und Mensch in Billerbeck als besonders gut empfanden, vor allem in Bezug auf die gemütliche, gepflegte und beschauliche Atmosphäre, das intakte Sozialgefüge und den schönen Stadtkern. 14,2% aller Befragten empfanden auch die Einkaufsatmosphäre als besonders gut, was jedoch nicht für die Einkaufsmöglichkeiten zutraf, die von fast 42% als nicht gut beurteilt wurden, wobei man als Gründe einen zu geringen Branchenmix, eine unzureichende Sortimentsbreite, zu kurze Öffnungszeiten, die Zunahme von Kettenläden und die Abwanderung bzw. Aufgabe kleiner, alter Geschäfte sowie fehlende Anreize zum Bummeln nannte. Wirtschaftliche Daten bestätigen diese Umfrageergebnisse, vor allem die aus Kaufkraft- und Umsatzkennziffer je Einwohner zu ermittelnde Quote der Kaufkraftbindung an den Ort. Diese Quote betrug für Billerbeck 1994 80,1%, d.h. der Kaufkraftabfluß von Billerbeck nach außerhalb war größer als der Kaufkraftzufluß aus dem Billerbecker Umland und von Gästen (per Saldo -19,9%). In Coesfeld dagegen lag die Quote der Kaufkraftbindung im gleichen Jahr bei 158,2%, in Münster bei 126,5%.

Der relativ hohe Anteil (1996) der im Handel – überwiegend im Einzelhandel – Beschäftigten (20% gegenüber 16% im Kreis Coesfeld) mit einer Anzahl von 65 Arbeitsstätten (1995), die im Kreisgebiet nur noch in größeren Orten mit mehr als 17 000 Einwohnern übertroffen wurde (1995), lassen vermuten, daß die Sparte Einzelhandel an sich differenziert war und wohl auch ist. Die Kaufkraftabflüsse sind zum einen auf die Nähe des prosperierenden Mittelzentrums Coesfeld und des Oberzentrums Münster zurückzuführen (Einkaufsorte auch der Berufspendler), zum anderen auf das Fehlen verschiedener breitsortierter Fachhandelsangebote bei mittel- bis langfristigen Bedarfsgütern. Den mehr oder weniger kurzfristigen Bedarf kann man u.a. in vier SB- bzw. Verbrauchermärkten decken (Aldi, Edeka, K+K, Plus). Zwei flächengroße Betriebe mit überörtlichen Reichweiten bieten vielfältige Produkte des mittel- bis langfristigen Bedarfs an (Kleidung, Schuhe und Sportartikel); es mangelt an Fachhandelsangeboten mit entsprechender Produktpalette für andere mittel- und langfristige Bedarfsgüter (Möbel, Heimwerkerbedarf, DV- oder Unterhaltungselektronik u.a.m.).

Gesundheitswesen, Schulen, Freizeit, Kultur

Hinsichtlich der Ausstattung in den Bereichen medizinische Versorgung, Bildungswesen, Freizeit und Kultur kann Billerbeck – trotz der Konkurrenz durch Coesfeld – seine Stellung als Grundzentrum durchaus behaupten. Derzeit haben sich in der Stadt 16 Humanmediziner (9 Allgemeinmediziner und Fachärzte, 7 Zahnärzte) sowie drei Tierärzte niedergelassen. Hinzu kommt ein Heilpraktiker. Die Versorgung mit Heilmitteln übernehmen vier Apotheken. Weitere Dienstleistungen im Gesundheitsbereich erbringen Massagepraxen mit zusätzlichen Therapieangeboten.

Der Bestand an Schulen umfaßt eine Grund-, eine Haupt- und eine Realschule. Die Standorte der Grundschule befinden sich neben dem Johanniskirchplatz (ab 1952) und an der Ludgeristr. (in einem Ensemble mit einem Sandsteinquaderbau von 1892). Die Hauptschule und die Realschule (bis 1968 am Johanniskirchplatz) bilden ein Schulzentrum in der Grünzone der Berkelaue. Die Schülerzahlen nahmen zwischen den Schuljahren 1989/90 und 1999/2000 insgesamt von 1 091 auf 1 272 zu, wobei die Grundschule ein Plus von 190 Schülern (auf 664), die Hauptschule ein Minus von 53 (auf 211) und die Realschule ein Plus von 44 (auf 397) verzeichnete. Einrichtungen zur Weiterbildung sind u.a. die Musikschule Coesfeld-Billerbeck-Rosendahl und Unterrichtsorte der Volkshochschule Coesfeld (-Billerbeck-Nottuln-Rosendahl). Die Betreuung der noch nicht schulpflichtigen Kinder erfolgt in sechs Kindergärten/-tageseinrichtungen verschiedener Träger. Die Jugend kann das Jugendzentrum Billerbeck aufsuchen und/oder sich konfessionellen Jugendverbänden anschließen.

Der großen Zahl der in Billerbeck in Vereinen bzw. Gruppen organisierten Sportinteressierten stehen mehrere Sportanlagen (u.a. ein Sport-, Freizeit- und Erholungszentrum), ein Freibad – aber kein Hallenbad –, zwei Tennisanlagen u.a.m. am Ort zur Verfügung. Beispiele für die von Stiftungen oder anderen getragenen Einrichtungen sind das Alten-/Altenpflegeheim St. Ludgerus im Gebäude des Mitte der 1970er Jahre umgenutzten Ludgerus-Hospitals in der Berkelaue und eine Altenwohnanlage mit betreutem Wohnen im Kernbereich. Die seelsorgerische Betreuung in der Stadt wird von einer evangelischen und einer katholischen Kirchengemeinde wahrgenommen; sieben kirchliche Verbände (u.a. Caritas) und das DRK (Ortsverein) übernehmen Aufgaben im sozialen Bereich. Über 40 Vereine widmen sich der Heimat- und Brauchtumspflege, der Musik und musikalischen Weiterbildung oder anderen künstlerischen Aufgaben, der Tierzucht (Pflege und Hege) und vielem anderen mehr.

Schwerpunkte im kulturellen Angebot mit überlokalen Reichweiten sind zwei Kulturzentren und eine Freilichtbühne. 1990 wurde die ehemalige Landwirtschaftsschule in Bahnhofsnähe zum Kulturzentrum der Stadt Billerbeck umgebaut. Das abwechslungsreiche Programm, das übers Jahr geboten wird, umfaßt Klassik, Jazz, Rock, Kabarett und Kindertheater. Seit 1976 ist die Kolvenburg am Rande der Berkelaue Kulturzentrum des Kreises Coesfeld. Regelmäßig werden wechselnde Ausstellungen zu kulturgeschichtlichen Themen bis zur zeitgenössischen Kunst gezeigt. Die Burg dient auch als Forum junger Künstler und Aufführungsstätte (Konzertraum) musikalischer Darbietungen aller Art von der Klassik bis zur Moderne. Erzählabende am Kamin und jährliche Adventsmärkte ergänzen das Angebot. Eine feste Größe im Rahmen der kulturellen Aktivitäten in Billerbeck ist seit 1950 die Freilichtbühne östlich der Bahntrasse, die im Jahresschnitt von 10 000 Zuschauern aufgesucht wird. Vom Stadtzentrum bis zur Freilichtbühne führt seit 1999 die sog. Theatermeile mit einer Folge von 14 zeitgenössischen Skulpturen, die in verschiedenen Stilen und Materialien Figuren oder Motive aus der Theaterwelt darstellen. Ermöglicht wurde die Theatermeile durch ein Einzelobjekt-Sponsoring entweder allein oder gemeinsam von Firmen, Institutionen, Vereinen, Bürgern und Freunden der Stadt Billerbeck.

Tourismusqualität, Baudenkmäler

Die Dokumentation modernen künstlerischen Schaffens an der Theatermeile, sakrale und profane Bauten kunsthistorischen Ranges aus dem Mittelalter bis zur Neuzeit sowie verschiedene Objekte der fremdenverkehrlichen Infrastruktur sind, wenn auch – je nach Interessenlage – individuell unterschiedlich beurteilt, wesentliche Elemente der im Münsterlandvergleich hohen Tourismusqualität Billerbecks. Einen geschlossenen Denkmalbereich und eine Oase in der Stadt bildet der Johanniskirchplatz mit seinem renovierten Kirchhöfnerring aus gut proportionierten, meist zweigeschossigen Ziegel-Fachwerkbauten des 18. und frühen 19. Jh.s.

Im Mittelalter war der Kirchplatz durch Mauern und Graben abgegrenzt und über vier, von Torgebäuden überwölbten Zugängen zu erreichen. Die Umgrenzung wurde im Spätmittelalter an der Nord- und Westseite durch Speicherhäuser überbaut; die Gebäude an der Westseite erfuhren einen weiteren Ausbau, als sich im 18 Jh. Kaufleute auch im Südteil Billerbecks niederließen und die Speicher nutzten. Am Südrand des im Münsterland mit am besten erhaltenen Kirchhöfnerplatzes liegt das denkmalgeschützte Archidiakonatsgebäude; architektonischer Höhepunkt des Platzes aber ist zweifellos die Johanniskirche aus dem 13. Jh. (mit gotischen Umbauten von 1425), deren Turm noch, bis auf die beiden oberen Stockwerke, aus dem 11. Jh. stammt.

Die Johanniskirche gilt als das bedeutendste Beispiel der spätromanischen münsterländischen Stufenkirche –in der sich Bauelemente der Basilika mit denen der Hallenkirche begegnen – und in vieler Hinsicht als einer der bemerkenswertesten Kirchenbauten Westfalens. Die in den 1930er und 80er Jahren renovierte Kirche verfügt über eine besonders reiche Innenausstattung, die wie das Gebäude selbst aus Baumberger Sandstein besteht. Von den Kapitellen und Konsolen, Bündelpfeilern und Rundsäulen bis zu Schluß- und Sockelsteinen finden sich vorzügliche Arbeiten in Stein. Als Beispiele der hinreichend in Kunst- und Reiseführern und auch in der Kirche ausliegenden Schriften dokumentierten, kunsthistorisch wertvollen Steinmetzarbeiten seien hier genannt eine kleine Anna Selbdritt, um 1500, die Piéta auf dem Altar des nördlichen Seitenschiffes, geschaffen 1715 von Johannes Wilhelm Gröninger, der sog. Paulusaltar (aus verstreuten Bruchstücken 1931 wieder zusammengefügt) und der Magdalenenaltar (gestiftet 1611) von demselben Meister sowie ein zweigeschossiger Altaraufsatz von 1609 mit vielen feingliedrigen Reliefs aus dem Leben Jesu und ein spätgotischer, kelchförmiger Taufstein von 1497 mit Szenen aus dem Alten und dem Neuen Testament. Zu den nicht aus Stein geschaffenen Kunstwerken zählen u.a. eine gotische Doppelstrahlenkranzmadonna (um 1480) über dem Mittelgang und ein Renaissance-Altarbild eines unbekannten Meisters von 1609. Von der äußeren Gestaltung der Kirche sind vor allem das spätromanische Hauptportal (Nordseite) mit kunstvoll gearbeiteten, verschiedenartigen Rankenfriesen an den Gewändekanten und Archivolten, üppigen

Kapitellen und dem durch Blendbögen und Gesims gegliederten Tympanon zu nennen sowie (ebenfalls Nordseite) die Kreuzigungsgruppe mit Christus und den beiden Schächern (Ende 17. Jh.) auf einem bühnenartigen Unterbau unter einer von Säulen getragenen hölzernen Verdachung (vgl. Foto). Auf der Südseite des Kirchplatzes steht eine Passionssäule, frühes 16. Jh., auf der Nordseite eine Mariensäule (1881).

Das Archidiakonatsgebäude am Johannikirchplatz, ein eingeschossiger Zweiflügelbau, gehört zu den ältesten Wohngebäuden (Domherrenkurie) der Stadt. Erweitert wurde der ältere Gebäudeteil aus Sandsteinquadern mit saalartigem Kellergeschoß um den größeren Westflügel 1679. Die Gräfte, die ursprünglich das Haus umgab, fiel trocken und wurde in den 1950er Jahren zugeschüttet. Heute umzieht eine Mauer das Anwesen. Nicht weit von dem Archidiakonat entfernt, im Westen des Stadtkerns an der Mühlenstr., liegt der sog. Richthof (Baudenkmal), der noch eine Gräfte besitzt. Das derzeitige Gebäude, ein klassizistischer Vierflügelbau mit Lichthof, stammt aus dem Jahre 1820. Von der im 15. Jh. auf dem Gelände errichteten Burg, die – bzw. ihr Vorläufer (Amtshof) – spätestens seit 1217 Sitz des fürstbischöflichen Stadtrichters war (bis 1803), sind nur noch Turmreste und Gewölbe erhalten.

Am Südrand der Kernstadt, in der Berkelaue, kam es zum Bau einer weiteren Burg, der Kolvenburg, die auch zu verfallen drohte. Ihre Ursprünge gehen auf das 13. Jh. zurück als Sitz des niederen Adels (Familie von Billerbeck). Um 1300 folgte eine Burgmannsfamilie Colve (bis Mitte des 14. Jh.s), die später namengebend wurde. Ein ehemals wassergefüllter Graben und die Lage am Rande der vermoorten Berkelaue boten früher Schutz im Verteidigungsfalle. Das heutige, fast quadratische zweigeschossige Bauwerk (Baudenkmal) mit einem hohen Krüppelwalmdach entstand deutlich sichtbar in mehreren Bauperioden und ist mit seinen integrierten Überresten einer ehemaligen Burgplatzummauerung, eines Torturms mit Ziehbrücke und eines Zweiraumhauses für die Geschichte der Wohnsitze des niederen westfälischen Adels im Münsterland von besonderem Wert. 1962 begannen umfangreiche Renovierungsarbeiten mit dem Ziel, den Zustand aus der letzten Bauperiode des 16. Jh.s wiederherzustellen mit den Wandflächen aus Sandstein oder Ziegelmauerwerk, den ehemaligen Abtritt-Nischen, Fensteröffnungen, Kaminen u.a.m. Die Kosten von rd. 1 Mio. DM trug der Kreis Coesfeld, dem die Kolvenburg seit 1976 als Kreiskulturzentrum dient.

Zu den Baudenkmälern am Rande der Altstadt kommen weitere im Zentrum der Stadt hinzu, von denen das größte unübersehbar die Propstei- und Wallfahrtskirche St. Ludgerus, der sog. Dom, ist, und zwar am Platz der älteren, im Kern romanischen Ludgerikirche und der 1735 von Johann Conrad Schlaun erbauten benachbarten Sterbekapelle. Gegen Ende des 19. Jh.s, unter dem Eindruck des Kulturkampfes in Deutschland, blühte die Verehrung des hl. Ludger an seinem Sterbeort auf, und Billerbeck wurde zeitweise zum sehr stark frequentierten Wallfahrtsziel. Diesem zu entsprechen errichteten die Billerbecker, weitgehend aus eigenen und Spendenmitteln, 1892-98 nach den Plänen Wilhelm Rincklakes aus Münster den mächtigen Neubau in Form einer neugotischen Basilika mit zwei eindrucksvollen Türmen (nach dem Vorbild der Elisabethkirche in Marburg). Die Kirche aus Baumberger Sandstein – im Sockelbereich Ibbenbürener Sandstein – ist außen mit reichem bildhauerischen Schmuck versehen und im Innern von einer guten Gesamtwirkung, vor allem durch den hohen, in Fenster aufgelösten Chor sowie die gotischen Vorbildern nachempfundene Ausstattung und Fensterverglasung. Im Südturm des 1967-1984 sanierten Domes befindet sich die Sterbekapelle Ludgers, das Hauptziel der Billerbecker Wallfahrer. (Die letzte Ruhestätte Ludgers befindet sich im Kloster Essen-Werden.) Auch die ca. 550 m entfernte Ludgerus-Brunnenkapelle – ein kleiner offener Ziegelbau von 1720 mit Sandsteingliederung und einem sarkophagartigen Altarunterbau mit liegender Figur des Heiligen – neben der 1953 umgestalteten Brunnenanlage war lange Zeit ein vielbesuchter Wallfahrtsort und im Dritten Reich Treffpunkt engagierter Demonstrationen des münsterländischen Katholizismus. Zu den älteren Profanbauten im Zentrum der Stadt gehört das Haus Beckebans, an der Münsterstr., eines der frühneuzeitlichen Stadthäuser, die den Übergang vom Stadt-Adelshof zum Wohnsitz

Johanniskirche: Hauptportal und Kreuzigungsgruppe
(Foto: Gerburg Wessels, Billerbeck)

selbstbewußter Bürger widerspiegeln. Das zweigeschossige Gebäude beherrscht mit seinem Dreistaffelgiebel (um 1560) in Backstein-Renaissance und einem Wechsel von Ziegelmauerwerk und Sandstein-Bändern (sog. Specklagen) die Straßenfront.

Zu den besonderen Bauwerken in der Altgemeinde Kirchspiel Billerbeck zählen u.a. das knapp 2 km vom Stadtzentrum an der Landesstraße nach Dülmen gelegene Haus Hamern und die Benediktinerabtei Gerleve in 7 km Entfernung von Billerbeck (nahe der Bundesstraße 525). Das Besondere an der Wasserburg Hamern (Hameren) ist ihre Lage auf zwei (rechteckigen) Gräfteninseln. Ab der Mitte des 16. Jh.s war der Besitz für mehr als 200 Jahre in zwei Burghäuser geteilt. Der ältere Teil (Burg Hameren-Raesfeld) befindet sich auf der östlichen Insel; hier stehen noch ein Turmspeicher von 1593, ein barockes Wirtschaftsgebäude und eine neugotische Burgkapelle. Auf der westlichen Insel (Burg Hameren-Schildern) beeindruckt ein um 1600 erbautes Herrenhaus (Zweiflügelbau mit Rundturm) mit Specklagen-Mauerwerk. Das benachbarte zweiflügelige Wirtschaftsgebäude mit quadratischem Eckturm zeigt das gleiche Mauerwerk.

Die Benediktinerabtei St. Joseph in der Unterbauerschaft Gerleve wurde 1899 von der Beuroner Kongregation auf einem Bauernhof gegründet. In den Jahren 1901-1904 entstand eine eindrucksvolle, hochgelegene Baugruppe im neuromanischen Stil mit der Abteikirche und dem Westflügel des Klosters nach Plänen Wilhelm Rincklakes, dem Architekten des Billerbecker Domes. Der Südflügel des Klosters konnte 1911 und der Ostflügel (mit Sakristei und Bibliothek) 1960 bezogen werden. 1938 erhielt die wuchtige schmucklose Doppelturmfassade der Klosterkirche (kreuzförmige Basilika) im Zuge einer Umgestaltung ihre heutige Form durch Dominikus Böhm. Er ließ die 42 m hohen Türme mit Ibbenbürener Sandstein ummanteln, da sich der zuvor verwendete Baumberger Sandstein als nicht genug wetterfest erwiesen hatte. Die tägliche Liturgiefeier der Mönche zog immer mehr Leute zur Mitfeier in die Abteikirche und zur Besinnung in die nach und nach entstehenden Gästehäuser der sog. Ludgeri-Rast mit Exerzitienhaus und Jugendbildungsstätte. Für den Kreis Coesfeld und die weitere Umgebung wurde die Abtei so zu einem Mittelpunkt religiösen Lebens (Meditationskurse, Schülerexerzitien, Besinnungstage) und religiöser Jugendbildung.

Sehenswürdigkeiten östlich der Baumberge in der Altgemeinde Beerlage sind insbesondere alte Gräftenhöfe, so u.a. Haus (Schulte-) Langenhorst und Haus Runde (vgl. Karte I). Auf Haus Langenhorst (südlich der Landesstraße Billerbeck-Münster) gehört neben dem zweigeschossigen Wohnhaus noch ein ursprünglich in einem eigenen Grabenring erbauter Speicher aus der 2. Hälfte des 15. Jh.s zum Anwesen. Die geziegelten Doppelgiebel dieses zweigeschossigen Baus aus Baumberger Sandstein stammen wohl aus dem 16. Jh.. Während das Sockelgeschoß früher durch Schießscharten belichtet wurde, sind sie heute durch größere Fenster ersetzt. Das Hauptgeschoß besitzt Steinbrückenfenster sowie eine relativ aufwendige Ausstattung u.a. mit gotischem Wandkamin und Aborterker. Haus Runde (nördlich der Landesstraße) repräsentiert eine münsterländische Gräftenhofanlage, die noch vollständig (Hofgebäude und Garten) von Wasser umgeben ist und nur durch ein Torhaus erreicht werden kann. Das Haupthaus, ein niederdeutsches Hallenhaus, entstand 1861; der Speicher aus dem 16. Jh. (Renaissanceformen) wurde Ende des 19. Jh.s auf das Doppelte vergrößert und mit zwei sechsstaffeligen Backsteingiebeln sowie einem runden Türmchen versehen. In der Bauerschaft Aulendorf bildet die Marienkapelle, eine neugotische Saalkirche, mit einer benachbarten Gaststätte und einer ehemaligen Schule einen kleinen Zentralort im Einzelhofgebiet. Das Kirchenschiff der 1890 vom Kapellenverein der Aulendorfer Landwirte aus Baumberger Sandstein errichteten Kapelle besitzt drei Joche mit Kreuzgrat- und Spitztonnengewölben; abgeschlossen wird der Bau durch einen Fünfachtelchor mit Rippengewölbe über Konsolen.

Fremdenverkehr

Die Anzahl von Baudenkmälern und die im Ortsbild des Kernbereiches unverkennbar persistenten Grundstrukturen einer münsterländischen Kleinstadt tragen wesentlich zur Aufenthaltsqualität und zum 'Bummelflair' (Stadtwerbung) der Stadt bei. Wandermöglichkeiten in der Grünzone der Berkelaue, die alten Hausgärten im Kernbereich, teilweise mit Beerenstrauch- und Obstbaumbeständen, aber auch eine Reihe gepflegter Gaststätten, Restaurants, Gasthöfe und Hotels steuern ein übriges dazu bei. Im Reiseangebot der Münsterland Touristik-Grünes Band ist Billerbeck einer von drei Übernachtungsstandorten in der Sparte 'Radtouren von Ort zu Ort' in den Baumbergen. Die Tourist-Information der Stadt offeriert darüber hinaus weitere Angebote in der Sparte 'Radtouren mit festem Übernachtungsstandort', die 2-7 Tage umfassen und in der Regel Stadtführungen mit einschließen. Die Tourist-Information vermittelt, ein Fahrradgeschäft im Ort verleiht Fahrräder. Von den ausgeschriebenen Thema-Touren für Radwanderer im Münsterland führen u.a. die '100 Schlösser Route' und die 'Baumberger Sandsteinroute' über Billerbeck.

Der Fahrradtourismus als 'Motor' der Touristik im Münsterland stellte auch für Billerbeck einen wesentlichen Impulsgeber im Bereich Fremdenverkehr dar. Für die Intensivierung des Ausflugs- und Kurzreiseverkehrs sind sowohl die speziellen Pauschalangebote der Billerbecker Tourist-Information als auch – im Außenbereich der Stadt – Qualität und Kapazität der Ausflugsgaststätten, ausgedehnte Rad- und Wanderwege (etwa 110 km Wanderwege beschildert), die Fahrtmöglichkeiten mit Planwagen oder dem 'Billerbecker Expreß' (Minizug auf Rädern) und die landschaftlichen Vorzüge eine gute Voraussetzung. Eine besondere Erholungseinrichtung in einem reliefbegünstigten Waldgebiet (3,5 km südlich vom Stadtkern) ist der in den 1970er Jahren gegründete Ferienpark Billerbeck (Gut Holtmann) mit derzeit 550 Parzellen für Ferienhäuser (Bungalows, Nur-Dach-Häuser u.a.m.) und Mobilheime (ehemaliger Campingplatz) sowie diversen Sportanlagen, darunter für den Reitsport, für Tennis- oder Wasserfreunde (Hallenbad). Urlauber, aber auch Interessenten für die Häuser kommen im wesentlichen aus Münster, dem Münsterland und dem Ruhrgebiet.

Während der in den Baumbergen dominierende Ausflugsverkehr schwer in Zahlen zu fassen ist, zählt das Unterkunftsverzeichnis von Billerbeck (1999) 16 Hotels, Gasthöfe und Pensionen sowie 17 Ferienwohnungen (außerhalb des Ferienparks). Hinzu kommen 12 Restaurants und 5 Gaststätten sowie Pizzerien, Cafés, Imbißstuben und Eisdielen. Das Beherbergungsgewerbe zählt acht Betriebe ab neun Gästebetten (lt. Statistik) und nahm 1998 (wie schon seit langem) hinsichtlich der Nachfrage, bezogen auf die Zahl der Übernachtungen (64 000 = 22% der entsprechenden Übernachtungen im Kreis Coesfeld), der durchschnittlichen Bettenauslastung (45%) und Aufenthaltsdauer der Gäste (3 Tage) mit erheblichem Abstand zu den nächstfolgenden Gemeinden im Kreis Coesfeld die Spitzenposition ein (Bettenauslastung im Kreis 31%, Aufenthaltsdauer 2,1 Tage). 2002 feiert Billerbeck seine 700jährige Stadtgeschichte; vorgesehen sind auch vielfältige Aktivitäten, die ein erhöhtes Besucheraufkommen erwarten lassen.

III. Perspektiven und Planung

Gemessen an der Einwohnerzahl ist die Entwicklung Billerbecks in den letzten Jahren hinter der des Kreises Coesfeld erheblich zurückgeblieben – oder anders ausgedrückt – maßvoll verlaufen. Der Zuwachs der Bevölkerung betrug im Kreis zwischen 1955 und 2000 173%, in Billerbeck 30%. Für die Billerbecker selbst und ihre Gäste (Touristen) hat diese Entwicklung durchaus ihre Vorzüge (Befragung Herbst 1995). Die Stadt ist eine überschaubare Kleinstadt geblieben, gemütlich und sicher, die Anonymität gering („jeder kennt jeden") und der Wohnwert hoch. Allerdings waren zwei Drittel der Händler, Handwerker, Dienstleister und Industriellen, die diese positive Beurteilung teilten, auch der Meinung, daß der Standort Billerbeck für die Zukunft nicht ausreichend gerüstet sei. So müsse die Einkaufszentralität durch das Bereitstellen größerer Flächen (auch Parkplätze) in der Innenstadt zur Niederlassung von sortimentstiefen und -breiten Anbietern gesteigert werden, wozu u.a. Flächenumnutzungen (Arbeiten statt Wohnen) unter Einbeziehung unterer und oberer Stockwerke in Betracht kämen. Ebenso fehlten dem Handwerk und anderen Dienstleistern für ihre Zwecke günstige Bau- und Gewerbeflächen bei Veränderungsabsichten. Zur Stärkung des Einzelhandels, des Handwerks und der Dienstleistungen bestand und besteht mithin ein vorrangiger Handlungsbedarf.

Für potentiell ansiedlungsbereite gewerbliche und industrielle Betriebe, bevorzugt nichtstörende Betriebe aus Bereichen wie Umwelttechnologie, regenerative Energien und Kommunikationstechnik, hält die Stadt in den bestehenden Gewerbegebieten bereits Flächen vor, wobei im Gewerbegebiet 'Hamern' noch eine Erweiterung um 10 ha denkbar wäre. Dieses Gewerbegebiet liegt nahe der Bahntrasse und könnte einen Eisenbahnanschluß erhalten. Aufgrund der lokalen Reliefverhältnisse ist allerdings von erheblichen Baukosten auszugehen, die sich z.Zt. jedoch angesichts der Logistik ('just-in-time') des größten Betriebes der Stadt, der hier seinen Standort hat, weder für die Bahn noch für die anteilsmäßig zu beteiligenden anderen Betriebe in 'Hamern' nicht rechnen. Problematisch im Sinne von Ortsbild und Ortsanbindung ist auch die Situation am Bahnhof. Die Stadt wird das Gebäude erwerben und ab 2001 eine grundlegende Sanierung das Bahnhofs selbst und seiner Umgebung durchführen, um die Attraktivität des Gebietes zu steigern. In diesem Zusammenhang werden auch die Zufahrtsstraßen durch Baumaßnahmen aufgewertet, ein Busparkplatz sowie Stellplätze für PKW angelegt. Zur besseren Vernetzung der Verkehrsträger Rad und Bahn ist zudem eine moderne Bike&Ride-Station (gegen geringe Benutzergebühren) angedacht. Wie der Bahnhof sollen im übrigen auch einige Fabrikhallen wiederbelebt werden, die infolge von Betriebsaufgaben und -verlagerungen ab Mitte/Ende der 1990er Jahre im Stadtgebiet leerstehen.

Zu den derzeit im Straßenbau geplanten Maßnahmen gehören die Fertigstellung der neuen Umgehungs- und zugleich Erschließungsstraße im Nordosten der Stadt zwischen der Darfelder Str. und der Beerlager Str. (K 13n), der Ausbau schlechter Wirtschaftswege in den Bauerschaften sowie – innerörtlich – der Rückbau der Holthauser Str. mit Schaffung von PKW-Stellplätzen. Mit Kreisverkehren, auch im Außenbereich der Stadt, sollen weitere Verkehrsberuhigungen erzielt werden, ohne den Verkehr lahmzulegen. Zur besseren Anbindung der Bauerschaften an die Stadt und zur Sicherheit der Radnutzer allgemein hat des weiteren der Radwegeausbau entlang der Landesstraßen Priorität, und zwar in die Richtungen Darfeld, Beerlage, Darup, Hamern und Havixbeck. Die Radwegverbindungen zu den beiden letztgenannten Orten bestehen bereits zum Teil, nach Hamern bis zum Gewerbegebiet und nach Havixbeck bis zur Bauerschaft Bombeck. Zur Orientierung für Radwanderer wurden jüngst im Rahmen der überregionalen Initiative „Radwegesystem 2000" zahlreiche neue Hinweisschilder im Stadtgebiet aufgestellt.

Im Wohnungsbau hat die Stadt eine Zukunftsperspektive, insofern sie noch relativ preisgünstige Baugrundstücke in Nähe zum Mittelzentrum Coesfeld und in nicht allzu weiter Entfernung zum Oberzentrum Münster anbieten kann und darüber hinaus eine familienfreundliche Kleinstadtsituation, was insgesamt vorrangig junge Familien anspricht. Als nächstes (ab 2001) wird das Wohngebiet 'Oberlau III' an der K 13n entstehen.

Zur Wohn- wie zur Aufenthaltsqualität Billerbecks trägt auch der anerkannte Wert fast des gesamten Stadtgebietes als Erholungsbereich bei (gemäß Ausweisung im Gebietsentwicklungsplan des Regierungsbezirkes Münster). Gut die Hälfte des Stadtgebietes, d.h. der Mittelbereich zwischen dem Kernort im Westen und Beerlage im Osten flächendeckend, gehört darüber hinaus zwei Landschaftsplangebieten an, die vom Kreis Coesfeld zur Erhaltung und zum Schutz der Landschaft ausgewiesen worden sind.

Die landschaftlichen Vorzüge sowie Ausstattungsgrad und -niveau der touristischen Infrastruktur sichern Billerbeck wohl im Ausflugs-, Tagungs- und Reiseverkehr eine – noch nicht in allen Wirtschaftsbereichen der Stadt in dem Maße erreichte – Zukunftsfähigkeit. Ein Zeichen dafür sind nicht zuletzt Investitionen der Hotellerie und Gastronomie. So sollen z.B. in Kürze in einem Hotel und Restaurant oberhalb Billerbecks am Südhang der Baumberge neben einer Erweiterung der Kapazitäten für den Ausflugsverkehr unter anderem ein neues Trainingszentrum für Fußballmannschaften (Bundesliga, europäische Spitzenmannschaften) mit einer multifunktionalen Rasenfläche sowie modern ausgestatteten Tagungsräumen entstehen.

Literatur

Arnold, H. (1966): Das Quartär im Landkreis Coesfeld. In: Der Landkreis Coesfeld 1816-1966, S. 211-16 (mit 1 Übers.karte). Coesfeld

Beckebans, H. (1966): Amt Billerbeck. In: Der Landkreis Coesfeld 1816-1966, S. 175-77. Coesfeld

Beyer, L. (1992): Die Kleinstadt Billerbeck. In: Die Baumberge, S. 59-63. Münster (= Landschaftsführer d. Westfäl. Heimatbundes, H. 8)

Boer, H.-P. (1985): Zur Kirchenlandschaft im Kreis Coesfeld. In: Kreis Coesfeld, S. 259-268. Dülmen

Dahm-Arens, H. (1966): Die Böden im Landkreis Coesfeld. In: Der Landkreis Coesfeld 1816-1966, S. 217-224 (mit 1 Übers.karte). Coesfeld

Dehio, G. (Begr.) (1986): Billerbeck. In: Handbuch der Deutschen Kunstdenkmäler: Westfalen, bearb. v. D. Kluge u. W. Hansmann. Münster (unveränd. Neuaufl. mit Nachtr.)

Elkmann, H. (1959): Die kommunalpolitischen Verhältnisse im Amte Billerbeck. In: Liudgerusstadt Billerbeck 809/1959, hg. v. B. Senger. Billerbeck

Gläßer, E. (1971): Ländliche Siedlung und Wirtschaft des Kreises Coesfeld in Vergangenheit und Gegenwart. Dülmen (= Beiträge z. Landes- u. Volkskunde d. Kreises Coesfeld, Bd. 12)

Hagenbrock, K.-H. (2000): Chronik der Ortskernsanierung Billerbeck. Billerbeck (Manuskript)

Ilisch, P. (1999): Billerbeck. Altenbeken (= Westfälischer Städteatlas, Lfg. 6, Nr. 1. Veröffentl. v.d. Historischen Kommission für Westfalen, Münster)

Ilisch, P. u. W. Keil (1985): Stadt Billerbeck (Ilisch: Geschichtliche Entwicklung, Keil: Sanierung u. Aufschwung). In: Kreis Coesfeld, S. 410-416. Dülmen

Kreis Coesfeld (Hg.) (1998): 1. Nahverkehrsplan ÖPNV des Kreises Coesfeld. Coesfeld

LDS-Landesamt für Datenverarbeitung und Statistik NRW (Hg.) (versch.Jg.): Die Gemeinden Nordrhein-Westfalens. Informationen aus der amtlichen Statistik. Düsseldorf

LDS-Landesamt für Datenverarbeitung und Statistik NRW (Hg.) (1999): Landwirtschaftszählung 1999, Viehzählung Mai 1999. Düsseldorf

Odenthal, D. (1996): Stadtmarketing Billerbeck. Münster (Diplomarbeit)

Peyrer, U. (1994): Die Baumberger Sandsteinroute. Dülmen

WFG (Wirtschaftsförderungsges. f.d. Kreis Coesfeld) (2000): Billerbeck - Toskana des Münsterlandes. In: Wirtschaft aktuell, Nr. 25. Dülmen

WFG (Wirtschaftsförderungsges. f.d. Kreis Coesfeld) (versch. Jg.): Geschäftsberichte. Dülmen

Coesfeld
(Foto: Stadt Coesfeld)

Christian Krajewski

Coesfeld

Einwohner: 35 766
Fläche: 141,03 km²

I. Lage und Entwicklung

Die Kreisstadt Coesfeld liegt im Westen des Kreises Coesfeld an der Grenze zum Kreis Borken, zu dem die westlichen Nachbarkommunen Gescher und Reken zählen. Im Süden grenzt Coesfeld an die Stadt Dülmen, die vor Coesfeld die einwohnerstärkste und flächengrößte Kommune des Landkreises ist. Zwei Kilometer gemeinsame Grenze verbinden Coesfeld mit der im Osten gelegenen Gemeinde Nottuln. Die Stadt Billerbeck schließt sich im Nordosten an das Stadtgebiet an, im Norden Coesfelds liegt die Gemeinde Rosendahl. Bei einer Länge der Kommunalgrenze von insgesamt 55 km umfaßt das Stadtgebiet eine Fläche von 141 km², die größte Nord-Süd-Erstreckung beträgt ca. 16 km, die größte Ausdehnung in ost-westlicher Richtung ca. 13 km. 8,8% der Stadtfläche werden durch Gebäude- und Freiflächen beansprucht; den weitaus größten Anteil nimmt mit 67,2% die Landwirtschaftsfläche ein, 16,1% des Stadtgebietes sind von Wald bedeckt.

Der Schnittpunkt zweier Bundesstraßen, der B 525 (von Münster und Nottuln in Richtung Gescher, Winterswijk) und der B 474 (Gronau–Ahaus in Richtung Lette–Dülmen–Ruhrgebiet), liegt seit dem Bau der Umgehungsstraßen (Gesamtfertigstellung 1995) südwestlich der Innenstadt. Mit diesen beiden Bundesstraßen sowie verschiedenen Land- und Kreisstraßen – von denen die L 581 (Billerbeck– Reken–Dorsten) besonders hervorzuheben ist – ist die Stadt Coesfeld für den regionalen Verkehr gut erschlossen; die Anbindung der Kreisstadt an das Fernstraßennetz gewährleisten mehrere Autobahnanschlußstellen. Über die B 474 erreicht man in einer Entfernung von 15 km die Anschlußstelle Dülmen der nord-südlich verlaufenden Autobahn A 43, die das

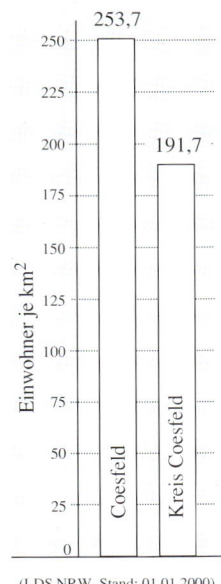

Coesfeld: 253,7
Kreis Coesfeld: 191,7
Einwohner je km²

(LDS NRW, Stand: 01.01.2000)

Mittelzentrum in einem Gebiet mit überwiegend ländlicher Raumstruktur (LEP NRW 1995, Teil A)

Am 1.7.1969 wurde Coesfeld-Kirchspiel und am 1.1.1975 Lette eingemeindet

Oberzentrum Münster mit dem Ruhrgebiet verbindet. Die Anbindung an die zu Beginn der 80er Jahre fertiggestellte Autobahn A 31 „Emslandlinie" Oberhausen–Gronau–(Emden) erfolgt über die Anschlußstelle Gescher/Coesfeld 10 km vom Stadtzentrum entfernt. Der Flughafen Münster-Osnabrück (FMO) befindet sich in einer Entfernung von 45 km.

Über die Schiene besteht eine direkte Verbindung nach Münster: Die Strecke 408 „Baumbergebahn" verknüpft die Endhaltepunkte Münster und Coesfeld miteinander. Die Kursbuchstrecke 424 B von Dorsten endet ebenfalls in Coesfeld. Als weitere Schienenverbindung tangiert die Strecke 412 Gronau–Lünen–Dortmund das Stadtgebiet. Neben Haltepunkten in Coesfeld und Lette werden Holtwick, Dülmen und Lüdinghausen angefahren. Zunehmende Bedeutung kommt dem straßengebundenen öffentlichen Personennahverkehr (ÖPNV) zu. Busverbindungen bestehen zu den Städten und Gemeinden Münster, Reken, Gescher, Stadtlohn, Bocholt, Ahaus, Gronau, Osterwick, Rheine und Steinfurt. Darüber hinaus wird Coesfeld von zwei Nachtbuslinien angefahren. Zentraler Knotenpunkt für Busverbindungen in alle Richtungen ist der Bahnhof südwestlich des Altstadtringes.

Naturraum

Die Stadt Coesfeld liegt im westlichen Münsterland, welches den nördlichen Teil der westfälischen Tieflandsbucht darstellt. Aufgrund des charakteristischen Wechsels von Äckern, Wiesen und Weiden, kleineren Wäldern und Baumgruppen sowie weg- und gewässerbegleitenden Baum- oder Gehölzreihen und Hecken wird das Münsterland auch als Parklandschaft bezeichnet. Die Siedlungen, neben Coesfeld und Lette vor allem Streusiedlungen mit Doppel- oder Einzelhöfen, fügen sich dabei durch meist vorhandene Eingrünung harmonisch in die Landschaft ein.

Auf dem Stadtgebiet treffen zwei naturräumliche Einheiten aufeinander: Den größten Teil des Stadtgebietes nimmt die ebene bis flachwellige Westmünsterländische Geest mit der Untereinheit Stadtlohn-Coesfelder Geest ein. Der östliche, bogenförmig umfaßte Teil der Stadt mit den Coesfeld-Daruper Höhen, einer Untereinheit der Burgsteinfurt-Billerbecker Höhen, die als süd-westliche Fortsetzung der Baumberge aufgefaßt werden können, gehört zum fruchtbaren Kernmünsterland (Kleimünsterland).

Während am östlichen Stadtrand, in der Roruper Mark (Landschaftsschutz Baumberge), Geländehöhen von bis zu 157 m ü. NN erreicht werden, fällt das Stadtgebiet entsprechend der Abdachung der Baumbergeausläufer nach Süden und Südwesten hin schnell auf unter 100 Meter ab. Die Innenstadt von Coesfeld liegt zwischen 80 und 90 m ü. NN; als markanteste Erhebung ragt mit 135 Metern der Coesfelder Berg östlich der Innenstadt auf. Mit 57 m ü. NN liegt der niedrigste Punkt des Stadtgebietes am Heubach am südwestlichen Rand des Stadtgebietes.

Die ertragsarme Coesfelder Geest im Westen des Stadtgebietes bedecken ausgedehnte saaleeiszeitliche Grundmoränenflächen sandig-mergeligen Charakters. Diese Sedimente stammen aus dem älteren Quartär, dem Pleistozän, und überlagern hier die Schichten der Oberkreide (siehe hierzu auch den Beitrag von Otto in diesem Band). Auf den bodentrockenen Teilen der sandigen und sandig-lehmigen Böden finden sich zumeist Podsole (Bleicherden). Typisch für die tiefergelegenen Bereiche, vor allem der holozän (nacheiszeitlich) geprägten Fluß- und Bachniederungen, sind sandig-lehmige Gleyböden, die unter permanentem Grundwassereinfluß stehen, sowie – besonders im Norden und Südosten des Stadtgebietes – lehmige oder lehmig-tonige Pseudogleyböden, die einem Wechsel von Vernässung und Austrocknung unterliegen. In der Innenstadt von Coesfeld sowie in den Bauerschaften Goxel, Flamschen und Letter Bruch treten als Mischform verbreitet Podsol-Gleye auf.

Der Aufbau der Gesteine im Bereich der im östlichen Stadtgebiet gelegenen Coesfeld-Daruper Höhen wird dagegen durch das geologische Zeitalter der Oberkreide, hier vor allem durch deren jüngste Epoche, das Ober- und Untercampan (endete vor ca. 65 Mio. Jahren), bestimmt. Zwischen Coesfeld und Darup treten großflächig die bis zu 50 Meter mächtigen, im älteren Obercampan abgelagerten Coesfelder Schichten an die Oberfläche, bei denen gelblichgraue, zum Teil nur gering verfestigte Kalkmergelsteine vorherrschen. Während sich weiter (nord-)östlich die sandigeren Unteren und Oberen Baumberger Schichten anschließen (jüngstes Obercampan), treten im Südosten des Stadtgebietes die Osterwicker und Dülmener Schichten aus dem älteren Untercampan zutage. Die Dülmener Schichten, die zwischen Dülmen und Coesfeld in einem Südost-Nordwest gerichteten Streifen ausstreichen und dort eine flache Anhöhe bilden, bestehen meist aus Mergelsandstein mit eingelagerten Sandsteinbänken. Die Osterwicker Schichten bestehen aus einem unteren Teil, bei denen es im Gebiet nordwestlich und nordöstlich von Coesfeld zur Ausbildung von Feinsandmergeln kommt; die oberen Osterwicker Schichten treten dagegen in einem Streifen zutage, der durch die Innenstadt von Coesfeld verläuft und dort eine morphologische Senke bildet.

Die Böden des östlichen Stadtgebietes sind in

ihrer Struktur und Verteilung weitgehend von der jeweiligen Gesteinsbeschaffenheit abhängig. Auf den mergelig-tonigen Schichten der Oberkreide haben sich neben lehmigen oder tonig-lehmigen Pseudo-Gleyen vor allem verschiedene Typen von Braunerden (u.a. lehmige Parabraunerden und kalkhaltige lehmig-tonige Rendzinen) gebildet, für die ein graubrauner, fruchtbarer Oberboden häufig charakteristisch ist.

Dem ackerbaulichen Wert der Böden kommen außerdem ausgeglichene Niederschläge zugute. Die durchschnittlichen Jahresniederschläge liegen zwischen 700 und 800 mm im langjährigen Mittel, wobei die Niederschlagsmengen im östlichen Stadtgebiet aufgrund der luvseitigen Lage zu den Baumbergen leicht ansteigen. Die Jahrestemperaturen sind ebenfalls recht ausgeglichen, die mittlere Temperatur liegt im langjährigen Mittel bei rund 10°C, die durchschnittliche Januartemperatur beträgt 1 bis 2°C, im Juli und August werden durchschnittlich 17 bis 18°C erreicht. Üblich sind zudem ca. 40 Sommertage im Jahr mit mehr als 25°C.

Die Niederschläge speisen das Gewässernetz, welches hauptsächlich von der Berkel (einem Ijsselzufluß) und ihren Zuflüssen bestimmt wird. Die Berkel entspringt an der Südwestabdachung der Baumberge südöstlich von Billerbeck und durchfließt das Stadtgebiet von Norden nach Westen, wobei sich die Berkelniederung in die Geestplatten eingetieft hat. Durch die natürliche geologische Schwelle, die von der Hengte und dem Hohen Feld gebildet wird, verläßt die Berkel die Coesfelder Mulde nach Westen, um durch das westmünsterländische Flachland der holländischen Grenze entgegenzufließen. Im Bereich der Innenstadt sind die Umflut, welche entlang der südlichen, ehemaligen Stadtummauerung fließt, und die Fegetasche, die den Stadtpark mit Wasser versorgt, als Seitenarme vom Lauf der Berkel getrennt. Bereits im Rahmen der mittelalterlichen Stadtbefestigung (Stadtgraben) wurden die Wasserläufe im Innenstadtbereich anthropogen verändert, wie sich heute noch am nach Nordosten umgelenkten Lauf des Honigbachs zeigt. Erwähnenswert sind darüber hinaus die unter Naturschutz stehenden ‚Sieben Quellen'. Dabei handelt es sich um einen Dauerquellhorizont mit mehreren, in ein breites Kastental tretenden, dicht beieinanderliegenden Quellen. Der Quellhorizont befindet sich am Fuß der Coesfeld-Daruper Berge in ca. 100 m Höhe, genau dort, wo die wasserstauenden Tonmergel der Coesfelder Schichten am Hang austreten. Das Wasser sammelt sich in einem zum Wassertretbecken umgestalteten Teich und wird in einem schmalen Bachbett westlich zur Berkel abgeführt.

Historische Entwicklung und Genese der Stadt

Für die mittelalterliche Entwicklung Coesfelds war die Lage am Schnittpunkt mehrerer bedeutender Fernverkehrsstraßen wesentlich. Da im Tiefland vornehmlich die trockenen Ufer und Flußterrassen die frühesten Leitlinien für Verkehr und Siedlung bildeten, entwickelten sich – der Abdachung und dem Fluß der Berkel folgend – enge Verkehrsbeziehungen des Coesfelder Raumes mit dem westlich gelegenen Stromgebiet von Ijssel und Rhein. Durch das Berkeltal führten die aus den großen Ijssel-Städten – vor allem aus Deventer – kommenden Handelswege über Coesfeld und die Baumberge nach Münster. Zugleich wurde auch der aus Flandern und vom Niederrhein kommende Südwest-Nordost-Verkehr über Borken und Bocholt oder Wesel aufgrund der sperrenden Wirkung der vermoorten Heubachniederung parallel zur Berkel nach Coesfeld geleitet. Der Süd-Nord gerichtete Handelsweg verlief von Dortmund am Hellweg über Dülmen nach Coesfeld, um von dort – am Baumberger Höhenzug vorbei – über Rheine nach Emden und zur Nordsee zu führen. Als älteste Siedlungszonen im Coesfelder Raum sind die sternförmig im Gebiet von Coesfeld aufeinandertreffenden Eschflur-Reihen des Berkel- und Honigbachtals sowie des Dülmener Rückens anzusehen. Deren Existenz begünstigte neben der vorteilhaften Fernverkehrslage die Entwicklung Coesfelds (vgl. auch im folgenden vor allem Ditt u. Kirchhoff 1973; Ditt, Frohne u. Kirchhoff 1981 und Frohne 1985).

Zu Beginn des 9. Jh.s entstand dort, wo der west-östlich gerichtete Höhenrücken des Coesfelder Berges (135 m ü. NN) und die nord-südlich verlaufende Bodenwelle der Hengte (89 m ü. NN) nahe zusammentreten und mehrere Höhenstraßen auf die Uferwege der Berkel treffen, eine karolingische Kirchsiedlung. Der Standort der ersten Coesfelder Kirche, in der Bischof Liudger von Münster kurz vor seinem Tode ein Hochamt gehalten haben soll, befand sich auf der nördlichen Niederterrasse in 80 Meter Höhe über NN nahe der in die Berkel mündenden Lilienbeke. Dieser Standort dürfte identisch mit der heutigen Position der Lamberti-Kirche gewesen sein. Im frühen Mittelalter darf von zwei Berkelfurten in der Nähe der Kirche ausgegangen werden. Der west-östlich gerichtete Verkehr steuerte wohl auf den nordöstlichen Berkelübergang am späteren Walkenbrückentor zu, um über einen Höhenweg weiter nach Münster zu führen. Der Süd-Nord-Verkehr benutzte dagegen die südlich der Kirche im Bereich der späteren Münsterstraße gelegene sogenannte Pagenfurt.

Als erstes schriftliches Zeugnis für die dörfliche Marktsiedlung, die sich um die Kirche und einen westlich von ihr gelegenen Haupthof entwickelte, darf die Urkunde Bischof Dietrichs aus dem Jahr 1118 angesehen werden. In dieser Phase

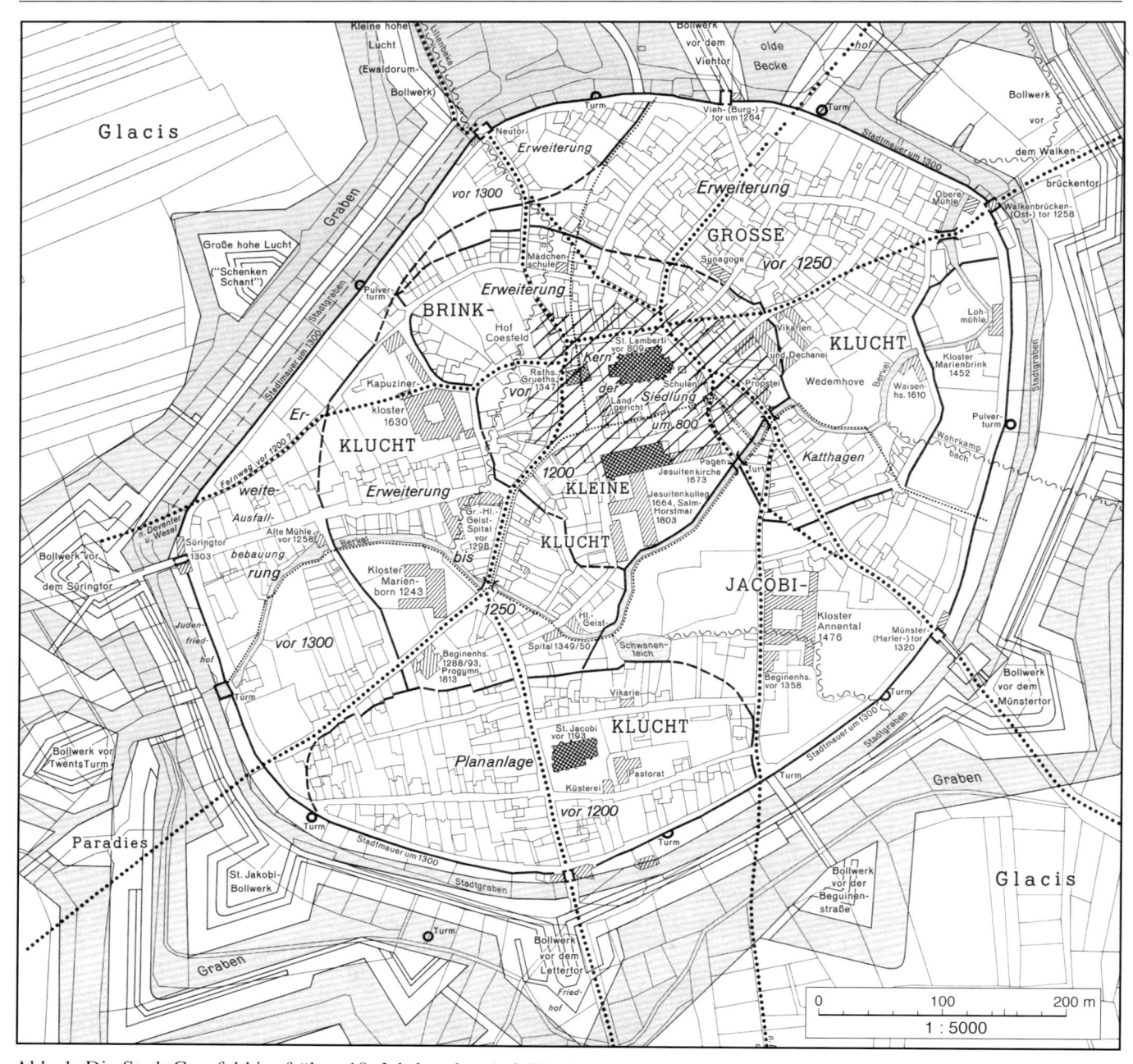

Abb. 1: Die Stadt Coesfeld im frühen 19. Jahrhundert (mit Wachstumsphasen der Stadt)
(Quelle: Westfälischer Städteatlas 1981, Entwurf: H. Ditt, L. Frohne, K.-H. Kirchhoff)

der Siedlungsentwicklung ging das am Nordufer der Berkel gelegene Dorf in den grundherrlichen Besitz des Klosters Varlar mit seinen Vögten, den Edelherren von Horstmar, über. Mit dem Bau der Jakobikirche auf seinem südlich der Berkel gelegenen Lehnsgut demonstrierte Bischof Hermann II. von Münster ebenfalls Ansprüche auf das Coesfelder Territorium. Nach einem Vergleich mit dem Kloster Varlar und mit Zustimmung des Abtes verlieh er 1197 der Siedlung um St. Lamberti und St. Jakobi münstersche Stadtrechte (u.a. Gerichtsbarkeit, Marktrecht). Damit war Coesfeld nach Münster bedeutendster Ort des Münsterlandes mit einem Entwicklungsvorsprung vor allen späteren Stadtrechtsorten des Raumes. Nach der Stadterhebung verdichteten sich Bebauung und Bevölkerung in der Doppelsiedlung. Neben der Einteilung in die Kirchspiele von St. Lamberti und St. Jakobi gab es in Coesfeld eine Differenzierung des Stadtgebietes in vier sogenannte Kluchten (s. Abb. 1): die Große Klucht im Nordosten, die Pinxter Klucht im Nordwesten und die Kleine Klucht nördlich der Berkel bildeten drei Sektoren, deren Spitzen auf dem Marktplatz zusammentreffen. Die Jakobs-Klucht umfaßte das südliche Stadtgebiet (Kirchspiel St. Jakobi).

Schon vor 1264 wurde von der Jakobipfarrei der Bezirk Lette mit einer eigenen Kirche abgepfarrt. Die Kirche unterstand allerdings noch bis zur Säkularisierung 1803 den Pröpsten von Varlar als zuständigen Archidiakonen. Um die Kirche bildete sich eine drubbelartige Siedlung. Als wichtigste Siedlungskerne des Letter Gebietes erstreckten sich nördlich und südlich des Ortes zwei Großesche mit Langstreifenfluren. Die gruppierten Bauernhöfe befanden sich an der Abdachung des Dülmener Flachrückens zwischen den höher gelegenen Eschen und den feuchten Bachauen. Bis in die zweite Hälfte des 20. Jh.s hinein bildete die Landwirtschaft das ökonomische Rückgrat des Dorfes und der umliegenden Siedlungen. Im Jahr 1498 wurden in Lette 246 steuerpflichtige Einwohner registriert, 1749 verzeichnete Lette 1 219 Bewohner. Nach der Markenteilung setzte um 1850 eine vermehrte Siedlungstätigkeit ein; die Bevölkerung war 1862 auf 1 571 Personen angestiegen. Davon wohnten 298 Personen in den 81 Wohngebäuden im Dorfkern und 1 273 Personen in den 677 Wohngebäuden in den zum Kirchspiel zählenden Bauerschaften. Mit dem Bevölkerungsanstieg (1939: 2 297 Einwohner) und der Siedlungserweiterung ging im folgenden Jahrhundert auch ein Ausbau der Infrastruktur einher (z.B. Eisenbahnanschluß 1875, zwei Schulen, Neubau der Pfarrkirche, ev. Kirche, Wasserwerk, Schwimmhalle). Die selbständige kommunale Entwicklung dieses Teilgebietes dauerte bis 1975, als der Ortsteil Lette im Zuge der Kommunalreform wieder in die neue Stadt Coesfeld eingegliedert wurde.

Eine erste mittelalterliche Umwallung erhielt die Stadt Coesfeld um 1197. Im 13. Jh. erfolgten durch die Anlage von Stadtgraben (gespeist von Honigbach und Berkel), Wall und Stadttoren weitere Befestigungsmaßnahmen. Ab 1303 wurde mit dem Bau der Stadtmauer begonnen, die durch folgende Stadttore passiert werden konnte: Süringtor (Straße nach Borken), Letter Tor (nach Dülmen), Münstertor, Walkenbrückentor (nach Billerbeck), Viehtor (nach Rheine und Ahaus) und Neutor. Mit diesen sechs Toren, zahlreichen Türmen sowie einer aus drei Wällen bestehenden Landwehr hatte Coesfeld im 14. Jh. schließlich eine beachtliche Befestigungsstärke erreicht. Mit den beiden Pfarrkirchen, den weit ins Umland reichenden Kirchspielen sowie mit einer Siedlungsfläche von rund 35 ha und bis zu 2 000 Einwohnern innerhalb des Befestigungsrings war Coesfeld im 14. Jh. eine vergleichsweise große Stadt.

Die zentrale Lage der Siedlung in Verbindung mit den frühen Stadtprivilegien bewirkte einen baldigen Aufschwung von Handel und Gewerbe. 1246 trat Coesfeld dem zwischen den Städten Münster, Osnabrück und Minden geschlossenen Städtebund bei, 1254 dem Rheinischen Städtebund. Zu Größe, Macht und Wirtschaftskraft der städtischen Siedlung kamen aufgrund der Stellung im stiftmünsterschen Territorium besondere Rechtsprivilegien (z.B. Kaiserliche Freiheit, Hochgerichtsbarkeit seit 1385) und politische Funktionen hinzu. So wurden alle hansischen Organisations- und Finanzfragen, die die Städte Haltern, Borken, Vreden, Bocholt und Dülmen betreffen, dem Rat der Stadt Coesfeld zur Abwicklung vorgelegt. Nachdem Coesfeld Mitglied der Hanse geworden war, ließen weitreichende Handelsbeziehungen und vielfältige Handwerksaktivitäten die Stadt eine Blütezeit erleben. Insbesondere der Fernhandel brachte der Stadt Reichtum und Wohlstand. Hauptsächliche Ausfuhrartikel waren Leinen (wobei der Flachsanbau als Grundlage für die Herstellung und den Handel mit Flachsleinwand diente) und Wolltuche, Getreide, Rindvieh, Häute und Leder. Das Gewerbe ist bereits vor 1400 in Gilden organisiert. Zu den zahlreichen Gilden zählten die Fleischhauer und Lohgerber, die Wandschneider und Wandmacher, die Bäcker, Schmiede, Goldschmiede, Holzner, Kramer, Kürschner, Baumseidenweber, Leinenweber, Maler, Glaser und Zinngießer. Coesfelder Kaufleute unterhielten hansische Beziehungen in den gesamten Nord- und Ostseeraum. Mit dem Handelskontor in Bergen ist der Fernhandel vom 13. bis zum 16. Jh. belegt. 1554 konnte Coesfeld als zweite Stadt des Fürstbistums nach Münster endgültig zur hansischen Prinzipalstadt aufsteigen. Es folgten Immatrikulationen im Londoner und Antwerpener Hansekontor. Zu dieser Zeit lebten ca. 2 500 Menschen in der Stadt.

Der Wohlstand führte im Hochmittelalter und der frühen Neuzeit zu bedeutenden sozialen und kirchlichen Stiftungen. An wohltätigen Einrichtungen entstanden beispielsweise das große und kleine Heilig-Geist-Spital, weitere Hospitale für Arme und Kranke sowie ein Leprosenhaus vor den Mauern der Stadt.

Auf Geheiß ihres Schutzherrn, des Bischofs von Münster, ließen sich um 1298 die ersten Juden in Coesfeld nieder. Spätestens aber in den Progromen der Jahre 1349/1350 wurden sie vertrieben oder vernichtet.

Da der Fernhandel, verantwortlich für Coesfelds Blüte, ab dem 16. Jh. an Bedeutung verlor, erfolgte eine Konzentration auf die Funktion eines regionalen Wirtschaftszentrums. Zu zwei Wochenmarkttagen kamen fünf große Jahrmärkte hinzu. Die Stadtbewohner setzten sich in dieser Zeit vor allem aus Handwerkern und Landwirten zusammen, wobei dem Textilgewerbe eine dominierende Stellung zukam. Die Gründung einer Jesuitenresidenz und eines Kapuzinerklosters in den 20er Jahren des 17. Jh.s unterstreichen die Bedeutung Coesfelds. Besonders die Konstituierung eines Gymnasiums durch die Jesuiten, in dem um 1630 fast 400 Schüler unterrichtet wurden, zeugt von der frühen Bildungszentralität Coesfelds, die der Stadt damals zusätzliche Einkommensquellen erschloß.

Stadtbrände, Religionswirren, Hexenwahn, Pestepidemien sowie der spanisch-niederländische und vor allem der Dreißigjährige Krieg hinterlassen auch in Coesfeld nachhaltige Spuren. Plünderungen, Kriegsschatzungen und Einquartierungen durchziehender Truppen tragen zur Verelendung der Bevölkerung bei, der Fernhandel kommt zum Erliegen. So folgt auf den frühneuzeitlichen Aufschwung und Wohlstand Coesfelds eine lange Phase des wirtschaftlichen Niedergangs. Als die Hessen 1633 nach Coesfeld kamen, leben in der Stadt etwa 3 300 Einwohner (ca. 100 E./ha). Die hessischen Truppen, die über das Ende des Dreißigjährigen Krieges hinaus in der Stadt bleiben, verstärken die mittelalterlichen Festungsanlagen massiv. Ab 1651 folgt dann die landesfürstliche Besatzung. Der von Münster notgedrungen nach Coesfeld ausgewichene Fürstbischof Christoph Bernhard von Galen forciert den weiteren Ausbau der Festungswerke. 1655 wird mit dem Bau der Zitadelle „Ludgerusburg" begonnen, die später Standort des Residenzschlosses werden sollte. Zitadelle und Stadt werden von einem Bastionssystem mit mehr als einem Dutzend Bollwerken umgeben, welches die Bürgerstadt an Flächengröße übertrifft. Die Einwohner verlieren dadurch ihre stadtnahen Ländereien; Landwirtschaft, Handel und Gewerbe werden stark beeinträchtigt. Zwar schafft die Regierungs- und militärische Funktion Coesfelds zeitweise einen gewissen Ersatz an Arbeitsplätzen, der weitere Niedergang läßt sich dadurch langfristig jedoch nicht aufhalten. Der Tod des Bischofs 1678 beendet schließlich die kurze Ära Coesfelds als Residenz- und Garnisonsstadt, in der die Stadt ihre bisher höchste Zentralität erreichte. Der Fürstbischof hinterläßt neben der unvollendeten Zitadelle, die ab 1688 auf Veranlassung des münsterschen Domkapitels wieder geschleift wird, eine durch hohe Landessteuern verarmte und verschuldete Stadt, die durch den nachfolgenden Siebenjährigen Krieg und die Besetzung der Franzosen ab 1761 weiter in ihrer Existenz geschwächt wird. So verwundert es nicht, daß der wirtschaftliche, sozialkulturelle und demographische Niedergang Coesfelds im 18. Jh. noch gravierender als in anderen Städten des Münsterlandes gewesen sein muß (u.a. auch Verlust der Anziehungskraft des Gymnasiums). Als 1775 nur noch 1 800 Bürger in Coesfeld leben, ist ein Tiefpunkt der Stadt- und Wirtschaftsentwicklung erreicht.

Durch den Reichsdeputationshauptschluß (1803) wurde das Fürstbistum Münster, wie alle geistlichen Territorien, aufgelöst. Ab 1803 residierten in Coesfeld die Wild- und Rheingrafen, die späteren Grafen zu Salm-Horstmar. In den Jahren 1808–1814, in denen die Region zum Französischen Kaiserreich Napoleons gehörte, war Coesfeld Arrondissementhauptort. Doch schon 1815/16 folgten die Preußen in der Landesherrschaft, welche die Provinz Westfalen gründeten und Coesfeld zum Verwaltungssitz des neu gebildeten Kreises Coesfeld machten und somit Coesfelds zentrale Funktion für ein weites Umland im Westmünsterland erneut manifestierten (vgl. Beitrag von Heineberg in diesem Band).

Im Zuge der Säkularisierung wandelte sich die Nutzung zahlreicher Klöster und Stifte, die sich im Lauf der Jahrhunderte im Innenstadtbereich Coesfelds angesiedelt hatten. Die Regenten des Grafenhauses, ab 1816 Fürsten zu Salm-Horstmar, wählten das Jesuitenkolleg zu ihrer Stadtresidenz. Im Kapuzinerkloster von 1630 richtete die neugegründete evangelische Gemeinde eine Schule ein (die heutige Martin-Luther-Schule), zugleich übernahm sie die Jesuitenkirche. Obwohl die evangelische Gemeinde stetig wuchs, sollte es noch gut fünfzig Jahre dauern, bis sie die jüdische Gemeinde als größte nichtkatholische Minderheit in der Stadt ablöste. Das Kloster Annenthal wurde nach einer vorübergehenden Nutzung als Papierfabrik zu Zeiten des Kulturkampfes zum Krankenhaus, im Kloster Marienbrink entstand eine Lederfabrik. Im Kloster Marienborn (als Zisterzienserinnen-Kloster für adelige Damen 1243 an der Kupferstraße gegründet) richtete sich 1828 das reorganisierte staatliche Gymnasium ein. Diesem folgten weitere höhere Lehranstalten für Knaben und welche für Mädchen. Schon seit Mitte des 18. Jh.s konnte die kleine jüdische Gemeinde, die seit mehr als einem Jahrhundert in Coesfeld existierte, eine Synagoge errichten und eine eigene Schule betreiben. Ebenfalls in diese Zeit fiel die Sprengung der Befestigungsanlagen, die auf französische Weisung im Siebenjährigen Krieg zurückging. Nach der Sprengung (ausgenommen blieb das Walkenbrückentor und der Pulverturm) begann die Umgestaltung der Anlagen am Rande der Altstadt, an deren Ende die Einrichtung einer auf dem Außenwall angelegten Promenade stand.

Die Industrialisierung, die mit den ersten Jahrzehnten der preußischen Verwaltung zusammenfiel, bewirkte dann neben den preußischen Reformen (u.a. in der Landwirtschaft, in der Verwaltung; Möglichkeit der freien Berufswahl, Auflösung der Gewerbeordnung, neue Kommunalgliederung) den wirtschaftlichen Aufschwung der jungen Kreisstadt, der durch den Ausbau der Verkehrswege zusätzlich begünstigt wurde. Durch technische Innovationen und moderne Fabrikationsmethoden (beispielsweise Dampfmaschine, Spinnmaschine, mechanischer Webstuhl) entstand in der zweiten Hälfte des 19. Jh.s eine erfolgreiche

Tab.1: Einwohner der Stadt Coesfeld vom 15. Jh. bis 1999							
Jahr	Einwohner	Jahr	Einwohner	Jahr	Einwohner	Jahr	Einwohner
1498	1 729	1890	5 614	1940	13 416	1969	27 081
1591	1 997	1900	7 445	1944	13 271	1970	27 214
1749/50	1 733	1905	8 448	1945	7 501	1974	27 100
1795	2 061	1910	9 413	1946	12 106	1975	30 892
1811	2 347	1915	9 245	1950	14 579	1980	30 848
1818	2 484	1920	9 610	1955	17 471	1985	31 508
1840	3 351	1925	10 858	1960	20 247	1990	32 550
1871	3 531	1930	12 002	1965	21 084	1995	33 819
1880	4 154	1935	13 252	1968	22 107	1999	35 914

(Quelle:Einwohnerstatistik der Stadt Coesfeld)

Textilindustrie, die über viele Jahrzehnte als Motor der wirtschaftlichen Entwicklung wirkte. Mit der Errichtung von Fabriken und Arbeiterwohnungen außerhalb der Wälle wächst die Stadt um die Jahrhundertwende über den lindenbestandenen Promenadenring der ehemaligen Stadtmauer hinaus. Neben der expandierenden Leder- und Textilherstellung entstehen Papier-, Metall- und holzverarbeitende Betriebe, welche die Kreisstadt in Verbindung mit Kleinindustrie, Handel und Gewerbe zu neuer Blüte führen. Staatliche Behörden sorgten für eine Verbesserung der Infrastruktur, förderten Straßenbau, Post und Verkehrswesen.

Eine Anbindung an das Eisenbahnnetz erhält Coesfeld zwar erst am Ende des 19. Jh.s mit einem Anschluß an die Eisenbahnlinien Dortmund–Gronau und Oberhausen–Rheine; 1908 kommt die Verbindung von Münster nach Empel/Ress hinzu. Dennoch drücken sich die Folgen des wirtschaftlichen Aufschwungs, der allerdings durch den ersten Weltkrieg und die nachfolgende Weltwirtschaftskrise deutlich gebremst wird, in starkem Wachstum von Siedlung (besonders entlang der Ausfallstraßen) und Bevölkerung aus. Die Einwohnerzahl der Stadt Coesfeld, die 1871 bei 3 532 Personen lag, hat sich bis zur Jahrhundertwende mit 7 445 Personen mehr als verdoppelt. 1925 wurde mit 10 858 Einwohnern die 10 000er-Marke überschritten. Im Jahr 1935 betrug die Stadtbevölkerung dann 13 252 Personen (u.a. Neubaugebiet Wahrkamp), und ein Jahr vor Ende des Zweiten Weltkrieges lag die Einwohnerzahl in Coesfeld noch bei 13 271 Personen (Tab. 1).

Nachkriegsentwicklung - Bevölkerung und Siedlung

Nach den Verlusten durch Bombardierung, Evakuierungen und Gefallene betrug die Einwohnerzahl der Stadt Coesfeld 1945 nur noch 7 500; nach Kriegsende waren 87% der Innenstadt zerstört. So wurden beispielsweise die staufische Jakobikirche und das gotische Rathaus vollständig vernichtet. Bei der ein Jahr später durchgeführten Volkszählung beherbergte die Stadt jedoch schon wieder 12 100 Einwohner. Im Gründungsjahr der Bundesrepublik Deutschland hatte die Einwohnerzahl Coesfelds mit über 14 000 bereits das Vorkriegsniveau überschritten. Bis zum Jahre 1955 wuchs die Bevölkerung Coesfelds dann um rund ein Viertel auf 17 471 Einwohner. Bei der Erhebung 1960 wurden 20 247 Einwohner gezählt, 1968 hatte die Stadt eine Gesamtbevölkerung von 22 107 Personen. Im Zuge der kommunalen Gebietsreform wurde am 1. Juli 1969 mit dem Inkrafttreten des Gesetzes zur kommunalen Neugliederung die bisherige Kirchspielgemeinde in die Stadt Coesfeld eingegliedert. Durch die Eingemeindung des Kirchspiels Coesfeld stieg die Bevölkerungszahl auf 27 081, das Stadtgebiet vergrößerte sich auf 93,79 km^2. Während in den folgenden Jahren die Einwohnerzahl nahezu stagnierte, stieg sie 1974/75 durch die Eingemeindung von Lette und Umgebung um fast 4 000 Personen, die Stadtfläche hingegen wuchs noch einmal um ca. 47 km^2. Bis 1980 bewegte sich die Bevölkerungszahl immer um 31 000 Personen. In den folgenden zehn Jahren ist ein leichter Aufwärtstrend zu verzeichnen, der 1990 zu einer Einwohnerzahl von 32 550 führt. In den fünf Jahren danach ist die Einwohnerzahl auf 33 819 angestiegen, wobei der positive Bevölkerungssaldo zu etwa gleichen Teilen auf Geburtenüberschüsse (mehr Geborene als Gestorbene) und auf Zuzüge zurückgeht, was wohl vor allem auf die Ausweisung von neuen Wohngebieten und die Schaffung neuer Arbeitsplätze zurückzuführen ist.

Von den 35 353 Einwohnern (mit Zweitwohnsitzen sogar 37 507) im Jahr 1998 sind 49% männlich und 51% weiblich. Ein Viertel der Gesamtbevölkerung ist unter 21 Jahre. Der Ausländeranteil liegt mit 1 283 Personen heute bei nur 3,4% (Landesdurchschnitt: ca. 11%), betrug allerdings vor

Einwohner in Stadtteilen:

Coesfeld-Stadt 28 727
Lette-Dorf 3 619
Coesfeld-Bauerschaften 2 195
Lette-Bauerschaften 1 373

(Ang. d. Gem., Stand: 1999)

10 Jahren lediglich 1,9%. Im Ortsteil Lette leben 119 gemeldete Ausländer. Insgesamt beträgt der Anteil der Einwohner, die im Ortsteil Lette wohnen, rund 14% an der Gesamtbevölkerung der Stadt Coesfeld.

Die konfessionelle Orientierung konzentriert sich mit fast 82% der Bevölkerung auf die römisch-katholische Kirche. Rund 10% der Einwohner Coesfelds bekennen sich zur evangelischen Konfession. 8% gehören einer anderen oder keiner Konfession an.

Mit einer Fläche von rund 141 km² und einer Einwohnerzahl von 35 914 ist Coesfeld 1999 nach Dülmen die zweitgrößte Stadt des Landkreises und weist mit 254 Einwohnern/km² die höchste Bevölkerungsdichte auf (zum Vergleich: Stadt Münster: 876 E./km², Stadt Dülmen: 250 E./km², Stadt Billerbeck: 122 E./km², NRW: 527 E./km²). Mit 28 727 Einwohnern ist Coesfeld-Stadt der Siedlungsschwerpunkt innerhalb der Kommune (80% der Stadtbevölkerung). Die 4 992 Einwohner Lettes wohnen zu 72% im Dorfkern, 28% der Bewohner (1 373) entfallen auf die sieben zum Ortsteil Lette gehörenden Bauerschaften. Zu diesen Bauerschaften wurden die für das Münsterland so typischen Streusiedlungen – meist nur aus Einzel- oder Doppelhöfen bestehend – administrativ zusammengefaßt. Diese Höfe liegen häufig – besonders im Bereich Coesfelder Berg – in wasserferner Streulage, wohingegen für ältere Hofgruppen (Drubbel) meist eine wasserorientierte Hangfußlage am Bach kennzeichnend ist. Mit den weiteren 12 Bauerschaften mit insgesamt 2 195 Einwohnern gibt es auf dem Gebiet der Stadt Coesfeld insgesamt 19 Bauerschaften, in denen insgesamt 3 558 Einwohner leben, also jeder zehnte Einwohner der Stadt Coesfeld. In Tab. 2 sind alle Bauerschaften in der Stadt Coesfeld, getrennt nach den Ortsteilen Coesfeld und Lette, aufgeführt. Größere, zusammenhängende Siedlungsgebiete gibt es neben dem Stadtkern und dem Ortskern von Lette nur in den Bauerschaften Brink und Goxel.

Eine Erfassung des Wohnungsbestandes ergab, daß die Zahl der Wohnungen zwischen 1990 und 1998 um 15% auf rund 13 250 angestiegen ist. Mit 5 550 befinden sich ca. 42% der Wohnungen in Einfamilienhäusern (zum Vergleich: durchschnittlicher Anteil im Kreis Coesfeld: 43%, Land NRW: 24%). Der relativ hohe Anteil an Einfamilienhäusern (freistehend oder als Reihenhäuser) kann als Erklärung für den vergleichsweise hohen durchschnittlichen Wohnraum (ca. 38 m²) pro Einwohner herangezogen werden. Im Jahr 1971 lag die Anzahl der Wohnungen, die sich damals auf 4 400 Wohngebäude verteilten, bei nur 7 500.

Tab. 2: Bauerschaften der Stadt Coesfeld und Einwohner nach Ortsteilen 1999	
Coesfeld-Stadt	28 727
Coesfelder Bauerschaften	2 195
Beikel, Brink, Coesfelder Berg, Flamschen, Gaupel, Goxel, Harle, Jakobiberg, Pascherhook, Sirksfeld, Stevede, Stockum	
Lette-Dorf	3 619
Letter Bauerschaften	1 373
Herteler, Kalte, Letter Berg, Letter Bruch, Stripperhook, Sükerhook, Wulferhook	
Stadt Coesfeld gesamt	35 914

(Quelle: Angaben der Stadt Coesfeld 1999)

Kommunale Neuordnung

Als im Zuge der kommunalen Neugliederungsmaßnahmen im Münsterland die Ämter 1969 aufgelöst wurden, ging die Gemeinde Kirchspiel Coesfeld in der Stadt Coesfeld auf, während die Gemeinden Limbergen, Rorup und Lette durch einen Gebietsänderungsvertrag beschlossen, sich zu einer Großgemeinde Lette zusammenzuschließen. Da dieser Zusammenschluß jedoch nicht die Zustimmung der Landesregierung gefunden hatte, wurde von den Gemeinden Rorup und Lette 1971 nochmals ein Gebietsänderungsvertrag über den Zusammenschluß der beiden Gemeinden verabschiedet. Dieser Vertrag sollte mit Zustimmung der Gemeinden Darup und Limbergen um wesentliche Teile ihres Gebietes erweitert werden. Trotz einer durchgeführten Volksabstimmung in Lette, die sich im Ergebnis für einen solchen Zusammenschluß aussprach, wurde dieses Vorhaben vom Landtag nicht genehmigt. Somit endete die seit 1264 bestehende Selbständigkeit, und die Gemeinde Lette ist auf Grund des Gesetzes zur Neugliederung der Gemeinden und Kreise zum 1. Januar 1975 als Ortsteil Lette in die Stadt Coesfeld eingegliedert worden, wobei diese außerdem um kleinere Gebiete aus dem Kirchspiel Havixbeck und der Gemeinde Rorup erweitert wurde. Die heutige Stadt Coesfeld umfaßt somit ungefähr den Bereich, der im Mittelalter einmal als Pfarre Sankt Lamberti bestanden hat.

Wirtschaftsstruktur

Coesfeld ist der wirtschaftliche Mittelpunkt des Kreises. Nach einem Ergebnis der Arbeitsstättenzählung verfügte die Kreisstadt 1996 über 18 550 Beschäftigte, was eine Steigerung um 21% gegenüber 1987 bedeutet (Tab. 3). Bereits im Zeitraum zwischen 1970 und 1987 war die Beschäftigtenzahl von 10 520 um 4 068 auf 14 588 ge-

Tab. 3: Erwerbstätige nach Wirtschaftsabteilungen in der Stadt Coesfeld 1970–1996								
Wirtschaftsabteilung	Coesfeld 1970 abs.	%	Coesfeld 1987 abs.	%	Coesfeld 1996 abs.	%	Kreis COE 1996 abs.	%
Land- und Forstwirtschaft	1.054	9,1	934	6,4	575	3,0	4 256	5,5
Energie- und Wasserversorgung	65	0,6	102	0,7	130	0,7	380	0,5
Primärer Sektor	**1 119**	**9,7**	**1 036**	**7,1**	**705**	**3,7**	**4 636**	**6,0**
Verarbeitendes Gewerbe	3 917	33,9	2 553	17,5	5 009	27,0	20 063	26,3
Baugewerbe	969	8,5	598	4,1	798	4,2	5 244	6,8
Sekundärer Sektor	**4 886**	**42,3**	**3 151**	**21,6**	**5 807**	**31,2**	**25 307**	**33,1**
Handel	1 781	15,4	1 999	13,7	2 560	13,7	12 084	15,8
Verkehr und Nachrichtenübermittlung	608	5,3	817	5,6	705	3,8	2 584	3,3
Kredit- und Versicherungsgewerbe	139	1,2	248	1,7	315	1,7	1 444	1,8
Dienstleistungen von Untern. u. freien Berufen	879	7,6	1 838	12,6	2 653	14,3	12 388	16,2
Organisationen ohne Erwerbszweck	459	4,0	1 342	9,2	2 059	11,0	8 512	11,1
Gebietskörperschaften, Sozialversicherung	1 662	14,4	4 158	28,5	3 840	20,6	9 728	12,7
Tertiärer Sektor	**5 528**	**47,9**	**10 402**	**71,3**	**12 132**	**65,1**	**46 740**	**60,9**
Gesamt	**11 533**	**100,0**	**14 589**	**100,0**	**18 644**	**100,0**	**76 683**	**100,0**

(Quelle: LDS NRW (1998): Die Gemeinden NRW - Informationen aus der amtlichen Statistik, Düsseldorf und eigene Berechnungen)

stiegen. Insgesamt betrachtet, besitzt die Stadt Coesfeld eine bedeutende Stellung als Arbeitsmarktzentrum; fast ein Viertel aller Arbeitsplätze im Kreis Coesfeld (insgesamt 76 683 im Jahr 1996) befindet sich innerhalb der Stadt Coesfeld. Mit der größten Anzahl an erwerbstätig Beschäftigten verfügt Coesfeld über die höchste Arbeitsmarktzentralität des Kreises.

Die Wirtschaft in der Kreisstadt Coesfeld wird heute vor allem geprägt von Dienstleistung, Handel, Gewerbe und Industrie, immer weniger jedoch von der Land- und Forstwirtschaft. Von der erwerbstätigen Bevölkerung waren 1996 nur noch 3% in der Landwirtschaft tätig, das sind 2,5 Prozentpunkte weniger als der Kreisdurchschnitt (vgl. Tab. 3). Insgesamt waren im primären Wirtschaftssektor 1996 nur 3,7% der Erwerbstätigen beschäftigt, im Gegensatz zu 6% im Kreisdurchschnitt. Im Vergleich zu 1970 hat sich somit der Beschäftigtenanteil des primären Sektors in der Stadt Coesfeld mehr als halbiert.

Die Anzahl der Beschäftigten im sekundären Sektor (Verarbeitendes Gewerbe und Baugewerbe) unterlag seit 1970 gewissen Schwankungen: Während zu Beginn der 70er Jahre noch 4 886 Personen in Industrie und Gewerbe beschäftigt waren (Anteil: 42,3%), sank die Anzahl bis 1987 auf 3 151 und nur 21,6%. Mit über 5 800 Erwerbstätigen waren aber 1996 wieder 31,2% im sekundären Sektor tätig, ein prozentualer Anteil, der in etwa dem Kreis- und Landesdurchschnitt entspricht. Rund 5 000 der über 5 800 Arbeitsplätze werden dabei durch das Verarbeitende Gewerbe bereitgestellt, fast 800 entfallen auf das Baugewerbe.

Die prozentuale Steigerung des Beschäftigtenanteils in Industrie und Gewerbe seit 1987 ging vor allem zu Lasten des Anteils im Handels- und Dienstleistungsbereich (bestehend aus Handel, Verkehr und Nachrichtenübermittlung, Kreditinstituten und Versicherungsgewerbe, Dienstleistungen und Gebietskörperschaften), der 1996 bei 65,1% lag, 1987 jedoch über 71% betrug. Allerdings sind, was entscheidender ist, seit 1987, wo mit bereits 10 402 Erwerbstätigen fast doppelt so viele Personen im tertiären Sektor beschäftigt waren wie 1970, noch einmal fast 2 000 Arbeitsplätze im Handel- und Dienstleistungsbereich entstanden. Mit 65% liegt der Beschäftigtenanteil des tertiären Sektors in der Stadt Coesfeld ebenfalls ungefähr im Landesdurchschnitt, aber über vier Prozentpunkte über dem Kreisdurchschnitt. Mit 12 132 Erwerbstätigen waren somit in der Kreisstadt Coesfeld 1996 in diesem Wirtschaftssektor die meisten Personen beschäftigt. In den Unterabteilungen Handel und Dienstleistungen lag die Anzahl der Beschäftigten jeweils sogar fast doppelt so hoch wie in Lüdinghausen; und auch in Dülmen arbeiten weniger Personen im Dienstleistungsbereich. 26% aller Arbeitsplätze in Handel und Dienstleistungen innerhalb des Landkreises befinden sich in der Stadt Coesfeld. Von den 12 132 Erwerbstätigen sind mit 2 560 nur 21% im Groß- und Einzelhandel beschäftigt, 9 572 Personen (79%) dagegen in den verschiedenen Sparten des Dienstleistungssektors (s. Tab. 3).

Rückschlüsse auf die Bedeutung Coesfelds lassen sich auch aus der Betrachtung der Pendlerbewegungen ziehen. Für die Stadt Coesfeld wurden für das Jahr 1998 7 453 Einpendler ermittelt, denen 4 752 Auspendler gegenüberstehen. Die Stadt verfügt also über einen positiven Pendlersal-

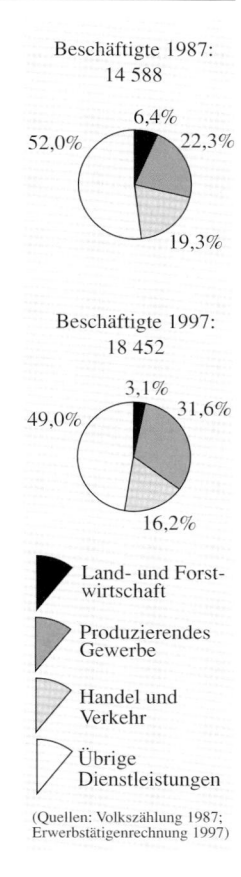

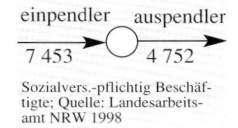

Katasterfläche 1999:	
	141,03 km²
	davon
Landwirtschaftsfläche	67,2 %
Waldfläche	16,1 %
Gebäude- und Freifläche	8,8 %
Verkehrsfläche	5,7 %
Wasserfläche	0,9 %
Erholungsfläche	0,9 %
Betriebsfläche	0,3 %
(Quelle: LDS NRW)	

do von 2 701 Personen, was die Bedeutung als Arbeitsplatzzentrum unterstreicht. Diese positive Pendlerbilanz konnte seit 1970 (Pendlerüberschuß: 808 Personen) deutlich ausgebaut werden.

1995 ermittelte das Landesarbeitsamt 13 630 sozialversicherungspflichtig Beschäftigte (Beamte werden beispielsweise so nicht erfaßt), die in Coesfeld arbeiten. Für 6 607 Personen oder fast 49% war der Arbeits- auch der Wohnort. Sofern Wohn- und Arbeitsort nicht übereinstimmen, kann davon ausgegangen werden, daß der betreffende Beschäftigte pendelt; das war 1995 bei 7 023 Berufseinpendlern der Fall. Nach der Untersuchung des Arbeitsamtes hat fast ein Drittel aller 1995 erfaßten sozialversicherungspflichtigen Pendler innerhalb des Landkreises die Stadt Coesfeld zum Ziel (insgesamt 3 195 Personen). Die wichtigsten Quellgebiete der Einpendler sind die kreisangehörigen Kommunen Rosendahl, Dülmen, Billerbeck und Nottuln. Unter den 3 828 kreisexternen Einpendlern stellen Gescher und Legden wichtige Wohnorte dar; aus Münster stammen 5,5% der nach Coesfeld einpendelnden Beschäftigten.

Von den 1995 erfaßten 4 306 Auspendlern arbeiten 1 357 in anderen Kommunen des Landkreises, 2 949 oder fast 70% pendeln zu einem kreisextern gelegenen Arbeitsplatz. Somit hat mehr als jeder vierte in Coesfeld wohnende Beschäftigte einen Arbeitsplatz außerhalb des Kreises. Von den Auspendlern ist fast jeder fünfte beruflich auf Münster konzentriert. Anders ausgedrückt üben ca. 7% der sozialversicherungspflichtigen Be-

Tab. 4: Berufspendler in der Stadt Coesfeld

Pendler	Auspendler	Einpendler	Saldo
1970	1 620	2 428	808
1987	3 375	5 926	2 551
1998	4 752	7 453	2 701

(Quelle: Arbeitsamt Coesfeld und Landesarbeitsamt NRW)

schäftigten oder 2% aller Einwohner Coesfelds ihren Beruf im Oberzentrum Münster aus.

Zu diesen Berufspendlern kommen die Ausbildungspendler hinzu: Mit den neun weiterführenden und berufsbildenden Schulen sowie zahlreichen Einrichtungen zur Weiterbildung besitzt die Kreisstadt eine bedeutende Stellung als Schulstandort. Bei der Volkszählung 1987 wurden insgesamt 2 722 Bildungspendler erfaßt, von denen 90% zu Bildungszwecken nach Coesfeld einpendeln. Dem gegenüber stehen beispielsweise die vor allem nach Münster auspendelnden Studenten, die ihren Hauptwohnsitz weiterhin in Coesfeld haben.

Die Arbeitslosenquote betrug im Dezember 1999 in Coesfeld 10,1%. Mit 11,9% ist die Arbeitslosigkeit bei Frauen um rd. drei Prozentpunkte höher als bei Männern. Die Arbeitslosenquote in der Stadt Coesfeld lag – wie auch in den vergangenen Jahren – über dem Kreisdurchschnitt von 8,5%.

Landwirtschaft

Besonders die das wirtschaftliche Leben des Westmünsterlandes über Jahrhunderte prägende Landwirtschaft hat seit den 1960er Jahren zunehmend an Bedeutung verloren, wenngleich sie im Gegensatz zu zahlreichen anderen ländlich geprägten Kreisen Nordrhein-Westfalens das Erscheinungsbild weiterhin deutlich beeinflußt. Während noch 1961 mit 1 366 Vollerwerbslandwirten 13% der Erwerbstätigen in Coesfeld und mit 582 Landwirten sogar 42% der Erwerbstätigen im Ortsteil Lette im primären Sektor beschäftigt waren, hat sich der Anteil der Erwerbstätigen in der Land- und Forstwirtschaft bis 1970 fast halbiert (auf 775 Erwerbslandwirte in Coesfeld und 279 in Lette). Mit 7,8% der in der Stadt Coesfeld in der Landwirtschaft Beschäftigten lag der Anteil zwar im Bundestrend, aber um 4,3 Prozentpunkte über dem Durchschnitt in Nordrhein-Westfalen. Im Zeitraum zwischen 1970 und 1987 hat sich der Beschäftigtenrückgang abgeschwächt: von 1 054 auf 934 (Anteil: 6,4%). Bis 1996 hat sich der Anteil dieses Wirtschaftssektors dann allerdings nochmals halbiert, liegt jedoch mit 3,1% und 575 Erwerbstätigen immer noch 1,4 Prozentpunkte über dem Landesdurchschnitt. Die Zahl der familieneigenen Arbeitskräfte und mithelfenden Familienangehörigen zeigt ebenfalls weiterhin sinkende Tendenz; zur Zeit entfallen auf einen Landwirtschaftsbetrieb 1,3 Erwerbstätige.

Neben der Reduzierung der Betriebe erfolgte auch eine erhebliche Umwälzung im Erwerbscharakter. Laut Agrarberichterstattung von 1995 wurden Mitte der 90er Jahre nur 45% der 429 erfaßten Land- und Forstwirtschaftsbetriebe im Vollerwerb geführt. Bei 55% der Unternehmen überwiegt das außerbetriebliche Einkommen, sie werden im Nebenerwerb bewirtschaftet.

Eine Typisierung der Unternehmen zeigt, daß 407 als reine Landwirtschaftsbetriebe geführt werden (95%), die zusammen eine landwirtschaftliche Nutzfläche von 8 586 ha Größe bewirtschaften. Zehn Unternehmen zählen zum Betriebsbereich Gartenbau, 23 zum Bereich Forstwirtschaft, und sechs sind Kombinationsbetriebe. Obwohl 16% der Katasterfläche bewaldet sind, kommt der Forstwirtschaft in der Stadt Coesfeld nur eine untergeordnete ökonomische Bedeutung zu. Wie im gesamten Kreis Coesfeld ist auch in der Kreisstadt die Veredelungswirtschaft (Schweine-, Rinder- und Geflügelmast) trotz einiger wirtschaftlicher Schwierigkeiten die dominierende Betriebsform

Tab. 5: Entwicklung der landwirtschaftlichen Betriebsgrößenklassen in der Stadt Coesfeld 1987–1997											
	Unter 10 ha		11- 30 ha		31 - 50 ha		Über 50 ha		Betriebe insgesamt		lw. Fläche (LF) insg.
	1987	1997	1987	1997	1987	1997	1987	1997	1987	1997	1987	1997
Anzahl der lw. Betriebe	193	168	173	125	75	81	24	37	465	411	8.684	8.782
Anteil der Betriebe in%	41,5	40,9	37,2	30,4	16,2	19,7	5,1	9,0	-	-	-	-

(Quelle: LDS NRW: Die Gemeinden NRW - Informationen aus der amtlichen Statistik. Düsseldorf 1988 u. 1998)

(Anteil: 47%); mehr als die Hälfte des Standardbetriebseinkommens werden so erzielt. Trotz dieser großen Bedeutung hat keine ‚Loslösung der Viehhaltung von der Fläche' stattgefunden. Außerdem werden durch die verbreitete Einzelhoflage die Beeinträchtigungen durch Intensivlandwirtschaft minimiert. 118 Betriebe haben sich auf den Futterpflanzenanbau konzentriert, 62 auf den Anbau von Marktfrüchten (15%), 36 sind landwirtschaftliche Gemischtbetriebe. Die Mehrheit der landwirtschaftlichen Betriebe in Coesfeld erzielt ihr Einkommen über eine Kombination von Ackerfruchtanbau und Viehwirtschaft.

Mit 8 643 ha liegt der Anteil der landwirtschaftlichen Nutzfläche an der Gesamtfläche des Stadtgebietes bei rund 62%. Drei Viertel dieser Fläche werden ackerbaulich genutzt (6 465 ha; Anteil der Ackerbaufläche in NRW: 46%). Auch in der Fruchtfolge ist es in den letzten Jahren zu Verschiebungen gekommen. Aufgrund der Arbeitsintensität ist der Anbau von Hackfrüchten und Futterpflanzen zugunsten der Ausdehnung von Getreidearten immer mehr zurückgedrängt worden. So nehmen auch die verschiedenen Getreidesorten mit 5 305 ha (82%) den weitaus größten Teil der ackerbaulich genutzten Fläche ein; auf noch 1 151 ha werden Futterpflanzen angebaut, dabei handelt es sich zu 95% um Silomais.

90% aller landwirtschaftlichen Betriebe betreiben Viehhaltung (Anzahl: 389). Wachstum und Existenzsicherung sind aus Sicht der Landwirtschaftskammer häufig über den Einstieg in die oder den Ausbau der Veredelungswirtschaft erfolgt. Rinder- und Schweinehaltung bilden dabei die Hauptviehhaltungszweige; immerhin liegt die Zahl der Schweinehalter bei 294 Betrieben, das entspricht einem Anteil von rund 70%. Während 289 Betriebe im Jahr 1995 Mastschweine hielten (insgesamt über 56 000), waren nur in 179 Unternehmen Zuchtsauen (Anzahl: 9 000) vorhanden.

Der Rinderbestand der 194 Halter betrug 1995 insgesamt 10 728 Stück, davon waren 16% Milchkühe. Gerade im Bereich der Milchkuhhaltung hat sich im letzten Jahrzehnt – ausgelöst vor allem durch die Milchkontigentierung durch die Europäische Gemeinschaft 1984 – ein bedeutender Wandel vollzogen, der dazu führte, daß 1995 nur noch rund jeder vierte Landwirtschaftsbetrieb Milchkühe besaß (97 Betriebe). Insgesamt betreiben 45% aller landwirtschaftlichen Betriebe auf dem Gebiet der Stadt Coesfeld Rinderhaltung.

Auch die Größe der landwirtschaftlichen Betriebe unterliegt dem strukturellen Wandel: Charakteristisch für die Agrarstruktur im Bereich der Stadt Coesfeld sind heute zum einen die eher flächenkleinen – meist nebenerwerblich geführten – Landwirtschaftsbetriebe (Anteil rund 40%, Tab. 5), zum anderen ist – besonders in der letzten Dekade – ein Trend zu immer größeren Höfen festzustellen: Während die absolute Anzahl der Betriebe mit weniger als 10 ha landwirtschaftlicher Nutzfläche von 193 im Jahr 1987 auf 168 in 1997 gesunken ist, blieb der relative Anteil mit etwas über 40% nahezu konstant. Die Anzahl der Höfe, die über eine Größe zwischen 11 und 30 ha verfügen, verringerte sich in dem betrachteten Jahrzehnt im Gegensatz dazu sowohl absolut wie auch relativ (Anteil 1997: rund 30%). Der Anteil der Unternehmen mit mehr als 31 ha landwirtschaftlicher Nutzfläche stieg dagegen im Zeitraum zwischen 1987 und 1997 um fast 10% auf ca. 30%. Durch Zusammenlegung von Betriebsflächen vergrößerte sich die Anzahl der Höfe mit einer Nutzfläche zwischen 31 und 50 ha um sechs auf 81 (Anteil: fast 20%), die Zahl der Betriebe mit über 50 ha landwirtschaftlicher Nutzfläche von 24 auf 37 (Anteil: 9%). Eine Möglichkeit zur Vergrößerung des Betriebes stellt darüber hinaus die Zupacht von Nutzflächen dar.

Industrie, Handwerk und Gewerbe

Bis in die 1970er Jahre hinein nehmen Spinnerei und Weberei eine dominierende Stelle im Bereich der Industrie der Stadt Coesfeld ein. Sie standen damit in der jahrhundertealten Tradition der Textilindustrie des Westmünsterlandes. So arbeiteten beispielsweise 1932 an 1 719 Webstühlen in Coesfeld 822 Weber und Weberinnen. Zu Beginn der 1960er Jahre waren allein in vier Webereien über 900 Arbeiterinnen und Arbeiter an ca. 3 000 Webstühlen und Garnvorbereitungsmaschinen beschäftigt. Weitere 700 Arbeitskräfte kamen Mitte der 60er Jahre durch die 1956 gegründete Strumpffabrik Schulte & Dieckhoff hinzu. Bereits 1863 entstand in Anlehnung an das Textilhandwerk mit der Firma Crone ein erster Textilgroßbetrieb mit Blaudruckerei, Färberei und ab 1897 auch mit eigener Weberei. Neben den zahlreichen, noch folgenden bekleidungsgewerblichen Betrieben siedelten sich mehrere Texilmaschinenbauer in Coesfeld an, von denen heute die Firma Thies mit mehr als 200 Beschäftigten besonders herausragt. Zu Beginn der 70er Jahre war das Textil- und Bekleidungsgewerbe mit 38 Arbeitsstätten und fast 1 400 Beschäftigten nach den Gebietskörperschaften, aber vor dem Stahl- und Maschinenbau, der wichtigste Arbeitgeber in Coesfeld. Nach der bundesweiten Krise der Textilindustrie Mitte der 70er Jahre (ausgelöst durch die Ölkrise und den steigenden Wettbewerbsdruck aus dem Ausland) und der damit einhergehenden Rezession ging die Bedeutung dieser Branche für die Wirtschaft der Kreisstadt sowie des Landkreises merklich zurück. Der anschließende Strukturwandel verlagerte den industriellen Schwerpunkt auf den Maschinenbau sowie auf die Nahrungs- und Genußmittelindustrie.

So fanden 1987 laut Wirtschaftszweigsystematik des Landesamtes für Datenverarbeitung und Statistik mit 770 Beschäftigten in drei Betrieben mehr Menschen in der Maschinenbauindustrie Arbeit als im Textil- und Bekleidungsgewerbe, in dem 1987 nur noch rund 420 Personen in sieben Betrieben beschäftigt waren (Ernährungsgewerbe 1987: 470 Beschäftigte in drei Betrieben). Bis 1996 ist der Beschäftigtenanteil in der Textilindustrie dann auf 280 Personen gesunken. Schwerpunkte des sekundären Wirtschaftssektors, dem 1996 31,2% aller in Coesfeld Beschäftigten angehörten, sind heute weiterhin der Maschinenbau, die Nahrungs- und Genußmittelindustrie sowie das Baugewerbe. Aus Tab. 6 geht hervor, daß sechs der neun größten Unternehmen in Coesfeld mit mehr als 200 Beschäftigten zum produzierenden Gewerbe zählen.

So wie die meisten Industrieunternehmen dem Mittelstand angehören, ist auch das Handwerk in Coesfeld mittelständisch geprägt. Nach Angaben der Kreisverwaltung in Coesfeld sind 1998 in der Kreisstadt 227 Handwerksunternehmen mit insgesamt 2 377 Beschäftigten erfaßt worden, was eine durchschnittliche Betriebsgröße von 10 Personen ergibt. Damit arbeiten 40% der im sekundären Wirtschaftssektor Beschäftigten in Handwerksbetrieben, wohingegen mit 60% der größte Teil der Beschäftigten in Industriebetrieben seinen Erwerb findet. Das Handwerk deckt dabei traditionell ein breitgefächertes Spektrum ab, wobei Metall- und Baugewerbe in der Zahl der Betriebe das Holz-, Nahrungsmittel- und Bekleidungsgewerbe übertreffen.

Handel und Dienstleistung

Die Bedeutung Coesfelds als Einzelhandelsstandort läßt sich an der einzelhandelsrelevanten Kaufkraft sowie der Umsatz-Kennziffer (ermittelt von der GfK-Marktforschung 1997) festmachen. Die Berechnung der Kaufkraftkennziffer (ohne Ausgaben für Kfz, Brennstoffe, Dienstleistungen, Reparaturen) ergibt für Coesfeld 1997 einen Wert von 98,6 (100,0 entspricht dem Bundesdurchschnitt). Lediglich Münster (106,9), Haltern, Oelde, Altenberge, Dorsten und Beckum (99,4) haben im Regierungsbezirk Münster höhere Werte. Bei der Umsatz-Kennziffer, die für jede Kommune über 10 000 Einwohner den Grad der überlokalen Zentralität aufzeigt, erreicht Coesfeld mit 157,2 sogar den höchsten Wert des Münsterlandes überhaupt (zum Vergleich: Münster 140,9, Bocholt 125,2, Borken 99,6, Dülmen 91,8, Senden 82,5).

Von den 12 132 Arbeitsplätzen im Tertiären Sektor entfallen 1996 mit 2 560 rund 14% auf den

Tab. 6: Die größten Arbeitgeber in der Stadt Coesfeld mit mehr als 100 Beschäftigten 1999		
Firma	Ausrichtung	Beschäftigtengrößenklasse
J. W. Ostendorf GmbH & Co	Herstellung von Farben u. Lacken	500-1000
Ernsting's family GmbH & Co KG	Textileinzelhandel	200-500
Kreis Coesfeld	Kreisverwaltung	580
Stadt Coesfeld	Stadtverwaltung	330
Maschinenbau Scholz GmbH & Co KG	Maschinenbau	200-500
ELVO-Werke GmbH & Co	Gardinenstoffweberei	200-500
Thies GmbH & Co	Maschinenbau für Textilgewerbe	200-500
Coesfelder Holzwerke GmbH & Co KG	Möbelherstellung	200-500
Hupfer Metallwerke GmbH & Co	Drahtherstellung	200-500
Privatmolkerei Borgmann GmbH & Co KG	Milchverarbeitung	100-200
Helmus Straßen-Bau GmbH & Co	Straßenbau	100-200
Heinrich Klostermann GmbH & Co KG	Herst. von Betonerzeugnissen	100-200
St.-Laurentius-Stift GmbH	Altenheime	100-200
Autohaus Tönnemann GmbH & Co KG	Kraftfahrzeugeinzelhandel	100-200

(Quelle: Angaben der IHK Münster und eigene Erhebungen)

Bereich Handel (davon 60% auf den Einzelhandel, 26% auf Handelsvermittlung und Großhandel und 14% auf Kfz-Handel und Tankstellen). Bei der Arbeitsstättenzählung von 1970 wurden in den Sparten Groß- und Einzelhandel sowie Handelsvermittlung nur 1 972 Arbeitsplätze erfaßt (davon entfielen weniger als 4% auf die 16 Geschäfte in Lette), also rund 30% weniger als in den 90er Jahren. Dagegen ist die Zahl der Einzelhandelsbetriebe relativ konstant geblieben – bei stark gestiegenem Geschäftsflächenbedarf. Seit 1984 wird das innerstädtische Einzelhandelsangebot durch die ‚Kupfer-Passage‘, ein cityintegriertes Einkaufszentrum, ergänzt.

Eine 1993 von G. Nowak durchgeführte Nutzungskartierung in der Innenstadt von Coesfeld ergab eine Anzahl von insgesamt 234 vom Einzelhandel genutzten Hausgeschossen in der Kernzone innerhalb des Altstadtwalls. Mit 201 befanden sich rund 86% der Einzelhandelsnutzungen im Erdgeschoß. Rund 60% aller Einrichtungen des Einzelhandels sind im Hauptgeschäftsbereich angesiedelt (siehe Kapitel II). Die Kernzone Coesfelds bietet den Konsumenten ein breites Branchenspektrum, da elf unterschiedliche Bedarfsgruppen mehrfach durch Geschäfte vertreten sind. Jedoch fällt eine Nutzungskonzentration der Bedarfsgruppe Bekleidung und Textilien auf: Mit insgesamt 75 ist rund ein Drittel aller Geschoßnutzungen des Einzelhandels mit dieser Bedarfsgruppe belegt. Tab. 7 zeigt eine Verteilung der Einzelhandelsnutzungen nach Bedarfsgruppen des Einzelhandels in der Kernzone, wobei außerdem der Filialisierungsgrad des Einzelhandels, also der Anteil der Neben- und Filialgeschäfte an allen Einzelhandelsgeschäften, angegeben ist.

Eine Arbeitsstättenzählung der IHK Münster ergab, daß die erfaßten 209 Einzelhandelsbetriebe 1993 über eine Verkaufsfläche von insgesamt 68 000 m² verfügten. Die rund 200 Ladengeschäfte erreichten 1968 zusammen nur einen Geschäftsflächenbestand von ca. 40.000 m². Auch wenn sich somit die Einzel- und Großhandelsfläche der Coesfelder Geschäfte seit 1968 um 40% vergrößert hat, besteht weiterhin eine große Nachfrage nach ausgedehnteren Verkaufsflächen. Zwar liegt die durchschnittliche Verkaufsfläche mit fast zwei Quadratmetern pro Einwohner (1968: 1,8 m²/E.) um 0,8 m²/E. höher als das münsterländische Mittel, jedoch um 0,6 m²/E. niedriger als in der Nachbargemeinde Senden, wo sich mehrere großflächige Einzelhandelsunternehmen angesiedelt haben. Insgesamt existieren in Coesfeld über 12 großflächige Einzelhandelsbetriebe, die sich zumeist außerhalb der Kernzone befinden (Tab. 8) und zusammen über 55 700 m² Verkaufsfläche verfügen, was über 70% der gesamten Coesfelder Einzelhandels-Verkaufsfläche ausmacht. Auf über

Tab. 7: Bedarfsgruppen des Einzelhandels in der Kernzone der Stadt Coesfeld und Filialisierungsgrad 1993

Bedarfsgruppe	Anzahl	Filialisierungsgrad
Lebens- und Genußmittel	35	31%
Bekleidung und Textilien	75	41%
Hausratbedarf	13	0%
Körperpflege und Heilbedarf	22	27%
Bildung und Kunst	9	0%
Unterhaltungsbedarf	23	0%
Arbeitsmittel und Betriebsbedarf	12	8%
Wohnungseinrichtungsbedarf	15	0%
Fahrzeuge	5	60%
Schmuck- und Zierbedarf	22	5%
Bestellshops	3	100%
Summe	**234**	–

(Quelle: Nowak 1994)

33% der Fläche wird in sechs großflächigen Einzelhandelsbetrieben Hobby-, Bau- und Heimwerkerbedarf angeboten. Rund 50% der Verkaufsfläche entfallen auf drei Möbelhäuser sowie auf drei Teppich- und Wohneinrichtungsgeschäfte. Bei der Handels- und Gaststättenzählung 1986 wurden erst 36 000 m² Verkaufsfläche im großflächigen Einzelhandel registriert, also rund 22% weniger als 1998.

Gemessen an den Umsätzen und den Beschäftigtenzahlen haben in Coesfeld die Einzelhandelsbranchen Textil- und Bekleidung sowie Nahrungs- und Genußmittel traditionell die größte wirtschaftliche Bedeutung. Das Textileinzelhandelsunternehmen Ernsting's family mit mehr als 200 Beschäftigten und das Autohaus Tönnemann zählen dabei mit zu den größten Betrieben in der Kreisstadt.

Im Dienstleistungsbereich gehört neben der Kreis- und der Stadtverwaltung das St.-Laurentius-Stift zu den größten Arbeitgebern. Von den insgesamt 9 572 Erwerbstätigen in der Dienstleistungsbranche waren 1996 3 840 Personen oder 40% bei den Gebietskörperschaften oder den Sozialversicherungen beschäftigt (Tab. 3, Gesamtbeschäftigtenanteil: 20%). In der Sparte Dienstleistungen von Unternehmen und freien Berufen fanden 2 653 Personen einen Arbeitsplatz. Weitere Zweige sind Verkehr und Nachrichtenübermittlung, Kredit- und Versicherungsgewerbe sowie Organisationen ohne Erwerbszweck (vgl. Tab. 3).

Fremdenverkehr und Tourismus

Aufgrund der Nähe zum Ballungsraum Rhein-Ruhr und zur Solitärstadt Münster bietet sich das Westmünsterland als Zielgebiet für Kurzurlaubsaufenthalte und als Naherholungsraum für diese Verdichtungsgebiete an. Allerdings kommt dem

Tab. 8: Großflächiger Einzelhandel in der Stadt Coesfeld			
Firma	Straße	Branchenausrichtung	Verkaufsfl. in m²
Möbel Boer GmbH	Dreischkamp	Möbel/Teppiche/Wohnungseinrichtung	11 500
Möbelhaus Carl Stall	Dülmener Straße	Möbel/Teppiche/Wohnungseinrichtung	10 000
Ernsting's Gartencenter GmbH & Co KG	Dülmener Straße	Hobby-, Bau- und Heimwerkerbedarf	7 700
Real-Warenhaus	Dülmener Straße	Lebensmittel	5 600
Hagebaumarkt, B. Frieling GmbH & Co KG	Dülmener Straße	Hobby-, Bau- und Heimwerkerbedarf	5 150
Voss GmbH & Co KG	Am Teigelkamp	Hobby-, Bau- und Heimwerkerbedarf	5 600
Möbelmarkt Haverkämper KG	Boschstraße	Möbel/Teppiche/Wohnungseinrichtung	4 500
HÖFA Höbrink GmbH & Co KG	Wesslings Kamp	Möbel/Teppiche/Wohnungseinrichtung	2 150
Möllers GmbH & Co KG	Markenweg	Heizung/Sanitär	1 200
Hans Dieter Wittkowski	Industriestraße in Lette	Tapeten, Gardinen, Bodenbeläge	900
HWH Elektro-Leuchten-Haus GmbH	Industriestraße in Lette	Hausrat/Elektronik/TV	700
Fritz Wittich GmbH	Boschstraße	Kfz-Bedarf	700
Gesamt			**55 700**

(Quelle: Angaben der IHK Münster und Stadt Coesfeld)

Übernachtungstourismus in Coesfeld im Zeitalter wachsender Mobilität im Gegensatz zum Tagestourismus eine abnehmende wirtschaftliche Bedeutung zu, so daß die Anzahl der Beherbergungsbetriebe und der Übernachtungen nur begrenzt als Indikator für die touristische Attraktivität der Stadt Coesfeld herangezogen werden kann.

Während 1988 in insgesamt 10 Beherbergungsbetrieben 399 Betten bereitstanden, verteilt sich zehn Jahre später die Anzahl von 419 Betten auf 12 Beherbergungsbetriebe (vgl. Tab. 9). Im Gastgeberverzeichnis der Stadt Coesfeld, das zusätzlich zu den Angaben des LDS NRW auch Betriebe mit weniger als neun Betten aufführt, sind sogar 501 Betten in 19 Betrieben registriert. Die Beherbergungsformen Hotel, Gasthof, Pension und Hotel garni stellen zusammen rund 200 Betten bereit; das ist gegenüber 1988 eine Steigerung der Bettenkapazität um mehr als 60%. Bis auf jeweils eine Pension am Coesfelder Berg und einen Gasthof im Ortsteil Lette befinden sich alle Betriebe innerhalb des Altstadtrings.

Das Gastgeberverzeichnis der Stadt Coesfeld weist darüber hinaus 34 Betten in sieben Ferienwohnungen aus, die dezentral über das gesamte Stadtgebiet verteilt liegen. Gäste, die in Jugendherbergen übernachten möchten, müssen dagegen auf Nachbarkommunen, beispielsweise nach Nottuln, ausweichen.

Mit 270 Betten 1999 bieten die drei Erholungs-, Ferien- und Schulungsheime das größte Kontingent an Schlafgelegenheiten. Hierbei handelt es sich um die Kolping-Bildungsstätte und Heimvolkshochschule (150 Betten), das Haus Höltingshof, Jugendbildungsstätte und Schullandheim in der Bauerschaft Letter Berg mit einer Belegungskapazität von 75 Betten sowie die Freizeit- und Bildungsstätte der Katholischen Jugend Coesfeld in der Bauerschaft Sirksfeld mit 45 Betten. Letzterer ist ein 3 500 m² großer Zeltplatz für Jugend- und Familiengruppen sowie Schulklassen angeschlossen. Campingplätze befinden sich in den zum Ortsteil Lette gehörenden Bauerschaften Beikel und Letter Bruch. Ein weiterer Campingplatz liegt im Camping- und Wochenendhausgebiet Stevede im Südwesten des Stadtgebietes.

Die Anzahl der Übernachtungen in Betrieben mit mehr als acht Betten belief sich im Jahr 1983, für das die ältesten Daten vorliegen, auf 9 707 bei nur 6 489 registrierten Ankünften (Tab. 10). Bis 1987 sank dann die Anzahl auf Übernachtungen kontinuierlich auf 6 262. Ab 1988 ist – vermutlich verursacht durch eine andere Berechnungsgrundlage – eine Niveauanhebung auf 38 705 Übernachtungen bei 15 331 Gästeankünften zu verzeichnen. Bis zum Jahr 1989 ist dann noch einmal eine Zunahme um über 8 800 Übernachtungen registriert. In den folgenden Jahren kann ein stetiger Anstieg verzeichnet werden, bis im Jahr 1993 mit 51 851 Übernachtungen ein erster Höchststand erreicht ist. Seit 1989 liegt die durchschnittliche Zahl der Übernachtungen in den Beherbergungsstätten bei 50 500, wobei nach dem Höchststand von 1996 (54 448 Übernachtungen) wieder ein Abwärtstrend zu beobachten ist (1999: 47 682 Übernachtungen).

Mit geschätzten drei Vierteln des Umsatzes im Tourimus ist die ökonomische Bedeutung des Tagestourismus weitaus höher einzuschätzen als der Übernachtungstourismus. Der Aktiverholung dient das gut markierte Rad- und Wanderwegenetz in der Münsterländer Parklandschaft und den Baumbergen. Dabei stellt der Radwandertourismus ein

Tab. 9: Beherbergungsbetriebe und Betten in der Stadt Coesfeld 1988 und 1998/1999

Betriebsart	1988 [1]		1998 [1]		1999 [2]	
	Betriebe	Betten	Betriebe	Betten	Betriebe	Betten
Hotels	5	88	6	118	2	62
Gasthöfe	1	18	—	—	4	74
Pensionen	—	—	—	—	2	9
Hotels garni	1	9	2	62	1	52
Erholungs-, Ferien- u. Schulungsheime	3	284	3	227	3	270
Ferienhäuser u. –wohnungen	—	—	1	12	7	34
Jugendherberge	—	—	—	—	—	—
Betriebe insgesamt	**10**	**399**	**12**	**419**	**19**	**501**

(Quellen: [1] Landesamt für Datenverarbeitung und Statistik Nordrhein-Westfalen 1989 und 1999 (nur Betriebe mit mehr als neun Betten); [2] Gastgeberverzeichnis der Stadt Coesfeld 1999, incl. Betrieben mit weniger als neuen Betten)

herausragendes Angebotssegment im Fremdenverkehr in der Stadt Coesfeld wie im gesamten Münsterland dar. Neben den naturräumlichen Eigenarten der Parklandschaft mit dem ebenen bis flachwelligen Relief weist das Gebiet im Gegensatz zu anderen Radwanderregionen mit eher linearem Wegenetz den Vorteil eines flächenhaften Radwegesystems auf. Fahrradmietstationen, umfassende touristische Pauschalangebote der lokalen Verkehrsämter, vielfältige Kulturgüter (vor allem Wasserschlösser, Burgen, Gräftenhöfe und Herrensitze) sowie die zentrale Verbandstruktur der Touristikzentrale ‚MÜNSTERLAND TOURISTIK Grünes Band' mit einem systematischen Regionalmarketing (z.B. für die 100 Schlösser-Route) qualifizieren das radtouristische Angebot. Das herausragendste Angebot stellt dabei die 100 Schlösser-Route dar (vgl. hierzu auch den Beitrag von Heineberg in diesem Band). Von Coesfeld gibt es entweder die Möglichkeit, eine nördliche Route in Richtung Legden, Rosendahl oder Billerbeck/Havixbeck zu fahren, oder eine südliche – unter Benutzung von Verbindungswegen – in Richtung Nottuln, Lüdinghausen oder Gescher und Velen. Durch das Stadtgebiet verlaufen außerdem sieben verschiedene Radfahrwege (sechs in Coesfeld, einer in Lette).

Seit 1994 existiert neben der 100 Schlösser-Route die 157 km lange – den Norden des Kreisgebietes querende – Baumberger Sandsteinroute. Mit dem über Coesfelder Stadtgebiet verlaufenden 39 km langen ‚Großen Radwanderrundweg' sind 16 Sandstein-Sehenswürdigkeiten angebunden. Dabei handelt es sich ausschließlich um Objekte, die aus Baumberger Sandstein erbaut wurden oder in denen dieser als Werkstein verarbeitet wurde. Die meisten davon erreicht man über den ‚innerörtlichen Spazierweg' durch die Innenstadt von Coesfeld. Insgesamt befinden sich 40 der 220 Sehenswürdigkeiten und Objekte der Sandsteinroute innerhalb der Stadt Coesfeld, die teilweise über Verbindungswege vom ‚Großen Radwanderrundweg' aus zu erreichen sind. Der ‚Große Radwanderrundweg' selbst verläuft von Schloß Valar kommend durch die Bauerschaften Gaupel, Sirksfeld und Brink nach Coesfeld. Von dort geht es durch die Bauerschaften Goxel, Flamschen und Kalte nach Lette und weiter durch Pascherhook und Holsterbrink zum Kloster Gerleve.

Neben den Sehenswürdigkeiten bietet die Stadt Coesfeld Einwohnern und Gästen ein reichhaltiges Angebot an sportlichen Betätigungsmöglichkeiten sowie kulturellen Veranstaltungen. Theaterveranstaltungen, Konzerte (z.B. der ‚Kleine Konzertring'), weitere Musikveranstaltungen, das ‚Kommunale Kino' und Ausstellungen bilden einige Eckpunkte aus der Bandbreite des angebo-

Tab. 10: Anzahl der Ankünfte und Übernachtungen in der Stadt Coesfeld

Jahr	Ankünfte	Übernachtungen
1983	6 489	9 707
1984	5 905	9 453
1985	5 692	8 320
1986	5 056	7 097
1987	4 416	6 262
1988	15 331	38 705
1989	19 621	47 520
1990	21 529	51 735
1991	21 695	51 291
1992	22 169	51 851
1993	22 662	49 301
1994	24 113	49 469
1995	23 628	48 844
1996	28 579	54 448
1997	26 797	52 447
1998	23 786	47 768
1999	23 952	47 682

(Quelle: LDS NRW 1999)

tenen Spektrums. Ein wichtiger Faktor sind hierbei die kulturtragenden Vereine in Coesfeld.

II. Gefüge und Ausstattung

Die Stadt Coesfeld ist gemäß dem Landesentwicklungsplan neben Dülmen und Lüdinghausen als eines von drei Mittelzentren im Landkreis ausgewiesen, mit einem Versorgungsbereich von 50 000 bis 100 000 Einwohnern (vgl. hierzu auch den Beitrag von Heineberg in diesem Band). Der Landesentwicklungsplan II von 1995 stuft Coesfeld als Schwerpunkt 2. Ordnung im Schnittpunkt mehrerer Entwicklungsachsen 3. Ordnung ein (Münster–Stadtlohn, Dülmen–Ahaus, Borken–Burgsteinfurt). Mit seinen öffentlichen und privaten Dienstleistungseinrichtungen sowie als Verwaltungs-, Schul- und Einzelhandelsstandort kommt der Kreisstadt dabei eine bedeutende Stellung im Westmünsterland zu. Neben der Kreisverwaltung haben mehrere Bundes- und Landesbehörden sowie verschiedene Organisationen für die mittelständische Wirtschaft in der Stadt ihren Sitz. Zahlreiche weiterführende und berufsbildende Schulen sowie andere kulturelle Einrichtungen versorgen dabei über die Stadtgrenzen hinweg ein weites Umland. Darüber hinaus ist Coesfeld ein Industrie- und Gewerbestandort mit einer diversifizierten Branchenstruktur.

Räumlich und strukturell lassen sich innerhalb der Gesamtstadt vier Bereiche voneinander abheben: das ovale, dicht bebaute Altstadtgebiet innerhalb der ehemaligen Befestigungsanlagen, die sich daran anschließenden jüngeren Aus- und Neubaugebiete, die dörfliche Siedlung Lette sowie das vorwiegend landwirtschaftlich genutzte Kommunalgebiet mit den zu Bauerschaften zusammengefaßten Streusiedlungen. Im Stadtkern von Coesfeld verzahnen sich die Funktionsbereiche Wohnen, Versorgen und Arbeiten. So ist das gesamte Gebiet innerhalb des Wallrings als Kerngebiet ausgewiesen (insgesamt 21 ha). Hier sowie in den benachbarten Kernergänzungsgebieten sind die zentralörtlichen Funktionen der öffentlichen Verwaltung, von Handel, Gewerbe, Dienstleistung, Bildung und Kultur zusammen mit der Wohnfunktion konzentriert.

Das Angebot an Waren und Gütern des kurz-, mittel- oder langfristigen Bedarfs wird im Kerngebiet von den Geschäften des Facheinzelhandels, dem Shopping-Center „Kupferpassage" sowie von Warenhäusern und mehreren Supermärkten gedeckt. Der als Fußgängerzone ausgewiesene Hauptgeschäftsbereich mit den Einzelhandelsgeschäften umfaßt die Straßenzüge Letter Straße, Ritterstraße, Pfauengasse, Schüppenstraße, Süringstraße und Bernhard-von Galen-Straße sowie den Markt- und Lamberti-Platz. Ergänzt wird dieser Geschäftsbereich durch die im östlichen Teil für den Kraftverkehr gesperrte Kupferstraße sowie Abschnitte der Münsterstraße und der Kleinen Viehstraße. An der als Ausfallstraße zu charakterisierenden Dülmener Straße haben sich – den Ansprüchen der Konsumenten bezüglich großzügiger Verkaufsflächen, kostenloser Parkplätze und günstiger PKW-Erreichbarkeit Rechnung tragend – in innenstadtperipherer Lage mehrere großflächige Einzelhandelsbetriebe angesiedelt.

Die Altstadtsilhouette wird geprägt vom barocken Turm der St. Lamberti-Kirche. Der städtebaulich wirkungsvolle Turm wurde von Gottfried Laurenz Pictorius (1686–1703) erbaut und zeigt Einflüsse des holländischen Klassizismus. Die Lamberti-Kirche selbst hat im Laufe der Zeit mehrere Umbauten erfahren. Aus der ehemaligen romanischen Kirche hat sich eine gotische Hallenkirche entwickelt. Im Innern befindet sich hinter dem Hochaltar das sogenannte Coesfeld Kreuz, ein Gabelkreuz aus dem 13. Jahrhundert.

Auf der Westseite der Lamberti-Kirche liegt der Marktplatz mit dem nachgebildeten historischen Marktkreuz und der Marktgarage, einer Tiefgarage. Mit seinen Straßenlokalen und Ladengeschäften ist der Marktplatz heute Zentrum des städtischen Lebens, jeden Dienstag und Freitag wird hier der Wochenmarkt abgehalten. Auf der Südseite der Lamberti-Kirche (Ostseite des Marktplatzes) erhebt sich das Rathaus. Der Neubau wurde im Jahre 1955 vollendet, nachdem das alte gotische Rathaus an der Nordseite des Platzes in den letzten Tagen des Zweiten Weltkrieges völlig zerstört wurde. Das Rathaus beherbergt die meisten Ämter der Stadtverwaltung. In der Eingangshalle befindet sich außerdem die Touristeninformation. Eine Nebenstelle der Stadtverwaltung befindet sich im Ortsteil Lette.

Die evangelische Kirche schließt den erweiterten Marktplatz nach Süden hin ab. Bei dem Gebäude handelt es sich um das zwischen 1673 und 1692 als Jesuitenkolleg St. Ignatius erbaute Kernstück einer Jesuitenniederlassung. Nach Kriegszerstörung und Wiederaufbau dient der Kirchenbau seit 1955 den evangelischen Christen als Gotteshaus. Der sich südlich anschließende Gebäudekomplex (ehemalige Liebfrauenburg) gehörte ursprünglich ebenfalls zum Jesuitenkolleg. Die Anlage, zwischen 1664 und 1666 errichtet, wurde ab 1803 zunächst vom Wild- und Rheingrafen, später dann vom Fürst zu Salm-Horstmar als Schloßgebäude genutzt. Die Straßendurchfahrt (Bernhard-von-Galen-Straße) wurde nach dem Krieg im Zuge des Wiederaufbaus des zerstörten Gebäudes angelegt, welches dann als Provinzialhaus und Kloster des Ordens der Schwestern „Unserer Lieben Frau" diente. Nachdem die Schwestern ihr neues Kloster „Annenthal" am Gerlever Weg bezogen hatten, wurde der angrenzende, von der Berkel durchflossene Park 1980 für die Bevölkerung geöffnet. Heute wird der Gebäudekomplex teilweise von der Stadt Coesfeld als Verwaltungsgebäude benutzt. Außerdem beherbergt er die Musikschule, die Liebfrauenschule und das Altenheim St. Katharinenstift.

Zwischen Letter und Ritterstraße befindet sich die St. Jakobi-Kirche. Die ursprünglich bischöfliche Kapelle, im Jahr 1195 dem Kloster Varlar übertragen, wurde im 13. Jh. zweite Pfarrkirche in Coesfeld. Nach der völligen Zerstörung wurde nach 1945 ein Ziegelbau im neuromanischen Stil errichtet. Der aus den Trümmern geborgene romanische Triumphbogen (13. Jh.) konnte in den Neubau des 45 m hohen Turms integriert werden.

An der Weberstraße befindet sich die ehemalige Synagoge, die der seit etwa 1670 in Coesfeld nachgewiesenen jüdischen Gemeinde gehörte. Durch Übergang in Privatbesitz im Jahre 1938 konnte dieses historische Gebäude, welches als eines der wenigen Bauwerke dieser Art in Westfalen gilt, vor der Zerstörung gerettet werden. Im Gebäudeinnern befindet sich ein schlichter Saal, in dem noch die Frauenempore und die Umrahmung für den Thoraschrein erhalten sind. In den Jahren 1964–1966 wurden die Kriegsschäden behoben und das Gebäude wiederhergestellt. Heute ist es Gotteshaus der evangelisch-freikirchlichen Gemeinde Coesfelds.

Insgesamt gibt es auf dem Gebiet der Stadt Coesfeld acht katholische und drei evangelische Kirchen mit angeschlossenen Kirchengemeinden, wobei beide Konfessionen im Ortsteil Lette mit jeweils einer Gemeinde vertreten sind; hinzu kommt eine Gemeinde der Neuapostolischen Kirche.

Im Osten der Coesfelder Altstadt, zwischen Schützenwall und Wahrkamp, befindet sich das sogenannte Behördenzentrum, neben der Stadtverwaltung der wichtigste Standort der öffentlichen Dienstleistungen. Ursprung der Gesamtanlage war das alte Kreishaus von 1925 am Schützenwall. Bei diesem Gebäude handelt es sich um eine neubarocke, zweigeschossige Dreiflügelanlage aus Backsteinmauerwerk. Die Bauform soll die Tradition der Münsterländischen Schloßbaukunst repräsentieren. In dem Gebäudekomplex (heute Kreishaus II) ist gegenwärtig nur noch ein Teil der Kreisverwaltung untergebracht. Auf Initiative des Landkreises wurde das damals weitgehend freie Gelände südlich und östlich des Kreishauses seit Ende der 60er Jahre entwickelt. Dabei ist die heutige städtebauliche Situation Ergebnis eines in den 60er Jahren einsetzenden, langjährigen, kontroversen politischen Diskussionsprozesses, der zu Beginn der 70er Jahre zusätzlich von den Überlegungen zur kommunalen Neuordnung im westlichen Münsterland beeinflußt wurde. Nachdem 1970 die endgültige Entscheidung gefallen war, den Neubau des Gymnasiums Nepomucenum im Rahmen eines Schulzentrums auf einem freien Areal an der Holtwicker Straße nördlich der Altstadt zu errichten, standen die Flächen zwischen Schützenwall und Wahrkamp für Behördenbauten zur Verfügung. Sobald der Landkreis seinen Grundbesitz in dem betreffenden Gebiet arrondiert hatte, konnten auch weitergehende Baumaßnahmen beginnen. 1972 konnte das neue Kreishaus für die technischen Ämter, das sogenannte Technische Haus, am östlichen Ufer der Fegetasche gelegen, bezogen werden. Nachdem der alte Kreis Coesfeld ohne Gescher, aber mit Teilen der Kreise Münster und Lüdinghausen zum neuen Kreis Coesfeld vereinigt und Coesfeld Kreisstadt mit Sitz der Kreisverwaltung wurde, wuchs der Bedarf an weiteren Büros und Sitzungsräumen für die Unterbringung einer vergrößerten Kreisverwaltung. Aufgrund vorausschauender Planung ließ sich im Anschluß an das Technische Kreishaus ein neues Kreishaus mit 3 400 m^2 Nutz- und Verkehrsfläche bauen. Der Ende 1977 bezogene Erweiterungsbau mit den Räumen für die oberen Kreisorgane wie Landrat und Kreisdirektor ist seitdem Hauptgebäude der Kreisverwaltung und erhielt zusammen mit dem Gebäude der technischen Ämter die Bezeichnung Kreishaus I. Im Kreishaus II am Schützenwall sind seitdem beispielsweise das Kataster- und das Straßenverkehrsamt untergebracht, was eine Belastung des ansonsten verkehrsberuhigten Schützenwalls mit Kraftverkehr zur Folge hat.

Bereits 1965 entstand südlich des alten Kreishauses am Schützenwall das Haus der Sozialverwaltung, das heutige Kreishaus III, mit dem Sozial- und Gesundheitsamt. Ergänzt wird die Kreisverwaltung durch das Kreishaus IV, welches – an der Daruper Straße gelegen – das Veterinär- und Lebensmittelüberwachungsamt beherbergt. Seit 1967 befindet sich darüber hinaus am Wahrkamp das für das Westmünsterland zuständige Westfälische Straßenbauamt.

Da sowohl die Räumlichkeiten des Finanzamtes als auch die des Amtsgerichtes zu eng geworden waren, wurde für beide Dienststellen seit dem Ende der 60er Jahre nach Ausweichmöglichkeiten gesucht. Nachdem sich die zuständigen Dienststellen des Landes NRW für die Errichtung eines gemeinsamen Gebäudekomplexes entschlossen hatten und zwischen der späteren Friedrich-Ebert-Straße und dem Wahrkamp eine geeignete Fläche gefunden war, konnte nach dreijähriger Bauzeit im Juli 1982 der Neubau mit einer Nutz- und Verkehrsfläche von ca. 10 300 m^2 bezogen werden.

Als letztes Gebäude im Behördenzentrum wurde bis 1988 das Polizeidienstgebäude an der Daruper Straße errichtet. So verfügt die Kreisstadt

Coesfeld heute über ein modernes Behördenzentrum, das – innerhalb des Stadtgefüges günstig gelegen – für den überörtlichen Personenindividualverkehr gut erreichbar ist, da die um das Stadtzentrum geführte innere Ringstraße, die Friedrich-Ebert-Straße, seit 1979 gleichzeitig als Erschließungsstraße für die Behörden und für die östlichen Stadtteile fungiert. Zudem lassen sich die Behördenbauten vom Stadtzentrum fußläufig gut über den baumbestandenen Promenandenring erreichen. Dominiert wird das Behördenzentrum dabei vom hohen und ausgedehnten Gebäudekomplex des Finanzamtes und des Amtsgerichtes. Durch landschaftsgärtnerische Gestaltungsmaßnahmen und die Integration der Wasserläufe von Fegetasche, einem Relikt der ehemaligen Stadtschanze, und Honigbach, der, zu einem Teich aufgestaut, die Mauern des Amtsgerichtes im Bereich der Sitzungssäle gräftenartig umgibt, entstand unter Einbindung der Bürohäuser eine aufgelockerte, parkartige, grüne Stadtlandschaft, die jedoch von der Friedrich-Ebert-Straße als Hauptzäsur durchtrennt wird.

Neben den genannten ist die Kreisstadt Coesfeld Sitz von zahlreichen weiteren Ämtern, Behörden und Institutionen. Hierzu zählen das Arbeitsamt, verteilt auf mehrere Gebäude an der Holtwicker Straße, das Staatliche Amt für Arbeitsschutz und das Amt für Agrarordnung, die beide in einem Wohngebiet am Leisweg im Norden der Stadt gelegen sind, das Finanzbauamt an der Seminarstraße, der Technische Überwachungsdienst, die Justizvollzugsanstalt oder das Zollamt. Das Gebäude der Deutschen Post AG befindet sich seit Beginn der 80er Jahre an der Kupferstraße.

Das DRK-Heim und die Rettungswache liegen an der Daruper Straße. Die Ortsvermittlungsstelle und das Altenheim St. Laurentiusstift befinden sich an der Friedhofsallee, das Fernmeldeamt an der Borkener Straße. Die Kreisstelle Coesfeld der Landwirtschaftskammer Westfalen-Lippe hat sich ebenfalls an der Borkener Straße, in unmittelbarer Nähe zur Landwirtschaftsschule, angesiedelt. Darüber hinaus sind zu nennen: die Außenstelle des Medienzentrums an der Borkener Straße, das Kreiswehrersatzamt an der Osterwicker Straße, die Kreishandwerkerschaft, der Kreis-Caritas-Verband an der Wiesenstraße sowie die Kreisstellen der berufsständischen Verbände, der Wohlfahrtsverbände und politischen Parteien. Die Stadtwerke befinden sich seit 1997 in einem Niedrig-Energie-Gebäudekomplex im Gewerbegebiet an der Dülmener Straße. In der Bauerschaft Flamschen liegt die Freiherr-vom-Stein-Kaserne.

Die 1977 fertiggestellte Stadtbücherei an der Walkenbrückenstraße versteht sich mit ihrem Medienbestand als modernes Informations- und Kommunikationszentrum. Im Untergeschoß ist das Coesfelder Stadtarchiv untergebracht, eines der bedeutendsten Kommunalarchive des Münsterlandes. Das spätbarocke Portal der Stadtbücherei stammt vom ehemaligen Altbau des Heriburg-Gymnasiums, das früher ein Lehrerseminar beherbergte.

Am Mühlenplatz befindet sich die Städtische Turmgalerie Walkenbrückentor, in ihrem Anbau das Stadtmuseum. Die Walkenbrücker Toranlage ist ein Rest der Stadtbefestigung aus dem 14. Jahrhundert. Während des Zweiten Weltkrieges wurde sie stark beschädigt, jedoch nach 1945 im äußeren Erscheinungsbild wiederhergestellt. Es handelt sich hierbei um einen dreigeschossigen, rechteckigen Ziegelbau mit Spitzbogenfries auf Konsolen.

Weitere Museen gibt es im Heimathaus Lette und in der Windmühle in Lette. Auf der 1951 eröffneten Freilichtbühne Coesfeld, an der Rekener Straße (L 581) in der Bauerschaft Flamschen gelegen, werden in der Sommersaison Musicals, Märchen und Sonderveranstaltungen geboten. Darüber hinaus sind noch die Ruinen der Ludgerusburg an der Osterwicker Straße erwähnenswert. Die Ruinen des Torhauses der Ludgerusburg, die unter dem Fürstbischof Bernhard von Galen errichtet, aber nie vollendet worden ist, stammen aus der zweiten Hälfte des 17. Jahrhunderts.

Das frühere Mühlengebäude an der Umflut, dort verstandortet seit dem 16. Jh., wurde als Kupfer-, Loh-, Graupen- und zuletzt als Papiermühle genutzt, bevor Anfang des Jahrhunderts der Umbau in ein Wohnhaus erfolgte und das Gebäude in Privatbesitz gelangte. Ebenfalls an der Umflut befindet sich der Pulverturm. Hierbei handelt es sich um einen Rundturm aus Backsteinen, der sich über zwei Geschosse erstreckt und von einer Kegelhaube abgeschlossen wird. Die Turmanlage war Bestandteil der ehemaligen Stadtbefestigung, die Anfang des 17. Jh.s in Form eines doppelten Mauerrings mit Türmen, Umflut und Wall errichtet worden war.

Mehrere Sehenswürdigkeiten liegen außerhalb des Innenstadtbereiches und sind auf Karte I eingetragen: Der „Große Kreuzweg" wurde im Jahre 1659 von Bischof Christoph Bernhard von Galen der Stadt Coesfeld gestiftet. Er kann als ein wichtiges Zeugnis religiösen Brauchtums der Coesfelder Bürgerschaft und als ein bedeutendes Beispiel barocker Landschaftsarchitektur in Westfalen angesehen werden. Die achteckige „Große Kreuzwegskapelle" wurde von Peter Pictorius d. Ä. im Jahre 1659 errichtet.

Haus Loburg, nordwestlich der B 474 gelegen, wurde von 1550 bis 1560 von der Familie von Graes erbaut und blieb mehr als drei Jahrhunderte in Familienbesitz. 1912 kam sie an den Fürsten Alfred Salm-Salm auf Schloß Anholt, in dessen Familienbesitz sie sich noch heute befindet.

Die Letter Windmühle gilt als das Wahrzeichen des Ortsteils Lette. Sie wurde als Ersatz für die ehemals zum Rittersitz Lette gehörende Wassermühle errichtet. Es handelt sich hierbei um eine viergeschossige, hölzerne Kappenwindmühle mit Umgang am ersten Geschoß.

Das 360-Betten-Krankenhaus „St. Vinzenz-Hospital", eine wichtige mittelzentrale Einrichtung des Gesundheitswesens, liegt am Rande der Altstadt zwischen Südring und Beguinenstraße. Heute stehen dort Abteilungen für Chirurgie, Innere Medizin, Frauenheilkunde, Geburtshilfe und Kinderheilkunde sowie Belegabteilungen für Augenheilkunde und Hals-, Nasen- und Ohrenheilkunde zur Verfügung.

Darüber hinaus ist die medizinische Versorgung in Coesfeld durch 14 Allgemeinmediziner und Praktische Ärzte, 21 Zahnärzte sowie 31 weitere Fachärzte sichergestellt. Die Fachärzte decken die Bereiche Innere Medizin, Gynäkologie, Orthopädie, Dermatologie, Neurologie, Psychiatrie, Kinderheilkunde, Augenheilkunde, Hals-, Nasen- und Ohrenheilkunde sowie Chirurgie, Urologie und Radiologie ab. Die Einrichtungen der Fachärzte sind vornehmlich auf das Kerngebiet Coesfelds konzentriert, während sich Allgemeinmediziner und Zahnärzte bevorzugt in wohnstandortorientierten, dezentraleren Lagen niedergelassen haben. Die medizinische Versorgung wird außerdem durch Praxen für Naturheilverfahren, Physikalische Therapie, Krankengymnastik und Massage sowie (ambulante) Krankenpflege- und Krankentransportdienste ergänzt. An weiteren Einrichtungen der Gesundheitsfürsorge finden sich in der Kernstadt acht Apotheken und mehrere Krankenkassen-Geschäftsstellen. Darüber hinaus sind in der Innenstadt zahlreiche weitere öffentliche Einrichtungen und soziale Beratungsstellen angesiedelt. Die veterinärmedizinische Versorgung wird durch neun Tierärzte abgedeckt.

Erwähnenswert sind darüber hinaus weitere gehobene private Dienstleistungen sowie das Banken- und Versicherungswesen. Die Banken und Bausparkassen finden sich meistens im Hauptgeschäftsbereich und in verkehrsgünstigen Lagen des Ergänzungsbereiches. Die Hauptstelle der Sparkasse liegt an der Münsterstraße. Mehrere Sparkassen-Filialen sind außerdem über das Innenstadtgebiet verteilt. Die Zentrale der Volksbank, die Zweigstellen an der Ritterstraße und am Gerichtsring führt, befindet sich an der Kleinen Viehstraße. Im Ortsteil Lette existiert eine eigene Volksbank. Die Sparda-Bank ist mit zwei Bankfilialen in Coesfeld vertreten. Außerdem unterhalten die Commerzbank und die Deutsche Bank sowie vier Bausparkassen Geschäftsstellen in der Kreisstadt. Die Versicherungsagenturen konzentrieren sich vor allem an zwei Standorten: zum einen im nördlichen Altstadtgebiet, zum anderen im Bereich Letter Straße und Bahnhofsstraße. Die Standorte der Kanzleien von Rechtsanwälten (Anzahl: 10) und Steuerberatern (16), meist als Doppel- oder Mehrfachkanzlei geführt, verteilen sich ebenso über das Kerngebiet wie die Büros von Immobilienvermittlern.

Bildungsinfrastruktur

Im Bereich der Bildungsinfrastruktur verfügt die Stadt Coesfeld über eine gute Ausstattung, die auf die durch die Jesuiten begründete Tradition Coesfelds als Schulstadt zurückgeht. Die bis in die 70er Jahre hinein existierende räumliche Zersplitterung der schulischen Einrichtungen geht dabei auf die Tatsache zurück, daß mehrere Schulen in ehemaligen Klostergebäuden eingerichtet wurden. Neben allen Zweigen der allgemeinbildenden Schulen gibt es zwei Einrichtungen des Berufsschulwesens: Die Berufsbildenden Schulen des Kreises Coesfeld 1 mit einer kaufmännischen, hauswirtschaftlichen und allgemeingewerblichen Ausrichtung befinden sich an der Bahnhofsstraße (Oswald-von-Nell-Breuning-Berufs-Kolleg), die Berufsbildenden Schulen des Kreises Coesfeld 2 (Pictorius-Berufskolleg sowie die Höhere Landbauschule und Landwirtschaftsschule) mit einem gewerblich technischen und einem landwirtschaftlichen Zweig haben seit Mitte der 70er Jahre an der Borkener Straße, westlich der Eisenbahn, ihren Standort gefunden.

Mit über 6 400 Schülerinnen und Schülern an allgemeinbildenden Schulen ist Coesfeld mit Dülmen der wichtigste Schulstandort des Landkreises; jede(r) fünfte Schüler(in) des Landkreises besucht eine allgemeinbildende Schule in Coesfeld. Tab. 11 zeigt eine Verteilung der Schülerinnen und Schüler. An der Holtwicker Straße im Norden der Altstadt ist in den siebziger Jahren ein zukunftsorientiertes Schul- und Sportzentrum mit Gymnasium Nepomucenum, Theodor-Heuss-Realschule und Anne-Frank-Hauptschule errichtet worden. An dem ehemaligen Standort des Gymnasiums Nepomucenum sind seit Anfang der 80er Jahre die Post und das Einkaufszentrum „Kupferpassage" beheimatet. Neben dem Sportzentrum mit zwei Dreifachturnhallen, Sportplatz, Rasensportplatz, Tennisplätzen, Kampfsportbahnen und dem Hallenbad befindet sich auch die 1988 umgebaute Stadthalle im Kreuzungsbereich von Holtwicker und Osterwicker Straße. Die Stadthalle Coesfeld ist eine der größten Hallen des Westmünsterlandes. Der ca. 1 000 Personen fassende Saal dient großen Veranstaltungen, in dem auch Theater, Konzerte und Ausstellungen jeder Art stattfinden.

Das Heriburg-Gymnasium hat an der Seminarstraße im Nordwesten der Altstadt seit 1923 seinen Standort, während das Pius-Gymnasium im

Osten der Stadt am Gerlever Weg liegt. Während es sich bei den beiden erstgenannten Schulen um städtische Gymnasien handelt, befindet sich das Pius-Gymnasium in bischöflicher Trägerschaft.

Innerhalb des Altstadtwalls gibt es mit der Lamberti- und der Martin-Luther-Schule zwei Grundschulen mit zusammen 360 Schülerinnen und Schülern. Der Standort der Musikschule der Gemeinden Billerbeck, Coesfeld und Rosendahl – hier werden insgesamt 940 Schülerinnen und Schüler unterrichtet – liegt an der Bernhard-von-Galen-Straße. In den Stadterweiterungsgebieten östlich des Adenauer-Ringes befinden sich die Ludgeri-Grundschule (im Viertel nördlich der Borkener Straße) sowie die Laurentius-Grundschule, mit rund 450 Schülerinnen und Schülern die größte Bildungseinrichtung im Primarstufenbereich.

Im Viertel östlich der Dülmener Straße liegen die Freiherr-vom-Stein-Realschule, die Kreuzschule (Hauptschule), die Jakobischule und die Maria-Frieden-Schule (beide Primarbereich) sowie die Fröbelschule, eine Sonderschule für Lernbehinderte am Hornebach. Darüber hinaus befinden sich im Ortsteil Lette die Kardinal-von-Galen-Grundschule. Im Gebäude der ehemaligen Johannes-Hauptschule ist derzeit eine Dependance der Freiherr-vom-Stein-Realschule Coesfeld untergebracht. Bis zur Fertigstellung des Erweiterungsbaus an der Realschule im Jahre 2003 werden hier etwa 6-8 Klassen unterrichtet. In der Bauerschaft Goxel gibt es ebenfalls eine Kardinal-von-Galen-Grundschule. Die neunte und kleinste Grundschule in der Stadt Coesfeld, die Martinschule mit rund 70 Schülerinnen und Schülern, liegt in der Bauerschaft Brink am nördlichen Stadtrand.

Neben diesen schulischen Bildungseinrichtungen verfügt Coesfeld über zahlreiche Einrichtungen der Weiterbildung: die Volkshochschule, das Studienzentrum (Fernuniversität Hagen) an der Neutorstraße, die Familienbildungsstätte am Marienwall, die Kolpingbildungsstätte und Heimvolkshochschule am Gerlever Weg, das Katholische Bildungswerk am Fürstenbusch und Haus Gudorf am Philosophenweg in Lette, das Bildungswerk der DAG an der Dülmener Straße und das Gastgewerbliche Bildungszentrum in der Münsterstraße. Die Handwerkerbildungsstätten der Kreishandwerkerschaft sind dezentral über das Stadtgebiet verteilt.

Mit 15 Kindergärten und -tagesstätten ist Coesfeld flächendeckend versorgt. Während sich 10 Kindergärten, ein Montessori-Kinderhaus, eine Kindertagesstätte sowie ein Kindertreff, die im Innenstadtgebiet, in Goxel und in Lette liegen, in katholischer Trägerschaft befinden, wird ein Kindergarten in Trägerschaft der evangelischen Kirchengemeinde geführt. Darüber hinaus wird eine Kindertagesstätte vom Deutschen Roten Kreuz getragen.

An Jugend- und Freizeiteinrichtungen existieren die Jugend- und Freizeitbildungsstätte „Sirksfelder Schule" sowie das „Stellwerk" am Bahnhof. Das Jugendzentrum „Stellwerk" bietet Hausaufgabenbetreuung, Gruppenräume, Sporträume, Werkräume, Café und Disco. Darüber hinaus sind die „Fabrik" und das „Cafe Central" zum Treffpunkt für junge Besucher geworden.

Die Freizeit- und Sportinfrastruktur verteilt sich über das gesamte Stadtgebiet. So unterhält die Stadt Coesfeld fünfzehn Turn- und Sporthallen, vier Sportzentren und weitere fünf Sportplätze; alle Einrichtungen werden neben dem Schulsport auch durch den Vereinssport genutzt. Außerdem stehen ein Hallen- und Freibad in Coesfeld sowie eine Schwimmhalle in Lette zur Verfügung. Ergänzt wird das Freizeitangebot durch acht Tennisanlagen, zwei Tennishallen, zwei Reitsportanlagen, drei Schießsportanlagen, einen Modellflugplatz und einen Golfplatz.

Stadterneuerung und Verkehrsentflechtung

Der Wiederaufbau der zu über 80% zerstörten Innenstadt vollzog sich nach dem Zweiten Weltkrieg auf dem alten Stadtgrundriß mit seinem weitgehend aus dem Mittelalter stammenden Straßensystem. Mit dem Anwachsen der Bevölke-

Tab. 11: Schüler/innen an allgemeinbildenden Schulen in der Stadt Coesfeld 1997/98		
Name	Schulform	Schüler/innen
Laurentiusschule	Grundschule	451
Maria-Frieden-Schule	Grundschule	302
Ludgerischule	Grundschule	259
Kardinal-von-Galen-Schule, Lette	Grundschule	255
Lambertischule	Grundschule	214
Jakobischule	Grundschule	165
Marin-Luther-Schule	Grundschule	149
Kardinal-von-Galen-Schule, Goxel	Grundschule	111
Martinschule, Brink	Grundschule	69
Gesamt	**Grundschulen**	**1 975**
Anne-Frank-Schule	Hauptschule	425
Kreuzschule	Hauptschule	543
Gesamt	**Hauptschulen**	**968**
Theodor-Heuss-Schule	Realschule	502
Frh.-vom-Stein-Schule	Realschule	694
Gesamt	**Realschulen**	**1 196**
Nepomucenum	Gymnasium	733
Heriburg-Gymnasium	Gymnasium	759
Pius-Gymnasium	Gymnasium	612
Gesamt	**Gymnasien**	**2 104**
Fröbelschule	Sonderschule	177
Städt. Schule für Kranke im St. Vincenz-Hospital	Sonderschule	20
Gesamt	**Sonderschulen**	**197**
Summe allgemeinbildende Schulen		**6 440**

(Quelle: Kreis Coesfeld - Stabsstelle 1998)

rung ging eine bedeutende Ausdehnung der Siedlungsfläche in die randstädtischen Bereiche einher. Rund um den Altstadtkern entstanden neue Wohngebiete, deren Zentrum häufig neue Kirchenfilialen in Verbindung mit Nahversorgungseinrichtungen bildeten. Steigende Bevölkerungs- und Schülerzahlen sowie ein sich dynamisch entwickelnder Handels- und Dienstleistungssektor riefen Ansprüche nach Expansionsmöglichkeiten in möglichst zentraler Lage hervor, an deren Verwirklichung – teilweise durch Standortverlagerung – seit den 60er Jahren gearbeitet wurde. Parallel dazu wurde aufgrund des immer stärker zunehmenden Kraftfahrzeugverkehrs eine Neuordnung des innerstädtischen Straßenverkehrssystems erforderlich. Da die sich in der Innenstadt kreuzenden Bundes- und Landstraßen (B 67, B 474, L 582, L 581) gleichzeitig Hauptgeschäftsstraßen darstellten, wurde die Aufenthalts- und Einkaufsqualität auf den Hauptverkehrsstraßen durch Enge, Lärm und Fahrzeugabgase stark beeinträchtigt. So kam es bereits zu Beginn der 60er Jahre zu ersten Überlegungen zur Verkehrsentflechtung, die in die Erkenntnis mündeten, daß zum Erhalt oder zur Wiederherstellung der zentralen Funktionen der Innenstadt neben Ortsumgehungsstraßen auch innerstädtische Entlastungsstraßen erforderlich seien. Nachdem die Standortfrage für den Gymnasium- und den Kreishausneubau nach einem mehrjährigen Diskussionsprozess geklärt war, konnte auch die Lösung der innerstädtischen Verkehrsprobleme angegangen werden. Angedacht waren ein westlicher und ein östlicher Ring, um die schmalen Straßen der Altstadt zu entlasten. Verwirklicht wurde schließlich nur die östliche Entlastungsstraße, die sogenannte Wahrkamptrasse, die von der Kreuzung Alte Münsterstraße/Daruper Straße in einem Bogen über die sogenannte Cronewiese zwischen Wahrkamp und Schützenwall zur Kreuzung der Holtwicker und Osterwicker Straße führt und die bei der Freigabe als K 52 im Jahr 1979 den Namen Friedrich-Ebert-Straße erhielt. Daneben wurden bis 1995 eine südliche und eine westliche Ortsumgehungsstraße gebaut. Die Bundesstraße B 67 (Münster–Bocholt), die früher über die Daruper und die Borkener Straße (heute zur K 46 herabgestuft) in die Altstadt geführt wurde, verläuft heute als B 525 von Harle im Osten entlang der südlichen Stadtkante zwischen den Gewerbegebieten Am Wasserturm und Dreischkamp, um westlich von Goxel wieder auf die Borkener Straße zu stoßen. Die westliche Ortsumgehung (B 474 von Dülmen in Richtung Rosendahl–Holtwick) zweigt südlich der Gewerbegebiete Otterkamp und Rottkamp von der Dülmener Straße ab, wird dann als Konrad-Adenauer-Ring in einem westlichen Bogen um die Gewerbegebiete herumgeführt, um – die B 67/525 und die Rekener Straße/Friedhofsallee kreuzend – in Richtung Norden bis zur Borkener Straße zu verlaufen. Von der Kreuzung mit der Borkener Straße wird der Konrad-Adenauer-Ring östlich der Marienburg in einem Bogen entlang der Bebauung bis zur Kreuzung mit der Holtwicker Straße geführt, von wo aus die B 474 auf der alten Trasse nach Norden verläuft. Das letzte Teilstück des Konrad-Adenauer-Ringes wird nördlich der Bahnlinie als L 555 bis zur Kreuzung mit der Osterwicker und der Waldstraße in Gaupel geführt.

Während mit dem Bau von Wahrkamptrasse/Friedrich-Ebert-Straße und den beiden Ortsumgehungsstraßen eine deutliche Verkehrsentlastung der Altstadt geschaffen wurde, konnte der westliche Teil eines inneren Ringes bisher nicht verwirklicht werden, vor allem weil dieser durch weitgehend bebautes Gebiet führen würde. So wird im westlichen Teil der Innenstadt der Kraftverkehr über die Bahnhofs-, Sökeland- und Wiesenstraße zum Gerichtsring geführt, von wo aus er über Friedhofsallee und Borkener Straße nach Westen abfließen kann, oder über den Teichweg und die Wetmarstraße zur Holtwicker Straße (L 581/B 474). Dem ruhenden Verkehr stehen dezentral über das Innenstadtgebiet verteilte Parkplätze sowie zwei Tiefgaragen zur Verfügung.

Durch die Neuordnung der innerstädtischen Verkehrsführung sowie die Verlagerung des Durchgangsverkehrs waren die Voraussetzungen für die Einrichtung von Fußgängerbereichen und verkehrsberuhigten Zonen geschaffen. Zu Beginn der 80er Jahre wurden die Haupteinkaufsstraßen

Walkenbrückentor
(Foto: Stadtmarketing Verein Coesfeld & Partner e.V.)

Karte I: Coesfeld

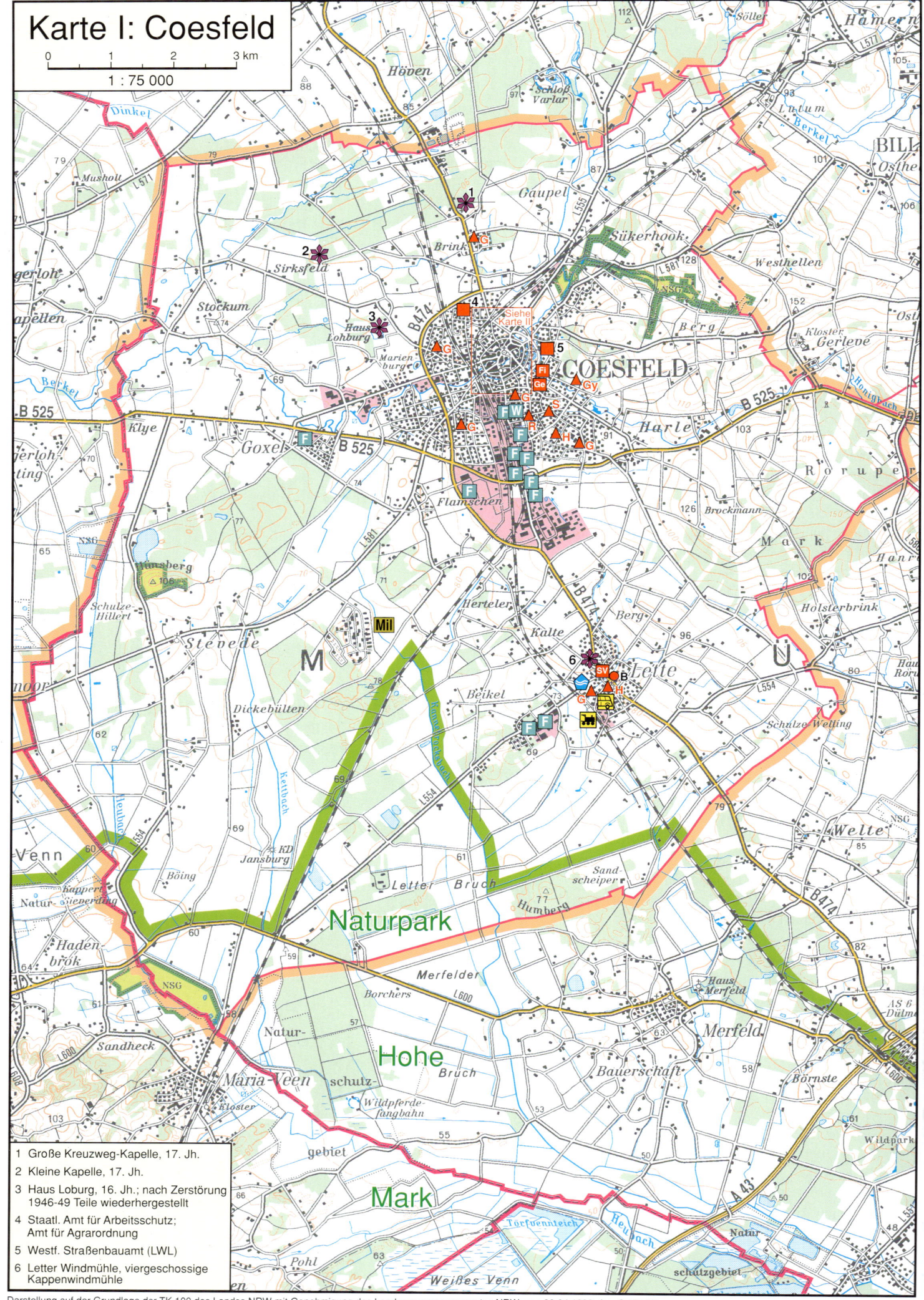

0 1 2 3 km
1 : 75 000

1 Große Kreuzweg-Kapelle, 17. Jh.
2 Kleine Kapelle, 17. Jh.
3 Haus Loburg, 16. Jh.; nach Zerstörung 1946-49 Teile wiederhergestellt
4 Staatl. Amt für Arbeitsschutz; Amt für Agrarordnung
5 Westf. Straßenbauamt (LWL)
6 Letter Windmühle, viergeschossige Kappenwindmühle

Darstellung auf der Grundlage der TK 100 des Landes NRW mit Genehmigung des Landesvermessungsamtes NRW vom 09.04.1999, Az.: S 973/99.

Karte II: Coesfeld

1:5 000

1 Kath. Pfarrkirche St. Lamberti; spätgotische Hallenkirche 1473-1524 erbaut, Pfarre älter
2 Kath. Pfarrkirche St. Jakobi; Neubau von 1948/49 mit ursprüngl. Portal, 13. Jh.
3 Ehem. Synagoge, heute Kirche der Ev. Freikirchlichen Gemeinde; 1964-66 wiederhergestellt
4 Walkenbrücker Tor, 1383 genannt, nach 1945 wiederhergestellt; heute Stadtmuseum

Darstellung auf der Grundlage der DGK 5 des Landes NRW mit Genehmigung des Landesvermessungsamtes NRW vom 09.04.1999, Az.: S 973/99.

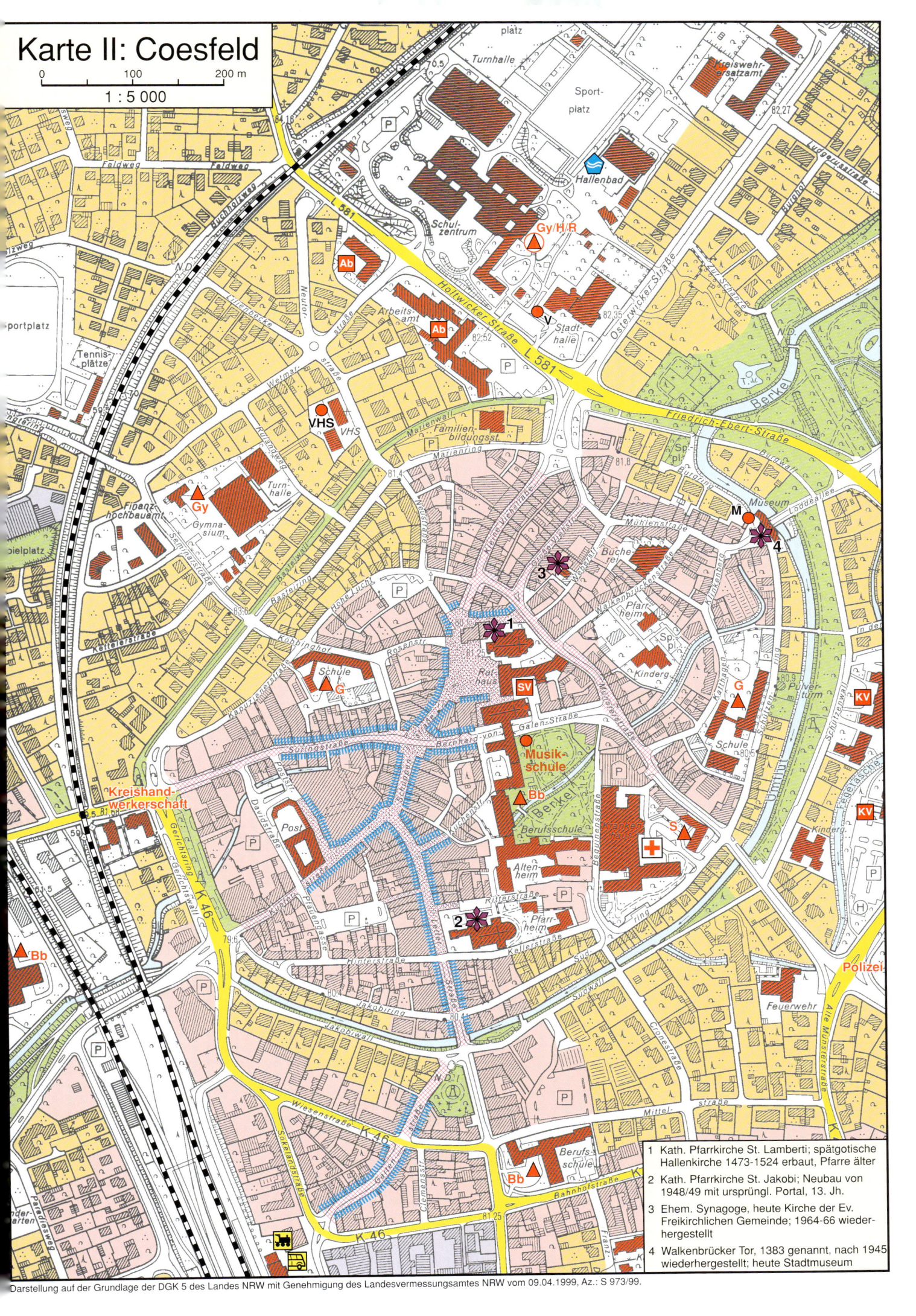

in Fußgängerzonen umgewandelt, nach der Fertigstellung eines unterirdischen Parkhauses unter dem Marktplatz mit ca. 150 Stellplätzen konnten auch der Coesfelder Marktplatz und die angrenzenden Bereiche neugestaltet und die Bebauung durch Neubauten ergänzt werden. 1984 eröffnete die „Kupferpassage", ein cityintegriertes Einkaufszentrum mit 34 Einzelhandelsgeschäften und rund 3 900 m^2 Verkaufsfläche. In diesem Geschäftszentrum, zwischen Süringstraße sowie Schüppen- und Kupferstraße gelegen, stehen ebenfalls 150 PKW-Stellplätze in einer Tiefgarage zur Verfügung. Die genannten Maßnahmen sicherten Mitte der 80er Jahre die Bedeutung und Attraktivität Coesfelds als Einkaufsstadt.

Höhere Attraktivität sollte und konnte auch durch das Sanierungsprojekt im dicht bebauten Norden der Altstadt erreicht werden. Da das Gebiet im Bereich Mühlen- und Weberstraße von Kriegszerstörungen weitgehend verschont blieb, fanden sich dort noch zusammenhängende Gebäudegruppen aus dem 19. Jh. und älter. Aufgrund der baulichen Beschaffenheit der Gebäude, der vorhandenen Mischung von Wohn- und Arbeitsstätten und der fehlenden Freiflächen konnten die Anforderungen an moderne Wohn- und Arbeitsbedingungen nicht mehr erfüllt werden, und die Funktionsfähigkeit des Gebietes war wegen mangelnder räumlicher und wirtschaftlicher Entwicklungsmöglichkeiten stark geschwächt. Letzter, auslösender Impuls für die Sanierungsmaßnahmen war ein Brand im Jahr 1974, dem auch das Mühlengebäude an der Berkel/Umflut zum Opfer fiel. Nach den Maßgaben des Städtebauförderungsgesetzes wurde aufgrund der „städtebaulichen Mißstände" ein 4,4 ha großes Areal laut Flächennutzungsplan als Sanierungsgebiet festgelegt.

Durch die Sanierung, die 1988 abgeschlossen werden konnte, hat der Bereich um die Mühlen- und Weberstraße in einem fast zwanzigjährigen Prozeß eine städtebauliche Neuordnung erfahren, wobei erhaltenswerte Gebäude mit teilweise denkmalswerter Bausubstanz durch Restaurierungs- und Modernisierungsmaßnahmen ihre Funktionsfähigkeit wiedererlangten, störende Gewerbe- und Industriebetriebe ausgelagert (zumeist in Gewerbegebiete mit Expansionsmöglichkeiten am Stadtrand) sowie degradierte Altbauten durch Abriß entfernt und neue, zentrumsnahe Wohngebäude eingefügt wurden. Darüber hinaus konnten die öffentlichen Verkehrsflächen neugestaltet und beispielsweise mit dem Parkhaus am Walkenbrückentor zusätzliche Parkplätze geschaffen werden.

Wohngebiete

Neben der Kernzone in der Innenstadt von Coesfeld weist der Flächennutzungsplan von 1973/77 vier weitere Siedlungsschwerpunkte aus. Dies sind der südöstliche Stadtteil zwischen Daruper und Dülmener Straße („Maria-Frieden-Viertel"), der südwestliche Stadtteil zwischen Bahnanlagen und Konrad-Adenauer-Ring („Laurentius-Viertel" und die westliche Fortsetzung im Bereich Steveder Weg), der sich anschließende Bereich nördlich der Borkener Straße (u.a. „Ludgeri-Viertel") sowie der Ortsteil Lette. Alle Siedlungsschwerpunkte verfügen über Nahversorgungseinrichtungen und üben teilweise die Funktion kleiner Nebenzentren aus. Innerhalb dieser Nebenzentren nimmt der Ortskern von Lette aufgrund der ehemaligen kommunalen Selbständigkeit eine besondere Stellung ein, was sich trotz gewisser Defizite in der wohnungsnahen Grundversorgung vor allem in einer umfangreicheren Ausstattung (Einzelhandel, Dienstleistungen, z.B. Verwaltungsnebenstelle mit Heimathaus, zwei Schulen, zwei Apotheken, drei Ärzte) widerspiegelt, die vor allem im zentralen Bereich zwischen Bahnhof und B 474 (Coesfelder Straße) lokalisiert ist (als Mischgebiet ausgewiesen). Auch nach der Eingemeindung hat Lette seinen dörflichen Charakter behalten; Mittelpunkt des Ortes sind der Alte Kirchplatz im Dorfkern, der im Zuge der Neutras-

Blick auf St. Lamberti
(Foto: Geographische Kommission für Westfalen)

sierung der B 474, die weiterhin ortszerschneidend wirkt, umgestaltet wurde, sowie der benachbarte Gemeindeplatz. Die heutige St. Johanneskirche an der Kirchstraße wurde 1914 fertiggestellt, nachdem der Vorgängerbau (erster Kirchbau um 1186) abgebrochen werden mußte.

Während die Kernzone in der Coesfelder Altstadt durch durchgehende Häuserzeilen gekennzeichnet ist, dominiert im übrigen Innenstadtgebiet die typisch münsterländische Bebauung mit freistehenden, meist rot verklinkerten Einfamilienhäusern. An den Hauptgeschäftsstraßen finden sich durchgehend viergeschossige Gebäude, sonst ist die Bebauung in der Altstadt meist dreigeschossig, entlang des Stadtwalles bei reiner Wohnbebauung sogar häufig nur zweigeschossig. Im Kontrast zur weitgehend kriegszerstörten Altstadt stehen die Wohnbereiche nahe der Ausfallstraße und in unmittelbarer Nähe der Ringstraße, die durch Bausubstanz der Zwischenkriegszeit gekennzeichnet sind. An diese flächenkleinen Gebiete schließen sich die großflächigen Neubaugebiete mit meist freistehenden, zweigeschossigen Gebäuden der Nachkriegszeit an, wobei in jeder Dekade neue Wohngebiete entstanden. Der Flächenutzungsplan weist diese Siedlungsflächen als Wohngebiete aus; bald zwei Drittel der gesamten bebauten Fläche Coesfelds werden von den Wohnbauflächen eingenommen, die sich fast konzentrisch (nur unterbrochen von Gewerbe-, Gemeinbedarfsflächen oder Flächen für Bahnanlagen) um das Altstadtoval gelegt haben – wenn auch in unterschiedlicher Breite. Neben dem dörflichen Siedlungsgebiet im Ortsteil Lette gibt es nur noch drei größere, zusammenhängende Wohnsiedlungsflächen: das „Herman-Löns-Viertel" zwischen dem Gewerbegebiet „Industriestraße" und „Letter Bruch", die Siedlung südlich der B 525 in Goxel und das Wohnbaugebiet östlich der Martinschule in Brink.

Gewerbe- und Industriegebiete

Mit der Ausweisung zahlreicher Industrie- und Gewerbegebiete seit den 70er Jahren wurden wichtige Voraussetzungen für die industriegewerbliche Wirtschaftsentwicklung geschaffen. Die Industrie- und Gewerbeflächen konzentrieren sich heute hauptsächlich auf drei Bereiche: In direkter Anbindung über die B 525 an die A 31 liegt das „Gewerbegebiet West" an der Borkener Straße. Hier sind beispielsweise Betriebe des Maschinenbaus, der fleischverarbeitenden Industrie oder die Handwerkerbildungsstätten angesiedelt.

Die Gewerbegebiete „Lübbesmeyerweg/Am Wasserturm" westlich der Dülmener Straße und „Rottkamp/Otterkamp", beidseitig an der Dülmener Straße gelegen, bilden mit ihrer guten Verkehrsanbindung an Schiene und Bundesstraße den ursprünglichen Kern zur Ansiedlung von Gewerbe und Industrie.

Als sich Mitte der 80er Jahre abzeichnete, daß die in diesem Bereich vorhandenen Gewerbeflächen nicht mehr ausreichen, wurde mit der Planung des Gewerbegebietes „Süd-West/Dreischkamp" begonnen, welches heute – an der neuen Umgehungsstraße B 474n südlich des Gebietes „Lübbesmeyerweg/Am Wasserturm" gelegen – eine Fläche von mehr als 73 ha umfaßt. Zielvorgabe der zukunftsorientierten Planung war eine Berücksichtigung von architektonischen und ökologischen Anforderungen, was sowohl die Durchgrünung des Gebietes und die Schaffung von Ausgleichsflächen betraf als auch die äußere Gestaltung der jeweiligen Baukörper. Dieses große, zusammenhängende Areal verschiedener Gewerbegebiete im Süden der Innenstadt wird ergänzt durch die flächenkleineren Gewerbegebiete „Am Ächterrott" und „Weßlings Kamp", beide in unmittelbarer Nähe zur Dülmener Straße gelegen. Darüber hinaus befindet sich im Ortsteil Lette das Gewerbegebiet „Industriestraße", in dem neben mehreren Gewerbe- und Handelsbetrieben vor allem kleinere Firmen angesiedelt sind.

Insgesamt gesehen gab es Ende der 90er Jahre auf dem Stadtgebiet rund 165 ha Industrie- und Gewerbeflächen, wovon nur noch ein kleiner Teil in den Gebieten „Süd-West/Dreischkamp" und „Lübbesmeyerweg/Am Wasserturm" sowie in „Süd-West" für Neuansiedlungen zur Verfügung steht. Die Konzentration der Gewerbeflächen auf die genannten Bereiche führte dazu, daß im ganzen Stadtgebiet kaum Störfaktoren und Nutzungskonflikte zwischen Wohnen und Gewerbe existieren.

Grün- und Schutzflächen

Die Fließgewässer Berkel, Honigbach, Fegetasche und Umflut werden von beidseitigen Grünzügen begleitet. Im Bereich der ehemaligen Stadtbefestigung (Wall und teilweise Graben) ist das Oval der Altstadt heute mit dem Promenadenring ebenfalls vollständig von einem Grünzug umgeben. Friedhöfe, Sportanlagen und Spielplätze weist der Flächennutzungsplan innerhalb der Innenstadt gleichfalls als Grünflächen aus. Der Naherholung dienen darüber hinaus die drei Stadtparke an der Bernhard-von-Galen-Straße (ehemaliger Schloßgarten mit Berkelaue), an der Billerbecker und der Karlstraße sowie der Stadtwald am Coesfelder Berg.

Auf dem Gebiet der Stadt Coesfeld gibt es sechs Landschaftsschutzgebiete: die Baumberge, „Lutum/Gaupel", „Honigbach", „Hünsberg-Monenberg" (Coesfelder Heide, Kiefernheide), „Stevede-Süd" und „Zuschlag", wobei dem „LSG Baumberge" im Nordosten der größte Flächenanteil zukommt. Einen flächenkleineren Anteil nehmen die drei Naturschutzgebiete „Heidesee", „Letter Bruch" und „Siebenquellen/Talaue Hohnerbach" ein. Schließlich liegt ein südlicher Streifen des Stadtgebietes im Naturpark „Hohe Mark".

Als Naturdenkmäler sind das bronzezeitliche Urnenfeld bei Lette, der Aussichtspunkt „Dreilindenhöhe" und die „Siebenquellen" am Coesfelder Berg, die „Eiche", die „Hecke Schulze-Hillert" sowie der „Steveder Kreuzweg" in der Bauerschaft Stevede eingestuft.

III. Perspektiven und Planung

Im Erhalt bestehender und in der Schaffung neuer Arbeitsplätze und Wohnungen sieht die Stadt Coesfeld ihren Beitrag zur nachhaltigen Zukunftssicherung. In der Kreisstadt ist eine anhaltend starke Nachfrage auf dem Wohnungsmarkt festzustellen. Das gilt sowohl für den Zentralort selbst als auch für den Ortsteil Lette, wo in den Baugebieten „Mühlenesch", „Zur Stegge" und „Am Wulferhooksweg" neue Wohneinheiten entstehen. Der zusätzliche Bedarf an Wohnraum ist auf eine steigende Zahl an Einwohnern zurückzuführen. Für die kommenden Jahre wird ein weiterer Anstieg der Bevölkerung prognostiziert. In den letzten Jahren wurde durch die Erschließung zahlreicher Baugebiete für Ein- und Mehrfamilienhäuser den Wohnraumbedürfnissen der Bevölkerung begegnet. Dazu zählen die Wohngebiete „Am Stadtbusch 1 und 2" (15,5 ha), „Buddenkamp", „Wienhörster Bach" und „Baakenesch" im Westen der Stadt sowie das Gebiet „Citadelle" im nördlichen Stadtgebiet. Darüber hinaus stehen am Kalksberger Weg im Südosten der Stadt im 10 ha großen Baugebiet „Hof Schürmann" rund 200 zusätzliche Wohneinheiten zur Verfügung. Die Baugebiete wurden so erschlossen, daß die Straßen überschaubare und ruhige Nachbarschaften bilden. Mit dem Erhalt alter Baumbestände und der Anlage von Grün- und Ausgleichsflächen ist so in Verbindung mit öffentlicher Straßengestaltung und privaten Grünflächen eine attraktive Wohngebietsatmosphäre entstanden.

1998 konnte mit der Erschließung des neuen Stadtquartiers „Wohnen an der Loburg" begonnen werden. Da sich das nordwestlich des Konrad-Adenauer-Rings gelegene Stadterweiterungsgebiet mit über 300 neuen Baugrundstücken für Einfamilienhäuser größtenteils in städtischem Besitz befindet, kann gezielt die Ansiedlung junger Familien gefördert werden. Die geplanten 500-600 neuen Wohneinheiten in dem gartenstadtähnlichen Gebiet zwischen Lohburger Straße und der Bahnlinie Coesfeld-Gronau sollen den Bedarf an Wohnraum für mindestens zehn Jahre abdecken. Darüber hinaus ist das östliche Areal zwischen Bahnlinie und Holtwicker Straße für eine weitere Ausdehnung vorgemerkt.

Zur Qualität des Wohnortes gehört auch eine wohnungsnahe Grundversorgung. Die „Einkaufsstadt" Coesfeld verfügt zwar über ein differenziertes Angebot an Waren und Dienstleistungen; Sicherung und Ausbau dieses Angebotes sind aber dennoch geboten. Durch die Maßnahmen, die das Parkraum- und Einzelhandelskonzept vorschlägt, soll die Innenstadtentwicklung weiter vorangetrieben werden.

Mit der Schließung von Baulücken innerhalb des Stadtrings, bei der sich die akzentuierte Architektur am städtebaulichen Gesamtbild orientiert, sollen die langjährigen Stadterneuerungs- und Sanierungsmaßnahmen im Innenstadtbereich ihren weitgehenden Abschluß finden. Insgesamt gesehen haben in den letzten Jahren die Maßnahmen zur Wohnumfeldverbesserung und Stadterneuerung zusammen mit dem Bau des Umgehungsstraßensystems, der Verkehrsberuhigung der Innenstadt sowie der Einrichtung von Fußgängerzonen erheblich zur Attraktivitätssteigerung und Erhöhung der Aufenthaltsqualität der Coesfelder Innenstadt beigetragen, so daß die Einkaufszentralität heute weit in das Umland strahlt und ein großes Käuferpotential anzieht.

Neben dem Einzelhandelsstandort Innenstadt haben sich in den vergangenen Jahren südlich des Innenstadtringes an der Dülmener Straße zahlreiche großflächige Einzelhandelsbetriebe angesiedelt. Die Ausfallstraße mit einer gemischten Bebauung aus Wohnhäusern, Kleingewerbe, Handwerks- und Einzelhandelsbetrieben (Fachmärkte und Möbelhäuser) sowie großen Gewerbebrachflächen soll als ein städtebaulicher Entwicklungsschwerpunkt über einen Zeitraum von etwa 20 bis 25 Jahren neu geordnet werden. Aus diesem Anlaß wurden von einem Planungsbüro ein Rahmenplan und ein Leitbild für diese Straße entwickelt.

Ein weiteres Projekt hängt eng mit der Aufgabe der Gleisanlagen der Deutschen Bahn AG in der Nord-Südachse parallel zur Dülmener Straße zusammen (ehemaliger Rangier- und Betriebsbahnhof Coesfeld). Nach dem Ankauf konnte die Stadt Coesfeld dieses ca. 157 000 m² große Gebiet an erweiterungswillige Anrainer-Betriebe und andere ansiedlungsinteressierte produzierende Betriebe veräußern. Zukünftig vorstellbar wäre aus Sicht der Stadtverwaltung außerdem ein Terminal für den kombinierten Ladeverkehr, das seinerseits auch den Güterverkehr per Bahnanbindung stärken würde.

In den kommenden Jahren soll zudem das bestehende Gewerbegebiet Otterkamp in Ostrichtung kontinuierlich erweitert werden. Im Gebietsentwicklungsplan stehen hierfür rd. 60 ha zur Verfügung. Damit soll insbesondere den schon ansässigen Betrieben die Möglichkeit von Erweiterungsbauten gegeben werden.

Zur weiteren Verbesserung der allgemeinen Wirtschaftsstruktur wird von Seiten der Stadt Coesfeld der Förderung vorhandener klein- und mittelständischer Betriebe sowie der Ansiedlung neuer Gewerbebetriebe auf den bereitgestellten oder neu zu schaffenden Industrie- und Gewerbeflächen besondere Aufmerksamkeit geschenkt.

Um der ortsansässigen Bevölkerung weiterhin eine ausreichende Anzahl von Arbeitsplätzen bieten zu können und insgesamt noch bessere Lebensbedingungen zu schaffen, ist es erklärtes Ziel der Stadt, die gewerbliche Vielfalt, den Branchenmix, zu erhalten und zu erweitern sowie Existenzgründungen zu fördern; mit dem „Gründerzentrum Coesfeld" ist hier ein Anfang gemacht.

Ein zukunftsweisender Schritt ist außerdem die Überplanung von Gewerbebrachflächen, um diesen sinnvolle Nachnutzungen zuzuführen. So soll beispielsweise auf dem Areal der ehemaligen Coesfelder Weberei ein innenstadtnaher Wohnpark und eine 4 200 m² große Einzelhandelseinrichtung entstehen.

Nach einem intensiven und umfangreichen Planungsprozeß liegen die Planfeststellungsunterlagen für die Ortsumgehungsstraße im Zuge der B 474 – Ortsteil Lette – dem Ministerium für Wirtschaft und Mittelstand, Technologie und Verkehr zur Entscheidung vor. Mit dem Erlaß des Planfeststellungsbeschlusses wird in naher Zukunft gerechnet. Nach dem Bau der Umgebung soll die Ortsdurchfahrt Lette umgestaltet und als Wohn- und Geschäftsstraße aufgewertet werden.

Darüber hinaus setzt Coesfeld auf den Tourismus, dessen Entwicklung durch die Umwandlung des städtischen Verkehrsamtes in den Stadtmarketing-Verein „Coesfeld und Partner" einen neuen Impuls bekommen hat. Ein wichtiger Baustein für eine marktbezogene Aufbereitung des Angebotssegmentes Radtourismus, von dem auch Coesfeld betroffen ist und das maßgeblich durch die Münsterland-Touristikzentrale Grünes Band gefördert wird, sind aktuell der Ausbau und die Neuorganisation des Radwegenetzes „RWS 2000".

Literatur

Beyer, L. (1992): Die Baumberge. Münster

Damberg, N. (Hg.) im Auftrag der Stadt Coesfeld (1999): Coesfeld 1197–1997. Beiträge zu 800 Jahren städtischer Geschichte, 2 Bd. Münster

Damberg, N. (2000): Anmerkungen zur Geschichte der Stadt Coesfeld. Unveröffentl. Script

Ditt, H., Frohne, L. u. K.-H. Kirchhoff (1981): Westfälischer Städteatlas – Coesfeld, Lieferung II, Nr. 3. Dortmund

Ditt, H. u. K.-H. Kirchhoff (1973): Struktur und Raumbeziehungen der Stadt Coesfeld im 16. Jahrhundert. Untersuchungen zur Zentralität einer westfälischen Mittelstadt. = Westfälische Forschungen – Mitteilungen des Provinzialinstitutes für Westfälische Landes- und Volkskunde, Bd. 25 (Sonderdruck). Münster/Köln/Wien

Frohne, L. (1985): Stadt Coesfeld, in: Kreis Coesfeld, Der Oberkreisdirektor (1985): Kreis Coesfeld. Dülmen, S. 417–424

Geologisches Landesamt Nordrhein-Westfalen (1987): Erläuterungen zu Blatt C 4306 Recklinghausen. Geologische Karte Nordrhein-Westfalen 1:100.000. Krefeld.

Hagenbruch, K. (1991): Kreishäuser und Behördenzentrum Coesfeld 1925 - 1990. Coesfeld

Heimatverein Coesfeld (Hg.) (1992): Jahrbuch 1992 – Kreis Coesfeld

Hüer, H. (1962): Handbuch des Kreises Coesfeld. Coesfeld

Industrie und Handelskammer zu Münster (1998): Handelsstrukturatlas. Münster

Institut für Stadt-, Standort-, Handelsforschung- und –Beratung Dr. H. Danneberg & Partner GmbH (1995): Stadt Coesfeld. Stadtentwicklung und Stadterneuerung 2000 – Coesfeld als Standort von Einzelhandel und Dienstleistungen. Düsseldorf/Coesfeld

Kersken, N. (1999): Annotierte Bibliographie zur Geschichte der Stadt Coesfeld

Kreisverwaltung Coesfeld (Hg.) (1966): Der Landkreis Coesfeld 1816 – 1966. Beiträge zur Geschichte und Landeskunde. Coesfeld

Lammers, H. (Hg.) (1974): Lette – Vergangenheit und Gegenwart. Coesfeld

Landesamt für Datenverarbeitung und Statistik Nordrhein-Westfalen (1997): Agrarberichterstattung Nordrhein-Westfalen 1995. Düsseldorf

Landesamt für Datenverarbeitung und Statistik Nordrhein-Westfalen (1980): Statistische Rundschau für die Kreise Nordrhein-Westfalens. Kreis Coesfeld. Düsseldorf

Landesamt für Datenverarbeitung und Statistik Nordrhein-Westfalen (1997): Statistische Rundschau für die Kreise Nordrhein-Westfalens. Kreis Coesfeld. Düsseldorf

Landesamt für Datenverarbeitung und Statistik Nordrhein-Westfalen (1988): Die Gemeinden NRW - Informationen aus der amtlichen Statistik. Düsseldorf

Landesamt für Datenverarbeitung und Statistik Nordrhein-Westfalen (1998): Die Gemeinden NRW - Informationen aus der amtlichen Statistik. Düsseldorf

Mantau, R. (1989): Die Landwirtschaft des Kreises Coesfeld, in: Landwirtschaftlicher Kreisverband Coesfeld (1989): 150 Jahre Landwirtschaftlicher Kreisverband Coesfeld 1839 – 1989. Lüdinghausen, S. 73-81

Meschede, W. (1976): Coesfeld, in: Cordes, G. u. D. Glatthaar (1976): Nordrhein-Westfalen neu gesehen. Ein Luftbildatlas in Farb-Senkrechtaufnahmen. Berlin

Neomedia GmbH (Hg.) (1988): Coesfeld. Stadtinformation von A – Z. Reken/Coesfeld

Nowak, G. (1994): Einzelhandels- und Dienstleistungsnutzungen im Mittelzentrum Coesfeld. Struktur – Entwicklungstendenzen – Akzeptanz – funktionale Einordnung – Perspektiven. Unveröffentlichte Diplomarbeit am Fachbereich Geowissenschaften der Westf. Wilhelms-Universität Münster. Münster

Nowo-Verlagsgesellschaft (1996): Bürgerinformation der Kreisstadt Coesfeld. Bocholt

Paus, R. (1971): Kreisstadt Coesfeld, in: Kreisverwaltung Coesfeld und Gerhard Stalling AG (1971): Der Kreis Coesfeld. Oldenburg, S. 182-192

Peyrer, U. (1994): Die Baumberger Sandsteinroute. Dülmen

Reisch, U. (1998): Die Baumberger Sandsteinroute. Akzeptanzanalyse und Bedeutung einer thematischen Radwanderroute für eine nachhaltige Regionalentwicklung mit Tourismus = Arbeitsberichte der Arbeitsgemeinschaft Angewandte Geographie Münster. Münster, Bd. 29

Schnell, P. (1993): Fahrrad und Freizeit im Münsterland: Die 100 Schlösser-Route, in: **Mayr, A.** u. **K. Temlitz** (Hg.) (1993): Münsterland und angrenzende Gebiete, S. 375-390. = Spieker Landeskundliche Beiträge und Berichte, Bd. 36. Münster

Schwarze, T. (1998): Die Einzelhandelsstruktur der Stadt Lüdinghausen mit Beurteilung der Auswirkungen großflächiger Einzelhandelsvorhaben. Untersuchung im Auftrag der Stadt Lüdinghausen. Münster

Stadt Coesfeld (1973): Anlage zum Flächennutzungsplanbericht der Stadt Coesfeld. Coesfeld

Stadt Coesfeld (1975): Coesfeld – Neuordnung der Innenstadt. Coesfeld

Stadt Coesfeld (1977): Erläuterung zur Flächennutzungsplan-Ergänzung der Stadt Coesfeld. Coesfeld

Stadt Coesfeld (1998): Stadtplan Coesfeld. Dortmund

Stadt Coesfeld (o.J.): Die Mühlenstraße in der Stadtsanierung. Ein Erfahrungsbericht. Coesfeld

Stadt Coesfeld (o.J.): Stadterweiterung Nord-West, Coesfeld. Informationen zum B-Plan Nr. 75. Coesfeld

Stadt Coesfeld, Verkehrsamt (1996): Coesfelder Geschichte – Ein historischer Stadtrundgang. Coesfeld

Steiner, J. (1998): Mit Fahrradtourismus Geld verdienen?!, in: Fremdenverkehrsverband MÜNSTERLAND TOURISTIK Grünes Band u. a. (1998): Regionales Tourismus Marketing. Neue Angebotssegmente für den Münsterland-Tourismus – Chancen und Perspektiven, H. 2. Steinfurt

Wolters Partner (1998): Stadt Coesfeld – Rahmenplan Dülmener Straße. Leitbild 1990, 2000, 2025. Coesfeld

Dülmen aus südwestlicher Richtung

(Foto: Stadt Dülmen; teamfoto Bergmann/Marquard)

Einwohner: 46 285
Fläche: 184,48 km²

Philipp Scholz
Dülmen

I. Lage und Entwicklung

Die Stadt Dülmen liegt im Süden des Kreises Coesfeld und ist mit 184,49 km² und knapp 46 300 Einwohnern die größte Gemeinde im Kreisgebiet. Sie grenzt im Norden an die Stadt Coesfeld und die Gemeinde Nottuln, im Osten an die Gemeinde Senden, im Süden an die Stadt Lüdinghausen, im Südwesten an die Stadt Haltern (Kreis Recklinghausen) und im Westen an die Gemeinde Reken (Kreis Borken). Die größte Nord-Süd-Ausdehnung beträgt ca. 16,5 km, in Ost-West-Richtung beläuft sie sich auf ca. 23,0 km. Die Höhenlage im Stadtgebiet schwankt zwischen 46 m und 150 m ü. NN.

Seit der kommunalen Neugliederung 1975 besteht die Stadt Dülmen aus den Ortsteilen Dülmen-Mitte, Buldern, Rorup, Hausdülmen, Merfeld, Hiddingsel und Kirchspiel.

Das Stadtgebiet von Dülmen liegt auf der Grenze zwischen den naturräumlichen Haupteinheiten Westmünsterland und Kernmünsterland, die aufgrund ihrer eiszeitlichen Ablagerungssedimente auch als Sand- und Kleimünsterland bezeichnet werden. Eine weitere Differenzierung in naturräumliche Einheiten führt zu einer Einteilung des Gemeindegebietes in drei unterschiedliche Zonen, die jeweils von Nordwesten nach Südosten ausstreifen. Dies ist zunächst die westlich gelegene Merfelder Niederung mit den Untereinheiten Heubach-Niederung und Mühlenbach-Sandbach-Niederung. Diese feuchte, ehemals stark vermoorte Niederung mit dem Heubach als natürlicher Entwässerungsader dient der Entwässerung eines großen Gebietes, der Halterner Sande, die auch hier noch den Untergrund bilden. Die in der Niederung vorzufindende Bodenart ist Sand mit z.T. humoser Durchsetzung. Aufgrund der Feuchtig-

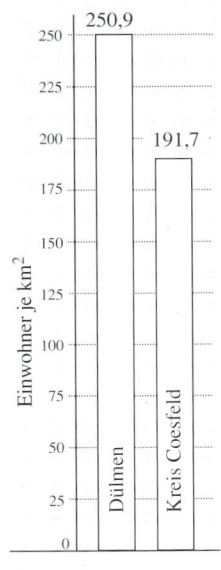

(LDS NRW, Stand: 01.01.2000)

Dülmen: 250,9
Kreis Coesfeld: 191,7
(Einwohner je km²)

> Mittelzentrum in einem Gebiet mit überwiegend ländlicher Raumstruktur (LEP NRW 1995, Teil A)

> Am 1.1.1975 wurden die Gemeinden Merfeld, Rorup, Buldern, Kirchspiel Dülmen sowie Teile von Darup und Limbergen eingemeindet

keit und des sandigen Untergrundes werden die landwirtschaftlichen Flächen in der Regel als Grünland genutzt. Im Bereich Hausdülmen finden sich zudem einige Trockeninseln, die zum Teil mit Kiefernmonokulturen bepflanzt sind.

Östlich an die Merfelder Niederung schließt der Dülmener Flachrücken an, eine von Flugsanden überlagerte Schichtstufe aus Oberkreidegestein. Auf diesem Flachrücken, der gleichzeitig die Wasserscheide zwischen Heubach und Berkel bildet, liegt der Ortsteil Dülmen-Stadt. Die dritte, weiter östlich gelegene Zone stellt die Bulderner Platte dar, deren Untergrund im wesentlichen aus Kalk- und Tonmergel mit einer unterschiedlich mächtigen Geschiebelehmdecke (sandig bis teilweise toniger Lehm) besteht. Im Bereich des Flachrückens und der Bulderner Platte wird auf mittleren bis guten Böden intensiv Landwirtschaft in Form von Ackerbau betrieben.

Aufgrund der unterschiedlichen Standortverhältnisse hat sich auch die Vegetation im Dülmener Stadtgebiet differenziert entwickelt. Im Braunerdegebiet der Bauerschaften Daldrup, Dernekamp und Börnste (Bereich des Dülmener Flachrückens) bestehen die Waldinseln in der Ackerflur überwiegend aus Buchen. Darüber hinaus haben sich in diesem Bereich artenreiche Heckenstrukturen gebildet, die neben Buchen vor allem aus Hainbuchen, Eichen, Weißdorn und Hasel bestehen. Im Gebiet der Ortsteile Rorup, Buldern und Hiddingsel, der Bauerschaft Mitwick sowie im Wildpark wachsen auf den lehmigen Böden Buchen- und Eichenbestände. Der überwiegende Teil der sich im Südwesten des Stadtgebietes befindenden Niederung ist nahezu waldfrei und wird als Weideland genutzt. Die Bachläufe werden von einem lockeren Besatz aus Erlen und anderen Ufergehölzen begleitet. Auf den trocken-sandigen Standorten Merfelder Bruch, Kottenbrook und Süskenbrocks Heide herrschen Kiefernmonokulturen vor.

Die unterschiedlichen Boden- und Vegetationsverhältnisse führen dazu, dass Dülmen sich mit einem abwechslungsreichen Landschaftsbild präsentiert, das sowohl die typische münsterländische Parklandschaft – mit einem stetigen Wechsel von Ackerflächen, Mischwaldinseln und Heckenstreifen –, ausgedehnte Waldgebiete (Wildpark) als auch Kiefernwälder und Heideflächen zu bieten hat. Zur Erhaltung dieser prägenden Landschaftsbestandteile sind die wesentlichen Flächen als Natur- bzw. Landschaftsschutzgebiete festgesetzt worden. Dies sind die Naturschutzgebiete „Wildpferdebahn" im äußersten Westen des Stadtgebietes, die „Teiche in der Heubachniederung" westlich von Hausdülmen, der Bachauenkomplex „Welter Bach" in der Bauernschaft Welte sowie die beiden kleineren Biotopflächen „am Enteborn"

und „Franzosenbach" nordöstlich von Merfeld. Ein Waldgebiet mit großem Erholungswert stellt der westlich an Dülmen-Mitte angrenzende „Wildpark" dar. Die ca. 345 ha große Fläche ist im Charakter einer englischen Parklandschaft angelegt worden. Die Merfelder Niederung bildet den nordöstlichen Abschluß des Naturparks „Hohe Mark".

Die Stadt Dülmen ist sowohl über das Schienen- als auch über das Straßennetz günstig an übergeordnete Verkehrsachsen angebunden. Über die Schienenstrecken Gronau–Dortmund und Münster–Essen werden der schienengebundene Personennahverkehr abgewickelt und eine gute Erreichbarkeit der nahegelegenen Oberzentren gewährleistet. Bahnhöfe bestehen in den Ortsteilen Dülmen-Mitte und Buldern. Durch ein differenziertes Buslinniennetz wird das Angebot im öffentlichen Personennahverkehr, mit einem Schwerpunkt in der Schülerbeförderung, ergänzt. Darüber hinaus sind zur besseren Anbindung der Ortsteile an Dülmen-Mitte außerhalb der Schülerbeförderungszeiten AST-Linien (Anrufsammeltaxi-Linien) eingerichtet worden, die nach einer Pilot-Phase nunmehr fester Bestandteil des ÖPNV-Netzes sind.

Eine Anbindung an das übergeordnete Straßennetz wird in erster Linie durch die von Nordosten nach Südwesten das Stadtgebiet durchquerende Autobahn A 43 (Münster–Wuppertal) über die Anschlusspunkte „Dülmen" und „Dülmen-Nord" hergestellt. Die Bundesstraße B 474, die durch das Zentrum von Dülmen verläuft, bildet die Nord-Süd-Verbindungsachse für den vorwiegend überregionalen Verkehr. Trotz der seit Anfang der 80er Jahre parallel geführten A 43 stellt die Landesstraße L 551 (ehemals B 51), die ebenfalls das Zentrum Dülmens durchquert, eine weiterhin hoch frequentierte Verkehrsader dar. Ein nachgeordnetes System von Landes- und Kreisstraßen ergänzt das Hauptstraßennetz und verbindet die Ortsteile miteinander bzw. schließt sie an die benachbarten Kommunen an.

Die geschichtliche Entwicklung Dülmens läßt sich erst konkret seit dem Jahre 889 belegen. Hier fand erstmalig eine kleine Bauerschaft „Dulmenni" ihre Erwähnung in einer Urkunde des Klosters Werden. Den Mittelpunkt dieser Bauerschaft stellte ein größerer sächsischer Bauernhof dar, der gleichzeitig die Keimzelle der späteren Kernstadt Dülmen bildete. Auf dem Areal dieses Hofes wurde auch die erste Kirche, St. Viktor, errichtet. Zunächst als Holzkirche gebaut, fand der Umbau zur romanischen Steinkirche 1074 seine urkundliche Erwähnung. Haupthof und Kirche waren frühzeitig politischer und religiöser Mittelpunkt eines Raumes, der sich größenmäßig etwa mit dem heutigen Stadtgebiet deckte. Der Bereich um Haupthof, Kirche und den späteren Marktplatz wurde mit Wall, Palisaden und Graben gesichert, deren Lage im heutigen Stadtgrundriß noch deutlich nachvollziehbar ist. Das dabei entstandene Rechteck wird heute durch die Coesfelder, Münster-, Lüdinghauser und Marktstraße begrenzt. Innerhalb dieser Form entstand zunächst das Dorf um Haupthof und Kirche. Später setzte sich die Entwicklung zur Stadt außerhalb der befestigten Hofanlage in kreisrunder Form fort.

Bischof Ludwig II. (1310-1357) verlieh Dülmen 1311 die Stadtrechte, was mit den Privilegien der Selbstverwaltung durch einen freigewählten Rat, Marktrechten und dem Mauerrecht verbunden war. Hinzu kamen später weitere Rechte wie z.B. das Brau- und Mahlrecht sowie zeitweise auch das Münzrecht. Die zunächst aus Holz angelegte Stadtbefestigung mit fünf Toren wurde im 15. Jh. durch Steinmauern ersetzt, die durch sechs Türme noch verstärkt wurden. Von diesen Befestigungsanlagen sind heute noch der Lorenkenturm, der Nonnenturm und das weithin bekannte Lüdinghauser Tor erhalten. Bis zum Anfang des 17. Jh.s entwickelte sich im Schutz dieser Mauern und von Kriegen wenig behelligt ein relativ reiches und vielgestaltiges Gemeindeleben. Hierzu trug eine Vielzahl von Handwerkern und Kaufleuten bei, die sich in dem Ackerbürgerstädtchen niederließen, das nachweislich in der Zeit von 1470 bis 1619 sogar der Hanse als vollgültiges Mitglied angehörte. Der 30jährige Krieg sowie weitere Kriege des 17. und 18. Jh.s beendeten jedoch diese Phase des Wohlstands. Als Spielball zwischen den verschiedenen Fronten, mit oftmals kurz hintereinander wechselnden Besatzungsarmeen, wurde Dülmen durch Plünderungen und Brandschatzungen derart stark zerstört, dass es sich erst im 19. Jh. allmählich hiervon erholte.

Nach Aufhebung des Fürstbistums Münster wurde das ehemalige Amt Dülmen 1803 eine reichsunmittelbare Grafschaft der Herzöge von Croy, die auch heute noch durch umfangreichen Grund- und Immobilienbesitz einen gewichtigen Faktor im Wirtschaftsleben der Stadt darstellen.

Das 19. Jh. brachte für Dülmen tiefgreifende Veränderungen im Stadtbild, aber auch im Hinblick auf neue wirtschaftliche Grundlagen mit sich. Im Zuge der industriellen Revolution wurde eine Vielzahl von Industriebetrieben in Dülmen gegründet, deren Produktionsschwerpunkte in den Bereichen der Metall-, Textil- und Holzverarbeitung lagen. Aber auch die Bauindustrie nahm traditionell und nimmt auch heute noch einen hohen Stellenwert im Wirtschaftsgefüge der Stadt ein.

Der auf Veranlassung von Napoleon 1811 durchgeführte Neuausbau der Handels- und Heerstraße Wesel–Münster verbesserte zunächst die Anbindung Dülmens an das Hauptverkehrsnetz des Münsterlandes. Im Zuge der Industrialisierung wurden das örtliche Straßennetz ausgebaut und die Anbindung Dülmens an das übergeordnete Straßen- und Schienennetz weiter forciert. Günstig für die wirtschaftliche Entwicklung wirkte sich die Lage der Stadt an einem Eisenbahnknotenpunkt aus. 1870 wurde die Strecke Münster–Wanne, 1875 die Strecke Dortmund–Gronau eröffnet.

Mit der Errichtung der mechanischen Weberei Bendix vor den ehemaligen Wallanlagen der Stadt im Jahre 1873 wurden erstmalig der mittelalterliche Stadtgrundriss verlassen und eine Expansionsentwicklung in den Grüngürtel der Stadt eingeleitet. Zwar hat das traditionsreiche Unternehmen, wie viele andere Textilbetriebe im Münsterland auch, mittlerweile seine Produktion eingestellt; die sehr massiven, in gründerzeitlicher Architektur errichteten Industriegebäude prägen jedoch auch heute noch in erheblichem Maße das Stadtbild. Fast ein Jahrhundert lang gingen von den drei großen Textilbetrieben Bendix, Ketteler und Leeser wesentliche Impulse für die wirtschaftliche Entwicklung der Stadt aus. So beschäftigte die Fa. Bendix beispielsweise im Jahr 1927 über 1 100 Arbeitnehmer.

Die Gründung einer Vielzahl kleinerer und mittlerer Handwerks- und Industrieunternehmen zog einen enormen Arbeitskräftebedarf nach sich, der zu einem starken Bevölkerungswachstum führte. Lebten 1871 noch 3 769 Einwohner in Dülmen, so stieg die Zahl 1910 auf 7 509, bis 1939 sogar auf 10 400 Einwohner. Gleichzeitig wuchs ebenfalls der Wohnraumbedarf, so dass zunächst Werkssiedlungen sowie in den 30er Jahren des 20.

Lüdinghauser Tor in Dülmen

(Foto: Landesbildstelle Westfalen, Münster)

Einwohner in Stadtteilen:

Dülmen-Mitte 26 671
Bulderm 5 280
Hausdülmen 2 530
Hiddingsel 1 690
Kirchspiel 6 015
Merfeld 1 951
Rorup 2 237

(Ang. d. Gem., Stand: 07/2000)

Katasterfläche 1999:
184,48 km²
davon
Landwirtschaftsfläche 70,2 %
Waldfläche 14,3 %
Gebäude- und Freifläche 7,4 %
Verkehrsfläche 5,3 %
Wasserfläche 1,5 %
Erholungsfläche 0,5 %
Betriebsfläche 0,3 %

(Quelle: LDS NRW)

Jh.s dann ganz neue Wohnsiedlungsbereiche vornehmlich in den Bereichen zwischen den Ausfallstraßen der Stadt errichtet wurden.

Eine weitere Verbesserung der Lebensverhältnisse brachten die von den Stadtwerken übernommene Versorgung mit Gas (1865), Wasser (1900) und Strom (1923) sowie der Beginn der Kanalisation.

Auch der Ausbau der Sozial- und Bildungsinfrastruktur vollzog sich seit Mitte des 19. Jh.s mit großen Schritten. 1848 wurden das „Franz-Hospital", später dann verschiedene Stiftungen (u.a. ein Waisenhaus) gegründet. Anfang des 20. Jh.s bestanden bereits mehrere Volks- und Berufsschulen, gewerbliche und kaufmännische Fortbildungsschulen sowie seit 1912 ein humanistisches Gymnasium.

Der durch die Industrialisierung hervorgerufene Facharbeiterzuzug führte auch zu einer Veränderung des religiösen Lebens der Stadt. 1849 entstand eine Evangelische Kirchengemeinde, die ihr Gotteshaus an der Ecke Münsterstraße/Königswall errichtete. Aufgrund der Größe der katholischen Gemeinde wurde 1938 an der Lüdinghauser Straße die von dem bekannten Architekten Dominikus Böhm entworfene Hl. Kreuz-Kirche gebaut.

Der Zweite Weltkrieg brachte für Dülmen einschneidende Veränderungen. Zum Ende des Krieges wurde Dülmen derart stark zerstört, dass von den ehemals 1 554 Häusern in der Innenstadt nur 74 unversehrt die Luftangriffe überstanden.

Im Zuge des Wiederaufbaus wurden zunächst die Grundstücke in der Innenstadt neu geordnet und ein großer Teil der Bevölkerung in den Randgebieten der Stadt angesiedelt. Aufgrund der starken Zerstörung wird das Stadtbild heute in erster Linie von einfach und zweckmäßig gestalteten Nachkriegsbauten aus den 50er und 60er Jahren bestimmt. Nur wenige historische Gebäude sind erhalten bzw. mit z.T. erheblichem Aufwand wieder aufgebaut worden. Der Stadtgrundriss selbst ist auch nach der Grundstücksneuordnung weitestgehend erhalten geblieben. Lediglich die Halterner Straße/Münsterstraße wurde durch die britische Besatzungsarmee hinsichtlich ihrer Lage und ihres Querschnitts deutlich verändert.

In den 60er Jahren wurde Dülmen Garnisonsstadt der Britischen Rheinarmee, die ihren Standort am östlichen Stadtrand bis heute beibehalten hat. Einen weiteren militärischen Stützpunkt unterhält die Bundeswehr, die mit einem hohen Anteil an Zivilbeschäftigten ein gewichtiger Arbeitgeber im Stadtgebiet ist, am südlichen Stadtrand im Dernekamp.

In etwa drei km Entfernung südwestlich des Kirchdorfes Dülmen ließ Bischof Burchard (1098–1118) im Jahre 1115 eine starkbewehrte Burg, das heutige Hausdülmen, errichten, die neben ihrer Schutzfunktion bis in das 17. Jh. auch als Sitz der bischöflichen Verwaltung für das Amt Dülmen diente, in einem Gebiet, das sich von Haltern über Dülmen bis Buldern erstreckte. 1231 wurde die noch heute vorhandene Burgkapelle gebaut, die dem heiligen Mauritius geweiht ist. Die im 16. Jh. zerstörte und im 18. Jh. endgültig geschleifte Burganlage prägt bis heute den Grundriß und die baulichen Strukturen des Dorfes. Der dörfliche Charakter ist im Ortskern Hausdülmens vor allem durch einige noch in Nutzung stehende landwirtschaftliche Hofstellen erhalten geblieben. Ausgehend von Siedlungsansätzen im Bereich der Borkenbergestraße und des Sillerkamps, die z.T. bereits im 19. Jh. entstanden, sind Wohngebiete nördlich und östlich der Ortslage erschlossen worden. Die inselartige Lage Hausdülmens ist aufgrund der den alten Ortskern umfließenden Bachläufe als natürliche Entwicklungsbarrieren bestehen geblieben. Die nördlich an die alte Ortslage anschließenden Bauflächen bilden inzwischen ein durchgehendes Siedlungsband von Hausdülmen bis Dülmen-Mitte.

Der im nordöstlichen Stadtgebiet liegende Ortsteil Buldern ist ebenso wie Dülmen im Jahre 889 erstmals in den Urkunden des Klosters Werden erwähnt worden. Die Entstehung des zunächst als „Bunhlaron" bezeichneten Ortes ist vermutlich auf zwei Einzelhöfe, den Haupthof und den Pfarrhof, zurückzuführen. Die Ritter von Buldern, die Lehensinhaber des fruchtbaren Gebietes im Bereich des Mühlenbaches (Kleuterbach) waren, ließen den am westlichen Ausgang von Buldern gelegenen Haupthof frühzeitig befestigen und zur Burg ausbauen. Im Bereich dieser Burganlage wurde im 11. Jh. die St. Pankratius-Kirche errichtet, deren wehrhafter Turm noch heute erhalten ist. Um Haupthof und Kirche standen bis ins 19. Jh. Fachwerkspieker, die nach ihrem Abriss durch kleine Wohn- und Geschäftshäuser in drubbelförmiger Anordnung ersetzt wurden, so dass allmählich eine Art Zentrum entstand. Um 1400 ließ der Grundherr als Wohnsitz eine neue Burg an der Stelle des heutigen Schlosses Buldern errichten.

Bereits im 15. Jh. bildete Buldern zusammen mit dem Dorf und der Dorfbauerschaft Hiddingsel einen eigenen Verwaltungsbezirk, der zum fürstbischöflichen Amt Dülmen gehörte. Nach kurzer Zugehörigkeit zum Herzogtum Croy Anfang des 19. Jh.s und unter zeitweiliger französischer Hoheit wurde Buldern bei Einführung des preußischen Verwaltungssystems 1816 dem neueingerichteten Kreis Coesfeld zugeteilt.

Seine Lage an einer der wichtigsten Heer- und Handelsstraßen (heutige L 551) führte dazu, dass Buldern im Laufe der Jahrhunderte oft überfallen und geplündert wurde. Im Gegensatz zu Dülmen profitierte Buldern in wirtschaftlicher Hinsicht nur in geringem Maße von der günstigen Verkehrsanbindung. Die Landwirtschaft als wesentliche wirtschaftliche Grundlage prägte den Ort bis ins 20. Jh. hinein.

Die Eröffnung der Bahnstrecke Wanne–Münster im Jahre 1870 verbesserte zwar die Anbindung Bulderns an das überörtliche Verkehrsnetz, eine sichtbare gewerbliche Entwicklung setzte jedoch erst in den 60er und 70er Jahren des 20. Jh.s durch die Ausweisung von Gewerbeflächen entlang der ehemaligen B 51 am östlichen Ortsrand ein.

Buldern und Hiddingsel schlossen sich 1969 zum Amt Buldern zusammen, bevor sie 1975 in die Stadt Dülmen eingegliedert wurden. Als zweiter Siedlungsschwerpunkt innerhalb des Stadtgebietes von Dülmen ist Buldern seit den 80er Jahren des 20. Jh.s verstärkt als Wohnstandort weiter entwickelt worden. Die Bevölkerungszahl ist inzwischen von 2 107 im Jahre 1950 auf 5 325 im Jahre 2000 angewachsen (Angaben Stadt Dülmen, Stand Juni 2000).

Der Ortsteil Hiddingsel wird namentlich erstmals im Jahre 1032 erwähnt. Seine Gründung geht auf die Anlage eines Schulzenhofes zurück, der sich im Besitz des Domkapitels zu Münster befand. Auf dem Grund des Haupthofes wurde eine kleine Holzkapelle errichtet, um die in der Folgezeit ein Dorf entstand. Die Hofstelle wurde nach und nach in kleine Parzellen aufgeteilt und den ansiedelnden Bewohnern überlassen. Die kleinteiligen Strukturen sind im Dorfkern bis heute erhalten geblieben.

Als Ersatz für den Schulzenhof ließ der münsterische Domherr 1331 einen neuen befestigten und durch Gräben geschützten Amtssitz am westlichen Dorfrand nahe des Kleuterbaches errichten (Haus Tuchtorpe, später auch Burg „Hiddo" genannt). Nachdem das Gut 1803 zunächst an die preußische Krone gefallen war, trat diese es dann 1837 an den Herzog von Croy ab. In den Folgejahren wurde das Gebäude mehrmals verpachtet bis es dann 1890 entgültig abgerissen wurde.

Die ehemalige Holzkirche, die auf dem heutigen Denkmalplatz stand, ist im 13. Jh. durch einen schlichten Steinbau ersetzt worden, der 1919 abgebrochen wurde. Der ehemalige Kirchengrundriss ist auf dem 1995 im Rahmen von Maßnahmen zur Dorferneuerung neu gestalteten Denkmalplatz durch eine entsprechende Pflasterung sichtbar gemacht worden. Am nördlichen Ufer des Kleuterbaches ist 1911 die neue St.Georg-Kirche, eine dreischiffige neoromanische Säulenbasilika, errichtet worden.

In den 60er Jahren setzte auch in Hiddingsel eine rege Bautätigkeit ein. Die günstige Lage zu Münster und zum nördlichen Ruhrgebiet sowie der noch weitestgehend erhaltene dörfliche Charakter erklären die Attraktivität Hiddingsels als Wohnort insbesondere für Familien. Im Zeitraum zwischen 1950 und 2000 nahm die Bevölkerungszahl von 898 auf 1 681 um fast 100 Prozent zu. Aber auch einige Handwerksbetriebe haben sich in Hiddingsel niedergelassen und bieten Arbeitsplätze vor Ort an.

Der im westlichen Stadtgebiet gelegene Ortsteil Merfeld kann ebenfalls auf eine über 1 100-jährige schriftlich belegte Geschichte verweisen. 890 wurde ein Ort namens „Marefeldon" erstmals urkundlich erwähnt. Die Geschichte Merfelds ist eng mit dem Haus Merfeld und deren Bewohnern, den Herren von Merfeld, verbunden. Diese errichteten östlich der heutigen Ortslage eine Burg, die im 15. Jh. aufgrund von Erbteilungen zu einer Doppelburg erweitert wurde. Ein Torhaus mit Treppengiebel aus dem Jahre 1457 erinnert noch an die alte Burganlage, deren übrige Gebäude um 1750 abgerissen und durch ein barockes Herrenhaus ersetzt wurden, das heute vom Herzog von Croy bewohnt wird.

Die Leinenweberei, die in der Regel in Heimarbeit ausgeübt wurde, löste in Merfeld zu Beginn des 19. Jh.s eine Blütezeit aus, die die Einwohnerzahl auf über 1 000 ansteigen ließ. Im Zuge der Industrialisierung reduzierte sich die Bevölkerungszahl jedoch wieder auf 680. Erst zwischen 1900 und 1950 entwickelte sich im Bereich der 1937 fertiggestellten St. Antonius-Kirche ein kleineres Dorfzentrum mit zusammenhängenden Baustrukturen und einzelnen Versorgungseinrichtungen. Nachdem zwischen 1960 und 1975 ein langsames, aber stetiges Bevölkerungswachstum zu verzeichnen war (von 1 127 auf 1 370), wuchs die Einwohnerzahl durch die Ausweisung neuer Baugebiete in den Folgejahren auf fast 2 000 an (Angaben Stadt Dülmen, Stand Juni 2000).

Merfeld bildete seit 1843 zusammen mit dem Kirchspiel Dülmen den Gemeindeverband „Amt Dülmen", bevor es im Rahmen der kommunalen Neugliederung 1975 der Stadt Dülmen zugeordnet wurde.

Der Ort Rorup wird erstmalig im Jahre 1050 im Urbar des Klosters Werden unter dem Namen „Rodopo" erwähnt. Der im äußersten Norden des Stadtgebietes von Dülmen liegende Ortsteil ist aus einer Waldsiedlung entstanden, deren Mittelpunkt zunächst eine Kirche und die kleine Wasserburg der Herren von Rorup bildeten. Reste des ausgedehnten Waldgebietes sind heute noch im Nordwesten Rorups als „Roruper Holz" vorhanden. Nachdem von Seiten des adeligen Grundherren Siedlungsstätten in Erbpacht zur Verfügung gestellt wurden, siedelten sich im Laufe der Zeit Handwerker und Krämer an, die mit ihren eng stehenden Häusern den Kern eines typischen Straßen- und Haufendorfes entstehen ließen. Ende des

Beschäftigte 1987:
11 144

10,6%
43,4%   27,2%
18,8%

Beschäftigte 1997:
17 325

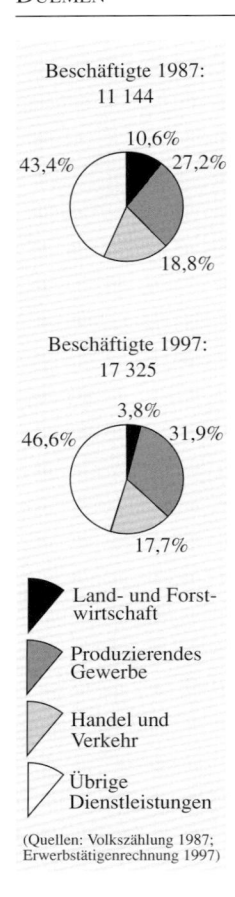

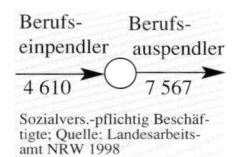

3,8%
46,6%   31,9%
17,7%

■ Land- und Forstwirtschaft
▨ Produzierendes Gewerbe
▥ Handel und Verkehr
☐ Übrige Dienstleistungen

(Quellen: Volkszählung 1987;
Erwerbstätigenrechnung 1997)

Berufseinpendler → ○ → Berufsauspendler
4 610   7 567

Sozialvers.-pflichtig Beschäftigte; Quelle: Landesarbeitsamt NRW 1998

14. Jh.s wurde die alte Burganlage abgerissen und westlich des Dorfes eine neue von Wassergräben und Wallanlagen umgebene Burg, das heutige Haus Rorup, errichtet. Wasserburg und Dorf verband eine 300 m lange Allee mit Kastanien- und Eichenbäumen.

Die Ursprünge der St. Agatha-Kirche sind u. a. durch das noch erhaltene romanische Triumphkreuz bis in das 12. Jh. belegbar. Den ältesten Bauteil bildet ein gotischer Saal mit Chorjoch aus dem 14./15. Jh., der in der heutigen Kirche, die 1911 erneuert und erweitert worden ist, als südliches Seitenschiff erhalten ist.

Das über Jahrhunderte hinweg landwirtschaftlich geprägte Dorf hat sich nach dem Zweiten Weltkrieg zu einem gefragten Wohnstandort entwickelt. Während sich die Bevölkerungszahl zwischen dem 15. und 19. Jh. um 400 bis 600 Bewohner bewegte, kam es seit 1950 zu einem rasanten Einwohneranstieg von 657 im Jahre 1950 auf 2 256 (Jahr 2000), was allerdings auch auf die im Zuge der kommunalen Neugliederung durchgeführte Zuordnung der Bauerschaft Hanrorup zu Rorup zurückzuführen ist.

Das Dorf Rorup war bis 1811 der Gerichtsbarkeit des Hauses Rorup unterstellt. 1816 wurde im Wege der preußischen Verwaltungsreform aus den Gemeinden Lette, Rorup, Limbergen und Darup das Amt Rorup gebildet. Mit der Auflösung dieses Amtes 1975 wurde Rorup in die Stadt Dülmen eingemeindet.

Die Wirtschaftsstruktur der Stadt Dülmen hat sich in den letzten Jahrzehnten stark gewandelt. Bildeten in der Mitte des 20. Jh.s noch der primäre und der sekundäre Sektor – hier insbesondere die Textil-, Metall- und Holzverarbeitung sowie das Bauhandwerk – die wesentliche wirtschaftliche Grundlage der Bevölkerung, so haben heute über 63% der Erwerbstätigen im tertiären und quartären Sektor ihren Arbeitsplatz. Dabei wirkte sich insbesondere der starke Zuwachs im Bereich der „Dienstleistungen von Unternehmen und freien Berufen" als Entwicklungsmotor aus. Die in früheren Jahren traditionell von mittelständischen Industriebetrieben – hier vor allem der Textilbranche – bestimmte Struktur des sekundären Sektors hat sich deutlich zugunsten kleinerer und mittlerer Handwerksbetriebe mit einem Schwerpunkt im Bau- und Metallgewerbe verschoben.

Durch die Ausweisung großer Gewerbegebietsflächen im Nordosten (Lehmkuhle/Quellberg), Südosten (Dernekamp) und Südwesten (Halterner Straße/Telgenkamp) der Kernstadt, aber auch bedingt durch die äußerst günstige Anbindung Dülmens an das regionale und überregionale Verkehrsnetz hat sich seit den 60er Jahren des 20. Jh.s eine Vielzahl von Gewerbebetrieben in Dülmen-Mitte niedergelassen und in erheblichem Umfang Arbeitsplätze zur Verfügung gestellt. Durch das steigende Angebot an Arbeitsplätzen konnten sogar die Schließung einiger größerer Betriebsstandorte (u.a. Textil-, Maschinenbau- und Bauunternehmen) aufgefangen und die Arbeitslosenquote im Arbeitsamtsbezirk Dülmen im Laufe des Jahrs 2000 sogar auf 5,5% gesenkt werden (Monatsbericht Arbeitsamt, Stand 8/2000).

Auch der Ortsteil Buldern kann mit einer größeren Gewerbefläche am nordöstlichen Ortsrand aufwarten, die in erster Linie Handwerksbetrieben als Standort dient und künftig noch weiter ausgedehnt werden soll. Ansonsten liegt der Schwerpunkt der Arbeitsstätten im Bereich Dülmen-Mitte.

Die Landwirtschaft hat als Erwerbsgrundlage allenfalls noch in den kleineren Ortsteilen Dülmens eine Bedeutung. So hat sich im Zeitraum zwischen 1987 und 1997 der Anteil der Beschäftigten in diesem Wirtschaftszweig von 10,6 auf 3,8% reduziert.

Die Bevölkerungsentwicklung der Stadt Dülmen ist in den letzten Jahrzehnten von einem stetigen Wachstum gekennzeichnet. Die Stadt ist allein seit der Gebietsreform im Jahr 1975 um fast 10 000 auf 46 314 Einwohner gewachsen (Angabe Stadt Dülmen, Stand Juni 2000). Seine räumlich günstige Lage zwischen dem Oberzentrum Münster und dem nördlichen Ruhrgebiet bei gleichzeitiger Erschließung großer Wohnbauflächen – hier vor allem im Bereich Dülmen-Mitte und Buldern – haben dieses überwiegend durch Zuwanderung hervorgerufene Wachstum begründet. Da jedoch trotz der Erfolge im Bemühen um die Ansiedlung von Gewerbebetrieben nicht in gleichem Maße Arbeitsplätze im Stadtgebiet geschaffen werden konnten, wie dem Zuzug von außen nach erforderlich gewesen wären, hat Dülmen weiterhin einen negativen Pendlersaldo zu verzeichnen.

II. Gefüge und Ausstattung

Die Stadt Dülmen stellt sich insgesamt als ein polyzentrisches Siedlungsgebilde im ländlichen Raum dar, das in dieser Form aus der kommunalen Neugliederung hervorgegangen ist. Um das Zentrum Dülmen-Mitte und das Nebenzentrum Buldern, das auch mit zentralen Versorgungsfunktionen und konzentrierter Wohn- und Gewerbebebauung ausgestattet ist, gruppieren sich die übrigen eher dörflich geprägten Ortsteile. Der Schwerpunkt der Siedlungsentwicklung vollzog sich historisch begründet entlang der alten Heer- und Handelsstraße Wesel–Münster (ehem. B 51), an der die Ortsteile Dülmen-Mitte, Buldern und Hausdülmen liegen.

Die Infrastrukturausstattung der Ortsteile

Hausdülmen, Merfeld, Hiddingsel und Rorup beschränkt sich auf einen den Größen der Gemeindeteile entsprechenden Umfang. Neben einigen Einrichtungen der privaten Infrastruktur (Bank, Versicherung, Lebensmittel, Bäckerei etc.), die die Grundversorgung nur eingeschränkt sicherstellen können, sind in jedem dieser Ortsteile eine Grundschule, ein Kindergarten sowie Sportanlagen vorhanden. Verwaltungsnebenstellen sind in den Ortsteilen Rorup und Buldern eingerichtet worden. Die öffentliche Infrastruktur wird in allen Ortsteilen durch kirchliche Einrichtungen ergänzt, in denen auch örtliche Kulturveranstaltungen durchgeführt werden.

In den zentraleren Einheiten Dülmen-Mitte und Buldern liegt ein ausreichendes Angebot zur Deckung des Grund- und des darüber hinausgehenden Bedarfs vor. Der deutliche Schwerpunkt von Einrichtungen in den Bereichen Einzelhandel, Dienstleistungen, Bildung, Kultur und Freizeit ist jedoch in der Kernstadt zu finden.

Die Dülmener Innenstadt bietet mit ihren überwiegend kleinteiligen, aber vielfältigen Geschäftsstrukturen ein für einen mittelzentralen Einkaufsort typisches Angebot. Die Viktorstraße und die Marktstraße wurden in den 70er bzw. 80er Jahren zu Fußgängerzonen umgestaltet. Sie führen zum großen Marktplatz im Zentrum der Stadt, an dem auch das Rathaus, ein L-förmiger Winkelbau aus den 50er Jahren, liegt. Das Stadtbild im Bereich der Haupteinkaufsstraßen wird in hohem Maße durch die auf dem historischen Stadtgrundriß basierenden Straßen- und Gassenstrukturen und die schlichten, aber durchaus ansprechend gestalteten Wohn- und Geschäftshäuser aus den 50er und 60er Jahren des 20. Jh.s geprägt. Die zumeist gute Grundgestaltung der Gebäude ist jedoch in vielen Fällen durch überdimensionierte Schaufenster- und Werbeanlagen überformt worden, was die Einkaufsatmosphäre eher etwas negativ beeinflußt. Zudem haben traditionelle Geschäftsstraßen wie die Münsterstraße durch die sehr hohe Verkehrsbelastung (fast 20 000 Fahrzeuge/Tag) erheblich an Attraktivität verloren. Defizite in einigen Sortimentsbereichen (Elektroartikel, Hifi/Video etc.), die in Teilbereichen verbesserungswürdige Aufenthaltsqualität sowie die Konkurrenzsituation im Umland führen dazu, dass sich das Einzugsgebiet des Einzelhandels zu 88% auf das Stadtgebiet Dülmens beschränkt und immerhin 24% der Kaufkraft (absolutes Kaufkraftpotential 1996: 408 Mio. DM) in das Umland, vornehmlich nach Münster, Coesfeld und Recklinghausen abfließt.

Die Querung der Dülmener Innenstadt durch überregionale Verkehrsachsen führt zu einer erheblichen Belastung der Anwohner und des Einzelhandels, was bereits seit den 60er Jahren des 20. Jh.s Anlass zur Diskussion über den Bau von Umgehungsstraßen und Bahnunterführungen gewesen ist. Erst jetzt befinden sich die entscheidenden Projekte in der Umsetzungs- bzw. Planfeststellungsphase. Fast fertiggestellt ist die sog. „Lange Nase", eine Unterführung der hochfrequentierten Bahnstrecke Wanne–Münster südwestlich der Lüdinghauser Straße. Soweit Landesmittel für den Ausbau zur Verfügung gestellt werden, stehen auch die Chancen für die Realisierung der geplanten, östlich um Dülmen-Mitte herumführenden Umgehungsstraße B 474n gut, da das Planfeststellungsverfahren in Kürze abgeschlossen sein dürfte. Eine Vervollständigung des überregionalen Verkehrsnetzes in Ost-West-Richtung soll der Bau der B 67n bewirken. Die Planstraße soll von Westen her kommend nördlich an Merfeld vorbeigeführt und dann an den Anschlusspunkt Dülmen–Nord der A 43 angebunden werden. Da das Planverfahren jedoch erst im Trassenfindungsprozeß steht und zudem sensible Landschaftsräume von der Planung betroffen sind, ist mit einem Baubeginn dieser Strecke allenfalls mittelfristig zu rechnen.

Im Hinblick auf seine mittelzentrale Funktion kann Dülmen mit vielen Einrichtungen und Institutionen aufwarten. Dies sind u.a. Amtsgericht, Polizeistation, Arbeitsamtsnebenstelle, kommunale Bauaufsicht, Wirtschaftsförderungsgesellschaft des Kreises Coesfeld und Nebenstellen der Kreisverwaltung. Die Bildungsinfrastruktur ist mit 10 Grundschulen, drei Haupt- und zwei Realschulen, zwei Gymnasien, einem privaten Aufbaugymnasium, 2 Sonderschulen sowie verschiedenen Berufs- und Weiterbildungsschulen gut ausgestattet. Ergänzt wird dieses Angebot durch eine städtische Musikschule, eine gut sortierte Stadtbücherei (Mittelpunktsbücherei, die auch den Süden des Kreisgebietes mit versorgen soll), eine Volkshochschule, die in Kooperation mit Haltern und Havixbeck betrieben wird, ihren Standort jedoch in Dülmen hat, eine Familienbildungsstätte sowie weitere kirchliche Einrichtungen.

Die medizinische Versorgung Dülmens wird durch das traditionsreiche Franz-Hospital sowie ein dichtes Netz von Allgemeinmedizinern, Fachärzten und Apotheken sichergestellt.

Weiter steht ein umfangreiches Angebot an Kultur-, Sport- und Freizeiteinrichtungen zur Verfügung. Wegen besonderer Attraktivität und Qualität sowie eines über das Stadtgebiet hinausgehenden Einzugsbereichs sind besonders das 1998 in Betrieb genommene Freizeitbad „düb" und die Veranstaltungsreihe „Dülmener Sommertheater" hervorzuheben.

Eine große Anzahl von Sport-, Schützen-, Musik- und gesellschaftlich orientierten Vereinen und Gruppierungen erweitern das Freizeitangebot auf

Karte I: Dülmen

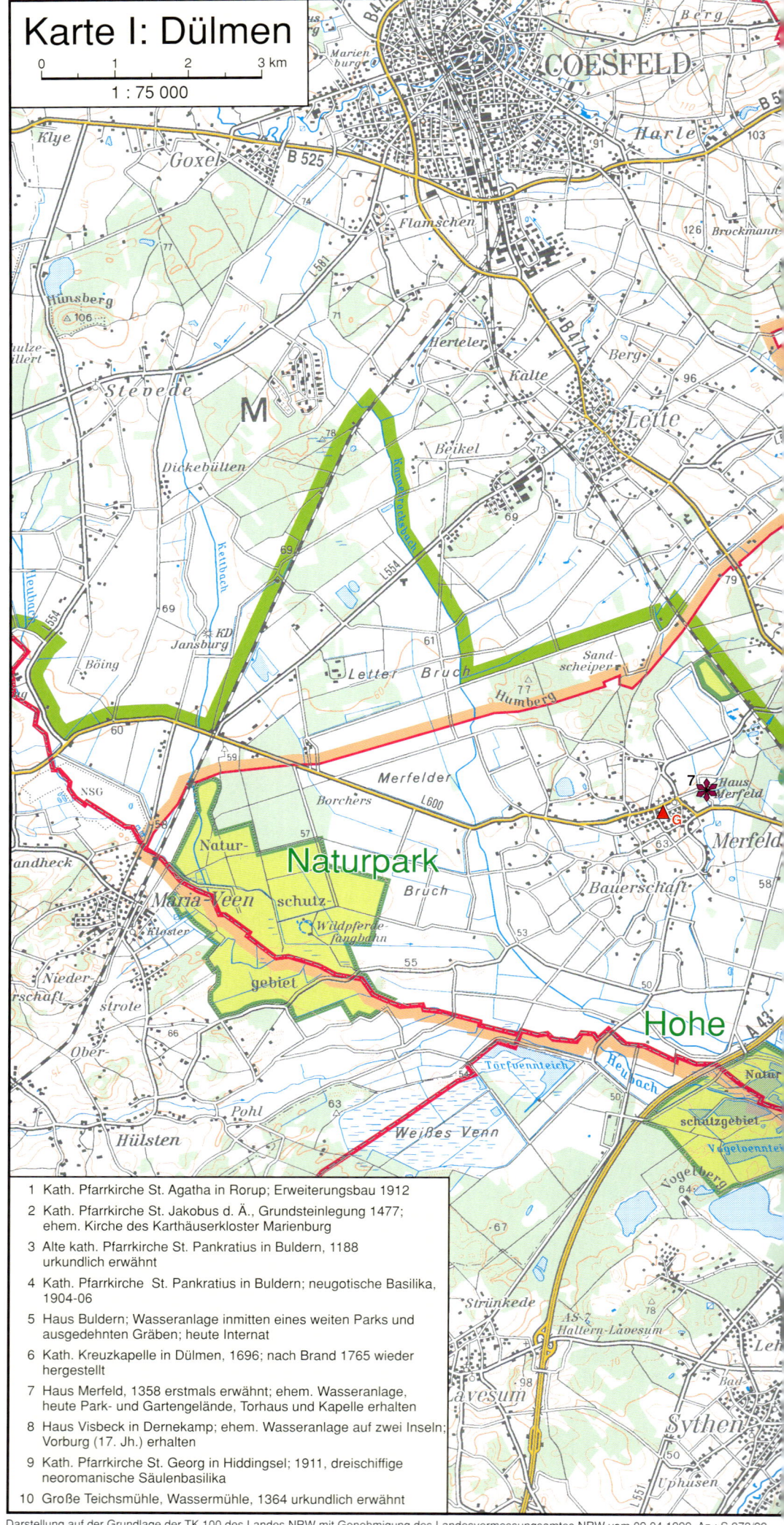

0   1   2   3 km
1 : 75 000

Naturpark

Hohe

1. Kath. Pfarrkirche St. Agatha in Rorup; Erweiterungsbau 1912
2. Kath. Pfarrkirche St. Jakobus d. Ä., Grundsteinlegung 1477; ehem. Kirche des Karthäuserkloster Marienburg
3. Alte kath. Pfarrkirche St. Pankratius in Buldern, 1188 urkundlich erwähnt
4. Kath. Pfarrkirche St. Pankratius in Buldern; neugotische Basilika, 1904-06
5. Haus Buldern; Wasseranlage inmitten eines weiten Parks und ausgedehnten Gräben; heute Internat
6. Kath. Kreuzkapelle in Dülmen, 1696; nach Brand 1765 wieder hergestellt
7. Haus Merfeld, 1358 erstmals erwähnt; ehem. Wasseranlage, heute Park- und Gartengelände, Torhaus und Kapelle erhalten
8. Haus Visbeck in Dernekamp; ehem. Wasseranlage auf zwei Inseln; Vorburg (17. Jh.) erhalten
9. Kath. Pfarrkirche St. Georg in Hiddingsel; 1911, dreischiffige neoromanische Säulenbasilika
10. Große Teichsmühle, Wassermühle, 1364 urkundlich erwähnt

Darstellung auf der Grundlage der TK 100 des Landes NRW mit Genehmigung des Landesvermessungsamtes NRW vom 09.04.1999, Az.: S 973/99.

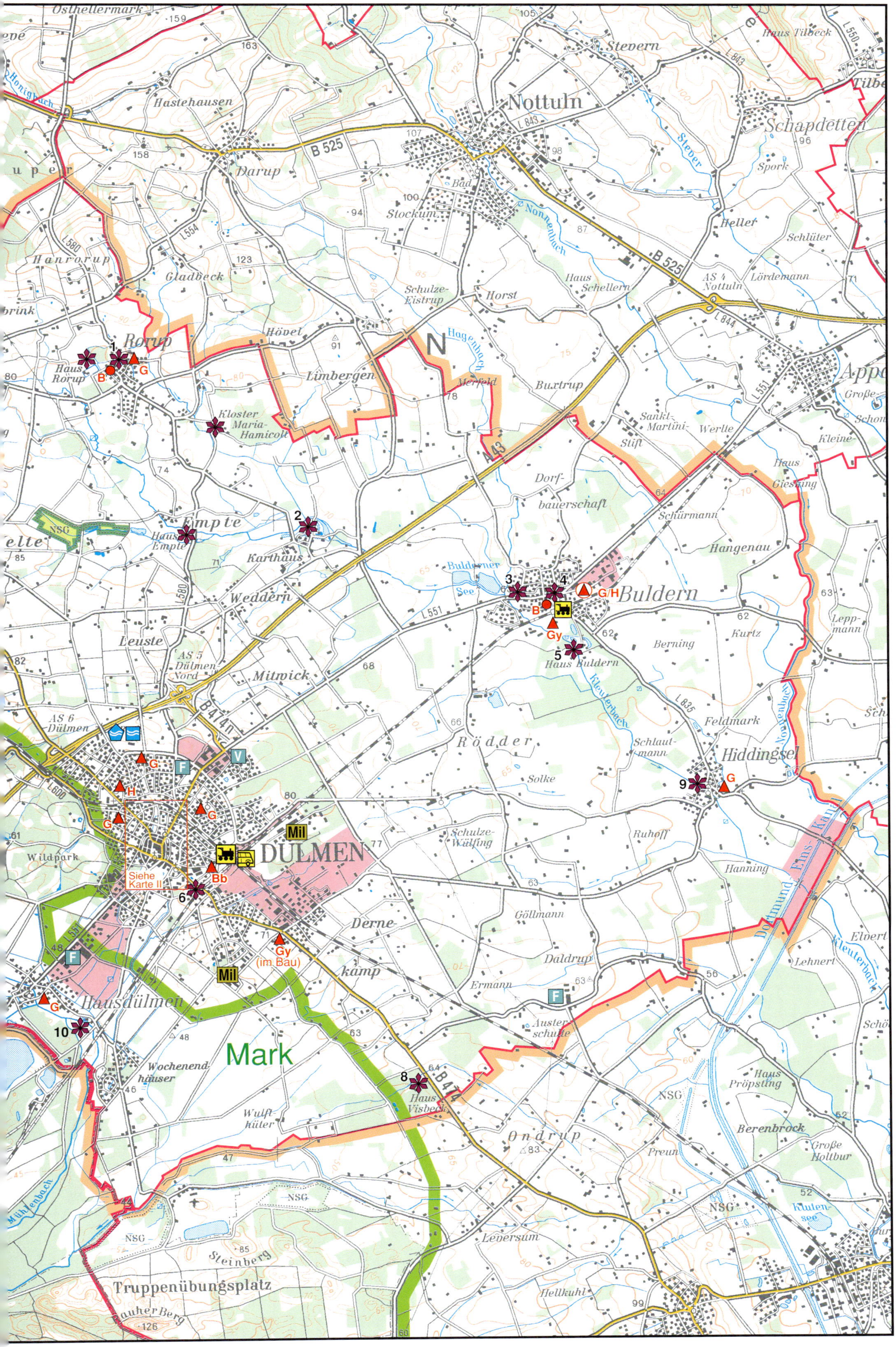

Osthellermark
Hastehausen
Darup
B 525
Notturn
Stevern
Haus Tilbeck
Schapdetten
Spork
Bad
Stockum
Nonnenbach
Heller
Schlüter
Lördemann
AS 4 Nottuln
L 844
Hanrorup
Gladbeck
Rorup
Haus Rorup
Hövel
Limbergen
Horst
Schulze-Eistrup
Haus Schellern
Hagenbach
N
Merfeld
Buxtrup
Kloster Maria-Hamicolt
Sankt-Martini-Stift
Werlle
Große-
Kleine-
Haus Giesking
A 43
Dorf-bauerschaft
Schürmann
Hangenau
NSG
Empte
Haus Empte
Karthaus
Weddern
Buldern
Buldener See
L 551
Berning
Kurtz
Lepp-mann
Leuste
AS 5 Dülmen-Nord
Mitwick
Haus Buldern
Kleuterbach
L 835
Feldmark
AS 6 Dülmen
B 474n
Rödder
Schlaut-mann
Hiddingsel
Solke
Schulze-Wülfing
Ruhoff
DÜLMEN
Mil
Siehe Karte II
Bb
Wildpark
Hanning
Dortmund-Ems-Kanal
Derne-kamp
Göllmann
Daldrup
Gy (im Bau)
Elvert
Lehnert
Ermann
Austerschule
Hausdülmen
Mark
Wochenend-häuser
Haus Visbeck
B 474
Haus Pröpsting
NSG
Berenbrock
Große Holtbur
Wulfhüter
Ondrup
Preun
Mühlenbach
NSG
Steinberg
Kuttensee
Leversum
Truppenübungsplatz
Hellkuhl
Rauher Berg

Wildpferdefang im Merferlder Bruch
(Foto: Landesbildstelle Westfalen, Münster)

vielfältige Art und Weise.

Darüber hinaus stützen und ergänzen ein gut ausgebautes Radwandernetz, verschiedene Sehenswürdigkeiten und Kulturgüter sowie eine abwechslungsreiche Naturlandschaft den Freizeit- und Fremdenverkehrssektor. Eine Veranstaltung, die alljährlich über 20 000 Besucher aus der gesamten Region anzieht, ist der Wildpferdefang im Merfelder Bruch. Die Existenz dieser einzigartigen, frei lebenden Pferdeherde ist bis in das 14. Jh. urkundlich zurückzuverfolgen. Die Wildpferde leben in einem 350 ha großen, durch den Herzog von Croy Mitte des 19.Jh.s angelegten Reservat.

Seit 1907 werden am letzten Samstag im Mai jeden Jahres die einjährigen Hengste aus der Herde ausgesondert, was Anlaß dieses großen Spektakels ist.

Dülmen hat 1999 mit 16 Betrieben und 556 Betten ein breites Angebot an Übernachtungsmöglichkeiten. Mit 24,9% ist die Auslastung eher unterdurchschnittlich und die Aufenthaltsdauer mit durchschnittlich 1,7 Tagen pro Gast vergleichsweise gering, was auf ein großes Potential zur Intensivierung des Fremdenverkehrssektors schließen läßt.

III. Perspektiven und Planung

Nach der kommunalen Neugliederung ist 1980 ein neuer Flächennutzungsplan für die Gesamtstadt aufgestellt worden. Die wesentlichen mit der Neuaufstellung verfolgten Zielsetzungen waren:
- die weitere Konzentration der Siedlungs- und Wirtschaftsentwicklung auf den Siedlungsschwerpunkt Dülmen-Mitte einschließlich der Schaffung aller Versorgungseinrichtungen des gehobenen Bedarfs sowie
- die Entwicklung des zweiten Siedlungsschwerpunktes Buldern zum Nahversorgungszentrum für die Ortsteile Buldern und Hiddingsel mit Infrastruktureinrichtungen im Bereich des einfachen Bedarfs. Dabei sollte mit einer maßvollen städtebaulichen Verdichtung

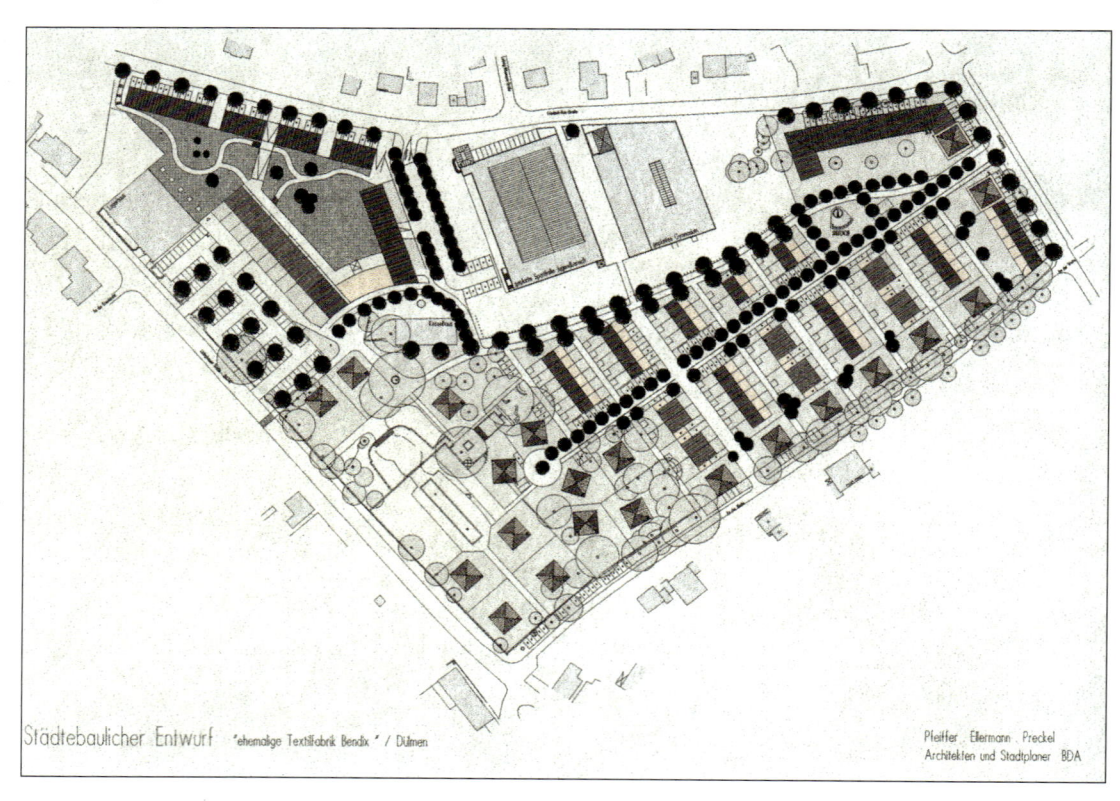

Abb. 1: Städtebaulicher Entwurf „Ehemalige Textilfabrik Bendix"
(Entwurf: Büro Pfeiffer, Ellermann und Preckel)

einer Zersiedlung des Stadtgebietes vorgebeugt werden.

Die städtebauliche Entwicklung der nachfolgenden Jahre vollzog sich auf der Grundlage des neuen Flächennutzungsplanes. Die Ortsteile Hiddingsel, Hausdülmen, Merfeld und Rorup sind durch die sukzessive Ausweisung kleinerer Baugebiete behutsam und unter Wahrung des dörflichen Charakters zu Wohnstandorten ausgebaut worden. Dabei ist es weitgehend gelungen, die Identität der einzelnen Ortsteile zu erhalten. Mit der Aufstellung von Dorfentwicklungskonzepten für die Ortsteile Hiddingsel (1993) und Hausdülmen (1997), die unter großer Beteiligung der ortsansässigen Bevölkerung entstanden, sollen die dörfliche Entwicklung und Identitätsbildung unterstützt werden.

Trotz der weitgehend geordneten Entwicklung des Siedlungsschwerpunktes Dülmen-Mitte sind in den letzten Jahren – hier in verstärktem Maße in der Innenstadt – städtebauliche Defizite deutlich geworden. Dies war Anlaß für die Stadt Dülmen ein Innenstadtentwicklungskonzept in Form eines integrierten Handlungskonzeptes aufzustellen. Im Rahmen der Erarbeitung des zwischen 1996 und 1998 unter Einbeziehung eines begleitenden Arbeitskreises, dem Vertreter aus Politik, Verwaltung und verschiedener gesellschaftlicher Gruppen angehörten, entstandenen Konzeptes, wurden umfangreiche Untersuchungen zur Einzelhandelsstruktur, Verkehrssituation, zum Stadtbild und zur städtebaulichen Raumstruktur durchgeführt. Die Zielrichtung der künftigen städtebaulichen Entwicklung im Innenstadtbereich wird in Masterplänen und einem umsetzungsorientierten Maßnahmenkatalog dargestellt. Insgesamt soll die Innenstadt durch eine Erweiterung des Einzelhandels-, Freizeit- und Kulturangebotes sowie durch Verkehrsentlastung und Erhöhung der Aufenthaltsqualität eine Attraktivitätssteigerung erfahren. Erste Maßnahmen sind bereits umgesetzt worden bzw. werden in Kürze umgesetzt (z.B. Parkleitsystem, Kinocenter, Einrichtung von „verkehrsberuhigten Geschäftsbereichen"). Entscheidend für eine Attraktivierung der Innenstadt ist – neben einer Erweiterung des Warenangebotes in einigen Sortimentsbereichen und Verbesserung der Aufenthaltsqualität durch Umgestaltung von Straßenräumen und Gebäudefassaden – jedoch die Bewältigung der Verkehrsprobleme, was nur durch eine Entlastung der die Innenstadt tangierenden Hauptverkehrsstraßen zu erreichen ist. Dieses unterstreicht die Notwendigkeit des Baus der Umgehungsstraße B 474n und innerörtlicher Verbindungsstraßen sowie der stärkeren Verteilung der Verkehrsbelastung im Bereich einiger innenstadtnaher Erschließungsstraßen.

Zur weiteren Entschärfung der Verkehrssituation und Veränderung des „modal split" zugunsten des Fahrradverkehrs und des ÖPNV werden zur

Abb. 2: Luftbild mit Markierung des Stadterweiterungsgebietes Dernekamp (aus Nordost)
(Hansa Luftbild GmbH, Münster, April 1999)

Karte II: Dülmen

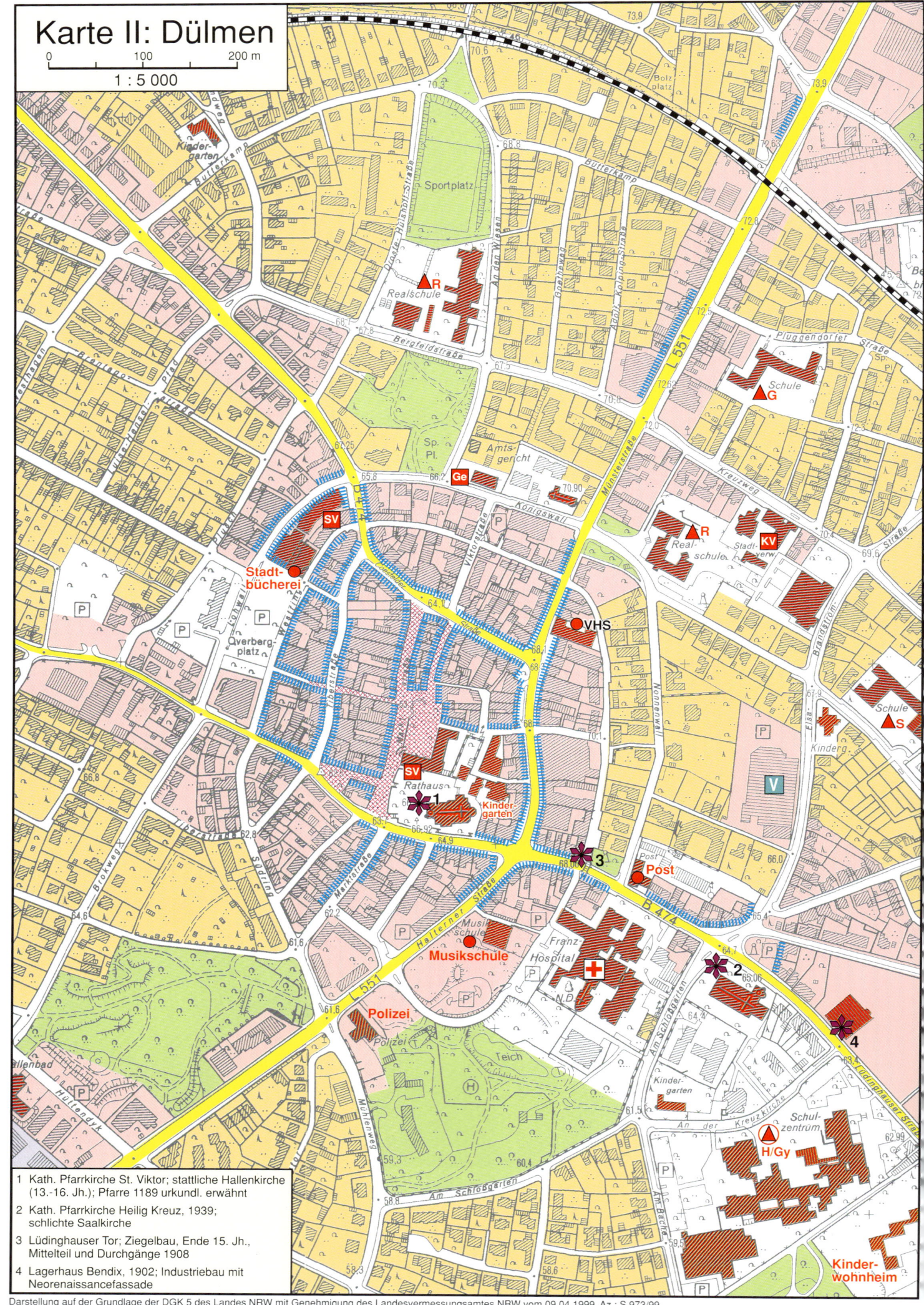

1 : 5 000

1 Kath. Pfarrkirche St. Viktor; stattliche Hallenkirche (13.-16. Jh.); Pfarre 1189 urkundl. erwähnt
2 Kath. Pfarrkirche Heilig Kreuz, 1939; schlichte Saalkirche
3 Lüdinghauser Tor; Ziegelbau, Ende 15. Jh., Mittelteil und Durchgänge 1908
4 Lagerhaus Bendix, 1902; Industriebau mit Neorenaissancefassade

Darstellung auf der Grundlage der DGK 5 des Landes NRW mit Genehmigung des Landesvermessungsamtes NRW vom 09.04.1999, Az.: S 973/99.

Zeit ein Radverkehrskonzept erarbeitet und die Einrichtung eines Stadtbussystems diskutiert. Dabei befinden sich die Bedingungen für Radfahrer in Dülmen bereits auf einem relativ hohen Niveau, was die Aufnahme der Stadt in die Arbeitsgemeinschaft „fahrradfreundlicher Städte und Gemeinden NRW" belegt.

Eine unter dem Gesichtspunkt der Erhaltung und Nutzung stadtbildprägender Industriegebäude sowie der Schaffung attraktiver Wohnformen in Innenstadtrandlage bedeutende Maßnahme ist die Reaktivierung des ehemaligen Betriebsgeländes der Textilfirma Bendix (Abb. 1). Damit entsteht südöstlich der Innenstadt mit einer 70 000 m² großen Fläche ein neues Stadtquartier mit verschiedenen öffentlichen Infrastruktureinrichtungen (u.a. Umbau alter Spinnereigebäude zum zweiten städtischen Gymnasium mit Sporthalle und Begegnungszentrum), einem Einzelhandels- und Dienstleistungszentrum sowie ca. 200 Wohneinheiten.

Die Neuaufstellung des Flächennutzungsplans der Stadt Dülmen wird auf Grundlage des aktuellen Gebietsentwicklungsplanes und vor dem Hintergrund der veränderten Rahmenbedingungen in den letzten 20 Jahren derzeit vorbereitet. An der grundsätzlichen Zielausrichtung, die Siedlungs- und Wirtschaftsentwicklung in den Siedlungsschwerpunkten Dülmen-Mitte und Buldern zu konzentrieren, wird auch in Zukunft festgehalten. Weitreichende Schritte sind hierzu im Bereich der Kernstadt bereits eingeleitet worden. Für die Schaffung neuer Gewerbeflächen im Südwesten der Stadt zwischen Dülmen und Hausdülmen werden derzeit Bebauungsplanverfahren durchgeführt bzw. vorbereitet. In punkto Wohnbauflächenentwicklung wird das neue Stadterweiterungsgebiet Dernekamp den Schwerpunkt im Stadtgebiet bilden (Abb. 2). Für die Entwicklung dieser 110 ha großen Fläche im Südosten der Stadt ist 1999 ein zweistufiges Wettbewerbsverfahren durchgeführt worden. Auf Grundlage dieses Rahmenplanes soll das Gebiet abschnittsweise in den nächsten 10–15 Jahren erschlossen werden und insgesamt ca. 6 000 Einwohnern eine Wohnstätte bieten.

Dülmen hat mit einem großen Angebot an Wohnbau- und Gewerbeflächen sowie einer äußerst günstigen Verkehrslage viele „harte" Standortfaktoren vorzuweisen, die auch in den kommenden Jahren ein positives Wachstumssaldo und die Ansiedlung weiterer Gewerbebetriebe sicherstellen werden. Vor allem aber der bereits begonnene Ausbau der Freizeitinfrastruktur und das ehrgeizige Kulturprogramm der Stadt lassen erwarten, dass den „weichen" Standortfaktoren in Zukunft eine größere Bedeutung zukommen und sich der regionale Einzugsbereich Dülmens weiter vergrößern wird.

Literatur

Brathe, H. (Hg.) (1986): Dülmen. Von der Bauerschaft zum zentralen Ort. Dülmen

Brathe, H. (Hg.) (1961): 650 Jahre Stadt Dülmen. Dülmen

Gläßer, E. (1968): Der Dülmener Raum. In: Forschungen zur deutschen Landeskunde, Band 176. Bad Godesberg

Landesamt für Datenverarbeitung und Statistik NRW (Hg.) (1999): Datenspektrum Dülmen. Düsseldorf

LÖBF/Landesamt für Agrarordnung NRW (Hg.) (1997): Hausdülmen. Dorfentwicklungskonzept. Coesfeld

LÖBF/Landesamt für Agrarordnung NRW (Hg.) (1993): Dorfentwicklungskonzept Hiddingsel. Coesfeld

Meschede, Dr. W. (1984): Geschäftsstandorte und räumliches Einkaufsverhalten in Dülmen. In: Arbeitsberichte der Arbeitsgemeinschaft Angewandte Geographie Münster e.V, Band 6. Münster

Messing, A., D. Potente, I. Potthast u. Streitenberger, H. (Hg.) (1989): Buldern 889 – 1989. Dülmen

Stadt Dülmen (1979): Flächennutzungsplan der Stadt Dülmen; Erläuterungsbericht. Dülmen

Stadt Dülmen (Hg.) (2000): Einwohnerstatistik. Dülmen

Stadt Dülmen (Hg.) (1998): Innenstadtentwicklungskonzept Dülmen. Dülmen

Stoob, H. (Hg.) (1990): Dülmen mit Hausdülmen. Westfälischer Städteatlas. Lieferung III Nr.3. Altenbeken.

Wirtschaftsförderungsgesellschaft für den Kreis Coesfeld (Hg.) (1998): Wirtschaft aktuell, Nr. 15, 5. Jahrgang. Dülmen

Wirtschaftsförderungsgesellschaft für den Kreis Coesfeld (Hg.): Geschäftsbericht 1999. Dülmen

Havixbeck aus südlicher Richtung

<small>(Foto: Gemeinde Havixbeck; Stuttgarter Luftbild Elsässer GmbH)</small>

Peter Weber

Havixbeck

Einwohner: 11 647
Fläche: 52,99 km²

I. Lage und Entwicklung

Die Gemeinde Havixbeck liegt im Nordosten des Kreises Coesfeld und bildet die östliche Grenze des Kreises Coesfeld nach Münster. Nördlich der Gemeinde Havixbeck liegt der Kreis Steinfurt mit der Gemeinde Altenberge, westlich grenzen die Gemeinden Billerbeck und Nottuln des Kreises Coesfeld an.

Havixbecks Lage zwischen Coesfeld und Münster führte in den vergangenen zwei Jahrhunderten zu mehreren Verschiebungen der administrativen Kreiszuständigkeit. Im Zuge der preußischen Besitznahme Westfalens 1815 wurde Havixbeck zunächst dem Kreis Coesfeld zugeordnet, 1832 jedoch an den Kreis Münster abgegeben. Seit der kommunalen Neugliederung zwischen 1967 bis 1975 gehört Havixbeck erneut dem Kreis Coesfeld an.

Havixbeck, Nordkirchen und Olfen sind mit jeweils knapp 53 km² die kleinsten Gemeinden des Kreises Coesfeld. Knapp drei Viertel der Fläche Havixbecks (74,1%) erfährt eine landwirtschaftliche Nutzung, zehn Prozent sind durch Gebäude- und Frei- sowie Betriebs- und Verkehrsflächen versiegelt. Flächen, die ausdrücklich der Erholung dienen, nehmen nur knapp 0,6% der Gesamtfläche ein, womit Havixbeck sich unter dem Landesdurchschnitt (1,2%) befindet. Auch Havixbecks Anteile an Wald- und Wasserflächen liegen mit 13,9% und 0,9% jeweils deutlich unter dem Landesdurchschnitt (24,7% bzw. 1,8%). Hinsichtlich seiner Lage wird Havixbeck zwar mit den bewaldeten Baumbergen in Verbindung gebracht, die in den Baumbergen verlaufende Gemeindegrenze zwischen Havixbeck und Nottuln teilt jedoch der Gemeinde Havixbeck nur einen kleinen Anteil Waldfläche zu.

Einwohner je km²: Havixbeck 219,8; Kreis Coesfeld 191,7

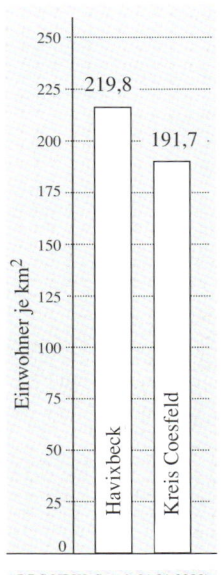

<small>(LDS NRW, Stand: 01.01.2000)</small>

Grundzentrum in einem Gebiet mit überwiegend ländlicher Raumstruktur (LEP NRW 1995, Teil A)

Am 1.1.1975 wurden Teile der Gemeinde Roxel eingemeindet

Wochenmarkt am Torhaus

(Foto: Andreas Lechtape, Münster)

Havixbeck besitzt zwar keine direkten Anschlüsse an das Bundesautobahnennetz, jedoch sind sowohl die in Nord-Süd-Richtung verlaufende A1 als auch die sich in Ost-West-Richtung erstreckende A43 relativ günstig über die zahlreichen Landes- und Kreisstraßen zu erreichen. Der A1-Anschluß Münster-Nord ist in etwa 10 km, der A43-Anschluß Senden-Havixbeck in 12 km Entfernung gelegen.

Mit einer Entfernung von 29 km stellt der Internationale Flughafen Münster-Osnabrück die nächstgelegene Möglichkeit für den Flugverkehr dar. Der Flughafen Dortmund liegt von Havixbeck in einer Entfernung von 63 km.

Havixbeck verfügt über einen Haltepunkt der Schienenverbindung Münster–Coesfeld; die Regionalbahn verkehrt werktäglich 17 mal zwischen 5.00 Uhr und 20.30 Uhr in beide Richtungen. Über den öffentlichen Schienenpersonennahverkehr kann Münster innerhalb von 17 Minuten und Coesfeld in 22 Minuten erreicht werden. Da der Bahnhof jedoch südlich außerhalb des Siedlungsbereiches gelegen ist, kommt den Busverbindungen nach Münster und Coesfeld weitere Bedeutung zu. Die jeweiligen Buslinien (z.B. die Linie 564) benötigen für die Strecke Havixbeck–Münster bzw. Havixbeck–Coesfeld mit ca. 35 min mehr Zeit, verkehren jedoch abends länger.

Auffälligstes Landschaftselement der Gemeinde bilden die östlichen Steverberge als Teil der Baumberge mit über 180 m Höhe ü. NN. Nach Nordosten fällt das Gelände allmählich auf 65 m ü. NN ab, wobei der gestufte Hang der Baumberge in flachwellige Verebnungen übergeht.

Der Stufenhang weist in einer Höhe von 90–120 m ü. NN, wo der durchlässige Kalksandstein auf Mergelschichten lagert, einen auffallenden Grundwasserhorizont auf, der für die frühe Siedlungsentwicklung der Gemeinde von großer Bedeutung war. Die trockeneren Flächen in der nordöstlichen Abdachung der Baumberge stellen uraltes Dauerackerland dar: hier sind auf den Mergeln, Geschiebelehmen und Lössablagerungen fruchtbare Braunerden und Parabraunerden entwickelt (mit Bodenwerten zwischen 60 und 70), die durchgehend eine intensive Ackernutzung aufweisen. In den anschließenden feuchten Niederungen herrschen dagegen Grün- und Wechselgrünland vor.

Weiter nach Osten zur Hohenholter Ebene hin macht sich über mergeligem Untergrund eine zunehmende Staunässe bemerkbar; unter dem Einfluß des hohen Grundwasserstands kommt es hier zu Pseudovergleyung und Vergleyung der Böden, so dass Drainagen für eine ackerbauliche Nutzung erforderlich werden. Hier erreichen die Bodenwertzahlen nur 35 bis 55 Punkte. Das Plateau der Steverberge mit seinen mäßig basenhaltigen Braunerden ist größtenteils mit geschlossenen Waldbeständen bedeckt, wobei ein Waldmeister-Buchenwald vorherrschend ist. Nach der Rotbuche stellt die Fichte die zweithäufigste Baumart dar. Auf den fruchtbaren Böden der Baumbergeabdachung ist ursprünglich ein Flattergras-Buchenwald verbreitet gewesen, der heute nur noch in Resten auftritt.

Typisch für den landschaftlichen Eindruck der Havixbecker Gemarkung ist die Gliederung durch Hecken, Wallhecken und Baumreihen, die trotz fortschreitenden Rückgangs (Heckenquotient 1950 = 50 m/ha; 1984 = 25 m/ha) nach wie vor den Charakter der münsterländischen Parklandschaft mitbestimmen.

Die Siedlungsentwicklung ist klar an die natürlichen Potentiale des Raumes angepaßt. Die frühesten schriftlichen Erwähnungen sind verknüpft mit Höfen der Gemeinde, die im Bereich des Quellhorizonts am östlichen Abhang der Baumberge liegen (Natrup = Nordthorpe 890; Tilbeck = Tilbeki 890; Poppenbeck = Poppenbiki 1050). Auf diesen vorzüglichen Lössverwitterungsböden sind streifige Hufenfluren nachgewiesen, die mindestens frühmittelalterlicher Entstehung sind.

Der Kernort Havixbeck, der urkundlich erstmals im 12. Jahrhundert belegt ist (Haueskesbeke 1137, Havekesbecke 1177), dürfte ebenfalls zu den ältesten Siedlungsansätzen im Bereich des Quellhorizonts gehören, in dessen Nähe die aus einer bischöflichen Eigenkirche vor 1040 hervorgegangenen, dem Hl. Dionysius geweihte, Pfarrkirche errichtet worden ist. Der Ortsname ist vom gleichnamigen Bach abgeleitet und verwendet das vielfach belegte Wasserwort hab, hav; die volkstümliche Deutung als „Habichtsbach" (s. Gemeindewappen) ist unzutreffend.

Die Entwicklung zum Kirchdorf erfolgte durch den allmählichen Ausbau von Spiekerhäusern zu einem geschlossenen Ring um die Kirche („Kirch-

Tab. 1: Einwohner der Bauerschaften von Havixbeck (08.04.99) und des Ortsteils Hohenholte (31.12.98)

Bauerschaft/Ortsteil	Einwohner
Masbeck	177
Natrup	155
Brock	84
Schonebeck	232
Herkentrup	189
Lasbeck	216
Poppenbeck	283
Gennerich	188
Waligen	192
Tilbeck	476
Ortsteil Hohenholte	605

(Quelle: Angaben der Gemeinde Havixbeck)

Zur Gemeinde Havixbeck gehören ferner drei Wasserschlösser: Haus Havixbeck, Haus Stapel und Haus Hülshoff, die bis heute als bemerkenswerte Baudenkmäler erhalten sind und viel beachtete, touristische Sehenswürdigkeiten darstellen.

Die Bevölkerungsstruktur weist die Merkmale eines suburbanen Raumes auf: die relative Nähe zum Oberzentrum Münster führt zu typischen Prozessen der Bevölkerungsentwicklung. Zum einen gehört dazu ein relativ starkes Wachstum von 4 500 E. (1960) auf 11 647 E (1999), was einer jährlichen Wachstumsrate von 4,3% entspricht. Typisch für die Form des Bevölkerungswachstums ist sodann, dass (im Zeitraum von 1976 bis 1998) 66% des Bevölkerungsanstiegs durch Zuwanderungen und nur zu einem Drittel durch natürliche Bevölkerungsentwicklung verursacht ist.

Auch die Altersstruktur weist suburbane Trends auf: durch den Zuzug von hauptsächlich jungen Familien aus der Kernstadt ergibt sich eine relativ junge Bevölkerung: knapp ein Viertel aller Einwohner ist unter 20 Jahre alt, und nur 11,75% sind über 65 Jahre.

Havixbeck verfügte 1995 über 3 570 Wohnungen, wobei der Anteil der in Ein- und Zweifamilienhäusern gelegenen Wohnungen mehr als drei Viertel (77%) aller Wohnungen ausmachte. Bei den Einfamilienhäusern betrug die durchschnittliche Wohnungsfläche 118,71 m² und lag somit im Vergleich zum Kreis- oder Landesdurchschnitt um bis zu 14% höher. Die durchschnittliche Wohnfläche je Wohnung in Mehrfamilienhäusern lag mit 71,67 m² ebenfalls über dem Landesdurchschnitt von 66,80 m² bzw. knapp unter dem Kreis-

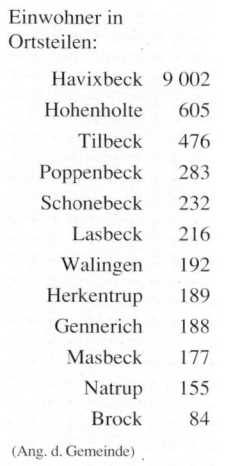

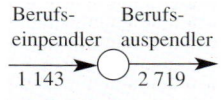

Einwohner in Ortsteilen:

Havixbeck	9 002
Hohenholte	605
Tilbeck	476
Poppenbeck	283
Schonebeck	232
Lasbeck	216
Walingen	192
Herkentrup	189
Gennerich	188
Masbeck	177
Natrup	155
Brock	84

(Ang. d. Gemeinde)

Berufseinpendler 1 143 — Berufsauspendler 2 719

Sozialvers.-pflichtig Beschäftigte; Quelle: Landesarbeitsamt NRW 1998

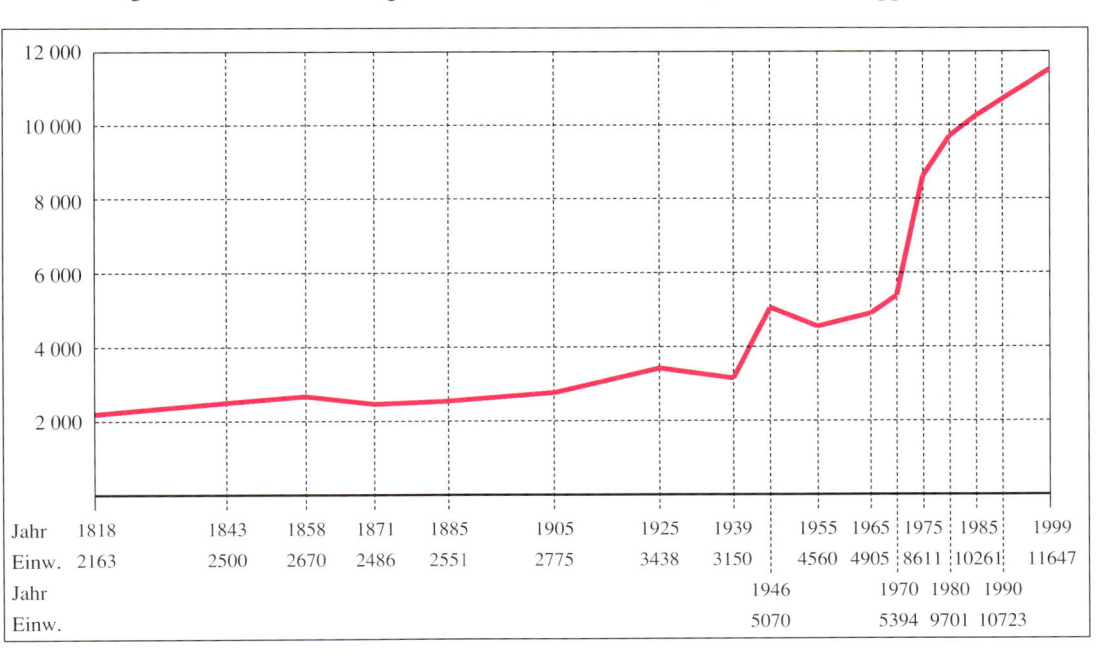

bering"), womit eine Schutzanlage gegen Angriffe von außen geschaffen wurde. Diese Sicherungsfunktion wird durch das bis heute erhaltene Torhaus des 15. Jahrhunderts bestätigt, in dessen über dem gotischen Torbogen liegenden Räumen seit dem 16. Jahrhundert bis 1922 Kinder unterrichtet wurden. Es gilt als das älteste erhaltene Schulgebäude im Münsterland. Zum Kirchdorf Havixbeck gehört neben zehn Bauerschaften das Stiftsdorf Hohenholte, dessen eigene Pfarrei über die Grenzen der politischen Gemeinde Havixbeck hinausgeht. Das Kloster wurde 1142 für Benediktiner gegründet, 1557 in ein freiweltliches Damenstift umgewandelt und 1811 aufgehoben.

Jahr	1818	1843	1858	1871	1885	1905	1925	1939	1955	1965	1975	1985	1999
Einw.	2163	2500	2670	2486	2551	2775	3438	3150	4560	4905	8611	10261	11647

Jahr	1946	1970	1980	1990
Einw.	5070	5394	9701	10723

Abb. 1: Einwohnerentwicklung in ausgewählten Jahren 1818 – 1999

Beschäftigte 1987:
1 994

14,9%
13,2%
13,6%
58,4%

Beschäftigte 1997:
2 877

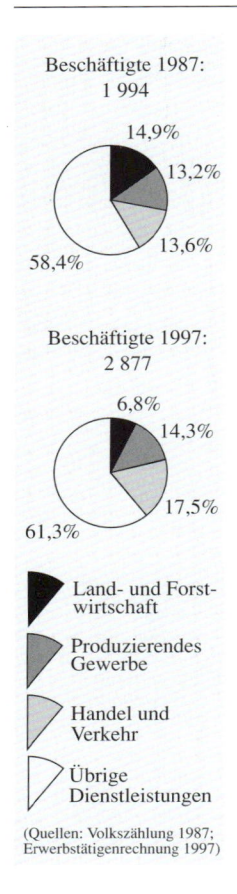

6,8%
14,3%
17,5%
61,3%

■ Land- und Forstwirtschaft
▨ Produzierendes Gewerbe
▥ Handel und Verkehr
□ Übrige Dienstleistungen

(Quellen: Volkszählung 1987; Erwerbstätigenrechnung 1997)

Pfarrkirche St. Dionysius
(Foto: Andreas Lechtape, Münster)

durchschnitt von 73,22 m². Dies verdeutlicht, daß in ländlichen Gebieten aufgrund der im Vergleich zu den Kern- bzw. Großstädten günstigeren Bodenpreise der kostengünstigere Bau von Wohnungen und Eigenheimen und somit die Realisierung größerer Wohnflächen pro Kopf möglich werden. Die gegenüber dem Landesdurchschnitt (2,3 Personen) höhere Belegungsdichte der Wohnungen in Havixbeck mit 2,9 Personen je Wohnung zeigt, daß in den ländlichen Bereichen der Trend zur Individualisierung noch nicht die gleiche Ausprägung wie in den Kern- bzw. Großstädten erfahren hat.

Trotz der auch in Havixbeck festzustellenden Zunahme an Ein-Personen-Haushalten beläuft sich der Anteil der kleineren 1- und 2-Zimmer-Wohnungen 1995 nur auf 6% aller Wohnungen. Den größten Anteil nehmen mit 40% die 6-Zimmer-Wohnungen ein.

II. Gefüge und Ausstattung

Gemäß der für 1996 erfolgten Arbeitsstättenzählung gingen in Havixbeck 2 789 Personen einer Beschäftigung nach, was einer Steigerung um etwa das Dreifache gegenüber 1970 (977 Beschäftigte) entspricht. 1970 konnten sowohl der Sekundäre als auch der Tertiäre Wirtschaftssektor nahezu gleich viele Beschäftigte verbuchen. Bis 1997 verlagerte sich der Beschäftigtenschwerpunkt mit rd. 80% auf den Tertiären Wirtschaftssektor, wobei die Beschäftigung in Land- und Forstwirtschaft (Primärer Wirtschaftssektor) einen weiteren Rückgang auf knapp 7% zu verzeichnen hatte.

1997 waren knapp zwei Drittel dieser Beschäftigten als sozialversicherungspflichtig gemeldet. Der Anteil der Frauen lag dabei bei 60%, der Ausländeranteil bei 4,6%. Mehr als die Hälfte der sozialversicherungspflichtig Beschäftigten waren zwischen 30 und 50 Jahre, ein Drittel unter 30 Jahre und 16% über 50 Jahre. Typisch für die Lage von Havixbeck im suburbanen Einflußbereich Münsters ist, dass die Arbeitsplatzversorgung relativ niedrig liegt: 1998 hatten 53% der Beschäftigten ihren Arbeitsort in der Gemeinde.

Knapp drei Viertel der Gemeindefläche Havixbecks wird derzeit landwirtschaftlich genutzt. Dieser Anteil zeigt sich seit 1987 mit einer leicht rückläufigen Tendenz annähernd konstant. Die Zahl der Betriebe hat jedoch im gleichen Zeitraum um etwa 14% abgenommen. Dieser Rückgang ging überdurchschnittlich auf Kosten der kleineren Betriebe mit bis zu 30 ha landwirtschaftlich genutzter Fläche, wohingegen der Anteil der Betriebe mit mehr als 50 ha landwirtschaftlich genutzter Fläche um mehr als 45% zunahm. Dies und die abnehmende Tendenz der Haupterwerbsbetriebe verdeutlicht den Strukturwandel, der sich in der Landwirtschaft vollzieht. Der Anteil der Nebenerwerbsbetriebe hat sich von 58% im Jahr 1987 auf 63% im Jahr 1995 erhöht.

Handwerk und Industrie sind relativ schwach entwickelt. Jahrhundertelang war das Handwerk der Steinhauer und Steinmetze – aufgrund des für Haus- und Kirchenbau geeigneten Baumberger Sandsteins – weit über die Ortsgrenzen hinweg von großer Bedeutung. Heute führen nur noch 2 Steinmetzbetriebe die alte Tradition fort.

Im verarbeitenden Gewerbe waren 1996 nur 207 Arbeitnehmer beschäftigt, wobei das größte Unternehmen, ein holzverarbeitender Betrieb (Herstellung von Furnieren), etwa 40 Beschäftigte hatte. Auch im verarbeitenden Gewerbe ist der Anteil der ausländischen Arbeitnehmer (mit 5,8%) gering.

Havixbeck gilt aufgrund seiner Lage am Rande der Baumberge und seiner Sehenswürdigkeiten mit den drei Wasserburgen als attraktives Nahtourismusziel. Vor allem der Fahrradtourismus hat in den letzten Jahren immer größere Bedeutung erfahren und bietet den Ausflüglern mit seinen Stationen auf der 100-Schlösser-, der Sandsteinroute oder der Route „Auf den Spuren der Annette von Droste von Hülshoff" in Havixbeck attraktive Ziele. Darüber hinaus sind in Havixbeck vier örtliche Radrundwege ausgeschildert, außerdem ein ‚Lehrpfad' über die heimische Landwirtschaft.

Tab. 2: Landwirtschaftliche Betriebe in Havixbeck: Entwicklung zwischen 1987 und 1997												
Betriebsgrößenklassen und landwirtschaftlich genutzte Fläche (LF)												
	unter 10 ha		11- 30 ha		31 - 50 ha		über 50 ha		Betriebe insgesamt		lw. Fläche (LF) insgesamt	
Jahr	1987	1997	1987	1997	1987	1997	1987	1997	1987	1997	1987	1997
Betriebe	58	47	51	34	37	32	13	19	183	158	3754	3689

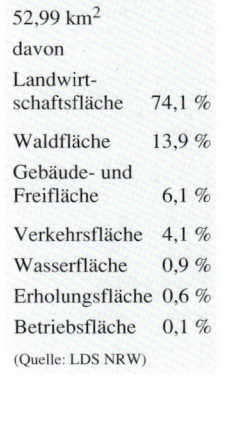

(Quelle: LDS NRW)

Katasterfläche 1999: 52,99 km²
davon
Landwirtschaftsfläche 74,1 %
Waldfläche 13,9 %
Gebäude- und Freifläche 6,1 %
Verkehrsfläche 4,1 %
Wasserfläche 0,9 %
Erholungsfläche 0,6 %
Betriebsfläche 0,1 %
(Quelle: LDS NRW)

Der Verkehrsverein Havixbeck gibt darüber hinaus Ortsführer für kulturhistorische und naturräumliche Wanderungen in den Baumbergen heraus.

Zur Besichtigung befinden sich in Havixbeck neben dem Baumberger Sandstein-Museum, das die lange Tradition der Steinhauer und Steinmetze dokumentiert, das Rundfunkmuseum mit der Darstellung der Entwicklung der Funktechnik sowie das Brauerei-Museum.

Das Beherbergungsgewerbe ist nur schwach entwickelt. Im Vergleich zu 1987 hatte 1998 zwar die Anzahl der Übernachtungen zugenommen, die durchschnittliche Bettenauslastung ging aufgrund der Erhöhung der Bettenanzahl dagegen leicht zurück. Fünf Beherbergungsbetriebe stellten 1998 163 Betten zur Verfügung, wobei jedoch nur ein Betrieb mehr als 50 Betten aufwies; die übrigen Betten wurden in Gasthöfen und Pensionen angeboten. 6 401 Ankünfte mit 17 565 Übernachtungen wurden 1998 in Havixbeck gezählt. Durchschnittlich verblieb so jeder Gast zwei bis drei Tage in Havixbeck. Neben dem üblichen Übernachtungsangebot in Hotels, Pensionen und Gasthöfen bieten Unterkunftsbetriebe darüber hinaus „Ferien auf dem Bauernhof" und „Schlafen im Heu" an.

Mit 247 Personen waren 1996 mehr als 50% der im Handel Beschäftigten im Einzelhandel tätig, der in Havixbeck 52 Arbeitsstätten zählte. Havixbeck verfügte 1996 – bis auf den Antiquitäten- und Gebrauchtwarenhandel – über das gesamte Einzelhandelsangebot. Neben drei Apotheken und dem medizinisch-orthopädischen Fachhandel sowie 7 Betrieben des nahrungsbezogenen Fachhandels waren 22 Betriebe mit sonstigem Fachhandelangebot (z.B. Bekleidung, Buch-, Elektrohandel) ansässig. Alle drei Fachhandelsklassen beschäftigten zusammen 139 Personen.

82 Beschäftigte waren in den 7 Selbstbedienungsmärkten angestellt. Zwölf Betriebe führten in Havixbeck den Einzelhandel ohne bzw. außerhalb von Verkaufsräumen (z.B. über Marktstände bzw. Versandhandel) aus. Diese Unternehmen beschäftigten 26 Personen.

Alle Verkaufsflächen des Einzelhandels in Havixbeck zusammen genommen hatten einen Anteil von 61% an der Gesamtgeschäftsfläche. 1992 wurde ein Umsatz von 45 Mio. DM verbucht, wobei der Umsatz je Einwohner (mit 4 194 DM) bzw. je Beschäftigtem (182 200 DM) deutlich hinter dem des Kreises Coesfeld zurück lag.

Havixbeck verfügt derzeit über 15 Ärzte. Jeweils ein Drittel sind als Allgemeinmediziner oder Zahnärzte niedergelassen, darüber hinaus gibt es einen Augen-, einen Frauen- und einen Kinderarzt sowie jeweils einen Internisten und Orthopäden. Damit errechnet sich für Havixbeck insgesamt ein Durchschnitt von einem Arzt für 760 Einwohner. Zusätzlich gibt es fünf Psychotherapeuten. Insgesamt waren 1996 im Gesundheits- und Veterenärwesen in Havixbeck 743 Beschäftigte angestellt.

Neben den allgemeinbildenden Schulen, der Katholischen Grundschule und der Anne-Frank-

Haus Havixbeck
(Foto: Andreas Lechtape, Münster)

Karte I: Havixbeck

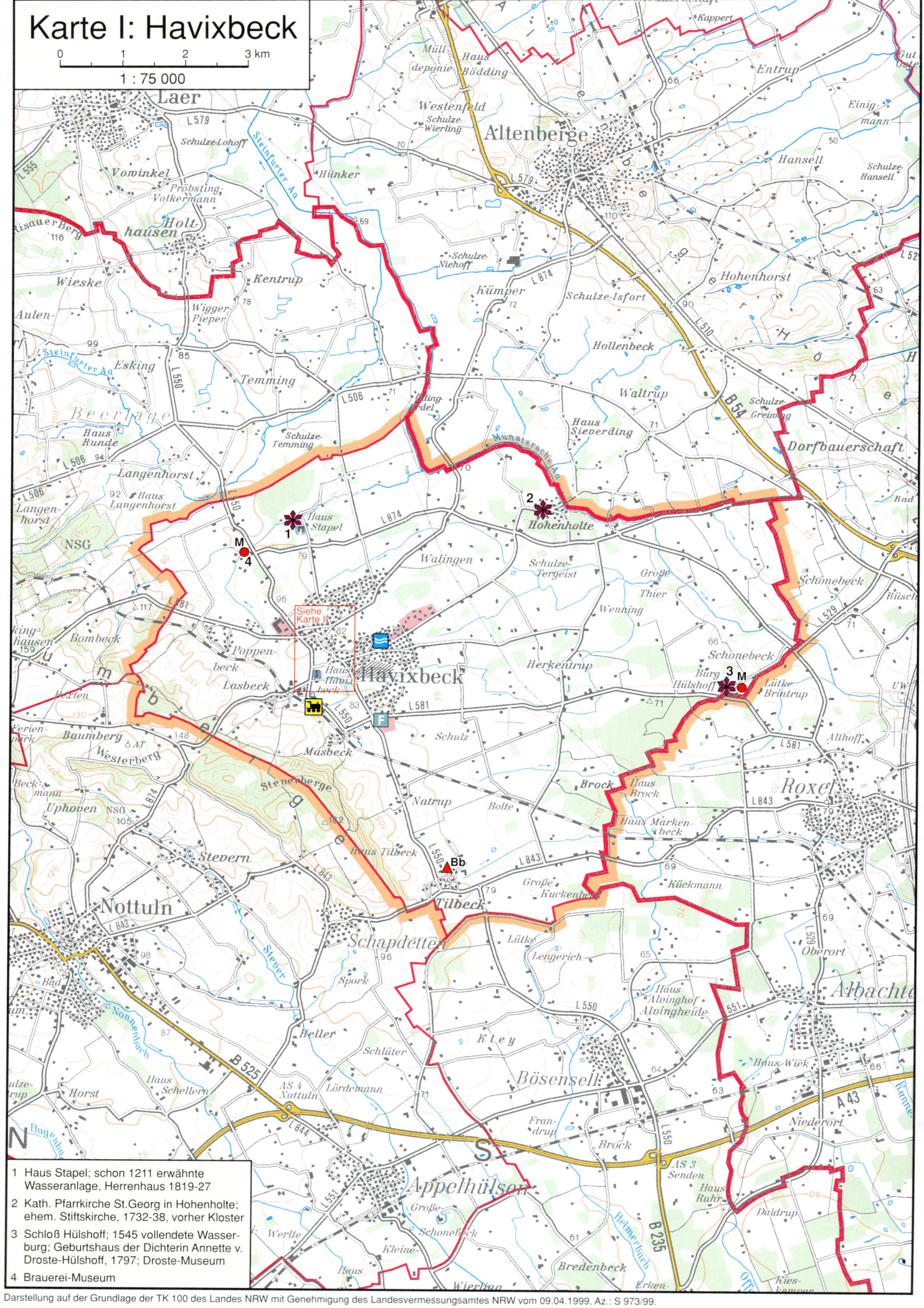

0 1 2 3 km
1 : 75 000

1. Haus Stapel; schon 1211 erwähnte Wasseranlage, Herrenhaus 1819-27
2. Kath. Pfarrkirche St. Georg in Hohenholte; ehem. Stiftskirche, 1732-38, vorher Kloster
3. Schloß Hülshoff; 1545 vollendete Wasserburg; Geburtshaus der Dichterin Annette v. Droste-Hülshoff, 1797; Droste-Museum
4. Brauerei-Museum

Darstellung auf der Grundlage der TK 100 des Landes NRW mit Genehmigung des Landesvermessungsamtes NRW vom 09.04.1999, Az.: S 973/99.

Karte II: Havixbeck

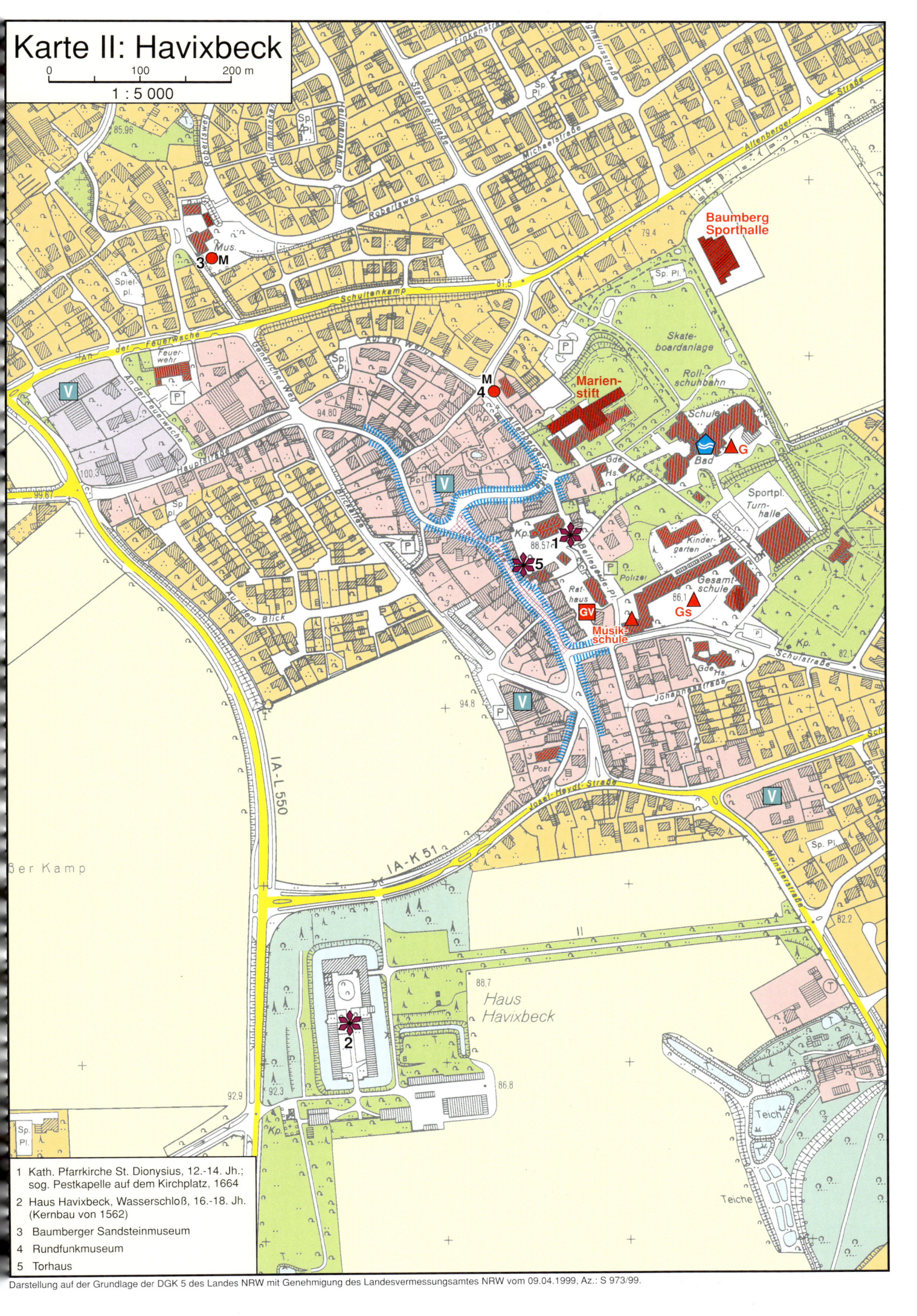

0   100   200 m
1 : 5 000

Baumberg Sporthalle

Marien-stift

1 Kath. Pfarrkirche St. Dionysius, 12.-14. Jh.; sog. Pestkapelle auf dem Kirchplatz, 1664
2 Haus Havixbeck, Wasserschloß, 16.-18. Jh. (Kernbau von 1562)
3 Baumberger Sandsteinmuseum
4 Rundfunkmuseum
5 Torhaus

Darstellung auf der Grundlage der DGK 5 des Landes NRW mit Genehmigung des Landesvermessungsamtes NRW vom 09.04.1999, Az.: S 973/99.

Gesamtschule bestehen in der Gemeinde Havixbeck das Angebot einer Musikschule, einer staatlich anerkannten Krankenpflegeschule in Tilbeck sowie die Volkshochschule Dülmen/Haltern/Havixbeck. Eine besondere Rolle spielt die Musikschule, die 1973 gegründet wurde und mit ihrem Jugendorchester weit über die Grenzen des Ortes bekannt geworden ist.

Die Schülerzahlen sind bei den allgemeinbildenden Schulen im Vergleich der Jahre 1985/1986 und 2000/2001 angestiegen. Die Schülerzahl der Grundschule hat dabei von 509 auf 625 Schülerinnen und Schüler zugenommen. Für die fünfzügige Gesamtschule mit dreizügiger gymnasialer Oberstufe liegen keine Vergleichswerte vor, da sie erst zum Schuljahr 1990/1991 eingerichtet wurde. Zum Schuljahr 2000/2001 wurden hier 1 025 Schülerinnen und Schüler unterrichtet, mit dem Schuljahr 1998/1999 konnte erstmals das Abitur abgenommen werden. In den Schulen sind 30 bzw. 88 Lehrer/-innen beschäftigt.

Die Betreuung der noch nicht schulpflichtigen Kinder findet in fünf Kindergärten und drei Kindergruppen in privater Trägerschaft statt. Dabei verfügen alle drei Kindergruppen sowie zwei der fünf Kindergärten über eine Übermittagsbetreuung.

Verschiedene soziale Organisationen sind in Havixbeck ansässig. Neben den Ortsgruppen von Arbeiterwohlfahrt, Caritas, DRK, Hospizbewegung, Kreuzbund, Malteser Hilfsdienst, VDK sowie „Essen auf Rädern" bestehen eigene gemeinnützige Vereine, wie dem Verein „Havixbecker Modell" und „Hoffnung für das Leben".

Darüber hinaus verfügt Havixbeck über eine Vielzahl an kulturellen Angeboten in Form von Vereinen, die sich der musikalischen, darstellerischen oder sportlichen (Weiter-)Bildung der Einwohner widmen.

III. Perspektiven und Planung

Die Entwicklung der Gemeinde Havixbeck wird auch zukünftig in starkem Maße von der relativen Nähe zum Oberzentrum Münster geprägt werden. Im Rahmen der suburbanen Dynamik hat sich die Bevölkerung in den letzten drei Jahrzehnten mehr als verdoppelt und nähert sich der 12 000-Einwohner-Marke. Es kann davon ausgegangen werden, dass durch zusätzliche im Bau- und in der Planung befindliche Baugebiete („Am Schlautbach", Am Stopfer", „Am Blick", „Kiebitzheide") die Bevölkerungszahl weiter ansteigen wird. Schon für die mittelfristige Planung (2010–2020) ergibt sich aus diesen Wachstumstrends die Notwendigkeit, neue konzeptionelle Grundlagen für eine nachhaltige Gemeindeentwicklung zu entwerfen.

Zwar konnte durch die Ortskernsanierung, die zu Beginn der 70er Jahre einsetzte, sowie durch die Einrichtung einer Fußgängerzone im Bereich der Hauptstraße die Einkaufszentralität gesteigert werden, es stellt sich jedoch die Frage, ob diese Versorgungsinfrastruktur den wachsenden Ansprüchen genügen kann. Eindeutiger Pluspunkt bei der Qualifizierung als Einkaufsort ist die Einrichtung von Wochenmärkten (dienstags/freitags).

Die Entwicklung der räumlichen Struktur der Gemeinde weist ein gravierendes Problem auf. Durch die Erhaltung eines landwirtschaftlichen Betriebes im direkten örtlichen Anschluß an die Ortsmitte hat sich eine ungünstige städtebauliche Struktur ergeben: Im Kernbereich zwischen einem nördlichen und einem südlichen Siedlungsgebiet gelegen behindern agrarische Nutzflächen eine direkte Verbindung der Wohngebiete ebenso wie eine sinnvolle Erweiterung des Ortszentrums nach Osten.

Diese besondere städtebauliche Struktur hat u.a. nachteilige Folgen für die Verkehrserschließung durch den Öffentlichen Personennahverkehr. Die getrennten „Siedlungsflügel" werden durch Rundfahrtschleifen erschlossen und führen zu erheblichen Zeitverlusten bei der verkehrlichen Anbindung der Gemeinde Havixbeck an das Oberzentrum Münster.

Auf dem Beschäftigungssektor verstärkt sich in den letzten Jahren die Tendenz der Zunahme im Dienstleistungsbereich: mehr als drei Viertel aller Erwerbspersonen sind im tertiären Sektor tätig. Zur Gegensteuerung werden aktuelle Maßnahmen ergriffen, um Gewerbeflächen bereitstellen zu können und so die Ansiedlung von Gewerbe und nichtstörenden Industriebetrieben zu ermöglichen.

Literatur

Ahrens, S. u. **H. Heineberg** (1997): Kreis Coesfeld, Wirtschafts- und Strukturanalyse. Untersuchungen zur Wirtschaft und Standort des Kreises Coesfeld. In: **Heineberg, H.** u. **A. Mayr** (Hg.): Berichte des Arbeitsgebietes „Stadt- und Regionalentwicklung" am Institut für Geographie der Westfälischen Willhelms-Universität Münster, Heft 12, Münster 1997

Brockhausen, Fr. (1995): Havixbeck. In: Billerbeck und Havixbeck. Stadt-Bild-Verlag, Leipzig

Holtstiege, R. (1991): Havixbeck und seine Vergangenheit. Laumann-Verlag, Dülmen

LDS - Landesamt für Datenverarbeitung und Statistik Nordrhein-Westfalen (Hg.) (1996): Statistischer Bericht. 17 I 2 - Hj 2/96

Hesse, M. u. **Fr.-K. Holtmeier** (1991): Die Veränderung des Heckenbestandes in Havixbeck, Kreis Coesfeld, während der letzten hundert Jahre. In: **Holtstiege, R.** (1991), S. 614 - 625

Burg Vischering in Lüdinghausen
(Foto: Stadt Lüdinghausen)

Thomas Schwarze
Lüdinghausen

Einwohner: 22 558
Fläche: 140,27 km^2

I. Lage und Entwicklung

Der alte, aus sächsischer Zeit stammende Name ‚Stevergau' für den Raum zwischen der Lippe im Süden und den Baumbergen im Norden weist auf die Bedeutung hin, die die vergleichsweise kurze, aber dafür sehr wasserreiche Stever – in alten Urkunden *Stibarnia* oder *Stiburnia*, d.h. ‚die Stauende' – seit jeher für den gesamten Bereich besaß. Die flache und langgestreckte versumpfte Mulde der Stever diente nicht als Verkehrsweg oder günstiger Siedlungsraum, sondern vielmehr als Rückzugs- und Fluchtraum. Hier war es der in den angrenzenden höhergelegenen Bereichen verstreut lebenden bäuerlichen Bevölkerung mit wenig Aufwand möglich, Schutz für Leben, Vieh und Vorräte zu finden. In den westlich an die Steverniederung angrenzenden Seppenrader Hügeln und Borkenbergen mit seinen Kreidemergeln und Sanden wurden vielfältige Belege menschlicher Anwesenheit und Siedlung gefunden – die ältesten dieser Spuren stammen aus der mittleren Steinzeit. Solche Zeugnisse aus der Frühzeit fehlen zwar für die Steverniederung, doch die vermutlich kontinuierliche Nutzung der wenigen hochwassergeschützten Plätze war nicht geeignet, frühe Siedlungsspuren zu bewahren. Ein höher gelegener und damit vor Überflutung geschützter Platz inmitten der mäandrierenden Steverarme, über den zugleich jeglicher West-Ost-Verkehr durch die Steverniederung geführt werden konnte, bot stategische Vorteile für jegliche Herrschaftsbildung und -kontrolle im Bereich des Stevergaus.

Bereits in sächsischer Zeit existierte auf solch einer hochwassergeschützten Stever-Insel von etwa 20 ha Ausdehnung ein Oberhof *Ludinchusen* als lokales, vielleicht sogar regionales Herrschaftszentrum. Nach mittelalterlicher Überliefe-

(Lüdinghausen: 160,8; Kreis Coesfeld: 191,7 Einwohner je km^2)

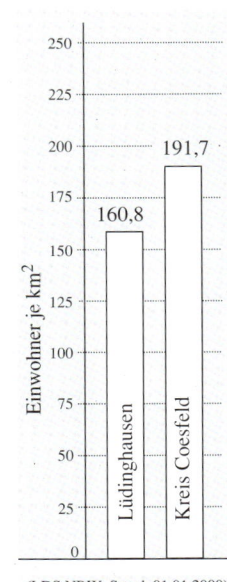

(LDS NRW, Stand: 01.01.2000)

Mittelzentrum in einem Gebiet mit überwiegend ländlicher Raumstruktur (LEP NRW 1995, Teil A)

Am 1.7.1969 wurde Lüdinghausen-Land und am 1.1.1975 Seppenrade eingemeindet

rung soll sich zudem am Standort der Burg Lüdinghausen bereits zu Zeiten Karls des Großen eine bedeutende Befestigung befunden haben. Spuren davon haben sich aufgrund späterer Umbauten nicht erhalten können. Auch über den Ursprung des Namens gibt es keine letzte Klarheit. Eine lokale Legende leitete die erste Silbe *Lüd* vom plattdeutschen *lüen* oder *lüden* (läuten) ab. Diese Deutung gewann sicher durch die Beziehung Lüdinghausens zum Kloster Werden an Plausibilität und schuf die Grundlage für das seit 1380 verwendete Stadtwappen (rote Glocke auf goldenem Grund). Aus neuerer Zeit stammt – in Analogie zu Ortsnamen wie z.B. Recklinghausen – die Erklärung mit dem Personennamen *Liudo*. Doch gegen diese Ableitung spricht die kontinuierlich große Bedeutung dieses Platzes für die Bevölkerung im Steverbereich. Die in karolingischen Urkunden verwendete Benennung ‚Ludinchusen' könnte daher eher sowohl ein Hinweis auf die naturräumlichen Gegebenheiten als auch auf das Alter der Besiedlung sein, ist *Lud* doch eine sehr alte Benennung für ‚sumpfig-schmutziges Wasser' (vgl. Bahlow 1985). Lüdinghausen würde dann ‚Festes Haus im Wasser' bzw. Wasserburg' bedeuten. Dies würde den naturräumlichen Gegebenheiten Rechnung tragen, denn bis zur aufwendigen Regulierung Mitte des 20. Jh.s überflutete die Stever alljährlich mehrfach weite Teile der Niederung und erweckte dann bei Reisenden nicht den Eindruck eines Flusses, sondern den eines langgestreckten Sees.

Die flache Mulde, durch die über die Stever und ihre Nebenbäche jährlich über 200 Mio. cbm Wasser abfließen, weist – abgesehen vom Quellbereich in den Baumbergen (130 m) – ein nur geringes Gefälle auf: vom Bereich nördlich von Senden (52 m) bis zur Mündung in die Lippe bei Haltern (34 m) lediglich 18 Höhenmeter auf einer Flußstrecke von über 30 km, so daß sich in Verbindung mit einer oberflächennahen Ortsteinschicht und entsprechender Staunässe hier – je nach Jahreszeit und Witterung – ein kilometerbreiter Streifen mit unwegsamen Sümpfen, verzweigten Wasserläufen und stehenden Gewässern erstreckte. Insbesondere galt dies für den Bereich oberhalb und unterhalb der Sandrückens bei Ludinchusen, da hier das Gefälle der Stever besonders gering war. Dies erleichterte einerseits die Querung mittels Brücken, Dammbauten oder Furten, garantierte andererseits genügend Wasser im Verteidigungsfall. Diese Lagegunst und das damit verbundene strategische Potential führte dazu, daß Lüdinghausen bereits im ausgehenden 8. Jh. Standort einer der sechs Urpfarreien des Stevergaues (neben Billerbeck, Coesfeld, Nottuln, Dülmen und Haltern) wurde – sicher auch, weil hier bereits ein etabliertes lokales Zentrum für die umliegende Bevölkerung bestand. Die Urpfarrei Lüdinghausen war in den ersten drei Jahrhunderten für einem weiten Bereich inklusive Olfen und Seppenrade zuständig, vielleicht für den gesamten vom Oberhof aus verwalteten auswärtigen Grundbesitz der sogenannten Litenhöfe (Liten = Hörige).

Im Dezember 800 wurden die Eigentümer des Oberhofes veranlaßt, ihren gesamten Besitz der Kirche zu schenken – bestehend aus zwei Oberhöfen, neben Ludinchusen zudem Forkingbeke (Forkingbeck) in der nachmaligen Bauerschaft Aldenhövel, und über dreißig zugehörigen Unterhöfen. Diese Schenkungsurkunde stellt die erste schriftliche Erwähnung Lüdinghausens dar. Der mit der Sachsenmission beauftragte Liudger übertrug diese Erwerbung umgehend – und noch vor Konstituierung des Bistums Münster – seinem kurz zuvor gestifteten Eigenkloster Werden an der Ruhr. Für die nächsten tausend Jahre blieb Lüdinghausen grundbesitz- und lehnsrechtlich dem 40 km entfernten Kloster zugeordnet. Der Abt von Werden besaß in Lüdinghausen weitestgehende und kaum eingeschränkte Rechte, konnte das Gotteshaus und den damit verbundenen Grundbesitz sowie alle Rechtstitel verkaufen, vererben oder als Lehen vergeben. Natürlich konnte er auch den Geistlichen für die Pfarrstelle bestimmen.

Das bescheidene hölzerne Gebäude der karolingischen Kirche wurde bereits 1037 durch einen romanischen Neubau aus Stein (nunmehr St. Felicitas) ersetzt – ein Indiz für die wachsende Bedeutung Lüdinghausens als Zentrum des Herrschaftsbezirkes des Klosters Werden im Stevergau. Lüdinghausen profitierte direkt von den Privilegien der Reichsabtei mit ihren guten Beziehungen zum Kaiserhaus der sächsischen Ottonen. Insbesondere die Verleihung des Markt- und Münzrechtes durch Kaiser Otto II. an die Abtei Werden 974 trug beträchtlich zum Aufschwung Lüdinghausens bei. Das Münzrecht ermöglichte dem in Lüdinghausen tätigen Vertreter des Klosters Werden, die von den vielen umliegenden abgabepflichtigen Höfen eingehenden Naturalabgaben in Geldleistungen umzuwandeln und somit auf aufwendige Transporte zu verzichten; zugleich brachte die Marktsteuer den Äbten zusätzliche Einkünfte. Das vielfältig privilegierte und mit ausgedehnten Besitzungen ausgestattete Benediktiner-Kloster übte sein Münzrecht außer in Werden selbst lediglich in zwei weiteren Orten aus, in Lüdinghausen und Helmstedt. Lüdinghausen wurde somit im Hochmittelalter unangefochtener Zentralort im Bereich des Stevergaues. Von Lüdinghausen wurde der gesamte Besitz des Klosters in Westfalen verwaltet, hier wurden die Abgaben kontrolliert, gesammelt und veräußert; hier wurde auch Recht gesprochen. Zum Besitz des Klosters Werden gehörten um 1100 die Oberhöfe Lüdinghausen und Forkenbeck (90 Unterhöfe), Werne (44 Unterhöfe), Olfen (33 Unterhöfe), Nordkirchen (30 Unterhöfe), Selm (30 Unterhöfe) sowie vielfältiger Streubesitz zwischen Dülmen und Lünen.

Im Hochmittelalter war das regional bedeutsame Wirtschafts- und Verwaltungszentrum Lüdinghausen zudem Schnittpunkt (und Zollpunkt am Stever-Übergang) zweier wichtiger mittelalterlicher Wege zwischen dem Rhein bei Duisburg, Wesel und Deventer einerseits, Münster und Paderborn andererseits. Auch der Weg zwischen Werden und Münster verlief über Lüdinghausen, das so zum Ort für Zusammenkünfte von Abt und Bischof wurde.

Eine erste Marktsiedlung entstand direkt an der Kirche im Bereich der späteren Kirchstrasse. Zunächst wurde der über Lüdinghausen gelenkte Fernverkehrsweg am Rand der Ansiedlung vorbeigeführt, wodurch die Langebrück-Straße ihren eigentümlichen Knick erhielt. Der Weg über die Stever verlief demnach genau zwischen Marktsiedlung und Burg. Erst als die Siedlung sich in den folgenden zwei Jahrhunderten ausdehnte, wurde der Fernhandelsweg zur zentralen Verkehrsachse des *opidum*. Dabei wurde nicht die eigentlich dafür prädestinierte Kreuzung an der Kirche zum Marktplatz, sondern vielmehr der genau in der Mitte gelegene höchste (und damit vor Hochwasser am besten geschützte) Punkt der Steverinsel, 130 m nördlich der Kirche. Hier am Markt entstand auch das mittelalterliche Rathaus (von dem sich weder eine Abbildung noch eine genaue Lagebeschreibung erhalten haben). Diese Siedlungsgenese erklärt die eigentümliche Randlage der Kirche in bezug auf die Altstadt. Die hochmittelalterliche Siedlung füllte den Raum zwischen Kirche und Burg weitestgehend aus; die Begrenzung der Besiedlung war durch die Hochwassermarke vorgegeben. Der rechtliche Status der Siedlung blieb trotz der zentralen Bedeutung als Verwaltungszentrum für die Besitzungen des Klosters Werden unklar. Lüdinghausen wurde als *opidum* bzw. *Wigbold* bezeichnet; es gab bereits im 13. Jh. Ansätze für eine kommunale Selbstverwaltung.

Im späten Mittelalter wurde die überörtliche Bedeutung Lüdinghausens als Verwaltungszentrum der Werdenschen Besitzungen zunehmend problematisch. Die großen Territorialherren strebten eine Festigung und Ausdehnung ihrer Landesherrschaften an; das Kloster Werden hatte jedoch nicht die Macht, im Wettbewerb mit dem Bischof von Münster, den Grafen von der Mark und dem Erzbischof von Köln auf der Grundlage seiner vor Jahrhunderten erworbenen Rechtstitel in Westfalen ein geschlossenes Territoriums zu bilden. Die Kontrolle und Inbesitznahme dieser Werdenschen Rechtstitel wurde zum entscheidenden Faktor im Kampf der Territorialfürsten, der Stevergau somit ab Mitte des 13. Jh.s für fast zwei Jahrhunderte Schauplatz langwieriger Stellungskriege. Während die Grafen von der Mark als Vögte der Reichsabtei Zugriff auf die umfangreichen Werdenschen Urkundenbestände erlangten, setzten die Fürstbischöfe auf die Unterstützung der Adelsgeschlechter in den Stiftslanden zwischen der Lippe und den Baumbergen. Die umkämpfte Grenze längs der Lippe wurde von den gegnerischen Mächten durch Stützpunkte befestigt, die mit Stadtrecht privilegiert und so für Ansiedler attraktiv gemacht wurden: Hamm 1226, Dorsten 1251, Haltern 1288, Werne 1302, Dülmen 1311 und Lünen 1351. Insbesondere der an der Lippe gelegene einstmalige Werdensche Oberhof Werne wurde ab 1302 als münsterische Grenzfestung ausgebaut und nach der Zerstörung durch den Grafen von der Mark vom Bistum in über hundertjähriger Bauzeit zusätzlich verstärkt.

In diesem Kampf der großen Mächte ging Lüdinghausens einstige zentrale Bedeutung weitestgehend verloren. Während nachgeordnete Oberhöfe wie z.B. Nordkirchen von lokalen, nach Münster orientierten Adelsgeschlechtern in Besitz genommen wurden, suchten die klösterlichen Statthalter in Lüdinghausen durch vermeintlich geschicktes Taktieren ihren persönlichen Vorteil. Doch die erhoffte Schaffung einer eigenen Territorialherrschaft nach dem Vorbild anderer Herren (Rheda, Steinfurt) konnte im Falle Lüdinghausens nicht gelingen. Der Bischof von Münster duldete solch einen potentiell gegnerischen Stützpunkt im Hinterland der Lippegrenze nicht – die vielfältigen Rechte der Abtei Werden nördlich der Lippe, auf die die Herren von Lüdinghausen sich ggf. berufen konnten, stellten eine potentielle Gefährdung für die territoriale Geschlossenheit des gesamten Oberstiftes dar. Die historisch gewachsene Zentralität und Bedeutung wurde unter diesen Bedingungen im späten Mittelalter für Lüdinghausen zum Entwicklungshemmnis.

Die ‚Herren von Lüdinghausen‘, vom Werdener Abt mit der Wahrnehmung seiner Territorialrechte im Bereich Lüdinghausen betraut, hatten die Machtposition ihrer Familie seit ihrer erstmaligen Erwähnung 1138 sehr zielstrebig ausgebaut. Formal blieb der Abt Lehnsherr, was sie immer wieder vor dem endgültigen Zugriff der Münsteraner Bischöfe schützte. Alsbald Inhaber der Gerichts-, Markt- und Münzrechte, residierten die Herren von Lüdinghausen auf der mit eigenen Umflutungen geschützten Burg westlich der Siedlung. Auch der einstmals bedeutsame Markt- und Münzort Lüdinghausen wurde von den Rittern immer stärker befestigt – und in seiner Funktion zum ‚Raubnest‘ reduziert. Unter diesen Rahmenbedingungen konnte eine städtische Siedlung – mit welchen rechtlichen Privilegien auch immer – nicht gedeihen. Als dann für eine Nebenlinie südlich der Siedlung eine eigene Wasserburg (Haus Wolfsberg) entstand, die Herren von Lüdinghausen somit über zwei feste Häuser beiderseits des Steverüberganges geboten, reagierte der Bischof mit der großräumigen und aufwendigen Einkreisung dieses feindlichen Stützpunktes.

Zwischen 1270 und 1370 erfolgte eine militärisch und strategisch motivierte Umgestaltung der Stever-Niederung im Bereich von Lüdinghausen: Ringgräben, Dämme, Wälle, Umleitungen und insgesamt neun Befestigungsanlagen. Dieser Aufwand war notwendig, da es sich um einen Stellungskrieg der gegnerischen Parteien handelte. Selbst eine Eroberung der Burg Lüdinghausen nützte den Bischöfen nur kurzfristig, da die Lehnsherrschaft über Lüdinghausen ja bei Werden verblieb. Um das Treiben in Lüdinghausen zu beobachten und zu kontrollieren, ließ der Bischof von Münster zunächst eine Burg genau oberhalb von Lüdinghausen an einem möglicherweise sogar neu gegrabenen Steverarm errichten. Diese später ‚Haus Vischering' genannte Festung schützte die nunmehr ‚Vischeringsche Stever', die einen beträchtlichen Teil des Steverwassers östlich an Lüdinghausen vorbei lenkte. Kaum war Haus Vischering im Sommer 1271 fertiggestellt, griffen bischöfliche Truppe den gegnerischen Stützpunkt auch schon direkt an. Lüdinghausen wurde erobert, die Befestigungen sowie Haus Wolfsberg zerstört. Doch bereits 1275 schlossen die Lüdinghauser bereits wieder gegen Münster gerichtete Bündnisse mit den Grafen von Mark und Kleve und nahmen Kontakte zum Kölner Erzbischof auf. Die Bischöfe reagierten 1300 mit der Anlage der Burg Kakesbeck, deren großflächiges Gräftensystem zur Aufnahme von beträchtlichen Mengen Steverwasser, und damit zum kurzfristigen Trockenlegen der unterhalb gelegenen Lüdinghauser Niederung geeignet war. Die feindliche Kontrolle der Wasserzufuhr zwang die Herren von Lüdinghausen, ihren Stützpunkt zusätzlich mit Wällen und Toren zu befestigen.

Eine Sedisvakanz des Münsteraner Bischofsstuhles nutzten die Lüdinghauser Herren, ihrem *opidum* 1308 eigenmächtig die Stadtrechte zu verleihen – nach dem Vorbild der Stadtprivilegien für Haltern aus dem Jahr 1288. Angesichts der Stadtrechtsverleihungen im Umland mußten die Ritter einen fortschreitenden Bedeutungsverlust ihrer Siedlung fürchten und damit natürlich auch eine dauerhafte Minderung ihrer Einkünfte. So gaben sie ihrer Stadt auch das Recht, zwei Wochenmärkte abzuhalten. Die Stadtrechtsverleihung nahmen die Lüdinghauser Herren zudem als Legitimation, den Ort besser befestigen zu können. 1312/14 bauten sie am nördlichen Zugang zur Stadt das ‚Münstertor', am Weg nach Ascheberg das ‚Mühlentor'; ansonsten vertrauten sie trotz aller Aufrüstungen am Oberlauf auf den Schutz der Stever. Doch alle Anstrengungen der Herren von Lüdinghausen, sich ein eigenes Territorium zu schaffen, fanden 1314 ein Ende: Erneut erzwang der Bischof von Münster die Zerstörung der gerade erst fertiggestellten Stadtbefestigung und des Wolfsbergs. Ebenfalls wurden die zusätzlichen Wochenmärkte untersagt. Eine endgültige Unterwerfung Lüdinghausens war dies aber immer noch nicht. So wurde die aufwendige militärische Einkreisung im Süden durch die 1319 erstmals erwähnte Münstersche Landesburg Patzlar abgeschlossen. Dieser langwährende Konflikt beeinträchtigte die Stadt in erheblichem Maße. Unter den obwaltenden Umständen hatte das Bistum Münster kein Interesse, die Belange der Stadt ihrer potentiellen Gegner zu fördern – ganz im Gegenteil. Und die Machtmittel der Ritter reichten

Burg Vischering
(Foto: Geographische Kommission für Westfalen)

nicht, diese fehlende Förderung zu kompensieren.

Der Einzugsbereich des Marktes in Lüdinghausen blieb auch in Friedenszeiten auf die Stadt und die acht Bauerschaften beschränkt, die zum Pfarrbezirk St. Felicitas gehörten; frühe Ansätze für Fernhandel gingen verloren. Letztmalig versuchte der Graf von der Mark 1369, Lüdinghausen im Handstreich als Stützpunkt zu gewinnen. Dank der eigenen nahegelegenen Burganlagen konnten bischöfliche Truppen diesen Vorstoß umgehend vereiteln. Das Fürstbistum Münster hatte nunmehr die Lippe als Südgrenze dauerhaft sichern können; das Streben der Herren von Lüdinghausen nach Unabhängigkeit war endgültig gescheitert. Den letzten Vertretern der Familie v. Lüdinghausen blieb nichts anders übrig, als sich mit den nunmehr klaren Machtverhältnissen zu arrangieren. Das Lüdinghauser Umland wurde aber durch die fürstbischöflichen Amtsverwaltungen von Dülmen und Werne aus verwaltet.

Mit dem Erlöschen der Teillinie Lüdinghausen-Wolf um 1380 war der Wolfsberg im Erbgang an die Familie v. Hake gefallen; 1404/06 vereinbarten Ludolf v. Lüdinghausen und Johann v. Hake die Anlage eines neuen Steverarmes durch die Siedlung. Diese *Mühlenstever* schuf eine deutliche Grenzlinie zwischen der Freiheit Lüdinghausen und der übrigen Siedlung, vor allem aber gab sie der neuerrichteten Borgmühle einen geschützten Standort innerhalb der Wälle.

Nichts dokumentiert den Triumph der Bischöfe besser als die 1427 von Werden erlangte Anwartschaft auf das Lehen Lüdinghausen. Doch mit dem 1443 erfolgten Aussterben der Herren von Lüdinghausen blieb die territorialrechtliche Sonderrolle der Stadt Lüdinghausen erhalten. Die Bischöfe mußten die Lehnsrechte in den Wirren der Münsterschen Stiftsfehde immer wieder verpfänden, u.a. an den kriegerischen Erbmarschall Gerd von Morrien, den Herrn von Nordkirchen. Da die rechtlichen Verhältnisse zunächst ungeklärt blieben, setzten die Bischöfe in Lüdinghausen einen eigenen Amtmann ein. Somit blieben eine eigenständige Verwaltung erhalten und das Kirchspiel Lüdinghausen als eigenes Amt den benachbarten münsterischen Ämtern in Werne und Dülmen gleichgestellt.

Die Möglichkeit, Lüdinghausen den Stellenwert in der Region zurückzugeben, den es vor den militärischen Aufrüstungen im Stevertal besessen hatte, scheiterte somit an den mittlerweile verfestigten Verwaltungsstrukturen im südlichen Münsterland. Lüdinghausen blieb hinsichtlich seiner Bedeutung auf den lokalen Bereich beschränkt. Eigentlich konnten sich die Bischöfe den Besitz des Amtes Lüdinghausen nicht leisten – insbesondere nicht die damit verbundenen beträchtlichen Abgaben an die Abtei Werden. Der Besitz der Lehnsrechte war durch den ökonomischen Niedergang der Stadt ein Zuschußgeschäft geworden. Andererseits war Münster als Territorialmacht nicht gewillt, dem Grafen von der Mark (oder seinen Erben, den Herzögen von Kleve-Mark) die lehnsrechtliche Zugriffsmöglichkeit auf solch einen wichtigen Stützpunkt im Hinterland der Lippegrenze zu überlassen. Das Dilemma wurde erst nach Jahrzehnten einvernehmlich gelöst: 1509 belehnte das Kloster statt des Bischofs das Münsteraner Domkapitel mit der Herrschaft über Stadt, Burg und Herrlichkeit Lüdinghausen – und eine ‚domkapitularische Stadt' blieb Lüdinghausen dann bis zur Umsetzung des Reichsdeputationshauptschlusses 1803.

Das Domkapitel war eine auf 41 Mitglieder beschränkte Gemeinschaft adelsstolzer und sehr wohlhabender Geistlicher mit beträchtlichen innerkirchlichen Machtbefugnissen und Einkünften, deren Hauptaufgabe in der Wahl des Bischofs und der Herrschaftskontinuität während Sedisvakanzen bestand. Dem Anspruch des Domkapitulates, dem jeweiligen Bischof nicht untergeordnet, sondern gleichberechtigt zu sein, kam der Besitz eines eigenen Amtes sehr entgegen. Das Münsteraner Domkapitel besaß nun seine eigene Stadt und Burg, in der man öfters zusammentraf – insbesondere in den Zeiten der Wiedertäufer-Herrschaft in Münster, als in diesem Ausweichquartier 1532 zwei Fürstbischöfe gewählt werden mußten. Lüdinghausen blieb weiterhin eine nicht zum Landtag zugelassene ‚Minderstadt' und ein kleines eigenständiges Amt, doch der ungeklärte juristische Status – ob nun Stadt, Wigbold oder Flecken – verursachte nunmehr keine militärisch ausgefochtenen Konflikte mit dem das Umland beherrschenden Fürstbistum. 1538 erfolgte die de-facto-Anerkennung Lüdinghausens als domkapitularisches Amt durch den Bischof. Insgesamt brachte der Herrschaftswechsel der Stadt in den folgenden Jahrhunderten einige neue Impulse, die Lüdinghausen, das 1498/99 insgesamt gerade noch 78 steuerzahlende Haushalte und inklusive der acht zugehörigen Bauerschaften 752 Kommunikanten gezählt hatte, auch bitter nötig hatte.

An der Spitze der Verwaltung in Lüdinghausen stand jeweils ein Domherr, der zunächst auch als Amtsherr auf der Burg residierte. In späteren Zeiten blieben die Mitglieder des Domkapitels in Münster; der jeweilige Amtsherr wurde durch einen Rentmeister vertreten. Unter der Herrschaft des Münsteraner Domkapitels setzte zunächst eine rege Bautätigkeit ein, wurde viel Geld in neue repräsentative Gebäude und zeitgemäße Umbauten investiert. Besonders markant war zunächst die Vollendung der spätgotischen Hallenkirche. Die Randlage mußte angesichts der mittlerweile dichten Bebauung der Steverinsel beibehalten werden,

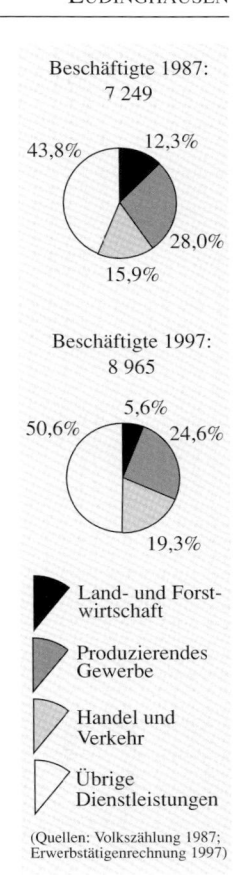

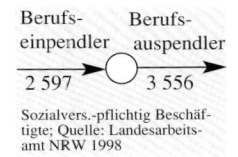

Beschäftigte 1987:
7 249

43,8% 12,3%
  28,0%
15,9%

Beschäftigte 1997:
8 965

50,6% 5,6%
  24,6%
19,3%

■ Land- und Forstwirtschaft
▨ Produzierendes Gewerbe
▧ Handel und Verkehr
□ Übrige Dienstleistungen

(Quellen: Volkszählung 1987; Erwerbstätigenrechnung 1997)

Berufs-   Berufs-
einpendler   auspendler
2 597   3 556

Sozialvers.-pflichtig Beschäftigte; Quelle: Landesarbeitsamt NRW 1998

Katasterfläche 1999:
140,27 km²
davon
Landwirt-
schaftsfläche 73,4 %
Waldfläche 13,9 %
Gebäude- und
Freifläche 5,4 %
Verkehrsfläche 4,4 %
Wasserfläche 2,1 %
Erholungsfläche 0,4 %
Betriebsfläche 0,2 %
(Quelle: LDS NRW)

als die romanische Kirche abgetragen wurde und in mehr als fünfzigjähriger Bauzeit (1507-1558) an gleicher Stelle die mächtige spätgotische St.-Felizitaskirche entstand. Die erzwungene Standortpersistenz des Kirchenbaues am südlichen Rand der Steverinsel machte den Bau, der ja auch hinsichtlich Gesamtgröße und Turmhöhe beträchtliche Repräsentationsaufgaben zu erfüllen hatte, zu einer schwierigen, aber von den Architekten bravourös gelösten statischen Aufgabe. Dank ihrer Randlage blieb die Kirche in der Folgezeit von den häufigen Stadtbränden verschont.

Obgleich es keine eigentliche Stadtkirche war und das Recht der Besetzung des Pfarramtes bis weit ins 17. Jh. beim Abt von Werden verblieb, wurden die dicken Stützsäulen von St. Felicitas in der Folgezeit genutzt, um darauf mittels Inschriften markante Ereignisse der Stadtgeschichte festzuhalten – insbesondere die Daten der großen Stadtbrände, die Lüdinghausens Bürgerschaft wiederholt heimsuchten und jegliche Ansätze von Wohlstand immer wieder zerstörten. 1568, 1594 und 1619 vernichteten verheerende Stadtbrände jeweils fast sämtliche Häuser. Die Schäden des Großbrandes von 1594 wurden vergleichsweise rasch behoben; die beiden verbrannten hölzernen Stadttore Münstertor und Mühlentor nunmehr in Stein neugebaut. Der im 16. Jh. als Amtsherr in Lüdinghausen residierende Domdechant Gottfried v. Raesfeld blieb der Bürgerschaft positiv in Erinnerung, ließ er doch nach dem Brand von 1568 die Burg Lüdinghausen im Renaissancestil erneuern, stiftete 1586 ein Armenhaus am Mühlentor und stellte sein Vermächtnis zur Verfügung, um damit eine Schule zu begründen. Diese Raesfeldsche Lateinschule schuf die wichtige Tradition der Stadt als Schul- und Bildungszentrum. Für das Jahr 1700 wird zudem von einer Mädchenschule in Lüdinghausen berichtet. Ebenso wie das Amtshaus wurden die an Lüdinghausen angrenzenden Wasserburgen Haus Wolfsberg und Haus Vischering von ihren Besitzern im Renaissance-Stil umgestaltet.

Lüdinghausen, das hinsichtlich Einwohnerzahl und Erscheinungsbild aufgrund der vielfältigen Rückschläge eher dörflichen Charakter hatte und dessen Bewohner sich mehr schlecht als recht von Landwirtschaft und Handwerk nährten, bemühte sich immer wieder, seinen Stadtcharakter durch ein repräsentatives Rathaus zu dokumentieren. Mehrfach, 1594 und 1619, waren Vorgängergebäude am zentral gelegenen Markt verbrannt. 1619 blieben in der Stadt lediglich die Kirche, das Pastorat und drei Häuser an der Steverbrücke erhalten. 1662 entstand nun am traditionellen Standort ein stattliches neues Rathaus mit zeitgemäßem Renaissance-Giebel und Arkaden im Erdgeschoß. 140 Jahre dokumentierte dieses aus Spenden der Bürgerschaft finanzierte Rathaus das Selbstbewußtsein der Bürgerschaft im Angesicht der umgebenden dominanten Bauten von Adel und Kirche – bis es dann 1832 dem letzten großen Stadtbrand zum Opfer fiel.

Das Rathaus blieb lange Zeit die letzte größere bauliche Veränderung im Bereich von Lüdinghausen. Die Eroberung und vollständige Unterwerfung der Stadt Münster 1661 durch den Bischof veränderte die politische Geographie des Münsterlandes nachhaltig. Nach der Konzentration fürstbischöflicher Macht in der Residenzstadt Münster investierten die Domherren nur noch wenig in ihr Amt, hatte der Besitz Lüdinghausens doch seine Repräsentations- und Ausweichfunktion für das Domkapitulat weitestgehend verloren. Einzig der Übergang über die Stever am südöstlich der Siedlung gelegenen Langenbrückter wurde 1705/06 in Stein ausgeführt sowie 1783 die Vischeringsche Stever reguliert. Ganz im Gegensatz zum benachbarten im Barock erweiterten und vollständig neugestalteten Schloß Nordkirchen bewahrten die herrschaftlichen Gebäude im Bereich Lüdinghausen auf diese Weise das Erscheinungsbild des 16. Jh.s. Die Burg Lüdinghausen wurde letztmalig in den 1570er Jahren umgestaltet. Ebenso erfolgten nach dem Fortzug der Familie der Droste von Vischering nach Schloß Darfeld Ende des 17. Jh.s keine grundlegenden baulichen Veränderung mehr an der alten Wasserburg. So blieb Burg Vischering als lediglich in der Renaissance leicht modifiziertes Idealbild einer mittelalterlichen Ringmantelburg bis in die Gegenwart erhalten.

Um 1800 war Lüdinghausen eine kleine Ackerbürgerstadt mit minimaler überregionaler Bedeutung. Im Bereich der einstmals dichtbebauten Freiheit Lüdinghausen, dem Bereich zwischen der Umflut des Amtshauses und der Mühlenstever, wo noch beim großen Brand 1594 29 ‚Prinzipalhäuser' den Flammen zum Opfer gefallen waren, waren Anfang des 19. Jh.s nurmehr 11 Häuser vorhanden. Einzig der ungewöhnlich große Kirchenbau zeugte von früherer größerer Bedeutung.

Die Säkularisierung gab Lüdinghausen die Möglichkeit, seine einstmalige überörtliche Bedeutung zurückzugewinnen. Die neue preußische Obrigkeit machte im November 1803 Lüdinghausen (statt Werne) zum Sitz einer Kreisverwaltung (Landratsamt), wobei das zur Verfügung stehende Amtshaus Lüdinghausen ein wichtiger Beweggrund gewesen sein mag. Zu diesem ersten *Lüdinghäuser Kreis* gehörte neben dem alten fürstbischöflichen Amt Werne und dem domkapitularischen Amt Lüdinghausen einige angrenzende Bauerschaften, die zuvor von dem fürstbischöflichen Ämtern Wolbeck, Dülmen und Horstmar aus verwaltet worden waren. Noch kurz vor dem Zusammenbruch der preußischen Herrschaft wurde der Lüdinghauser Kreis allerdings in den Münsterschen Kreis eingegliedert.

Die napoleonische Herrschaft machte den Bereich um Lüdinghausen im Januar 1808 zum Bestandteil des Großherzogtums Berg, die Vischeringsche Stever 1811/13 zudem zur Zoll- und Schmuggelgrenze zwischen Frankreich und Berg. Sowohl Lüdinghausen als auch Werne fungierten in dieser Zeit gleichberechtigt als Amtssitze zweier getrennter Kantone. Die rasch wechselnden konkurrierenden Obrigkeiten und ab 1811 die rein fiskalisch motivierte Grenzziehung des napoleonischen Frankreichs zwischen Seppenrade und Lüdinghausen ließen die hochmittelalterliche Grenzsituation für Lüdinghausen somit ein weiteres Jahrzehnt fortdauern.

Die ab 1813/15 wiederum preußische Verwaltung rekonstituierte im Sommer 1816 den Kreis Lüdinghausen in Grenzen, die bis Ende 1974 beibehalten werden sollten. Lüdinghausen wurde somit für über eineinhalb Jahrhunderte administratives Mittelzentrum im Bereich zwischen Münster und der Lippe – auch wenn zunächst Lüdinghausen nur Titular-Kreisstadt war und eine entsprechende Verwaltung hier noch nicht existierte.

So blieb der Effekt zunächst gering; die ersten Jahrzehnte der preußischen Herrschaft brachten keine nachhaltigen Impulse. Da zudem die Stever mit ihren häufigen Hochwässern weiterhin ein Hindernis für jegliche Stadterweiterungen darstellte, blieb die Stadt notgedrungen auf das seit altersher hochwassergeschützte Areal von maximal 750 m Nord-Süd-Ausdehnung und 300 m West-Ost-Ausdehnung beschränkt. Noch in den 1820er Jahren war lediglich das Dreieck zwischen Münstertor im Norden, Langebrückenpforte im Südwesten und Mühlentor im Südosten bebaut; die drei benachbarten Wasser-Burganlagen befanden sich außerhalb dieses bebauten Bereiches (Urkataster 1827, Junk 1993). Lüdinghausen bot nur wenig Anlaß für Zuwanderung von außerhalb, blieb ein selbstgenügsames Ackerbürger-Städtchen ohne erkennbare überzentrale wirtschaftliche oder administrative Ambition, allerdings auch ohne besondere Aversionen oder Widerstände gegen die neue Obrigkeit. Die Preußen bevorzugten Lüdinghausen (soweit dies heute noch nachvollziehbar ist) wohl aufgrund seiner historischen Sonderrolle für den Raum zwischen Münster und Lippe gegenüber den etablierten Amtsstädten Dülmen und Werne.

Der letzte große Stadtbrand im Herbst 1832 zerstörte 154 Gebäude der Stadt, u.a. auch das Renaissance-Rathaus. Die allgemeine Bedürftigkeit und Geldknappheit der Bürgerschaft verhinderte die Umsetzung eines zeitgemäßen Ansprüchen genügenden Wiederaufbauplans, und so blieb die überkommene kleinparzellige Siedlungsstruktur selbst nach dieser Zäsur erhalten.

Zum Zeitpunkt der preußischen Neugliederung bildete der Bereich des späteren Amtes Lüdinghausen (also Lüdinghausen + Seppenrade) mit 5 815 Einwohnern (1818) einen Bevölkerungsschwerpunkt im allerdings dünn besiedelten Landkreis, zu dieser Zeit ein rein ländlich geprägtes Gebiet mit (1825) 32 000 Einwohnern; der eigentliche Kreissitz zählte 1818 weniger als 1 400 Einwohner, Stadt und Kirchspiel Lüdinghausen zusammen allerdings immerhin 3 700 Einwohner. Noch 1895 hatte das Kirchspiel Lüdinghausen mehr Einwohner als die eigentliche Stadt. Als Kreisstadt erhielt Lüdinghausen im Verlauf des 19. Jh.s mittelzentrale administrative Funktionen, ohne daß sich zugleich eine entsprechende Marktfunktion herausgebildet hätte. So wurde 1843 eine königlich-preußische Salzverkaufsstelle in der Stadt Lüdinghausen eingerichtet, von der aus der gesamte Kreis versorgt werden sollte. Die geringe Zentralität der Kreisstadt, insbesondere in bezug auf das östliche Kreisgebiet, zwang die Provinzial-Steuerdirektion bereits 1845, in Herbern (nicht in Werne) eine weitere Salz-Sellerei einzurichten. 1849 zählte die Stadt weniger als 1 900 Einwoh-

St. Felizitas
(Foto: Stadt Lüdinghausen)

Einwohner in Ortsteilen:

Lüdinghausen 16 296
Seppenrade 6 783

(Ang. d. Gem., Stand: 01.06.99)

ner, die wirtschaftliche Zentralität stagnierte auf niedrigem Niveau. 1844 gab es im gesamten Kreisgebiet weder eine Buchhandlung noch eine Bibliothek oder einen öffentlichen Lesezirkel. Administrative Zentralität spiegelte sich zu jener Zeit allerdings ohnehin eher im Vorhandensein von Polizeigefängnissen, von denen es im Kreisgebiet in den 1830er Jahren allerdings vier gab, neben Lüdinghausen auch in Bork, Werne und Drensteinfurt.

1860 zählte die Stadt Lüdinghausen bei 2 000 Bewohnern 295 Wohnhäuser, fünfzig Jahre später waren es bei nunmehr 3 400 Einwohnern im Stadtgebiet 430 Wohnhäuser. Seppenrade hatte im gleichen Zeitraum einen leichten Rückgang der Zahl der Wohnhäuser von 439 auf 416, das Kirchspiel Lüdinghausen einen leichten Zuwachs von 411 auf 439 Wohnhäuser zu verzeichnen. Insgesamt wuchs die Zahl der Wohnhäuser im Amt Lüdinghausen in fünfzig Jahren um lediglich 12% an.

Der Kreisstadtstatus brachte durch die Ansiedlung protestantischer Beamter einige Neuerungen für die Stadt. 1847 entstand die erste evangelische Schule, 1848 eine ‚Kreissparkasse', 1850 das Amtsgericht am Borg – im Gebäude des 1843 neuerbauten Rathauses. Die Bürgerschaft überließ ihr Rathaus der preußischen Justizverwaltung, um die seit dem 14. Jh. in Lüdinghausen existierende Gerichtsbarkeit im Ort zu halten. 1859 entstand außerhalb des Stadtgrabens eine evangelische Kirche für die knapp 80 zugezogenen Protestanten. Innerhalb der Stadt gab es bereits in den 1830er Jahren eine Synagoge und einen Friedhof für die wenigen nunmehr zugelassenen Juden. 1860 erhielt die Stadt ein Krankenhaus in kirchlicher Trägerschaft. Eine zunächst in Botzlar bei Selm gegründete Landwirtschaftsschule wurde 1869 nach Lüdinghausen verlegt, 1878 mit der Städtischen Rektoratsschule zu einem Progymnasium zusammengefaßt, mit Sitz ab 1880 in der Burg Lüdinghausen. Diese Schule hatte insbesondere in den Jahren bis zum 1. Weltkrieg überregionale Bedeutung nicht nur für den landwirtschaftlichen Nachwuchs, sondern diente zudem als Erwachsenenbildungsstätte. Im neuen, gegenüber der Wasserburg Vischering erbauten Franziskanerinnen-Kloster St.-Antonius wurde 1895 eine Höhere Mädchenschule eingerichtet, die ebenfalls rasch überlokale Bedeutung erlangte.

Alle diese mit dem Kreisstadt-Status verbundenen Neuerungen änderten wenig an der Ausdehnung der Siedlungsfläche der Stadt Lüdinghausen, obwohl zur Verbesserung der Verkehrsanbindung der Stadt bereits um 1850 alle drei Tore abgebrochen worden waren. Da Lüdinghausens mittelzentrale Bedeutung direkt mit dem Status und Ausstattungsprofil einer Kreisstadt zusammenhing, hatte die Kreisordnung von 1887, die in Preußen überhaupt erst Kreisverwaltungen nach heutigem Verständnis schuf, entscheidende Bedeutung.

Die Verkehrsanschließung Lüdinghausens und des gesamten Kreisgebietes blieb bis in die 1840er Jahre auf dem Niveau des Mittelalters. Erst die Castroper Allee (die heutige B 235) schuf 1845 eine zeitgemäße Straßenverbindung zwischen Lüdinghausen und der Provinzialhauptstadt. Die erste befestigte Ost-West-Straße durch den Kreis (die heutige B 54: Münster-Herbern-Werne-Lünen) entstand 1864 – allerdings südlich von Lüdinghausen längs der Lippe. Somit zeigte das Fernstraßensystem im Kreis Lüdinghausen den Vorrang der Nord-Süd-Verbindung zwischen Münster und dem sich ab Ende des 19. Jh.s rapide entwickelnden Lippe-Ruhr-Raum. Eine wirkliche Ost-West-Verbindung nördlich der Lippezone gab es erst 1904 durch den Bau der Straße Lüdinghausen-Ascheberg-Drensteinfurt.

Abgesehen von wenigen befestigten Straßen waren die Verbindungen im ländlichen Umfeld von Lüdinghausen bis in die Zeit nach dem Zweiten Weltkrieg sogenannte Höfestraßen, Knüppeldämme und Sandwege, und dies zwang die Bevölkerung der Bauerschaften und kleinen Orte zur kleinräumigen Versorgung. Aus dieser Zeit mag die starke Beziehung der angrenzenden Bauerschaften sowie von Nordkirchen nach Lüdinghausen resultieren, während Nordkirchens Ortsteile Südkirchen und Capelle noch heute nach Werne orientiert sind. Dies änderte sich erst in den letzten Jahrzehnten dank veränderter Bedingungen (Ausbau der Verkehrswege, Massenmotorisierung) sowie der verbesserten Ausstattung der Grundzentren.

Ähnlich wie bei den Fernstraßen erfolgte die Anbindung an das Eisenbahnnetz. Die erste Eisenbahn im Kreis – die Nord-Süd-Strecke Emden-Münster-Hamm-Dortmund – wurde zwar bereits 1848 eröffnet, die im äußersten Osten des damaligen Kreises eingerichteten Bahnhöfe in Drensteinfurt und Bockum-Hövel waren allerdings über 20 km (und damit unter damaligen Verkehrsverhältnissen eine Tagesreise) von Lüdinghausen entfernt. Nach langwierigen Vorplanungen und Streitigkeiten zwischen Olfen und Lüdinghausen um die endgültige Trassenführung erhielt die Kreisstadt Lüdinghausen endlich 1875 einen eigenen Bahnhof an der Strecke Dortmund-Lünen-Lüdinghausen-Dülmen-Coesfeld-Ahaus-Enschede – die von der Stadt kostenlos zur Verfügung gestellte Station lag weit außerhalb der Bebauung und gab so die künftige Ausdehnungsrichtung vor. Eine direkte Bahnverbindung nach Münster erhielt Lüdinghausen nie; die 1928 eröffnete Nord-Süd-Strecke Dortmund-Werne-Ascheberg-Münster führte zehn Kilometer östlich an Lüdinghausen vorbei. Den größten Impuls für die Wirtschaftsentwicklung erhoffte man sich 1899 von der Fertigstellung des Dortmund-Ems-Kanals, der – genau wie 1875 die Eisenbahn – die Stadt Lüdinghausen westlich passierte und somit zwischen Lüdinghausen und Seppenrade im Bereich der Steverniederung verlief.

Die Möglichkeiten für den Gütertransport, den Eisenbahn und Kanal ab Ende des 19. Jh.s boten, führten in der Folgezeit zur Entstehung von ersten größeren Gewerben und Industrien. Die um 1900 gegründeten Bischoff-Werke waren mit ca. 200 Beschäftigten zeitweilig größter Arbeitgeber einer Stadt, in der bis nach dem Zweiten Weltkrieg landwirtschaftliche und handwerkliche Betriebe überwogen; 1929/30 siedelte sich die Deutsche Korn-Verwertungsgesellschaft am Bahnhof an, die bis heute weitere Bereiche für Erweiterungen im Gewerbegebiet Wieschebrink in Reserve hält. 1964 kam mit der Ansiedlung des Maggi-Werkes im Gewerbegebiet Seppenrader Str.-Nord dann der heutige Hauptarbeitgeber (1995 430 Arbeitsplätze) nach Lüdinghausen. Abgesehen von der Nahrungsmittelverarbeitung entstanden jedoch keinerlei größere Industrien. 1996 gab es in ganz Lüdinghausen lediglich 13 Betriebe mit mehr als 20 Beschäftigten. Entsprechend wichtig blieben die mit dem Kreisstadtstatus in Verbindung stehenden Arbeitsplätze.

Die Ausweitung des Gewerbe- und Siedlungsbereiches erfolgte entlang der Verkehrswege ('Hintern Hagen'), vor allem aber im südlich angrenzenden Bereich. Solange die Hochwasser der Stever nicht kontrollierbar waren, blieben weite Bereiche insbesondere im Norden nicht bebaubar. Ein weiteres Hindernis für jegliche Stadterweiterung waren lange Zeit die großen Gemeinheitsweiden, aus denen als Gemeindebesitz kein Land verkauft werden konnte. Das Stadtgebiet, das 1858 gerade 199 ha umfaßte, konnte erst Anfang des 20. Jh.s großflächig erweitert werden. 1904 erwarb die Stadt den gesamten Gemeindebesitz außerhalb der Stadtgräben und konnte fortan durch Ausweisung und Verkauf von Grundstücken die Erweiterung des Siedlungsgebietes steuern.

So wies der Stadtplan von 1908 gegenüber dem Urkataster von 1827 nur unbedeutende Erweiterungen außerhalb des Stadtgrabens entlang der Verkehrswege Münsterstraße und Mühlenstraße auf.

Nach 1908 erfolgte die Bebauung entlang des Ostwalls; der Schwerpunkt der Stadtentwicklung und -erweiterung verlagerte sich nach dem 1. Weltkrieg aber ganz eindeutig in den südöstlichen Bereich, jenseits der Vischeringschen Stever.

Das Raum- und Zentralitätsgefüge im Kreis Lüdinghausen wurde im ersten Jahrzehnt des 20. Jh.s durch das Vordringen des Bergbaus von Süden aus rasch und nachhaltig verändert. Während die Steinkohleflöße auf der Linie Selm-Südkirchen noch in einer Tiefe von 518 m aufgespürt und abgebaut wurden, erreichen sie bei Lüdinghausen/Seppenrade Tiefen von 1 440 m. Daher bildete der Bereich zwischen Lüdinghausen und Selm ab 1900 die vorerst natürliche Nordgrenze der Bergbauregion. Die erste Zeche in Werne entstand 1902, in Bockum-Hövel 1905, in Selm 1907. Alles deutete auf eine allmähliche Nordverlagerung der Kohleförderung hin, und Lüdinghausen reagierte auf diese Perspektive mit der großzügigen Ausweisung neuer Siedlungsflächen 'in Richtung der Kohle', d.h. im Süden. Diese bereits im Stadtplan von 1908 skizzierte Ausweitung westlich der Vischeringschen Stever umfaßte das gesamte Gebiet bis zur damaligen Stadtgrenze.

Dies 1904 von der Stadt erworbene sogenannte *Struck*-Gelände zwischen Vischeringscher Stever, Bahnstrecke und Kranichholz umfaßte 97,4 ha. Auf diesem Areal – immerhin halb so groß wie die gesamte bisherige Stadtfläche – war Raum für eine Neustadt, standen hier doch zunächst lediglich acht Gebäude. Auf diese Freifläche konzentrierten sich Siedlungsentwicklung und -erweiterung. Lüdinghausen wuchs in Richtung Bahnhof und der am Rand der Bahnstrecke ausgewiesenen Gewerbeflächen; die Zahl der Gebäude auf dem Struck-Gelände betrug 1950 bereits 289. Während das alte Stadtzentrum innerhalb der Stadtgräben in der ersten Hälfte des 20. Jh.s wenig bauliche Innovationen erfuhr, entstand im Südosten eine den Zeitgeist der Moderne widerspiegelnde Stadterweiterung, die ihren Mittelpunkt mit Schulzentrum, Verwaltungseinrichtungen (Finanzamt) und der zweiten katholischen Kirche von Lüdinghausen (St. Ludger, 1956-1959) erhielt. Von der in den ersten Jahrzehnten des 20. Jh.s erwarteten rasanten Bevölkerungsentwicklung zeugen die sehr großzügig konzipierten Sportanlagen, die das Struck-Gelände im Süden begrenzten.

Die Schließung der Zeche im kaum acht km südlich von Lüdinghausen gelegenen Selm-Beifang, die diesen faktisch erst 1906/07 entstandenen Industrieort bereits 1926 zur 'Notstandsgemeinde' werden ließ, markierte das Ende der ambitionierten Visionen einer Nordwanderung des Kohlebergbaus und machte deutlich, daß im Falle von Lüdinghausen Bevölkerungszuwächse wie in der Lippezone vorerst nicht mehr zu erwarten waren. Es kam zu einem abrupten Ende weiterer großflächiger Stadterweiterungsplanungen – Ziel mußte nunmehr sein, die bereits ausgewiesenen Ergänzungsgebiete zwischen Altstadt und Bahnhof in ausreichender Weise zu bebauen. Einzig ein bereits 1925 konzipiertes Neubaugebiet im Osten (Windmühlenweg) wurde fortgesetzt. Ansonsten konzentrierten sich Neubaumaßnahmen auf den

Südosten (Kranichholz), wo im Bereich Jahnstr./ Tüllinghofer Str. insbesondere im Zeitraum zwischen 1929 und 1939 Mietwohnungen entstanden. Im Zusammenhang mit der Ausweitung der besiedlungsfähigen Flächen innerhalb des bis 1951 lediglich 660 ha umfassenden Stadtgebietes bemühte man sich um die Regulierung der Stever, was allerdings erst nach Jahrzehnten gelingen sollte. Die erste großangelegte Flußregulierung durch Anlage eines künstlichen Steverarmes (Ostenstever) 1925/31 für mehr als 1,7 Mio. RM, die insbesondere die Neubaugebiete des Struck-Geländes von der Hochwassergefahr befreien sollte, führte zu erheblichen Kostenbelastungen für die Stadt, ohne daß das Problem entgültig gelöst werden konnte. Katastrophenhochwässer der Stever führten noch 1946, 1960 und 1961 zur Überschwemmung ganzer Ortsteile. Der endgültige Steverausbau erfolgte ab 1965 und konnte 1971 abgeschlossen werden.

Die Bevölkerung der Städte und Gemeinden nördlich der Lippe war durch Zuwanderung überdurchschnittlich rasch gewachsen und hatte das von der Montanindustrie unberührt bleibende Lüdinghausen ins Hintertreffen geraten lassen. Zwar profitierte die örtliche Landwirtschaft vom Bevölkerungszuwachs nördlich der Lippe, und durch die zwei Wochenmärkte in Lüdinghausen wurde ein Großteil der örtlichen Agrarerzeugnisse in Richtung Ruhrgebiet abgesetzt. Dennoch war der Gegensatz unverkennbar: 1950 hatten die zum Kreis gehörenden Städte Bockum-Hövel (22 000) und Werne (17 700) mehr als doppelt so viele Einwohner wie die eigentliche Kreisstadt (Lüdinghausen-Stadt zählte 1950 8 076 Einwohner, davon allerdings zahlreiche Flüchtlinge und Evakuierte, die zumeist danach abwanderten; 1939 hatte Lüdinghausen-Stadt lediglich 5 589 E.). Die traditionelle Konkurrenzsituation zwischen Lüdinghausen und Werne erhielt auf diese Weise einen neuen Aspekt. Auch wurde die politische Situation im Kreis Lüdinghausen durch die zuweilen signifikant unterschiedlichen Interessen und Mentalitäten von ‚Landgemeinden' und ‚Industriegemeinden' geprägt. Schon in den 1920er Jahren, nicht zuletzt aufgrund der mangelhaften Verkehrsverbindungen, kamen Forderungen nach einer Teilung bzw. Aufteilung des Kreises auf. In diesem Zeitraum konnte sich Lüdinghausen aber als unbestrittener Bezugsmittelpunkt und ‚Vorort' der nördlichen Landgemeinden des Kreises profilieren, während Werne in die südliche Siedlungsachse Lünen/Altlünen-Werne-Bockum/Hövel-Hamm integriert wurde. Die Grenze der Einflußzonen der beiden Orte Lüdinghausen und Werne glich sich fortan immer stärker der Kulturraumgrenze Münsterland-Ruhrgebiet an. Dieser offenkundigen Zweiteilung des Kreises trug die Kreisneugliederung zum Jahreswechsel 1974/75 Rechnung, indem sie zum einen den Landkreis Lüdinghausen auflöste, die von der Montanindustrie beeinflußten südlichen Bereiche (Lippe-Zone) den Kreisen Unna und Hamm, den östlichen Randbereich (Drensteinfurt) dem Kreis Warendorf zuordnete und das verbliebene Gebiet zwischen Münster und nördlichem Ruhrgebiet dem Sektoralkreis Coesfeld zuwies. Zugleich wurde im Rahmen der kommunalen Neugliederung das Amt Lüdinghausen aufgelöst und in der Stadt Lüdinghausen zusammengefaßt. Durch die Eingemeindung des Dorfes Seppenrade nach Lüdinghausen erhielt die nunmehr 140 km² große Stadt eine bipolare, durch Kanal und Eisenbahn getrennte Siedlungsstruktur.

II. Gefüge und Ausstattung

Die kommunale Neugliederung, die in mehreren Schritten zwischen 1969 und 1975 Lüdinghausen-Stadt, Lüdinghausen-Land und Seppenrade zu einer Stadt vereinigte, stand in der Rechtsnachfolge des 1936 geschaffenen Amtsverbandes Lüdinghausen. Dennoch wurde der endgültige Verlust der kommunalen Selbständigkeit in Seppenrade, das immerhin vor 1936 über neunzig Jahre ein eigenes Bürgermeisteramt besaß, ungern gesehen. Mißtrauen, eine tradierte Abneigung und Vorbehalte zwischen den beiden Ortsteilen sind bis heute spürbar und – beispielsweise 1997 im Rahmen einer großangelegten Haushaltsbefragung – auch meßbar geblieben. Seppenrade entsprach allerdings hinsichtlich der Einwohnerzahl nicht den Kriterien der kommunalen Neugliederung, um selbständig bleiben zu können. Das Zusammenwachsen der beiden Ortsteile wurde zusätzlich dadurch erschwert, daß die Stadt Lüdinghausen durch den Verlust des Kreissitzes geradezu traumatisiert war. Lüdinghausen erhielt allerdings durch die Eingliederung von Seppenrade die Möglichkeit, trotz der immer noch geringen Einwohnerzahl als Mittelzentrum klassifiziert zu werden. Zum Zeitpunkt der kommunalen Neugliederung lebten auf dem Gebiet von 140 km² lediglich 17 300 Menschen, davon im Bereich von Seppenrade mit 4 650 immerhin fast 27%. Lüdinghausen, das 1990 erstmals mehr als 20 000 Einwohner zählte, ist bis heute eines der kleinsten Mittelzentren in Nordrhein-Westfalen und verdankt diesen Status nicht zuletzt der Bedeutung für die angrenzenden Gemeinden des ‚Südkreises', wie der nunmehr zum Kreis Coesfeld gehörende Teil des ehemaligen Kreises Lüdinghausen bezeichnet wird.

Das Selbstbewußtsein der Seppenrader resultiert nicht zuletzt aus der räumlichen Position des Dorfes oberhalb der Steverniederung: man konnte seit jeher vom Seppenrader Berg auf die 60 m niedriger gelegene Stadt hinabblicken. Abgesehen von dieser markanten naturräumlichen Differenz besaßen die Seppenrader Bauern mit den aus Kreidemergeln gebildeten Böden auch bessere und ertragreichere Grundlagen für die Landwirtschaft als ihre Nachbarn in der Steveraue. Seppenrades Pfarrkirche St. Dionysius dürfte eine Filialgründung der Urpfarrei Lüdinghausen gewesen sein; wahrscheinlich wie Olfen im 9. Jahrhundert. Die erste urkundliche Erwähnung einer Pfarrei Seppenrade erfolgte allerdings erst 1184. In dieser Zeit werden verschiedene Angehörige einer Ritterfamilie ‚von Seppenrade' erwähnt, die ihre Besitzrechte in der Bauerschaft – als Eigentümer eines Oberhofes – wohl durch die niedere Gerichtsbarkeit und das Recht, die Pfarrei zu besetzen, erweitern konnten. Im Erbgang fiel Seppenrade dann vor 1271 an die auf Wolfsberg residierende Nebenlinie der Herren von Lüdinghausen.

Der ursprüngliche Mittelpunkt soll zunächst weiter im Norden gelegen haben, im Bereich der heutigen Bauerschaft Ondrup (= Oldenthorpe). Der Name *Seppenrade* läßt auf die naturräumlichen Gegebenheiten zu Beginn der Siedlungstätigkeit schließen: Rodung in einem Bereich mit tiefen Erdrinnen. Die spätere Verlagerung des Dorfes näher an Lüdinghausen mag mit der Schutzfunktion zusammenhängen, die Lüdinghausen auch für die Bewohner der Seppenrader Hügel besaß. Um die kleine Pfarrkirche – in romanischer Zeit ein Rechteck von 10 x 13 m – bildete sich im Verlauf von Hoch- und Spätmittelalter ein Dorf, ergänzt durch ausgedehnte Bauerschaften. Ende des 17. Jh.s erfolgte dann der Bau einer neuen und nun auch angemessen großen Kirche.

Der Besitz Seppenrade blieb bis zur Säkularisation mit Haus Wolfsberg verbunden; wer Wolfsberg besaß, besaß zugleich auch Seppenrade. Zuständiges Amt für Seppenrade war aber nicht Lüdinghausen, sondern Werne – und das blieb so bis 1802. Mit der endgültigen Machtübernahme durch Preußen 1813 bildeten dann Lüdinghausen und Seppenrade eine gemeinsame Bürgermeisterei. 1844 erhielt Seppenrade ein eigenes Bürgermeisteramt. In dieser Zeit der kommunalen Selbständigkeit entwickelte sich Seppenrade zu jenem selbstbewußten Gemeinwesen, das durch aufsehenerregende Funde (Entdeckung der weltgrößten Ammoniten von jeweils fast zwei m Durchmesser im Kalkmergel 1887 und 1895) und Auszeichnungen (Verleihung des Titels ‚Kreis-Musterdorf', 1969 Bundessieger im Wettbewerb *Unser Dorf soll schöner werden*) auch überörtliche Bekanntheit erlangte.

Lange Zeit hatte Seppenrade kaum weniger Einwohner als Lüdinghausen. So ergab die Kommunikantenzählung 1498 eine Relation von lediglich 40:60 zugunsten Lüdinghausens; eine Verteilung, die auch noch 320 Jahre später, zu Beginn der Preußenzeit, galt. Zwar sank der Anteil von Seppenrade an der Gesamtbevölkerung des nachmaligen Amtes Lüdinghausen zwischen 1818 und 1974 von 39% auf 26% ab; in absoluten Zahlen stieg die örtliche Bevölkerungszahl allerdings kontinuierlich an: 2 261 (1818) 2 483 (1858) 2 511 (1895) 3 287 (1939) 4 004 (1966) 4 738 (1974).

Die kommunale Neugliederung schuf neue Rahmenbedingungen für die Stadtplanung. Zum einen mußten nun Planungsziele und Entwicklungsmaßnahmen zwischen ‚Hauptsiedlungsschwerpunkt' Lüdinghausen und ‚Nebensiedlungsschwerpunkt' Seppenrade austariert werden, wobei zugleich der Freiraum zwischen beiden Siedlungsbereichen erhalten bleiben sollte. Aus diesen Vorgaben entstand eine west-östliche Zonierung, die fortan die Entwicklung der Stadt im Siedlungsbereich bestimmte: Dorfbereich Seppenrade – Freiraum – Große Busch/Hüwel – Dortmund-Ems-Kanal – Gewerbegebiet – Struck/Altstadt Lüdinghausen – Ascheberger Str./Windmühlenweg. Trotz dieser ausgeprägten Differenzierung blieb der gesamte Siedlungsraum vergleichsweise kompakt. Mit einer West-Ost-Ausdehnung von weniger als sechs km sowie einer Nord-Süd-Ausdehnung von drei km hat die gesamte Siedlungsfläche, die zudem von ausgedehnten Freiflächen strukturiert wird, einen Anteil von gerade einmal 6,4% an der gesamten Stadtfläche, inklusive aller Verkehrsflächen etwa 900 ha. Aus der Vorgabe, den Freiraum und Abstand zwischen den beiden Siedlungsschwerpunkten zu wahren, ergab sich, daß Neubaugebiete sowohl in Seppenrade als auch in Lüdinghausen am jeweils entgegengesetzten Rand konzipiert wurden – in Seppenrades Westen und Lüdinghausens Osten. Solch eine Westausdehnung des Dorfbereiches Seppenrade wurde allerdings erst in den 1970er Jahren durch den Neubau einer zweiten Kläranlage möglich, so daß die von Nord nach Süd durch das Dorf verlaufende Wasserscheide kein Hindernis für die Ausweisung der Neubaugebiete Peickskamp und Spiekerkamp mehr darstellte. Die weitgehend geschlossene Bebauung im Bereich Lüdinghausen zwischen Kanal und Altstadt ließ Neubaugebiete – auch dank der bis 1971 erfolgreich abgeschlossenen Stever-Regulierung – vorrangig im östlich angrenzenden Bereich entstehen.

Das Hauptaugenmerk richtete sich in den 1970er Jahren auf den Bereich der Altstadt. Bomben hatten im Zweiten Weltkrieg im Altstadtbereich Lüdinghausens kaum Schaden angerichtet – ganz im Gegensatz zu Dülmen, Münster oder Coesfeld. Zugleich hatten sich aber bauliche Innovationen zwischen 1904 und 1960 insbesondere im Struck-Gelände und anderen an die Altstadt angrenzenden Bereichen vollzogen. Durch die Münster-, Langenbrücken- und Steverstraße

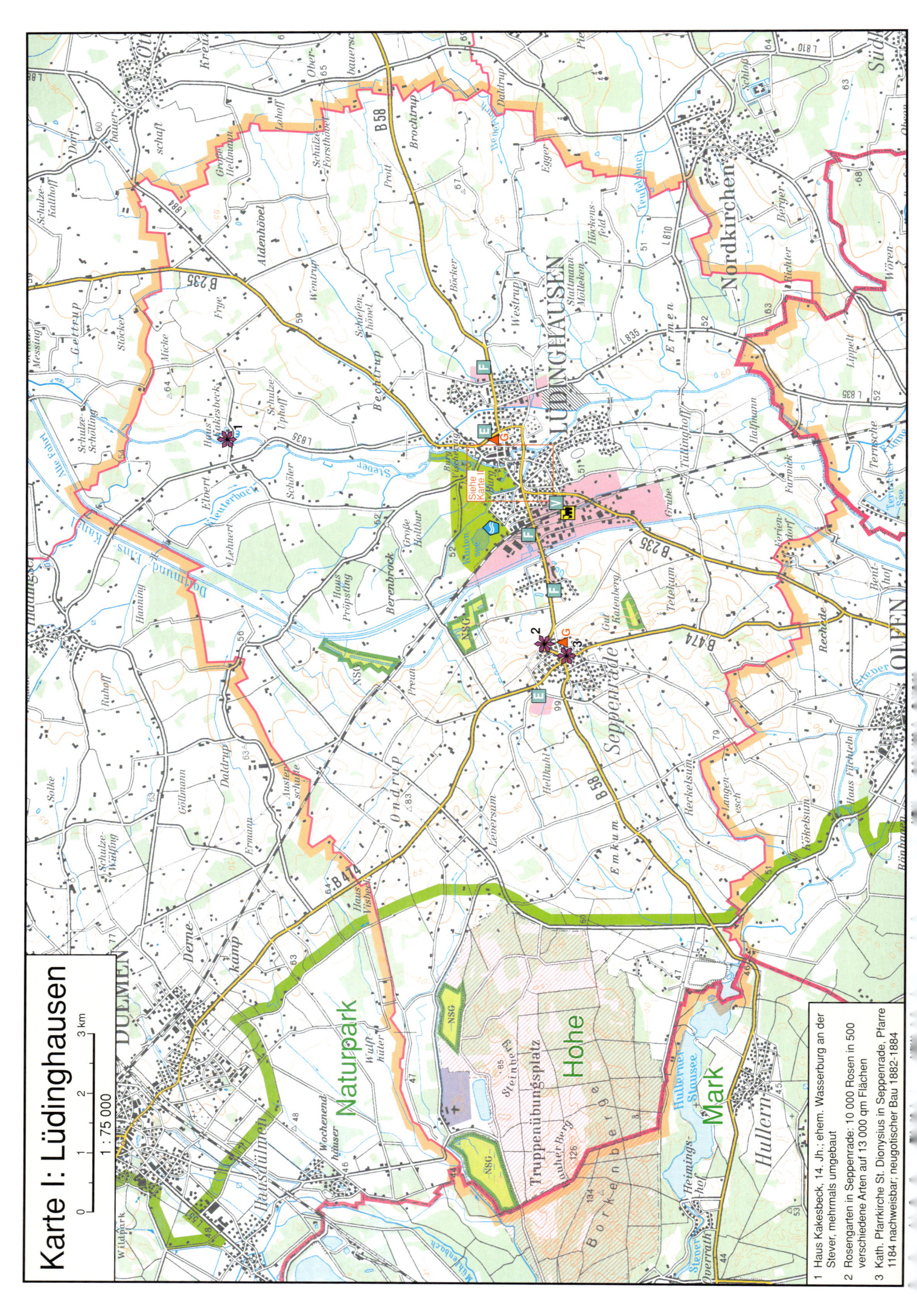

Karte I: Lüdinghausen

1 : 75 000

0 — 1 — 2 — 3 km

1 Haus Kakesbeck, 14. Jh.; ehem. Wasserburg an der Stever, mehrmals umgebaut
2 Rosengarten in Seppenrade: 10 000 Rosen in 500 verschiedene Arten auf 13 000 qm Flächen
3 Kath. Pfarrkirche St. Dionysius in Seppenrade, Pfarre 1184 nachweisbar; neugotischer Bau 1882-1884

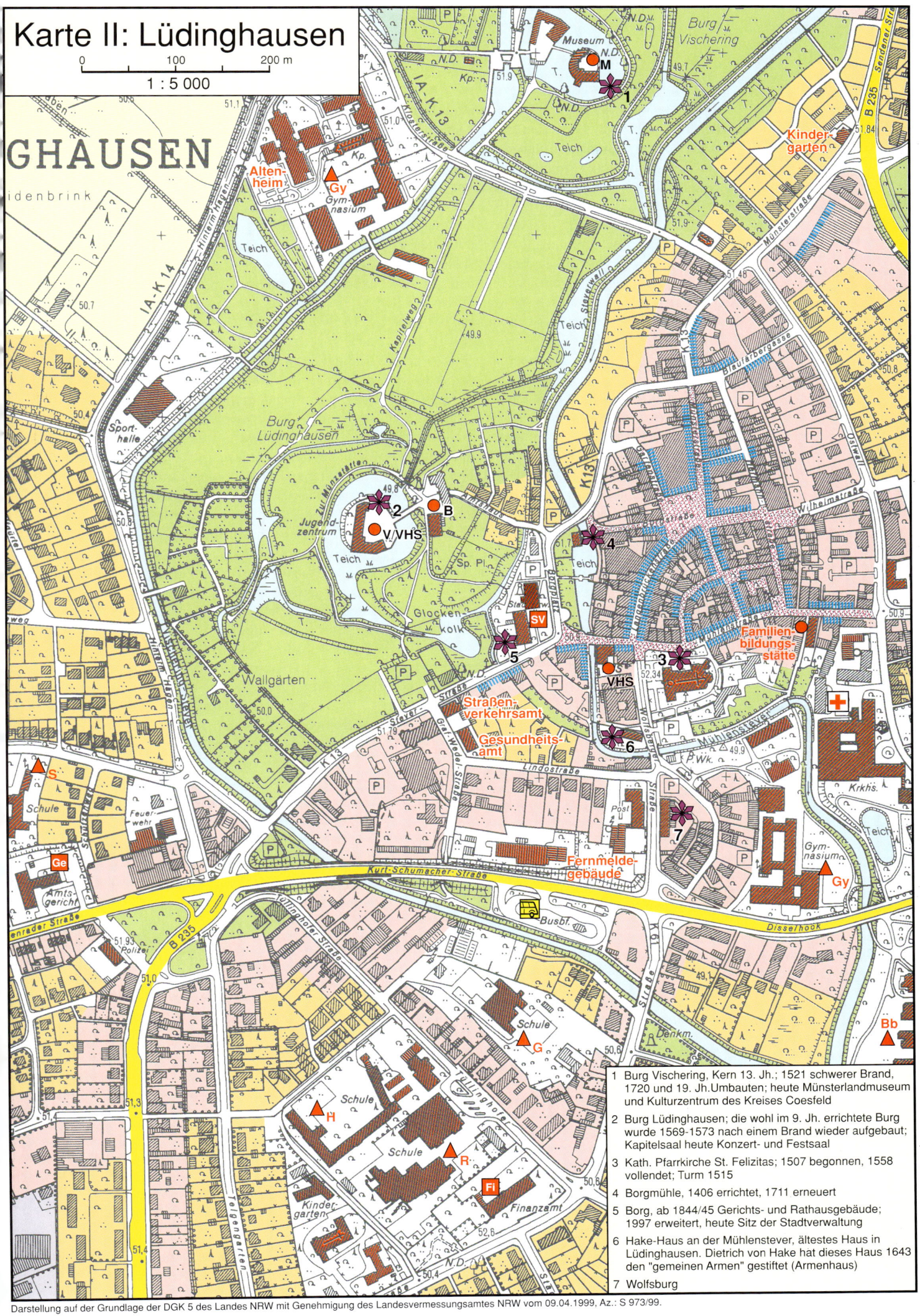

Karte II: Lüdinghausen

1 : 5 000 0 — 100 — 200 m

1. Burg Vischering, Kern 13. Jh.; 1521 schwerer Brand, 1720 und 19. Jh. Umbauten; heute Münsterlandmuseum und Kulturzentrum des Kreises Coesfeld
2. Burg Lüdinghausen; die wohl im 9. Jh. errichtete Burg wurde 1569-1573 nach einem Brand wieder aufgebaut; Kapitelsaal heute Konzert- und Festsaal
3. Kath. Pfarrkirche St. Felizitas; 1507 begonnen, 1558 vollendet; Turm 1515
4. Borgmühle, 1406 errichtet, 1711 erneuert
5. Borg, ab 1844/45 Gerichts- und Rathausgebäude; 1997 erweitert, heute Sitz der Stadtverwaltung
6. Hake-Haus an der Mühlenstever, ältestes Haus in Lüdinghausen. Dietrich von Hake hat dieses Haus 1643 den "gemeinen Armen" gestiftet (Armenhaus)
7. Wolfsburg

Darstellung auf der Grundlage der DGK 5 des Landes NRW mit Genehmigung des Landesvermessungsamtes NRW vom 09.04.1999, Az.: S 973/99.

drängte sich der überregionale Verkehr quer durch die enge Altstadt und über den Markt. Die Altstadt bedurfte dringend einer grundlegenden Sanierung und Entlastung vom Durchgangsverkehr. Lüdinghausen nutzte dafür die Möglichkeiten, die das Städtebauförderungsgesetz seit 1971 bot.

1972 wurde zunächst der südliche Teil der Altstadt nach den Bestimmungen zum Sanierungsgebiet erklärt, 1973 ein die gesamte Altstadt umfassendes Sanierungskonzept beschlossen. In der Folgezeit entstand – basierend auf einem 1968 vorgelegten Gutachten des Stadtplaners Prof. Zlonicky – ein Fußgängerbereich zwischen Felizitas-Kirche im Süden und Blaufärbergasse im Norden; der Durchgangsverkehr wurde aus der Altstadt herausgezogen. Die Attraktivität der Altstadt, ihre Kleinteiligkeit, wurde – von einigen Bausünden abgesehen – bei diesen Sanierungsmaßnahmen weitgehend gewahrt; die Erreichbarkeit der innerstädtischen Geschäfte wurde durch am Rand des Altstadtbereiches positionierte Parkplätze gewährleistet. Eine Besonderheit der Sanierung bestand in der Schaffung von Passagen durch die zuvor heruntergekommenen und dicht bebauten Hinterhöfe, die die Durchlässigkeit der Altstadt für den west-östlichen Fußgängerverkehr in hohem Maße verbesserte.

Auf welche Weise die Altstadt vom Durchgangsverkehr zu entlasten sei, war zunächst strittig. Eine großräumige Umgehung des gesamten Siedlungsraumes wurde zugunsten einer stadtnahen, inneren Linienführung verworfen. Die Bundesstraßen 235 und 58 wurden in einem Abstand von wenigen hundert Meter um den Altstadtbereich herumgeführt. Diese neuen Hauptverkehrsstraßen (Konrad-Adenauer-Str., Disselhook, Kurt-Schumacher-Str., Seppenrader Str.) weisen heute beträchtliche und zudem kontinuierlich wachsende Verkehrsstärken und Belastungen durch Schwerverkehr auf. Die Entscheidung für die innere Verkehrsführung durch den Siedlungsbereich Lüdinghausen hat u.a. dazu geführt, daß sich hier die zu Beginn des 20. Jh.s entstandene Zweiteilung von Altstadt und ‚Neu'-Stadt (Struck) verfestigte und sich im Bereich Lindenstraße ein zweites Versorgungszentrum für die Bevölkerung der südlichen Stadt herausgebildet hat. Die durch Entscheidungen der 1970er Jahre faktisch beibehaltene innerstädtische Verkehrsführung wird sicherlich mittelfristig überdacht werden müssen, zumal gerade im Bereich der Bundesstraßen gegenwärtig planerische Empfehlungen sowie Initiativen von Investorenseite die Überwindung bzw. Überbrückung dieser trennenden Verkehrswege, ihre Integration in den Siedlungsraum und Aufwertung von Bereichen längs der Bundesstraßen (z.B. das *Stadtfeld* östlich der Konrad-Adenauer-Str. oder Seppenrader Str. zwischen Kanal und Lindenstr.) anstreben.

Lüdinghausen hat – trotz seiner vergleichsweise geringen Einwohnerzahl von 22 558 (01.01. 2000) – eine ungewöhnlich umfassende Ausstattung mit Institutionen und mittelzentralen Einrichtungen: ein Erbe aus den Zeiten, als Lüdinghausen Kreisstadt war. Trotz aller Konkurrenz benachbarter Mittelzentren und z.T. auch Grundzentren hat Lüdinghausen seine Position als Schulstadt (2 Gymnasien, 1 Realschule, 1 Hauptschule, Kreisberufs- und Berufsfachschule) wahren können. Es blieb zudem Standort für das Amtsgericht, für Institutionen der Verwaltung (Finanz-, Straßenverkehrs-, Gesundheits- und Arbeitsamt) sowie für das überörtlich ausgerichtete St.-Marien-Hospital mit 402 Beschäftigten und 206 Betten. Die mit der kommunalen Neugliederung verbundenen (tatsächlichen und befürchteten) Verluste haben dem Selbstbewußtsein der Bürgerschaft(en) geradezu einen Schock versetzt, von dem es sich nur mühsam erholt hat. Doch ist das Zukunftspotential der Stadt beträchtlich, stieg z.B. die Zahl der sozialpflichtig Beschäftigten innerhalb eines Jahrzehntes (1987/1998) um mehr als 20%, von 4 708 auf 5 690. Lüdinghausen wies 1998 eine Arbeitslosenrate auf, die erstmals unterhalb der ohnehin niedrigen Quote des Kreises Coesfeld lag; die Produktionsanlagen der zum

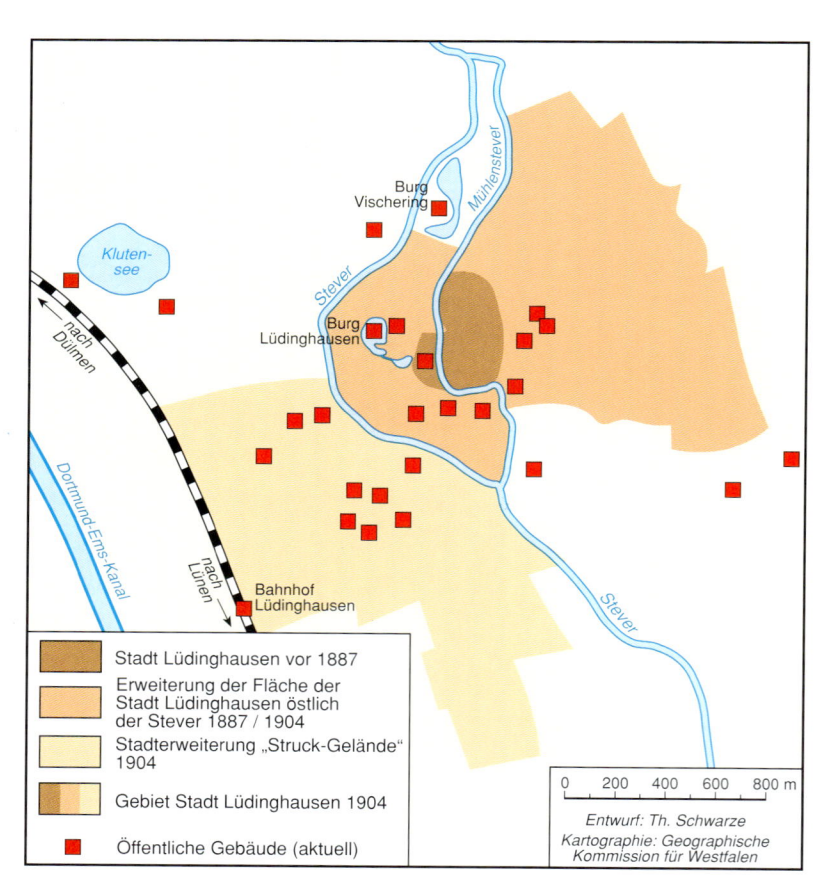

Abb. 1: Historische Entwicklung und öffentliche Gebäude

Nestlé-Konzern gehörenden Maggi-Werke wurden 1991 durch ein Hochregal-Lager und 1997 durch ein Distributionszentrum ergänzt, die ansonsten von kleinen und mittleren Betrieben geprägte Wirtschaftsstruktur der Stadt erwies sich als vergleichsweise krisenresistent.

III. Perspektiven und Planung

Nachdem in den letzten Jahrzehnten die Altstadt von Lüdinghausen grundlegend und recht erfolgreich saniert wurde, muß das Augenmerk sich nun verstärkt dem Bereich Struck zuwenden, in dem ein Nachholbedarf an planerischer Initiative unverkennbar ist. Möglicherweise kann hierbei das 1999 gestartete *Aktionsprogramm Stadtentwicklung im Bahnhofsumfeld* der Landesregierung Nordrhein-Westfalen, das sich speziell auf kleine und mittlere Bahnhöfe bezieht, genutzt werden, um eine großzügige städtebauliche Neugestaltung zu realisieren.

Interessante Perspektiven bieten sich auch für Seppenrade. Die sich in der Bauplanung befindliche Umgehung wird das Dorfzentrum vom Durchgangsverkehr der B 58 und B 474 entlasten und die Chance bieten, die Attraktivität des Dorfkernes (Kirchplatz/ Träppken/ Rosengarten) zusätzlich zu steigern. Die in Jahrhunderten gewachsene Dreipoligkeit des heutigen Lüdinghausen, die sich symbolisch in den drei katholischen Kirchen der Stadt widerspiegelt (St. Felizitas = Altstadt Lüdinghausen, St. Ludger = ‚Neustadt' Lüdinghausen/Struck, St. Dionysius = Seppenrade) erlaubt und erleichtert eine attraktive Funktionsdifferenzierung, um die Lüdinghausen manches andere Mittelzentrum beneiden dürfte. Insbesondere in der Innenstadt gibt es eine ungewöhnlich breite Palette attraktiver Fachgeschäfte, die Lüdinghausen z.B. im Sortimentsbereich ‚Dekor/Inneneinrichtung' zum Ziel von Kunden aus einem weiten Umkreis macht.

Zudem sind das touristische Potential und die Qualität des Wohnumfeldes (‚Münsterländische Parklandschaft') enorm hoch. Lüdinghausen hat in seiner zwölfhundertjährigen Geschichte die von Anbeginn gegebene regionale Bedeutung – trotz manch herbem Rückschlag – bewahren und in zeitgemäßer Form fortentwickeln können. Die heutige Herausforderung besteht darin, ggf. im Zusammenspiel mit benachbarten Mittelzentren seinen Bewohnern ein hohes Maß an Lebensqualität zu bieten und sich so im Wettbewerb mit benachbarten Oberzentren zu behaupten. In Denkweise und Mentalität alteingesessener Bewohner spiegeln sich zuweilen immer noch die einstigen naturräumlichen Gegebenheiten Lüdinghausens als weltabgeschiedener Insel inmitten der unzugänglichen Steverniederung und Seppenrades als stolzem ‚Bergnest' oberhalb des weiten Umlandes. Heute jedoch ist Lüdinghausen in vielfältiger Weise in den Gesamtraum zwischen Ruhrgebiet und Münster eingebunden und integriert, was sich neben dem Einkaufs- und Freizeitverhalten exemplarisch auch auf dem Arbeitsmarkt zeigt: Haben von den in Lüdinghausen Beschäftigten fast 43% ihren Wohnort außerhalb der Stadtgrenzen, so pendeln im Gegenzug 53% der in Lüdinghausen wohnenden Arbeitnehmer ins Umland der Stadt.

Literatur (Auswahl)

Ahrens, Sven u. **Heinz Heineberg** (1997): Kreis Coesfeld – Wirtschafts- und Strukturanalyse. Untersuchungen zu Wirtschaft und Standort des Kreises Coesfeld, Berichte des Arbeitsgebietes Stadt- und Regionalentwicklung 12, Institut für Geographie der WWU Münster

Arbeitsgemeinschaft Stadtprofil Lüdinghausen 2010 (1999): Schlußbericht, Lehrstuhl für Kultur- und Siedlungsgeographie Ruhr Universität Bochum

Bahlow, Hans (1985): Deutschlands geographische Namenswelt – Etymologisches Lexikon der Fluß- und Ortsnamen alteuropäischer Herkunft, Frankfurt (Suhrkamp)

Blotevogel, Hans-Heinrich (1975): Zentrale Orte und Raumbeziehungen in Westfalen vor der Industrialisierung, Paderborn (Ferdinand Schöningh)

Heimatverein Lüdinghausen (Hg.) (1983): 675 Jahre Stadt Lüdinghausen, Lüdinghausen (Rademann)

Hömberg, Wennemar (1913): Der Kreis Lüdinghausen von 1813 bis 1913, Lüdinghausen (Rademann)

Junk, Heinz.-K. (1993): Lüdinghausen, Westfälischer Städteatlas Lieferung IV/2, Altenbeken (GSV Städteatlas)

Kreis Coesfeld (Hg.) (1987): Kreis Coesfeld, 2. Auflage, Dülmen (Laumann)

Mertens, Heinrich A. u. **Joseph Limbach** (1974): Aus der Geschichte des Kreises Lüdinghausen 1803-1974, Selm (Lonnemann)

Quednau, Ursula (1997): Die Burgen von Lüdinghausen. Eine ‚Denkmallandschaft' im westlichen Münsterland, in: Denkmalpflege in Westfalen-Lippe 1/97, Münster (Ardey)

Schwarze, Thomas (1998): Einzelhandelsgutachten Lüdinghausen, Lehrstuhl für Angewandte Sozialgeographie, Institut für Geographie der WWU Münster

Wörner, Gustav u. **Rose Wörner** (1975): Freizeit und Erholung Lüdinghausen, Wuppertal

Schloß Nordkirchen
(Foto: Gemeinde Nordkirchen; Schwabenflugbild)

Annemarie Reiche

Nordkirchen

Einwohner: 9 935
Fläche: 52,38 km²

I. Lage und Entwicklung

Die Gemeinde Nordkirchen liegt im Süden des Kernmünsterlandes. Den Cappenberger Höhen nördlich vorgelagert, umfaßt sie mit ihrem größeren südlichen Teil das noch zu den Lippehöhen gehörende Südkirchener Hügelland, während der Norden sich in die flachwellige bis ebene Ascheberger Platte hinein erstreckt. Campane Ton- und Kalkmergel, im Süden weitgehend von einer zumeist geringmächtigen Geschiebelehmdecke überlagert, bilden den Untergrund.

Der östliche Saum der Gemeinde liegt auf der Rhein-Ems-Wasserscheide, die hier die Einzugsbereiche von Stever und Werse voneinander trennt, und erreicht bei Haus Ichterloh mit 94 m den höchsten Punkt. Daher besteht im gesamten Gemeindegebiet ein nach Westen gerichtetes Gefälle. Die zur Stever strebenden Wasserläufe – die Funne mit Schlod- und Dammbach sowie der Teufelsbach mit Gorbach und Capeller Bach – haben dem ganzen Bereich den Formcharakter einer sanft gewellten Riedellandschaft aufgeprägt, die bei süd-nördlicher Querung besonders deutlich in Erscheinung tritt. Dort, wo der Teufelsbach das Gemeindegebiet verläßt, liegt bei knapp 54 m dessen tiefste Stelle.

Im Verkehrsnetz liegt die Gemeinde dicht westlich der A1 mit ihren Anschlußstellen Ascheberg und Hamm-Bockum/Werne sowie unweit der nördlich vorbeiführenden B 58 (Wesel-Lüdinghausen-Beckum). Dem Regionalverkehr dienen die Landesstraßen 671 (Herbern-Capelle-Nordkirchen) und die von Lünen über Cappenberg und Südkirchen nach Norden führende L 810, die zwar bei Nordkirchen westwärts nach Lüdinghausen abknickt, aber in der Kreisstraße 2 eine Fortsetzung über Ottmarsbocholt nach Münster findet,

Nordkirchen: 189,7
Kreis Coesfeld: 191,7
Einwohner je km²

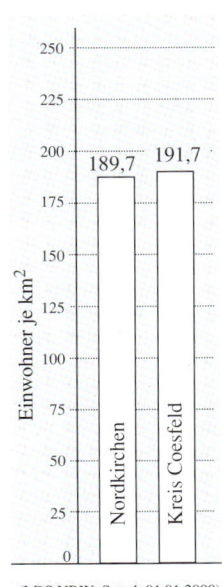

(LDS NRW, Stand: 01.01.2000)

165

Grundzentrum in einem Gebiet mit überwiegend ländlicher Raumstruktur (LEP NRW 1995, Teil A)

Am 1.1.1975 bildeten die ehemaligen Gemeinden Nordkirchen, Südkirchen und Capelle die neue Gemeinde Nordkirchen

wo der Straßenname „Kappenberger Damm" einen Hinweis auf diese alte Landstraße gibt.

Die 1928, also recht spät, fertiggestellte Bahnlinie Lünen-Münster, heute eine IC-Trasse, verläuft durch den Osten des Gemeindegebietes und hat bei Capelle einen Haltepunkt, der stündlich in beiden Richtungen von RB-Zügen bedient wird. Allerdings ist diese Station von den Ortsmittelpunkten Nord- und Südkirchens jeweils 4 Straßenkilometer entfernt. Bus- und Taxibuslinien verbinden die Gemeindeteile miteinander und mit den drei städtischen Nachbargemeinden, der ehemaligen Kreisstadt Lüdinghausen sowie Werne und Selm im südlich angrenzenden Kreise Unna.

Die heutige Gemeinde Nordkirchen ist am 1. Januar 1975 durch den Zusammenschluß der drei bisherigen Gemeinden Nordkirchen, Südkirchen und Capelle entstanden, die zuvor das Amt Nordkirchen im Kreise Lüdinghausen gebildet hatten. Räumlich setzt die Großgemeinde also eine administrative Einheit fort, die in diesem Umfang seit 1922 bestand, als Capelle bei der Auflösung des Amtes Werne dem Amte Nordkirchen angegliedert wurde.

Damit war zu Beginn unseres Jahrhunderts ein sehr alter räumlicher Zusammenhang wiederhergestellt worden; denn nach dem Zeugnis der Urkunden des 9. bis 11. Jh.s ist der ganze Bereich von Nordkirchen, Südkirchen und Capelle damals ein Siedlungsraum mit dem gemeinsamen Namen Ithari gewesen. Dieser Name ist als Folge der etwa zur Zeit der Jahrtausendwende anzusetzenden Gründung zweier Pfarren außer Gebrauch gekommen, und zwar durch deren aufeinander bezogene Namen Nord- und Südkirchen sowie durch die spätere Gründung einer zum Pfarrsprengel Werne gehörenden Kapelle im Osten Ichtaris. Das Schwinden des alten Namens begann im Westen mit den Kirchortsnamen und griff auf die Häusergruppe über, die sich bei der viel später erst zur Pfarrkirche erhobenen Kapelle gebildet hatte. Noch im 18. Jh. pflegte man zu sagen: „In Ichtern zur Kapelle". Heute ist der ursprüngliche Name nur noch an einer entlegenen Stelle greifbar, bei Haus Ichterloh, anderthalb Kilometer nördlich des Kirchortes Capelle.

Zusammen mit dem Schloß hat der Ort Nordkirchen herausragende Bedeutung innerhalb der Gemeinde und ist daher für diese namengebend. Der Vorrang ist historisch begründet und geht auf einen Oberhof zurück, der mit seinem Güterkomplex zur Ausstattung des neugegründeten Bistums Münster gehörte. Um 1000 errichtete man die erste Kirche des späteren Kirchspiels Nordkirchen in unmittelbarer Nähe dieses Oberhofes. An dessen Stelle wurde später, Anfang des 15. Jh.s, eine Wasserburg angelegt. Deren Ausbau zu einem weiträumigen Verteidigungssystem mit Wällen und breiten Außengräften in den 20er Jahren des 16. Jh.s bedingte die Verlegung der Kirche und des noch sehr kleinen Kirchortes etwa 1 km nach Nordwesten an die Stelle der heutigen Ortsmitte.

1694 in den Besitz des baufreudigen Fürstbischofs Friedrich Christian von Plettenberg-Lenhausen übergegangen, wurde die Burg mit ihren Wehranlagen beseitigt, und von 1703 bis 1734 entstand nach den Plänen des Architekten Gottfried Laurenz Pictorius eine großzügige barocke Schloßanlage, an deren Vollendung Johann Conrad Schlaun beteiligt war. Die Bebauung auf der großen Schloßinsel, die auf Steigerung von den Marstallsgebäuden über den Kapellen- und den Dienerschaftsflügel bis zum Herrenhaus angelegt ist, war ursprünglich mehrteilig aufgelockert und im Süden durch architektonische Elemente begrenzt. Eingriffe zu Beginn des 20. Jh.s haben durch Verbindungsbauten eine Veränderung des Gesamteindrucks zum Kompakten hin bewirkt und die Südfront der Schloßinsel nach außen weit geöffnet. Das Schloß, seit 1958 im Besitz des Landes Nordrhein-Westfalen, Sitz der Fachhochschule für Finanzen und sorgfältig restauriert, gilt mit Recht als „Westfälisches Versailles". Im 72 ha großen Schloßpark befindet sich Schlauns „Oranienburg", ein Gartenkasino mit Festsaal. Nach mehrfachen Umgestaltungen verfiel die Gesamtanlage seit 1918. In den 80er Jahren wurde das langfristige Ziel der Wiederherstellung der barocken Parkanlagen konzipiert. Seit 1991 ist der Nordgarten mit seinem zentralen Barock-Parterre in alter Pracht rekonstruiert. Schloß und Park sind von der UNESCO als „Gesamtkunstwerk von internationalem Rang" für schutzwürdig erklärt worden.

Dem Komplex des Schlosses und seiner Anlagen schließt sich nordwestlich das Dorf Nordkirchen an, dessen weitere Entwicklung durch diese Nachbarschaft begünstigt worden ist. Zwar hatte es keine Möglichkeit, sich nach Südosten auszudehnen, doch konnte sich seine bebaute Fläche an allen anderen Seiten beträchtlich um den Ortskern herum vergrößern. Demgegenüber waren Südkirchen und mehr noch Capelle stets kleiner.

Mit 9 935 Einwohnern (01.01.2000) hat die Gemeinde Nordkirchen die geringste Bevölkerungszahl im Kreise Coesfeld, nimmt aber unter dessen 11 Gemeinden nach der Einwohnerdichte den sechsten Platz ein und erreicht mit 189,7 E./km^2 fast die durchschnittliche Dichte des Kreises. Die Entwicklung der Einwohnerzahlen (Tab. 1) seit dem letzten Jahrhundert wird durch die Nachbarschaftslage zum südlich gelegenen Industrieraum verständlich. Über Jahrzehnte hinweg verharrt die Bevölkerungszahl des heutigen Gemeindegebietes bei geringfügig über 3 000 Einwohnern. In einer Zeit allgemein hoher natürlicher

Tab. 1: Einwohnerentwicklung Nordkirchens 1871–1998

Jahr	Amt/Großgemeinde Nordkirchen	davon die Altgemeinden/Gemeindeteile					
		Nordkirchen	%	Südkirchen	%	Capelle	%
1871	3 170	1 531	48,3	1 060	33,4	579	18,3
1905	3 197	1 499	46,9	1 099	34,4	599	18,7
1925	3 568	1 589	44,5	1 347	37,8	632	17,7
1939	3 691	1 571	42,6	1 369	37,1	751	20,3
1950	5 052	2 165	42,9	1 845	36,5	1 042	20,6
1961	5 257	2 605	49,5	1 634	31,1	1 018	19,4
1970	6 327	3 219	50,9	1 838	29,0	1 270	20,1
1987	7 862	3 846	48,9	2 484	31,3	1 532	19,5
1995	9 283	4 920	53,0	2 785	30,0	1 578	17,0
1998	9 793	4 792	50,0	3 210	32,8	1 781	18,2

(Quelle: Gemeinde Nordkirchen)

Zunahme kann eine derartige Stagnation nur als Ausdruck starker Abwanderung verstanden werden. Nach einem Anstieg auf knapp 3 700 zwischen den beiden Weltkriegen wird infolge des Einströmens von Flüchtlingen und Heimatvertriebenen die Zahl von 5 000 Einwohnern 1950 leicht überschritten und steigt während der 50er Jahre nur mäßig an. Erst seit den 60er Jahren verstärkt sich das Bevölkerungswachstum erheblich: 1999 liegt die Einwohnerzahl bereits bei 9 953. Sie hat zwischen 1970 und 1999 um rd. 55% zugenommen, ein Zuwachs, der deutlich über dem Kreismittel von rd. 42% liegt.

Innerhalb der Gemeinde ist die Verteilung der Bevölkerung recht ungleichmäßig. Wie Tabelle 1 ausweist, ist der Anteil Nordkirchens auf mehr als 50 Prozent angestiegen. Hier betrug die Zunahme in den 17 Jahren von 1970 bis 1987 19,5% und stieg in den acht Jahren von 1987 bis 1995 auf 27,9% an, während Südkirchens und Capelles Zuwachs in der erstgenannten Phase stärker war, aber in der zweiten sehr deutlich abgefallen ist. Tabelle 1 läßt erkennen, daß – wie zu erwarten – die beiden älteren und größeren Kirchspiele des Westens das kleine Kirchspiel des Ostens ständig weit übertroffen haben und daß Nordkirchen immer an erster Stelle gestanden hat.

Die seit den 60er Jahren zu beobachtende Entwicklung ist Ausdruck der seit jener Zeit verstärkt einsetzenden und bis heute andauernden Suburbanisierung, in deren Verlauf Wanderungsbewegungen von Kernstädten in attraktive Wohnumlandbereiche erfolgen. Bei den Zuzügen nach Nordkirchen handelt es sich in erster Linie um Nahwanderung. Wenngleich die Gemeinde auch Ziel kreisinterner Wanderungen ist, liegt das Hauptquellgebiet in der südlichen Ballungszone, und zwar vorwiegend in den Gemeinden Selm, Lünen, Werne und Dortmund. Lag der Wanderungsgewinn in den 80er Jahren jährlich bei ca. 80 Personen, so ist er seit den 90er Jahren durchschnittlich auf über 100 gestiegen.

Hinzu kommt, daß die Bevölkerungsentwicklung gegenwärtig auch noch durch die Altersstruktur begünstigt wird. Nordkirchen ist eine „junge" Gemeinde: Knapp ein Viertel der Bevölkerung ist jünger als 18 Jahre, ungefähr die Hälfte (48%) gehört der Altersgruppe zwischen 18 und 50 an mit dem Schwerpunkt 30 bis 50 Jahre (31.12.97). Seit 1970 hat die Zahl der Geburten, abweichend von der allgemeinen Entwicklung, beträchtlich über der Zahl der Sterbefälle gelegen, so daß auch der natürliche Zuwachs bislang zum Bevölkerungswachstum beigetragen hat. Bemerkenswert ist, daß die Gemeinde 1997 mit 13,9‰ die höchste Geburtenrate im Kreise aufweist, dessen Mittelwert 12,1‰ beträgt.

II. Gefüge und Ausstattung

Das Siedlungsgefüge der Gemeinde wird durch die drei Kirchorte und die zu deren Kirchspielen gehörende bäuerliche Streusiedlung bestimmt. Zu Nordkirchen gehören drei Bauerschaften: Berger im Westen, in zumeist höherer Geländelage, Piekenbrock im Norden und Altendorf im Osten, mitten im einstigen Ithari gelegen. Südkirchen wird herkömmlicherweise von zwei Bauerschaften flankiert: Oster- und Westerbauerschaft. Capelles bäuerlicher Bereich wurde früher als Capeller Beifang bezeichnet.

Die drei Kirchorte sind entsprechend ihrer durch verschiedenartige Entwicklung bedingten Unterschiede recht ungleichartig. Infolge seiner Nähe zum Schloß ist es verständlich, daß Nordkirchen sich auch hinsichtlich besonderer Züge

Katasterfläche 1999:
52,38 km²
davon
Landwirt-
schaftsfläche   71,9 %
Waldfläche   14,9 %
Gebäude- und
Freifläche   6,2 %
Verkehrsfläche   4,2 %
Wasserfläche   1,4 %
Erholungsfläche   1,3 %
(Quelle: LDS NRW)

Einwohner in Ortsteilen:

Nordkirchen 4 792
Südkirchen 3 210
Capelle 1 781

(Ang. d. Gem., Stand: 31.12.98)

der Ortsgestalt von den beiden anderen Dörfern abhebt. Der etwa 200 m lange, vom Rande des Schloßparkes zum Kirchplatz führende, bebaute Abschnitt der Schloßstraße ist für die vom Schloß kommenden Besucher das Entree in den Ort. Hier befinden sich die Baudenkmale, alle aus der Entstehungszeit des Schlosses stammend: die Nepomuk-Kapelle am Dorfeingang und die Mauritius-Pfarrkirche mit ihrem weithin sichtbaren Turm (Gebr. Pictorius) sowie etwas abseits der Straße die ehemalige Rentei und am Kirchplatz das frühere Armenhaus und das einstige Vikarienhaus (Schlaun).

Die Schloßstraße und die anschließenden Teile der Bergstraße und geringfügig auch der Lüdinghauser Straße weisen Besatz mit Geschäften und Dienstleistungseinrichtungen auf. 1994 ist ein Einkaufszentrum, der „Mühlenpark", in unmittelbarer Nähe zum Ortskern hinzugekommen und hat mit zwei Discountmärkten und spezialisierten Einzelhandels- und Dienstleistungsunternehmen die zuvor als unzureichend beurteilte Grundversorgung verbessert. Mit annähernd drei Vierteln aller Einzelhandelsbetriebe ist Nordkirchen das eigentliche Versorgungszentrum der Gemeinde. Allerdings gilt das uneingeschränkt nur für den Ort selbst, weniger jedoch für Südkirchen und Capelle.

Am Südostrand Nordkirchens liegen das denkmalgeschützte, barocke Formgebung aufnehmende Bürgerhaus, eine Stätte für Kultur und Freizeit, und der Komplex der vierzügigen Gesamtschule. Aus diesem Bereich lenkt eine Sichtschneise über den Grünen Weg den Blick auf die ca. 700 m entfernte Nordfront des Schlosses. Im Nordwesten, an der Lüdinghauser Straße und beiderseits der Aspastraße, erstreckt sich das in weiterer Entwicklung befindliche Gewerbegebiet. Die Wohnbebauung hat seit dem Zweiten Weltkrieg, besonders aber seit den 60er Jahren, recht weit nach Norden und Nordosten sowie stark in südwestliche Richtung ausgegriffen. Der Durchgangsverkehr auf der L 810 zwischen Lünen und Lüdinghausen sowie in Richtung Ottmarsbocholt, der früher durch die Ortsmitte führte, verläuft seit 1970 auf einer weiträumigen Umgehung. Nur der Verkehr zwischen Selm und Ascheberg bzw. Herbern muß noch den Ort passieren.

Auch Südkirchen ist seit 1970 vom südnördlichen Durchgangsverkehr, der sich vordem durch Haupt- und Oberstraße winden mußte, durch einen neuen Trassenabschnitt der L 810 entlastet worden, der östlich am Ortskern vorbeiführt, wodurch dieser stark aufgewertet wurde. Hier bildet die Pankratius-Pfarrkirche aus der Zeit um 1700 mit älterem, noch romanischem Turm und einem Erweiterungsbau aus den 60er Jahren unseres Jahrhunderts die dörfliche Mitte. An der Verzweigung von Haupt-, Unter- und Oberstraße setzt ein geschmackvoll gestalteter Brunnen einen freundlichen, betont dörflichen Akzent, und etwa 300 m weiter, am nördlichen Rand des zusammenhängend bebauten Bereiches, erreicht die Oberstraße eine schlicht gestaltete, grün eingebettete Anlage zum Gedächtnis der Toten beider Weltkriege. Die Ausstattung des Ortes mit Versorgungseinrichtungen ist dürftig; daher macht sich die herkömmliche Ausrichtung auf Lünen und Werne immer noch geltend. Südkirchens Gewerbegebiet bildet, der Cappenberger Straße angelehnt, einen sich nach außen verbreiternden südöstlichen Sektor. Die Wohnbebauung hat sich nach Osten und besonders stark nach Westen und Südwesten ausgedehnt.

Capelle, das erst im 17. Jh. zu einer Vikarie der Pfarre Werne und 1900 endlich zur eigenen Pfarre erhoben wurde, ist mit Abstand das kleinste der drei Kirchdörfer. Die um 1700 erbaute Dionysius-Kirche mit Querschiff und Chor vom Anfang unseres Jahrhunderts liegt abseits der Dorfstraße. Zwischen diesem Dorfkern und dem bald nach dem Zeiten Weltkrieg entstandenen, weiter östlich gelegenen Neusiedlungsbereich ist beiderseits des Capeller Baches ein ansprechender Dorfpark gestaltet worden. Die Wohnbebauung hat sich mittlerweile nach Nordosten, Süden und Westen ausgedehnt. Da die Ausstattung des Ortes mit Versorgungseinrichtungen unzureichend ist, wirkt die tradierte Ausrichtung nach Werne noch nach. Capelles kleines Gewerbegebiet hat sich neben dem ca. anderthalb Kilometer vom Dorfe entfernten Bahn-Haltepunkt gebildet.

Die altüberkommene, vielgliedrige Struktur mit der Verteilung der Bevölkerung auf drei Siedlungsschwerpunkte von sehr ungleicher Größe erschwert die gleichmäßige Gewährleistung der Grundversorgung im Einzelhandels- und auch im sonstigen Dienstleistungssektor der Gemeinde, die im bis 1995 gültigen LEP I/II als ein Grundzentrum mit weniger als 10 000 Einwohnern im Versorgungsbereich eingestuft ist. Wie auch anderwärts läuft eine solche Einstufung auf die Addition sämtlicher im Gemeindegebiet vorhandenen Einrichtungen hinaus, die theoretisch zu einem befriedigenden Ergebnis führt, in der konkreten Wirklichkeit jedoch nicht unbedingt. Was die Deckung des mittelfristigen Bedarfs betrifft, so kann dem das Angebot im Kirchdorf Nordkirchen kaum mehr als ansatzweise gerecht werden, und als Mittelzentren werden Lüdinghausen, Lünen und Werne in Anspruch genommen. In der Ausrichtung auf Oberzentren konkurrieren Münster und Dortmund.

Von den 2 963 sozialversicherungspflichtig Beschäftigten der Gemeinde im Jahre 1997 sind 6,7% im primären Sektor tätig, 28,3% im produzierenden Gewerbe und 65,2% im Dienstleistungsbereich. Die verhältnismäßig große Bedeutung des primären Sektors beruht nur zum Teil auf den 135 landwirtschaftlichen Betrieben (1998), von denen mehr als die Hälfte im Nebenerwerb geführt wird. Entscheidend sind vielmehr die Arbeitsplätze im Gartenbaubereich, der teilweise auch internationales Ansehen erlangt hat. Im produzierenden Gewerbe ist mit rund 10% der Beschäftigten eine alteingesessene Strickwarenfabrik in Nordkirchen der größte Arbeitgeber. Die übrigen Klein- und Mittelbetriebe gehören vorwiegend dem Baugewerbe an sowie zur Metall-, Holz- und Kunststoffverarbeitung. Da sie überwiegend als „nicht störend" eingestuft sind, ist die Ausweisung der Gewerbeflächen in der Nähe von Wohnbauflächen akzeptabel.

Der tertiäre Sektor wird über die üblichen Dienstleistungen hinaus durch besondere Einrichtungen geprägt. Generell kann gesagt werden, daß der Gemeinde im Bereich des Ausbildungs- und Sozialwesens nennenswerte Bedeutung zukommt. Die schulische Infrastruktur entspricht den Bedürfnissen der recht jungen Wohnbevölkerung. Jeder der drei Orte hat ein ausreichendes Angebot an Kindergartenplätzen sowie eine Grundschule. Mit der 1993 in Nordkirchen errichteten Gesamtschule verfügt die Gemeinde über das gesamte Spektrum der allgemeinbildenden Schulen.

Von großer, z.T. überregionaler Reichweite und zugleich von besonderem Gewicht im Hinblick auf das Arbeitsplatzangebot sind drei im Gemeindeteil Nordkirchen bestehende schulische und soziale Einrichtungen. Als bedeutender Wirtschaftsfaktor muß die Fachhochschule für Finanzen Nordrhein-Westfalen im Schloßbereich gewertet werden. Mit ca. 200 Beschäftigten ist sie ein entscheidender Arbeitgeber. Die Studierenden – in den letzten Jahren durchschnittlich etwa 850 Personen im Jahr – haben erhebliche Auswirkung auf Einzelhandel und Gastronomie.

Über die Gemeinde hinaus geht auch die Bedeutung der Kinderheilstätte Nordkirchen. Sie ist ein Zentrum zur Betreuung, Förderung und Pflege geistig behinderter Kinder und Jugendlicher mit einem vielfältigen Aufgabenbereich: heilpädagogische Frühförderung, Sonderkindergarten, Sonderschule sowie Wohnheim einschließlich Fünftage-Internat. Das Wirkungsgebiet umfaßt den südlichen Teil des Kreises Coesfeld und reicht in den Kreis Unna hinein. Bereits in der Mitte des 16. Jh.s als Armenhaus gegründet, erfolgte im 19. Jh. eine Umwandlung in ein Krankenhaus, dem eine Kinderbewahranstalt und eine Nähschule angegliedert wurden. Nach dem Ersten Weltkrieg wurde eine Tuberkulosestation, Mitte der 60er Jahre schließlich die Kinderheilstätte mit den gegenwärtigen Aufgaben eingerichtet. Die Kinderheilstätte ist eng mit dem Ort verbunden. Es gehört in Nordkirchen zum Alltag, auf Gruppen von Behinderten zu treffen. Der Sonderkindergarten nimmt gleichermaßen behinderte und nichtbehinderte Kinder auf. Nicht zu unterschätzen ist die Bedeutung der Kinderheilstätte als Wirtschaftsfaktor mit rund 300 Vollarbeitskräften und einer um 200 schwankenden Zahl von Teilzeitarbeitskräften und Aushilfen.

Über den Gemeindebereich hinaus wirken auch die Caritas-Werkstätten mit ihrem Hauptbetrieb in Nordkirchen. Es handelt sich um eine Einrichtung, in der Menschen mit Behinderung die Möglichkeit geboten wird, sich mit einer behindertengerechten Beschäftigung in den Arbeitsprozeß einzugliedern. Träger der Kinderheilstätte ist der Caritas-Verband der Diözese Münster, der Behindertenwerkstätten der Caritas-Verband des Kreises Coesfeld.

Durch den anhaltenden Zuzug von Einwohnern hat sich für Nordkirchen zunehmend die Eigenschaft einer Wohngemeinde verstärkt. Das drückt sich im Berufspendelverkehr aus, bei dem die Auspendlerzahlen stets die Einpendlerzahlen übertreffen und der mithin negative Pendlersaldo ein Arbeitsplatzdefizit anzeigt. Allerdings gilt dieser Befund für die Altgemeinden nicht durchweg (Tab. 2); denn Nordkirchens Pendlerdefizit war

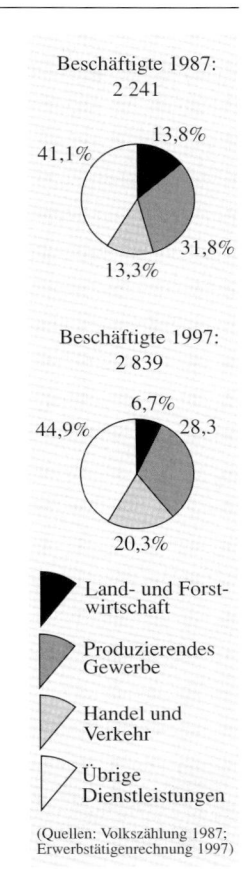

Beschäftigte 1987:
2 241

41,1% 13,8%
       31,8%
13,3%

Beschäftigte 1997:
2 839

44,9% 6,7%
       28,3
20,3%

■ Land- und Forstwirtschaft
▨ Produzierendes Gewerbe
▤ Handel und Verkehr
☐ Übrige Dienstleistungen

(Quellen: Volkszählung 1987; Erwerbstätigenrechnung 1997)

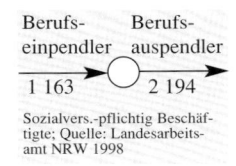

Berufs-   Berufs-
einpendler   auspendler
1 163   ○   2 194

Sozialvers.-pflichtig Beschäftigte; Quelle: Landesarbeitsamt NRW 1998

Tab. 2: Berufspendlerentwicklung Nordkirchens 1950–1996

| Jahr | Altgemeinden ||||||||| Amt/Großgemeinde |||
| | Nordkirchen ||| Südkirchen ||| Capelle ||| Nordkirchen |||
	Erw.-pers.	Pendlersaldo abs.	%	Erw.-pers.	Pendlersaldo abs.	%	Erw.-pers.	Pendlersaldo abs.	%	Erw.-pers.	Pendlersaldo abs.	%
1950	1081	-18	1,7	830	-145	17,5	485	-102	21,0	2396	-265	11,0
1961	1420	-102	7,2	731	-312	42,7	459	-240	52,3	2610	-654	25,1
1970	1526	-10	0,7	704	-331	47,0	464	-263	56,7	2694	-604	22,4
1987										3430	-734	21,4
1996										2963*	-809	27,0

* nur sozialversicherungspflichtig Beschäftigte

recht gering und seine Pendlerbilanz mithin so gut wie ausgeglichen. Demgegenüber hatten Südkirchen und Capelle große Pendlerdefizite, und zwar mit steigender Tendenz. Es ist anzunehmen, daß sich das bei den heutigen Gemeindeteilen nicht grundsätzlich geändert hat.

1970 bewegten sich die Auspendlerströme räumlich noch in engen Grenzen. Die Altgemeinde Nordkirchen war in erster Linie mit Lüdinghausen verbunden, Südkirchen vorwiegend auf Nordkirchen ausgerichtet und Capelle auf Werne. Vielfältiger stellt sich die Situation 1987 dar. Bei 1 908 Aus- und 1 174 Einpendlern ergibt sich ein Pendlerverlust von 734, der 21,4% der in der Gemeinde wohnenden Erwerbspersonen entspricht. In räumlicher Hinsicht zeigt sich folgendes: Knapp 60% der Einpendler kommen aus den drei Nachbargemeinden Selm, Lüdinghausen und Ascheberg, aber von den Auspendlern gehen reichlich 60% in Gemeinden des südlich benachbarten Ballungsraumes bzw. des Ballungsrandes, wobei Dortmund (16%) und Lünen (15%) bevorzugte Arbeitsgemeinden sind. Demgegenüber ist die Bindung an die ehemalige Kreisstadt Lüdinghausen und an das Oberzentrum Münster (je 10%) vergleichsweise gering.

Die gegenwärtigen Pendlerzahlen (1996) stützen sich auf die Erfassung der sozialversicherungspflichtig Beschäftigten und sind daher mit den auf der Volkszählung beruhenden 1987er Werten nur bedingt vergleichbar, weisen jedoch faktisch und tendenziell auf eine Verstärkung der bisherigen Entwicklung hin. 2 156 Aus- und 1 347 Einpendler zeigen einen Pendlerverlust von 809 an, der 27% des erfaßten Personenkreises entspricht. Während bei den Einpendlern die Herkunftsrichtung aus dem Münsterland diejenige aus Ballungsraum und -rand zahlenmäßig nur mäßig übertrifft, hat sich bei den Auspendlern die Bedeutung des südlichen Nachbarraumes noch verstärkt. Hier sind Dortmund (13%), Werne (12%) und Lünen (9%) die für Nordkirchen wichtigsten Zielgemeinden; Münster und Lündinghausen verharren bei Anteilen von 10 %. Diese stark nach Süden orientierte Berufspendelei, die dem vorherrschenden Wanderungsverhalten komplementär entspricht – Beibehaltung des Arbeitsplatzes, Aufsuchen eines attraktiven Wohnstandortes –, bringt Nordkirchen wie auch den gesamten Südsaum des Kreises Coesfeld in zunehmende Verflechtung mit dem Revier an Ruhr, Emscher und Lippe.

Eine wachsende Bedeutung für die Gemeinde gewinnt der Fremdenverkehr, der von dem 1994 gegründeten Verkehrsverein gefördert wird. Hauptanlaß für einen Besuch in Nordkirchen ist das Schloß mit seinen Parkanlagen. Zumeist ist damit auch ein Besuch des Ortes verbunden. Hier ist vor allem die „Dorf-Atmosphäre" des Ortskerns wichtig, verstärkt durch die dort befindlichen Stätten der Gastronomie. Darüber hinaus stellt der landschaftliche Reiz der Gemeinde einen Attraktivitätsfaktor dar. Der abwechslungsreiche ländliche Raum mit seinem wellig-hügeligen Charakter kommt, begünstigt durch die Nähe zum Ballungsraum, dem steigenden sportlich-aktiven Freizeitverhalten entgegen: Er läßt sich mit dem Rad „erfahren". Daher ist man darum bemüht, dieses Potential für den Fahrradtourismus zur Geltung zu bringen. Pättkestouren mit ausführlichen Informationen führen durch das Gemeindegebiet, Angebote für Radwanderungen weisen ins südliche Münsterland und mit der Einreihung in die 100-Schlösser-Route – sowie neuerdings in das landesweite „Radwegesystem 2000" – auch darüber hinaus. Außerdem besteht vorwiegend für Gruppenreisen ein vielfältiges Besucherprogramm, in das landwirtschaftliche und gewerbliche Betriebe einbezogen sind. Fester Bestandteil aller Angebote sind selbstverständlich Schloß und Schloßpark. Kulturelle Veranstaltungen im Schloßbereich

Pfarrkirche St. Mauritius
(Foto: Geographische Kommission für Westfalen)

– vor allem Konzerte und Ausstellungen – gehen zwar vom Schloß und seiner eigenständigen Organisation aus, haben aber positive Auswirkungen auf den Ort Nordkirchen. Ein Zusammenspiel besonderer Art erfreut sich seit 1998 wachsender Beliebtheit: die standesamtliche Trauung im sog. Hochzeitstürmchen, einem der vier achteckigen Pavillons der Schloßanlage.

Freilich ist die Infrastruktur nur eingeschränkt auf Fremdenverkehr ausgerichtet. Zwar üben Schloß, Park und Dorfkern besondere Anziehung aus, auch ist die Ausstattung mit Sportanlagen im Verhältnis zur Gemeindegröße überdurchschnittlich gut, und bekannt sind auch der landschaftlich reizvoll gelegene 18-Loch-Golfplatz im Westen der Bauerschaft Piekenbrock sowie das Zentrum für Bogenschießen am östlichen Ortsrand Nordkirchens. Jedoch ist die touristische Ausstattung im engeren Sinne nur bedingt ausreichend. Zwar ist die Gastronomie in Nordkirchen breit gefächert und auf touristische Belange ausgerichtet, doch in Südkirchen und Capelle dienen die wenigen Gaststätten vornehmlich dem örtlichen Bedarf. Mit weniger als 100 Betten ist das Beherbergungsgewerbe im Gemeindegebiet auf längerfristigen Fremdenverkehr größeren Umfangs nicht eingerichtet. Allerdings scheinen die geringen Zahlen der Inanspruchnahme darauf hinzudeuten, daß Nordkirchens Möglichkeiten in erster Linie auf dem kurzfristigen Naherholungsverkehr liegen, vorrangig aus dem Ruhrgebiet. Der Einzugsbereich ist relativ eng: Der Großteil der Besucher kommt aus einem Umkreis von etwa 30 Autominuten, organisierte Busfahrten aus Entfernungen bis zu 200 km.

III. Perspektiven und Planung

Die Entwicklungsmöglichkeiten der Gemeinde Nordkirchen werden auch in Zukunft stark von ihrer Lage zum Ballungsraum und den sich daraus ergebenden Beziehungen abhängen. Die Funktion als Wohnstandort im Vorfeld des Ruhrgebiets wird sich festigen und verstärken. In der Annahme, daß die natürliche Zunahme, vor allem aber die Zuwanderung, anhält, wird die Einwohnerzahl für das Jahr 2010 auf ca. 10 230 Personen prognostiziert, eine möglicherweise zu niedrige Schätzung. Dementsprechend wird in jeder der drei Ortschaften für die künftige Flächennutzung neues Wohnbaugebiet ausgewiesen.

Es besteht der begreifliche Wunsch, durch weitere Umgehungsstraßen den Wohnwert der Orte über das bislang Erreichte hinaus anzuheben. Nordkirchens Ortskern könnte zwischen L 810 und K 2 durch eine Westumgehung zweifellos entlastet werden, die den Verkehr zwischen Selm einerseits und Ascheberg und Ottmarsbocholt andererseits aufnehmen würde. Eine solche Trasse fiele in den Bereich der überörtlichen Straßenplanung und ist, weil als weniger dringlich bewertet, in näherer Zukunft kaum zu verwirklichen. Weitaus besser sind die Aussichten für die Anlage einer als örtlicher Hauptverkehrszug einzustufenden Nord-Süd-Straße, die zwischen L 810 und K 2 in ortsnaher Führung, also ohne den Charakter einer endgültigen Begrenzung der Bebauung, das Gewerbegebiet an der Aspastraße und das Neubaugebiet nördlich der Bergstraße erschlösse und zudem die Aufgabe der Westumgehung übernähme.

Als gering ist demgegenüber die Aussicht zu beurteilen, in absehbarer Zeit die L 810 östlich der Ortslage Südkirchen neu zu trassieren, nachdem diese Straße bereits aus dem Ortskern herausverlegt worden ist. Eine derartige „Umgehung der Umgehung", die einen beträchtlichen Eingriff in wertvollen Freiraum bedeuten würde, darf umso weniger als erforderlich erscheinen, als die hauptsächliche Entwicklung Südkirchens sich westlich von Ortskern und Cappenberger Straße vollzieht.

Eine Erleichterung der innerörtlichen Verkehrsbelastung Nordkirchens ist durch den geplanten zentralen Omnibushaltepunkt gegeben. Mit seiner Lage an der Gesamtschule wird über ihn der gesamte Schulbusverkehr abgewickelt und durch eine neue Straßenverbindung zwischen Schule und Schloßstraße der Ortskern vom Busverkehr entlastet. Zugleich soll hier ein zusätzliches Parkplatzangebot den Parkdruck im Orts- und im Schloßbereich vermindern.

Eine derartige innerörtliche Verkehrsplanung kommt der wirtschaftlichen Zielsetzung der Gemeinde entgegen, die in der Ausweitung des Fremdenverkehrs und des Fremdenverkehrspotentials liegt. Im GEP wird der Ort Nordkirchen als „Ort mit besonderer Erholungseignung" ausgewiesen, und zudem sind weite Bereiche des Gemeindegebietes als Erholungsbereich vorgesehen. Bereits 1992 wurde gemeindlicherseits ein Fremdenverkehrskonzept vorgestellt, das die Gestaltung der Gemeinde über Schloß und Ort Nordkirchen hinaus zu einem attraktiven Erholungsbereich vorsieht. Eine Reihe von Maßnahmen ist in der Zwischenzeit ausgeführt worden, doch weist der 1998 vorgelegte Zwischenbericht noch eindeutige Mängel auf. Sie betreffen vornehmlich das Beherbergungsgewerbe, das unerläßlich für einen über die Tageserholung hinausgehenden Tourismus ist. Deshalb sind in der künftigen Flächennutzung Areale für weitere Fremdenverkehrseinrichtungen, insbesondere Beherbergungseinrichtungen, vorgesehen, die sich in erster Linie auf Schloß und Ortskern Nordkirchen beziehen. Denn die Entwicklung des Beherbergungsgewerbes nach Quantität und Qualität ist eine grundlegende

Karte I: Nordkirchen

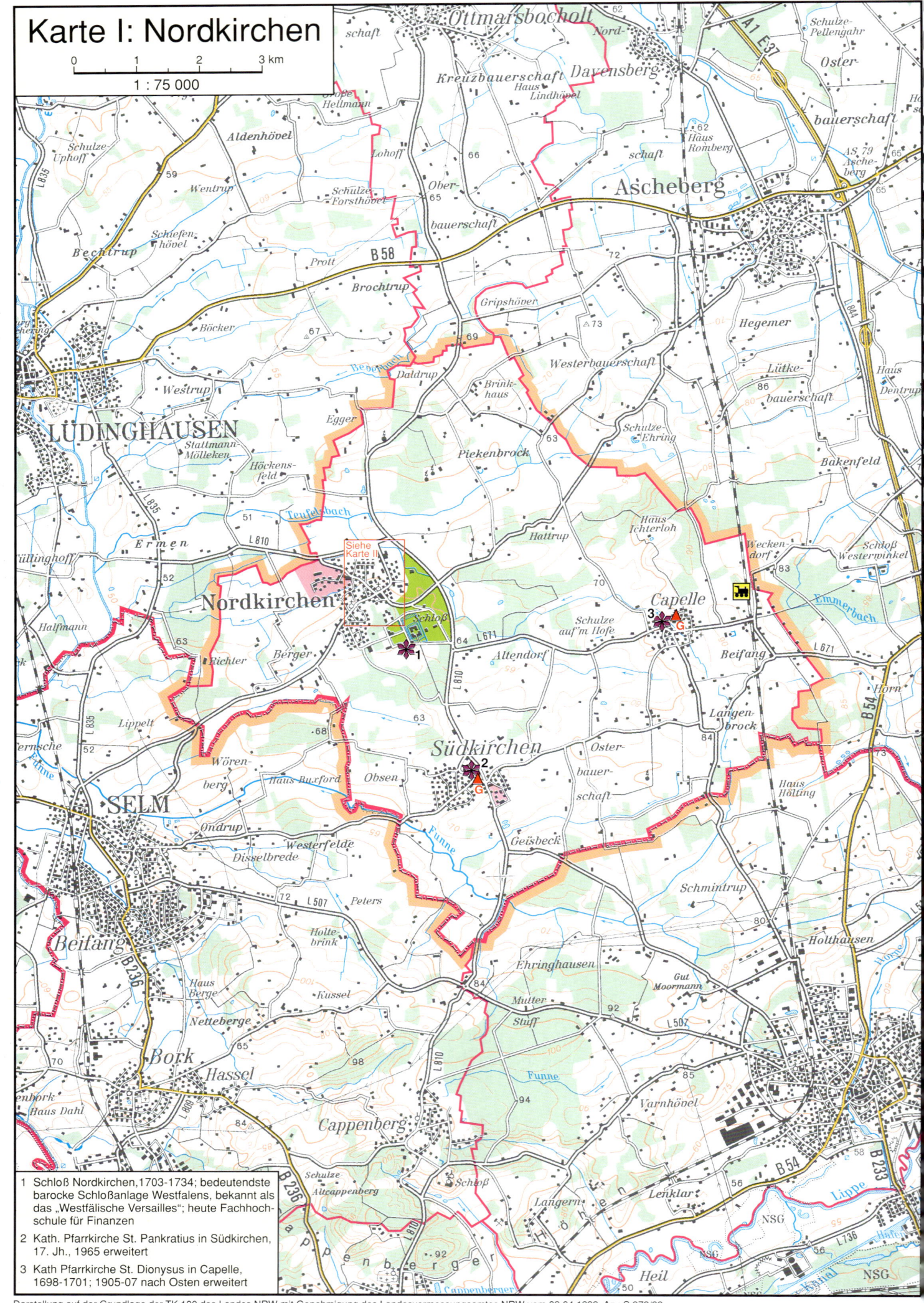

0 1 2 3 km
1 : 75 000

1 Schloß Nordkirchen, 1703-1734; bedeutendste barocke Schloßanlage Westfalens, bekannt als das „Westfälische Versailles"; heute Fachhochschule für Finanzen

2 Kath. Pfarrkirche St. Pankratius in Südkirchen, 17. Jh., 1965 erweitert

3 Kath. Pfarrkirche St. Dionysus in Capelle, 1698-1701; 1905-07 nach Osten erweitert

Darstellung auf der Grundlage der TK 100 des Landes NRW mit Genehmigung des Landesvermessungsamtes NRW vom 09.04.1999, Az.: S 973/99.

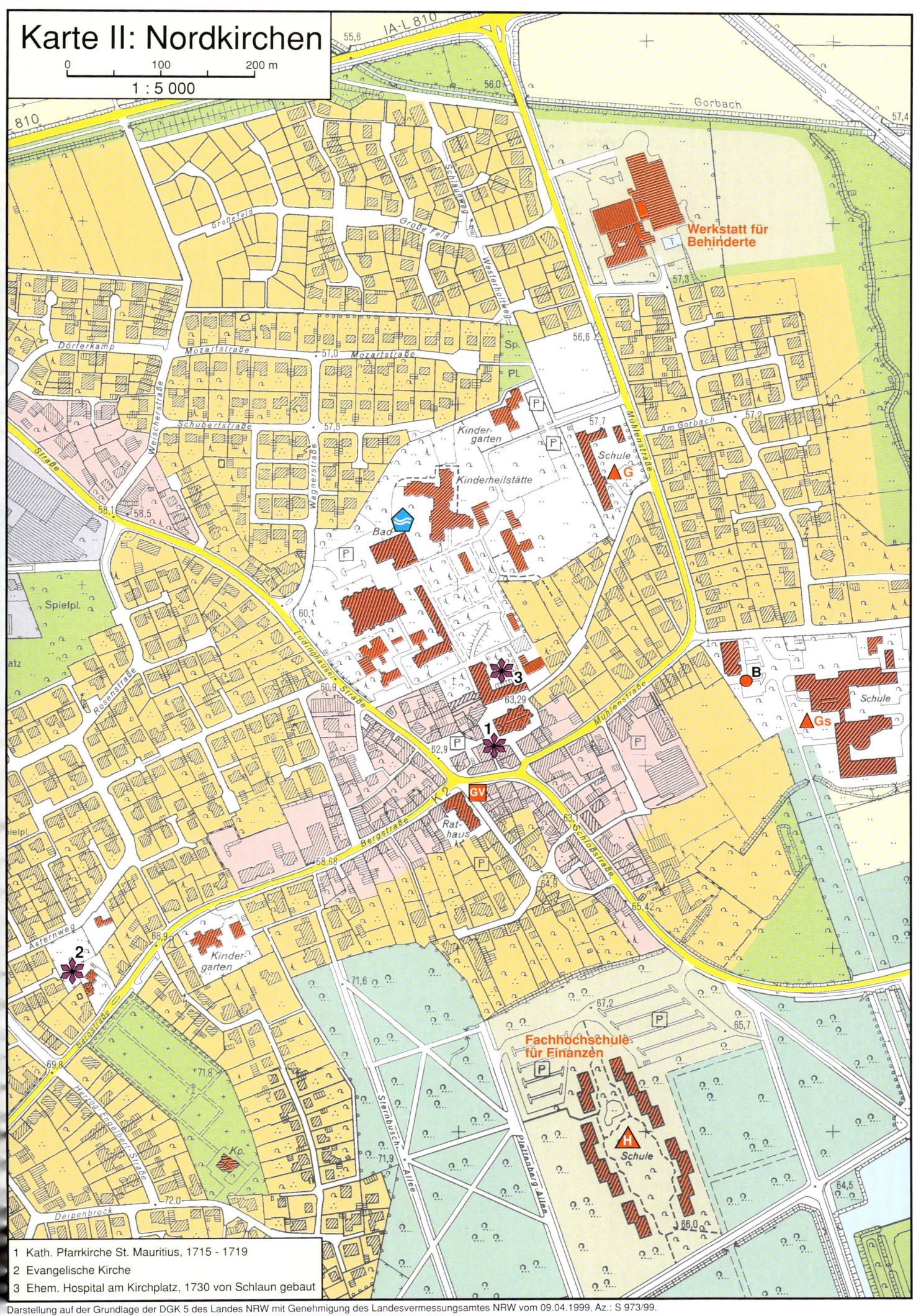

Karte II: Nordkirchen

1 : 5 000

1 Kath. Pfarrkirche St. Mauritius, 1715 - 1719
2 Evangelische Kirche
3 Ehem. Hospital am Kirchplatz, 1730 von Schlaun gebaut

Darstellung auf der Grundlage der DGK 5 des Landes NRW mit Genehmigung des Landesvermessungsamtes NRW vom 09.04.1999, Az.: S 973/99.

Voraussetzung für das angestrebte Ziel, die Einstufung als „Staatlich anerkannter Erholungsort" zu erreichen.

Literatur

Ahrens, S. u. H. Heineberg (1997): Kreis Coesfeld. Wirtschafts- und Strukturanalyse. Münster (= Berichte des Arbeitsgebietes „Stadt- und Regionalentwicklung", 12)

Arbeitsamt Coesfeld (Hg.) (1997): Sonderheft Pendlerbewegungen. Ein- und Auspendler nach Städten und Gemeinden im Arbeitsbezirk Coesfeld am 30. Juni 1996. Coesfeld

Arnold, H. u.a. (1960): Erläuterungen zu Blatt Münster C 4310. Krefeld (= Geologisches Landesamt Nordrhein-Westfalen: Übersichtskarte von Nordrhein-Westfalen 1 : 100000)

Ditt, H. u. P. Schöller (1955): Die Entwicklung des Eisenbahnnetzes in Nordwestdeutschland. In: Westf. Forschungen, Bd. 8, S. 150-180

Gemeinde Nordkirchen (1998): Entwicklung des Fremdenverkehrs in der Gemeinde Nordkirchen. Fremdenverkehrskonzept von 1992 mit dem Versuch einer Zwischenbilanz. Nordkirchen

Hömberg, A. K. (1955): Ortsnamenkunde und Siedlungsgeschichte. In: Westf. Forschungen, Bd. 8, S. 24-64

Kluge, D. u. W. Hansmann (1969): Westfalen. München, Berlin (= Georg Dehio. Handbuch der Deutschen Kunstdenkmäler)

Landesamt für Datenverarbeitung und Stastistik Nordrhein-Westfalen (Hg.) (1990): Bevölkerung und Privathaushalte sowie Gebäude und Wohnungen. Reg.-Bez. Münster. Düsseldorf (= Sonderreihe zur Volkszählung 1987 in Nordrhein-Westfalen, Bd. 6.1.3)

Landesamt für Datenverarbeitung und Statistik Nordrhein-Westfalen (Hg.) (1995): Die Gemeinden Nordrhein-Westfalens. Ausgabe 1995. Düsseldorf

Landesamt für Datenverarbeitung und Statistik Nordrhein-Westfalen (Hg.) (1998): Die Gemeinden Nordrhein-Westfalens. Ausgabe 1998. Düsseldorf

Meisel, S. (1960): Die naturräumlichen Einheiten auf Blatt 97 Münster. Bad Godesberg (= Geogr. Landesaufnahme 1:200 000, Naturräuml. Gliederung Deutschlands)

Meschede, W. (Bearb.), ASK (Hg.) (1993): Gutachterliche Stellungnahme zur Ansiedlung von großflächigen Einzelhandelsbetrieben in Nordkirchen. Ibbenbüren

Niemeier, G. (1953): Die Ortsnamen des Münsterlandes. Münster (= Westf. Geogr. Studien 7)

Nordkirchen (Hg.) (1998): Neue Flächen für Arbeit und Wohnen. In: Wirtschaft aktuell, 5. Jg., Nr. 18, S. 29-41

Schwieters, J. (1886): Geschichtliche Nachrichten über den östlichen Theil des Kreises Lüdinghausen. Münster

Statistisches Bundesamt (Hg.) (1972): Amtliches Gemeindeverzeichnis für die Bundesrepublik Deutschland. Ausgabe 1971. Stuttgart u. Mainz

Statistisches Landesamt Nordrhein-Westfalen (1952): Gemeindestatistik des Landes Nordrhein-Westfalen. Düsseldorf (= Beiträge zur Statistik des Landes Nordrhein-Westfalen, Sonderreihe Volkszählung 1950, Heft 15)

Statistisches Landesamt Nordrhein-Westfalen (Hg.) (1964): Gemeindestatistik des Landes Nordrhein-Westfalen. Bevölkerungsentwicklung 1871-1961. Düsseldorf (= Beiträge zur Statistik des Landes Nordrhein-Westfalen. Sonderreihe Volkszählung 1961, H. 3c)

Winter, F. (o.J.): Von der Wasserburg zum Wasserschloß. o.O. Hg. v. Finanzminister des Landes Nordrhein-Westfalen

Wirtschaftsförderungsgesellschaft für den Kreis Coesfeld (Hg.) (1992): Einkaufsverhalten und Wirtschaftsstruktur. Eine empirische Analyse des tertiären Sektors der Gemeinde Nordkirchen. Dülmen

Wolters Partner (Bearb.) (1997): Gemeinde Nordkirchen. Erläuterungsbericht zum Flächennutzungsplan. Coesfeld

Zimmermann, A. (1996): Verträumter Schloßpark erwacht in neuem Glanz. In: TASPO, Gartenbaumagazin (Sonderdruck)

Nottuln
(Foto: Gemeinde Nottuln)

Simone Thiesing

Nottuln

Einwohner: 19 059
Fläche: 85,64 km²

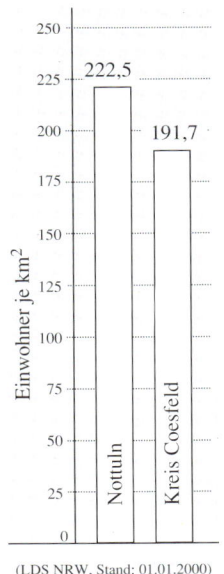

1. Lage und Entwicklung

Die Gemeinde Nottuln mit ihren vier Ortsteilen Appelhülsen, Darup/Limbergen, Nottuln und Schapdetten liegt inmitten des Kernmünsterlandes und wird naturräumlich geprägt durch die Coesfeld-Daruper Höhen, die Baumberge, das Nottulner Hügelland sowie durch die Bulderner Platte. Bei den im Norden des Gemeindegebietes befindlichen Baumbergen handelt es sich um ein aus Kalksandsteinen und Mergelkalksteinen zusammengesetztes flachwelliges bis hügeliges Plateau, bestehend aus Steil- und Flachhängen, Stufen und asymmetrischen Tälern. Die höchste Erhebung ist der Westerberg mit 187 m ü. NN. Die Baumberge sind verhältnismäßig waldreich, wobei die Buche vorherrscht. Daneben werden zahlreiche Flächen landwirtschaftlich genutzt. In südlicher Richtung gehen die Baumberge über in das Nottulner Hügelland, bei dem es sich um ein flachwelliges, im Untergrund aus Kreideablagerungen bestehendes und von Sandlöß überlagertes Hügel- und Riedelland handelt. Dieses Gebiet wird zumeist ackerbaulich oder als Grünland genutzt. Der südliche Teil des Nottulner Gemeindegebietes ist geprägt durch die flachwellige bis ebene, von zahlreichen kleinen Bächen durchzogene Bulderner Platte, deren Oberflächenformen, Wasserhaushalt, Böden, Vegetation und Wirtschaftsformen durch Kreidemergel und von Bestandteilen der unterlagernden Kreide durchsetzter Geschiebelehme bedingt sind. Im Westen schließen sich an die Bulderner Platte als südwestliche Fortsetzung der Baumberge die Coesfeld-Daruper Höhen an. Diese streichen von Westen nach Osten und bestehen aus Kalkmergel, der von basenreichen, lehmigen und lehmig-tonigen Böden bedeckt ist. Diese Bereiche werden intensiv landwirtschaftlich genutzt

Einwohner je km² — Nottuln: 222,5 — Kreis Coesfeld: 191,7

(LDS NRW, Stand: 01.01.2000)

Grundzentrum in einem Gebiet mit überwiegend ländlicher Raumstruktur (LEP NRW 1995, Teil A)

Am 1.1.1975 gebildet aus den Gemeinden Appelhülsen, Darup, Nottuln und Schapdetten

und sind teilweise noch mit natürlichen Waldbeständen bewachsen. Der im gesamten Gemeindegebiet zu findende vielfältige Wechsel von Äckern, Wäldern und Grünflächen vermittelt das Bild einer für das Münsterland charakteristischen parkartigen Landschaft, welche die touristische Attraktivität Nottulns wesentlich mitbestimmt.

Verkehrlich ist Nottuln über die Bundesautobahn A 43 mit dem Oberzentrum Münster und dem Ruhrgebiet verbunden. Die Anschlußstelle „Nottuln" befindet sich im südlichen Gemeindegebiet im Ortsteil Appelhülsen und kann von den anderen Ortsteilen über die Bundesstraße B 525 erreicht werden. Neben dem Autobahnanschluß verfügt die Gemeinde Nottuln über einen im Ortsteil Appelhülsen gelegenen Bahnhof, an dem halbstündlich Züge in Richtung Münster und Essen verkehren. Ergänzt wird das ÖPNV-Angebot durch zahlreiche Busverbindungen – unter anderem eine Schnell- und Nachtbuslinie – nach Münster, Dülmen, Ahaus, Marl und Coesfeld.

Geschichte

In Stevern gefundene Siedlungsspuren aus der Michelsberger Kultur deuten darauf hin, daß das Gebiet südlich der Baumberge seit der späten Mittelsteinzeit besiedelt ist. Im frühen Mittelalter existierte eine Burg im Bereich des heutigen Dorfes Nottuln. Zu dieser Zeit gehörte die Nottulner Region dem Stammland der Sachsen an. Die ursprüngliche Namensform Nottulns „Nutlon" ist aus den Wörtern „Nußwald, Nußgehölz" hergeleitet. Im 8. Jh. n. Chr. ging das Münsterland im Sachsenkrieg Karls des Großen zum Fränkischen Reich über. Mit dem Gründerbischof des Bistums Münster kam der christliche Glaube in das Nottulner Gebiet, und eine Pfarrkirche wurde errichtet. Um 860 zur Zeit des münsteraner Bischofs Luitbert wurde in Nottuln ein Damenstift gegründet, dessen Blütezeit im späten Mittelalter begann. Im Jahre 1195 übertrug der münsteraner Bischof Hermann II. von Katzenelnbogen der Äbtissin die Archidiakonatsrechte über das Dorf und die benachbarten Kirchspiele bzw. Eigenkirchen in Appelhülsen und Schapdetten. Etwa 300 Jahre später wurde das Kloster in ein Hochadeliges-Freiweltliches-Kaiserliches Damenstift umgewandelt. Im Jahre 1524 wurde die „vita communis", das gemeinsame Leben, der Stiftsdamen aufgegeben. Ein Teil der Waldungen des Stiftes sind bis heute als Staatsforst erhalten geblieben. Durch eine Brandkatastrophe am 3. Mai 1748 wurden 240 Gebäude des Stiftes Nottuln vernichtet, woraufhin Johann Conrad von Schlaun entlang der Ost-West-Achse des ehemaligen Klosterbezirkes eine „Große Allee" – die heutige Stiftsstraße – anlegte, auf die er alle Neubauten hin ausrichtete. So erhielt Nottuln einen barocken Ortskern, der in den letzten Jahren saniert wurde. Während der französischen Besatzung wurde das Stift schließlich aufgelöst.

Die ersten Ansiedlungen im Nottulner Ortsteil Appelhülsen sind auf das 9./10. Jh. zurückzuführen. An einer alten Heerstraße vom Rhein nach Mimigerneford lag ein mit Stechpalmen bewachsenes, offenes Feld, auf das der ursprüngliche Name Appelhülsens, Oppenhulis, zurückzuführen ist (althochdeutsch Hülskrabbe=hulis). Im Jahre 1023 existierte auf einem von Wall und Graben umgebenen Platz der Haupthof Oppenhues, der Flüchtlingen Unterkunft bot. Daneben entstand im Jahre 1030 die erste Kirche. In den folgenden Jahrhunderten wurde Appelhülsen oftmals durch schwere Brände zerstört (1678, 1716, 1814). Im Jahre 1695 errichtete der Fürstbischof von Münster eine Fahrpost ein, auf dessen Strecke Appelhülsen eine wesentliche Relaisstation war. Die verkehrliche Bedeutung des Ortsteils nahm im Jahre 1868 mit der Eröffnung der Eisenbahnstrecke Venlo–Hamburg zu.

Der Ortsteil Darup entstand aus einer bäuerlichen Siedlung und geht vermutlich bis ins 10. Jh. zurück. Die älteste urkundlich überlieferte Namensform ist „Detorpe", der althochdeutsche Begriff für Schilfbach. Auf dem Haupthof des Schulten zu Darup wurde in der ersten Hälfte des 11. Jh.s eine bischöfliche Eigenkirche errichtet; der erste massive Kirchenbau dürfte um das Jahr 1188 entstanden sein, in dem Darup bereits als Pfarrei benannt wurde. Auch dieser Ortsteil wurde im Jahre 1806 durch einen Dorfbrand zerstört.

Das Dorf Schapdetten gilt als eine der ältesten Siedlungen des Westmünsterlandes. Die frühe Besiedlung dieses Raumes ist durch zahlreiche Bo-

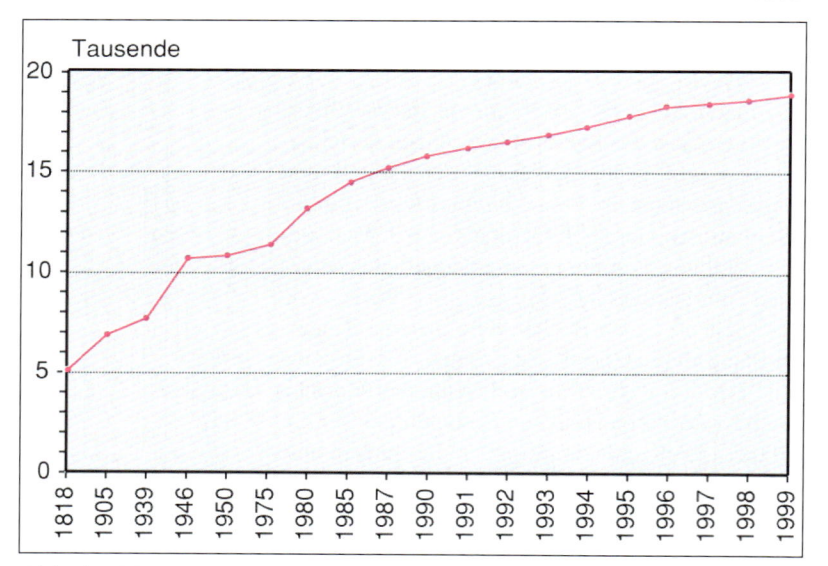

Abb. 1: Einwohner in der Gemeinde Nottuln 1818–1999 (mit Hauptwohnsitz nach dem heutigen Gebietsstand, 31.12.1999)
(Quelle: Gemeinde Nottuln (08.06.2000): Einwohner in der Gemeinde Nottuln. http://www.nottuln.de/einwohne.htm)

denfunde aus vorgeschichtlicher, merowingischer und frühchristlicher Zeit belegt. Die erste namentliche Erwähnung des Ortsteils Schapdetten geht auf eine Urkunde des Bischofs Sigfrid von Münster aus den Jahren 1022-1032 zurück. Zu dieser Zeit wurde in Schapdetten die erste dem heiligen Bonifatius geweihte Kirche in der Diözese Münster geweiht. Der Haupthof Thetton war im Besitz des Klosters Fulda. Im Jahre 1230 erscheint zum ersten Mal die Bezeichnung „Scapthetten" im Unterschied zu „Nortthetten". Seit dem Jahre 1313 ist Schapdetten als eigene Pfarre belegt, die umliegenden Höfe unterstanden nach wie vor jedoch der Pfarre Nottuln. Im 12. Jh. wurde schließlich eine Steinkirche errichtet, deren Westturm bis heute in den Grundbestandteilen erhalten geblieben ist.

Durch die kommunale Neugliederung des Raumes Münster/Hamm wurden die selbständigen Gemeinden Appelhülsen, Darup, Nottuln und Schapdetten am 1.1.1975 zur Gemeinde Nottuln zusammengefaßt.

Bevölkerungsstruktur

Die Gemeinde Nottuln verfügt über 19 059 Einwohner (Stand: 01.01.2000), wobei Nottuln selbst mit 11 560 Personen der einwohnerstärkste Ortsteil ist. Darauf folgen die Ortsteile Appelhülsen (3 926 Einwohner), Darup/Limbergen (2 083 Einwohner) und Schapdetten mit der niedrigsten Einwohnerzahl von 1 351 Personen. Mit 222,5 Einwohnern pro km² ist Nottuln eine im Verhältnis zum Kreis Coesfeld (191,7 E./km²) und den anderen kreisangehörigen Orten recht dicht besiedelte Gemeinde, deren Einwohnerdichte nur noch von den Städten Coesfeld (253,7 E./km²) und Dülmen (250,9 E./km²) übertroffen wird.

Seit Beginn des 19. Jh.s hat sich die Bevölkerung Nottulns nahezu vervierfacht (vgl. Abb. 1). Wohnten im Jahre 1818 erst 5 067 Einwohner in Nottuln, lag dieser Wert bereits im Jahr 1946 bei 10 690 Personen. Dieser erhöhte sich bis 1975 jedoch nur geringfügig. Ab diesem Jahr ist in der Gemeinde Nottuln allerdings ein stetiges Bevölkerungswachstum erkennbar, welches in den letzten zehn Jahren durchschnittlich 2 % betrug.

Bei der Gemeinde Nottuln handelt es sich um eine junge Gemeinde (vgl. Abb. 2): über ein Viertel der Einwohner ist unter 18 Jahre alt (26,5%); im Kreis Coesfeld liegt dieser Wert bei 23,8%. Ein weiteres Drittel der Nottulner gehört der Altersgruppe der 30-49jährigen an. Anhand dieser Altersverteilung ist erkennbar, daß in der Gemeinde Nottuln viele junge Familien mit Kindern leben.

Der Anteil der ausländischen Mitbürger beträgt rd. 4%. Hinsichtlich der Konfession dominieren die Katholiken mit einem 70,1%-igem Anteil; weitere 16,3% der Nottulner Bürger sind evangelisch, und 13,6% gehören anderen Glaubensbekenntnissen an.

Wirtschaftsstruktur

In der Vergangenheit beschäftigten die großen landwirtschaftlichen Betriebe die meisten arbeitsfähigen Bürger. Darüber hinaus war ein weiterer Teil der Bevölkerung in Baumberger Steinbruchbetrieben, den Bleichereien und Blaudruckereien tätig. Schon im 19. Jh. zeigten sich im Nottulner Ortsteil Appelhülsen erste Anzeichen der beginnenden Industrialisierung mit Eröffnung der Köln-Mindener-Eisenbahn 1870. Mit beginnender Mechanisierung des Weberhandwerks verschwanden die Hauswebereien und wichen größeren Textilfabriken in Nottuln und Appelhülsen. Wenn auch die Bedeutung dieser Branche nach dem Zweiten Weltkrieg insgesamt zurückging, so waren in Nottuln noch bis in die 1970er Jahre zahlreiche Arbeitnehmer in ihr beschäftigt.

Die Wirtschaftsstruktur Nottulns ist heute wesentlich geprägt durch eine mittelständische Betriebsstruktur mit rund 670 Gewerbe- und Industriebetrieben aus den Branchen Handel, Handwerk, Bau- und Ausbaugewerbe, Metall-, Holz- sowie Kunststoffverarbeitung und Kfz-Gewerbe, die sich auf insgesamt 260 000 m² Gewerbefläche angesiedelt haben.

Von den 4 993 im Jahre 1997 in der Gemeinde Nottuln beschäftigten Personen waren 6,8% im primären Sektor tätig, wobei die Wirtschaftsabteilung „Land- und Forstwirtschaft, Fischerei" als Arbeitgeber dominiert (vgl. Tab. 1). Obwohl der Anteil der im primären Sektor Beschäftigten gegenüber 1970 (13,3%) um nahezu die Hälfte gesunken ist, übertrifft er den Wert des Kreises Coesfeld (6,0%) und verdeutlicht die immer noch bestehende große Bedeutung dieses Wirtschaftszweiges für die Gemeinde Nottuln.

Beschäftigte 1987: 3 297
46,9% / 17,4% / 18,5% / 17,1%

Beschäftigte 1997: 4 993
39,1% / 6,6% / 24,5% / 29,8%

■ Land- und Forstwirtschaft
▨ Produzierendes Gewerbe
▧ Handel und Verkehr
☐ Übrige Dienstleistungen

(Quellen: Volkszählung 1987; Erwerbstätigenrechnung 1997)

Berufseinpendler 1 972 — Berufsauspendler 4 360

Sozialvers.-pflichtig Beschäftigte; Quelle: Landesarbeitsamt NRW 1998

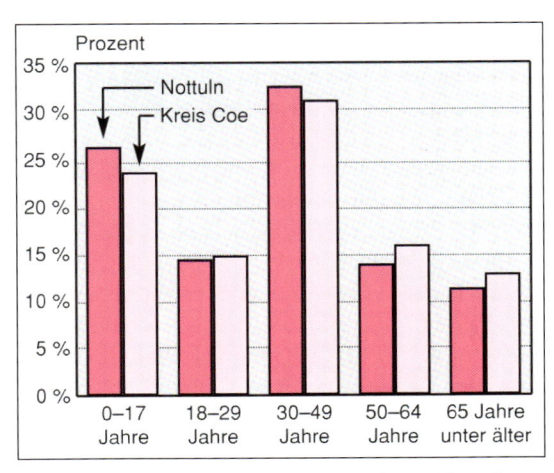

Abb. 2: Altersstruktur der Einwohner Nottulns und des Kreises Coesfeld (31.12.1997)
(Quelle: Gemeinde Nottuln (08.06.2000): Einwohner in der Gemeinde Nottuln. http://www.nottuln.de/einwohne.htm)

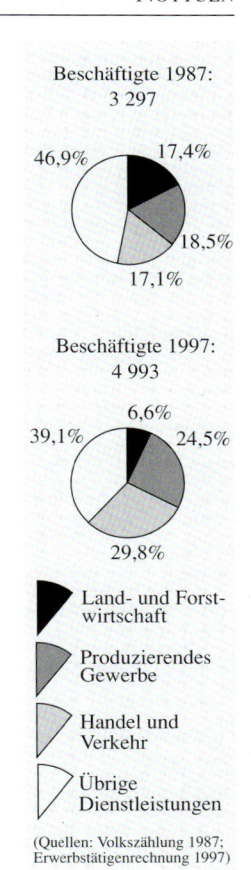

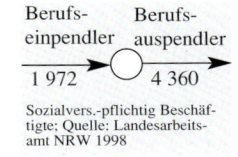

Einwohner in Ortsteilen:

Nottuln 11 560
Appelhülsen 3 926
Darup und
Limbergen 2 083
Schapdetten 1 351

(Ang. d. Gem., Stand: 31.12.99)

Katasterfläche 1999:
85,64 km²
davon
Landwirt-
schaftsfläche 73,7 %
Waldfläche 11,1 %
Gebäude- und
Freifläche 7,5 %
Verkehrsfläche 5,3 %
Wasserfläche 1,5 %
Erholungsfläche 0,6 %
Betriebsfläche 0,2 %

(Quelle: LDS NRW)

Tab. 1: Beschäftigte in der Gemeinde Nottuln 1970 und 1997 nach Wirtschaftsabteilungen

Wirtschaftsabteilung	Nottuln 1970 abs.	%	1997 abs.	%	Veränderung 1970-1997 abs.	%-Wert	Kreis COE 1997 abs.	%
Land- und Forstwirtschaft, Fischerei	432	12,1	330	6,6	-102	-5,5 ▼	4.198	5,5
Energie- und Wasserversorgung, Bergbau	42	1,2	10	0,2	-32	-1,0 ▼	382	0,5
Primärer Sektor	**474**	**13,3**	**340**	**6,8**	**-134**	**-6,5 ▼**	**4.579**	**6,0**
Verarbeitendes Gewerbe	1.054	29,5	774	15,5	-280	-14,0 ▼	19.844	26,0
Baugewerbe	389	10,9	439	8,8	50	-2,1 ▼	4.885	6,4
Sekundärer Sektor	**1.443**	**40,4**	**1.213**	**24,3**	**-230**	**-16,1 ▼**	**24.728**	**32,4**
Handel	435	12,2	859	17,2	424	5,0 ▲	11.677	15,3
Verkehr u. Nachrichtenübermittlung	146	4,1	629	12,6	483	8,5 ▲	2.824	3,7
Kreditinstitute u. Versicherungsgewerbe	121	3,4	75	1,5	-46	-1,9 ▼	1.450	1,9
Dienstleistungen von Unternehmen u. freien Berufen erbracht	622	17,4	874	17,5	252	0,1 ▲	12.669	16,6
Gebietskörperschaften u. Sozialversicherungen	253	7,1	255	5,1	2	-2,0 ▼	9.693	12,7
Organisationen ohne Erwerbszweck	75	2,1	748	15	673	12,9 ▲	8.701	11,4
Tertiärer Sektor	**1.652**	**46,3**	**3.440**	**68,9**	**1.788**	**22,6 ▲**	**47.014**	**61,6**
Gesamt	**3.569**	**100,0**	**4.993**	**100,0**	**1.424**	**-**	**76.322**	**100,0**

(Quellen: LDS NRW 1998 und 2000: Daten für Regionen in NRW. Beschäftigte (Schätzung) nach Wirtschaftsabteilungen. (www.lds.nrw.de/stat_nrw/region/gemdat/daten_01/052002.htm))

Vor allem die Ortsteile Schapdetten und Darup sind stark landwirtschaftlich geprägt. Die Zahl der landwirtschaftlichen Betriebe sank jedoch von 322 im Jahre 1987 auf 252 Betriebe (1997), von denen nach wie vor rund die Hälfte als Nebenerwerbsbetrieb geführt wird. Die meisten der Höfe besitzen 2 bis 10 ha landwirtschaftlich genutzte Fläche (80 Betriebe). Rund ein Viertel der Betriebe verfügen über 10 bis 30 ha LF (25,4%), 16,7% zwischen 30 und 50 ha LF, und weitere 13,9% der Höfe haben sogar über 50 ha Nutzfläche. Die durchschnittliche Betriebsgröße entspricht mit 22,3 ha nahezu dem Durchschnittswert des Kreises Coesfeld von 22,8 ha pro Hof.

Eine gegenüber dem Jahre 1970 abnehmende Beschäftigtenzahl ist in der Gemeinde Nottuln auch im sekundären Sektor zu beobachten. Waren zu dieser Zeit noch 40,4% der Beschäftigten im verarbeitenden Gewerbe oder im Baugewerbe tätig, ist es im Jahre 1997 nur noch nahezu ein Viertel (24,3%). Hierbei sind vor allem im verarbeitenden Gewerbe die Beschäftigtenzahlen stark rückläufig.

Der hinsichtlich der Beschäftigtenzahlen bedeutendste Wirtschaftsbereich der Gemeinde Nottuln ist der tertiäre Sektor (68,9%), wobei primär die Wirtschaftsabteilungen „Dienstleistungen von Unternehmen und freien Berufen erbracht" (17,5%) und „Handel" (17,2%) im Vordergrund stehen. Mit einer Zunahme von 22,6%-Punkten von 1970 bis 1997 weist dieser Wirtschaftsbereich das größte Wachstum hinsichtlich der Beschäftigtenzahlen in der Gemeinde Nottuln auf.

Wie schon die Beschäftigtenstruktur Nottulns vermuten läßt, dominieren in der Gemeinde die Dienstleistungsberufe mit 62,8%; Fertigungsberufe sind zu 32,7% vertreten, gefolgt von den technischen Berufen (3,2%). Entsprechend der Altersstruktur sind über die Hälfte der sozialversicherungspflichtig beschäftigten Arbeitnehmer zwischen 30 und 50 Jahre alt (54,5%), 32,4% sind jünger als 30 Jahre.

Aufgrund der günstigen Lage Nottulns am Fuße der Baumberge inmitten des Münsterlandes ist auch der Tourismussektor als Wirtschaftsfaktor von Bedeutung. So stieg die Anzahl der Übernachtungsbetriebe von sieben im Jahre 1983 bis 1989 auf zehn an. Bis zum Jahre 1998 reduzierte sich diese Anzahl jedoch wiederum auf insgesamt acht Übernachtungseinrichtungen.

Auch die in der Gemeinde Nottuln vorhandene Bettenkapazität erhöhte sich von zunächst 237 Betten (1983) auf 358 im Jahre 1989, lag jedoch 1998 bei insgesamt nur noch 289 Betten. Rund ein Drittel dieser Betten wird in Hotels angeboten (33,5%), weitere 15,9% stehen in Gasthöfen zur

Verfügung. Das größte Bettenangebot ist jedoch in der Jugendherberge mit insgesamt 132 Betten (45,7%) vorhanden.

Die Zahl der Ankünfte sowie der Übernachtungen war zwischen 1983 und 1988 leicht rückläufig, stieg jedoch dann bis 1991 auf rd. 20 550 Ankünfte bzw. 45 370 Übernachtungen an (vgl. Abb. 3). Seit 1993 sind die Zahlen sowohl der Übernachtungen als auch die der Ankünfte leicht schwankend. Im Jahr 1998 konnten 17 458 Ankünfte und 35 525 Übernachtungen in der Gemeinde Nottuln registriert werden. Die durchschnittliche Auslastung der Betten erreichte ihren Höhepunkt im Jahre 1987 mit 40,7% und hat sich seit 1996 auf einem geringfügig niedrigeren Niveau von rd. 34% eingependelt (vgl. Abb. 4), welches aber zu den besseren im Kreis Coesfeld (Durchschnitt 30,4%) zählt.

Obwohl die Gemeinde Nottuln hinsichtlich der vorhandenen Bettenkapazität unter den elf Gemeinden des Kreises Coesfeld lediglich die sechste Position einnimmt, liegt sie bzgl. der Anzahl der Übernachtungsbetriebe, der Ankünfte sowie der Übernachtungen auf Rang vier. Das unterstreicht die große Bedeutung des Tourismussektors für diesen Ort. Die durchschnittliche Aufenthaltsdauer von 2,0 Tagen (1998) verdeutlich jedoch, daß die Gemeinde Nottuln vorwiegend von Kurzurlaubern besucht wird.

II. Gefüge und Ausstattung

Durch die Zunahme der in der Gemeinde Nottuln vorhandenen Wohnungen um 22,8% seit 1990 auf 6 186 Wohnungen im Jahre 1999 verdeutlicht sich die große und wachsende Bedeutung der Gemeinde als Wohnstandort. Nahezu die Hälfte aller Wohnungen befindet sich in Einfamilienhäusern (46,1%). So ist erkennbar, daß in den Wohngebieten der Ortsteile Nottulns im wesentlichen eine entsprechende Einfamilienhausbebauung vorherrscht.

Insgesamt verfügt die Gemeinde Nottuln zudem über eine umfangreiche Ausstattung mit Kindergärten sowie Bildungs- und Lehranstalten. Durch die 12 Kindergärten und -tagesstätten mit insgesamt 795 Plätzen (1997) wird eine Versorgungsquote mit Kindergartenplätzen von 90% erreicht. In den Ortsteilen Appelhülsen, Schapdetten und Darup befindet sich jeweils eine Grundschule, in Nottuln selbst gibt es sogar zwei, in denen insgesamt 1 187 Schüler/innen in 50 Klassen unterrichtet werden (1997). Darüber hinaus existieren in Nottuln eine Haupt- und eine Realschule mit 380 bzw. 498 Schülern/innen. Seit 1991 besteht zudem das Gymnasium Nottuln mit inzwischen 656 Schülern/innen, auf dem im Jahr 2000 die erste Klasse ihr Abitur ablegen konnte. Dieses

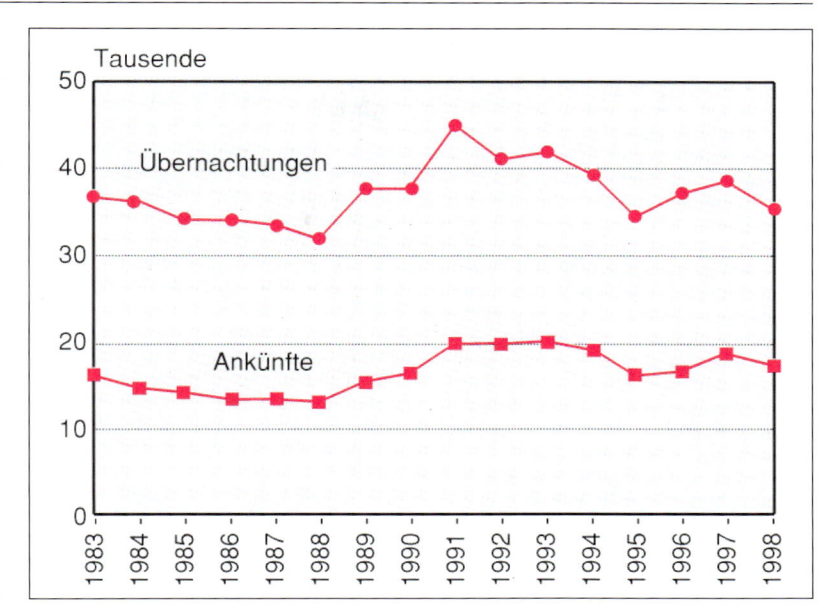

Abb. 3: Übernachtungen und Ankünfte im Reiseverkehr in der Gemeinde Nottuln 1983–1998

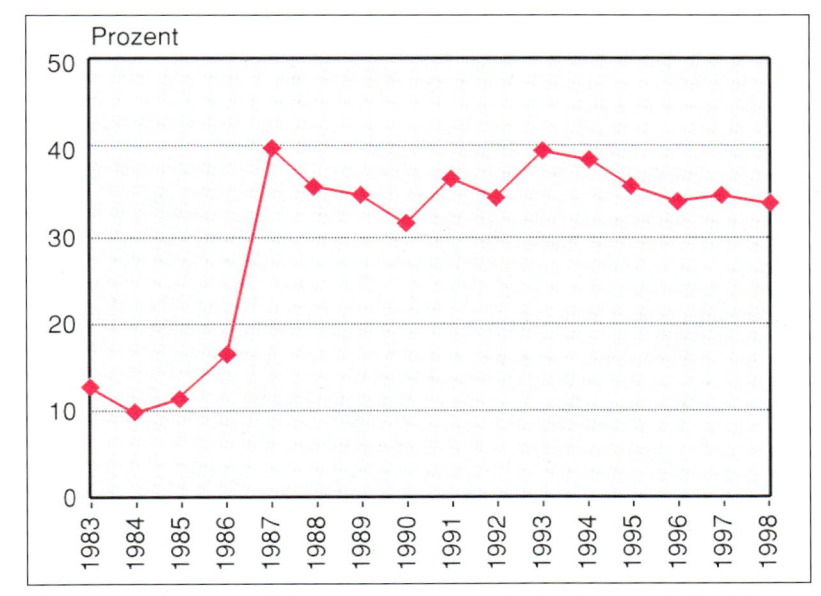

Abb. 4: Durchschnittliche Bettenauslastung im Reiseverkehr der Gemeinde Nottuln 1983–1998

(Quelle für Abb. 3 u. 4: LDS NRW (1999): Beherbergung im Reiseverkehr in Nordrhein-Westfalen: Nottuln. Düsseldorf)

über die normale Ausstattung eines Grundzentrum hinausgehende Angebot an allgemeinbildenden Schulen wird durch weitere Bildungs- und Lehranstalten, wie z.B. die Volkshochschule und die Musikschule sowie insgesamt drei katholische öffentliche Büchereien, ergänzt. Daneben bieten die Kulturzentren „Alte Amtsmannei" in Nottuln und „Bürgerzentrum Schulze Frenking" in Appelhülsen Raum für zahlreiche kulturelle Aktivitäten sowie für Seminare, Tagungen, Vereinsversammlungen und Familienfeste.

Zur Betreuung alter Menschen existieren in Nottuln sechs Alten- und Seniorenheime sowie

Karte I: Nottuln

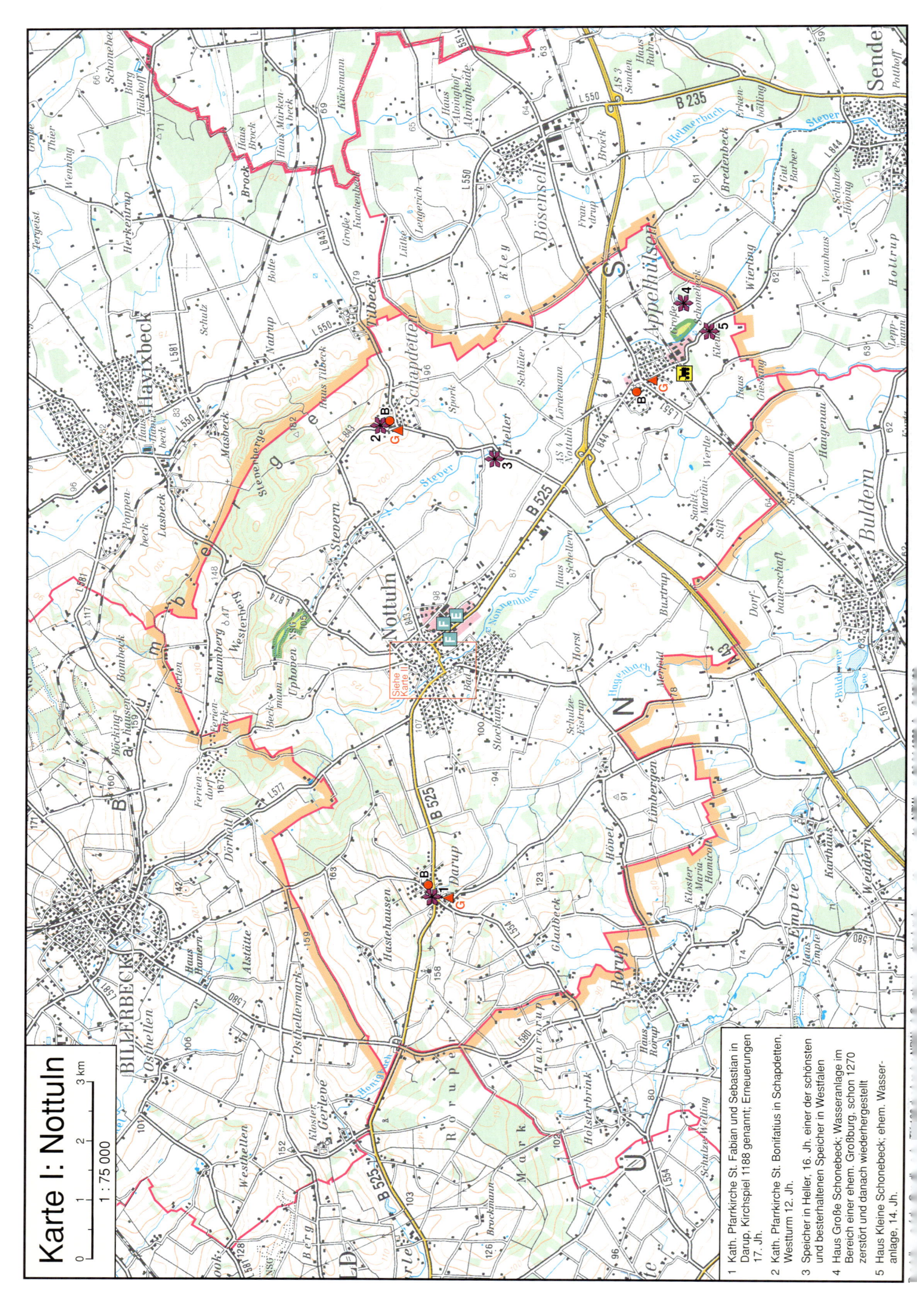

0 1 2 3 km
1 : 75 000

1 Kath. Pfarrkirche St. Fabian und Sebastian in Darup, Kirchspiel 1188 genannt; Erneuerungen 17. Jh.
2 Kath. Pfarrkirche St. Bonifatius in Schapdetten, Westturm 12. Jh.
3 Speicher in Heller, 16. Jh., einer der schönsten und besterhaltenen Speicher in Westfalen
4 Haus Große Schonebeck; Wasseranlage im Bereich einer ehem. Großburg, schon 1270 zerstört und danach wiederhergestellt
5 Haus Kleine Schonebeck; ehem. Wasseranlage, 14. Jh.

Karte II: Nottuln

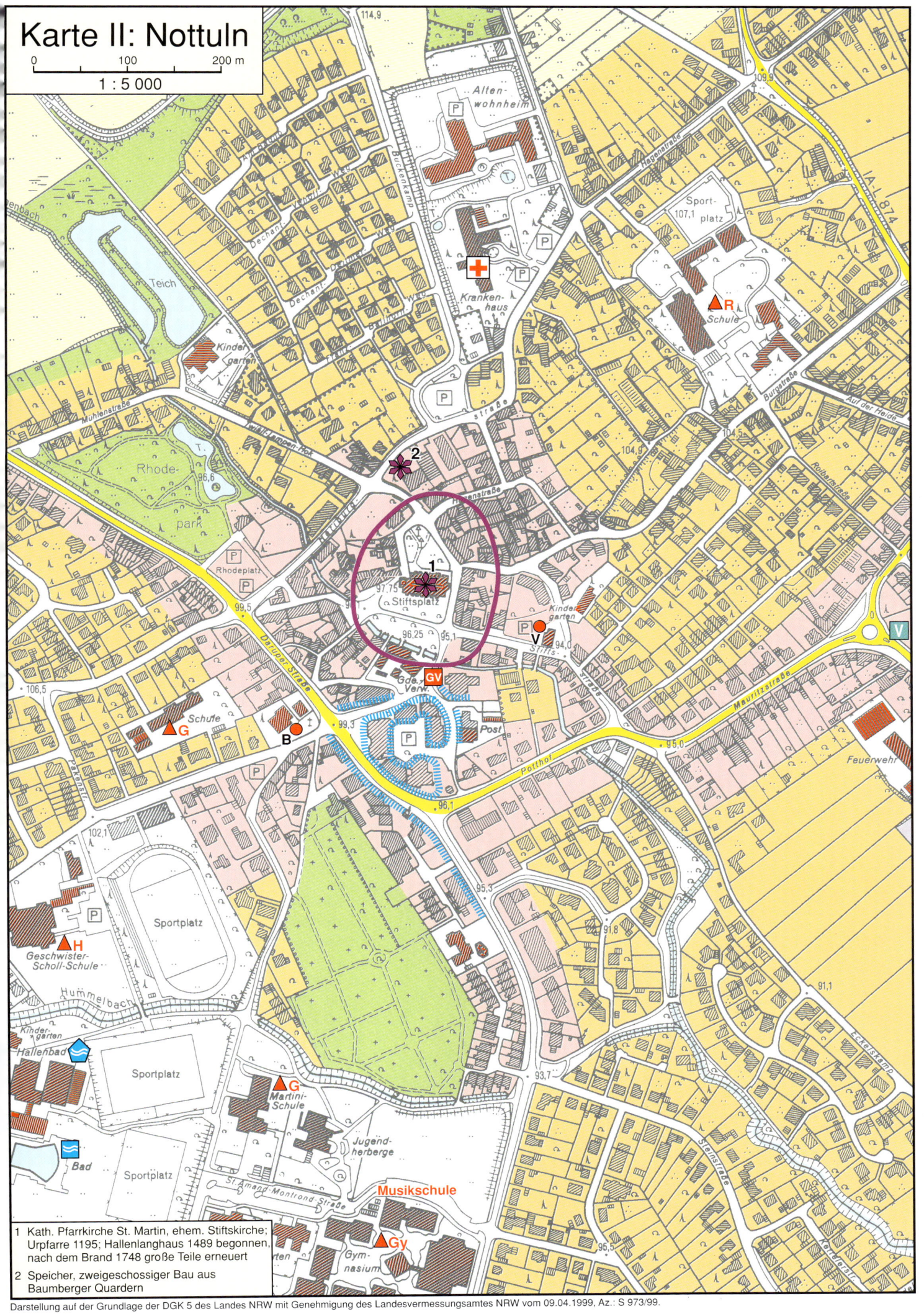

1 : 5 000

1 Kath. Pfarrkirche St. Martin, ehem. Stiftskirche; Urpfarre 1195; Hallenlanghaus 1489 begonnen, nach dem Brand 1748 große Teile erneuert
2 Speicher, zweigeschossiger Bau aus Baumberger Quadern

Darstellung auf der Grundlage der DGK 5 des Landes NRW mit Genehmigung des Landesvermessungsamtes NRW vom 09.04.1999, Az.: S 973/99.

sechs Altenbegegnungsstätten. Neben den zahlreichen in Nottuln niedergelassenen Allgemeinmedizinern, Fachärzten und Apotheken ist die medizinische Versorgung durch das St. Geburgis-Hospital Nottuln gewährleistet. Das Stift Tilbeck, in der Nähe Schapdettens gelegen, bietet zudem geistig behinderten Menschen in seinem Wohnheim und mit den Tilbecker Werkstätten betreute Wohnmöglichkeiten und Arbeitsstätten.

Zahlreiche Spielplätze und Sportanlagen (Tennisplätze, Badmintonplätze, Reitplätze u. -hallen, Sport- u. Mehrzweckhallen) sowie Sportvereine sind in allen Ortsteilen zu finden. Darüber hinaus existiert in Nottuln ein Hallenbad mit einem 25 m-Becken und ein Wellenfreibad mit 50 000 m² Gesamtfläche.

Die Ausstattung der Gemeinde Nottuln mit Einzelhandelseinrichtungen variiert in den einzelnen Ortsteilen erheblich. Konzentriert sich der Einzelhandel in den Dörfern Appelhülsen, Schapdetten und Darup vorwiegend auf die Grundversorgung der Bevölkerung, ist in Nottuln ein weitaus umfangreicheres Angebot – auch im Bereich mittel- und langfristig nachgefragter Waren – vorhanden. Insgesamt existieren in der Gemeinde Nottuln 91 Einzelhandelseinrichtungen, in denen 374 Beschäftigte tätig sind. Die Verkaufsfläche beläuft sich auf rd. 11 000 m², so daß 0,63 m² Verkaufsfläche auf jeden Einwohner entfallen. Im Vergleich zum gesamten Kreis Coesfeld (1,32 m² Verkaufsfläche/Einwohner) verfügt die Gemeinde Nottuln jedoch über eine unterdurchschnittliche Verkaufsflächenzahl pro Einwohner.

Die Struktur und innere Gliederung der vier Nottulner Ortsteile gestalten sich recht unterschiedlich. Aufgrund der verschiedenen Entstehungsgeschichten und Einwohnerzahlen weist jeder Ortsteil ein ganz unterschiedliches Siedlungs- und Funktionsgefüge auf.

Das Zentrum des größten Ortsteils der Gemeinde, Nottuln, ist geprägt durch die spätgotische Hallenkirche St. Martin, die umgeben ist von einem Ensemble barocker Kuriengebäude, die von Johann Conrad Schlaun in der Mitte des 18. Jh.s errichtet wurden. Hierzu gehören die Kurie der Familie von Ketteler auf Harkotten, die heute privat genutzt wird, die Kurie von Reck zu Steinfurt und die Kurie der Familie von Droste zu Senden, in der heute die Gemeindeverwaltung untergebracht ist, sowie die Aschebergsche Kurie, in der sich der Ratssaal und die Beratungsräume der Gremien der Gemeinde befinden. Im östlichen Bereich der Stiftsstraße besteht zudem die Alte Amtmannei, die im Jahre 1748 als Verwaltungszentrum für den Amtmann des Stiftes errichtet wurde und heute als Kulturzentrum genutzt wird. Neben diesen historischen, vorwiegend gemeindlich genutzten Gebäuden gibt es im Zentrum Nottulns zahlreiche Einzelhandels- und Gastronomieeinrichtungen. An die Ortsmitte schließt sich im Nordwesten eine kleine Erholungsanlage – der Rhodepark – an. Im Süden und Westen wird das Nottulner Ortszentrum durch den Potthof bzw. die Daruper Straße begrenzt. Hier schließen sich mehrere Wohngebiete mit vorwiegend Einfamilienhausbebauung an den Kern Nottulns an. Jüngere Wohngebiete existieren im Bereich Rudolf-Harbig-Straße, Lerchenhain, am Nonnenbach und im nördlichen Bereich Nottulns am Bagno. Auf einem von der Dülmener Straße, der Rudolf-Harbig-Straße und dem Niederstockumer Weg eingegrenzten Areal befinden sich ein Friedhof, die Jugendherberge, eine Grundschule, Kindergärten, das Gymnasium, das Hallen- und Wellenfreibad sowie umfangreiche Sportanlagen. Bei dem nordöstlich an den Ortskern angrenzenden Wohnsiedlungsbereich an der Schapdettener/Havixbecker Straße handelt es sich um eine locker bebaute Fläche mit sowohl älterer als auch jüngerer Einfamilienhausbebauung. Die Gewerbeflächen Nottulns sind verkehrsgünstig zur A 43 an der Appelhülsener Straße gelegen. Hier ist zudem eine dezentrale Agglomeration von einigen großflächigen Einzelhandelsmärkten zu finden, die auch für die Appelhülsener Bevölkerung verkehrsgünstig erreichbar ist. Auf der südwestlichen Seite der Appelhülsener Straße wird zur Zeit das Neubaugebiet „Am Hangenfeld" erschlossen, in dem in den nächsten Jahren weitere Wohnbautätigkeiten zu erwarten sind.

Im Zentrum des Ortsteils Appelhülsen befinden sich die Pfarrkirche Sankt Mariä Himmelfahrt sowie die restaurierte Hofanlage Schulze Fren-

St. Martin in Nottuln
(Foto: Gemeinde Nottuln)

king, welche heute als Kulturzentrum genutzt wird.

Die vor der Kommunalreform ursprünglich eigenständige Gemeinde wird durch die Münsterstraße bzw. die Weseler Straße sowie durch die Linden- bzw. Bahnhofstraße in vier Teile gegliedert. Entlang dieser Hauptverkehrsachsen ist die älteste Bebauung des Dorfes zu finden. In den 50er Jahren entstand ein Wohnsiedlungsgebiet südlich des Bahnhofs „Auf dem Baumbus". Weitere Bautätigkeit setzte in den 60er Jahren im Südosten des Dorfes an der Ostlandstraße ein. Hier entstand zudem in den 80er Jahren das nahe der Stever gelegene Wohngebiet Pastorskamp. Der Nordwesten Appelhülsens wurde schließlich in den 70er Jahren weitestgehend mit freistehenden Einfamilienhäusern bebaut. Jüngere Wohngebiete aus den 90er Jahren entstanden schließlich „Am Heitbrink" im Westen der Ortslage sowie im nordöstlichen Dorfbereich. Der Nottulner Orsteil Appelhülsen verfügt neben einigen die Grundversorgung der Bevölkerung sicherstellenden Einzelhandelsgeschäften über ein Sportzentrum, eine Grundschule und zwei Kindergärten. Südlich der Bahnlinie Münster–Essen befinden sich an der Sendener Straße ein Gewerbegebiet und die Kläranlage der Gemeinde mit inzwischen unter Naturschutz stehenden Rieselfeldern.

Der drittgrößte Ortsteil Nottulns, Schapdetten, erstreckt sich südlich und nördlich der Roxeler Straße und ist wesentlich durch eine lockere Wohnsiedlungsbebauung geprägt. Im Kern Schapdettens befinden sich die Pfarrkirche und einige Gastronomiebetriebe. Noch vorhandene landwirtschaftliche Betriebe verleihen dem Ortsbild zudem einen ländlich geprägten Charakter. Neuere Wohnbautätigkeit ist im Bereich des Eschkamp zu finden. In diesem Bereich des Dorfes besteht zudem eine Sportanlage. Schapdetten verfügt darüber hinaus über eine Grundschule, einen Kindergarten und einige Einzelhandelsgeschäfte zur Gewährleistung der Grundversorgung der Bevölkerung.

Der kleinste im Nordosten der Gemeinde gelegene Ortsteil Nottulns ist das Dorf Darup. Ähnlich wie in Schapdetten ist auch hier eine sehr lockere, häufig landwirtschaftlich geprägte Siedlungsstruktur vorhanden. Der bebaute Bereich Darups erstreckt sich dabei vornehmlich nördlich der den Ort durchlaufenden Coesfelder Straße. Im Zentrum des Ortes ist auch in Darup die Pfarrkirche zu finden. Ein neueres, in Hanglage zum Daruper Berg gelegenes Wohnbaugebiet schließt sich im Norden Darups im Bereich des „Nieresch" an die ältere Ortsbebauung an. Weitere Neubaugebiete entstehen entlang des Nottulner Weges, so daß sich das Dorf in östliche Richtung vergrößert.

III. Perspektiven und Planung

Auch in Zukunft wird sich die Gemeinde Nottuln vorwiegend im Wohnsiedlungsbereich vergrößern. Das Wachstum divergiert zwischen den einzelnen Ortsteilen jedoch erheblich. So ist in Schapdetten und Darup in naher Zukunft mit keiner wesentlichen Ausweitung der Wohnbauflächen zu rechnen. Demgegenüber ist für Appelhülsen in den nächsten Jahren eine erhebliche Erweiterung der Wohngebiete vorgesehen. So werden der Bereich des jetzigen Sportplatzes und der nördliche Ortsteil bis zur A 43 zur Zeit als Wohngebiete erschlossen, so daß das östliche Dorfgebiet bis zur Autobahn vollständig bebaut wird. Das momentan am Kücklingsweg angesiedelte Sportzentrum wird in den Osten des Ortsteils an die Münsterstraße verlegt. Innerhalb des in den letzten Jahren zunehmend bebauten Gebietes „Appelhülsen-Nord" werden ferner die Anzahl der Einzelhandelseinrichtungen zunehmen und ein neues Versorgungszentrum entstehen. Im Rahmen eines von einem privaten Projektträger erstellten Vorhaben- und Erschließungsplans entsteht zudem ein Wohnbaugebiet im Bereich der Weselerstraße/Bakenstraße. Auch in Nottuln wird zur Zeit ein neues Wohngebiet „Am Hangenfeld" erschlossen, in dem in den nächsten Jahren 300 Wohneinheiten gebaut werden. Die Bedeutung Nottulns als attraktiver Wohnstandort für die im Umland arbeitende Bevölkerung wächst demzufolge weiterhin. Daneben ist langfristig mit einer Ausweitung der Nottulner Gewerbegebiete in Richtung der an das Nottulner Gewerbegebiet angrenzenden und nahe der Autobahnauffahrt zur A 43 gelegenen Areale vorgesehen, wodurch die Wirtschaftsstruktur der Gemeinde nachhaltig gestärkt wird.

Literatur

Boer, H.-P. (o. J.): Sanierung in Nottuln. Kuriengebäude am Nonnenbach. Nottuln

Gläßer, E., M. W. Schmied u. **C.-P. Woitschützke** (1997): Nordrhein-Westfalen. 2. Auflage. Gotha

Gemeinde Nottuln (Hg.) (1992): Nottuln. Im Herzen des Münsterlandes. Dülmen

Heimatverein Appelhülsen e.V. (Hg.) (1998): Festschrift zum 50-jährigen Bestehen am 22. Oktober 1998. Münster

Höcker, Th. (1995): Appelhülsen. Impressionen in Texten und Bildern. Münster: Heimatverein Appelhülsen e.V.

Höcker, Th. (o. J.): Appelhülsen gestern und heute. Münster: Heimatverein Appelhülsen e.V.

Kreis Coesfeld (Hg.) (1985): Kreis Coesfeld. Coesfeld

Landesamt für Datenverarbeitung und Statistik Nordrhein-Westfalen (Hg.) (1997): Die Gemeinden Nordrhein-Westfalens. Informationen aus der amtlichen Statistik. Düsseldorf

Landesamt für Datenverarbeitung und Statistik Nordrhein-Westfalen (Hg.) (1980): Kreis Coesfeld. Düsseldorf (= Statistische Rundschau für die Kreise Nordrhein-Westfalens)

Landesamt für Datenverarbeitung und Statistik Nordrhein-Westfalen (Hg.) (1997): Kreis Coesfeld. Düsseldorf (= Statistische Rundschau für die Kreise Nordrhein-Westfalens.

Landesamt für Datenverarbeitung und Statistik Nordrhein-Westfalens (1999): Beherbergungen im Reiseverkehr in Nordrhein-Westfalen in Nottuln. Düsseldorf

Meisel, S. (1960): Die naturräumlichen Einheiten auf Blatt 97 Münster. Bad Godesberg: Selbstverlag der Bundesanstalt für Landeskunde und Raumforschung (= Geographische Landesaufnahme 1:200 000. Naturräumliche Gliederung Deutschlands)

Müller-Wille, W. (1966): Bodenplastik und Naturräume Westfalens. Münster: Geographische Kommission für Westfalen (= Spieker. Landeskundliche Beiträge und Berichte Nr. 14)

Pieper, F. (o. J.): Das Damenstift St. Martin in Nottuln. Münster

Reekers, St. u. **J. Schulz** (1952): Die Bevölkerung in den Gemeinden Westfalens 1818-1950. Dortmund

Rüsewald, K. u. **W. Schäfer** (1937): Geographische Landeskunde von Westfalen. Paderborn

Schnell, H. u. **J. Steiner** (Hg.) (1996): St. Martinus Nottuln. Regensburg (= Schnell, Kunstführer Nr. 2264)

Schnell, H. u. **J. Steiner** (Hg.) (1991): St. Fabian und Sebastian Darup. Regensburg (= Schnell, Kunstführer Nr. 1913)

Warnecke, H. J. (1994): Nottuln. In: Westfälisches Klosterbuch. Lexikon der vor 1815 errichteten Stifte und Klöster von ihrer Gründung bis zur Aufhebung, Teil 2. Hg. v. K. Hengst (= Quellen und Forschungen zur Kirchen- und Religionsgeschichte Bd. 2; Veröffentlichungen der Historischen Kommission für Westfalen). Münster, S. 150-158

Wirtschaftsförderungsgesellschaft für den Kreis Coesfeld mbH (Hg.) (1999): Nottuln. Standort am Südhang der Baumberge. In: Wirtschaftsförderung für den Kreis Coesfeld mbH (Hg.): Wirtschaft aktuell. I/99, S. 25-26

Wirtschaftsförderungsgesellschaft für den Kreis Coesfeld mbH (Hg.) (1996): Nottuln. Woraus besteht Nottulns Eigenart? Aus dem Miteinander von Historie und Moderne, höchster Lebensqualität und urbanem Wirtschaften im ländlich geprägten Raum. In: Wirtschaftsförderung für den Kreis Coesfeld mbH (Hg.): Wirtschaft aktuell. 2/96, S. 6-7

Wirtschaftsförderungsgesellschaft für den Kreis Coesfeld mbH (Hg.) (o. J.): Kreis Coesfeld. Sympathisch, fortschrittlich, erlebenswert. Dülmen

Wirtschaftsförderungsgesellschaft für den Kreis Coesfeld mbH (Hg.) (1998): Geschäftsbericht 1998. Auszüge. Dülmen

Olfen
(Foto: Stadt Olfen)

Ralf Achterberg
Olfen

Einwohner: 11 344
Fläche: 52,43 km²

I. Lage und Entwicklung

Olfen liegt im Süden des Münsterlandes am Nordrand des Ruhrgebietes. Als südlichste Gemeinde des Kreises Coesfeld ist Olfen geographisch gesehen wesentlich näher zum Ruhrgebiet (Luftlinienentfernung nach Dortmund Mitte ca. 20 km) als zur Kreisstadt Coesfeld (Luftlinienentfernung ca. 30 km) gelegen.

Die Gemeinde Olfen besteht aus zwei Ortsteilen: Olfen selbst und dem Ortsteil Vinnum. Vinnum ist etwa 4 km in süd-südöstlicher Richtung von Olfen entfernt.

Im Westen grenzt Olfen an den Kreis Recklinghausen mit den Gemeinden Haltern und Datteln. Im Osten wird Olfen durch den Kreis Unna mit der Gemeinde Selm begrenzt. Lüdinghausen im Norden ist die einzige Gemeinde des Kreises Coesfeld, mit der Olfen eine gemeinsame Grenze hat.

Olfen ist eine Art Brückenstadt am Übergang zwischen dem östlichen Ruhrrevier als Industrieraum und dem agrar bestimmten südlichen Münsterland. Je nach Sichtweise kann man Olfen als „Tor zum Münsterland" oder „Tor zum Ruhrgebiet" bezeichnen.

Olfen liegt in einer langgestreckten Flachmulde im Niederungsgebiet der Stever und ihrer Nebenbäche. Geographisch gesehen wird Olfen von Stever, Lippe und Dortmund-Ems-Kanal eingerahmt. Die Stever verläuft nördlich um den Ortskern Olfen herum. Weiter nach Norden steigt das flachwellige Land langsam zu den aus Kreidemergeln bestehenden Seppenrader Hügeln an (etwas über 100 m ü. NN). Südlich hiervon liegt mit 79 m ü. NN der höchste Punkt im Gemeindegebiet. In diesem Bereich erfolgt der Übergang zur Parklandschaft des Münsterlandes mit Einzelhöfen, die inmitten ihrer oft unter Staunässe leidenden block-

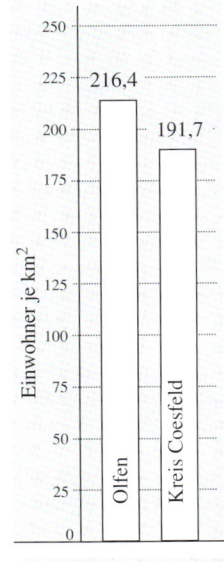

(LDS NRW, Stand: 01.01.2000)

Grundzentrum in einem Gebiet mit überwiegend ländlicher Raumstruktur (LEP NRW 1995, Teil A)

Am 1.1.1975 wurde das Kirchspiel Olfen eingemeindet

förmigen Ackerflächen, Wiesen und Weiden liegen.

Mit 43 m ü. NN in der Steverniederung ist in der Gemeinde Olfen der niedrigste Punkt des Kreises Coesfeld zu finden. Der Ortskern liegt 50 m ü. NN (Rathaus).

Die Lippe als historische Grenze zwischen der Grafschaft Mark im Süden und dem Fürstbistum Münster im Norden bildet auch heute die Grenze zum Kreis Recklinghausen und zur Stadt Datteln. Mit der Haard reichen die Ausläufer des Halterner Hügellandes in den Südwesten des Gemeindegebietes hinein, hier durchflossen von der mäandrierenden Lippe. Diese Teile Olfens gehören zum Naturpark Hohe Mark.

Olfen wurde erstmals in der Schenkungsurkunde des Bischofs Wolhelm von Münster im Jahre 889 n. Chr. erwähnt. Das Gebiet der heutigen Stadt Olfen war, wie Funde beweisen, aber schon zur Steinzeit und römischen Kaiserzeit bewohnt. Der Oberhof Olfen, die wahrscheinliche Keimzelle der Stadt, wurde erstmals im Jahre 1265 genannt, als er Eigentum des münsterschen Domkapitels wurde.

Nach alten Urkunden wurde Olfen im Jahre 1589 zum „Wigbold" erhoben. Dieses bedeutete besondere Privilegien und Sonderrechte für einzelne Dörfer. Olfen bekam damit quasi Stadtrechte. Im Jahre 1600 erhielt Olfen das Stadtgericht. Diese alten Stadtrechte haben nach der heutigen Gemeindeordnung keine rechtliche Bedeutung mehr.

Im Mittelalter gab es sechs Burgen auf Olfener Gebiet. Vorhanden sind heute noch die Reste der Ruinen der Burg Rauschenburg an der Lippe, einer alten Zollburg, die in kritischen Zeiten auch Zufluchtsort und Erntespeicher war. Die ursprünglichen mittelalterlichen Gebäude der Landesburg, Schloss Sandfort, wurden im Laufe der Jahrhunderte erneuert. Das heutige Schloss Sandfort ist ein auf eichenen Pfahlpfosten errichteter Barockbau. Es besteht aus einer Baugruppe von zwei Häusern aus dem 16. und 17. Jh., die in den Folgejahren mehrfach verändert wurden. Der Gebäudekomplex ist umgeben von Wasseranlagen und liegt reizvoll inmitten einer weiten Parklandschaft im Ortsteil Vinnum.

Als Anfang des 17. Jh.s der Landesherr keinen Schutz gegen marodierende Banden und plündernde Soldaten bieten wollte, halfen die Bürger Olfens sich selbst. Sie bauten eigenmächtig und rechtswidrig eine Befestigungsanlage aus Wall und Gräben, um sich gegen Raub und Plünderungen vor allem der Spanier und Niederländer zu schützen.

Nach dem 30jährigen Krieg in der zweiten Hälfte des 17. Jh.s erhält die Stadt Anschlüsse an die Postkutschenverbindungen Münster–Köln und

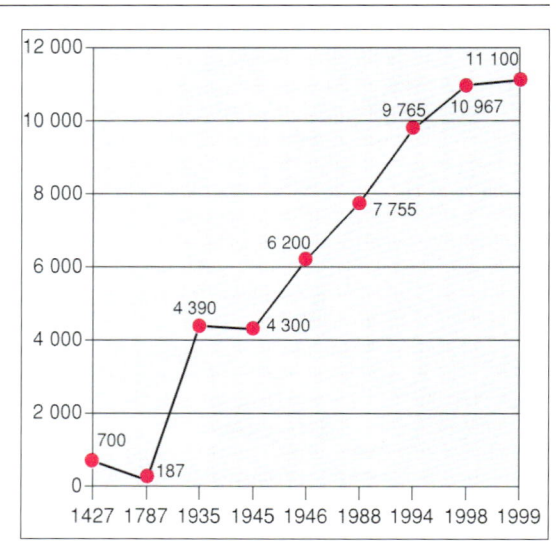

Abb. 1: Entwicklung der Einwohnerzahl Olfens
(Quelle: LDS NRW und Quellen der Stadt Olfen)

Berlin–Kleve.

Zur Zeit Napoleons verlief die Grenze zwischen dem Kaiserreich Frankreich und dem Großherzogtum Berg mitten durch Olfener Gemeindegebiet.

Einen empfindlichen Rückschlag für die Entwicklung Olfens brachte der große Brand von 1857. 142 Gebäude wurden zerstört und 600 Einwohner obdachlos. Die sozialen und ökonomischen Veränderungen des 19. Jh.s, insbesondere die Markenteilung und die Ablösung der bäuerlichen Lasten, die industrielle Revolution und die Bevölkerungszunahme brachten für Olfen neue Chancen.

Zwar scheiterten die Bemühungen der Stadt um Anschluss an das Eisenbahnnetz nach dem Krieg 1870/71, aber Ende des 19. Jh.s wurde der Dortmund-Ems-Kanal durch Olfen gebaut. Dabei entstanden 1894 noch heute vorhandene bemerkenswerte Brückenbauwerke, u.a. die dreibogige Steverquerung und die alte Straßenüberquerung östlich des Ortskernes. 1907 wurde Olfen an die zentrale Wasserversorgung und 1912 an das Elektrizitätsnetz angeschlossen.

Nach 1945 steigt die Einwohnerzahl Olfens stark an. Die Zunahme der Einwohnerzahl innerhalb eines Jahres um fast 2 000 Einwohner ist auf die Aufnahme von Flüchtlingen und Vertriebenen nach dem Zweiten Krieg zurückzuführen. Diese zuerst als Belastung erscheinende Tatsache bedeutete aber auch einen zukünftigen Entwicklungsschub. So begann ab dieser Zeit eine grundlegende wirtschaftliche Veränderung, die sich in den letzten Jahrzehnten fortsetzte. Die von Landwirtschaft und Heimarbeit geprägte Erwerbsstruktur wandelte sich zu einer industriell-gewerblichen Wirtschaft. Gleichzeitig wurde aus der Ackerbürgergemeinde eine Gemeinde mit hohem Wohn-

und Einkaufswert sowie bedeutenden Freizeit- und Erholungsmöglichkeiten.

Im Rahmen der kommunalen Neugliederung 1975 wurden Stadt und Kirchspiel Olfen zusammengefasst. Olfen verblieb als selbständige Gemeinde im Kreis Coesfeld.

1980 wird Olfen an das Gasversorgungsnetz angeschlossen. Ebenso wird in den achtziger Jahren die südliche Ortsumgehung fertiggestellt und die „Alte Fahrt" des Dortmund-Ems-Kanals teilweise trockengelegt.

Mit der Nordwanderung des Steinkohlebergbaus werden auch Planungen erstellt, den Abbau unter Olfener Gemeindegebiet fortzuführen. Diese Planungen sind bis heute nicht realisiert. Aufgrund der heutigen Rahmenbedingungen für den Steinkohlebergbau im Ruhrgebiet dürften kaum Chancen auf zukünftige Verwirklichung bestehen.

Das Gemeindegebiet wird in Nordost-Südwestrichtung vom Dortmund-Ems-Kanal durchquert, wobei die neue Fahrt ca. 2 km östlich des Ortskernes verläuft. Im Süden befindet sich das bedeutende Wasserstraßenkreuz bei Datteln. Hier kommen Dortmund-Ems-Kanal, Wesel-Datteln-Kanal und Datteln-Hamm-Kanal zusammen.

Straßenverkehrsmäßig ist Olfen relativ gut angebunden. Über die B 235 ist die A 2 im Süden erreichbar (ca. 15km), über die B 235 oder B 58 die A 1 im Osten (ca. 24km) oder über die B 235/ B 474 und B 58 die A 43 im Westen (ca. 26km). Olfen hat keinen eigenen Bahnanschluss, die nächsten Bahnhöfe liegen in Lüdinghausen im Norden (ca. 9 km) und in Selm im Osten (ca. 7 km) an der Bahnstrecke Dortmund–Lünen–Dülmen–Coesfeld–Gronau. Diese Strecke wird nicht sehr stark befahren, tagsüber besteht werktags eine stündliche Verbindung zwischen Coesfeld und Dortmund, am Wochenende allerdings nur im Zweistundentakt.

Durch Busverbindungen gibt es Anbindungen an den öffentlichen Nahverkehr in verschiedenen Varianten. Zum Bahnhof nach Selm verkehrt werktags tagsüber stündlich ein Taxibus. Hierbei handelt es sich um Taxis, die bei Bedarf zum Linienbuspreis fahren. Um diesen Service nutzen zu können, ist eine telefonische Voranmeldung bis mindestens eine halbe Stunde vor Abfahrt erforderlich. Ein weiterer Taxibus verkehrt zwischen Olfen und Lüdinghausen-Bahnhof (werktags stündliche Verbindungen). Hiermit wird Olfen auch an das Schnellbusnetz nach Münster angeschlossen. In südliche Richtung gibt es werktags eine stündliche Busverbindung nach Datteln. Weiterhin verbindet ein in der Woche drei- bis viermal täglich verkehrender sogenannter Bürgerbus den Ortskern Olfens mit Außengebieten wie z.B. dem Ortsteil Vinnum, der Feriensiedlung Schlieker-

park und Gut Eversum. Dieser Bürgerbus wird vom Bürgerbusverein betrieben. Der Verein wird gemeinschaftlich getragen vom RVM (Regionalverkehr Münsterland GmbH) und der Gemeinde Olfen.

Olfen ist nach Nordkirchen sowohl flächenmäßig als auch bevölkerungsmäßig die zweitkleinste Gemeinde des Kreises Coesfeld. (Nordkirchen ist 4 ha kleiner und hat ca. 1 000 Einwohner weniger als Olfen). Die Besiedlungsdichte in Olfen liegt mit rd. 216E./km² über dem Kreisdurchschnitt von 192 E./km². Sie liegt aber deutlich unter der durchschnittlichen Bevölkerungsdichte von ganz NRW (rd. 527 E./km²), erst recht unter der des Ruhrgebietes (z.B. Kreis Recklinghausen 870 E./km²). Dieses ist um so bedeutsamer, als Olfen unmittelbar an der Nordgrenze des Ruhrgebietes liegt. Schon die Nachbargemeinden Datteln (568 E./km²) und Selm (440 E./km²) weisen die doppelte bis fast dreifache Besiedlungsdichte auf.

Durch seine Lage am Südrand des Kreises ist Olfen nach Ascheberg die am weitesten von der Kreisstadt Coesfeld entfernte Gemeinde des Kreises (30,4 km Luftlinie). Auch die durchschnittliche Entfernung zu den anderen Gemeinden und Einwohnern des Kreises Coesfeld ist, bedingt durch seine Randlage, relativ groß (22,5 km zu den anderen Gemeinden, Quelle LDS NRW). Hieraus ergibt sich trotz der politischen Zugehörigkeit Olfens zum Kreis Coesfeld eine relativ starke Orientierung zu den Kreisen Unna und Recklinghausen. Olfen liegt somit trotz seiner Kreisrandlage nicht abgelegen. Innerhalb von 10 km Luftlinie sind von Olfen aus 100 000 Einwohner zu erreichen. Keine andere Gemeinde des Kreises Coesfeld hat so viele Einwohner im nahen Umkreis. Mehr als die Hälfte aller Gemeinden des Kreises haben nur etwa halb so viele Einwohner innerhalb eines Umkreises von 10 km.

Trotz dieser Nähe zum Großraum Ruhrgebiet konnte Olfen seinen ländlichen Charakter erhalten. Dieses zeigt sich z.B. auch in der Tatsache, dass pro Einwohner eine Erholungsfläche (Sportfläche und Grünanlagen) von 49,3 m²/E. ausgewiesen werden kann. Dieses ist ein Spitzenwert für den Kreis Coesfeld, der nur noch von Nordkirchen übertroffen wird. In diesem Zusammenhang ist auch erwähnenswert, dass Olfen mit einem Waldanteil von 21,8 % die waldreichste Gemeinde des Kreises Coesfeld ist.

Mit Stever, Lippe und Dortmund-Ems-Kanal verfügt Olfen über geradezu ideale Voraussetzungen für touristische Freizeitangebote. Hierzu gehört auch der Sportboothafen im Norden der Gemeinde am Dortmund-Ems-Kanal. Nicht weit entfernt liegen die Wälder der Haard und die Borkenberge sowie die Eversumer Heide als sehr an-

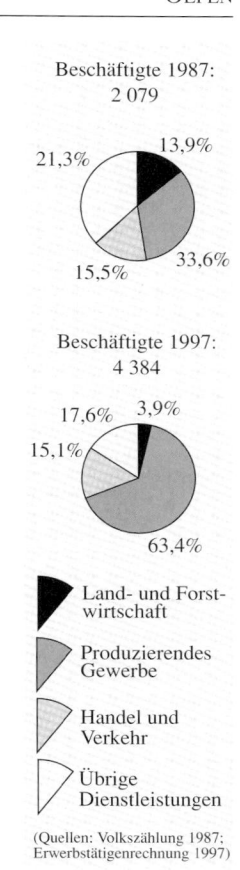

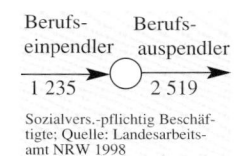

Beschäftigte 1987:
2 079

13,9%
21,3%
33,6%
15,5%

Beschäftigte 1997:
4 384

3,9%
17,6%
15,1%
63,4%

■ Land- und Forstwirtschaft
▨ Produzierendes Gewerbe
▤ Handel und Verkehr
◯ Übrige Dienstleistungen

(Quellen: Volkszählung 1987; Erwerbstätigenrechnung 1997)

Berufs-   Berufs-
einpendler   auspendler
→ 1 235   ◯   2 519 →

Sozialvers.-pflichtig Beschäftigte; Quelle: Landesarbeitsamt NRW 1998

Einwohner in Stadtteilen:

Olfen 10 500
Vinnum 600

(Ang. d. Gem., Stand: 10/1999)

genehme Wandergebiete. Einen überregionalen Bekanntheitsgrad genießt auch der Freizeitpark Gut Eversum mit Aussichtsturm am Lippeufer, Modelleisenbahn, Sommerrodelbahn, Superrutsche, Go-Karts und Streichelzoo.

Die landschaftliche Schönheit des Gemeindegebietes hat viele Dauercamper vor allem aus dem Ruhrgebiet angelockt. So finden sich im Bereich der Stever an zwei Stellen große Dauercampingplätze bzw. Wochenendhaussiedlungen. Unmittelbar nördlich der Gemeindegrenze liegt der kleine Flugplatz Borkenberge, von dem aus man zu Rundflügen mit Motor- und Segelflugzeugen starten kann.

II. Gefüge und Ausstattung

Olfen liegt als Grundzentrum mit einer gewissen zentralörtlichen Bedeutung am südlichen Rande des Kreises Coesfeld. Trotz seiner unmittelbaren Nähe zum Großraum Ruhrgebiet ist in weiten Bereichen sein ländlicher Charakter erhalten geblieben.

Der größte Teil der Bevölkerung konzentriert sich im eigentlichen Ortskern Olfen. Im Ortsteil Vinnum leben nur etwa 600 der 11 100 Einwohner Olfens (Angaben der Gemeinde Oktober 1999). Man findet nur wenige kleine Streusiedlungen und vor allem nördlich der Stever viele Einzelhöfe. Der weitaus größte Teil (1999: 62,9%) der Gemeindefläche wird landwirtschaftlich genutzt. Noch heute gibt es 161 landwirtschaftliche Betriebe (1997), wovon ein hoher Anteil (62,5%) als Nebenerwerbsbetriebe geführt wird.

Im gesamten Kreisgebiet liegt die landwirtschaftlich genutzte Fläche (1999: 71,5%) deutlich höher. Es wäre falsch, daraus auf eine dichtere Bebauung der Gemeindefläche zu schließen. Die Diskrepanz relativiert sich bei gemeinsamer Betrachtung von Landwirtschafts- und Waldfläche. Aufgrund des hohen Waldanteils in Olfen beträgt der zusammengezogene Katasterflächenanteil für Olfen 84,6%, für den Gesamtkreis 86,4% (1999). Vergleicht man die Anteile der vorhandenen Erholungsflächen, so schneidet Olfen mit 1% der Katasterfläche fast doppelt so gut ab wie der Kreis Coesfeld mit 0,6%.

In Olfen gibt es zwei größere zusammenhängende Waldgebiete: im Osten den Sandforter Forst, an dessen Westrand Schloss Sandfort liegt, und im Westen die Kökelsumer, Eversumer und Rönhagener Heide mit dem Freizeitpark Gut Eversum an der Lippe. Sowohl Schloss Sandfort als auch Gut Eversum haben eine überregionale Bedeutung und ziehen vor allem im Sommer an Wochenenden viele Besucher an. Da Schloss Sandfort noch heute bewohnt ist, ist nur eine Außenbesichtigung möglich.

Im Gemeindegebiet gibt es ca. 100 km Wander- und Radwege. Neben verschiedenen Rundwanderwegen und Radtouren durchqueren mit der 100-Schlösser-Route, der Römer-Route und der Dortmund-Ems-Kanal-Route drei überregionale Radwege Olfen. Im Ort selbst gibt es zwei Fahrradverleihstationen.

Für den hohen Freizeitwert Olfens ist auch von Bedeutung, dass 3,1% der Katasterfläche (1999) aus Wasserflächen besteht. Neben Angelsport, Kanusport oder Bademöglichkeiten bietet der Dortmund-Ems-Kanal Wassersportmöglichkeiten auch für größere Sportboote. Hierzu zählt die Nutzung des nördlichen Teiles der Alten Fahrt als Sportboothafen, wo auch eine Schlippmöglichkeit

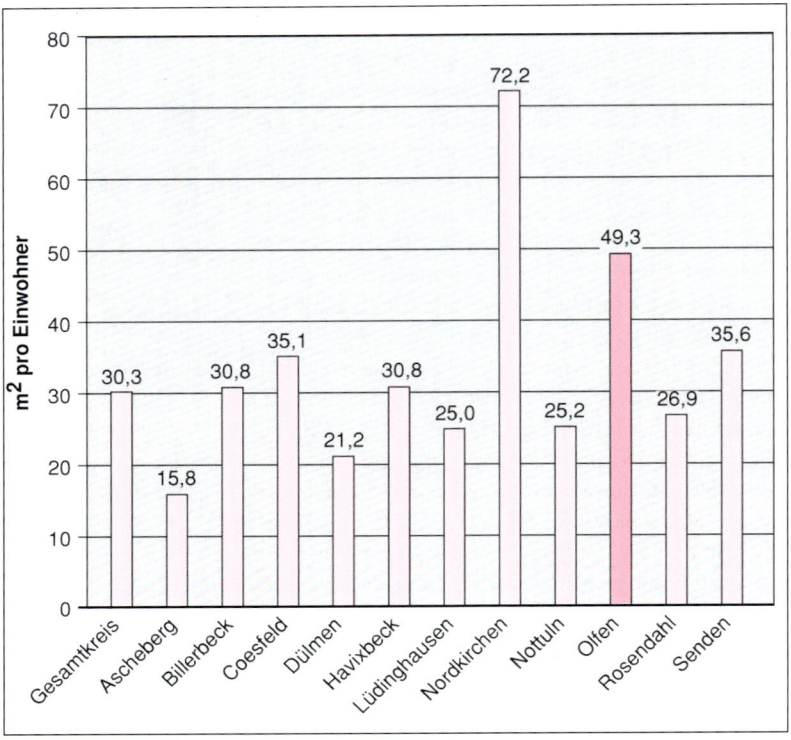

Abb. 2: Erholungsflächen der Gemeinden im Kreis Coesfeld
(Quelle: LDS NRW 1996)

Gemeinde	m² pro Einwohner
Gesamtkreis	30,3
Ascheberg	15,8
Billerbeck	30,8
Coesfeld	35,1
Dülmen	21,2
Havixbeck	30,8
Lüdinghausen	25,0
Nordkirchen	72,2
Nottuln	25,2
Olfen	49,3
Rosendahl	26,9
Senden	35,6

Neben naturräumlichen Sehenswürdigkeiten weist Olfen auch einige kulturelle bzw. historische Sehenswürdigkeiten auf. Hierzu gehören, wie oben erwähnt, das Wasserschloss Sandfort im Ortsteil Vinnum, die Burgruine Rauschenburg an der Lippe und die alten Kanalüberführungen aus dem Jahre 1894. Im Nordwesten an der Stever liegt die Füchtelner Mühle, eine alte Ölmühle aus dem 17. Jahrhundert.

Im Ortskern ist die katholische Pfarrkirche St. Vitus erwähnenswert. Sie wurde 1880 fertiggestellt. Die Kirche wurde in neugotischen Formen aus Ziegelsteinen erbaut. Im Ortkernbereich stellt sie sich als dominantes Bauwerk dar. Der schiefergedeckte Turm ist weithin zur Orientierung sichtbar.

für Sportboote vorhanden ist.

Hierdurch wird die Attraktivität Olfens als Freizeit- und Erholungsgebiet begründet, insbesondere auch für die Bewohner des nahen Ruhrgebietes.

Neben vielen Angeboten für Tagesausflügler sind in Olfen Unterkunftsmöglichkeiten für Besucher vorhanden, die zwei oder mehrere Tage bleiben wollen. Es gibt vier Beherbergungsbetriebe mit insgesamt 76 Betten (1998). Bei 2 269 Ankünften konnten 1998 3 973 Übernachtungen gezählt werden, bei einer durchschnittlichen Aufenthaltsdauer von 1,8 Tagen. Die Gesamtauslastungsquote der Betriebe erreichte aber nur 17,2 % (1998). Die Vergleichswerte für den Kreis liegen bei einer durchschnittlichen Aufenthaltsdauer von 2,1 Tagen und einer Auslastungsquote von immerhin 30,4%. Mit einem Anteil von 1,3 % an allen Übernachtungen im Kreisgebiet ist die Tourismuswirtschaft in Olfen nur gering ausgeprägt.

Entlang der Stever werden einige größere Gebiete als Campingplätze bzw. Dauercampingplätze genutzt. Neben den „Mobilhomes", die auf den Campingplätzen als Wochenend- bzw. Zweitwohnsitze genutzt werden, gibt es mit dem Schlieckerpark in der Nähe des Sportboothafens auch eine Ferienhaussiedlung mit kleinen Ferienhäusern. In 1999 rechnete man mit 1 200 Objekten, die als Zweitwohnsitz genutzt werden (Angaben der Gemeinde Olfen). Offiziell waren 1999 in Olfen etwas über 800 Personen mit Zweitwohnsitz gemeldet.

Bedingt durch das relativ hohe Aufkommen an Ausflüglern und Zweitwohnsitzinhabern findet man 25 Restaurants, Gaststätten bzw. Ausflugsrestaurants in Olfen.

Die Altersstruktur Olfens weist keine besonderen Abweichungen zur Alterstruktur des Kreises auf, obwohl das Durchschnittsalter in Olfen mit 38,5 Jahren (1997) 1,2 Jahre über dem Kreisdurchschnitt liegt. Im Landesdurchschnitt kann sich Olfen trotzdem noch als eine „junge" Gemeinde bezeichnen, hier lag das Durchschnittsalter 1997 bei 40,3 Jahren.

Diese Situation dürfte der in den letzten Jahren erheblich gestiegenen Bevölkerung zuzuschreiben sein: von 1988 bis 1998 gab es eine Zunahme um 26,5%. Dieser Bevölkerungsanstieg ist vor allem dem starken Zuzug zu verdanken. 1998 gab es einen Überschuss der Zuzüge von 350 Einwohnern, das bedeutete einen Zuwachs von 3,2% für Olfen gegenüber nur 0,7% für den Kreis Coesfeld. Beim Überschuss der Geburten ist das Verhältnis umgekehrt: 1998 gab es für Olfen ein Plus von 2,0 pro 1 000 Einwohner, für den Gesamtkreis ein Plus von 3,9 pro 1 000 Einwohner.

Dieser relativ starke Zuwachs durch Zuzüge hat auch Auswirkungen auf die Grundstücksprei-
se. Nach der Bodenrichtwertkarte für 1998 kostet in Olfen ein Quadratmeter Bauland einschließlich Erschließung ca. 330 DM, der Durchschnittswert für den Kreis liegt bei 280 DM.

Um eine stetig wachsende Bevölkerung zu versorgen, sind entsprechende öffentliche Ein-

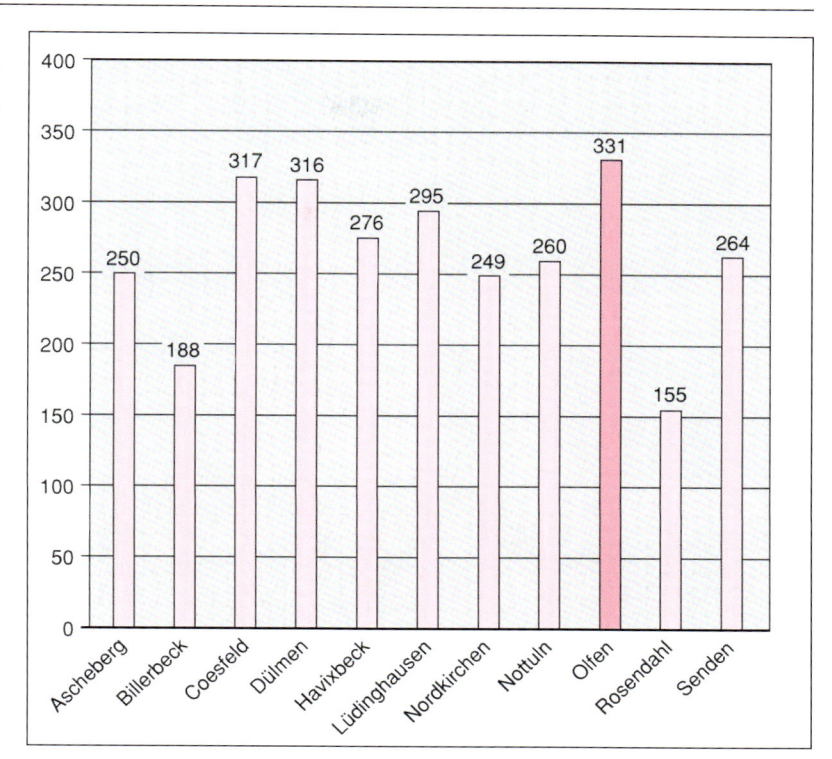

Abb. 3: Grundstückswerte einschl. Erschließung pro m² 1998 im Kreis Coesfeld
(Quelle: Bodenrichtwertkarte des Kreises Coesfeld, Gutachterausschuß)

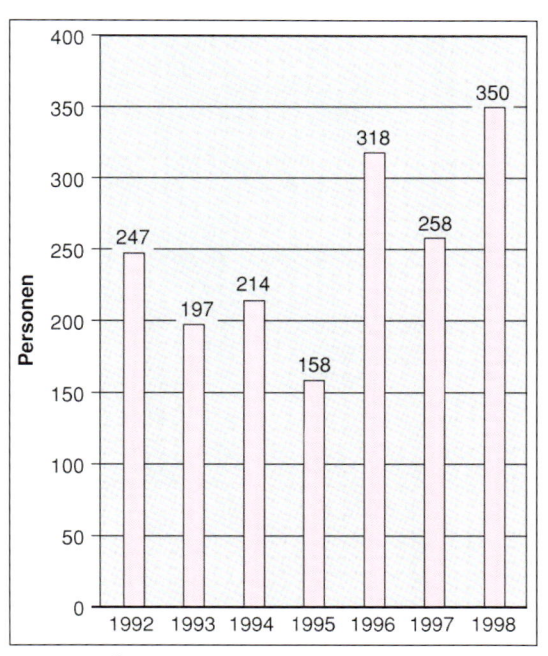

Abb. 4: Überschuß der Zuzüge in Olfen 1992–1998
(Quelle: LDS NRW 1999)

Karte I: Olfen

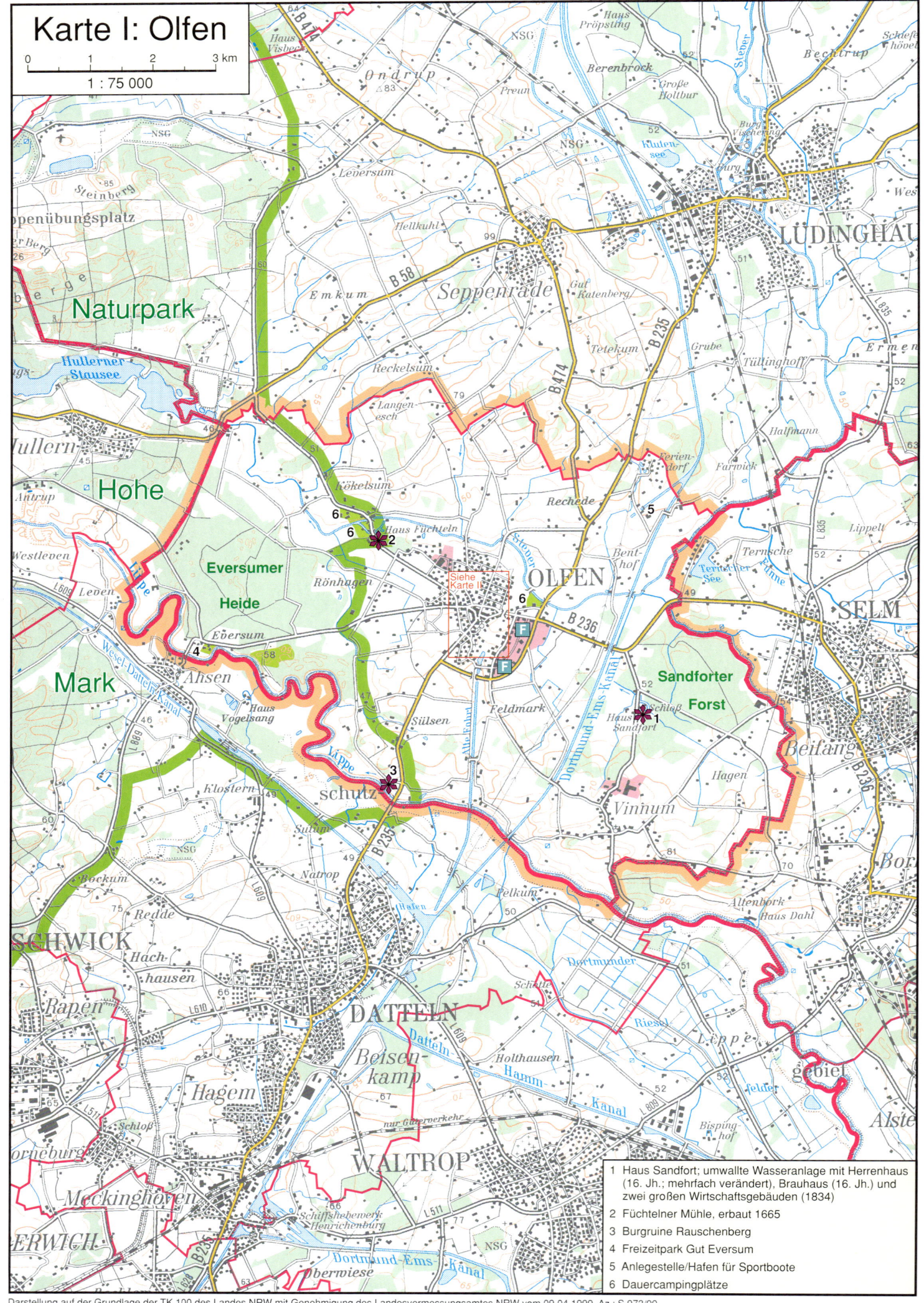

1 : 75 000

1 Haus Sandfort; umwallte Wasseranlage mit Herrenhaus (16. Jh.; mehrfach verändert), Brauhaus (16. Jh.) und zwei großen Wirtschaftsgebäuden (1834)
2 Füchtelner Mühle, erbaut 1665
3 Burgruine Rauschenberg
4 Freizeitpark Gut Eversum
5 Anlegestelle/Hafen für Sportboote
6 Dauercampingplätze

Darstellung auf der Grundlage der TK 100 des Landes NRW mit Genehmigung des Landesvermessungsamtes NRW vom 09.04.1999, Az.: S 973/99.

Karte II: Olfen

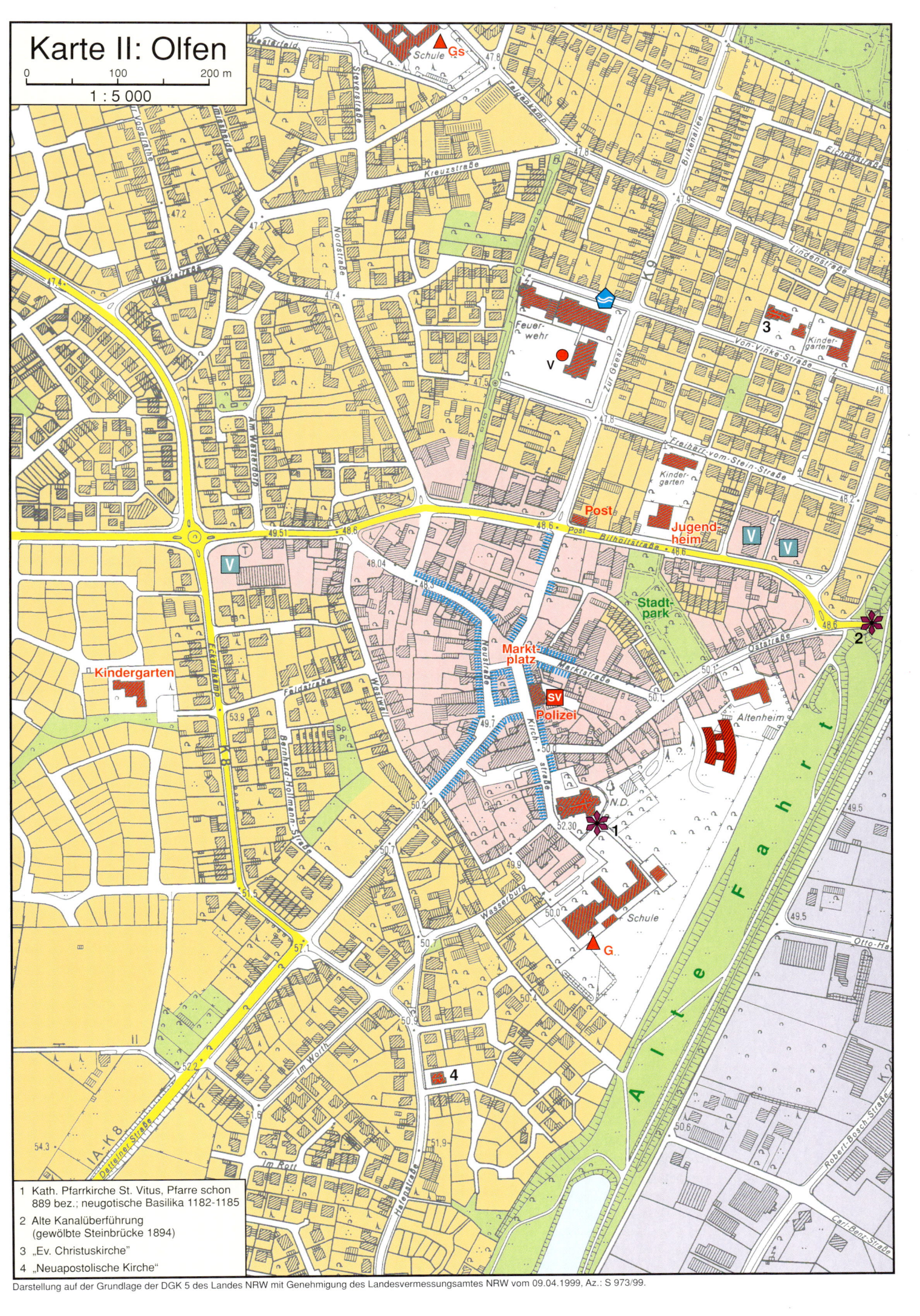

1 : 5 000

1 Kath. Pfarrkirche St. Vitus, Pfarre schon 889 bez.; neugotische Basilika 1182-1185
2 Alte Kanalüberführung (gewölbte Steinbrücke 1894)
3 „Ev. Christuskirche"
4 „Neuapostolische Kirche"

Darstellung auf der Grundlage der DGK 5 des Landes NRW mit Genehmigung des Landesvermessungsamtes NRW vom 09.04.1999, Az.: S 973/99.

Katasterfläche 1999:	
	52,43 km²
	davon
Landwirtschaftsfläche	62,9 %
Waldfläche	21,7 %
Gebäude- und Freifläche	6,3 %
Verkehrsfläche	4,6 %
Wasserfläche	3,1 %
Erholungsfläche	1,0 %
Betriebsfläche	0,2 %
(Quelle: LDS NRW)	

richtungen erforderlich. So gibt es in Olfen sechs Kindergärten, einen davon im Ortsteil Vinnum, und einen Jugendtreff. Das schulische Angebot umfasst die Primarstufe mit dem Grundschulzentrum Wieschhofschule (Schuljahr 1998/99: 580 Schüler) und die Sekundarstufe I und II mit der Wolfhelmgesamtschule (Schuljahr 1998/99: 813 Schüler).

Zur Ergänzung des Bildungs- und Kulturangebotes unterhält Olfen zusammen mit Lüdinghausen und Senden eine Volkshochschule und eine Musikschule. Die Stadthalle bietet die Möglichkeit, Veranstaltungen verschiedener Art durchzuführen.

Für Freizeit und Sport stehen u.a. drei Sportplätze (davon ein Rasenplatz), ein Hallenbad, fünf Sporthallen, zwei Tennishallen, neun Tennisplätze, eine Reithalle sowie der bereits genannte Freizeitpark Gut Eversum zur Verfügung. Im Vergleich zum Kreis bietet Olfen seinen Bürgern nach Nottuln die größte Sportplatzfläche bezogen auf die Einwohner an. Der Wert für Olfen liegt um 41% über dem Kreisdurchschnitt.

Olfen hat keine eigenen Stadtwerke für die Energieversorgung. Die VEW liefert elektrischen Strom und die Gelsenwasser AG Gas sowie Wasser.

Die Angebotsstruktur der Geschäfte beinhaltet alle Waren des täglichen und periodischen Bedarfs. Im Ortszentrum wird auf dem Marktplatz regelmäßig einmal wöchentlich ein kleiner Markt abgehalten. Geschäfte für den episodischen Bedarf findet man teilweise im Bereich des Industriegebietes Hafen. Dazu gehören kleinere Möbelhäuser, Baumärkte oder der Landmaschinenhandel.

Die Dienstleistungseinrichtungen und Geschäfte gruppieren sich größtenteils um den Marktplatz, in dessen unmittelbarer Nähe zentral das Rathaus liegt. Der innere Bereich des Ortskerns ist verkehrsberuhigt und bietet ein geordnetes und ungestörtes Nebeneinander zwischen Fußgängern und Autofahrern. Entlang der Bilholtstraße, die die Funktion einer „kleinen" Umgehungsstraße um den verkehrsberuhigten Bereich hat, und ihrer westlichen Verlängerung, der Funnenkampstraße, findet man drei Einkaufsmärkte, die Post und zwei Banken/Sparkassen.

Durch diese Konzentration der Geschäfte hat sich ein kleiner Ortskern herausgebildet, der in seinen Randbereichen teilweise noch durch einen dörflichen Charakter geprägt ist. Hier sind vereinzelt kleinere Gewerbebetriebe angesiedelt.

Der gesamte Ortskern wird von Wohngebieten umrahmt, wobei die Ostgrenze die alte Fahrt des Dortmund-Ems-Kanals bildet. Diese Bedingungen hat man in Olfen sehr gut genutzt, indem man einerseits die alte Fahrt mit den alten Brücken über die Oststraße/Semler Straße und die Stever erhalten hat und diese ortsnahe Grünfläche als Wander- und Radweg nutzt. Gleichzeit wird so das Industrie- und Wirtschaftsgebiet im Osten vom Ortskern und von den Wohngebieten abgetrennt und abgeschirmt. Das östlich der alten Fahrt gelegene Gewerbegebiet Hafen ist mit 52 ha das größte Gewerbegebiet Olfens. Es bietet durch seine ortsnahe, aber abgeschirmte Lage gute Standortbedingungen. Die gute verkehrsmäßige Anbindung über die südliche Umgehungsstraße bedingt, dass kein störender gewerblicher Verkehr durch die Ortsmitte fahren muss. Ein kleineres, älteres Gewerbegebiet befindet sich im Nordwesten der Stadt, im Niekamp.

Aufgrund seiner Lage und Struktur ist Olfen gerade für Unternehmen aus dem nördlichen Ruhrgebiet ein interessanter Gewerbestandort. Dieses belegen auch zahlreiche Betriebsverlagerungen aus diesem Raum nach Olfen. Die Anzahl der sozialversicherungspflichtig Beschäftigten ist in den letzten Jahren stetig gestiegen (von 1985 bis 1995 um 34,8%).

Im Gewerbegebiet Hafen findet man neben kleinen bis mittleren Industriebetrieben auch Fachmärkte, eine Tankstelle, Autohäuser sowie einige kleinere Betriebe mit zugehörigen Verkaufsflächen für den episodischen Bedarf. Um das Gebiet für die Ansiedlung kleinerer Handwerksbetriebe attraktiver zu machen, hat man die Möglichkeit für die Betriebsinhaber offen gelassen, gleichzeitig ihr Wohnhaus in unmittelbarer Betriebsnähe zu bauen. Ziel war, eine Synthese zwischen Wohnen und Arbeiten zu schaffen, so dass unnötiges Verkehrsaufkommen vermieden und gleichzeitig die Attraktivität der Gewerbefläche für ansiedlungswillige Unternehmen erhöht wird. Dieses Konzept hat bestehende Synergieeffekte noch verstärkt.

In Olfen findet man nur kleinere und mittlere Gewerbebetriebe, z.B. aus den Bereichen Maschinenbau, Magnettechnik, Metallbau, Holzverarbeitung, Starkstromtechnik, Bauindustrie, Gartenbau, Transportunternehmen, Handel und Banken sowie private und öffentliche Dienstleister.

Im Ortsteil Vinnum gibt es zwar zwei kleine Bankfilialen, aber keine Geschäfte für den täglichen Bedarf. Lediglich ein Kiosk mit einem eingeschränkten Angebot ist vorhanden. Neben einer Ziegelei sind hier holz- und steinbearbeitendes Gewerbe sowie Gartenbaubetriebe ansässig.

Olfen weist mit 556 Pkws pro 1 000 Einwohner eine deutlich höhere Autodichte als der Kreis Coesfeld oder das Land NRW auf. Dieses Ergebnis ist für ländlich orientierte Gemeinden, in denen ein großer Auspendlerüberschuß herrscht und insbesondere keine direkte Schienenanbindung existiert, aber nicht ungewöhnlich.

III. Perspektiven und Planung

In den letzten zehn Jahren sind in Olfen vor allem nördlich des Ortskernes Neubaugebiete erschlossen worden. Dieses hat bis heute einen starken Anstieg der Bevölkerung zur Folge gehabt, der nach den städtischen Planungen auch in Zukunft – wenn auch etwas abgeschwächt – anhalten soll. Die Fertigstellung der letzten großen Erschließungsmaßnahme, das Neubaugebiet Eckernkamp, steht unmittelbar vor dem Abschluss. Nach Bezug der letzten Häuser werden innerhalb des Jahres 2000 auch die straßenbaulichen Maßnahmen beendet werden können.

Der neue Flächennutzungsplan ist ab 2000 rechtsgültig geworden. Er sieht für die folgenden Jahre keine großflächige Erschließung neuer Baugebiete vor. Geplant ist lediglich die Schließung kleinerer Baulücken im südlichen und nordwestlichen Stadtrandbereich. Deshalb ist zu erwarten, dass sich die Bevölkerungszunahme durch Zuzüge in den nächsten Jahren verlangsamen wird.

Die Anzahl der Wohnungen hatte von 1990 bis 1998 von 2 994 auf 3 619 Einheiten zugenommen (Quelle Kreis Coesfeld); das war eine Zunahme um 20,9 %. Im Durchschnitt des Kreises Coesfeld betrug diese im gleichen Zeitraum nur 18,0 %. Diese Zahlen werden in den folgenden Jahren wohl kaum mehr erreicht werden, wenn auch momentan noch mit einem jährlichen Zuwachs von etwa 300 Einwohnern gerechnet wird.

Langfristig rechnet die Gemeinde allerdings damit, dass über die vorhandenen Bauflächenreserven hinaus noch rund 15 ha Wohnbauland bereitgestellt werden müssen.

Vorrangig ist auch das Ziel, durch die Erschließung neuer Gewerbeflächen verstärkt Arbeitsplätze in der eigenen Gemeinde zu schaffen. Dieses Ziel zu erreichen ist um so wichtiger, da man nicht nur eine Wohn- und Schlafstadt für die Ruhrgebietsgemeinden sein will. Olfen hat 4,9% Bevölkerungsanteil an der Gesamteinwohnerzahl des Kreises Coesfeld, aber nur 3,7% Anteil an den sozialversicherungspflichtig Beschäftigten (1996). Für Coesfeld liegt das Verhältnis z.B. bei 17,1% Bevölkerungsanteil und 28,5% Beschäftigtenanteil.

Innerhalb eines Umkreises von nur 10 km sind von Olfen aus 32 000 Arbeitsplätze zu erreichen. In Olfen selbst gab es am 30.6.1998 1 903 sozialversicherungspflichtig Beschäftigte; das betraf etwa 17,3 % der Einwohnerzahl (im gesamten Kreis Coesfeld liegt dieser Anteil bei 24,5% der Einwohnerzanzahl). Diese Diskrepanzen zeigen, dass Olfen noch weitere Möglichkeiten ausschöpfen kann, durch Schaffung von Arbeitsplätzen in der eigenen Gemeinde Steueraufkommen zu binden. Wohnortnahe Arbeitsplätze tragen durch eine Verringerung des Pendlerverkehrs natürlich auch zu Einsparungen im Straßenausbau bei. Ebenso ist ein geringeres Verkehrsaufkommen auch aus umweltpolitischen Aspekten ein wichtiges Planungsziel.

Der neue Flächennutzungsplan knüpft an die bisherigen positiven Planungsmaßnahmen bei der Erschließung von Gewerbegebieten an. Das Gewerbegebiet Hafen soll östlich der B 235 erweitert werden. Diese Erweiterung bietet durch seine Lage im Kreuzungsbereich der B 235 und der B 236 eine sehr gute verkehrsmäßige Anbindung. Es wird gleichzeitig in relativer Ortsnähe liegen, ohne aber die vorhandene Wohnbebauung in irgendeiner Form zu beeinträchtigen. Mit etwa 500 m Abstand von der Stever wird auch eine ausreichende Entfernung von den Erholungsflächen im Bereich der Steverwiesen bestehen bleiben.

Grundlage dieser Planungsüberlegungen im Rahmen des neuen Flächennutzungsplanes ist eine Bevölkerungsprognose, nach der Olfen bis zum Jahre 2010 auf über 12 000 Einwohner wachsen wird.

Insgesamt ist die Gemeinde Olfen bemüht, einen Branchenmix an Arbeitsplätzen anzubieten, um einerseits die Abhängigkeit von strukturellen Schwankungen in bestimmten Bereichen zu vermeiden und andererseits ihre Attraktivität zu erhöhen.

Rathaus in Olfen
(Foto: Stadt Olfen)

Die in Olfen vorhandenen sozialen Einrichtungen werden mit der Fertigstellung eines weiteren Seniorenzentrums in ummittelbarer Nähe der Kirche St. Vitus im Jahre 2000 deutlich erweitert.

Die Fremdenverkehrsstatistik zeigt eine ausbaufähige Bedeutung dieses Wirtschaftszweiges. Durch die Lage Olfens in der Nähe dicht besiedelter Gebiete ist hier noch weiterer Entwicklungsspielraum vorhanden. So hat z.B. von 1997 zu 1998 die Anzahl der Übernachtungen in Olfen um 22,7% zugenommen, während im Kreis Coesfeld im gleichen Zeitraum ein Rückgang um 1,3% zu verzeichnen war. Bei günstiger konjunktureller Entwicklung und Abnahme der Arbeitslosenzahlen in den kommenden Jahren ist für Olfen aufgrund der naturräumlichen Gegebenheiten im Bereich des Tourismus eine erhebliche Steigerungsrate möglich.

Im Jahr 2000 beginnen die Baumaßnahmen zur Erweiterung des Dortmund-Ems-Kanals auf die neue Europa-Norm. Im Zuge dieses Ausbaus werden die Kanalunterquerung der B 236 östlich von Olfen erneuert und die Straßenführung in diesem Bereich neu gestaltet.

Im Flächennutzungsplan ist eine Westumgehung Olfens vorgesehen. Mit der Realisierung dieser Planungen, die eine weitere verkehrsmäßige Entlastung des Ortskerns Olfen zur Folge hätten, ist aber voraussichtlich nicht in den nächsten Jahren zu rechnen. Bei dieser Westumgehung handelt es sich um den Teil eines Gesamtkonzeptes der Verbindung der Autobahnen A 2 und A 43 über eine neue Trassenführung der B 474.

Literatur

Feige, W. u. **A. Schüttler** (Hg.) (1985): Westfalen in Profilen. Münster

Geologisches Landesamt NRW (Hg.) (1995): Geologie im Münsterland. Krefeld

Haase, C. (1976): Die Entstehung der westfälischen Städte. Münster (= Veröffentlichungen des Provinzialinstituts für westfälische Landes- u. Volksforschung des Landschaftsverbandes Westfalen-Lippe, Reihe I, H. 11)

HB Verlags- und Vertriebsgesellschaft (Hg.) (1993): Bildatlas Münsterland. Hamburg

Hennes, S. (o.J.): Olfen - ein kurzer geschichtlicher Abriss. Olfen (Archiv)

Kommunalverlag (Hg.) (o.J.): KV Plan Olfen. Essen

Kreis Coesfeld (Hg.) (1999): Kreis Coesfeld. Internet: http://www.kreis-coesfeld.de

Kreisverwaltung Lüdinghausen (Hg.) (1954): Landkreis Lüdinghausen. Brilon

Landesvermessungsamt NRW (Hg.) (1968): Topographischer Atlas NRW. Düsseldorf

Landesamt für Datenverarbeitung und Statistik NRW (1998): Die Gemeinden NRW's. Düsseldorf

Landesamt für Datenverarbeitung und Statistik NRW (1997): Statistische Rundschau für die Kreise NRW's - Kreis Coesfeld. Düsseldorf

Mayr, A. u. **K. Temlitz** (Hg.) (1993): Münsterland und angrenzende Gebiete. Münster (= Spieker 36)

Müller-Wille, W. (1981): Westfalen. Landschaftliche Ordnung und Bindung eines Landes. Münster

Münsterland Touristikzentrale (Hg.) (1999): Münsterland Ferien-Freizeit-Kurzurlaub. Steinfurt

Oberkreisdirektor des Kreises Coesfeld (Hg.) (1999): Wappen im Kreis Coesfeld. Coesfeld

Oberkreisdirektor des Kreises Coesfeld (Hg.) (1987): Kreis Coesfeld. Dülmen

Reise Magazin Verlag (Hg.) (1997): Falk Reisen Münsterland. München

Stadt Olfen (Hg.) (o.J.): Olfen - ein gutes Stück Münsterland. Olfen

Stadt Olfen (Hg.) (o.J.): Olfen, Ihr Ziel im Grünen. Olfen

Stadt Olfen (Hg.) (1999): Flächennutzungsplan der Stadt Olfen. Olfen

Stadt Olfen (Hg.) (1999): Olfen. Internet: http://www.olfen.com

Stadtarchiv Olfen (1999): NRW-Archive. Internet: http://www.archive.nrw.de

Voß, Heinz (1975): Olfen - Die letzten 30 Jahre. Olfen

Voß, Heinz (1987): Olfen Jahresrückblick 1987 - Vorschau 1988. Olfen

Wirtschaftsförderungsgesellschaft für den Kreis Coesfeld mbH (Hg.) (1999): Wirtschaft aktuell April 1999. Dülmen

Wirtschaftsförderungsgesellschaft für den Kreis Coesfeld mbH (Hg.) (o.J.): Kreis Coesfeld. Dülmen

*Rosendahl-
Osterwick*
(Foto: Gemeinde Rosendahl)

Friedhelm Pelzer
Rosendahl

Einwohner: 10 923
Fläche: 94,17 km²

I. Lage und Entwicklung

Mit einer West-Ost-Ausdehnung von ca. 19 km und einer Breite in der Nord-Süd-Richtung von etwa 3–8 km zeigt Rosendahl ein langgestrecktes Gemeindegebiet, das mit seiner Nord- und Westgrenze die Kreise Steinfurt und Borken berührt. Die Nachbargemeinden Billerbeck und die Kreisstadt Coesfeld selbst grenzen östlich und südlich an.

Naturräumlich spannt sich Rosendahl vom Kernmünsterland mit den Baumbergen, der Darfelder Mulde und dem Osterwicker Hügelland über die Legdener Mulde bis in das Westmünsterland. Eingebettet in die Münsterländer Kreidemulde ist der geologische Aufbau durch die Osterwicker Schichten (mit Wechsel aus Ton, Feinsand und Sandmergel), die Dülmener Schichten (Sandmergel mit hohem Sandgehalt) und die Baumberger Schichten (Mergelkalk und Kalksandstein), die alle dem Campan der Oberkreide zugeordnet werden, bestimmt. Überdeckt sind diese Schichten von der saaleeiszeitlichen Grundmoräne, die weitgehend zu lehmigen Sanden und sandig-tonigen Lehmen verwittert ist. In den Niederungen gesellen sich lehmige Sande hinzu. Pseudo-Gleye bestimmen weithin das Bodenbild. Andere Typen – Parabraunerden, Rendzinen und Gleyböden – mischen sich ein, und künstlich aufgetragene, humose Plaggenböden vervollständigen das Bodenmosaik. Das „Holtwicker Ei", ein sagenumwobener Findling mit ca. 4–5 m Durchmesser, ist durch die Eismassen aus dem Raum Filipstad (Schweden) herantransportiert worden. Dieser erratische Block ist ein Zeuge der Saalevereisung.

Die Bodenplastik zeigt nur im östlichen Teil ein bewegteres Relief, besonders bei Höpingen. Hier und bei Darfeld (Spielberg 133 m ü. NN) und

Einwohner je km²: Rosendahl 116,0; Kreis Coesfeld 191,7

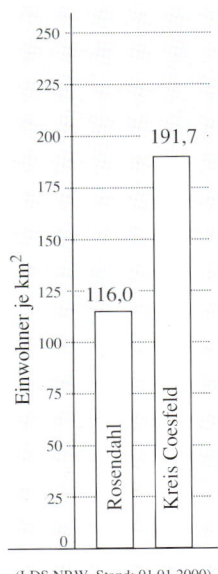

(LDS NRW, Stand: 01.01.2000)

Grundzentrum in einem Gebiet mit überwiegend ländlicher Raumstruktur (LEP NRW 1995, Teil A)

Am 1.7.1969 neugebildet aus den Gemeinden Darfeld und Osterwick und am 1.1.1975 um die Gemeinde Holtwick erweitert

bei der Osterwicker Dorfbauerschaft werden Erhebungen von 129 und 130 m ü. NN gemessen, die sich an die nach Südosten aufsteigenden Baumberge (bis ca. 165 m ü. NN im Gemeindegebiet) anlehnen. Östlich von Holtwick werden nochmals Höhen von 115 m ü. NN erreicht. Sonst fällt das Gelände, wenngleich nicht einheitlich und gleichmäßig, auf 80 m im mittleren Teil (Bauerschaft Horst, Haus Burlo) und auf ca. 66 m ü. NN im Westen ab.

Mehrere Gewässer 2. und 3. Ordnung durchziehen das Gemeindegebiet: Vechte, Dinkel, Legdener Bach, Mühlenbach, Rokeler Bach und Burloer Bach entwässern zur Ems, Felsbach und Varlarer Mühlenbach fließen zur Ijssel. Die Vechte selbst entspringt in Darfeld, die Quelle der ihr tributären Dinkel ist südlich des Ortskernes von Holtwick zu finden.

Nach der potentiellen natürlichen Vegetation, die am ehesten die ökologischen Verhältnisse widerspiegelt, sind Eichen-Hainbuchen-Wälder auf feuchten lehmigen Böden anzusetzen *(Stellario-Carpinetum)*. Insular ist mit Buchen- und Buchen-Eichen-Beständen zu rechnen. Für die Auen- und Niederungswälder sind Traubenkirschen, Erlen und Eschen *(Pruno-Fraxinetum)* kennzeichnend.

Von der Kreisstadt Coesfeld ist der zentral gelegene Ortsteil Osterwick nur 9 km entfernt. In der Fortsetzung der Entwicklungsachse von Coesfeld über Rosendahl (Ortsteile Osterwick und Darfeld) liegt Steinfurt als Entwicklungsschwerpunkt und Mittelzentrum ca. 15 km nordöstlich. Der Ortsteil Holtwick befindet sich an der Entwicklungsachse 2. Ordnung Coesfeld–Ahaus– Gronau (Bahnlinie der Bahn AG und B 474). Damit erstreckt sich Rosendahl im nördlichen Ausfächerungsbereich der Verkehrsleitlinien, die von Coesfeld ausgehen. Das bandartige Gemeindegebiet ist mit den Ortskernen Holtwick, Osterwick und Darfeld (von W nach O) dreipolig.

Konfiguration und Lage bestimmen das Verkehrsbild. Wichtigste innerörtliche Verbindungsachse ist das Straßensystem mit der L 555, die von Laer kommend Höpingen, Darfeld und Osterwick verbindet, bei Osterwick allerdings als Umgehungsstraße nach Süden auf Coesfeld zu abschwenkt, weiterhin mit der L 571, die von Osterwick nach Holtwick führt, und deren westliche Fortsetzung am Ortskern Holtwick vorbei nach Gescher verläuft. Mehrere Nord-Süd-Straßen schneiden das Gemeindegebiet, zumeist die Siedlungsbereiche durchlaufend (L 580 durch Darfeld, L 582/577 durch Osterwick, B 474 durch Holtwick), oder zweigen von anderen Straßen ab. Die Autobahn A 43 ist über die Anschlußstellen Nottuln und Dülmen zu erreichen. Die im Westzipfel des Gemeindegebietes verlaufende, im Bereich der Landesgrenze im Ausbau befindliche A 31 (Ruhrgebiet–Emden) hat für Rosendahl die günstig gelegenen Anschlußstellen Ahaus/Legden sowie Gescher.

Buslinien queren das Gemeindegebiet und konvergieren, meist nur zwei Ortsteile miteinander verknüpfend, auf Coesfeld zu (Osterwick–Coesfeld; Steinfurt–Dülmen über Höpingen, Darfeld und Coesfeld; Rheine–Coesfeld über Darfeld und Osterwick; Gronau–Coesfeld über Holtwick und Höven). Nur die Strecke Münster–Rosendahl verknüpft die Ortskerne Darfeld, Osterwick und Holtwick miteinander; ab Herbst 2000 mit einem stündlichen TaxiBus-Angebot. Auch eine Nachtbuslinie (N 7) führt seit 1996 von Münster über Billerbeck nach Darfeld, Osterwick und Holtwick. Holtwick kann zusätzlich auch über Schöppingen und Legden (N 8) sowie über Nottuln und Coesfeld (N 6) zu nächtlicher Stunde erreicht werden. Holtwick ist der Umstieg-Knotenpunkt für das NachtBus-Konzept des Kernmünsterlandes.

Die Bahnlinie Coesfeld–Rheine diente bis 1984 noch dem Personenverkehr, danach vorübergehend nur noch dem Güterverkehr und wird heute nicht mehr genutzt. Die Bahnverbindung Gronau–Coesfeld hat in Holtwick eine Bahnstation. Gegen die Stillegung auch dieser Strecke hatte die Gemeinde 1986 sich erfolgreich wehren können.

Der Name der Gemeinde Rosendahl wurde 1969 offiziell eingeführt, als sich die beiden selbständigen Gemeinden Darfeld und Osterwick des Amtes Osterwick zusammenschlossen; sie übernahmen hierbei eine alte Flurbezeichnung. Bis zur Markenteilung 1826 und 1847 wurde das zwischen beiden Dörfern gelegene Weideland „Rosenthal" auch gemeinsam (Allmende) genutzt. Der Flurname Rosendahl ist sicherlich von der hier von alters her mit Heckenrosen bestandenen Geländedelle abzuleiten. 1795–1823 befand sich hier ein Trappistenkloster der aus Frankreich während der Revolutionswirren geflüchteten Ordensbrüder. Heute zeugen ein Kreuz und Informationstafeln über die wüst gefallene Anlage. Seit 1970 pflegt Rosendahl die Partnerschaft mit der französischen Gemeinde Entrammes an der Mayenne in der Landschaft Mayenne, in der ein von Rosendahl abgezweigtes Trappistenkloster angelegt wurde. Die historisch begründete Partnerschaft wurde zum 25jährigen Bestehen auf die beiden benachbarten französischen Gemeinden Forcé und Parné sur Roc ausgedehnt.

Ein gleichnamiges Adelsgeschlecht, 1092 erwähnt, wird wohl für das 1179/1180 urkundlich genannte Dorf Darvelde namengebend geworden sein. Die Pfarrei kann bis 1284 zurückdatiert werden. Von der 1766 abgebrochenen Kirche blieb nur der untere Teil des Kirchturmes erhalten. Am südwestlichen Ortsrand liegt das Wasserschloß Darfeld, das allerdings nicht als Wehranlage, sondern als Wohnsitz seit 1612–1616 auf den Fundamenten des älteren Hauses Darfeld z.T. von dem in Italien durch die venezianische Renaissance inspirierten Baumeister G. Gröninger errichtet wurde (Arkaden). Die 1942–1968 hier ansässigen Clemensschwestern aus Münster verrichteten soziale, karitative und diakonische Dienste. Seither wird das Schloß von dem Eigentümer Droste zu Vischering bewohnt.

Der Name Osterwick taucht urkundlich erstmals 1023 auf. Im Zuge der Säkularisierung fiel das Dorf 1803 der Grafschaft Horstmar zu; 1815 kam es zu Preußen. Das 1122 gegründete Prämonstratenserkloster Varlar wurde nach seiner Aufhebung (1803) zum Schloß der Fürsten zu Salm-Horstmar umgebaut.

Holtwick, bereits um 900 im Werdener Urbar erwähnt, ist aus einem Haupthof hervorgegangen, zu dem auch ein Freistuhl gehörte. Ein Adelsgeschlecht, die Ritter von Berse, ist für das 13. Jh. auf Haus Holtwick belegt. Von dieser Anlage ist lediglich ein Torhaus erhalten, das in das neue Baugebiet „Haus Holtwick" eingefügt ist. Kirchlich ursprünglich mit Coesfeld, danach mit Osterwick verbunden, sollte die Siedlung zwischenzeitlich nach Varlar eingepfarrt werden. Selbständig wurde die Pfarre 1311. 1398 wechselte Holtwick aus der Herrschaft der Edlen von Ahaus zum Bischof von Münster. Die heutige Kirche des Ortes stammt aus dem Jahre 1860, deren Vorgängerbau von 1313. Die Barenburg im äußersten Westzipfel der Gemeinde auf einem ehemaligen Turmhügel (Motte) war eine Grenzburg der Herrschaft Ahaus gegen Münster.

Die kleine Siedlung Höpingen geht namentlich ohne Zweifel auf den 1244 bezeugten Haupt- und Tegederhof Schulze Höping zurück. Um 1500 wird es in der Bauerschaft bereits eine St. Anna-Kapelle gegeben haben. Wallfahrten fanden hier bis 1820 statt. Die heutige Kirche wurde 1837/1838 aus Kalksteinen des Höpinger Steinbruchs errichtet.

Das ehemalige, heute verfallene Zisterzienserkloster Klein-Burlo war eine Nebengründung zu Groß-Burlo bei Borken. Es bestand von 1351 bis 1800. Nördlich von Darfeld befindet sich in der Bauerschaft Rockel das sehenswerte Baudenkmal des Torhauses von Haus Rockel.

Das ehemalige Amt Osterwick, das der heutigen Gemeinde Rosendahl entspricht, hatte 5 906 Einwohner im Jahre 1939. Nach dem Zweiten Weltkrieg stieg die Einwohnerzahl bis 1950 durch die Aufnahme von Flüchtlingen und Ostvertriebenen auf 8 324. Obwohl bis 1970 auch Migrationsverluste auftraten, stieg dennoch die Einwohnerzahl auf 8 560. In der Entwicklung 1975–1984 ist wieder ein leichter Zuwachs zu verzeichnen, nämlich von 8 845 auf 8 995 (= 1,7%); das resultierte aus dem immer noch beachtlichen natürlichen Bevölkerungsüberschuß von 421 (= 4,8%) Einwohnern, der z.T. durch Migrationsverluste verringert wurde. Die Volkszählung 1987 ergab eine Einwohnerzahl von 9 538. Allein von 1985–1996 nahm die Bevölkerung von 9 008 um über 1 000 Einwohner auf 10 523, d.h. um 16,8%, zu und lag damit über dem Kreisdurchschnitt. In den folgenden drei Jahren bis zum 01.01.2000 kamen weitere 400 Einwohner hinzu, das sind +3,8%, so daß als letzter Stand 10 923 Einwohner zu verzeichnen sind. Der Altersaufbau ist im Vergleich zu den Bezugsräumen Kreis, Regierungsbezirk und Land recht günstig, da der Anteil der Kinder und Jugendlichen unter 18 Jahren in Rosendahl höher liegt. Bei schwankenden Einwohnerzahlen 1984–1987 zeigte zunächst nur der Ortsteil Osterwick eine Bevölkerungszunahme, die kontinuierlich anhielt. Seit 1987 haben alle Ortsteile deutlich hinzu gewonnen.

Von 9 417 ha Katasterfläche werden rd. drei Viertel (73,5%) landwirtschaftlich genutzt. Der Anteil der Waldfläche beträgt 15,6% und liegt damit etwas über dem Durchschnitt des Kreises Coesfeld (14,9%). Die Waldflächen konzentrieren sich zu größeren Beständen südlich von Osterwick um das Schloß Varlar und nördlich von Darfeld. Mittelgroße Wälder sind zudem südlich von Darfeld um das gleichnamige Schloß, zwischen Darfeld und Osterwick sowie nördlich von Osterwick in die Gemarkung eingestreut. Holtwick hingegen ist sehr waldarm. Nur 10,3% (1987) der insgesamt 1 418,4 ha Waldflächen Rosendahls verteilen sich hier auf kleine Bestände. Holtwick hat mit 47,5% den weitaus größten Grünlandanteil (729,8 ha).

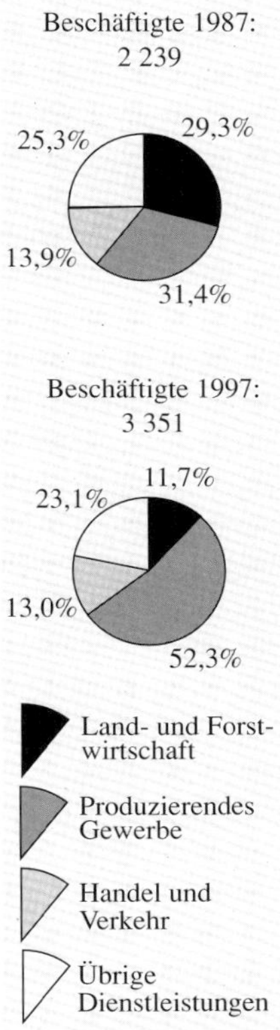

II. Gefüge und Ausstattung

Das Siedlungsgefüge ist durch die drei Ortskerne Holtwick, Osterwick und Darfeld vorgezeichnet. Kleinere Siedlungen sind Höpingen bei Darfeld, Midlich bei Osterwick und Höven. Die alten Dörfer sind umgeben von zahlreichen Bauerschaften: bei Holtwick sind es Bleck, Riege, Brock, Hegerort, Schlee und Görtfeld; zu Osterwick gehören die Dorfbauerschaften Midlich, Varlar, Horst, Brock und Höven, dazu das Siedlungsgebiet Höven, das schon nahe an Holtwick liegt; um Darfeld scharen sich Geitendorf, Rockel, Hennewich, Höpingen, Oberdarfeld und Netter.

Das Siedlungsgefüge mit Dörfern, Bauerschaften, Herrschaftssitzen und auch Klöstern ist Zeuge traditionsreicher Landwirtschaft mit differenzierten agrarsozialen Strukturen von herrschaftlichen über bäuerlichen zu unterbäuerlichen Schichten im 19. Jahrhundert. Die jüngste Entwicklung hat z.T. zu einer durchgreifenden Spezialisierung zahlreicher landwirtschaftlicher Betriebe geführt.

Beschäftigte 1987: 2 239
29,3%
31,4%
13,9%
25,3%

Beschäftigte 1997: 3 351
11,7%
52,3%
13,0%
23,1%

- Land- und Forstwirtschaft
- Produzierendes Gewerbe
- Handel und Verkehr
- Übrige Dienstleistungen

(Quellen: Volkszählung 1987; Erwerbstätigenrechnung 1997)

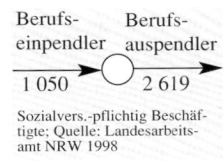

Berufseinpendler 1 050 — Berufsauspendler 2 619

Sozialvers.-pflichtig Beschäftigte; Quelle: Landesarbeitsamt NRW 1998

Einwohner in Ortsteilen:

Osterwick	4 806
Holtwick	3 171
Darfeld	3 021

(Ang. d. Gem., Stand: 31.12.99)

Katasterfläche 1999: 94,17 km²

davon

Landwirtschaftsfläche	73,5 %
Waldfläche	15,6 %
Gebäude- und Freifläche	4,5 %
Verkehrsfläche	4,2 %
Wasserfläche	1,1 %
Erholungsfläche	0,5 %
Betriebsfläche	0,2 %

(Quelle: LDS NRW)

Flurbereinigungsmaßnahmen in Osterwick und Holtwick seit den siebziger Jahren mit der Zusammenlegung von Nutzflächen und dem Ausbau des Gewässer- und Wegenetzes ermöglichen die Umstellung auf leistungsorientierte Agrarunternehmen. Trotzdem dominiert 1998 mit 104 (=30%) Betrieben die Betriebsgrößenklasse 2–10 ha LF. Im Jahre 1995 wurden 53,5% aller Betriebe im Nebenerwerb geführt; dieser Wert lag 1986 erst bei 40,6%.

In den drei Siedlungskernen konnte eine weitgehende Entflechtung der Nutzungen erreicht werden. In Osterwick liegt das Gewerbegebiet vor dem westlichen Ortsrand. Das Gewerbegebiet „Eichenkamp" umfasst heute 40 ha, wovon rd. 25 ha als Industriegebiet (GI) ausgewiesen sind. Die Branchenschwerpunkte sind: Chemische Industrie (Schönox-Werke), Transportgewerbe, Transportbeton und Fensterbau. Das Gewerbegebiet von Holtwick „Nord" liegt gegenüber der Siedlung am „Holtwicker Ei" auf der Westseite der Legdener Straße und hat eine Größe von rd. 15 ha; davon sind 3 ha als Industriegebiet festgesetzt. Hier dominieren Holzverarbeitung, Möbelherstellung und Möbelhandel sowie Fleischverarbeitung. Das Darfelder Gewerbegebiet „Nördlich der Höpinger Straße" mit Baugewerbe und Handwerksbetrieben ist 8 ha groß. Ältere Gewerbeflächen befinden sich am alten Bahnhof. Die Gemeinde Rosendahl entwickelt zur Zeit weitere Gewerbeflächen in allen drei Ortsteilen, um dem steigenden Bedarf Rechnung zu tragen.

Bereits im 19. Jh. haben sich zahlreiche Gewerbebranchen entwickelt, in der Regel als Handwerksbetriebe zur Versorgung der Landwirtschaft oder zur Verarbeitung agrarer Produkte. In Holtwick gewann die Holzbearbeitung an Bedeutung. Die Zuwanderung von Ostvertriebenen und Flüchtlingen hat die Bauwirtschaft belebt. Die Nachfrage im Wohnungsbau (Eigenheime) förderte diesen Sektor des Bauhauptgewerbes einschließlich des Nebengewerbes. Neben der landwirtschaftlichen Orientierung finden sich auch heute noch hohe Beschäftigtenanteile im Produzierenden Gewerbe. Mit einem Anteil von 52,3% (1997) übertrifft Rosendahl z.B. den Kreisdurchschnitt (25,6%) um mehr als das Doppelte. Dementsprechend gering ist der Anteil im Dienstleistungsbereich von 23,1% (der niedrigste Wert im Kreis Coesfeld). Bemerkenswert ist, daß die Arbeitslosenquote in Rosendahl mit 6,4% (Dezember 1999) den niedrigsten Wert im Kreis aufweist.

Zu den führenden Betrieben in der Gemeinde gehört die Fa. Münsterland, J. Lülf GmbH. Diese wurde im Jahre 1889 als Margarinefabrik auf der seit dem 13. Jh. bekannten Hofstätte Lülf (Osterwick) gegründet. Heute werden hier von ca. 150 Beschäftigten Margarine und Milchprodukte hergestellt. Die zu verarbeitende Milch (täglich ca. 100 000 l) wird aus einem Umkreis von ca. 30–35 km aufgekauft. Das Absatzgebiet der Halbfettprodukte und Milchgetränke – als neue Produktlinie gelten „Energy drinks" – reicht über das Bundesgebiet hinaus. Magermilch wird an Viehmastbetriebe abgegeben.

Die Firma SCHÖNOX-GmbH, die seit 1989 ein Unternehmen der Nobel Industries wurde und im Jahre 1994 zum niederländischen, aber weltweit agierenden Akzo-Nobel-Konzern kam, hat ihren Ursprungsstandort am Bahnhof in Darfeld, wo sich heute noch Labor- und Schulungseinrichtungen befinden. In Osterwick hat die Firma ihre Produktion, den Vertrieb und die Verwaltung. Die Gesamtbelegschaft zählt 300 Mitarbeiter. Die Schönox-Werke entstanden 1819, von W. Schön in Werdau/ Sachsen gegründet. Nach dem Zweiten Weltkrieg ließ sich der Betrieb in Darfeld nieder. Mit den Schwerpunkten Fliesentechnik, Fußbodentechnik und Betontechnik werden hochwertige chemische Baustoffe produziert, die u.a. für Modernisierungs-, Renovierungs- und Restaurierungsmaßnahmen angeboten werden. In einem eigenen Forschungslabor werden bedarfsgerechte Produkte entwickelt; ein Schulungs- und Konferenzzentrum dient der Ausbildung und Kundeninformation. Die Firma SCHÖNOX-GmbH hat zudem in Osterwick 1999 ein weithin sichtbares Hochlager errichtet. In Kürze ist die Errichtung einer neuen Produktionsanlage vorgesehen.

Das dreipolige Siedlungsgefüge ist in allen Bereichen des gemeindlichen Lebens und der kommunalen Planung spürbar. Zwar hat der Zentralort Osterwick ein leichtes Übergewicht zentraler Funktionen, was jedoch die Eigenständigkeit und Bedeutung der Ortsteile Holtwick und Darfeld kaum schmälert. Sitz der Gemeindeverwaltung ist Osterwick. Die Deutsche Post AG hat in allen drei Ortsteilen Dienststellen (Agenturen in Holtwick und Osterwick). Der Polizeiposten liegt zentral in Osterwick.

In jedem Ortsteil befinden sich zwei Kindergärten, jeweils einer in der Trägerschaft der örtlichen katholischen Kirchengemeinden und des Deutschen Roten Kreuzes. Die DRK-Kindergärten mit 25–70 Plätzen sind erst vor wenigen Jahren hinzugekommen. In jedem Ort gibt es je eine katholische Bücherei sowie ein katholisches Bildungswerk. Diese entlasten die Volkshochschule Coesfeld und treten mit dieser in der ortsteilbezogenen Bildungsarbeit nicht in Konkurrenz. Interessenten aus Rosendahl besuchen die VHS-Veranstaltungen in der Regel in Coesfeld.

Die ärztliche und zahnärztliche Versorgung ist weitgehend ausgeglichen. Diesbezüglich sind Osterwick und Holtwick besser ausgestattet. In allen drei Orten befinden sich Apotheken. Das ehemalige Ss. Fabian und Sebastian-Hospital in Osterwick ist zu einem Alten- und Pflegeheim umfunktioniert und umgebaut worden. Bei weiteren Dienstleistungen, wie Architekten, Rechtsanwälte und Steuerberater, dominiert Osterwick leicht. Im Versicherungssektor weist Holtwick das breiteste Angebot auf.

Grundschulen sind in jedem Ortsteil vorhanden. Die Gemeinschaftsshauptschule Rosendahl liegt in Osterwick. In der Musikerziehung wird Rosendahl von der Musikschule Coesfeld-Billerbeck-Rosendahl bedient. Weiterführende Schulen befinden sich in Coesfeld; aus Darfeld fahren die Realschüler nach Billerbeck.

Das Vereinsleben ist traditionell fest lokal verwurzelt. Differenzierter sind die Schützenbruderschaften und -vereine, da die Bauerschaften z.T. ihre eigenen Schützengemeinschaften haben. Alle drei Ortsteile verfügen über eigene Sportstätten. In Osterwick wurde mit der Zweifachsporthalle das Sportangebot deutlich gestärkt.

Kundennah ist die Sparkasse Coesfeld mit drei Geschäftsstellen vertreten, ebenfalls die Volksbanken, diese jedoch in unterschiedlicher Trägerschaft: Holtwick zur Volksbank Coesfeld-Dülmen, Darfeld und Osterwick zur Volksbank Baumberge in Billerbeck.

Die Nähe und die Konkurrenz zum Mittelzentrum Coesfeld beeinträchtigen den Einzelhandel in Rosendahl. Das ist eindeutig ablesbar an den Strukturdaten. Nach dem Handelsstrukturatlas der IHK Münster entfallen 1,64 m² Verkaufsfläche auf jeden Einwohner. Mit 3 752 DM Umsatz pro Einwohner lag Rosendahl 1993 weit unter dem Kreisdurchschnitt (6 352 DM).

Einzelhandel und Dienstleistungen konzentrieren sich in Holtwick an der Kirchstraße und um den Kirchplatz, in Osterwick an der Hauptstraße und in Darfeld im Bereich des Darfelder Marktes und des Sandweges.

Im Groß- und Einzelhandel waren 1997 349 Personen beschäftigt (1987 erst 266). Allerdings ist der Anteil mit 10,4% an allen Beschäftigten gering.

Insgesamt weist der Einzelhandelsbesatz besonders im mittelfristigen und langfristigen Bedarf deutliche Defizite auf. Lediglich 79,5% der Kaufkraft (1993) kann innerhalb der Gemeinde gebunden werden. Im kurz- und mittelfristigen Bereich hat es jedoch in Osterwick durch die Ansiedlung eines SB-Marktes und eines Discounters sowie in Darfeld mit der Ansiedlung eines Lebensmittelmarktes erhebliche Verbesserungen gegeben.

Im Beherbergungsgewerbe lag die Zahl der Übernachtungen 1998 bei 6 673. Bei einer Verweildauer von 1,6 Tagen wurden die 123 angebotenen Betten in 4 Betrieben (mit 9 und mehr Betten) nur zu 14,8% (Kreis Coesfeld 30,4%) ausgelastet. Von den neun Beherbergungsbetrieben (incl. der Betriebe mit weniger als neun Betten) liegen vier in Darfeld, wo 100 der insgesamt 169 Betten den Gästen bereitgestellt werden. Die 20 Gastgewerbebetriebe verteilen sich auf die Ortsteile Darfeld (6), Osterwick (8) und Holtwick (6).

Im Zusammenhang mit der kommunalen Neugliederung wurde dem Ortsteil Darfeld die vorrangige Entwicklung des Fremdenverkehrs zugesprochen. Entsprechend sind hier, wo auch der Sitz des Verkehrsvereins ist, die Fremdenverkehrsaktivitäten am stärksten. Hier schneiden sich die Fernwanderwege R 1 Groenlo (NL) – Münster, der durch das gesamte südliche Gemeindegebiet verläuft, und der Fernwanderweg R 29 von Haltern nach Salzbergen. Westlich von Holtwick quert zudem der Fernwanderweg R 27 die Gemeinde. Weitere Rad- und Wanderwege erschließen die Siedlungen und ihr Umland und beziehen weitere Ausflugsziele (Kulturdenkmäler) ein. Das gesamte Radwegenetz in der Gemeinde ist in das neu geschaffene „Radwegenetz 2000" integriert. Rosendahl hat einige Sehenwürdigkeiten vorzuweisen: in Darfeld das Schloß Darfeld, die St. Nikolauskirche und die St. Anna-Kapelle, die Windmühle in Höpingen und das Torhaus der Valckenburg (Rockel); in Osterwick das Schloß Varlar, die Kirche Ss. Fabian und Sebastian; in Holtwick das „Holtwicker Ei", die Barenborg und die Kunstschätze in der St. Nikolauskirche.

Die Pfarrkirche von Osterwick ist in ihrem Kern ein basilikal-romanischer Bau etwa aus der Mitte des 13. Jahrhunderts. Das Domikalgewölbe vermittelt einen hallenartigen Raumeindruck. Die neuromanische Erweiterung (1904–1908, abschließende Fertigstellung 1922) verstärkt durch den mächtigen Vierungskuppelbau diesen Eindruck. Als optisches Gegengewicht wurde das Westwerk um zwei Türme erweitert, die den alten

Schloß Varlar
(Foto: Geographische Kommission für Westfalen)

Karte I: Rosendahl

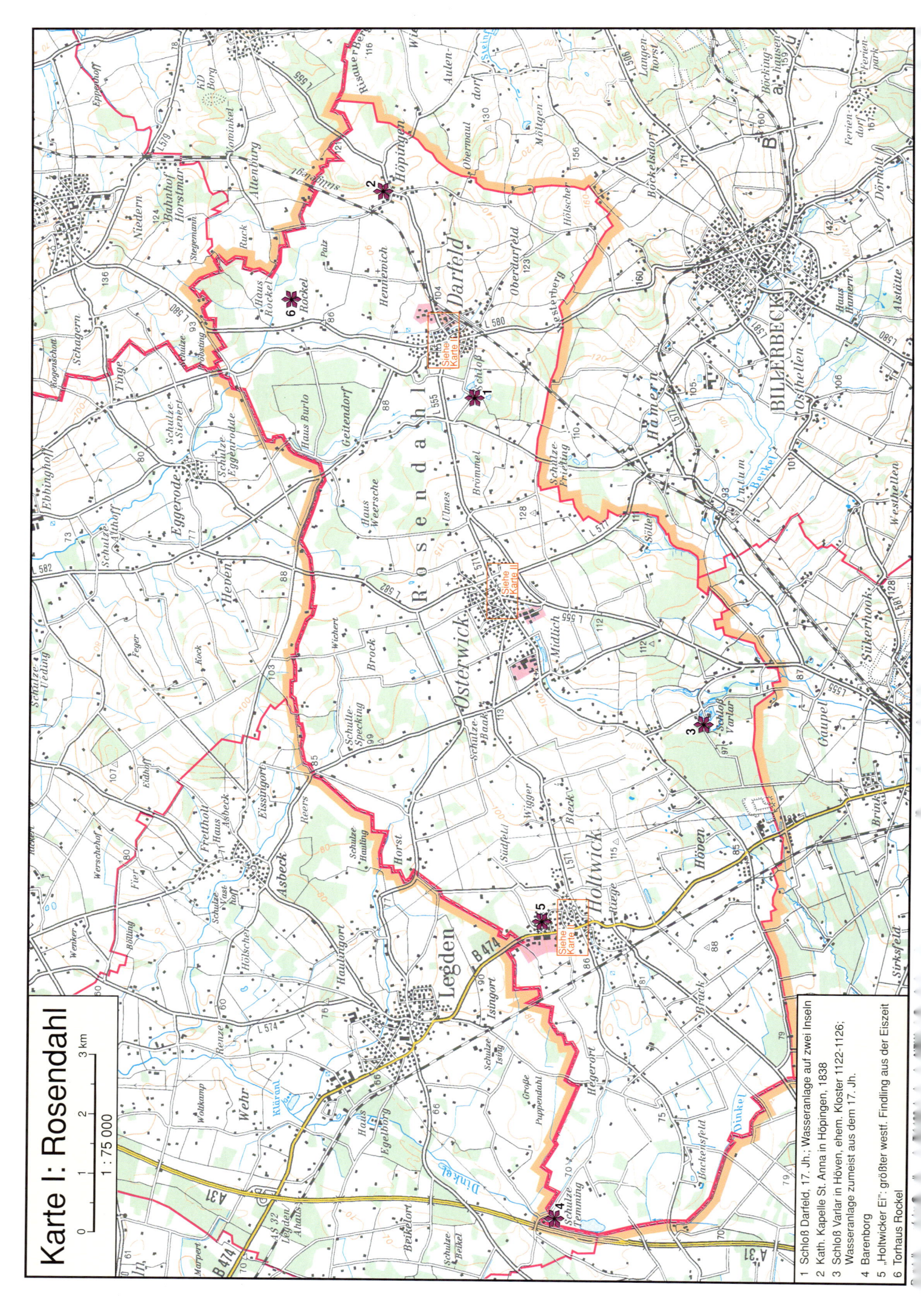

1 : 75 000

0   1   2   3 km

1 Schloß Darfeld, 17. Jh.; Wasseranlage auf zwei Inseln
2 Kath. Kapelle St. Anna in Höpingen, 1838
3 Schloß Varlar in Höven, ehem. Kloster 1122-1126; Wasseranlage zumeist aus dem 17. Jh.
4 Barenborg
5 „Holtwicker Ei": größter westf. Findling aus der Eiszeit
6 Torhaus Rockel

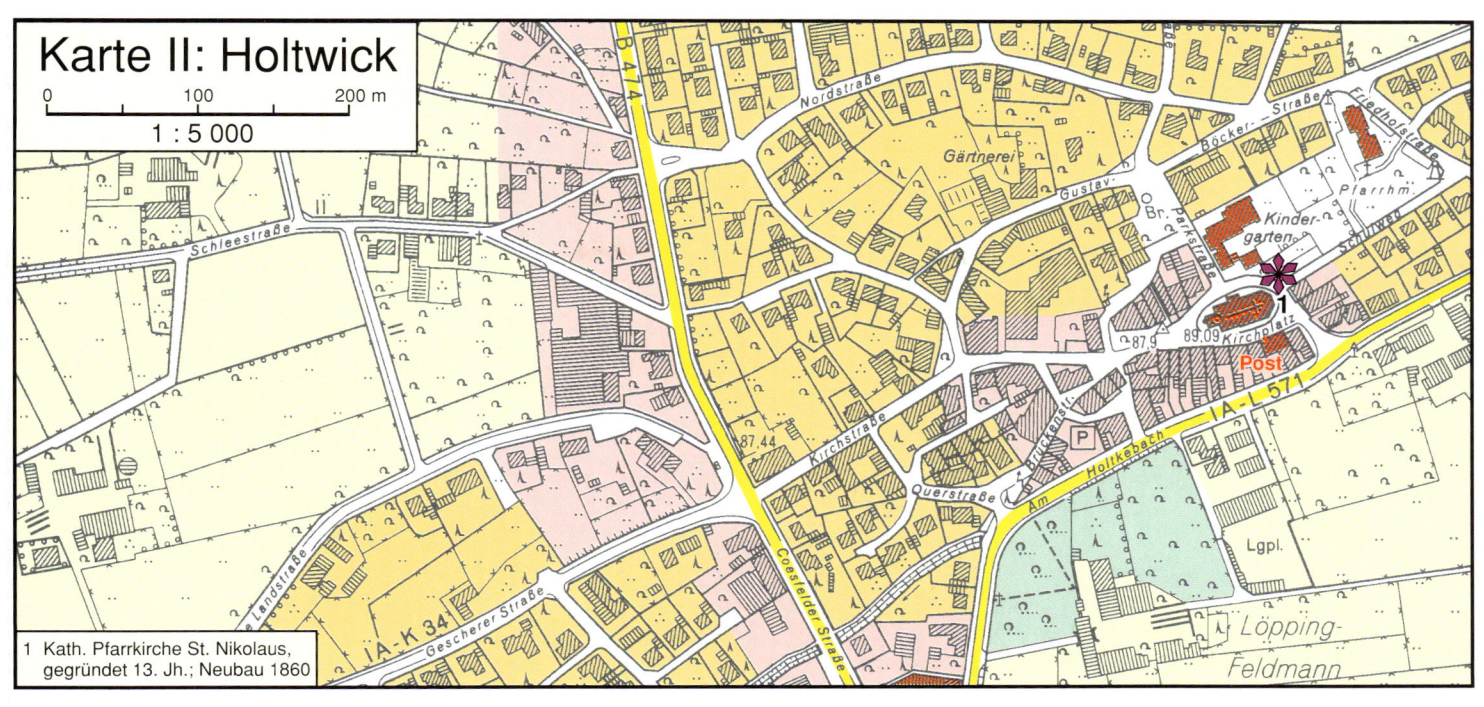

Karte II: Holtwick

0 100 200 m
1 : 5 000

1 Kath. Pfarrkirche St. Nikolaus, gegründet 13. Jh.; Neubau 1860

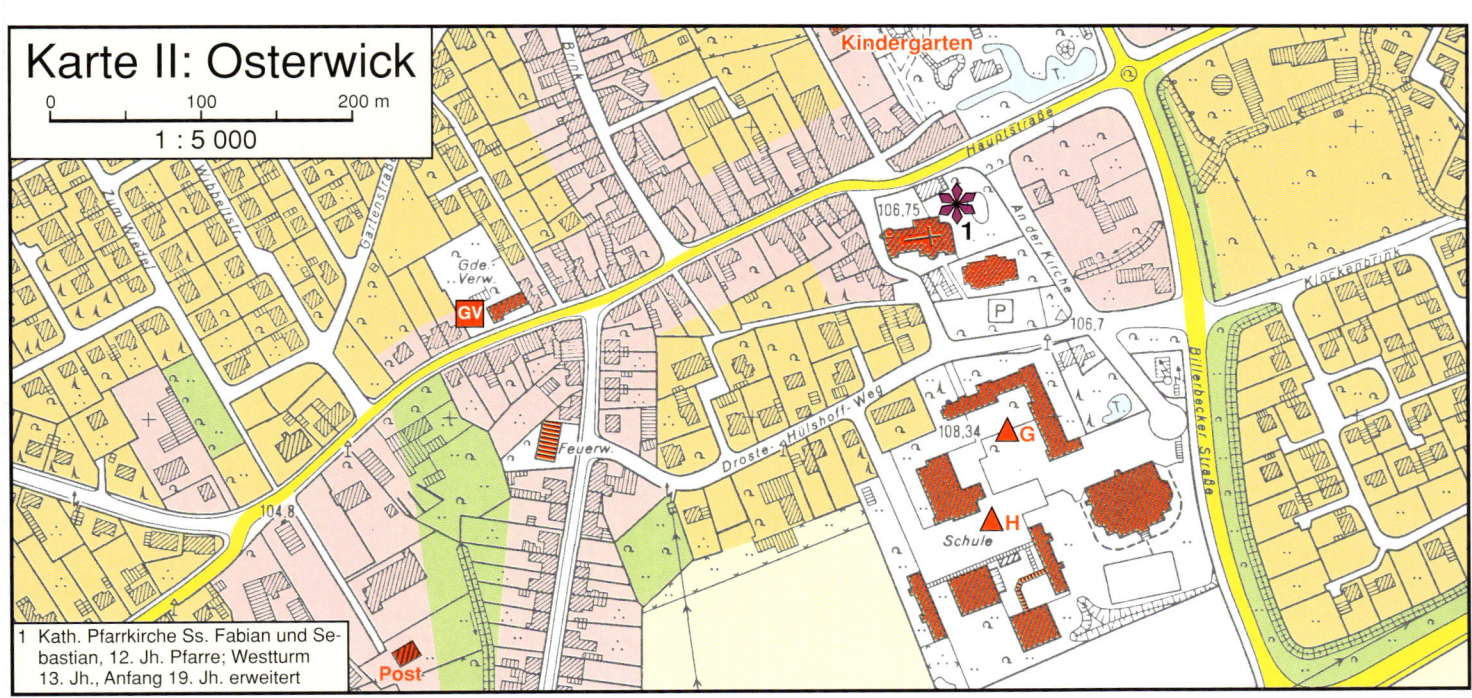

Karte II: Osterwick

0 100 200 m
1 : 5 000

1 Kath. Pfarrkirche Ss. Fabian und Sebastian, 12. Jh. Pfarre; Westturm 13. Jh., Anfang 19. Jh. erweitert

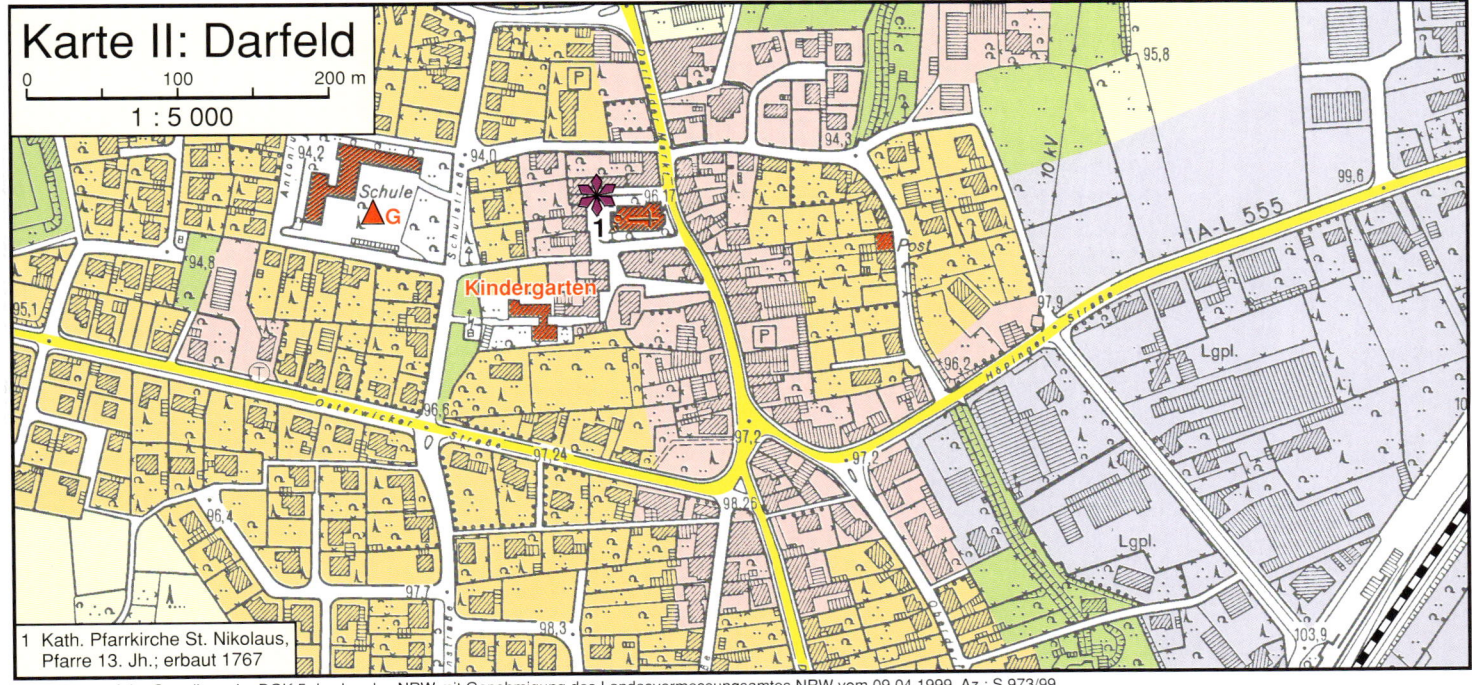

Karte II: Darfeld

0 100 200 m
1 : 5 000

1 Kath. Pfarrkirche St. Nikolaus, Pfarre 13. Jh.; erbaut 1767

Darstellung auf der Grundlage der DGK 5 des Landes NRW mit Genehmigung des Landesvermessungsamtes NRW vom 09.04.1999, Az.: S 973/99.

massigen Westturm flankieren. Insgesamt verfügt Rosendahl über 135 Bau- und Bodendenkmäler.

Entsprechend der positiven Bevölkerungsentwicklung sind die Wohnungszugänge allein von 1990–1998 von 2 685 um 523 auf 3 208, d.h. um 19,5%, gestiegen. Dabei hat sich zwar der Anteil der Einfamilienhäuser um 5,7%-Punkte auf 56,6% verringert, ist aber nach wie vor der höchste im Kreisvergleich (Mittel 42,6%). Mit 35,1 m^2 Wohnfläche pro Einwohner liegt Rosendahl knapp unter dem Kreismittelwert von 35,4 m^2.

Zu den größeren gemeindlichen Bauprojekten der jüngsten Zeit zählt die Rathauserweiterung in Osterwick. Das 1921 erbaute Amtshaus wurde zunächst 1954 ausgebaut; 1998 wurde dann nach dreijähriger Bauzeit ein neuer Erweiterungsteil mit Sitzungstrakt eingeweiht, der die alte Bausubstanz mit zeitgemäßer Architektur in vorbildlicher Weise vereint. Mit dem Bau eines zentralen Klärwerkes für die beiden Ortsteile Osterwick und Darfeld wird die Dreipoligkeit in der Entsorgungswirtschaft überwunden. In Holtwick wurde inzwischen die vorhandene Kläranlage ausgebaut und auf den modernsten technischen Stand gebracht. 1990 erhielt Holtwick ein Heimathaus und 1991 wurde in Darfeld das Heimat- und Bürgerhaus „Bahnhof Darfeld" zum kulturellen Zentrum des Ortsteils. Osterwick verfügt bisher nicht über ein vergleichbares kulturelles Zentrum.

III. Perspektiven und Planung

Die Dreipoligkeit Rosendahls wird betont durch die Konfiguration und die Lage der Gemeinde sowie die Reihung der Ortskerne. Der mittlere Ortskern von Osterwick ist für die Übernahme zentralörtlicher Funktionen prädestiniert. Einzelhandel und Dienstleistungen werden entsprechend verstärkt. Da das Zentrum aber insbesondere durch die konkurrierende Stadt Coesfeld beeinträchtigt wird, zeigen die peripheren Ortsteile Holtwick und Darfeld ambivalente Orientierung. Das betrifft sowohl den schulischen Sektor als auch den Kaufkraftabfluß, der selbst die Grundversorgung betrifft. Mittlerweile hat sich in Osterwick ein neues kleines Einkaufszentrum südlich der Hauptstraße entwickelt, das es weiter auszubauen gilt. Innerörtlich bedeutet diese Standortumorientierung zugleich auch eine Beeinträchtigung der Standortlagen im östlichen Teil des Ortskernes. Eine weitere Stärkung des Einzelhandels im Bereich des kurzfristigen Bedarfs in Osterwick ist notwendig.

Für die zukünftige Entwicklung des Gemeinwesens wird es wichtig sein, inwieweit das Vereins- und Gemeinschaftsleben, besonders in den Abteilungen Sport, Bildung und Kultur, integrativ wirken kann. Die Zusammenfassung des Angebots der Bildungswerke und aller Vereine wird praktiziert, wenn auch Holtwick noch sehr stark seine Eigenständigkeit betont. Im Freizeit- und Erholungssektor richten sich infrastrukturelle Aktivitäten u.a. auf den Ausbau des Fahradwegenetzes (z.B. zwischen Darfeld und Höpingen). Für die Verkehrsinfrastruktur ist der Ausbau einer Umgehungsstraße für Darfeld vorrangig (Plan festgestellt). Außerdem ist eine westliche Entlastungsstraße für Osterwick geplant.

Neu ausgewiesene und auszuweisende Baugebiete dienen der Arrondierung der Orte. Für Osterwick ist die Ausweitung im Osten bis hin zur Straße „Zum Bülten" denkbar, im Süden könnte der Ausbau bis an die L 555 herangeführt werden (Kleikamp I), und im Westen bestehen noch Baulandreserven bis zum Gewerbegebiet „Eichenkamp". In der Ortslage Holtwick sind neben dem zunächst als Teilabschnitt erschlossenen Baugebiet „Haus Holtwick" Ausweitungen und bauliche Verdichtungen im westlichen Bereich geeignet. Verdichtungen sind auch nahe dem Dorfkern sinnvoll. Das betrifft auch den Bebauungsplan „Holtwick Ost". Auch die Ortslage Darfeld hat Expansionsmöglichkeiten. Die Wohnbebauung könnte nördlich der Ortslage bis an die vorgesehene Trasse der Umgehungsstraße ausgeweitet werden. Den Anfang bildet das Baugebiet „Kortebrey". Die Fortsetzung erfährt es mit dem in Planung befindlichen Baugebiet „Nord-West".

Für Darfeld gibt es das Projekt „Wohnen und Leben mit Pferd", demzufolge es ermöglicht werden soll, in einem Neubaugebiet als Sonderfläche die Wohnfunktion mit Pferdehaltung zur Freizeitgestaltung bei großzügiger Parzellierung (2 000-4 000 m^2) zu ermöglichen. Die Planung ruht zur Zeit, kann aber jederzeit wieder aufgegriffen werden, wenn sich die Rahmenbedingungen hierzu positiv darstellen.

Neben den Siedlungserweiterungen werden auch siedlungsstrukturelle Maßnahmen durchgeführt. So gilt es, das Ortsbild der drei Dörfer zu wahren und angemessen auszugestalten. In Darfeld sind die denkmalgeschützten Objekte besonders zahlreich im Ort verteilt. Hier ist um die Kirche herum und im Bereich des Darfelder Marktes das Bauensemble zu erhalten. Über ein reizvolles Ortsbild verfügt auch Holtwick nach der städtebaulichen Neugestaltung (Baumaßnahme Kirchplatz und Kirchstraße), während Osterwick mit Kirche und Pastoratsgräfte ein stärker grünbetontes Dorfbild aufweist. Hier könnte die Hauptstraße ein neues Erscheinungsbild erhalten. Das ist aber abhängig von dem Ausbau der vorgesehenen westlichen Entlastungsstraße Osterwick.

Insgesamt empfiehlt sich Rosendahl mit dem Slogan: „Drei Dörfer zum Wohlfühlen".

Literatur

Alshuth, K. u. **W. Sandsten** (1978): Agrarstrukturelle Vorplanung Rosendahl-Darfeld, Kreis Coesfeld (Hg. Landesentwicklungsgesellschaft) Bielefeld

BVB Verlagsgesellschaft und Gemeinde Rosendahl (Hg) (1995) : Rosendahl. Raum für Wirtschaft und mehr ... Nordhorn

Freyer, O., Homering, C. u. **E. Langenbrinck** (1985): Rosendahl. In: Kreis Coesfeld, hg. Kr. Coesfeld. Dülmen, S. 478–483

Garwers, B. (1982): Chronik der Gemeinde Darfeld (Hg. C. Homering). Rosendahl

Gemeinde Holtwick (1974): Bildband Holtwick. Holtwick

Gemeinde Rosendahl (Hg.) (1979): Flächennutzungsplan und Erläuterungsbericht. Rosendahl; dazu: Entw. des FNP 1996, im Planfeststellungsverfahren

Gemeinde Rosendahl (Hg.) (1984–1991): Rosendahl, Wissenwertes und Interessantes. Rosendahl

Gemeinde Rosendahl (Hg.) (1992–1998): Chronik. Eine Chronik für Bürger und Gäste der Gemeinde. Rosendahl

Gemeinde Rosendahl (Hg.) (o.J.): Rosendahl (Osterwick, Darfeld Holtwick). Die Gemeinde im Herzen des Münsterlandes. (Mitherausgeber Verkehrsverein Rosendahl e.V.). Rosendahl

Gemeinde Rosendahl (Hg.) (ca. 1987): Rosendahl: Darfeld-Holtwick-Osterwick (Informationsprospekt). Rosendahl

Gemeinde Rosendahl (Hg.) (1988): Rathauserweiterung Rosendahl. Rosendahl

Graf Droste zu Vischering, Cl. (1978): Kurzgeschichte über Schloß Darfeld. Rosendahl

Regierungspräsident Münster (Hg.) (1980): Gebietsentwicklungsplan, Teilabschnitt Westmünsterland. Münster

Roters, D. (1989): Osterwick. Geschichte eines Dorfes im Münsterland. Hg. vom Heimatverein Osterwick. Dülmen

Roters, D. (1997): Holtwick. Beiträge zur Geschichte und Kultur eines Dorfes. Rosendahl

Roters, D. (1999): 400 Jahre Bürgerschützen Darfeld 1599–1999. Hg. v. Bürgerschützenverein Darfeld. Rosendahl

Schönox-Werke (Hg.) (1988/1998): Jahresberichte 1987 und 1997. Rosendahl

Seliger, Cl. (1982): Pfarrkirche Ss. Fabian und Sebastian in Osterwick. Hg. von der Kath. Pfarrgemeinde Ss. Fabian und Sebastian in Osterwick. Osterwick

Steinbicker, O. (1996): Raum für Wirtschaft und mehr ... In: Wirtschaft aktuell. Ztschr. d. Wirtschaftsförderungsgesellschaft für den Kreis Coesfeld mbH 1996, H. 10 (Schwerpunkt Rosendahl), S. 23-34.

Tuttahs, G., Steinbrügge, U. u. **H. Engelmann** (1989): Kommunaler Umweltschutz in Rosendahl – Kreis Coesfeld. Neubau der Gemeinschaftskläranlage im Ortsteil Osterwick. Rosendahl

Vennemann, W. (1989): 20 Jahre Berichterstattung über die Partnerschaft Rosendahl–Entrammes. Rosendahl

Vollmer, U. (1992): St. Nikolaus Pfarrkirche Holtwick. Kirchenführer. Hg. von der Kirchengemeinde St. Nikolaus Holtwick. Rosendahl

Wirtschaftsförderungsgesellschaft f. d. Kreis Coesfeld (Hg.) (1988): Einkaufsverhalten und Wirtschaftstruktur. Eine empirische Untersuchung des tertiären Sektors der Gemeinde Rosendahl. Dülmen

Wolters, Fr. u. **L. Wolters-Krebs** (1987): Gemeinde Rosendahl. Ortskern Osterwick. Städtebauliche Rahmenplanung. Coesfeld

Senden
(Foto: Gemeinde Senden)

Manfred Nolting
Senden

Einwohner: 19 270
Fläche: 109,29 km²

I. Lage und Entwicklung

Die Gemeinde Senden wurde 1975 aus den Gemeinden Senden, Bösensell, Ottmarsbocholt und Venne gebildet. Ihre Nord-Süd-Erstreckung beträgt ca. 20 km, die größte West-Ost-Ausdehnung von ca. 13 km besteht im mittleren Teil im Bereich des Hauptortes Senden, an den sich im Norden und Süden schmalere Teile mit den Orten Bösensell und Ottmarsbocholt angliedern. Die drei Orte sind jeweils mit einem Kranz von Bauerschaften umgeben. Die Gemeinde liegt im östlichen Teil des Kreises Coesfeld und wird südlich, westlich und nördlich eingerahmt von den Grundzentren Ascheberg, Nordkirchen, Nottuln und Havixbeck sowie den Mittelzentren Lüdinghausen und Dülmen, die alle zum Kreis Coesfeld gehören. Im Osten grenzt Senden unmittelbar an das Oberzentrum Münster, mit dem Senden entsprechend seiner Nord-Süd-Erstreckung die längste gemeinsame Grenze hat.

Verkehrliche Einbindung

Die Gemeinde liegt in dem Verkehrsdreieck, das von der A 43 und der A 1 sowie den DB-Strecken Münster–Essen und Münster–Dortmund gebildet wird. Beim Ort Bösensell besitzt die Gemeinde einen eigenen Autobahnanschluss an der A 43 mit Verbindungen ins Ruhrgebiet, zu den Nachbarzentren Nottuln (und weiter zur Kreisstadt Coesfeld) und Dülmen sowie zum Oberzentrum Münster. Die A 43 schafft im nahegelegenen Autobahnkreuz Münster-Süd gleichzeitig den Anschluss an die A 1. Eine weitere Anschlussmöglichkeit an die A 1 besteht an der Auffahrt Ascheberg, die über die B 58 erreicht wird, welche die Gemeinde im Südteil streift. Ebenfalls im Ort Bösensell besitzt die Gemeinde Senden einen eige-

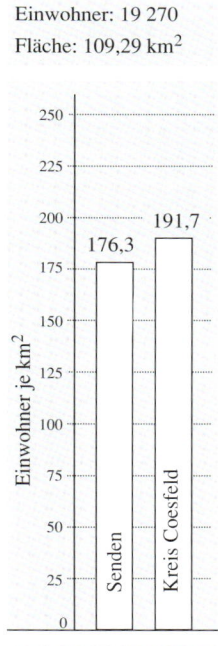

(LDS NRW, Stand: 01.01.2000)

Grundzentrum in einem Gebiet mit überwiegend ländlicher Raumstruktur (LEP NRW 1995, Teil A)

Am 1.7.1975 gebildet aus den Gemeinden Bösensell, Ottmarsbocholt, Senden und Venne

nen Eisenbahnanschluss an der DB-Strecke Münster–Essen. Im Südteil der Gemeinde sind die nächstgelegenen Bahnanschlüsse in Davensberg und Ascheberg an der DB-Strecke Münster–Dortmund. Die von Nord nach Süd verlaufende B 235 und ihre nördliche Verlängerung als L 550 schaffen innergemeindlich die Verbindung vom Hauptort Senden nach Bösensell, überörtlich nach Lüdinghausen und Havixbeck. Die L 844 verbindet den Hauptort innergemeindlich mit Ottmarsbocholt und überörtlich mit Davensberg und Appelhülsen, wo ein weiterer Autobahnanschluss gegeben ist und wo über die anschließende B 525 die Direktverbindung zum Kreisort Coesfeld hergestellt wird. Kreisstraßen verbinden Senden, Bösensell und Ottmarsbocholt überörtlich mit Nottuln, Buldern, Hiddingsel und Nordkirchen. Straßenverbindungen nach Münster bestehen neben den Autobahnstrecken vom Ort Senden aus über die L 529 und L 884, von Bösensell über die L 551 und von Ottmarsbocholt über die L 884. Zu den angeführten Verbindungen kommen gut ausgebaute Gemeindestraßen. Ein weiterer wichtiger Verkehrsweg ist der Dortmund-Ems-Kanal, der unmittelbar am Ort Senden vorbeiführt.

Naturraum

Die Gemeinde Senden liegt im Kernmünsterland und gehört morphologisch zu den Ebenen und Flachmulden der Münsterländer Platten und der Münsterschen Ebene. Über den Untergrund aus Kreideschichten sind glaziale Sedimente aufgebaut. Dem flachen Relief entsprechen Geländehöhen zwischen 60 u. 65 m ü.NN, die an der Südgrenze unmerklich auf 70 m ü.NN ansteigen und dort allmählich zu den Lippehöhen überleiten. Eine Ausnahme besteht nur im Nordwesten, wo die Schichtstufe der Baumberge gestreift und Höhen von 91 m ü.NN erreicht werden. Der tiefste Punkt liegt mit 54 m ü.NN in der Sterverniederung an der südwestlichen Grenze. Die jährliche Niederschlagsmenge beträgt 700–750 mm bei vorherrschend westlichen Winden. Bodenmäßig überwiegen schwach gebleichte, nasse Braunerden, die durch tonige, feuchte Karbonatböden und sandige Böden ergänzt werden. Entscheidend für Bodentyp, natürlichen Pflanzenwuchs und Kulturvegetation ist der mit dem undurchlässigen Untergrund verbundene hohe Grundwasserstand.

Auf den Braunerden herrscht als natürlicher Waldtyp ein Eichen-Hainbuchen-Mischwald in seinen verschiedenen Abwandlungen vor. In den sumpfigen Niederungen finden sich Erlenbruchwälder, entlang der Wasserläufe reihen sich schmale Streifen eines Erlen-Eschenwaldes und auf den sandig-kiesigen Bodenwellen kommen Relikte eines Eichen-Birken-Waldes vor, der heute meistens durch einen Kiefernwald ersetzt worden ist.

Der Landschaftscharakter Sendens wird kernmünsterländisch bestimmt durch den Wechsel von Acker- und Weideflächen sowie von Waldstücken und einem Netz von Wallhecken, Hecken und Baumreihen entlang der Bäche. Der gegenwärtige Landschaftscharakter erscheint geschlossener und waldreicher als derjenige der Nachbargemeinden, was sich im höheren Anteil der Waldfläche an der Katasterfläche ausdrückt (19,9% gegenüber 14,9% im Kreismittel) und seine Ursachen vor allem in der waldreichen Davert hat, die den Ostteil des Gemeindegebietes ausfüllt.

Die Davert ist eine Flachmulde im Osten der Gemeinde mit ausgeprägten Staunässeböden und vereinzelten Sanddünen. Von den Hochmooren, die sich ehemals auf der Linie Ottmarsbocholt-Venne hinzogen, ist heute nur noch das Venner Moor geblieben, während die anderen durch Enttorfung und Trockenlegung in Kulturland überführt worden sind. Das Venner Moor bzw. seine Reste sind seit 1954 als Naturschutzgebiet ausgewiesen. Dies stellt nicht nur für die Gemeinde Senden ein herausragendes Naturdenkmal dar, sondern besitzt ebenso für das nahegelegene Münster, für den Kreis Coesfeld und darüber hinaus eine besondere Anziehungskraft (siehe die Beiträge von K.-H. Otto u. H. Heineberg in diesem Band). Der Nordteil der Gemeinde, der in das Nottulner Hügelland reicht, wird von der Bösenseller Sandlöß-Fläche ausgefüllt, die durch den Helmerbach nach Süden zur Stever entwässert und vornehmlich ackerbaulich genutzt wird. Der Südteil der Gemeinde gehört zur Ascheberger Platte, hat über den Rinnbach seinen Abfluss zur Stever und weist ebenfalls einen offeneren Landschaftscharakter mit Äckern und Weideflächen auf. Im Westen erstreckt sich auf der Buldener Platte die Holtruper Lehmebene mit Acker- und Weideflächen und eingestreuten Waldstücken. Im Südwesten folgt die Lüdinghausen-Olfener Flachmulde mit der Sterverniederung und dominierender Weidewirtschaft.

Senden liegt an der mittleren Stever, die mit ihren Zuflüssen das Gemeindegebiet entwässert. Zu Helmerbach und Rinnbach kommen im zentralen Bereich um den Ort Senden noch Roggenbach, Rietengraben, Wortbach und Offerbach, der zusammen mit dem Rinnbach den Dümmerbach ergibt. Die Westgrenze des Gemeindegebietes fällt mit dem Nonnenbach zusammen. Knapp jenseits der Ostgrenze verläuft die Wasserscheide zwischen den Einzugsgebieten von Stever und Werse bzw. Aa und damit zwischen Lippe und Ems.

Historische Entwicklung

Wenige Bodenfunde aus den sandigen Randzonen der Niederungen oder den Trockeninseln deuten auf einzelne vorgeschichtliche Wohnplätze hin, welche die feuchten Niederungen, aber auch die schweren Lehmböden ausgespart haben. Fehlende Funde für die Zeit von 700 v.Chr. bis 700 n.Chr. lassen eine Neubesiedlung durch die Sachsen vermuten (Klein 1992, S. 4–15). Die Besiedlung der Gemeinde war im 10./11. Jh. abgeschlossen. Damit waren nicht nur die Besitzverhältnisse festgelegt, sondern es hatte sich auch eine Siedlungs- und Landschaftsstruktur mit bäuerlichen Wohnplätzen und den einzelnen Dorfkernen, mit Ackerflächen, Weiden, Waldstücken und Mooren herausgebildet, die in ihren Grundzügen bis heute besteht (Ilisch 1992, S.18).

Die gute Bodenqualität der Braunerden führte im Nottulner Hügelland, auf der Bösenseller Sandlößfläche, in der Holtruper Lehmebene und auf der Ascheberger Platte zu einer überwiegend ackerbaulichen Nutzung. Auf den ärmeren Böden gab es über die 20er Jahre des 19. Jh.s hinaus eine gemeinschaftliche Nutzung, die einen drei- bis vierjährigen Wechsel von Ackerbau und Weidewirtschaft einschloß. Solche Gemeinschaftsflächen, die seit Beginn des 19. Jh.s aufgelöst wurden, sind heute vielfach noch an der Bezeichnung „Heide" oder „Feld" erkennbar und lassen sich für alle Bauerschaften der Gemeinde Senden nachweisen (Ilisch 1992, S. 26–35). Die größte Fläche bestand bis zu ihrer Aufteilung im Jahr 1823 in der Alvingheide im Osten von Bösensell mit 1 365 Morgen. Wälder und Moore unterlagen bis zum Beginn des 19. Jh.s ebenfalls einer gemeinschaftlichen Nutzung als Hude und als Holz- bzw. Torflieferunt.

Die Struktur der bäuerlichen Ansiedlung ist bestimmt von Einzelhöfen und Gruppensiedlungen, die sich über das gesamte erschlossene Areal verteilen. Während im Norden der Gemeinde lockere Kleingruppensiedlungen von unter 10 Höfen vorherrschen, dominieren im mittleren und südlichen Teil Einzelhöfe und Hofgruppen von 2 bis 3 Höfen. Die Höfe standen bis zum Beginn des 19. Jh.s in unterschiedlichen Abhängigkeiten zu geistlichen und weltlichen Grundherren und zu ihrer zugehörigen Pfarrkirche. Sie waren rechtlich und fiskalisch in Bauerschaften zusammengefaßt, die kirchlich zu einem Kirchspiel und gerichtlich zu einem Gogerichtsbezirk gehörten. Reste ehemaliger Gogerichtsgrenzen sind noch in einzelnen Landwehren in den Bauerschaften sichtbar (Ilisch 1992, S. 17–41). Eine erste urkundliche Erwähnung der Bauerschaften erfolgt um 900 im Urbar der Abtei Werden bei der Dorfbauerschaft Bösensell (Kirchspiel Bösensell), der Dorfbauerschaft Senden, den Bauerschaften Bredenbeck und Gettrup (Kirchspiel Senden); die Bauerschaften Dorfbauerschaft Ottmarsbocholt und Oberbauerschaft (Kirchspiel Ottmarsbocholt) werden im selben Verzeichnis im 10. Jh. erwähnt. Die übrigen Bauerschaften finden im Laufe des 11. und 12. Jh.s Erwähnung beim Besitzerwechsel einzelner Höfe bzw. bei der Einrichtung einer Pfarrkirche in Appelhülsen und in Venne (Ilisch 1992, S. 42–78).

Die Dörfer Senden, Bösensell und Ottmarsbocholt und mit Einschränkung Venne entwickelten sich zu kirchlichen und weltlichen Mittelpunkten für die umliegenden Bauerschaften. Ihre Ursprünge liegen in Schultenhöfen und dazugehörigen Eigenkirchen, die zu Pfarrkirchen eines Kirchspiels erhoben wurden (Bösensell, Ottmarsbocholt), oder in Adelssitzen (Senden). Erste urkundliche Erwähnungen der Dörfer finden sich für Senden um 900, für Bösensell um 1150 und Ottmarsbocholt um 1230. Venne wird erstmalig 1249 im Zusammenhang eines Hospitals für erkrankte Pilger und Kreuzritter erwähnt (Ilisch 1992, S. 161–178). Im Vergleich der vier Kirchspiele hat sich das Dorf Senden frühzeitig zum größten und bedeutsamsten Ort entwickelt, was sich im Mittelalter in einem eigenen Go- und Freigerichtsbezirk ausdrückte und sich im 18. Jh. in einer verstärkten Gewerbeansiedlung bemerkbar machte. Im Jahre 1816 entfielen von den insgesamt 4 271 Einwohnern auf Senden 2 042 E. (48%), auf Ottmarsbocholt 1 397 E. (33%), auf Bösensell 741 E. (17%) und Venne 91 E. (2%).

Die 1816 endgültig im Münsterland eingeführte preußische Territorialverfassung hat, von zwischenzeitlichen Modifikationen abgesehen, für das Gebiet der Gemeinde Senden bis 1975 Bestand gehabt. Aus den bis zur Auflösung des Fürstbistums Münster bestehenden Kirchspielen Senden, Ottmarsbocholt, Bösensell und Venne wurden eigenständige Gemeinden, die alte Zuordnung zu den fürstbischöflichen Ämtern wurde durch die Einbindung in die neu gegründeten Landkreise Lüdinghausen bzw. Münster abgelöst. Die anfänglich von den Franzosen übernommenen Bürgermeistereien wurden 1841 durch eine Ämterverfassung ersetzt. Die Gemeinde Bösensell gehörte zum Amt Roxel und damit zum Landkreis Münster. Ottmarsbocholt bildete mit Venne eine Amtsgemeinde mit Sitz in Ottmarsbocholt. Die Gemeinde Senden bildete ein eigenes Amt, zu dem zwischenzeitlich auch die Gemeinde Appelhülsen gehörte und das von 1856–1914 in Personalunion mit Ottmarsbocholt geführt wurde. Senden, Ottmarsbocholt und Venne gehörten zum Landkreis Lüdinghausen.

Die für die soziale und wirtschaftliche Entwicklung bedeutsamen preußischen Reformen, die im ländlichen Bereich die Ablösung der aus den überkommenen grundherrlichen Abhängigkeiten bestehenden Abgaben und Verpflichtungen und die Auflösung des dörflichen Gemeinschaftslandes bedeuteten, waren im Gebiet der Gemeinde Senden um 1850 abgeschlossen (Kloosterhuis

1992, S. 401–413).

Mit der Neugliederung der Gemeinden und Kreise von 1975 sind die Orte Senden, Ottmarsbocholt, Bösensell und Venne zur Gemeinde Senden zusammengefasst und dem Kreis Coesfeld zugeordnet worden. Die im Rahmen der Neuordnung erfolgten Grenzbereinigungen mit den Nachbargemeinden bedeuteten für die ehemaligen Rittersitze Groß- und Klein Schonebeck in der Bauerschaft Wierling die Ausgliederung in die Gemeinde Nottuln.

Die Bevölkerungsentwicklung ab 1800 lässt sich in zwei Abschnitte einteilen, die sich mit der allgemeinen wirtschaftlichen, sozialen und politischen Entwicklung in Preußen, im Deutschen Reich und der Bundesrepublik decken, die aber auch lokale Komponenten besitzen und wechselnde Auf- und Abschwünge aufweisen (Tab. 1).

Der erste Abschnitt reicht vom Beginn des 19. Jh.s bis zum Ende des Zweiten Weltkriegs und ist von einem mittleren jährlichen Wachstum von 0,3% geprägt. Aufschwüngen in der ersten und zweiten Hälfte des 19. Jh.s mit Wachstumsraten von durchschnittlich jährlich 0,7% bzw. 0,5% folgen jeweils Abschwünge um die Jahrhundertmitte und die Jahrhundertwende, in denen die Bevölkerung sogar geringfügig abnimmt. In der ersten Hälfte des 20. Jh.s herrscht ein stetiges, langsames Wachstum von jährlich durchschnittlich 0,2% vor.

Mit dem Zweiten Weltkrieg setzt ein neuer Abschnitt der Bevölkerungsentwicklung ein. Die Bevölkerung steigt von 1939 bis 1946 durch die Aufnahme von Evakuierten und Flüchtlingen sprunghaft um 40% an. In den Jahrzehnten bis 1990 folgen mittlere jährliche Zuwachsraten von 1,6% mit einem deutlichen Maximum in den 70er Jahren, in denen das Wachstum auf jährliche Raten von 4% klettert. In der ersten Hälfte der 90er Jahre beschleunigt sich das Wachstum erneut und liegt wiederum bei jährlich durchschnittlich 4%. Ein Grund liegt in der Umwandlung einer Siedlung für Nato-Angehörige im Westen von Senden in ein gemeindliches Wohngebiet für Sendener Bürger. Nach einer Beruhigungsphase in der zweiten Hälfte der 90er Jahre deutet die Entwicklung im ersten Jahrzehnt des neuen Jahrhunderts erneut auf ein verstärktes Wachstum hin.

Die Altersstruktur zeigt 1997 Übergewichte bei den 1–20jährigen und den Personen zwischen 20 und 45 Jahren. Hier liegt die Gemeinde über dem Landesdurchschnitt. Im Anteil der Personen über 45 Jahre bleibt sie hinter dem Landesmittel zurück (Tab. 2). Die Familienstruktur weist nach der Volkszählung 1987 einen deutlichen Schwerpunkt bei den Haushalten mit vier und mehr Personen auf. Die durchschnittliche Haushaltsgröße liegt bei drei Personen (Tab. 3). Senden weist sich damit als Gemeinde mit jungen Familien mit Kindern aus. Bis 2010 wird allerdings, dem allgemeinen Trend folgend, ein Absinken der Haushaltsgröße auf 2,6 Personen erwartet (FNP 2000: S. 30).

Die Bevölkerungsentwicklung in den vier Orten der Gemeinde verläuft bis zum Ende des Zweiten Weltkrieges im wesentlichen gleichförmig. Nach dem Bevölkerungsschub in allen Ortsteilen am Kriegsende kommt es in Bösensell, Ottmarsbocholt und Venne durch den Rückzug und Wegzug der Evakuierten und Flüchtlinge bis 1960 zu einer Stagnation bzw. einem Bevölkerungsrückgang, während Senden durch eine aktive Ansiedlungspolitik und Wirtschaftsförderung die Flüchtlinge im wesentlichen im Ort halten kann und damit einen Entwicklungsvorsprung gewinnt. In den 70er Jahren finden Ottmarsbocholt und Bösensell Anschluss an die dynamische Bevölkerungsentwicklung der Gemeinde, was auch in diesen Orten zu einschneidenden Veränderungen des Ortsbildes und der Sozialstruktur führt, aber nicht den Vorsprung Sendens ausgleicht. Die Hauptentwicklung vollzieht sich weiterhin im Ort Senden, wo 1998 schließlich mehr als Zweidrittel der Einwohner der Gemeinde ansässig sind. Der Ortsteil Venne hat sich dagegen zu einer Bauerschaft mit einem kirchlichen Mittelpunkt zurückentwickelt.

Während die umliegenden Bauerschaften im 19. Jh. gegenüber den Dörfern Ottmarsbocholt und Bösensell bevölkerungsmäßig noch annähernd gleichgewichtig waren bzw. überwogen,

Tab. 1: Bevölkerungsentwicklung in Senden 1818–1999

Jahr	Gesamt	Ortsteil Senden	Ortsteil Ottmarsbocholt	Ortsteil Bösensell	Ortsteil Venne
1818	4 271	2 042	1 397	741	91
1843	5 028	2 479	1 494	933	122
1858	5 179	2 492	1 545	999	143
1871	5 079	2 473	1 481	988	137
1883	5 239	2 631	1 436	995	177
1895	5 409	2 757	1 508	944	200
1905	5 247	2 629	1 469	998	151
1925	5 719	2 753	1 618	1 177	171
1933	5 790	2 814	1 635	1 152	189
1939	5 803	2 894	1 616	1 124	169
1946	8 102	4 068	2 265	1 544	225
1950	8 199	4 189	2 253	1 537	220
1961	8 110	4 464	2 066	1 423	157
1970	9 987	6 094	2 243	1 497	153
1980	14 317	9 549	2 634	1 991	143
1990	15 341	10 125	2 762	2 301	153
1999	19 209	13 173	3 316	2 596	124

(Quelle: Reekers, St.: Westfalens Bevölkerung 1818-1866; Gemeinde Senden, LDS NRW)

Tab. 2: Altersstruktur der Bevölkerung 1997

	Altersstruktur der Bevölkerung in % im Alter von ... bis unter ... Jahren							Durchschnittsalter
	0-5	5-15	15-20	20-45	45-65	65-80	über 80	Jahre
Gemeinde Senden	6,6	14,7	6,4	39,5	22,1	8,2	2,6	35,9
Kreis Coesfeld	6,5	13,6	6,1	38,3	22,4	10,1	3,1	37,3
Land NRW	5,3	11,0	5,1	37,3	25,2	12,2	3,8	40,3

(Quelle: LDS NRW, Stand: 01.01.97)

Tab. 3: Haushaltsgrößen 1987

Größe	Gemeinde Senden Anzahl	Gemeinde Senden %	Land NRW %
1 Person	982	20,4	32,9
2 Personen	1 093	22,7	29,3
3 Personen	890	18,4	18,1
4 u. mehr Pers.	1 860	38,5	19,7

(Quelle: LDS NRW Volkszählung 1987)

verschiebt sich die Entwicklung im 20. Jh. hin zu den Ortskernen, wo sich in der zweiten Hälfte eine Eigendynamik entfaltet, die das Wachstum ausschließlich auf die Kerne zentriert, so daß die Orte in ihrer Siedlungs-, Wirtschafts- und Sozialstruktur verändert werden.

Wenn auch wichtige Anstöße der Bevölkerungsentwicklung nach dem Zweiten Weltkrieg von außen erfolgten, so ist doch eine Eigendynamik unverkennbar. Sie basiert auf der verkehrsgünstigen Lage in der Nähe des Oberzentrums Münster und wird vorangetrieben durch eine aktive gemeindliche Entwicklungspolitik, die frühzeitig die Standortvorteile genutzt, durch günstige Angebote und Bedingungen im Bereich der Wohn- und Gewerbeansiedlung die Lagevoraussetzungen noch verstärkt und flexibel und zukunftsorientiert auf den Wandel in der Bevölkerungs- und Sozialstruktur reagiert hat. Die Bevölkerungsprognose schätzt für das Jahr 2010 eine Einwohnerzahl von 20 710 Personen (FNP 2000: S. 28).

Die wachsende Bevölkerung ist wechselseitig mit einer Siedlungsentwicklung verknüpft, die erstmalig zwischen den Weltkriegen als Modernisierung von einzelnen Gebäuden im Ortskern, als Ausbau entlang der Ausfallstraßen und als Erweiterung um kleine geschlossene Neubaugebiete deutlicher in Erscheinung tritt und an alte, verdichtete Dorfkerne anknüpft, die sich in Ottmarsbocholt um die Kirche mit ihrem Kirchhöfnerring und in Senden nördlich der Kirche ausgebildet hatten. Der Hauptausbau erfolgt nach dem Zweiten Weltkrieg, als mit der sprunghaft wachsenden Bevölkerung die Zahl der Gebäude in Bösensell um das Zehnfache, in Ottmarsbocholt um das Achtfache und in Senden um das Dreifache wächst (Wermert 1992, S. 551). In mehreren Phasen entstehen ab Beginn der 50er Jahre gleichzeitig und nacheinander in allen drei Ortsteilen umfangreiche geschlossene Neubaugebiete, die die verschiedenen Bauordnungen und architektonischen Stile der Jahrzehnte nach dem Zweiten Weltkrieg widerspiegeln. Gleichzeitig mit der Ausweitung der Siedlungsfläche erfolgten eine Modernisierung, Restaurierung und Verschönerung der alten Ortskerne, verbunden mit dem Ausbau von Versorgungs- und Bildungseinrichtungen sowie der Neuschaffung von umfangreichen Freizeitanlagen. In Senden wurde von 1961–1991 ein umfassendes Dorfsanierungsprogramm durchgeführt, in dessen Verlauf nicht nur Wohn- und Geschäftsgebäude modernisiert und neu errichtet und historisch bedeutsame Gebäude restauriert sowie zum Teil neuen Nutzungen zugeführt wurden, sondern auch 42 Gebäude der Erneuerung weichen mussten. Erreicht wurden eine Auflockerung des Ortskerns und damit die Beseitigung von Straßenengpässen, die Schaffung von ausreichenden Parkmöglichkeiten, der Neubau des gemeindlichen Verwaltungszentrums und die Bereitstellung von zusätzlichen Geschäfts- und Büroflächen. Die Gewerbebetriebe im Ortskern sind stillgelegt bzw. in das Gewerbegebiet ausgelagert worden, die alten Gebäude und Betriebsflächen wurden verschiedenen anderen Nutzungen zugeführt.

Im Jahre 1979 war auf dem Gebiet der Gemeinde Senden die 1965 begonnene Steverregulierung abgeschlossen und damit die Überschwemmungsgefahr einer Hochwasser führenden Stever gebannt. Im Zusammenhang des Steverausbaus sind ausgedehnte Grün- und Parkanlagen geschaffen worden, in denen sich die neu geschaffenen zentralen Freizeiteinrichtungen befinden und die Schulen konzentriert worden sind.

Wirtschafts- und Verkehrsentwicklung

Als Mittelpunkte eines Kirchspiels zogen die Orte schon im Mittelalter und dann in fürstbischöflicher Zeit Handwerker und Gewerbe an, die für den bäuerlichen und herrschaftlichen Bedarf arbeiteten und von denen das Mühlengewer-

Tab. 4: Gewerbebetriebe in Senden* 1804	
Sparte	Anzahl
Nahrungsmittel	17
Textil/Leder	29
Bauhandwerk	12
Holz/Metallgewerbe	20
Handel	14
Gesamt	92

* ohne Ottmarsbocholt, Bösensell u. Venne
(Quelle: Chronik Senden)

Tab. 5: Gewerbebetriebe in den Altgemeinden von Senden um 1930				
Sparten	Anzahl			
	Senden 1927	Ottmarsbocholt 1925	Bösensell 1932	Venne 1930
Nahrungsmittel	31	15	12	2
Textil/Leder	31	14	12	-
Bauhandwerk	12	6	5	-
Holzgewerbe	24	22	8	-
Metallgewerbe	8	6	5	-
Dienstleistungen	11	2	2	-
Handel	19	11	-	-
Sonstiges	3	3	-	-
Gesamt	139	79	40	2

(Quelle: Chronik Senden)

Tab. 6: Firmengründungen in Senden in der 2. Hälfte des 19. Jh.s		
Brennerei	Brüggemann	1854
Lohgerberei	Kortleder & Busemann	1863
Stielfabrik	Holken	1868
Lohgerberei	Besselmann	1870
Strumpfstrickerei	Rhode & Schulte	1876
Strumpfwarenfabrik	Schulte & Frerichmann	1882

(Quelle: Chronik Senden)

be besonders erwähnenswert ist. Hinzu kamen Krämer, Brauer und Gastwirte. Im 18. Jh. entwickelte sich mit der Leineweberei neben dem Handwerk langsam ein Kleingewerbe, das vor allem als Heimarbeit betrieben wurde. Die Bauvorhaben der münsterischen Fürstbischöfe schufen für das Bauhandwerk in der Region zusätzliche Arbeitsplätze. Die gewerbliche Ausstattung im Kirchspiel Senden erscheint beispielhaft (Tab. 4) für die ausklingende fürstbischöfliche Herrschaft. Die Gründung der Brennerei Palz als erste Fabrik im Jahre 1780 weist auf eine neue Entwicklung hin.

Mit dem Recht auf persönliche Freiheit und der Gewerbefreiheit, die mit den napoleonischen Dekreten von 1808 und 1811 ausgesprochen wurden, und bedingt durch die preußische Reformpolitik kommt es zu Beginn des 19. Jh.s zu einem sprunghaften Anwachsen der Handwerks- und Gewerbebetriebe in allen Wirtschaftssparten. Um die Jahrhundertmitte folgt eine Krise, in der die Anzahl der Betriebe unter das Niveau zu Jahrhundertbeginn absinkt (Kloosterhuis 1992, S. 417). Danach beginnt eine langsame, nur von geringen Schwankungen begleitete Aufwärtsentwicklung, die bis zum Zweiten Weltkrieg anhält. Es entstehen hauptsächlich kleine Handwerksbetriebe mit einem bis drei Beschäftigten, deren Zahl um 1930 für das heutige Gemeindegebiet auf ca. 260 angewachsen ist (Tab. 5). Gemessen an der Einwohnerzahl liegen Senden und Ottmarsbocholt gleichauf. Im Vergleich der Sparten hat in Ottmarsbocholt die Holzverarbeitung stärkeres Gewicht, während in Senden die Textil- und Lederverarbeitung die erste Stelle einnimmt. In den Dienstleistungsberufen hat Senden einen deutlichen Vorsprung. In der 2. Hälfte des 19. Jh.s entstehen neben der Brennerei Palz eine Anzahl weiterer Fabriken (Tab. 6). Als Besonderheit wird in Ottmarsbocholt in den Jahrzehnten von 1880 bis zum Ersten Weltkrieg in mehreren Tagebauen Strontianit abgebaut. Wenn sich auch langsam eine regionale Ausweitung der wirtschaftlichen Aktivitäten andeutet, so sind die Orte doch bis zum Beginn des 20. Jh.s im wesentlichen auf lokale Mittelpunktsfunktionen eines bäuerlichen Umlandes beschränkt und können zum agrarischen Ring um die Provinzialhauptstadt Münster gerechnet werden, die einen wichtigen Absatzmarkt für bäuerliche und handwerkliche Produkte und Werkleistungen darstellt. Ein neuer Markt für landwirtschaftliche Erzeugnisse entsteht im südlich gelegenen Ruhrgebiet (Wermert 1992, S. 581 - 618).

Nach dem Zweiten Weltkrieg erfährt das Gewerbe in den Gemeinden Senden, Ottmarsbocholt und Bösensell parallel zu Bevölkerungsentwicklung den entscheidenden Entwicklungsschub. In den drei Gemeinden werden Gewerbegebiete ausgewiesen, in die Betriebe aus dem Ortskern ausgelagert und in denen Betriebe neu angesiedelt werden. Das Gewerbegebiet des Ortes Senden liegt südlich des Kanals und knüpft an bestehende Betriebe an, die sich am Kanal niedergelassen haben. In Bösensell kommt es zu einer Gewerbeverdichtung zwischen der ehemaligen B 51 und dem Ort. Die gewerbliche Ansiedlung in Ottmarsbocholt erfolgt südöstlich des Ortes. Nach 1975 erfolgt eine deutliche Ausweitung des Sendener Gewerbegebietes nach Süden entlang der B 235, in Bösensell wird im Zuge der Verlegung der L 550 zwischen L 551 und Bahnhof ein neues Gewerbegebiet erschlossen. Der günstige Standortfaktor, verbunden mit ausreichend vorhandener Fläche, führt hier zur Ansiedlung von Einrichtungshäusern auf der grünen Wiese und zur Niederlassung von Produktionsbetrieben. Der Ortsteil Venne bleibt ausschließlich landwirtschaftlich geprägt.

Die betriebliche Struktur des Gewerbes wird auch in der Gegenwart vorrangig durch kleinere Betriebe mit unter 20 Beschäftigten geprägt, die zum Handwerk gerechnet werden. Die Zahl der Vollhandwerksbetriebe beträgt 149, die der handwerksähnlichen Betriebe 38. Von den verschiedenen Gewerben ist das Metall- und Baugewerbe am stärksten vertreten, gefolgt vom Holzgewerbe und der Sparte Körperpflege/Chemie (Tab. 7). Gegenüber den traditionellen Handwerken, die das bäuerliche Umland versorgen, hat sich eine deutliche Verschiebung ergeben, und auch das Textil- bzw. Bekleidungsgewerbe spielt nur noch eine marginale Rolle. 1998 gab es sieben Unternehmen mit mehr als 20 Beschäftigten und einer Beschäftigtenzahl von insgesamt 464.

Im Ortsteil Senden knüpft das Gewerbe an bestehende Strukturen an. An erster Stelle steht das Baugewerbe mit Betrieben des Bauhandwerks, Baustoffhandels und der Produktion von Grundstoffen, die lokal und regional im südlichen Münsterland und in Münster aktiv sind. Hinzu kommen mit demselben Aktionsradius ein Holzgroßhandel, ein Autohaus sowie verschiedene Service- und Entsorgungsunternehmen. Eine wachsende Bedeutung bekommen kleinere Spezialbetriebe der Chemie-, Kunststoff- und Metallbranchen, die zum großen Teil als Zulieferer fungieren und bundesweit ausgerichtet sind. Die besonders günstigen Standortbedingungen in Bösensell haben bewirkt, dass sich hier vier Möbelgroßmärkte und Einrichtungshäuser und ein Landmaschinengroßhandel niedergelassen haben, deren Einzugsbereich das zentrale und westliche Münsterland umfasst und bis zum Nordrand des Ruhrgebiets reicht. Hinzu kommen Produktionsbetriebe der Kunststoff- und Metallverarbeitung mit überregionalen Absatzmärkten und diverse Betriebe des Baugewerbes, die im Rahmen der Region wirken. Das Gewerbegebiet in Ottmarsbocholt ist mit verschiedenen Handwerks- und Servicebetrieben von lokaler Bedeutung besetzt.

Der Abschluss der preußischen Agrarreformen, der für die Provinz Westfalen um 1850 erreicht ist, bedeutet für die Landwirtschaft die endgültige Ablösung einer aus dem Mittelalter herrührenden Agrarordnung und setzt eine Entwicklung in Gang, die allgemeine und lokalspezifische Züge aufweist und vor allem nach dem Zweiten Weltkrieg zu einem Strukturwandel geführt hat, der auch in der Gegenwart noch nicht abgeschlossen ist. Wurde die Entwicklung früher bestimmt

Tab. 7: Handwerksbetriebe 1998 nach Sparten

Handwerksbetriebe	Gemeinde Senden Anzahl	in %	Kreis Coesfeld in %
Vollhandwerksbetriebe	149		
davon Baugewerbe	38	25,5	26,9
Metallgewerbe	55	36,9	37,5
Holzgewerbe	21	14,1	10,9
Bekleidungsgewerbe	7	4,7	4,3
Nahrungsmittelgew.	6	4,0	6,4
Körperpflege/Chemie	17	11,4	11,6
Glas, Papier u. Sonstige	5	3,4	2,4
Handwerksähnliche Betriebe	38		
Gesamt	187		

(Quelle: WFG-Geschäftsbericht 1998)

durch den Ausbau des Genossenschaftswesens, die Nutzung der sich entwickelnden modernen Techniken, die Ausweitung zu einem autarken nationalen Markt und den Ausbau des überregionalen und gemeindlichen Verkehrsnetzes, so wirken sich heute die Bedingungen des europäischen Agrarmarktes aus.

Bis in die 30er Jahre unseres Jahrhunderts gab es neben dem Anbau von Getreide und Futterpflanzen einen bemerkenswerten Kartoffelanbau und ausgedehnte Ackerweiden (Tab. 8). Nach dem Zweiten Weltkrieg erfolgt eine Ausweitung der Ackerflächen auf Kosten von Wiesen und Ackerweiden, die bei der modernen Massentierhaltung nicht mehr benötigt werden. Roggen als vorherrschende Getreideart wird durch Weizen und Gerste abgelöst, die in den Markt gehen oder als Futtergetreide im eigenen Betrieb verwertet werden. Mit der Auflösung des Prinzips der Selbstversorgung, das noch bis in die 60er Jahre Gültigkeit hatte, verschwindet der Kartoffelanbau. Bei den Futterpflanzen dominiert seit den 70er Jahren der Futtermais. Die Nähe zum Oberzentrum Münster hat in Bösensell und Senden auf günstigen Böden Gewächshauskulturen und Baumschulen entstehen lassen, die die regionalen Märkte bedienen. Daneben sind mit dem Anbau von Spargel und Erbeeren Spezialkulturen entstanden.

Durch die Entwicklung des Ruhrgebietes in der zweiten Hälfte des vergangenen Jahrhunderts zu einem neuen bedeutsamen Absatzmarkt für Agrarprodukte aus dem Münsterland bekam die Viehhaltung in den Bauerschaften der Gemeinde Senden den entscheidenden Anstoß und ist inzwischen unter den Bedingungen des europäischen Agrarmarktes für die meisten Betriebe zu einer Haupteinnahmequelle geworden. Mit dem Wachstum erfolgte ein Wandel hin zur Intensivwirtschaft beim Milchvieh und der Rindermast sowie zur

Tab. 8: Fruchtartenanbau in Senden 1936 und 1987 in Prozent des Ackerlandes

	1936*	1987
Gerste	5,1	29,7
Hafer	15,5	3,3
Mais	0,3	2,7
Menggetreide	5,9	18,8
Roggen	21,4	1,4
Weizen	11,0	23,1
Getreide insgesamt	59,2	79,0
Kartoffeln	8,8	–
Kleegras	8,3	–
Futterpflanzen	5,5	19,0
Handelsgewächse	–	1,0
Sonstige	17,2	1,0

* Gem. Senden ohne Ottmarsbocholt, Bösensell, Venne (Quelle: Chronik Senden)

Tab. 9: Viehbestand in den Altgemeinden Sendens im ersten Drittel des 20. Jahrhunderts

Gemeinden	Erhebungsjahr	Viehbestand Anzahl		
		Pferde	Rindvieh	Schweine
Senden	1935	580*	2 670*	4 580
Ottmarsbocholt	1924	326	1 232	3 057**
Venne	1924	50	115	317**
Bösensell	1936	289	1 415	2 156

* Zahlen gerundet; ** Erhebungsjahr 1914 (Quelle: Chronik Senden)

Tab. 10: Viehbestand in der Gemeinde Senden 1975 und 1988

Viehbestand	Anzahl*	
	1975	1988
Pferde	300	360
Rindvieh	8 400	9 660
Schweine	33 500	58 720
Hühner	98 720	114 750

* Zahlen gerundet (Quelle: Chronik Senden)

Massentierhaltung bei Hühnern und Schweinen (Tab. 9 u. 10).

Die Nähe zu Münster, die Erreichbarkeit durch das Ballungszentrum Ruhrgebiet und ein generell verändertes Konsum- und Freizeitverhalten haben in der Landwirtschaft Sendens zu spezifischen Veränderungen geführt. Rund um den Freizeitsport Reiten sind Reiterhöfe, Pferdepensionen und Pferdekliniken entstanden, und für eine ganze Anzahl von Höfen ist Pferdezucht nicht nur ein Hobby, sondern ein lohnender Erwerbszweig. Aus dem Direktverkauf vom Bauernhof haben sich einzelne Hofmärkte entwickelt mit lokaltypischen Spezialitäten wie Wurst, Brot, Schinken und Spirituosen, saisonalen Angeboten wie Spargel und Erdbeeren sowie Obst und Nahrungsmitteln aus biologischem Anbau oder heimischem Kunsthandwerk, häufig ergänzt durch ein sogenanntes Bauerncafé. Im Zuge der Zeit haben sich die Hofanlagen als Teil der bäuerlichen Kulturlandschaft verändert. Die zeitgemäße Milchviehhaltung, die Bullen- und Schweinemast, die Hühnerhaltung und der spezialisierte Maschinenpark haben moderne Zusatzbauten erforderlich gemacht, die ausschließlich funktionalen Kriterien folgen. Zu den meisten Höfen gehören ein auffälliger Güllebehälter und Siloanlagen, die eine intensive Viehwirtschaft anzeigen. Höfe, bei denen das Pferd eine Rolle spielt, besitzen umfangreiche Stallanlagen, einen Übungsplatz oder eine Reithalle und sind von Pferdekoppeln umgeben. Gewohnt wird auf den meisten Höfen in einem separat gelegenen Bungalow. Das Haupthaus in westfälischer Fachwerkbauweise hat häufig seine Funktion geändert, indem es für die Viehhaltung, als Lagerraum oder auch als Fremdenpension genutzt wird. Die traditionellen Spieker sind vielfach als Wohngebäude umgebaut und längerfristig an Städter vermietet.

Bis in die Mitte des 20. Jh.s bildete die Landwirtschaft in Senden den Hauptwirtschaftszweig, der nicht nur die meisten Menschen beschäftigte, sondern auch zahlreiche Handwerksbetriebe mit Aufträgen versorgte. Vor dem Zweiten Weltkrieg waren noch Zweidrittel und Mitte der 80er Jahre noch ein Viertel der Erwerbspersonen in der Landwirtschaft tätig. Die weiterhin hohe Bedeutung des Agrarsektors für Senden spiegelt sich auch darin, dass sich der grundlegende Strukturwandel nach dem Kriege, verglichen mit dem Land NRW oder dem Kreis Coesfeld, hier langsamer vollzieht. Die Beschäftigtenzahlen für 1997 zeigen, dass auch für Senden der Strukturwandel vollzogen ist und sich das Gewicht hin zu den übrigen Wirtschaftssektoren, an der Spitze der Dienstleistungssektor, verschoben hat (Tab. 11).

Der Strukturwandel in der Landwirtschaft wirkt sich auf die Betriebsgrößen und die Anzahl der Betriebe aus (Tab. 12). Lag die Zahl in der Gemeinde Senden zu Beginn des 20. Jh.s noch bei 700, so sank sie bis zum Jahr 1997 auf 283 landwirtschaftliche Betriebe. Die Reduzierung der Anzahl der Betriebe, verbunden mit einer Verschiebung zu größeren Betriebseinheiten, setzt sich bis in die Gegenwart fort und ist noch nicht abgeschlossen. Eine Sonderentwicklung zeigt sich bei den Kleinbetrieben unter 5 ha, die als Nebenerwerbsbetriebe in einer Feierabendlandwirtschaft

Tab. 11: Beschäftigte nach Wirtschaftsektoren und -abteilungen

		Beschäftigte			
		Gemeinde Senden		Kreis Coesfeld	
		1987	1996	1987	1996
Land- und Forstwirtschaft	abs.	599	421	6 822	4 256
	in %	23,4	7,4	12,8	5,6
Energie	abs.	/	/	320	380
verarbeitendes Gewerbe	abs.	325	1 751	9 007	20 063
Baugewerbe	abs.	207	421	4 317	5 249
Produzierendes Gewerbe	abs.	532	2 172	13 694	25 687
	in %	20,8	38,2	25,6	33,8
Handel	abs.	517	1 092	8 048	12 084
Verkehr/Nachrichtenüberm.	abs.	61	176	1 546	2 584
Handel und Verkehr	abs.	578	1 268	9 594	14 667
	in %	22,6	22,3	18,0	19,3
Banken/Versicherungen	abs.	51	80	1 173	1 444
Freie Berufe	abs.	376	1 308	8 208	12 388
Private Haushalte	abs.	128	284	4 477	8 512
Gebietskörperschaften	abs.	294	392	9 327	9 728
Dienstleistungen	abs.	850	2 064	23 185	32 071
	in %	33,2	36,3	43,5	42,2
Gesamt	abs.	2 559	5 925	53 245	76 681

(Quelle: LDS NRW 1998)

Tab. 12: Landwirtschaftliche Betriebe nach Größenklassen 1987 und 1997

Jahr	Merkmal	Landwirtschaftlich genutzte Fläche (LF) von ... bis ... ha						
		1-2	2-5	5-20	20-50	50-100	100 u. mehr	insgesamt
1987	Betriebe	40	41	95	118	29	3	326
	LF ha	53	146	1 045	3 833	1 751	350	7 178
1997	Betriebe	39	48	69	75	45	7	283
	LF ha	54	156	770	2 612	3 028	809	7 429

(Quelle: LDS NRW 1999)

oder von Städtern als ländliches Ausweichquartier mit einer Freizeitlandwirtschaft genutzt werden und deshalb an Zahl zugenommen haben.

Der Ausbau und die Verbesserung der Verkehrswege beginnen mit dem 19. Jahrhundert. Angeknüpft wird überörtlich an die Routen des Hellweges von Lüdinghausen nach Münster mit seinen Zweigen über Ottmarsbocholt–Venne und Senden–Albachten und an den alten Fernhandelsweg Münster–Recklinghausen–Wesel. Innergemeindlich kommt es im 19. Jh. zum Wegebau in den aufgeteilten Marken und zur Verbesserung der bestehenden Bauerschaftswege und mit den Programmen zur Verbesserung der Agrarstruktur in der zweiten Hälfte des 20. Jh.s zu deren weiteren Ausbau und nachhaltigen Befestigung. Die innerörtliche Befestigung der Straßen beginnt in Senden 1858. Neben dem Ausbau des Straßennetzes erfolgt die Entwicklung eines Eisenbahnnetzes, wobei nicht alle Pläne und Wünsche Realität werden. Die Linie Münster–Lünen–Dortmund wurde weder über Senden noch Ottmarsbocholt, sondern über Davensberg, Ascheberg und Capelle geführt (Tab. 13). Das Projekt einer Eisenbahnstrecke von Bochum über Recklinghausen, Lüdinghausen und Senden oder Ottmarsbocholt zerschlug sich mit dem Ersten Weltkrieg ebenso wie Pläne einer Kleinbahnstrecke von Ascheberg über Senden nach Coesfeld.

Eine besondere Rolle spielt der Dortmund-Ems-Kanal, der im Abschnitt Senden zwischen 1892 und 1896 fertiggestellt wird. Der Kanalbau schuf nicht nur temporär Arbeitsplätze und führte zu einem Bevölkerungszuwachs, sondern er gab

Tab. 13: Ausbau und Neuanlage des Verkehrsnetzes im Bereich der Gemeinde Senden	
Ausbau der Weseler Straße in Bösensell	1817
Verbesserung der Bauerschaftswege	1826
Neuanlage von Wegen in den aufgeteilten Marken	ab 1851
Ausbau der Chaussee Senden–Lüdinghausen	1855
Pflasterung der Dorfstraßen in Senden	1858
Ausbau der Chaussee Senden–Appelhülsen	1880
Bahnanschluß in Bösensell an der Strecke Münster–Wanne-Eickel	1897
Bau des Dortmund-Ems-Kanals im Abschnitt Senden	1852–1896
Bahnanschluß in Davensberg an der Strecke Münster–Hiltrup–Lünen	1927
Bau der Autobahn A 1	1960er Jahre
Bau der Autobahn A 43	1970er Jahre

(Quelle: Chronik Senden)

der Wirtschaftsentwicklung Impulse, indem sich südlich des Kanals Wirtschaftsbetriebe mit entsprechenden Verladeanlagen niederließen, die einen Ansatz für die spätere gewerbliche Entwicklung bildeten. Mit dem Bau der neuen Fahrt entstand westlich von Senden eine Kanalinsel, die ein potentielles Freizeitareal darstellt. Im Zuge der Kanalüberquerung wurde die Chaussee von Lüdinghausen nach Münster östlich am Ort Senden vorbeigeführt, was sich vorteilhaft auf die künftige Entwicklung des Ortskerns auswirken sollte.

II. Gefüge und Ausstattung

Im Landesentwicklungsplan I/II von 1979 war die Gemeinde Senden als Unterzentrum mit Teilfunktionen eines Mittelzentrums und einem Versorgungsbereich von 10 000 bis 25 000 Einwohnern ausgewiesen. Der neue Landesentwicklungsplan von 1995 stuft Senden als ein Grundzentrum in einem Gebiet mit überwiegend ländlicher Raumstruktur ein. Mit einigen Einrichtungen übernimmt die Gemeinde auch Teilfunktionen eines Mittelzentrums.

Die mit der Nachkriegszeit einsetzende starke Entwicklung hat in der Gemeinde zu einem beträchtlichen Strukturwandel geführt. Die Mittelpunktsfunktion für ein ländliches Umland wird in der Gegenwart deutlich überlagert von der Funktion als Wohnort in der Nachbarschaft des Oberzentrums Münster mit zunehmenden gewerblichen Entwicklungsansätzen. Entwicklungsschwerpunkt und Zentralort ist Senden mit dem Sitz der Gemeindeverwaltung und einigen unteren Behördeninstanzen und Institutionen wie dem Kriminalkommissariat Senden als Dienststelle der Kreispolizeidirektion Coesfeld, dem Wasser- und Bodenverband Stever/Senden, dem Deutschen Roten Kreuz, der Forstdienststelle Senden und den Geschäftsstellen der Barmer Ersatzkasse und der Allgemeinen Ortskrankenkasse.

Das starke Wachstum und der Ortsausbau haben in Ansätzen den Prozess einer funktionalen Differenzierung eingeleitet, so dass sich im Ortsteil Senden die einzelnen Siedlungsteile deutlicher voneinander abzuheben beginnen. Das Zentrum umfasst den sanierten alten Ortskern, reicht vom Laurentius-Kirchplatz im Süden bis zur Gartenstraße im Norden und wird östlich von der Münsterstraße und im Westen von der Schulstraße begrenzt. Hier konzentrieren sich die Geschäfte und behördlichen Einrichtungen, befinden sich verschiedene Gaststätten und Restaurants und werden insgesamt 473 Parkplätze angeboten. Eine zentrale Rolle spielt der Laurentius-Kirchplatz, um den sich die St. Laurentiuskirche, das Katholische Pfarrzentrum, der Sitz der Volkshochschule, die Musikschule und ein bekanntes Restaurant gruppieren. Rathaus, Post, Polizei und der sogenannte Treffpunkt bilden an der Münsterstraße ein weiteres bauliches Ensemble. Zu den denkmalgeschützten, restaurierten Gebäuden im Zentrum gehören die ehemalige Brennerei Palz und zwei Fachwerkgebäude an der Münster- und Herrenstraße. Eintrachtstraße und Herrenstraße sind verkehrsberuhigte Zonen.

Nördlich, westlich und südlich des Ortskerns sind von den 50ern bis in die 90er Jahre verschiedene Neubaugebiete entstanden, die z.T. im Osten von der B 235, im Westen von der Stever und im Süden vom Kanal begrenzt werden und jeweils in sich geschlossen sind. Westlich des Zentrums erstreckt sich zwischen Stever und Dümmerbach der neugeschaffene Bürgerpark mit einem Kindergarten, einer Grundschule, der Hauptschule, der Realschule und dem Gymnasium. An seinem nördlichen Ende befindet sich der zentrale Busbahnhof. Entlang der Stever reihen sich umfangreiche Grünanlagen mit Wander- und Radfahrwegen. Eingebettet ist an der Steverstraße das evangelische Gemeindezentrum. Zwischen Stever und Schloss Senden liegt der Sportpark mit dem Hallen-Freibad, zwei Tennisanlagen, einem Sportplatz, einem Tennenplatz, einer Sporthalle, einer Skateboardanlage und der 1990 fertiggestellten Steverhalle. Weitere Neubaugebiete, die ab den 60er Jahren entstanden sind, reihen sich rechts und links der Appelhülsener Straße, der Buldener Straße und der Holtruper Straße. Die einzelnen Siedlungsgebiete, in denen neben Reihenhäusern vor allem Einfamilienhäuser vorkommen, sind durch Grünanlagen aufgelockert, enthalten zahlreiche Kinderspielplätze und sind durch Grünstreifen voneinander abgegrenzt, so dass sie relativ geschlossene Einheiten darstellen. Im Westen von Senden bestand bis in die 90er Jahre eine geschlossene Siedlung für NATO-Angehörige mit eigenen Versorgungseinrichtungen und eigener

Schule. Nach der Aufgabe durch die NATO sind die Reihenhäuser und Mehrfamilienhäuser an Neubürger Sendens übergegangen, von denen Aussiedler aus der ehemaligen Sowjetunion und Osteuropa einen großen Anteil ausmachen. Südlich des Kanals liegen das Gewerbegebiet und einzelne kleinere Wohngebiete aus der Vorkriegszeit und vom Beginn der 50er Jahre.

Ottmarsbocholt hat trotz der verstärkten Siedlungstätigkeit nach dem Krieg seinen dörflichen Charakter bewahren können. Dabei ist der Ortskern modernisiert worden, indem die Häuser renoviert und restauriert und beispielsweise im Untergeschoß der Häuser Geschäfte, Banken und Servicebetriebe neu eingerichtet wurden. Einige der früheren Gewerbetriebe sind aufgegeben worden. Eine Anzahl von Fachwerkhäusern steht unter Denkmalschutz. Das Krankenhaus hat sich zu einem Altenwohn- und Pflegeheim gewandelt. Von der ehemaligen Volksschule ist die Primarstufe im Ort geblieben, die durch einen Kindergarten ergänzt wird. Typisch sind die zahlreichen Gastwirtschaften, in denen sich das rege Vereinsleben Ottmarsbocholts abspielt; etabliert haben sich Restaurants mit überörtlicher Bedeutung. An den alten Dorfkern mit der Kirche St. Urban und dem Kirchhöfnerring schließen sich Neubaugebiete an, die den Bereich zwischen Dorfstraße, Venner Straße und Ascheberger Straße ausfüllen, sich entlang der Nordkirchener Straße nach Süden ausweiten und durch eine Grünanalge in der Ortsmitte aufgelockert werden. Das Sportgelände befindet sich im Norden an der Venner Straße, das Gewerbegebiet im Süden an der Ascheberger Straße.

In Bösensell ist es erst durch die Siedlungsentwicklung nach dem Zweiten Weltkrieg zu einem geschlossenen Ortsbild gekommen, bei dem die Kirche mit dem rudimentären Kirchhöfnerring und dem Hof Schulze Westrup am Nordrande liegt, während sich die Neubaugebiete südlich und östlich ausdehnen und den Bereich zwischen der als Umgehungsstraße geführten L 550 und dem Helmerbach aufzufüllen beginnen. Das Sportgelände grenzt an den Helmerbach. Die Gewerbegebiete liegen zum kleineren Teil nördlich und zum größeren Teil südlich der L 551 (ehemalige B 51) und erstrecken sich in Richtung Bahnhof.

Der Ortsteil Venne hat keinen zusammenhängenden Dorfkern entwickeln können, nimmt an der bevölkerungsmäßigen und gewerblichen Entwicklung der Gemeinde nicht teil und besitzt in der Kirche St. Johannes und einer benachbarten Gastwirtschaft den einzigen Mittelpunkt für ein bäuerliches Umland.

In der Baustruktur herrscht mit deutlichem Abstand das Einfamilienhaus vor, das insbesondere den jungen Familien mit Kindern und den Ansprüchen von Haushalten mit einem gehobenen Einkommen gerecht wird.

Die Gemeinde gliedert sich in 7 Kirchengemeinden. Das sind die traditionsreichen katholischen Kirchengemeinden St. Laurentius in Senden, St. Urbanus in Ottmarsbocholt, St. Johannes in Bösensell und St. Johannes in Venne, die schon bei den Ortsgründungen eine entscheidende Rolle gespielt haben. Hinzu kommen die drei evangelischen Kirchengemeinden in Senden, Ottmarsbocholt und Bösensell. Zu erwähnen sind das Kloster St. Klara in Senden und die Gemeinschaft Verbum Dei in Venne. Überörtlich gehören die katholischen Gemeinden zum Dekanat Lüdinghausen, die evangelischen zum Kirchenkreis Münster.

Als politische Parteien sind die CDU, die SPD, das Bündnis 90/Die Grünen und die FDP auf Ge-

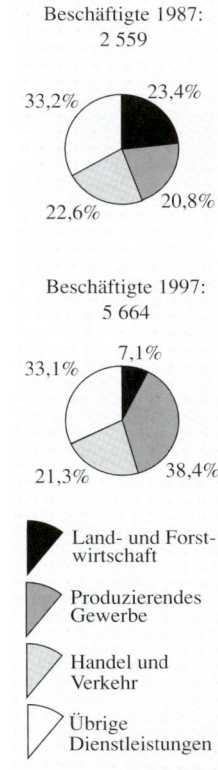

Beschäftigte 1987:
2 559

33,2% 23,4%
22,6% 20,8%

Beschäftigte 1997:
5 664

33,1% 7,1%
21,3% 38,4%

■ Land- und Forstwirtschaft
▨ Produzierendes Gewerbe
▥ Handel und Verkehr
▫ Übrige Dienstleistungen

(Quellen: Volkszählung 1987; Erwerbstätigenrechnung 1997)

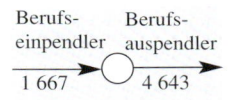

Berufseinpendler Berufsauspendler
1 667 → ○ → 4 643

Sozialvers.-pflichtig Beschäftigte; Quelle: Landesarbeitsamt NRW 1998

Bürgerpark Senden mit St. Laurentiuskirche

(Foto: Gemeinde Senden)

Tab. 14: Einkauf in anderen Städten 1989	
Städte	in % (Basis 378)*
Münster	91,8
Lüdinghausen	22,0
Dülmen	10,6
Dortmund	4,6
Coesfeld	2,4
Sonstige	5,8

Tab. 15: Einkauf in auswärtigen Verbrauchermärkten 1989	
Verbrauchermärkte	in % (Basis 194)*
HIT (Münster)	85,1
Divi (Dülmen)	41,2
RATIO (Münster)	26,8
DIXI (Lüdinghausen)	14,9
ALLKAUF (Coesfeld)	4,6
Sonstige	20,6

(Quellen: WGF-Geschäftsbericht 1990; Passantenbefragung 1989) * Mehrfachnennungen möglich

meindeebene vertreten. CDU und SPD verfügen zudem in den einzelnen Ortsteilen über Ortsvereine.

In der Gemeinde Senden gibt es über 200 Einzelhandelsbetriebe, die alle Angebotsformen vom Supermarkt über den Discountmarkt, den Fachbetrieb und den handwerklichen Dienstleister bis hin zum kleineren Lebensmittelgeschäft umfassen und alle Branchen und Bedarfsebenen abdecken. Eine Sonderrolle spielen die Möbel- und Einrichtungshäuser in Bösensell, die sich aufgrund ihrer Sortimentsstruktur kaum auf den Einzelhandel in der Gemeinde auswirken, sondern regional auf das Münsterland ausgerichtet sind und überregional den Nordrand des Ruhrgebietes, Niedersachsen und die Niederlande erreichen. Die Aufteilung des Einzelhandelsangebots auf die drei Ortsteile Senden, Ottmarsbocholt und Bösensell erfolgt im Verhältnis 7:2:1. Das Angebot einer ausgeweiteten Grundversorgung ist damit wesentlich auf den Zentralort Senden konzentriert, während Ottmarsbocholt und Bösensell im wesentlichen über eine Nahversorgung verfügen, die traditionell die umgebenden Bauerschaften einschließt.

Das Pro-Kopf-Einkommen in der Gemeinde ist seit 1980 deutlich gestiegen. Die Kaufkraftkennziffer ist positiv einzuschätzen und nähert sich dem Durchschnittswert des Kreises Coesfeld an (WFG-Geschäftsbericht 1998, S. 25/25). Das Einkaufsverhalten ist auf den einzelnen Bedarfsebenen unterschiedlich ausgeprägt. Bei den Gütern des kurzfristigen Bedarfs beträgt die Bindungsquote für das Gemeindegebiet insgesamt 80%, beim langfristigen Bedarf wird eine Bindungsquote von 60% erreicht, was vor dem Hintergrund der starken auswärtigen Konkurrenz als beachtlich angesehen werden muss und vor allem mit „persönlicher Beratung und guter Bedienung" und „gutem Service" erklärt wird. Eine Lücke gibt es beim mittelfristigen Bedarf, wo nur eine Bindungsquote von 40% besteht (Bartel/Kadow 1990, S. 81–83). Deutlich wird die Konkurrenz des nahen Oberzentrums Münster mit seiner Sortimentsbreite und -tiefe sowie der Aktualität des Angebots auf den Ebenen des langfristigen und vor allem mittelfristigen Bedarfs und der Wettbewerb mit den Verbrauchermärkten in Münster, Dülmen und Lüdinghausen um Waren des kurzfristigen Bedarfs (Tab. 14 u.15). Im Vergleich der Ortsteile ist die Kaufbindung in Senden am stärksten und in Bösensell am schwächsten ausgeprägt, was mit dem ortsspezifischen Angebot und den Nahverkehrsmöglichkeiten zu den konkurrierenden Nachbarorten zusammenhängt. Die Einkaufsverflechtungen zwischen den drei Ortsteilen sind relativ gering. Sie finden ausschließlich zwischen Senden einerseits und den Ortsteilen Ottmarsbocholt und insbesondere Bösensell andererseits statt und betreffen überwiegend Waren des kurzfristigen Bedarfs.

Senden verfügt über einen ausgebauten innergemeindlichen öffentlichen Nahverkehr. Er verbindet die Bauerschaften mit den einzelnen Ortsteilen und dient primär dem Schülertransport zu den Grundschulen. Die Verbindung von Ottmarsbocholt über Senden nach Bösensell und zurück erfolgt an den Werktagen von 7.30–18.30 Uhr, am Samstagvormittag etwa im Stundentakt und dient neben dem Schüler- und Besorgungsverkehr nach Senden dem Berufsverkehr zwischen den Ortsteilen. Hinzu kommt eine innerörtliche Linie in Senden vom und zum Busbahnhof, die werktäglich von 6.00–23.00 Uhr in halbstündigem bis einstündigem Rhythmus abgefahren wird und auch samstags und sonntags bis in die Nachtstunden besetzt ist, wobei neben Regionalbussen Taxibusse verkehren, die telefonisch abgerufen werden können. Die Linie schafft die Verbindung aus den Wohnbereichen ins Zentrum und dient neben den verschiedenen innerörtlichen Verkehrsbedürfnissen vor allem auch als Zubringer für die regionalen Verkehrsanschlüsse.

Die wichtigsten Regionalverbindungen Sendens bestehen zum Oberzentrum Münster. Zu den Direktverbindungen aus Senden (R15) und Ottmarsbocholt (R41) kommt die Linie Lüdinghausen–Senden–Münster (S90/91/92/R15/542), so dass an Werktagen zu den Verkehrsspitzenzeiten ein Zehn-Minuten-Takt erreicht wird. Die Regionalbusse verkehren auch samstags und sonntags ganztägig, allerdings mit geringerer Frequenz und ergänzt durch Taxibusse am späteren Abend. Die Linie Münster–Senden–Lüdinghausen schafft gleichzeitig intensive Verbindungen von Senden nach Lüdinghausen. Zu den Linien nach Münster kommen Regionalverkehre von Senden über Ottmarsbocholt, Davensberg und Ascheberg nach Herbern (T51) und von Lüdinghausen über Ottmarsbocholt, Ascheberg, Drensteinfurt, Walstedde und Heessen nach Hamm (T54). Sie stellen vor allem für den Ortsteil Ottmarsbocholt Verbindungen in das südliche Münsterland bzw. östliche Ruhrgebiet her. Über den Bahnhof Bösensell ist insbesondere der Ortsteil Bösensell durch eine ganztägige dichte Zugfolge intensiv mit Münster verbunden. Eine Einrichtung jüngeren Datums sind die Nachtbuslinien, die an Samstagen und Sonn- und Feiertagen verkehren und das wochenendliche Freizeitangebot in den Zentren und auf dem flachen Lande vor allem für jüngere Generationen erreichbar machen, ohne dass der eigene Pkw benutzt werden muss. Die Gemeinde wird von den Nachtbuslinien N4 Selm–Lüdinghausen–Senden-Münster und N8 Legden–Holtwick–Coesfeld–Nottuln–Appelhülsen–Bösensell–Münster angefahren.

Die Enwicklung der Verkehrsverbindungen schafft die Möglichkeit einer täglich erreichbaren auswärtigen Arbeit. Vor dem Zweiten Weltkrieg pendelten aus den Orten des Gemeindegebietes über 100 Berufstätige hauptsächlich nach Münster (Chronik Senden, S. 615). Wirtschaftsaufschwung und Bevölkerungswachstum mit einem damit verbundenen Wandel der Sozialstruktur lassen die Zahl der Auspendler seit den 50er Jahren stark ansteigen. Zum Hauptzielort Münster kommen die Nachbarorte Lüdinghausen und Ascheberg und die Städte am Nordrand des Ruhrgebietes. Im Jahr 1996 pendeln von den 6 007 sozialversicherungspflichtig Beschäftigten mit Wohnsitz in der Gemeinde 4 725 zu ihren Arbeitsplätzen außerhalb Sendens, wobei das Oberzentrum Münster als Zielort mit weitem Abstand an der Spitze liegt (Tab. 16). Mit der gewerblichen Entwicklung innerhalb der Gemeinde setzt gleichzeitig ein Pendlerstrom in Richtung Senden ein, der sich auf den Ortsteil Senden und ab den 80er Jahren in starkem Maße auf den Ortsteil Bösensell konzentriert und hier insbesondere die Wirtschaftssektoren Handel und Produktion betrifft. Trotzdem bleibt das Pendlersaldo mit 3 226 Personen deutlich negativ. Mit der Versorgungsquote von 46% rangiert Senden im hinteren Drittel der Gemeinden des Kreises Coesfeld. Die innergemeindlichen Pendlerbewegungen beziehen sich neben dem Sektor Arbeit auf die Bereiche Schule, Verwaltung und Versorgung.

Tab. 16: Berufspendlerbewegungen von und nach Senden 1996

Auspendler nach	Anzahl	%
Münster	3 001	63,5
Lüdinghausen	274	5,8
Dülmen	179	3,8
Nottuln	127	2,7
Coesfeld	106	202
Ascheberg	103	2,2
Dortmund	50	1,1
Sonstige	885	18,7
Auspendler gesamt	4 725	
Einpendler gesamt	1 499	
Pendlersaldo	-3 226	

(Quelle: Arbeitsamt Coesfeld (Sonderheft Pendlerbewegungen 1996)

Die Gemeinde besitzt im Ortsteil Senden das Joseph-Haydn-Gymnasium (98/99 - 699 Schüler in 24 Klassen), das am 1.8.1991 seine Arbeit aufnahm. Dazu kommen die Geschwister-Scholl-Realschule (98/99 - 422 Schüler in 16 Klassen), die Edith-Stein-Hauptschule (98/99 - 442 Schüler in 19 Klassen) und die Katholische Mariengrundschule (97/98 - 440 Schüler in 20 Klassen), die an einem Standort östlich der Stever vereinigt sind. Weitere Schulen sind im Ortsteil Senden die Dietrich-Bonhoeffer- Gemeinschaftsgrundschule (97/98 - 401 Schüler in 16 Klassen, zzgl. eines Schulkindergartens), im Ortsteil Ottmarsbocholt die Katholische Grundschule Ottmarsbocholt (97/98 - 185 Schüler in 8 Klassen) und im Ortsteil Bösensell die Gemeinschaftsgrundschule Bösensell (97/98 - 134 Schüler in 6 Klassen). Während sich die Neugründung des Gymnasiums aus dem Bevölkerungswachstum der Gemeinde und dem damit verbundenen Wandel der Alters- und Sozialstruktur, der begrenzten Aufnahmekapazität der weiterführenden Schulen im Oberzentrum Münster und Lüdinghausen und der Situation der Schulpendler ableitet, hat die Realschule ihren Vorläufer in einer ehemaligen Rektoratsschule; die Grundschulen in Ottmarsbocholt und Bösensell knüpfen an frühere Volksschulen an. Die Bauerschaftsschulen in der Oberbauerschaft, in Schölling, im Wierling und in Venne, die zum Teil seit dem 18. Jh. existierten, sind mit den Reformen in den 1970er Jahren aufgelöst worden (Boer 1992, S. 319–368). Mit dieser schulischen Gliederung ist eine Konzentration auf die Kerne und insbesondere auf den Hauptort Senden erfolgt, ermöglicht durch einen innergemeindlichen Schülerverkehr.

Die Gemeinde verfügt über insgesamt neun Kindergärten einschließlich einer Kindertagesstät-

Einwohner in Ortsteilen:

Senden	13 173
Ottmarsbocholt	3 316
Bösensell	2 596
Venne	124

(Ang. d. Gem., Stand: 15.06.99)

Katasterfläche 1999:
109,29 km²
davon

Landwirtschaftsfläche	67,3 %
Waldfläche	19,9 %
Gebäude- und Freifläche	5,3 %
Verkehrsfläche	4,5 %
Wasserfläche	2,1 %
Erholungsfläche	0,6 %

(Quelle: LDS NRW)

te mit insgesamt 740 Regelplätzen (1998). Sie verteilen sich auf die Ortsteile Senden, Ottmarsbocholt und Bösensell im Verhältnis 6:2:1 und sind in die verschiedenen Wohnsiedlungen integriert. Die Bedarfsdeckung für alle 3–6jährigen Kinder liegt bei 98% (FNP 2000, S. 64). Zusätzlich gibt es Betreuungsangebote in den Kolpingspielgruppen in Ottmarsbocholt (47 Plätze) und Bösensell (45 Plätze). In allen drei Ortsteilen bestehen offene Jugendeinrichtungen, die gemeinsam von den Kirchengemeinden und der Gemeinde Senden getragen werden.

Neben den allgemeinbildenden Schulen gibt es eine Reihe von weiteren Bildungseinrichtungen mit breit gestreuten Bildungs- und Weiterbildungsangeboten für alle Jahrgangsstufen. Dazu gehören der Volkshochschulkreis Lüdinghausen, dem Senden gemeinsam mit Ascheberg, Lüdinghausen, Nordkirchen und Olfen angehört und der in Senden am Laurentiusplatz eine eigene Dependance besitzt, und das Bildungswerk Senden mit den Bildungswerken der evangelischen und katholischen Kirchen als Trägern. Des weiteren gehören dazu die Musikschule und die Kunstschule in Senden, die Malschule in Bösensell, die Kunst- und Kulturinitiative Senden und die Kolpingfamilien in Senden, Ottmarsbocholt und Bösensell mit ihrem jeweiligen Angebot. Dazu gerechnet werden müssen auch die Pfarrbüchereien in den drei Ortsteilen.

Das kulturelle Leben wird weiterhin bestimmt durch ein spezielles Sendener Kulturprogramm, das von den einzelnen Vereinen und Institutionen und von der Gemeinde organisiert und durchgeführt wird. Das Programm reicht von Konzerten, Theateraufführungen, Kleinkunstveranstaltungen, Lesungen, Vorträgen, Ausstellungen und Discos bis zu jahreszeitlichen Festen und umfasste 1999 ca. 40 Veranstaltungen, die in der Steverhalle, im Bürgersaal, im Foyer des Rathauses in Senden oder im Spieker in Ottmarsbocholt stattfanden. Die Gemeinde gibt einen jährlichen Veranstaltungskalender heraus und unterhält ein eigenes Verkehrsbüro.

Zum kulturellen und gesellschaftlichen Leben gehören auch die ca. 70 Vereine, Verbände und Einrichtungen, die auf den Feldern Musik, Sport, Kultur, Heimatpflege, Traditionspflege, Interessenvertretung, Gemeinschaftaufgaben und Hobby wirken und jeweils in den einzelnen Ortsteilen ansässig sind. Hervorzuheben sind die Schützenbruderschaften, die auf eine besonders lange Tradition zurückblicken und das Wir-Gefühl der früheren Dörfer und Bauerschaften lebendig erhalten.

In allen Ortsteilen sind moderne öffentliche Sportstätten vorhanden. Im Ortsteil Senden gehören dazu ein Hallen- und Freibad, ein Sportstadion mit Rasenspielfeld und leichtathletischen Anlagen, eine Tennisanlage und eine Skateboard-Anlage im Sportpark an der Stever, ein Sportplatz an der Holtruper Straße und ein Reitplatz an der K 23. In Ottmarsbocholt zählen dazu ein Rasenspielfeld, ein Tennenplatz und eine Tennisanlage auf dem Sportgelände Ottmarsbocholt. Bösensell verfügt über ein der Grundschule angegliedertes Lehrschwimmbecken und in der Sportanlage Helmerbach über einen Rasen- und Hartplatz, einen Reitplatz und eine Tennisanlage. Die Außenanlagen werden in den Ortsteilen durch drei Reithallen, fünf Turn- und Sporthallen, eine Gymnastikhalle, eine Judohalle und eine Tennishalle ergänzt. Hinzu kommen noch 42 Bolz- und Kinderspielplätze in den verschiedenen Wohnquartieren.

Die medizinische Versorgung umfasst u.a. fünf Praxen für Allgemeinmedizin, davon jeweils eine in Ottmarsbocholt und Bösensell. Im Ortsteil Senden kommen ein Facharzt für Frauenheilkunde und Geburtshilfe, zwei Internisten, ein Kinderarzt und ein Facharzt für Orthopädie hinzu. Von den acht Zahnarztpraxen sind sechs im Ortsteil Senden ansässig. Der Wohnsitz der Hebamme ist in Senden. Ergänzt wird das medizinische Angebot in Senden durch vier Praxen von Heilpraktikern, zwei für Krankengymnastik und jeweils eine für Logopädie und Massage, durch soziale Dienste und zahlreiche ortsteilgebundene Helfergruppen. Die vier Apotheken verteilen sich auf Senden, Ottmarsbocholt und Bösensell im Verhältnis 2:1:1. In Senden gibt es das Altenheim St. Johannes, in Bösensell eine Krankenpflegestation, in Ottmarsbocholt das Sozialwerk St. Georg als Wohnheim für geistig und psychisch Behinderte und das Haus Martin als Außenstation des Alexianer-Krankenhauses Münster. Die Krankenhäuser in Senden und Ottmarsbocholt wurden aufgelöst. Tierarztpraxen gibt es in Senden und Ottmarsbocholt.

Der Ortsteil Senden besitzt eine Postfiliale, in Ottmarsbocholt und Bösensell bestehen Postagenturen. Die Sparkasse Coesfeld unterhält in den drei Ortsteilen Filialen, die Volksbank Senden e.G. ist in Senden und Ottmarsbocholt vertreten, die Volksbank Münster e.G. in Bösensell. Die freiwillige Feuerwehr unterhält Löschzüge in Senden, Ottmarsbocholt und Bösensell.

Die Stromversorgung erfolgt durch die VEW, Betriebsdirektion Münster, die in allen Ortsteilen durch ein voll ausgebautes Versorgungsnetz vertreten ist. Die Gasversorgung geschieht durch die Gelsenwasser AG, deren von Norden nach Süden verlaufende Hauptversorgungsleitung die dichter besiedelten Bereiche von Senden, Ottmarsbocholt und Bösensell erfasst. Venne liegt abseits des Versorgungsstranges. Gemäß der Zielsetzung des LEP/NRW von 1989 zur Förderung des Einsatzes von erneuerbaren Energien hat die Bezirksregierung Münster in der Fortschreibung des GEP

– Teilabschnitt Münsterland – für die Gemeinde Senden vier mögliche Eignungsbereiche zur Windenergienutzung konkretisiert: Zwischen Senden und Nottuln (410 ha), südwestlich von Senden (230 ha), zwischen Senden und Lüdinghausen (380 ha) sowie zwischen Senden und Ascheberg (320 ha).

Die Wasserversorgung ist durch die Gelsenwasser AG gewährleistet. In der Gemeinde gibt es keine Wasserschutzgebiete. Die Abwasserbeseitigung erfolgt für die gesamte Gemeinde im Zentralklärwerk, das 1981 südlich des Dortmund-Ems-Kanals abseits der Siedlungsfläche errichtet worden ist. Eine Anzahl von Regenrückhaltebecken befindet sich in den Ortsteilen Senden, Ottmarsbocholt und Bösensell, ergänzende Regenklärbecken sind in Vorbereitung. Entlang der Stever, des Helmerbaches, des Nonnenbaches und des Offerbaches sind Überschwemmungsgebiete ausgewiesen.

Die Entsorgung der Abfälle erfolgt getrennt nach Abfallarten und wird von einer Privatfirma durchgeführt. Seit 1996 verfügt die Gemeinde über einen Wertstoffhof, wo Sperrgut, Altholz, Elektroschrott und Grünabfälle abgegeben werden können. In der Gemeinde sind folgende Standorte von Altablagerungen bekannt, die eine mögliche Gefährdung darstellen: Der Standort Am Espelbusch in Bösensell, die ehemalige Hausmülldeponie in Ottmarsbocholt sowie die ehemaligen Halden Anten und Elise des eingestellten Strontianitabbaus in Ottmarsbocholt.

Zur Aufenthaltsqualität der Gemeinde gehören die innerörtlich bestehenden Parkanlagen. In der Ortslage Senden gehören dazu der Bürgerpark, der Überschwemmungsbereich der Steverwiesen und ein Grünstreifen entlang des Wortbaches, in der Ortslage Ottmarsbocholt ist es die Grünanlage „Hörster Platz" und in der Ortslage Bösensell der Sportpark am Helmerbach. Für Tagestouristen und Kurzurlauber spielt vor allem die umgebende Landschaft mit den Landschaftsschutzgebieten in Bredenbeck, in der Ventruper Heide und in der Davert mit einzelnen Naturdenkmalen und mit dem Naturschutzgebiet des Venner Moores eine Rolle. Die Landschaft wird von einem Netz von Rad- und Fußwanderwegen von ca. 300 km Länge erschlossen, das zum großen Teil die alten Bauerschaftswege nutzt. Auf Sendener Gebiet abgeschlossen ist die Anlage eines Rad- und Fußweges entlang der oberen Stever. Der Freizeitwert der Umgebung wird gefördert durch Besucherparkplätze, Grillplätze, drei Reiterhöfe und ein Landcafé, von denen aus Planwagenfahrten und Pättkestouren organisiert werden können. Während die Davert mit dem Venner Moor ganzjährig eine besondere Anziehung auf Naturfreunde und Wanderer ausübt, besitzt der Dortmund-Ems-Kanal mit seinem Bootshafen, mit Campingplätzen und Freizeitsportanlagen vor allem im Sommer Sport- und Erholungsmöglichkeiten. In der Gemeinde bieten sich folgende touristische Anlaufstationen an:
- Das Schloss Senden, das von einer breiten Gräfte und einem baumbestandenen Ringwall umgeben ist,
- das Schiffs- und Marinemuseum am Dortmund-Ems-Kanal, in dem auf einer Fläche von 1 000 m^2 2 000 Exponate ausgestellt sind,
- das Haus Ruhr als Herrensitz zwischen Senden und Bösensell,
- das Haus Alvinghof, dessen Wasseranlage und Herrenhaus um 1750 von Johann Conrad Schlaun konzipiert worden sind,
- der Gogerichtsplatz in der Bauerschaft Kley,
- die dreigeschossige Holländerwindmühle in Ottmarsbocholt, die heute zu Wohnzwecken genutzt wird.

Von kunsthistorischem Interesse sind die Kirchenbauten in der Gemeinde. Bei den Kirchen St. Johannes in Bösensell, St. Urban in Ottmarsbocholt und St. Laurentius handelt es sich um neogotische Bauten vom Ende des 19. und Beginn des 20. Jh.s, die an der Stätte spätmittelalterlicher gotischer Kirchen errichtet worden sind. In Bösensell ist der Westturm aus dem 14. Jh. erhalten, an alten Kunstwerken sind ein viersitziger Chorstuhl von 1525 und der Taufstein von 1848 zu erwähnen. In Ottmarsbocholt ist der Turm von 1481 in den Neubau einbezogen worden, als altes Kunstwerk ist ein Kruzifix von 1260/70 erwähnenswert. Die Kirche in Senden enthält zwei spätgotische Sakramentshäuschen, ein großes Altarkreuz, eine Pieta von Wilhelm Haverkamp von 1909 und ein Steinkreuz vor der Kirche von Alexander Frerichmann von 1935. Beide Künstler sind gebürtige Sendener. Die Kapelle auf Haus Ruhr ist 1885 im neogotischen Stil fertiggestellt worden und besitzt keinen unmittelbaren Vorgänger. Eine Besonderheit stellt die Kirche St. Johannes in Venne dar, deren Chorraum 1885 in neogotischem Stil errichtet worden ist, deren Kirchenschiff aber wahrscheinlich aus dem 16. Jh. stammt. Eine Rarität ist die bemalte Holzdecke aus der Renaissance, die 1965 freigelegt wurde; weitere Kunstwerke sind ein spätgotisches Sakramentshäuschen und verschiedene figürliche Plastiken aus dem 16. und 18. Jahrhundert. In allen fünf Kirchen sind die bemalten Glasfenster bemerkenswert. Die evangelische Friedenskirche im Ortsteil Senden ist ein Neubau von 1955.

Für den Fremdenverkehr hielt die Gemeinde Senden im Jahr 1999 in 9 Beherbergungsbetrieben 245 Betten bereit. Hinzu kommt noch ein Angebot an Ferienhäusern und Ferienwohnungen. In 1999 wurden 8 271 Ankünfte und 18 425 Übernachtun-

Karte I: Senden

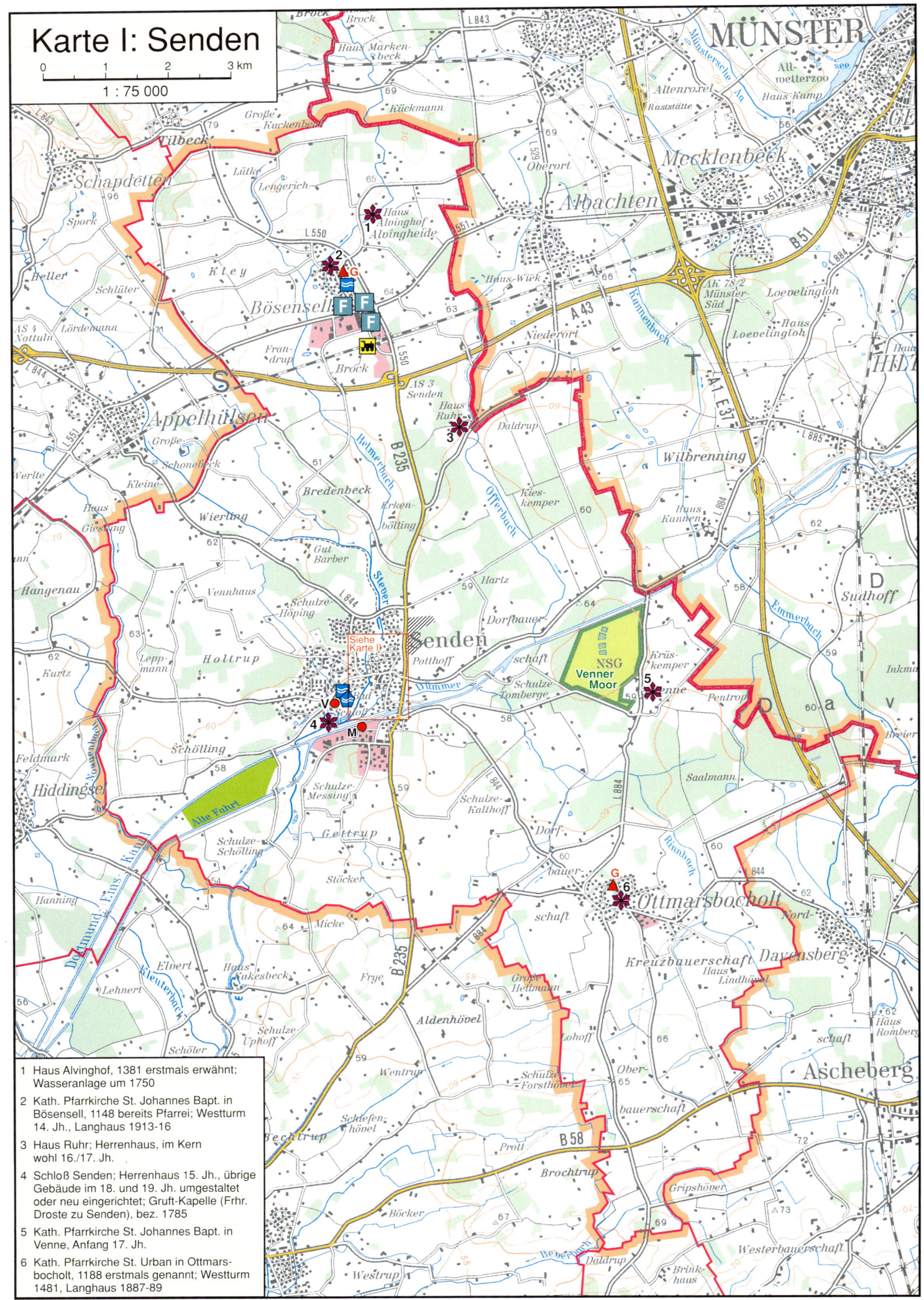

0   1   2   3 km
1 : 75 000

1 Haus Alvinghof, 1381 erstmals erwähnt; Wasseranlage um 1750

2 Kath. Pfarrkirche St. Johannes Bapt. in Bösensell, 1148 bereits Pfarrei; Westturm 14. Jh., Langhaus 1913-16

3 Haus Ruhr; Herrenhaus, im Kern wohl 16./17. Jh.

4 Schloß Senden; Herrenhaus 15. Jh., übrige Gebäude im 18. und 19. Jh. umgestaltet oder neu eingerichtet; Gruft-Kapelle (Frhr. Droste zu Senden), bez. 1785

5 Kath. Pfarrkirche St. Johannes Bapt. in Venne, Anfang 17. Jh.

6 Kath. Pfarrkirche St. Urban in Ottmarsbocholt, 1188 erstmals genannt; Westturm 1481, Langhaus 1887-89

Darstellung auf der Grundlage der TK 100 des Landes NRW mit Genehmigung des Landesvermessungsamtes NRW vom 09.04.1999, Az.: S 973/99.

Karte II: Senden

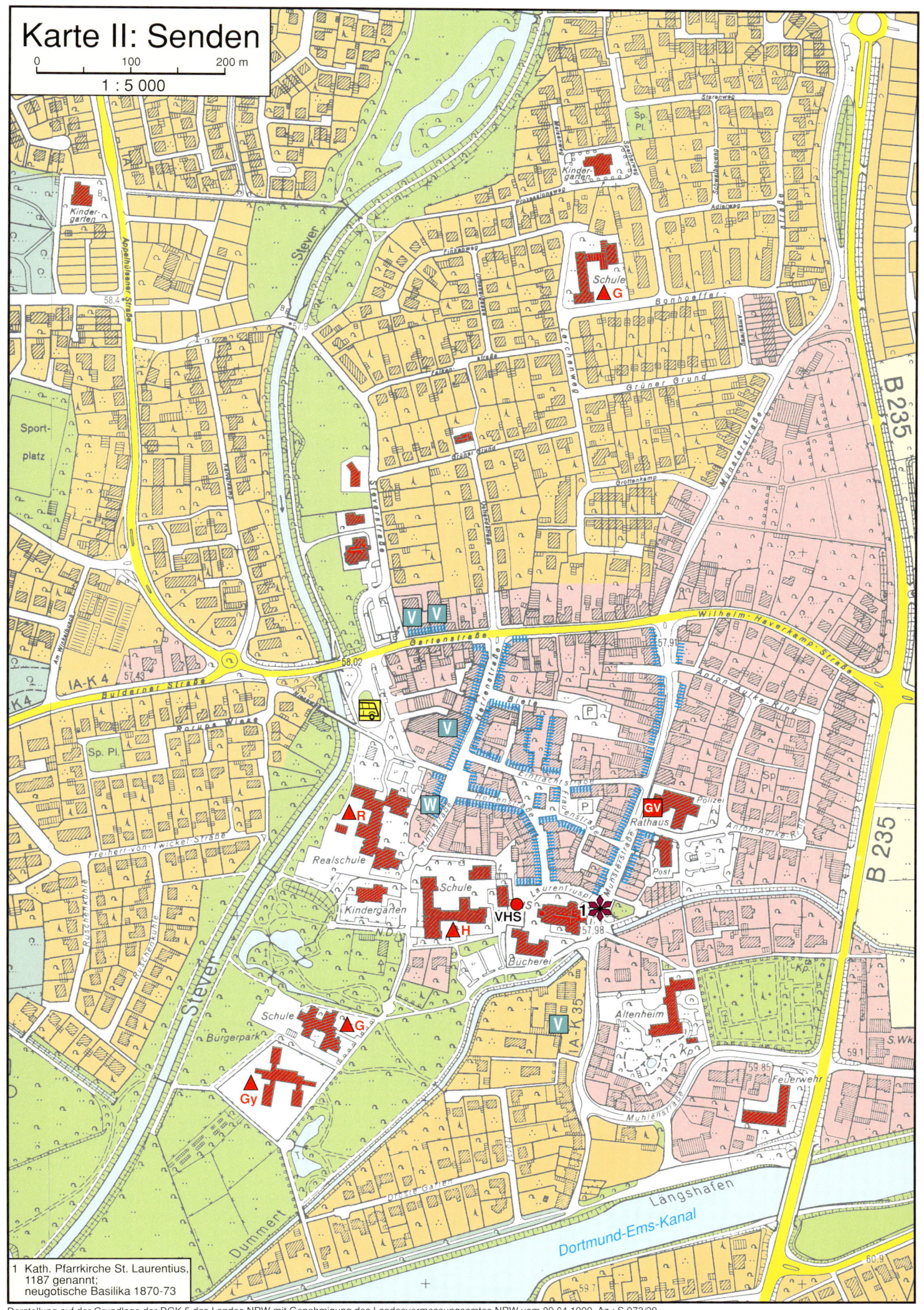

1 : 5 000

1 Kath. Pfarrkirche St. Laurentius, 1187 genannt; neugotische Basilika 1870-73

Darstellung auf der Grundlage der DGK 5 des Landes NRW mit Genehmigung des Landesvermessungsamtes NRW vom 09.04.1999, Az.: S 973/99.

gen mit einer durchschnittlichen Übernachtungsdauer von 2,2 Tagen verzeichnet. Die durchschnittliche Bettenauslastung betrug 22,1%. Im Kreisvergleich liegt Senden mit seinem Angebot und der Auslastquote im unteren Mittelfeld.

III. Perspektiven und Planung

Sendens Entwicklung, seine Struktur und sein Gewicht müssen im Zusammenhang der Gemeinden in der Nachbarschaft des Oberzentrums Münster gesehen werden, die als Umlandgemeinden alle in der gleichen Situation stehen. Sie sind einerseits der Angebotsbreite und -fülle des Oberzentrums ausgesetzt, profitieren aber andererseits von der Dynamik und Anziehungskraft der Metropole und sind untereinander Konkurrenten. Die Gemeinde Senden sieht ihre Zukunftsaufgabe darin, unter Nutzung der Standortvorteile den Platz an der Seite Münsters zu behaupten und zu stärken: durch eine zukunftsorientierte Siedlungspolitik, durch den verstärkten Ausbau des gewerblichen Sektors, durch die weitere Entwicklung der Lebensqualität für die Wohnbevölkerung im Sinne einer Optimierung der Versorgung und der Ausweitung und Differenzierung des kulturellen Angebots und schließlich durch die Stärkung des touristischen Sektors mittels Erhalt und Pflege von Landschaft und bestehenden Kulturdenkmalen und die Errichtung von Freizeitanlagen mit einer entsprechenden Infrastruktur.

Aus dem prognostizierten Bevölkerungswachstum bis 2010 ergibt sich ein Neubedarf von ca. 1 500 Wohnungen. Der Flächennutzungsplan 2000 sieht dafür insgesamt 66,9 ha an Bauland vor, von denen 12,1 ha auf Bösensell, 16,7 ha auf Ottmarsbocholt und 38,1 ha auf den Ortsteil Senden entfallen, der sich damit als Entwicklungsschwerpunkt abhebt. Für alle Baugebiete gilt, dass sie umweltverträglich geplant und dass ergänzende und ausgleichende landschaftsökologische Maßnahmen innerhalb und außerhalb der Flächen vorgesehen sind.

Im Ortsteil Senden erfolgt die Siedlungserweiterung östlich der B 235. Im Gebiet „Mönkingheide-Langeland" entsteht auf insgesamt 34,2 ha, deren Bebauung bereits begonnen hat, ein neuer Siedlungsteil, der vor allem für junge Sendener Familien reserviert ist. Das Überschreiten der B 235 bedeutet eine Zäsur in der Siedlungsentwicklung Sendens und verschafft dem neuen Wohnbereich ein eigenes Gewicht, zumal sich hier auch die Flächen für zukünftige Gebietserweiterungen angliedern. Dabei gilt es laut FNP 2000, den trennenden Charakter der Bundesstraße durch gestalterische, verkehrsregulierende und bauliche Maßnahmen aufzuheben bzw. abzumildern und für den neuen Wohnbereich einen problemlosen Zugang zum Ortszentrum zu schaffen. Gleichzeitig muss dem Eigengewicht strukturell durch entsprechende Einrichtungen Rechnung getragen werden. Zum Entwicklungsschwerpunkt „Mönkingheide-Langeland" kommen östlich der B 235, an der Münsterstraße und der Ecke Buldener Straße/Holtruper Straße durch die Umwandlung des Geländes zweier Gewerbebetriebe Entwicklungsflächen mit insgesamt 4 ha Bebauungsfläche hinzu. Die zukünftige Auffüllung von Baulücken und der Restflächen des mittlerweile überwiegend bebauten Geländes einer Hoffläche an der Appelhülsener Straße bietet noch Reserven.

Die Wohnbauentwicklung Ottmarsbocholts vollzieht sich im Osten und Nordosten des Ortes. Das Neubaugebiet rundet die bestehende Siedlungsfläche abschließend ab und wird gegenüber der Landschaft durch einen Grünzug mit Wald-, Hecken- und Baumstrukturen abgegrenzt. Das vorgesehene Erschließungssystem soll gleichzeitig eine verkehrliche Entlastung des Kirchbereichs bewirken, indem nicht nur das Neubaugebiet, sondern auch bestehende Wohngebiete nach Süden an die Ascheberger Straße bzw. nach Norden an die K 24 (Venner Straße) angebunden werden. Diskutiert wird in diesem Zusammenhang eine Straßennetzergänzung, die von der K 24 zur Ascheberger Straße reichen und eine östliche Tangente darstellen würde. Weitere Entwicklungsperspektiven bestehen laut FNP 2000 langfristig an der Nordkirchener Straße im Süden des Ortes. Der Entwicklungsbedarf wird vor allem aus der ortsansässigen Bevölkerung gespeist.

Für Bösensell sieht der FNP 2000 mögliche zukünftige Entwicklungsflächen südöstlich und südwestlich des Ortes in der Größe von 2 ha vor, um eine Arrondierung der bestehenden Siedlungsfläche zu erreichen und den Bereich zwischen Helmerbach, L 551 und L 550 aufzufüllen. Die längerfristige Wohnentwicklung Bösensells könnte sich nach diesem Plan auf einer Fläche nördlich des Helmerbaches vollziehen. Die Auffüllung von Baulücken bietet Reserveflächen von 0,3 ha.

Eine besondere Förderung erfährt der gewerbliche Sektor. Die Ansiedlung von Industriebetrieben, Handelsunternehmen, handwerklichen Produktionsstätten und Servicebetrieben stärkt die Wirtschaftskraft der Gemeinde, schafft Arbeitsplätze für die Gemeindebürger und vermindert das Pendlerdefizit. Gemäß diesen politischen Zielsetzungen und in Anbetracht der Standortgunst weist der Flächennutzungsplan ein zukünftiges Flächenpotential von 81 ha aus, die zur Verlagerung, zur Erweiterung und zur Neuansiedlung von Betrieben dienen sollen.

Die Hauptentwicklung vollzieht sich in Bösensell mit insgesamt 65 ha. Eine Erweiterung erfolgt bei der Gewerbefläche nördlich der L 551 um

2,5 ha und beim Gewerbegebiet Bahnhof um 18,6 ha. Hinzu kommen Erweiterungsflächen westlich der Bahnhofstraße mit 15,4 ha und vor allem südlich der Bahntrasse mit 28,5 ha. Zusätzlich besteht eine Reservefläche von 5 ha. Damit ist der gesamte Bereich zwischen der L 551 im Norden, der L 550 im Osten, der A 43 im Süden und einem Parallelweg zum Helmerbach im Westen als Gewerbegebiet ausgewiesen. Die südlich der Bahn gelegenen Bereiche werden über die L 550 angebunden. Da es sich hier zum Teil um mittel- bis hochwertig einzustufende Landschaftsstrukturen handelt, sind externe Kompensationsmaßnahmen erforderlich. Intern soll ein Grünzug entlang eines Grabens angelegt werden, der die Fläche von Nordosten nach Westen durchquert.

Während in Bösensell umfangreiche gewerbliche Entwicklungsflächen vorgesehen sind, auf denen sich auch größere Betriebe ansiedeln können, werden in den übrigen Ortslagen nur kleinere Gewerbegebiete bzw. Mischgebiete für die Aus- und Ansiedlung von vorwiegend handwerklichen Produktions- und Servicebetrieben vorgehalten.

Im Ortsteil Senden wird das bestehende Gewerbegebiet im Südosten um 13,1 ha erweitert, wodurch eine abschließende Ausweitung nach Süden erreicht wird. Im Südwesten erfolgt eine Erweiterung an der K 23 um 5 ha.

In Ottmarsbocholt wird das bestehende Gewerbegebiet im Süden um 1,9 ha abgerundet, um Erweiterungsmöglichkeiten für ansässige Betriebe und Neuansiedlungsmöglichkeiten für Betriebe vornehmlich der Nahversorgung zu schaffen.

Für die weitere Entwicklung der Ortskerne ist eine Anzahl von Ideen entwickelt worden, die zum Teil aus dem Einzelhandelsstrukturgutachten 1999 hervorgehen: Erhöhung der Einzelhandelsdichte im Ortskern und weitere Diversifikation des Warenangebots und Verstärkung des Sortiments mittelfristiger Güter; gestalterische Heraushebung der vorhandenen Plätze als kommunikative Mittelpunkte, wobei dem Laurentiuskirchplatz die Rolle eines Identifikationspunktes zukäme; Neugestaltung der Biete im Rahmen eines städtebaulichen Wettbewerbs; Neuorientierung der Münsterstraße als verdichtete Geschäftsstraße und Verbindungsachse zwischen dem alten Zentrum und dem neu entstehenden Siedlungsteil von Mönkingheide-Langeland; stärkere Trennung von Fußgänger- und PKW-Verkehr bzw. eine Ausdehnung verkehrsberuhigter Zonen im Ortskern. Konkrete Planungen gibt es für das Betriebsgelände einer Gärtnerei an der Münsterstraße, auf dem neben Wohnungen auch Verbauchermärkte entstehen sollen, die vor allem der wohnplatznahen Versorgung dienen. Außer der Verlagerung von Aldi an diesen Platz besteht die Aussicht der Neuansiedlung eines weiteren Discounters, eines Supermarktes und eines Schuhmarktes.

Die tatsächliche Entwicklung des Sendener Ortskerns hängt neben gemeindlichen Entscheidungen und den Wirtschaftlichkeitsrechnungen und der Zukunftsperspektive des bestehenden und eines neu sich niederlassenden Einzelhandels in starkem Maße auch von der Angebotsentwicklung in den benachbarten Zentren und in Münster ab. Die Umsetzung der im Einzelhandelsstrukturgutachten 1999 ermittelten Wünsche der Sendener Einwohner nach einem weiteren Ausbau des Freizeit- und Kulturangebots und nach einer vielfältigeren Gastronomie würde nicht nur die Aufenthaltsqualität für Ansässige, sondern auch für Touristen und Kurzurlauber stärken.

Für den Ortskern Ottmarsbocholt geht es eher um den Erhalt des ursprünglich dörflichen Charakters, wozu auch wünschenswerte Verkehrsentlastungen beitragen könnten.

Desgleichen gilt es, die Freizeitlandschaft mit der weiteren Anlage von Wander- und Radwanderwegen, von Wanderparkplätzen und Freizeiteinrichtungen längs des Dortmund-Ems-Kanals auszubauen, ohne den Landschaftscharakter zu zerstören und ohne die Schutzgebiete, insbesondere das Venner Moor, zu gefährden.

Die Gemeinde Senden hat in der engen Nachbarschaft zu Münster nicht nur ihren eigenständigen Charakter behauptet, sondern auch eine eigene Dynamik entwickelt. Die Gemeinde ist bestrebt, ihre Position als Wohnstandort mit intensiven Verbindungen zur benachbarten Metropole weiter auszubauen und dabei gleichzeitig den gewerblichen Sektor in besonderer Weise zu stärken. In Senden verbinden sich münsterländische Tradition und Zukunftsorientierung und geben der Gemeinde ein Profil, das in den einzelnen Ortsteilen spezifisch abgewandelt wird. So erscheint Senden als der Zentralort, Bösensell als Schwerpunkt künftiger gewerblicher Entwicklung, Ottmarsbocholt als dörflicher Mittelpunkt und Venne mit der Kirche St. Johannes, dem Naturschutzgebiet des Venner Moores und einer ländlich geprägten Umgebung als besonderer touristischer Anziehungspunkt.

Literatur

Bartel, B. u. **P. Kadow** (1990): Einkaufsverhalten und Wirtschaftsstruktur. Eine empirische Analyse des tertiären Sektors der Gemeinde Senden. Informationen Bd. 18 der Wirtschaftsförderungsgesellschaft für den Kreis Coesfeld. Dülmen

Frese, W. u. **Chr. Wermert** (Hg.) (1992): Senden- Eine Geschichte der Gemeinde Senden mit Bösensell, Ottmarsbocholt, Venne. (Zitiert als Chronik Senden) Daraus:
- Klein, J.: Ur- und Frühgeschichte des Raumes Senden. S. 1–5
- Ilisch, P.: Aspekte einer mittelalterlichen Agrargeschichte in Senden. S. 17–178
- Boer, H.-P.: Drei Dörfer und viele Schulen- Zur Geschichte der Schulen in der heutigen Gemeinde Senden im 16. - 20. Jahrhundert. S. 319–368
- Kloosterhuis, J.: Schwarz-Grüne Landgemeinden- Senden und seine Verwaltung in der Preußischen Provinz Westfalen, 1816 - 1914. S. 395–439
- Wermert, Chr.: Zur Bevölkerungs-, Siedlungs- und Wirtschaftsstruktur der Gemeinde Senden im 20. Jahrhundert. S. 541–552
- Wermert, Chr.: Die Land- und Forstwirtschaft. S. 553–580
- Wermert, Ch.: Entwicklung von Industrie, Gewerbe und Dienstleistungen. S. 581–620
- Wermert, Chr.: Der Ausbau der Verkehrsverbindungen. S. 621–648
- Wermert, Chr.: Gesundheitswesen und Krankenhäuser. S. 649–654
- Wermert, Chr.: Senden in den neunziger Jahren des 20. Jahrhunderts. S. 655–674
- Kraneburg; H.: Geschichte der Pfarrei St. Johannes in Bösensell. S. 675–714
- Stähler, A.: Der Ursprung der Pfarrei St. Laurentius in Senden und die Geschichte ihrer Kunstwerke. S. 715–754
- Niggeloh, W. (1992): Die Evangelische Kirchengemeinde 1945 - 1990. S. 757–762
- Ramers, N.: Die Pfarrkirche St. Urban in Ottmarsbocholt. S. 781–792
- Stähler, A.: Geschichte der Pfarrei St. Johannes in der Venne. S. 793–821

Gemeinde Senden (1999): Kulturprogramm. Senden

Gemeinde Senden: Informationsbroschüren und Faltblätter der Gemeinde Senden

Gemeinde Senden (1999): Fahrplan ÖPNV der Gemeinde Senden

Gemeinde Senden (2000): Flächennutzungsplan der Gemeinde Senden, verabschiedet am 10.2.2000 (Zitiert als FNP 2000)

Kreis Coesfeld (Hg.) (1998): 1. Nahverkehrsplan ÖPNV Kreis Coesfeld. Coesfeld

Landesamt für Datenverarbeitung und Statistik Nordrhein-Westfalen (1980). Statistische Rundschau für die Kreise Nordrhein-Westfalens. Der Kreis Coesfeld

Landesamt für Datenverarbeitung und Statistik Nordrhein-Westfalen (1999). Städte und Gemeinden in Westfalen. Der Kreis Coesfeld

Landesamt für Datenverarbeitung und Statistik Nordrhein-Westfalen (1999). Landwirtschaftliche Betriebe 1985 - 1997 in der Gemeinde Senden

Lorenz, E., B. Gräfen u. **E. Kopischke** u.a. (1999): Senden - Einzelhandelsstrukturgutachten und -konzept. Junker u. Kruse: Stadtforschung/Stadtplanung. Dortmund (Zitiert als Einzelhandelsstrukturgutachten)

Meynen, E. u. **J. Schmitthüsen** (Hg.) (1957): Handbuch der naturräumlichen Gliederung Deutschlands. Remagen

Müller-Wille,W. (1966): Bodenplastik und Naturräume Westfalens. 2 Bände. Münster

Potts, K. u. **A. Holz** (1986): Gemeinde Senden. In: Kreis Coesfeld, S. 484 - 491

Reekers, St. u. **J. Schulz** (1952): Die Bevölkerung in den Gemeinden Westfalens 1818 - 1920. Dortmund

Reekers, St. (1956): Die Bevölkerung Westfalens 1818 - 1955. Münster

Wirtschaftsförderungsgesellschaft für den Kreis Coesfeld mbH (Hg.) (1996): Wirtschaft aktuell Heft 11- Schwerpunkt Senden. Dülmen

Wirtschaftsförderungsgesellschaft für den Kreis Coesfeld mbH (Hg.) (1998): Geschäftsbericht. Dülmen

Geographische Kommission für Westfalen

Landschaftsverband Westfalen-Lippe

Veröffentlichungen - Lieferbare Titel

WESTFÄLISCHE GEOGRAPHISCHE STUDIEN

25. **Oldenburg und der Nordwesten.** Deutscher Schulgeographentag 1970. Vorträge, Exkursionen, Berichte. 1971 — 15,00 DM
26. **Bahrenberg, G.**: Auftreten und Zugrichtung von Tiefdruckgebieten in Mitteleuropa. 1973 — 12,50 DM
33. **Festschrift für Wilhelm Müller-Wille:** Mensch und Erde. Mit 22 Beiträgen. 1976 — 20,00 DM
35. **Jäger, H.**: Zur Erforschung der mittelalterlichen Kulturlandschaft. **Müller-Wille, W.**: Gedanken zur Bonitierung und Tragfähigkeit der Erde. **Brand, Fr.**: Geosophische Aspekte und Perspektiven zum Thema Mensch - Erde - Kosmos. 1978 — 15,00 DM
36. **Quartärgeologie, Vorgeschichte und Verkehrswasserbau in Westfalen.** 46. Tagung der AG Nordwestdeutscher Geologen in Münster 1979. Mit 19 Beiträgen. 1980 — 17,50 DM
37. **Westfalen - Nordwestdeutschland - Nordseesektor.** W. Müller-Wille zum 75. Geburtstag. Mit 29 Beiträgen. 1981 — 20,00 DM
38. **Komp, Kl. U.**: Die Seehäfenstädte im Weser-Jade-Raum. 1982 — 9,00 DM
39. **Müller-Wille, W.**: Probleme und Ergebnisse geographischer Landesforschung und Länderkunde. Gesammelte Beiträge 1936 - 1979. Erster Teil. 1983 — 15,00 DM
40. **Müller-Wille, W.**: Probleme und Ergebnisse geographischer Landesforschung und Länderkunde. Gesammelte Beiträge 1936 - 1979. Zweiter Teil. 1983 — 15,00 DM
41. **Kundenverhalten im System konkurrierender Zentren.** Fallstudien aus dem Großraum Bremen, dem nördlichen Ruhrgebiet und Lipperland. Mit Beiträgen von **H. Heineberg, N. de Lange** und **W. Meschede**. 1985 — 25,00 DM
42. **Mayr, A., Kl. Temlitz (Hg.)**: Erträge geographisch-landeskundlicher Forschung in Westfalen. Festschrift 50 Jahre Geographische Kommission für Westfalen. Mit 34 Beiträgen. 1986 — 48,00 DM
44. **Allnoch, N.**: Windkraftnutzung im nordwestdeutschen Binnenland - Ein System zur Standortbewertung für Windkraftanlagen. 1992 — 29,80 DM
46. **Mayr, A., F.-C. Schultze-Rhonhof, Kl. Temlitz (Hg.)**: Münster und seine Partnerstädte. York, Orléans, Kristiansand, Monastir, Rishon le Zion, Beaugency, Fresno, Rjasan, Lublin, Mühlhausen i. Thüringen. 2., erw. u. aktualisierte Auflage. 1993 — 49,80 DM
47. **Heineberg, H., Kl. Temlitz (Hg.)**: Nachhaltige Raumentwicklung im Sauerland? Landschaftswandel, Wirtschaftsentwicklung, Nutzungskonflikte. Jahrestagung der Geogr. Kommission 1997. Mit 13 Beiträgen. 1998 — 24,00 DM
48. **Heineberg, H., Kl. Temlitz (Hg.)**: Münsterland-Osnabrücker Land/Emsland-Twente. Entwicklungspotentiale und grenzübergreifende Kooperation in europäischer Perspektive. Jahrestagung der Geogr. Kommission 1998. Mit 19 Beiträgen. 1998 — 28,00 DM
49. **Geisler, J.**: Innovative Unternehmen im Münsterland. Empirische Erhebung des Innovationsverhaltens und der Nutzung technologieorientierter Infrastruktur zu Beginn der 1990er Jahre. 1999 — 14,00 DM

SPIEKER - LANDESKUNDLICHE BEITRÄGE UND BERICHTE (1950–1995)

10. **Böttcher, G.**: Die agrargeographische Struktur Westfalens 1818 - 1950. 1959 — 6,00 DM
13. **Schäfer, P.**: Die wirtschaftsgeographische Struktur des Sintfeldes. **Engelhardt, H.G.S.**: Die Hecke im nordwestl. Südergebirge. 1964 — 7,00 DM
14. **Müller-Wille, W.**: Bodenplastik und Naturräume Westfalens. Textband und Kartenband. 1966 — 14,00 DM
17. **Poeschel, H.-Cl.**: Alte Fernstraßen in der mittleren Westfälischen Bucht. 1968 — 8,00 DM
18. **Ludwig, K.-H.**: Die Hellwegsiedlungen am Ostrande Dortmunds. 1970 — 6,50 DM
19. **Windhorst, H.-W.**: Der Stemweder Berg. 1971 — 6,50 DM
20. **Franke, G.**: Bewegung, Schichtung und Gefüge der Bevölkerung im Landkreis Minden. 1972 — 7,50 DM
21. **Hofmann, M.**: Ökotope und ihre Stellung in der Agrarlandschaft. **Werner, J.** und **J. Schweter**: Hydrogeographische Untersuchungen im Einzugsgebiet der Stever. 1973 — 12,50 DM

23. **Ittermann, R.**: Ländliche Versorgungsbereiche und zentrale Orte im hessisch-westfälischen Grenzgebiet. 1975 — 10,00 DM

26. **Der Hochsauerlandkreis im Wandel der Ansprüche.** Jahrestagung der Geogr. Kommission in Meschede 1978. Mit 10 Beiträgen. 1979 — 12,50 DM

28. **Stadt und Dorf im Kreis Lippe in Landesforschung, Landespflege und Landesplanung.** Jahrestagung der Geogr. Kommission in Lemgo 1980. Mit 6 Beiträgen. 1981 — 10,00 DM

29. **Becks, Fr.**: Die räumliche Differenzierung der Landwirtschaft in der Westfälischen Bucht. 1983 — 10,00 DM

30. **Westmünsterland - Ostniederlande.** Entwicklung und Stellung eines Grenzraumes. Jahrestagung der Geogr. Kommission in Vreden 1983. Mit 6 Beiträgen. 1984 — 30,00 DM

31. **Westbeld, H.**: Kleinwasserkraftwerke im Gebiet der oberen Ems. Nutzung einer vernachlässigten Energiequelle. 1986 — 20,00 DM

32. **Der Raum Dortmund** - Entwicklung, Strukturen und Planung im östlichen Ruhrgebiet. Jahrestagung der Geogr. Kommission 1985. Mit 8 Beiträgen. 1988 — 28,00 DM

33. **Becker, G., A. Mayr, Kl. Temlitz (Hg.)**: Sauerland - Siegerland - Wittgensteiner Land. Jahrestagung der Geogr. Kommission in Olpe 1989. Mit 24 Beiträgen. 1989 — 38,00 DM

34. **Mayr, A., Kl. Temlitz (Hg.)**: Südoldenburg-Emsland - Ein ländlicher Raum im Strukturwandel. Jahrestagung der Geogr. Kommission in Vechta 1987. Mit 8 Beiträgen. 1991 — 22,00 DM

35. **Mayr, A., Kl. Temlitz (Hg.)**: Südost-Westfalen - Potentiale und Planungsprobleme einer Wachstumsregion. Jahrestagung der Geographischen Kommission in Paderborn 1991. Mit 28 Beiträgen. 1991 — 45,00 DM

36. **Mayr, A., Kl. Temlitz (Hg.)**: Münsterland und angrenzende Gebiete. Jahrestagung der Geographischen Kommission in Münster 1993. Mit 30 Beiträgen. 1993 — 45,00 DM

37. **Mayr, A., Kl. Temlitz** (Hg.): Bielefeld und Nordost-Westfalen - Entwicklung, Strukturen und Planungen im Unteren Weserbergland. Jahrestagung der Geographischen Kommission in Bielefeld 1995. Mit 33 Beiträgen. 1995 — 45,00 DM

SIEDLUNG UND LANDSCHAFT IN WESTFALEN

6. **Brand, Fr.**: Zur Genese der ländlich-agraren Siedlungen im lippischen Osning-Vorland. 1976 — 11,00 DM

8. **Burrichter, E.**: Die potentielle natürliche Vegetation in der Westfälischen Bucht. 1973. Nachdruck 1991, 2. Nachdruck 1993. Mit Kartenbeilage — 35,00 DM

9. **Temlitz, Kl.**: Aaseestadt und Neu-Coerde. Bildstrukturen neuer Wohnsiedlungen und ihre Bewertung. 1975 — 12,50 DM

11. **Walter, H.-H.**: Padberg. Struktur und Stellung einer Berg-siedlung in Grenzlage. 1979 — 25,00 DM

12. **Flurbereinigung und Kulturlandschaftsentwicklung.** Tagung des Verbandes deutscher Hochschulgeographen. Mit 5 Beiträgen. 1979 — 8,50 DM

14. **Bertelsmeier, E.**: Bäuerliche Siedlung und Wirtschaft im Delbrücker Land. 1942. Nachdruck 1982 — 7,50 DM

15. **Nolting, M.**: Der öffentliche Personennahverkehr im nordwestdeutschen Küstenland. 1983 — 11,00 DM

18. **Siekmann, M.**: Die Struktur der Stadt Münster am Ausgang des 18. Jahrhunderts - Ein Beitrag zur historisch-topologischen Stadtforschung. 1989 — 48,00 DM

19. **Riepenhausen, H.**: Die bäuerliche Siedlung des Ravensberger Landes bis 1770. 1938. Mit einem Nachtrag von **A. Schüttler**: Das Ravensberger Land 1770 - 1986. Nachdruck 1986 — 24,00 DM

20. **Junk, H.-K., Kl. Temlitz (Hg.)**: Beiträge zur Kartographie in Nordwestdeutschland - Die Karte als Arbeits- und Forschungsmittel in verschiedenen Berufsfeldern. 1991 — 42,00 DM

21. **Wiegelmann-Uhlig, E.**: Berufspendler in Westfalen 1930-1970. Ein Beitrag zur regionalen Mobilität. 1994 — 35,00 DM

22. **Becks, Fr., L. Beyer, K. Engelhard, K.-H. Otto**: Westfalen im Geographieunterricht an Beispielen der Themenkreise Moor, Landwirtschaft und Naherholung aus dem Geographisch-landeskundlichen Atlas von Westfalen. Mit zahlreichen Arbeitstransparenten und Materialien. 1995 — 48,80 DM

23. **Mayr, A., Kl. Temlitz (Hg.)**: 60 Jahre Geographische Kommission für Westfalen - Entwicklung, Leistung, Mitglieder, Literaturdokumentation. 1996 — 35,00 DM

24. **Schlusemann, R.**: Ein GIS-gestütztes Verfahren zur Flächenausweisung für Windkraftanlagen. 1997 — 20,00 DM

25. **Stockmann, Cl., A. Stockmann**: Die Saline „Gottesgabe" in Rheine - Ein Beitrag zur Salzgewinnung und Salzvermarktung in Westfalen. 1998 — 28,00 DM

26. **Hübschen, Chr.**: Aufgegebene Eisenbahntrassen in Westfalen -
Heutige Nutzung und Möglichkeiten neuer Inwertsetzung. 1999   28,00 DM

27. **Burggraaff, P.**: Fachgutachten zur Kulturlandschaftspflege in Nordrhein-Westfalen. –
Im Auftrag des Ministeriums für Umwelt, Raumordnung und Landwirtschaft des Landes
Nordrhein-Westfalen. Mit einem Beitrag zum GIS-Kulturlandschaftskataster von R. Plöger. 2000   45,00 DM

28. **Harteisen, U.**: Die Senne – Eine historisch-ökologische Landschaftsanalyse als Planungsinstrument
im Naturschutz. 2000   32,00 DM

29. **Pollmann, W.**: Die Buchenwaldgesellschaften im nordwestlichen Weserbergland.. 2000   20,00 DM

DIE LANDKREISE IN WESTFALEN (1953 - 1969)

1. Der Landkreis **Paderborn**. Von G. v. Geldern-Chrispendorf. 1953   11,00 DM
2. Der Landkreis **Münster**. Von W. Müller-Wille, E. Bertelsmeier, H. Fr. Gorki, H. Müller. 1955   14,00 DM
3. Der Landkreis **Brilon**. Von A. Ringleb. 1957   14,00 DM
4. Der Landkreis **Altena**. Von E. Wagner. 1962   14,00 DM
5. Der Landkreis **Wiedenbrück**. Von W. Herbort, W. Lenz, I. Heiland, G. Willner. 1969   14,00 DM

STÄDTE UND GEMEINDEN IN WESTFALEN

1. **Der Kreis Steinfurt.** Mit Graphiken, Fotos und 2 thematischen Karten pro Stadt- bzw.
Gemeindebeschreibung. Hg. von A. Mayr, D. Stonjek, Kl. Temlitz. 1994   vergriffen

2. **Der Kreis Siegen-Wittgenstein.** Mit Graphiken, Fotos und 2 thematischen Karten pro
Stadt- bzw.Gemeindebeschreibung. Hg. von H. Eichenauer, A. Mayr, Kl. Temlitz. 1995   vergriffen

3. **Der Kreis Höxter.** Mit Graphiken, Fotos und 2 thematischen Karten pro Stadtbeschreibung.
Hg. von A. Mayr, A. Schüttler, Kl. Temlitz. 1996   42,80 DM

4. **Der Kreis Paderborn.** Mit Graphiken, Fotos und 2 thematischen Karten pro Stadtbeschreibung.
Hg. von H. Heineberg, G. Henkel, M. Hofmann u. Kl. Temlitz. 1997   44,80 DM

5. **Der Kreis Olpe.** Mit Graphiken, Fotos und 2 thematischen Karten pro Stadtbeschreibung.
Hg. von G. Becker, H. Heineberg, Kl. Temlitz u. P. Weber. 1998   44,80 DM

6. **Der Hochsauerlandkreis.** Mit Graphiken, Fotos und mind. 2 thematischen Karten pro Stadtbeschreibung. Hg. von H. Heineberg, R. Köhne, H. Richard u. Kl. Temlitz. 1999   44,80 DM

7. **Der Kreis Coesfeld.** Mit Graphiken, Fotos und mind. 2 thematischen Karten pro Stadtbeschreibung. Hg. von H. Heineberg u. Kl. Temlitz. 2000

GEOGRAPHISCH-LANDESKUNDLICHER ATLAS VON WESTFALEN (ab 1985)

Atlasredaktion/Wissenschaftliche und kartographische Betreuung: J. Werner, Kl. Temlitz, E. Bertelsmeier, H. Fr. Gorki, H. Heineberg, A. Mayr, H. Pape, H. Pohlmann

Vorgesehen sind ca. 100 Doppelblätter aus 10 Themenbereichen mit Begleittexten. Je Doppelblatt: 5-8 Karten, z.T. erweitert um Farbbilder, Graphiken u.a.m.

Einzelpreis je Doppelblatt u. Begleittext 19,80 DM; für Seminare u. Schulklassen 5,00 DM (ab 7. Lieferung 24,00 DM bzw. 7,50 DM)

1. Lieferung 1985, 4 Doppelblätter u. Begleittexte: 46,40 DM

1. **Relief** (Themenbereich: Landesnatur). Von W. Müller-Wille (Entwurf) u. E. Th. Seraphim (Text)
2. **Spät- und nacheiszeitliche Ablagerungen/Vegetationsentwicklung** (Themenbereich: Landesnatur). Von E. Th. Seraphim u. E. Kramm (Entwurf u. Text)
3. **Florenelemente** (Themenbereich: Landesnatur). Von Fr. Runge (Entwurf u. Text)
4. **Fremdenverkehr - Angebotsstruktur** (Themenbereich: Fremdenverkehr u. Erholung). Von P. Schnell (Entwurf u. Text)

2. Lieferung 1986, 5 Doppelblätter u. Begleittexte: 58,00 DM

1. **Begriff und Raum** (Themenbereich: "Westfalen - Begriff und Raum"). Von W. Müller-Wille, Kl. Temlitz, W. Winkelmann u. G. Müller (Entwurf); W. Kohl u. G. Müller (Text)
2. **Niederschläge in raum-zeitlicher Verteilung** (Themenbereich: Landesnatur). Von E. Müller-Temme (Entwurf u. Text) u. W. Müller-Wille (Entwurf)
3. **Pflanzenwachstum und Klimafaktoren** (Themenbereich: Landesnatur). Von Fr. Ringleb u. J. Werner (Entwurf u. Text); P. Hofste (Entwurf)
4. **Verbreitung wildlebender Tierarten** (Themenbereich: Landesnatur). Von R. Feldmann, W. Stichmann u. M. Berger (Entwurf u. Text); W. Grooten (Entwurf)
5. **Fremdenverkehr - Nachfragestruktur** (Themenbereich: Fremdenverkehr u. Erholung). Von P. Schnell (Entwurf u. Text)
6. **Verwaltungsgrenzen** 1985 (Transparentfolie)

3. Lieferung 1987, 4 Doppelblätter u. Begleittexte: 46,40 DM

1. **Lagerstätten/Gesteinsarten/Karst** (Themenbereich: Landesnatur). Von H. Reiners, H. Furch, E. Th. Seraphim, W. Feige u. Kl. Temlitz (Entwurf u. Text)
2. **Waldverbreitung und Waldschäden** (Themenbereich: Landesnatur). Von W. Grooten (Entwurf u. Text)
3. **Elektrizität - Versorgung und Verbrauch** (Themenbereich: Gewerbliche Wirtschaft). Von D. Filthaut u. J. Werner (Entwurf u. Text)
4. **Wandern/Naherholung und Kurzzeittourismus** (Themenbereich: Fremdenverkehr u. Erholung). Von A. Freund (Entwurf u. Text)

4. Lieferung 1988/89, 4 Doppelblätter u. Begleittexte: 46,40 DM

1. **Potentielle natürliche Vegetation** (Themenbereich: Landesnatur). Von E. Burrichter, R. Pott u. H. Furch (Entwurf u. Text)
2. **Ländliche Bodenordnung I: Gemeinheitsteilungen und Zusammenlegungen 1820 - 1920** (Themenbereich: Land- und Forstwirtschaft). Von E. Weiß (Entwurf u. Text)
3. **Ländliche Bodenordnung II: Umlegungen und Flurbereinigungen 1920 - 1987** (Themenbereich: Land- und Forstwirtschaft). Von E. Weiß (Entwurf u. Text)
4. **Eisenbahnen - Netzentwicklung und Personenverkehr** (Themenbereich: Verkehr). Von H. Ditt, P. Schöller (Entwurf) u. H. Kreft-Kettermann (Entwurf u. Text)

5. Lieferung 1990, 5 Doppelblätter u. Begleittexte: 58,00 DM

1. **Bevölkerungsdichte der Gemeinden 1871 - 1987 und Veränderung 1818 - 1987** (Themenbereich: Bevölkerung). Von H. Fr. Gorki (Entwurf u. Text)
2. **Bevölkerungsdichte der Kreise 1871 - 1987 und Veränderung 1818 - 1987** (Themenbereich: Bevölkerung). Von H. Fr. Gorki (Entwurf u. Text)
3. **Staatliche und kommunale Verwaltungsgliederung** (Themenbereich: Administration und Planung). Von A. Mayr (Entwurf u. Text)
4. **Behörden und Zuständigkeitsbereiche I 1967 und 1990** (Themenbereich: Administration und Planung). Von H. Kreft-Kettermann (Entwurf u. Text)
5. **Behörden und Zuständigkeitsbereiche II 1967 und 1990** (Themenbereich: Administration und Planung). Von H. Kreft-Kettermann (Entwurf u. Text)

6. Lieferung 1991, 5 Doppelblätter u. Begleittexte: 58,00 DM

1. **Westfalen im Satellitenbild** (Themenbereich: Westfalen). Von Kl. U. Komp (Entwurf u. Text)
2. **Geologie und Paläogeographie** (Themenbereich: Landesnatur). Von Kl. Temlitz (Entwurf u. Text)
3. **Geomorphologie und Naturräume** (Themenbereich: Landesnatur). Von E. Th. Seraphim (Entwurf u. Text)
4. **Nahrungs- und Genußmittelindustrie** (Themenbereich: Gewerbliche Wirtschaft). Von A. Beierle (Entwurf) u. J. Niggemann (Entwurf u. Text)
5. **Abfallwirtschaft** (Themenbereich: Gewerbliche Wirtschaft). Von A. Wirth (Entwurf u. Text)

7. Lieferung 1993/94, 6 Doppelblätter u. Begleittexte: 108,00 DM

1. **Fläche, Rechts- und Verwaltungsstellung der Städte im 19. u. 20. Jahrhundert** (Themenbereich: Siedlung). Von H. Fr. Gorki (Entwurf u. Text)
2. **Umweltbelastung und Umweltschutz in Städten** (Themenbereich: Siedlung). Von U. Peyrer (Entwurf u. Text)
3. **Agrarstruktur** (Themenbereich: Land- und Forstwirtschaft). Von Fr. Becks (Entwurf u. Text)
4. **Eisenbahnen II - Güterverkehr** (Themenbereich: Verkehr). Von H. Kreft-Kettermann u. C. Hübschen (Entwurf u. Text)
5. **Luftverkehr und Flugplätze** (Themenbereich: Verkehr). Von A. Mayr u. Fr. Buchenberger (Entwurf u. Text)
6. **Landschaftsverband Westfalen-Lippe: Regionale Repräsentanz und Raumwirksamkeit** (Themenbereich: Administration und Planung). Von A. Mayr u. J. Kleine-Schulte (Entwurf u. Text)

8. Lieferung 1996, 4 Doppelblätter u. Begleittexte: 72,00 DM

1. **Die niederdeutschen Mundarten** (Themenbereich: Kultur und Bildung). Von H. Taubken, R. Damme, J. Goossens u. G. Müller (Entwurf u. Text)
2. **Museen** (Themenbereich: Kultur und Bildung). Von M. Walz (Entwurf u. Text)
3. **Tageszeitungen und Rundfunk** (Themenbereich: Kultur und Bildung). Von B. Kringe (Entwurf u. Text)
4. **Baumarten, Waldbesitzer und Hochwild** (Themenbereich: Land- und Forstwirtschaft). Von K. Offenberg u. R. Köhne (Entwurf u. Text)

9. Lieferung 1997, 5 Doppelblätter u. Begleittexte: 90,00 DM

1. **Landschaften und Landschaftsnamen** (Themenbereich: „Westfalen - Begriff und Raum"). Von H. Liedtke (Entwurf u. Text)
2. **Böden** (Themenbereich: Landesnatur). Von H.-U. Schütz (Entwurf u. Text)
3. **Bevölkerungsentwicklung der Städte 1818-1995** (Themenbereich: Bevölkerung). Von H. Fr. Gorki (Entwurf u. Text)
4. **Vertriebene, Deutsche aus der SBZ/DDR und Ausländer** (Themenbereich: Bevölkerung). Von Cl. Averbeck (Entwurf u. Text)
5. **Produzierendes Gewerbe um 1850** (Themenbereich: Gewerbliche Wirtschaft). Von D. Düsterloh (Entwurf u. Text)

10. Lieferung 2000, 4 Doppelblätter u. Begleittexte: 72,00 DM

1. **Potentielle regenerative Energien: Wind und Wasser** (Themenbereich: Landesnatur). Von St. Prott (Entwurf u. Text)
2. **Ländliche Siedlungsformen um 1950** (Themenbereich: Siedlung). Von E. Gläßer (Entwurf u. Text)
3. **Kulturhistorische Sehenswürdigkeiten als Objekte des Kulturtourismus** (Themenbereich: Kultur und Bildung). Von Cl. Averbeck (Entwurf u. Text)
4. **Verarbeitendes Gewerbe und Handwerk** (Themenbereich: Gewerbliche Wirtschaft). Von G. Voppel (Entwurf u. Text)

NOTIZEN